열정과 기질

Creating Minds
by Howard Gardner

Copyright © 1993 Howard Gardner
All rights reserved.
Korean Translation Copyright © 2004 BooksNUT

First published in the United States by Basic Books,
A Subsidiary of Perseus Books L.L.C.

Korean language edition published by arrangement
with Basic Books and Shin Won Agency

이 책의 한국어판 저작권은
신원에이전시를 통해 베이직북스와 독점계약한 북스넛에 있습니다.
저작권법에 의해 한국에서 보호받는 저작물이므로
무단전재와 복제를 금합니다.

거장들의 삶에서 밝혀낸 창조성의 조건

열정과 기질

하워드 가드너 지음 · 문용린 감역 · 임재서 옮김

북스넛

옮긴이

임재서 서울대학교 수학과를 졸업하고 서울대학교 대학원에서 국문학 석사학위를 취득하였으며, 동대학원 박사과정을 수료하였다. 현재 서울대학교 강사로 출강중이며, 전문 번역가로 활동하고 있다. 역서에는 『현대 사상가들과의 대화』, 『상업 문화 예찬』, 『영혼의 마케팅』 등이 있다.

열정과 기질
Creating Minds

1판 1쇄 발행 | 2004년 7월 30일
2판 1쇄 발행 | 2017년 5월 10일

지은이 | 하워드 가드너
옮긴이 | 임재서
발행인 | 이현숙
발행처 | 북스넛
등 록 | 제2016-000065호
주 소 | 경기도 고양시 일산동구 호수로 662 삼성라끄빌 442호
전 화 | 02-325-2505
팩 스 | 02-325-2506

ISBN 978-89-91186-11-8 03320

■ 감역자의 글

창조성의 비밀을 풀다

문 용 린(서울대 교수, 전 교육부장관)

시대적 화두이자 가장 경쟁력 있는 인간 특질은 다름 아닌 창조성이다. 누구도 생각하지 못하는 특기할 만한 것을 생각해내고 만들어내는 사람에게 언제나 주목이 쏠리는 법이다. 물론 창조성이 오늘날에만 강조되는 것은 아니다. 아놀드 토인비는 이미 20세기 초반에 "역사의 변화는 언제나 창조적인 소수에 의해 주도된다"며 창조성의 중요성을 갈파했다.

토인비가 예상한 것 이상으로, 지금 우리는 창조적인 사람들에 의해 빠르게 바뀌어가는 세상에 살고 있다. 이처럼 창조성이 역사를 결정짓는 시점에서, 창조적인 국가와 사회, 조직, 기업, 가정 그리고 개인이 더 큰 경쟁력을 갖는 것은 어쩌면 당연한 이치이다. 세계 국가의 국부의 순서는 창조성의 지표인 특허출원 총량순위와 일치하며, 조직과 기업은 감동을 일으킬 만한 새로운 상품과 시스템을 얼마나 선보이느냐로 그 존재 가치를 평가받고 있다.

그러나 이토록 지대한 주목을 받는 창조성이지만, 이에 대해서 우리들이 알고 있는 것은 거의 없다. 인간의 정신능력에 대한 과학적인 연구가 근 100년을 넘어서고 있지만, 창조성에 관한 연구가 본격화한 것은 불과 최근 20여 년 전부터의 일이다.

인간의 두뇌능력을 측정하는 수단으로 주로 IQ검사가 애용되어 왔지만, 가드너는 IQ가 인간의 잠재능력을 가늠하는 지표가 되기엔 턱없이 부족하고 부정확하다고 말한다. IQ가 창조성을 철저히 배제하고 있음을 그는 지적한다. 그간 세계를 놀라게 했던 거장들의 창조성은 IQ만으로는 도저히 설명할 수 없다고 단정한다. 실제로 그는 창조적 거장들에 대한 연구에 수십 년간 몰두해 왔는데, 그들이 IQ와는 무관하게 수많은 혁신적 위업을 달성해냈음을 밝혀냈다.

이 책은 다중지능론을 주창했던 저자가 실제 인물들의 삶을 통해 창조성의 비밀을 역동적으로 풀어낸 교양서이다. 이는 창조성의 본체를 밝히고자 출간된 그간의 어느 책보다도 깊고 넓고 방대하다. 너무 방대해서 우리나라에서의 출간이 지연된 듯한데, 다중지능이라는 정신능력의 이론체계를 바탕에 두고 있다는 점에서 깊고, 창조성과 관련된 실제 개인들의 심리적, 사회적, 시대적 조건 모두를 다루고 있다는 점에서 넓으며, 영역이 서로 상이한 창조적 거장들을 일곱 명이나 한꺼번에 다루고 있다는 점에서 방대하다.

책에는 프로이트, 아인슈타인, 피카소, 스트라빈스키, 엘리엇, 그레이엄, 간디 등 일곱 명의 창조적 거장들의 파란만장했던 삶이 등장한다. 거장들의 삶의 궤적을 독립적으로 재미있게 담은 책이라고 해서, 이 책을 전기(傳記)로 오인해서는 안 된다. 이 책은 인간의 심리적 기질과 그가 처한 주변환경, 그리고 시대적 특성을 곁들여 창조성의 본질을 날카롭게 조명해낸 최초의 분석서이다. 하지만 그렇게 깊고 방대한 내용임에도 불구하고, 가드너는 유려하고 간결한 문체와 서술로 연구서가 되어야 할 책을 수월하게 읽고 음미할 수 있는 흥미진진한 대중서로 만들어놓았다.

전통적으로 창조성에 대한 연구는 한 천재가 다른 사람들과 얼마나 다르고 특이한가를 밝히는 특이성 연구(idiographic)이거나, 여러 천재들이 공통적으로 지닌 유사점이 무엇인가를 밝히는 공통성 연구(nomothetic) 중 어느 한 쪽으로 진행되었다. 가드너는 이 두 입장을 종합하여, 다양한 분야에서 창조적 업적을 낸 창조자를 선택한 후, 이들 인물의 '특이성'을 자세하게 검토하고 그 속에서 '공통성'을 찾으려고 시도했다.

이 책의 목표는 두 가지다. 하나는 창조성의 본질을 밝히는 것이고, 다른 하나는 이런 창조자의 배출을 가능하게 한 현대사회(modern era)라는 시대적 특성을 살펴보려는 것이다.

먼저 그 첫 번째인 '창조성이란 무엇인가?' 하는 의문에서, 가드너는 이 질문을 '창조성이란 어디에 있는가?'로 전환시켜 대답하고자 한다. 그는 〈개인(Individual) - 일(The work) - 타인(Other person)〉이라는 창조성 소재 모형을 제시한다.

이 모형에 따르면 개인은 내부에 어떤 분야의 대가(大家: master)가 될 만한 소질을 싹으로서 가지고 태어나는데, 이것만으로는 창조성이 발휘되는 성인으로 성장해 가지 못하고, 우선 그러한 소질을 심화하고 강화시킬 수 있는 적절한 일의 체험기회(교육, 훈련 등)를 필수적으로 가져야 하며, 이러한 체험의 과정에서 타인(가족, 친구, 경쟁자, 후원자 등)으로부터 격려와 지원을 받는 의미 있는 인간관계가 형성되어야 한다.

예컨대 피카소의 경우, 4살부터 피어난 그의 그림 재능(개인)은 아버지에게 감지되어 14살에서 20살까지 좋은 미술학교에 다니면서 심화되고 단련되었으며(일의 체험기회), 무수한 지지자와 경쟁자, 후원자를 통해서(타인) 온전한 창조성이 발휘된 것이다. 이런 피카소의 경우를 우리나라의 장승업과 비교해 보면 이 모형의 진가가 드러난다. 장승업의 경우 역시 개인적 소질은 대단했지만, 그 재능을 심화하고 강화시킬 기회가 없었으며(일의 체험기회), 그를 지지하고 격려해 줄 후원자는 기껏해야 가난하고 어린 기생들(타인)뿐이었다. 그러니 장승업은 그만한 소질을 타고났음에도 불구하고 피카소만한 창조적 대가가 되기는 어려웠던 것이다.

가드너의 창조성 소재 모형은 창조성 연구의 지평을 거대하게 넓힌다. 그는 창조성을 단일능력으로 보는 입장에 반대한다. 모든 분야를 아우르는 창조성이 존재한다고 보지 않고, 창조성에도 종류가 있다고 보는 것이다. 아인슈타인은 모든 분야에서 창조적이었던 것이 아니라 논리-수학 영역에서만 창조성이 뛰어났다. 간디는 인간친화 영역에서 창조성이 뛰어났으며, 마사 그레이엄은 신체운동 영역에서, 스트라빈스키는 음악에서, 엘리엇은 언어에서, 프로이트는 자기성찰 영역에서, 그리고 피카소는 공간 영역에서 창조성이 돋보였다는 것이다.

가드너가 보기에 한 개인 속에 잠재한 창조성의 본질은 지능적 요소와 기질적 요소의 특이한 조합이었다. 피카소의 시대에 피카소의 주변이나 그가 모르는 사회에는 그와 유사한 소질과 재능을 가진 사람이 수백 명 이상 존재했을 수도 있다. 그런데 왜 유독 피카소만이 그런 창조적인 작품을 그렸고, 또한 명성까지 얻을 수 있었을까? 가드너는 이러한 의문에 답하기 위해, 개인의 구체적인 경험과 환경을 들여다봄으로써 공통적 패러다임을 추출해낸다.

'10년 주기론'은 그 중의 하나이다. 창조적 대가를 연구한 결과 그들의 공통점 중의 하나는 대체로 10년간의 준비를 거쳐 창조성이 성숙하고, 10년간 창조성을 발휘하며, 다음 10년간 그 창조성을 다시 다른 분야로 확산시킨다는 것이다.

두 번째 목표는 이런 사람들의 창조성 발휘를 가능하게 한 시대적 특징을 규명하려는 것이다. 가드너가 선택한 일곱 명의 창조적 거장들은 모두 현대의 인물들이다. 그가 관심을 가진 시대는 현대 사회(modern era)로서, 현대의 특징은 무엇이며 그것이 창조성 발휘에 어떤 영향을 주었는지를 밝혀보려고 시도한다.

일곱 명의 현대의 창조적 거장들이 태어난 19세기 후반의 시대는 점점 더 불확실성과 불안에 사로잡히게 된 세상이었다. 흥미로운 점은 대부분이 대도시 외곽의 작은 마을에서 태어나 산업 혁명의 비참한 모습을 비껴간 지역에서 유년기를 보냈다는 점이다. 어쩌면 이는 상당히 의미심장하다.

집안은 다들 유복한 편이었고, 가족 가운데는 독실한 신자도 한두 명 있었지만 대개는 '자유사상'에 관용을 베풀 줄 알았다. 그들은 근면과 드높은 성취라는 부르주아적 가치를 체험했을 뿐더러 이것을 자식들에게 전수했다. 많은 어린이가 착취당하는 시대에 이들 현대의 거장들은 자랄 무렵 행복하기만 했던 것은 아니지만 가장 끔찍한 상처는 받지 않았던 것이다.

우리의 현대 거장들은 마치 강력한 자석의 힘에 이끌리듯 젊은 시절에 모두 유럽과 북미의 주요 도시로 이주했다. 그들은 이 책의 맨 앞에 인용한 미워시의 시에 나오는 '젊은이들'이었다. 이런 도시들에서 미래의 거장들은 취향이 비슷한 젊은이들을 만나고 공부 모임이나 예술 혹은 과학 회합을 결성하고 인습파괴적인 잡지를 발간하거나 공연을 기획하면서, 훗날의 창조적인 도약을 낳게 되는 지적 잉태 기간을 보냈다. (에필로그 중에서)

가드너의 이와 같은 시대적 특징에 대한 관심은 보다 큰 맥락에서 이해 될 수 있다.

먼저, 창조성의 발휘와 관련해서 시대를 뛰어넘는 공통점은 무엇이고, 시대에 국한된 특수성은 무엇인가? 둘째는, 창조성을 발휘하는 인간의 심리와 족적 속에서 그가 살아간 시대의 특징과 의미를 연역해낼 수 있을까?

시대의 의미를 이해하는 전통적인 방식은 역사가들과 철학자들의 사변(思辨)일 뿐이었다. 창조적 거장들은 시대적인 문제에 가장 근접해 있었던 사람들이다. 이들의 사고 속에는 그들이 살고 간 시대의 의미가 고스란히 녹아 있을 가능성이 크다.

우리는 이러한 관심들에 대한 답변을 이 책 안에서 발견할 수 있다. 독자에 따라 더 심오하고 장대한 답변을 원할 수도 있다. 그렇다면 그것은 또 다른 새로운 탐구의 지평을 여는 기회로 삼는다면 무리는 없을 것이다.

■ 감사의 글

　　많은 동료들이 이 책을 읽고 논평해 주었다. 미하이 칙센트미하이(Mihaly Csikszentmihayli)와 윌리엄 데이먼(William Damon), 러펜 다스(Rupen Das), 아이리스 팽거(Iris Fanger), 이안 한(Ian Hahn), 제럴드 홀턴(Gerald Holton), 아서 밀러(Arthur Miller), 리카르도 네미로프스키(Ricardo Nemirovsky), 로버트 온스타인(Robert Ornstein), 데이비드 퍼킨스(David Perkins), 딘 키스 사이먼튼(Dean Keith Simonton) 그리고 엘렌 위너(Ellen Winner) 등에게 감사의 인사를 전한다. 마사 그레이엄에 관한 정보는 특히 제인 셔먼(Jane Sherman)의 도움이 컸다. 내 친구인 스티븐 알버트(Stephen Albert)의 귀중한 도움에 대해서는 고마움과 슬픔을 동시에 느낀다. 위대한 작곡가이자 탁월한 비평가였던 그는 1992년 12월에 사망했다.
　　베이직북스 출판사의 수잔 아렐라노(Susan Arellano)와 마틴 케슬러(Martin Kessler), 조 앤 밀러(Jo Ann Miller)가 편집에 관해 귀중한 조언을 해주었다. 카렌 도너 찰펜(Karen Donner Chalfen)과 렐라 콜린스(Lela Collins), 사만사 켈리(Samantha Kelly), 민디 코른하버(Mindy Kornhaber)를 비롯한 프로젝트 제로 연구소의 여러 동료들도 초고를 완성하는 데 큰 도움이 되었다. 엠마 라스킨(Emma Laskin)은 지난 한 해 동안 주석을 다는 것부터 애매한 생각을 명확히 하는 데에 이르기까지 이 책의 모든 측면에서 나에게 절대적으로 필요한 도움을 주었다. 출간 마지막 단계에서 도움을 아끼지 않았던 멜라니 커쉬너(Melanie Kirschner)와 마이클 뮬러(Michael Mueller), 샤론 샤프(Sharon Sharp) 등에게도 고맙다는 말을 전한다. 이 책을 매혹적으로 꾸미는 일을 떠 맡은 신시아 던(Cynthian Dunne)과 조앤 그린필드(Joan Greenfield)에게도 감사의 인사를 전한다.

■ 들어가는 글

창조적 거장들의 삶을 지배한 실험정신

　이 책은 내 연구의 정점이자 출발점이다. 창조성이라는 현상과 역사적 실례(개별 사례)에 대한 평생 동안의 관심을 하나로 모았다는 점에서는 정점이며, 인간의 창조적 기질을 새로운 접근법으로 연구했다는 점에서는 출발점이다. 이 새로운 연구 방식에서 나는 인문학의 전통뿐만 아니라 사회과학적 전통에도 의지하였다. 학창시절부터 이런 책을 쓰고 싶었지만, 4반세기에 걸친 에움길을 돌아온 지금에서야 겨우 끝낼 수 있었다. 들어가는 글에서는 그 여행을 회고해 볼 참이다.
　펜실베이니아 주 스크랜턴 시에서 1950년대를 보낸 나는 독서를 좋아하는 학구적인 소년이었다. 내가 가장 흥미를 느낀 분야는 전기물과 역사였는데, 특히 내 가족의 출신지인 서유럽과 새로운 고향이 된 미국의 전기물과 역사에 관심이 많았다. 대학에 들어갔을 때만 해도 심리학에 대해서 거의 들어본 적이 없던 나는 자연스레 역사를 전공으로 삼을 생각이었다. 하지만 에릭 에릭슨(Eric Erikson)의 심리분석적 역사와 전기를 읽었을 때 나는 지적인 고향을 찾았다는 느낌이 들었다. 곧 연구 주제를 사회적 관계(사회과학이나 행동과학)로 바꾸었고, 점차 인지발달에 관한 심리학에 관심이 쏠렸다.

나는 인간 경험의 감정적인 측면에 대한 관심과 인지적인 차원에 대한 호기심 사이에서 다소 갈등을 느끼고 있었는데, 대학 졸업반 시절에 스위스의 심리학자 장 피아제(Jean Piaget)의 저서를 읽으면서 인지적 차원에 약간 더 무게를 두고 이런 갈등을 해소할 수 있었다. 물론 이것은 일시적인 해소책에 불과했다. 대학을 졸업하고 영국에서 연구생으로 지낼 때 피아제를 집중적으로 읽었다. 나는 여가 시간을 현대 사상과 현대 예술에 좀더 친숙해지는 기회로 삼았다. 그러면서 이고르 스트라빈스키의 음악, 입체화, T. S. 엘리엇의 문학을 비롯해 20세기 초반 유럽의 주요 국가에서 분출되었던 과학, 예술, 정치 방면의 눈부신 창조적 업적에 매료되었다. 대학원에서는 발달심리학(developmental psychology)을 전공하기로 마음먹었지만, 그처럼 눈부신 업적을 낳았으면서도 동시에 두 차례의 끔찍한 세계대전과 끈덕지게 지속된 냉전에 휘말려들어간 인간 사회에 대한 관심이 이미 나의 내부에서 강렬하게 자리잡고 있었다.

대학원에 들어가서 나는 역사와 전기물에 대한 흥미를 뒤로 제쳐놓고, 경험적 학문인 발달심리학의 연구 방법과 기법을 터득하기 위해 많은 노력을 기울였다. 지금도 이런 체계적인 훈련을 받았다는 사실을 고맙게 생각한다. 하지만 대학원 수업을 받기 시작하면서 교수들이나 동료 학생들이 예술적 창조성에는 별 관심이 없다는 사실을 뼈저리게 느꼈다. 나 자신은 음악 분야에 상당한 소양을 쌓아둔 편이었다. 연구생 시절, 거의 매일 저녁 현대 예술을 탐구하는 데 시간을 보냈던 것이다. 하지만 전공 교수들의 강의나 독서 과제물에서는 인생의 이런 부문에 대한 참고 서적을 거의 찾을 수 없었다. 따라서 예술적 인식과 교육에 특별히 주목한 '프로젝트 제로(Project Zero)'라는 새로운 연구 기획을 접하게 되었을 때 나는 정신이 번쩍 들었다.

프로젝트 제로 연구소의 후원을 받으면서 나는 지난 25년 동안, 두뇌 손상으로 인한 인간 능력과 재능의 파괴, 그리고 일반 아동과 영재 아동의 발달 과정에 대해 연구했다. 연구소는 인간의 상징화 능력의 본질에 열렬한 관심을 기울였고, 특히 예술적 창조의 핵심 관건이 되는 상징화 형식에 각별히 주목했다. 좀더 구체적으로 말하면, 연구소 동료들과 내가 천착한 주제는 왜 어떤 아동들은 음악가나 시인, 혹은 화가로 자라나지만, 나머지 대부분은 예술가가 되지 못하는지, 그리고 이런저런 예술적 재능은 다양한 문화권에서 어떤 방식으로 개발되거나 혹은 위축되는가 하는 문제였다.

뜻이 묘하게 얽힌 탓이겠지만, 우리 사회에서는 '예술(art)'과 '창조성(creativity)'이라는 단어를 비슷한 뜻으로 이해하는 경향이 있다. 아마도 이런 이유에서 사람들은 내가 최근 십수 년간 '창조성'에 대해 연구한다고 생각한 것 같다. 사실 두 단어가 반드시 연결될 필요는 없다. 사람들은 삶의 어느 영역에서도 창조성을 발휘할 수가 있고, 창조적이라고 평가받는 사람들의 작품들 중에는 떠들썩한 활기와 아름다움, 그리고 지복(至福)의 순간을 묘사한 훌륭한 예술도 있지만, 한편으론 너무 지루해서 하품만 나오는 것들도 있다. 이처럼 창조성과 예술이 반드시 일치할 필요는 없는 것이다. 하지만 그러한 묘한 착각이 만연한 탓인지 나는 창조성에 관한 학회에 자주 초대받았고, 창조성에 관심이 많은 기자들과 심심찮게 인터뷰를 했으며, 어울리지 않게도 유력한 창조성 연구 그룹의 일원으로 오해받기도 했다. 사실 나는 오랫동안 비범한 인간의 업적에 관심을 두고 있었으므로 내 학문적 정체성에 대한 그런 사소한 오해에 크게 신경쓰지 않아도 상관은 없었다.

내가 창조성 문제를 국외자 입장에서 참견하는 정도에서 본격적으로 연구하는 입장으로 나아간 데는 두 가지 계기가 있었다.

첫 번째 계기는 내 연구를 발전시키는 과정에서 자연스럽게 도출된 것이다. 아동과 두뇌가 손상된 어른을 연구하면서 나는 인간의 인지 능력이 다양한 측면으로 이루어져 있고, 인간의 지성도 비교적 자율적인 여러 능력, 즉 다양한 '인간 지능'이 하나의 총체를 이룬 것이라는 확신을 갖게 되었다. 이런 관점을 서술한 『마음의 틀(Frames of Mind)』(1983)은 많은 관심을 불러모았고 활발한 논란을 일으켰다. 나는 다중지능 이론(theory of multiple intelligences)을 설명하는 과정에서, 이 이론이 창조성 연구에 시사하는 바가 적지 않으리라는 믿음이 생겼다. 좀더 분명하게 말하면, 어떤 한 사람이 무조건 지능이 우수하다거나 열등하다고 단정짓는 생각이 이치에 맞지 않는 것처럼, '창조성이 대체로 뛰어난' 개인을 찾는 연구나 '창조성'을 시험하는 수단을 개발하는 작업이 내게는 헛된 노력으로 보였다. 지능이 다원적이라면, 창조성은 한층 더 다원적일 거라고 생각했던 것이다.

두 번째 계기는 나와 비슷한 연배로 발달심리학과 사회심리학, 교육심리학 분야에서 훈련받았고 관심사가 서로 비슷하며 이들 주제를 종합적으로 연구하는 학자 그룹(Invisible College)에 내가 소속했다는 점이다. 우리는 인지발달에 관한 피아제의 접근방식에는 대체로 공감했지만, 피아제의 몇몇 주장은 받아들이기 어렵다는 결론에 의견이 일치했다. 우리는 또한 인간의 상징화 능력의 본질과 기능, 문화권에 따라 다르게 나타나는 상이한 발달과정, 그리고 지능과 창조성, 전문적 기술, 재능, 적성, 비범함 등 인간 능력 상호간의 관계에 대한 관심과 호기심을 공유하고 있었다. 이런 주제를 탐구하는 동안 나와 가장 가까웠던 동료는 미하이 칙센트미하이(Mihaly Csikszentmihalyi)와 데이비드 펠드먼(David Feldman)이었다. 물론 하버드대학의 프로젝트 제로 연구소의 많은 동료를 비롯해서 마이클 콜(Michael Cole)과 윌리엄 데이먼(William Damon), 베라 존 스타이너(Vera John~Steiner), 데이비드 올슨(David Olson), 데이비드 퍼킨스(David Perkins), 가브리엘 살로먼(Gavriel Salomon) 등도 나와 함께 했다.

나는 특히 미하이 칙센트미하이의 이론 공식에 기초해서 창조성을 연구하는 새로운 연구 방법을 발전시켰다. 제1부에서 설명하겠지만, 이 새로운 연구 방식은 우선 개인의 발달과정을 연구하고, 그런 다음에 한 개인이 활동하는 특정한 분야, 혹은 특정한 상징체계와 그 분야에서 새로운 업적을 평가하는 역할을 하는 기성 권위자 집단에 초점을 맞춘다. 이처럼 다소 추상적인 용어로 새로운 접근법을 개념화한 다음에, 나는 이 방법을 우리 시대의 창조적인 인물로서 누구나 인정하는 지그문트 프로이트(Sigmund Freud)에 적용하려고 했다. 프로이트에 관한 나의 사례연구는 주목을 받았고, 나는 곧 프로이트에 못지않은 뛰어난 업적을 남긴 파블로 피카소(Pablo Picasso)에 대한 비교연구에 착수하였다.

프로이트와 피카소는 서로 다른 지능을 대표하는 사람들로서, 나는 이 점을 신중하게 비교하고 대조하였다.

프로이트가 언어(linguistic) 지능과 논리(logical) 지능이 뛰어난 경우라면, 피카소는 공간(spatial) 지능과 신체(bodily) 지능이 우수한 경우이다. 두 사람이 자신의 지능을 활용한 방법도 굉장히 독특했다. 내가 궁금했던 것은 창조성이 어떻게 상이한 지능을 통해 발현되는가 하는 문제였고, 이 난해한 문제를 해결할 요량으로 서로 다른 지능을 대표하는 몇 명의 인물을 비교하고 검토하겠다는 생각을 했던 것이다. 처음엔 인류 역사를 통틀어 가장 흥미로운 인물들(모차르트, 성 아우쿠스티누스, 공자 등)을 선택할 생각이었지만, 방법론이나 내가 가진 전문적 식견의 한계를 감안했을 때, 동일한 시대에서 일곱 명의 개인을 선택하는 것이 좀더 합리적이라고 판단했다. 이렇게 해서 이 책에서 다루는 일곱 명의 창조적인 인물이 선택된 것이다.

이 책을 쓰는 일은 애정이 깃든 작업이었다. 어린 시절부터 내가 흥미를 느낀 사람들과 주제를 다루면서, 내가 사랑하는 예술 작품과 시간을 보내고 오랫동안 내 지적 호기심을 자극해 온 이론을 접할 수 있는 작업이었다. 게다가 나와 내 동료들이 인간의 창조성을 이해하기 위해 발전시킨 지적 도구를 마음껏 적용해 볼 수 있는 기회였다.

하지만 내가 전혀 예상치 못한 어려움도 있었다. 일곱 명의 창조적인 인물들은 각기 연구자의 평생을 걸어야 할 만한 인물이라는 점, 현대는 굉장히 복잡한 시대라는 점, 분석 도구가 새로운 것이어서 여러 모로 불완전했다는 점이었다. 이 책은 현재의 분량보다 세 배는 더 큰 분량이 될 수도 있었고, 수많은 도표와 일람표로 눈을 어지럽히는 모양새가 될 수도 있었다. 그리고 다른 많은 인물이나 사건, 사상들도 이 책에서 다루어야 마땅했으나 다음 기회로 미룰 수밖에 없었다. 그중 일부는 이 책이 겨우 시작 단계이기 때문에 발생한 것일 터이다. 나는 이제 많은 연구자들이 창조적인 인물과 시대를 연구하는 데 적용할 수 있는 방법론을 갖추게 되었다고 믿는다. 그리고 나뿐만 아니라 다른 사람들도 보다 확실한 이론적 근거를 갖고 훨씬 쉽게 이 책의 '분석적 틀'을 활용할 수 있으리라고 믿는다.

 마지막으로, 나는 내가 읽고 싶어 하는 스타일의 책을 쓰고자 했다는 점을 밝혀둔다. 전문용어는 되도록 쓰지 않고, 꼭 필요한 시각 자료만을 제시했다. 다루는 주제는 복잡하지만 간단명료하게 쓰고자 했다. 복잡한 주제를 쉽게 다루기 위해 중간 중간에 서술 내용을 요약해 정리했으며, 나름대로 신중하게 고른 곳에 세 개의 짤막한 해설(간주곡, interlude)을 삽입했다. 그리고 누군가 내 생각을 도용할지도 모른다는 위험을 무릅쓰고 이 책의 첫 부분에 내 이론의 요지와 중요한 결론을 기술했다.

매사추세츠 주, 케임브리지에서
하워드 가드너

젊은이

불행하고 어리석은 젊은이여
도회의 한 구역에서 방금 돌아온 젊은이여
안개 서린 전차 창문으로 비치는,
군중의 비참하고 불안한 모습들
사치스런 장소에 들어갈 때마다 밀려 드는 두려움
모든 게 너무 비싸기만 하다, 너무 고급스럽다,
자네의 미숙한 매너와 유행에 뒤진 옷, 그리고 서투른 행동을
사람들은 다 알아봤을 테지.

자네 곁에 서서 이렇게 말할 사람은 아무도 없어.

당신은 잘생긴 청년이군요,
당신은 건장하고 튼튼해 보입니다,
당신이 불행하다니 믿기지 않는군요.

낙타 털 외투를 걸친 테너 가수를 부러워할 필요도 없지
자네가 그의 마음속 두려움을 알고 그가 어떻게 죽을지 안다면

자네의 근심거리인 빨간 머리 여인,
너무나 아름다운 그녀는 마치 불 속의 인형처럼 보이고
그녀가 익살꾼들의 놀림에 깔깔대는 것을 자네는 이해하지 못할 테지.

자네를 떨게 하는 저택
눈 부신 아파트—
바로 이곳에서 기중기가 잡석을 치웠다네.

자네 차례가 오면 자네도 무언가를 소유하고 지키고
아무런 이유가 없을지라도 자부심을 느끼겠지.

소원은 이뤄질 테고, 그러면 자네는
연기와 안개로 짜여진 시간의 정수(精髓)를 갈망할 테지.

변치 않는 바다처럼 밀려왔다 밀려가는
단 하루에 불과한 무지개빛 인생.

자네가 읽은 책이 무슨 소용이겠나
답을 찾았지만 해답 없는 인생을 살았을 뿐.

자네는 남쪽 도시의 거리를 걷게 될 거네,
다시 처음으로 되돌아가서 황홀하게 바라보겠지
간밤에 내린 첫눈이 쌓인 하얀 정원을.

체스와프 미워시(Czeslaw Milosz)

■ 차례

감역자의 글 · 5
감사의 글 · 11
들어가는 글 · 13

제1부 창조성은 어떻게 길러지는가?

1. 취리히에서의 우연한 만남 29
일곱 명의 창조적인 사색가 · 32 / 이 책의 목표 · 36 / 구성적 주제 · 38 / 동시대인들에 관한 연구 · 47 / 한 시대의 조명 · 48 / 현대 · 50

2. 창조성의 연구 방법 57
창조성 연구와 지능 연구 · 58 / 창조성에 대한 인지적 접근 · 61 / 성격과 동기부여의 관점 · 65 / 역사계량학의 관점 · 70 / 창조성에 대한 나의 접근법 · 72 / 구성적 주제-재론 · 75 / 구성적 틀 · 77 / 경험적 조사 문제 · 94 / 새로 발견한 주제 · 97

제2부 현대의 창조적 거장들

3. 지그문트 프로이트 Sigmund Freud - 세상에 홀로 맞선 사람 103
첫 제자들 · 104 / 성장 배경과 유년 시절 · 106 / 프로이트의 다재다능함 · 108 / '최초'의 경력: 신경학 · 112 / 샤르코와 정신의학에의 길 · 115 / 고독,

그리고 친밀한 친구들·122 / 프로이트가 창조적 도약을 이루기 직전의 심리학 분야와 장(場)·127 / 프로이트 혁명의 주요 개념·129 / 꿈의 해석:1900년의 프로이트·143 / 빈의 배경·149 / 지도자로서의 프로이트:조직의 확대·152

4. 알베르트 아인슈타인 Albert Einstein - 영원한 아이 167
어린 시절의 수수께끼들·169 / 분야의 전문 지식 익히기·176 / 과학적 배경:갈릴레오에서 로렌츠까지·180 / 아인슈타인의 '객체 중심적인' 정신·190 / 특수 상대성 이론이 나온 특별한 해·200 / 상대성 이론:즉각적인 운명·212 / 세계적인 유명 인사가 되다:두 가지 특징·219 / 일반 상대성 이론·225 / 물리학의 주류를 거부하다·229 / 직관적 지혜와 성찰적 지혜·231

■간주곡 I ·242

5. 파블로 피카소 Pablo Picasso - 신동과 천재 249
신동·250 / 신동 피카소·254 / 파리의 젊은 예술가·266 / 「아비뇽의 처녀들」:실험적인 양식을 향해서·278 / 입체주의를 낳은 동반자 관계·288 / 입체주의 이후:유명 인사로서의 삶·304 / 피카소 스스로 걸작으로 인정한 작품 「게르니카」·309 / 노년기에 이른 신동·323

6. 이고르 스트라빈스키 Igor Stravinsky - 음악가이자 정치가 333
예술 창조의 정치적 측면·334 / 러시아인의 유년기·337 / 중심지의 음악 · 341 / 초창기의 성공과 운명적인 만남 · 344 / 발레곡의 거장이 되다 : 「불새」와 「페트루슈카」· 348 / 「봄의 제전」: 새로운 세기의 시작을 알린 소리 · 356 / 「봄의 제전」: 공연과 그 여파 · 362 / 시학에서 정치로 · 369 / 「결혼」: 또 다른 종류의 걸작 · 376 / 과거의 음악으로부터 얻은 신선한 자극 · 380 / 사고와 인격의 성숙 · 385 / 마지막 업적 · 391

7. T. S. 엘리엇 T. S. Eliot-경계선에 위치한 거장 401
『황무지』의 재발견 · 402 / 엘리엇의 성장 배경 · 403 / 하버드 대학교와의 불화 · 406 / 새로운 삶 · 411 / 두 시인이 힘을 합치다 · 413 / 유럽에 정착하다 · 420 / 『황무지』: 작시(作詩) 과정과 배경 · 425 / 『황무지』에 대한 반응 · 432 / 공인으로서의 엘리엇 · 437 / 중년의 문학인 · 441 / 만년의 엘리엇 · 449

■간주곡 2 · 458

8. 마사 그레이엄 Martha Graham-무용계에 혁명을 몰고 온 여자 465
세기 전환기의 무용 분야 · 466 / 세기 전환기, 마사 그레이엄의 미국 · 469 / 새로운 경력 · 472 / 새로운 무용 · 476 / 현대 무용의 애매성 · 480 / 현대 무용을 장려한 장(場) · 482 / 공동작업 시도 · 486 / 1930년대 초반의 마사 그레이엄의 무용 · 489 / 미국적 무용을 창조한 시기 · 495 / 인생의 굴곡과 부침 · 507 / 무용가의 삶 · 519 / 쇠퇴와 갱생 · 529 / 그레이엄의 업적 · 534

9. 마하트마 간디 Mahatma Gandhi—신념을 실천한 정치 지도자 541
영국 통치하의 인도 · 542 / 도덕적인 소년 간디 · 543 / 선택의 연속 · 547 / 남아프리카에서의 성숙 · 551 / 인도의 현지 사정을 알아가기 · 561 / 사티아그라하의 원칙 · 572 / 간디의 개인적인 측면 · 582 / 민족과 세계의 지도자 · 593 / 만년의 간디: 인간과 전설 · 603

■간주곡 3 · 610

제3부 창조성의 조건

10. 다양한 분야의 창조성 619
구성적 틀—재론 · 620 / 전형적인 창조자의 초상 · 622 / 주요 쟁점—재론 · 626 / 비동시성 평가 · 653 / 새로 발견한 주제 · 659 / 남은 문제들 · 665

에필로그 – 현대와 현대 이후 · 669
옮긴이의 글 · 692

부록 – 참고 문헌 · 698 / 인명 찾아보기 · 723 / 주제 찾아보기 · 736

일러두기

1. 인명, 지명, 서적·잡지명, 단체명 등 모든 명칭은 처음 등장할 때 괄호 안에 원어를 표기하고 이후로는 한글로만 표기하였다.

2. 고유명사의 한글 표기는 우리나라에서 이미 널리 쓰이고 있는 것은 그에 따랐고, 생소한 경우 외국어 발음표기규칙에 따랐다.

3. 갖가지 인용 문구는 본문 안에 그 출처가 명기된 경우, 따로 각주를 달지 않았다.

4. 역자주는 괄호로 묶어 본문 안에 포함시키는 것을 원칙으로 하되, 내용상 본문의 흐름과 일치하지 않거나 긴 경우 페이지의 하단에 표기하였다.

5. 원저의 참고 문헌과 인명 및 주제 찾아보기는 부록으로 정리하였다.

Creating Minds

제 1 부
창조성은 어떻게 길러지는가?

1
취리히에서의 우연한 만남

1974년에 초연된 톰 스토파드(Tom Stoppard)의 희극 「익살(Travesties)」은 제1차 세계대전 동안의 취리히를 배경으로 한다. 영국 영사관의 하급관리이자 아마추어 배우인 헨리 카(Henry Carr)를 중심으로 줄거리가 전개되는데, 카는 오스카 와일드(Oscar Wilde)의 소극(笑劇) 「진지함의 중요성(The Importance of Being Earnest)」을 무대에 올리기 위해 노력한다. 「익살」의 진면목은 당시 스위스에 우연히 살게 된 역사적인 인물들의 초상을 그려냈다는 점에서 찾을 수 있다. 오랜 세월이 흘러 늙고 기억력이 쇠잔한 카가 이들의 행적을 자화자찬 식으로 회고한다.

　스토파드는 사실과 허구를 주저없이 뒤섞고 있지만, 당시 모두들 대전쟁(Great War)이라고 부르던 전쟁 기간에 역사적으로 중요한 인물들이 전화(戰火)가 미치지 않은 취리히에 모여든 것은 역사적 사실이다. 카는 이렇게 회상한다. "전시 취리히. 온갖 종류의 난민, 첩자, 망명객, 화가, 시인, 작가, 급진 분자들이 들끓는 장소." 스토파드의 희극에는 무명의 아일랜드 작가 제임스 조이스(James Joyce, 1882~1941)와 거의 알려지지 않은 러시아 혁명가 블라디미르 레닌(Vladimir I. Lenin, 1870~1924), 그리고 니힐리즘의 미학, 다다이즘을 유행시킨 장본인으로 반미치광이나 다름없는 러시아의 지식인이자 예술가인 트리스탄 차라(Tristan Tzara, 1896~1963)가 중심 인물로 등장한다. 이 망명자들은 각자 제 할 일을 한다. 한 명은 위대한 소설을 쓰고, 또 한 명은 러시아 혁명을 계획하고, 나머지 한 명은 예술과 정치와 삶을 새롭게 정의한다.

　소란스러움과 불안이 이 때만큼 심하지 않았던 이전 시대의 분위기를 환기하는 와일드의 희곡을 연습하면서, 주인공들은 현대라는 주제에 관해 한 마디씩 농담조의 말을 던진다. 레닌이 말한다. "문학은 당의 문학이 되어야 합니다. …… 저로 말씀드리면 야만인입니다. 표현주의니 미래파니 입체파니……. 저는 이해할 수도 없고 아무런 즐거움도 느끼지 못합니다." 차라도 자기 생각을 내세운다. "모름지기 예술가라면 지금까지 다들 예술로 알고 있는 예술 따위에 신경쓰면 안 되지요. 바람직하지가 않습니다. …… 요즘에는 예술가가 어떤 사람인가 하면, 무엇이든 자기가 하는 일을 예술로 만드는 사람입니다." 조이스도 한 마디 한다. "당신은 지나치게 흥분했군요. 당신 재능의 한계도 모르고 그저 자기 생각만 고집하는군요. 뭐 부끄러운 일은 아닙니다만, 그런다고 당신이 예술가가 되는 것도 아니죠. 예술가란 불멸에 이르고자 하는 사람들의 욕망을 아주 기발한 방법으로 충족시키는 마술사와 같습니다."

관객의 입장에서 보면, 스토파드의 「익살」은 급조된 극단에 관한 흥미로운 소극이지만, 동시에 현대가 태동하는 시절에 걸출한 세 인물들이 활약하던 모습을 은밀히 보여주는 장면이기도 하다. 이는 마치 계몽주의를 이끈 핵심 인물들이 1740년대에는 모두 소년 성가대원이었고, 미국의 주요 초월주의자들이 1820년대에는 모두 대학생이었던 것과 같다.

「익살」은 오랜 옛 일을 다루고 있지만, 분명히 우리 시대의 작품이다. 서로 갈등하는 해석의 틀(interpretive frame)과 정치적 신조, 그리고 미학적 규범을 빠른 장면 전환으로 보여주는 「익살」은 조이스나 레닌, 그리고 차라와 같은 '현대(modern age)'의 핵심적인 인물들에 존경과 찬사를 보내는 작품이다. 등장인물들이 논쟁하고 대화하는 내용은 20세기의 논쟁사를 끊임없이 달구었던 주제들이다. 무엇보다도 문화적 취향이 제각각이고 삶의 목표가 근본적으로 다른 인물들이 유럽의 한 도시에 모일 수 있다는 상상, 그리고 순전한 추측에 불과하지만 이들이 서로 알고 지냈으리라는 상상은, 더 이상 지역과 지역이 멀리 떨어져 존재하지 않게 된 세상에서나 떠올릴 수 있는 구상이다. 이를테면, 앙드레 말로(André Malraux, 1901~1976)의 '벽이 없는 미술관'이나 마샬 맥루한(Marshal McLuhan)의 '지구촌'처럼 말이다.

일곱 명의 창조적인 사색가

시대적 배경을 1914년에서 1918년까지 지속된 세계전쟁 기간으로 정해 놓고, 스토파드의 「익살」을 확장하여 무대에 올릴 만한 인물을 고른다고 생각하면, 서로 비교가 가능하면서도 우리 시대에 강력한 영향을 미친 역사적인 인물들을 쉽게 선택할 수 있다.

● 신경학자에서 정신분석의가 된 지그문트 프로이트(Sigmund Freud. 1856~1939). 빈에 살면서 환자를 치료하고, 자신이 창시한 정신분석학 운동의 영향력이 점차 확산되는 현상을 만족스럽게 바라보지만, 마음 한켠에서는 취리히에 근거를 두고 활동하는 경쟁자 칼 융(Carl Jung)에게 신경이 쓰인다. 그는 전장에 나간 아들의 운명을 걱정할 뿐 아니라, 내부에 파괴적인 독성을 지닌 인간 사회의 생존 가능성에도 우려의 눈길을 보낸다.

● 이론물리학자 알베르트 아인슈타인(Albert Einstein. 1879~1955). 이제 막 취리히에서 베를린으로 옮겨온 그는 이곳에서 대학의 저명한

물리학 교수 및 새로운 물리학 연구소의 소장으로 일한다. 평화주의자로서 자신의 고향 사람들이 일으킨 전쟁에 반대하는 선언을 한다. 부인과 이혼하면서 그녀에게 노벨상 수상을 약속하는데, 아인슈타인은 시간과 공간, 빛에 관한 기존의 생각을 뒤엎은 자신의 혁신적인 이론에 노벨상이 주어지리라고 확신한다.

● 스페인 태생의 화가 파블로 피카소(Pablo Picasso. 1881~1973). 20세기 초에 파리로 이주한 그는 조르쥬 브라크(Georges Braque, 1882~1963)와 함께 구상한 입체주의 화풍을 서서히 확산시킨다. 전쟁 기간에 연인 에바의 죽음을 목도하고, 발레뤼스(Vallets Russes) 발레단의 무대를 꾸미기 위해 로마로 건너가 러시아인 발레리나 올가 코클로바(Olga Koklova)를 만나 사랑에 빠진다.

● 이고르 스트라빈스키(Igor Stravinsky. 1882~1971). 초연 당시 심한 물의를 일으켰던 「봄의 제전(Le sacre du printemps)」(1913)을 작곡한 러시아 태생의 작곡가. 제1차 세계대전이 발발하자 그는 서유럽을 떠나지 않기로 결심하고 전쟁 기간 내내 주로 스위스에 머물며 작곡을 한다. 이곳에서 그는 획기적인 작품 「병사 이야기(Histoire du soldat)」와 「결혼(Les noces)」을 작곡한다.

● T. S. 엘리엇(T. S. Eliot. 1888~1965). 미국 세인트루이스에서 태어난 시인으로서 20세기 초엽에 유럽으로 건너왔다. 제1차 세계대전이 벌어졌을 때 그는 가족의 소망을 뿌리치고 유럽에 정착하기로 결심한다. 전쟁이 발발함과 동시에 초기 대표작인 「프루프록의 연가

(The Love Song of J. Alfred Prufrock)」를 발표하고, 그 후 혁신적인 걸작 『황무지(The Waste Land)』(1922)를 완성하는 데 심혈을 기울인다.

● 마사 그레이엄(Martha Graham. 1894~1991). 미국 피츠버그 인근에서 태어난 무용가로서 얼마 전에 가족과 함께 캘리포니아 남부로 이주했다. 부모의 소망을 무시하고 전쟁 기간에 선구적인 무용가 루스 세인트 데니스(Ruth St. Denis)와 테드 숀(Ted Shawn)에게 무용 지도를 받는다. 1920년대 초반에는 유럽과 미국의 많은 지역을 여행한다. 데니숀(Denishawn) 무용단에서 나와 독자적인 무용단을 조직하고, 곧 매우 현대적인 무용 형식을 창조한다.

● 마하트마 간디(Mahatma Gandhi. 1869~1948). 인도의 정치 및 영적 지도자. 영국과 남아프리카 등 해외에서 20여 년을 보낸 뒤, 얼마 전 조국에 돌아왔다. 영국의 통치에는 반대하지만, 전쟁 기간에는 연합국을 지지한다. 평화적으로 저항하는 혁신적 방법을 지속적으로 생각해내고, 전쟁이 끝나자 인도에 비폭력적인 정치 혁명을 일으키면서 전세계에 걸쳐 폭넓은 반향을 일으킨다.

현대를 탄생시키고 형성한 사람들의 목록을 어떻게 작성하건 여기서 빠진 사람이 눈에 띄게 마련이다. 왜 마르셀 프루스트(Marcel Proust, 1871~1922)나 버지니아 울프(Virginia Woolf, 1882~1941)가 아니라 T. S. 엘리엇인가? 왜 마오쩌뚱이나 마틴 루터 킹(Martin Luther King) 목사가 아니라 마하트마 간디인가? 어째서 이사도라 던컨(Isadora Duncan, 1877~1927)이나 조지 발란쉰(George Balanchine,

1904~1984)이 아니라 마사 그레이엄인가? 이와 마찬가지로 어떤 분야를 선택했건 무시된 분야가 생각나게 마련이다. 왜 운동이 아니라 무용이고, 사업이 아니라 정치이며, 생물학이 아니라 물리학이란 말인가? 이 책에서 집중하는 대상 시기 역시 논란을 피할 수 없다. 현(근)대의 개시를 1776년, 1789년, 혹은 1848년의 정치 혁명에서 찾아야 한다거나, 혹은 1500년이나 1815년에 풍미한 사상이나 발생한 사건들에서 찾아야 한다는 주장도 가능하다. 또한 진정한 현대적 미학의 기원은 세기말에 등장한 폴 세잔(Paul Cézanne, 1839~1906)의 그림, 구스타프 말러(Gustav Mahler, 1860~1911)의 음악, 스테판 말라르메(Stéphane Mallarmé, 1842~1898)의 시에 있고, 과학의 성격을 근본적으로 바꾼 혁신적인 업적은 1920년대의 양자 역학이나 20세기 중엽의 유전 정보 해독, 혹은 최근의 혼돈 이론이라는 의견도 있을 수 있다.

하지만 내가 지목한 일곱 명의 창조적인 인물들과 그들이 활약한 분야가 현대의 다양한 판본을 창출한 수많은 후보 집단에서 공정하게 선택한 대표적인 존재라는 주장에는 그다지 이의가 없을 것이다. 실제로 이들 모두를 무시하고는 어떤 창조성 연구도 신빙성을 얻기 힘들 테지만, 이들을 포함한 연구라면 적어도 올바른 궤도에 올랐다는 인상은 줄 것이다. 좀더 중요한 점은, 프로이트와 아인슈타인, 피카소, 스트라빈스키, 엘리엇, 그레이엄, 그리고 간디의 창조적인 도약을 이해할 수 있으면, 분명 인간의 창조 행위에 담긴 여러 가지 특성을 이해할 수 있다는 점이다. 나는 또한 그들의 창조적 업적을 뒷받침하는 토대를 이해하면, '현대'를 해명하는 데도 도움이 될 것이라고 생각한다. 현대는 20세기에 활력을 불어넣은 근본적인 사상들이 탄생한 시기이며, 오늘날의 '포스트모던한' 관점에서 보면 빠르게 퇴색하는 시기이다. 이들 일곱 명의 인물이 모두 톰 스토파드가 상상한 무대에 등장했다면(사실 이들이 1916년 여름 반호프 거리의 한 카페에서 같은 테이블에 앉았을 수도 있다는 상상이 전혀 터무니없는 것만은 아니다), 「익살」은 우리 시대에 관한, 우리 시대의, 우리 시대를 위한 명확한 기록이 되었을 것이다.

이 책의 목표

일곱 명의 '현대의 거장들'에 관해 글을 쓰면서 나는 세 가지 중요한 목표를 염두에 두었다. 첫째, 나는 대체로 1885년에서 1935년에 이르는 반세기 동안 이들 각자가 살았던 세계를 들여다보고 싶다. 이를 통해 그들 나름의 특별하고 종종 기묘하게도 보이는 지적 능력과 성품, 그들이 처한 사회적 환경, 그들이 제기한 창조적인 의제, 힘겨운 노력, 그리고 그들이 성취한 업적의 특성을 밝힐 생각이다.

일곱 명의 뛰어난 인물들이 이뤄낸, 성격이 전혀 다른 창조적인 업적을 조명하는 것은 결코 간단한 일이 아니다. 내가 만약 인문학 전통에서 이 연구를 수행한다면 이들 중 한 사람만을 골라 철저하고 집중적으로 그(녀)가 기여한 바를 규명하려고 할 것이다. 이 경우엔 비교 검토가 큰 비중을 차지하지는 못했을 것이다. 하지만 나는 사회과학자로서 이 과업을 수행했기 때문에 이 책은 창조성의 유형을 찾는 형식을 취한다. 즉, 이들 간의 유사점과 교육상 의미 있는 차이점을 규명할 생각이다.

두 번째 목표는 창조적인 행위(기획)의 본질에 관해 대략적으로나마 결론을 내리는 것이다. 다양한 분야에서 세심하게 선택한 인물들의 획기적인 업적을 좀더 잘 이해하면, 분야에 상관없이 인간의 창조적인 행위를 통어하는 법칙을 추려낼 수 있을 것이다. 물론 어느 한 영역의 창조적인 업적이 다른 영역에서 이루어진 획기적인 업적으로 인해 붕괴될 리는 없다. 아인슈타인의 사색 과정과 과학적 업적은 프로이트의 경우와 다르며, 엘리엇이나 간디의 경우와는 더욱 다르다. 창조성의 종류가 단일하다는 생각은 신화에 불과하다. 하지만 나는 특정한 성품과 조건이 20세기의 창조적인 인물들의 일반적인 특징이며, 우리가 이런저런 사상을 구상하고 명확하게 표현하고 또한 다양한 사상들에 반응하는 방식에도 어느 정도 공통점이 존재한다는 증거를 제시할 것이다.

그리고 마지막 목표는 심한 우여곡절을 겪기는 했어도 활기에 넘쳤던 시대, 즉 내가 '현대(the modern era)'라고 부르는 시대에 관해서도 내 나름의 결론을 내리는 것이다. 전혀 다른 시대에서 그리고 다양한 문화권에서도 창조적인 인물들을 고를 수 있지만, 대체로 동시대인이라고 할 수 있고(프로이트는 1856년에, 마사 그레이엄은 1894년에 태어났고 다른 인물들은 이 사이에 태어났다), 넓게 보아 서유럽 문명의 영향을 받은 사람들을 선택하면 유리한 점이 있다. 몇몇 재능 있는 사람들의 특정한 업적을 살펴볼 수 있을 뿐만 아니라, 그들을 형성했고 또한 그들이 그 특성을 만드는 데 기여했던 시대에 관해서도 검토할 수 있기 때문이다.

내 생각에 19세기에 풍미했던 예술과 장인적 기예, 과학 이론, 그리고 지적 통합성은 더 이상 적절치 못한 것으로 여겨진다. 그리고 이와 같은 부적합성을 인지하고 그에 대한 대응으로서 일곱 명의 창조적 인물들은 새로운 의제를 만들어냈고, 그것이 20세기 내내, 즉 '그들의' 세기 내내 그 잠재력이 소진될 정도로 철저히 수행되고 연구된 것이다. 이와 같은 재정식화(reformulation)의 특징은 역설적이게도 각 분야의 기본 요소로 회귀한다는 점에 있다. 그러니까 가장 단순한 형태와 소리, 이미지, 수수께끼로의 회귀를 일컫는데, 이는 가장 기본적인 충동과 가장 정교한 이해가 결합되는 다소 묘하긴 하지만 매우 생산적인 정화 과정이라고 할 만하다. 게다가 나는 창조적인 혁신에는 아이다운 천진성과 어른의 원숙함이 결합해 있다고 생각한다. 20세기의 고유한 천재들은 어린 아이의 감수성을 체화하고 있었다.

이같은 연구의 핵심은 사례 연구를 통한 철저하고 집중적인 탐구에 있다. 하지만 제2부에서 이런 과제에 착수하기 전에 미리 밝혀야 할 사항이 몇 가지 있다. 이 장의 남은 부분에서 나는 이 책에서 주목한 창조적인 도약의 특징을 설명하고, 이를 통해 나의 주된 주제를 개략적으로 설명할 것이다. 그리고 제2장에서는 창조성 연구에 대한 나의 접근법을 소개하고, 이를 최근의 사회과학자들이 거둔 성과와 관련지어 정리할 것이다.

구성적 주제

이 책의 내용을 한 구절이나 몇 가지 간단한 요소로 요약할 수는 없지만, 중요한 특징을 설명함으로써 다소 복잡한 분석틀을 간단하게 소개할 수는 있다. 우선 이 분석틀은 세 가지 핵심 요소로 이루어진다. 창조적인 인물, 창조적인 행위의 대상이나 작업(일), 그리고 창조적인 인물의 세계에 거주하는 다른 사람들이 바로 그것이다. 이 세

가지 핵심 요소와 이들의 관계는 창조적인 행위를 설명하는 기본 토대가 된다.

1. 아동과 대가의 관계 개인의 발달을 연구하는 데 있어, 재능은 있지만 아직 미완의 대가인 아동의 세계와 자기 세계에 확신이 있는 성인 대가의 영역 간에 존재하는 불연속성과 연속성을 살펴보는 것은 자연스러운 일이다. 혁신적인 인물이 어린 아이의 관점으로 세상을 바라본다는 사실을 섬세하게 간파하는 것도 창조성 연구에서 매우 중요하다.

2. 개인과 그가 활동하는 분야의 관계 모든 사람은 하나 이상의 분야에서 활동하면서, 현재 통용되는 상징체계를 활용하거나 아니면 새로운 상징체계를 고안한다. 이 책에서 나는 창조적인 인물들이 특정 분야의 전문 지식을 터득하고 그 분야에서 활동하다가 궁극적으로 그 분야의 성격을 쇄신하는 저마다의 고유한 방식에 주목할 것이다.

3. 개인과 다른 사람들의 관계 흔히 창조적인 인물들은 홀로 고립되어 작업한다고 생각하지만, 그들이 성장하는 기간 내내 주변의 다른 사람들이 행하는 역할도 중요하다. 이 연구에서 나는 성장기에 가족과 교사가 행하는 역할과, 창조적인 도약을 이루는 시기에 중요한 도움을 주는 다른 사람들이 행하는 역할을 탐구할 것이다.

잠정적으로 이 요소들을 도해하면 다음과 같다.

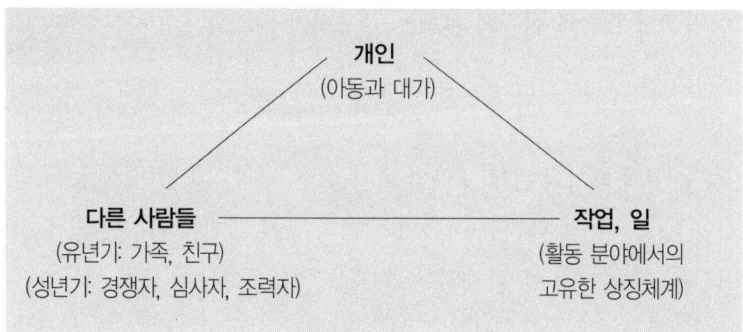

처음부터 이런 요소들을 소개하면서 내가 강조하고 싶은 것은, 모든 창조적인 행위는 우선 한 개인과 객관적인 작업 세계의 관계에서 생겨나고, 그 다음 두 번째로 그 개인과 다른 사람들의 관계에서 성숙한다는 점이다. 나중에 이 창조성의 삼각형에 위치한 세 '꼭지점' 간의 역동적인 상호관계를 좀더 자세히 설명할 것이다. 하지만 지금은 미리부터 복잡한 전문 용어에 엉키지 말고, 이런 주제를 어떻게 각각의 사례 연구에서 다룰 것인지를 짤막하게 언급하겠다.

세계에서 자아로, 다시 자아에서 세계로

우리가 다루는 일곱 명의 거장들 모두가 그들이 활약한 분야에 심대한 영향을 미쳤지만, 특히 프로이트는 하나의 새로운 분야, 즉 정신분석학 이론과 치료법을 창조했다고 말할 만한 충분한 자격이 있다. 젊은 시절 프로이트는 다방면에서 기라성 같은 학자들의 지식을 흡수하는 다재다능함을 보였다. 실제로 프로이트는 다양한 과학적 견해와 임상 방법을 터득하고 이를 종합하여 정신분석학을 창안했다. 물론 홀로 자신의 꿈을 분석하여 처음으로 정신분석을 시도했던 것도 그만큼 중요한 일이었다.

시대를 통틀어 프로이트만큼 전인미답의 영역을 고독하게 개척했던 탐구자는 거의 없었다. 하지만 이런 프로이트도 다른 사람의 든든한 격려와 지원을 받았는데, 이것은 아마도 불가피한 일이었을 것이다. 그는 친구 빌헬름 플리스(Wilhelm Fliess)를 높이 평가했다. 프로이트는 일단 자신의 기본 생각을 명확히 설명하면, 다소 괴팍한 플리스와 절교할 위험까지 감수하면서도 과감하게 나아갔다. 하지만 얼마 지나지 않아 그는 곧 정신분석학 이론을 공유할 사람들을 자신의 모임에 끌어들이기 시작했고, 그 모임은 계속 성장하여 정신분석학이 발달하는 데 중요한 매개 역할을 했다. 따라서 나의 첫 번째 사례 연구에서는 고독한 탐구자로 출발해서 절친한 친구들과 대화를 나누고 나아가 새로 탄생한 분야에 소속된 구성원들과 상호작용을 하게 된 변화의 궤적이 기본 틀이 된다.

아동과 대가

많은 독자들은 아인슈타인의 상대성 이론을 언론의 요약 기사를 통해 피상적으로 알고 있다 할지라도 제대로 이해하려면 만만찮은 지적 모험을 벌여야 할 것이다. 어찌 되었건 아인슈타인은 가장 진보한 과학인 물리학에 전문적인 기여를 했다. 하지만 그는 당시 물리학의 지배적인 패러다임과 의제를 그대로 받아들이지만은 않았기 때문에 획기적인 업적을 남길 수 있었다. 대신 그는 제1원리로 돌아가 가장 근본적인 물음을 제기하고 단순하면서도 가장 포괄적인 설명 원리를 찾고자 했다.

어떤 점에서 이는 아인슈타인이 유년기의 개념 세계로 회귀한 것을 의미한다. 관습적인 설명 방식에 구애받지 않고 기본적인 이해 방식을 찾았다는 말이다. 사실 그가 어린 시절에 품었던 수수께끼—나침반의 바늘이 가리키는 방향, 광선에 올라타는 '사고 실험'—는 훗날 그의 가장 혁신적인 과학적 업적을 탄생시킨 원동력이었다. 따라서 나는 유년기에 흔히 품게 마련인 문제와 정교한 지적 분야에서 제기되는 까다로운 도전 사이에 펼쳐지는 지속적인 변증법적 대화를 강조하면서 아인슈타인을 살펴볼 것이다.

신동과 천재

우리가 다루는 현대의 거장들은 모두 유년기에 비상한 재능을 보였지만, 어린 피카소가 보여준 놀라운 그림 솜씨에 당시 각별히 주목한 사람은 별로 없었다. 유년 시절부터 그는 그림에 뛰어난 재능을 보였고, 10대 후반이 되자 당대의 다른 어떤 화가들 못지않게 훌륭한 솜씨를 드러냈다. 이것이 바로 이후 75년간의 생애에서 그토록 왕성한 활동을 해낸 토대이다. 피카소는 일찍이 눈부신 솜씨를 발휘하고 어른이 되어서는 불후의 업적을 남기게 된 '신동'에 대한 훌륭한 연구 대상이다. 우리 시대의 '모차르트 수수께끼'라고 할 수 있다.

음악의 정치성

피카소와 스트라빈스키의 이름은 같이 언급되는 경우가 많다. 두 사람은 서로를 알고 있었고 존경했으며 서로에게 많은 것을 배웠던 거의 동년배였으므로 이것은 어쩌면 당연한 일인지도 모른다. 두 사람은 모두 서른 살이 되었을 무렵에 각기 음악과 미술 분야에 근본적인 방향 전환을 일으켰고, 이후 오랜 세월에 걸쳐 창조적인 삶을 추구했다. 이 기간에 그들은 언제나 독특한 방식으로 과거의 기념비적인 작품을 재고하면서 한층 더 혁신적인 작품을 창조했다.

스트라빈스키는 아놀드 쇤베르크(Arnold Schöenberg, 1874~1951)와 벨라 버르토크(Béla Bártok, 1881~1945)와 더불어 20세기의 고전 음악을 지배한 음악가이다. 그의 창조적인 혁신은 전통적인 분야에 근본적인 변화를 촉진하는 사고를 자극했을 뿐 아니라, 무용이나 연극과 같은 인접 분야에도 방향 전환을 불러일으켰다. 가령 이론 물리학 분야의 창조적인 인물들은 비교적 고립된 환경에서도 작업을 할 수 있지만, 음악 작곡가는 그럴 수 없다. 거의 모든 스트라빈스키의 작품이 공동작업의 소산이므로 그의 창조 활동을 연구하면, 예술 공연을 기획하고 무대에 올리고 그 성과를 비평가들이 검토하는 과정에 스며 있는 정치적인 요소를 밝힐 수 있을 것이다.

경계선에 위치한 거장

하나의 문화에서 다른 문화로 기꺼이 이주하는 것은 현대의 두드러진 현상이며, 이 책에서 다루는 창조적인 거장들 역시 다양한 문화에 흠뻑 젖는 것이 필요하고 매력적인 일이라고 생각했다. 그들이 파리나 취리히와 같은 국제적인 도시에 이끌린 것은 전혀 우연이 아니다. 특히 엘리엇은 다른 누구보다도 현대의 창조적인 인물이 지니는 경계성(marginality)을 고려하게 하는 인물이다. 그는 상이한 문화권에 끼어 있었고 다양한 시대에 '걸쳐 살았던' 셈인데, 정신 장애에 가까운 불안과 혼란을 겪었다. 게다가 엘리엇은 분명히 미국의 주류 계층에서 태어난 사람이기 때문에 창조적인 인물이 스스로 경계인(境界人)이 되는 사례의 시금석과도 같다.

또한 엘리엇은 30대에 창조성의 절정에 이른 대표적인 시인으로서, 나이가 먹은 뒤에도 지속적으로 왕성하게 활동하는 인물이 어떻게 형성되었는가를 보여준다. 그는 비평가와 극작가, 그리고 편집자로서 크게 활약했다. 그의 생애는 창조적인 인물이 나이가 들어가면서도 어떤 선택을 할 수 있는가를 보여주는 좋은 사례인 것이다.

창조적인 미국 여성

우리가 다루는 현대의 거장들 중에 가장 젊고 이 책을 구상하던 시기에도 유일하게 생존하고 있었던 그레이엄은 두 가지 면에서 뚜렷한 특징을 지닌다. 하나는 그녀가 뼈 속 깊은 곳까지 미국인이라는 점이다. 그녀는 서유럽과 동양의 전통에서 뿐 아니라, 특히 고국에서, 그러니까 뉴잉글랜드 지역의 전통과 유년기를 보낸 애팔래치아 지방, 그리고 드넓은 평야 지역과 거기서 거주하는 사람들에게서 영감을 얻었다. 두 번째로 그녀는 여성으로서 남성 본위의 창조 세계에 미만한 태도와 기대치, 그리고 거기서 파생된 여러 장애에 직면했다는 점이다.

그레이엄은 이전 시기에 여성에게 부과된 여러 한계를 극복하면서 자기만의 예술 형식을 창조했고, 스스로 단체를 설립하고 자신의 예술적 유산을 남겼다. 아마도 다른 누구보다 마사 그레이엄은 그녀 스스로 행동의 귀감, 즉 역할 모델이 되어야 했을 터인데, 이 점은 생물학자 바바라 맥클린토크(Barbara McClintock)와 인류학자 마거릿 미드(Margaret Mead), 화가 조지아 오키프(Georgia O'Keeffe), 작가 버지니아 울프 등 20세기의 선구적인 여성들이라면 누구나 마찬가지였을 것이다. 당연히 그녀는 많은 여성 예술가들에게 용기와 자극을 주었고, 이들이 좀더 쉽게 자신만의 독특한 표현 방식을 청중(관객, 독자)에게 전해줄 수 있는 길을 열어주었다.

다른 사람들의 삶에 영향을 미친 사람

　내 연구에서 아인슈타인과 프로이트는 과학자로서, 내가 논리·수학 지능(아인슈타인의 경우)과 인성 지능(프로이트의 경우)이라 부르는 지능이 우수한 사람들이다. 다른 네 명의 대가들은 모두 예술 분야에서 혁신적인 도약을 이뤄냈으며, 각기 다른 지능을 대표한다. 피카소는 시각·공간 지능이 우수한 회화의 거장이었고, 스트라빈스키는 음악 지능이 뛰어난 음악의 혁신가였으며, 엘리엇은 언어 지능이 탁월한 언어의 마술사였고, 그레이엄은 신체·운동 지능이 출중한 무용의 대가였다.

　반면 정치와 종교, 교육, 상업, 임상 분야 등 '인간관계'의 영역에서 창조성을 논하는 일은 왠지 가당치 않다는 느낌을 주곤 한다. 다른 분야의 전문가들보다 예술가와 과학자가 창조성 논의에 더 적합하다는 느낌을 주는 것이다. 하지만 이런 이유는 지엽적이다. 다른 이유가 좀더 실질적인데, 정치를 비롯한 인간관계의 영역에서는 창조적인 도약이 수십 년이 아니라 수백 년에 걸쳐 점진적으로 일어나고, 따라서 어떤 특정한 창조적인 도약을 특정한 역사적 순간에 활약한 특정한 개인과 동일시하기가 쉽지 않기 때문이다.

　그럼에도 불구하고 대인관계(interpersonal) 방면에서 예수와 싯다르타, 마호메트, 공자, 소크라테스 등 과거의 위대한 혁신가들과 견줄 만한 최근의 창조적 인물은 인도의 정치 및 종교 지도자인 마하트마 간디가 유일하다. 간디는 그가 몸소 관여해서 폭넓게 검토하고 세심하게 실험하면서 인간의 갈등을 폭력 없이 해결하는 새로운 방법을 찾아냈다. 사티아그라하(satyagraha. 眞理把持)는 소모적인 대결과 비열한 복종, 그리고 폭력에 대한 호소 없이 귀중한 정치적 목표를 달성하는 방도를 찾는다. 간디는 수많은 사람들에게 사상적 영향을 미쳤는데, 좀더 인상적인 사실은 몸소 용기있는 행동을 실천함으로써 수많은 사람들에게 행동의 귀감이 되었다는 점이다. 게다가 간디는 20세기의 전체주의 지도자들보다 더욱 건설적인 방식으로 영향을 미쳤고, 상업주의나 대중매체의 영향에 비해 훨씬 의미 있는 영향을 미쳤다.

위의 간략한 소개에서도 드러났지만, 창조성에 대한 나의 연구 방식은 특정 시기에 집중하여 창조적인 인물의 생애를 검토하는 데서 출발한다. 즉, 그가 획기적인 도약을 구상하고 실현하는 시기, 그리고 그것에 대해 기존의 권위자들과 관련 제도가 대응하는 시기에 집중하는 것이다. 나는 이들의 고유한 생애를 아우르는 연결의 수준을 넘어서, 교육상 의미 있는 이들의 개별 사례에 두루 해당하는 공통점을 찾아내는 한편, 이들 간의 차이점을 부각시킬 생각이다. 앞에서 언급한 핵심 요소와 관련지어 말하자면, 아인슈타인과 피카소의 사례 연구는 아동과 대가의 관계에 초점을 맞출 것이고, 프로이트와 스트라빈스키, 간디의 경우는 창조적인 인물과 다른 사람들과의 관계, 그리고 엘리엇과 그레이엄의 사례 연구에서는 이들이 활약하는 분야에서 비교적 경계적인 위치에 속했다는 사실에 중점을 둘 것이다. 창조적인 인물과 그가 활약하는 분야의 변증법적 관계는 이 책에서 변함없이 주목하는 주제이다. 모든 사례 연구에서 나는 개인과 그가 속한 분야 사이의 변화하는 관계를 주목할 뿐 아니라, 그가 특정 분야에서 새로운 상징체계를 구상하고 보급하는 과정에 관심을 기울일 것이다. 마지막으로 최근의 인류사에서 가장 중요한 시기에 대해 하나의 관점을 제시하기 위해서 대체로 동시대인이라고 할 수 있는 인물들을 세심하게 선택했음을 밝힌다.

동시대인들에 관한 연구

많은 연구자들이 창조성 연구를 매우 어려운 과업이라고 여기며, 이런 이유로 일부는 아예 뛰어들 생각을 하지 않는다. 반면, 이러한 도외시 경향에 의문을 제기하는 사람은 별로 없다. 하지만 특정한 역사적 시대를 연구하고 거기서 일반적인 결론을 이끌어내려고 하는 경우에서 오히려 더 까다로운 문제가 발생한다.

앞서 언급했다시피, 내가 1885년에서 1935년 사이에 성장하고 왕성하게 활동한 대가들을 연구하기로 결정한 것은 상당히 복잡한 상황에서 나온 결과였다. 처음에 나는 내가 관심을 두고 있었던 인간 지능의 전반적인 영역을 대표하는 사람들을 연구할 생각이었다. 여기서 중요한 것은, 이들의 창조 여정과 작품을 정확히 조사할 수 있도록 이들에 대한 자료가 충분히 남아있어야 한다는 점이었다. 하지만 안타깝게도 공자나 모세는 말할 것도 없고, 바흐(Johann Sebastian Bach, 1685~1750)나 아퀴나스(Thomas Aquinas, 1225~1274)에 관한 자료도 그들의 창조성을 정확하게 분석할 수 있을 만큼 탈신비화된 것은 거의 남아있지 않았다.

사정이 이러했기에, 기록 보존이 폭넓게 이루어지고 당대의 많은 문서들이 조사용으로 보관되는 시대에 살았던 인물들을 고르는 편이 더 현명하게 느껴졌다. 뿐만 아니라, 각각의 획기적인 업적을 엄밀하게 평가할 수 있을 만큼 충분한 시간이 흐른 시대를 골라야 했다.

20세기 전반기에 살면서 활동했던 인물들을 연구하기로 결정한 것은 이같은 복잡한 문제에 대한 나름대로의 적절한 대응이었던 것 같다. 이후에 나는 활동한 분야는 각기 달랐지만 적어도 그들이 살았던 환경은 어느 정도 비슷했던 인물들을 고를 수 있었다. 공교롭게도 내가 고른 주요 인물은 모두 서유럽에서 살았고, 다른 두 사람(간디와 그레이엄)도 유럽 문명으로부터 결정적인 영향을 받았다. 어떤 의미에서 이들은 서로간의 '비교 표준' 역할을 한다. 즉, 전반적으로 비슷한 생활환경과 문화권에서 살았지만, 경험 영역이 상이한 분야의 활동을 선택한(혹은 선택당한) 인물들이라는 점이다.

물론 이들 각자는 지능의 전 영역을 골고루 지녔고, 자신의 일을 하는 과정에서 다양한 지능을 두루 활용했다. 하지만 이들은 저마다 우수한 지능이 서로 달랐고, 각자의 창조적인 도약 역시 특정 지능의 우수함을 요구하는 해당 분야의 상징과 이미지 및 조작 방식을 정교하게 활용한 성과물이다.

한 시대의 조명

특정한 지능과 성격을 지닌 개인을 대상으로 한 연구를 뛰어넘어, 한 시대에 관해서도 일반적인 결론을 내릴 수 있을까? 이와 같은 헤겔인 사고방식은 널리 퍼져 있다. 헤겔적 사고방식의 핵심만 간추리면 다음과 같다. 즉, 역사에는 고유한 추동력이 있어서 일정한 시대에는 특정 시대정신과 주제가 전면에 나서고 시대가 바뀌면 다른 시대정신에게 자리를 내주는 식으로 역사가 나선형적(변증법적)으로 진행한다는 생각이다. 심지어 특정한 시대정신을 예측할 수도 있으며, 그렇지 않은 경우에도 과거에 대응하는 방식에 따라 한 시대의 고유한 모습이 결정된다는 것이다.

나는 이와 같은 시대정신(Zeitgeist), 즉 특정한 개인들이 우연히 그것을 일깨우고 결과적으로(어쩌면 의도와는 상관없이) 그것을 매개하는 역할을 하는 시대정신이 존재한다는 견해를 신봉하지 않는다. 오히려 나는 역사를 우연적인 것으로 파악한다. 미리 앞서서 미래에 생길 일을 규정하는 정신은 없다고 생각한다. 실제로 가장 극적인 역사적 변동을 일으키는 요인은 빗나간 총탄이라든가 화산 폭발과 같은 우연적인 사건인 경우가 많은 것이다.

하지만 역사의 바탕에 구조적인 뼈대가 존재한다는 믿음이라고 해도 모두 헤겔적인 사고방식이라고 할 수는 없다. 최근 프랑스의 혁신적인 이론가 미셸 푸코(Michel Foucault)는 역사적 시대는 그 바탕에 깔려 있는 지식의 본성에 관한(보통은 무의식적인) 가설들에 의해 특징지워진다고 주장했다. 푸코는 이같은 구조주의적 입장에서 17세기를 바라보면서, 생물학과 경제학, 언어학과 같은 다양한 분야에 작동하는 지식이 동일한 분류학적 가정을 토대로 한다는 점을 밝혀냈다. 물론 이러한 '뼈대'는 고정된 방식으로 작동하지는 않지만, 거의 동시에 나타나고 사라지는 경향이 있다는 것이다.

동일한 시기에 살고 있는 몇몇 행위자가 동일한 힘을 드러냈다거나 비슷한 성과를 이루었다는 주장이 가능하다고 가정해 보라. 혹은 몇몇 분야가 동일한 개념 구상이나 동일한 분류학적 구도를 표현했다는 주장이 가능하다고 가정해 보라. 이러한 주장은 시대를 포괄하는 정신이 작동한다는 생각과는 전혀 상관이 없다. 다만 한 개인이 어떤 일을 할 때는 다른 사람들에게 직접적으로든 간접적으로든 영향을 미친 다고 가정하는 편이 훨씬 신중한 의견이다. 같은 시대에 살고 있는 사람들이 서로의 작업이나 성과에 대해 잘 알고 있다면, 그러한 상호 영향이 법칙이 된다고 해도 하등 이상한 일은 아닐 것이다.

이 연구에서는 피카소와 스트라빈스키와 같은 개인들이 서로를 잘 알고 있고 함께 활약했다는 사실이 중요하다. 엘리엇과 스트라빈스키는 만년에는 친구가 되었다. 프로이트와 아인슈타인은 우연히 알게 된 사이로서, 편지를 통해 전쟁에 관해서 매우 날카로운 견해를 주고받기도 했다. 이들 창조적인 인물들이 창안한 특정한 관념들은 마치 공용 화폐처럼 널리 퍼져 있어서 당대에 살았던 사람이면 누구나 알고 있을 가능성이 컸다. 피카소의 입체주의 회화나 엘리엇의 『황무지』, 프로이트의 무의식적 동기에 관한 이론, 관찰자가 시공간 복합체에 편입되어 있다는 아인슈타인의 이론 등은 처음 생겨나고 10년도 되지 않아 널리 알려졌다. 이렇게 다양한 분야에 걸쳐 새로운 생각이 널리 알려지고 비슷한 시기에 구상되었다는 사실은 많은 요인으로 설명할 수 있다. 따라서 무언가 신비한 힘이 역사의 배후에서 작용한다고 가정할 필요는 없을 것이다. 사실 창조성이 뛰어난 사람들이 어떤 식으로든 다른 사람들의 새로운 아이디어를 자신의 작업에 적용하지 못했다면 오히려 더 이상한 일이었을 것이다.

현대

인류사의 많은 시대, 어쩌면 대부분의 시대는 특별히 주목할 만한 호칭이 없다. 하지만 역사의 관찰자로서 우리는 종종 특정한 분위기나 풍조가 두루 퍼져 있는 시대에 주목한다. 가령, 고대 서적의 재발견은 예술과 과학의 성장 및 유럽 르네상스의 문명화와 나란히 진행되었고, 합리성과 진보, 세속주의, 완전성, 자유와 같은 개념의 강조는 계몽주의 시대를 특징짓는다. 반면 어떤 시대는 무언가 부정적인 의미로 규정되는데, 이를테면 서유럽의 암흑시대나 고대 중국의 전국시대가 그런 경우이다.

우리가 주목하는 시대는 적어도 지식과 문화 부문과 관련지어 붙여진 호칭이다. '현대주의'나 '현대성', 그리고 내 용어로는 '현대'가 그것인데, 이러한 표찰은 한결같이 긍정적인 의미를 담고 있지만, 불안한 의미가 전혀 없지는 않다. 이들 용어는 20세기에 관한 요란한 설명에서 이미 신화적인 지위에 올랐다.

'표준적인 역사'(이는 표준적인 이야기가 대부분 그렇듯 항상 최신 판본으로 대체된다)에 따르면, 18세기 후반의 프랑스 혁명과 나폴레옹 전쟁이라는 격동기를 거친 후에 문화는 정체하고 사회 전반에 보수주의가 팽배한 시대(19세기)가 뒤따랐다고 한다. 엄격한 도덕규범을 강조한 부르주아 문명은 행동과 사상의 기준을 점점 심하게 규제했다. 과학과 예술은 극적인 도약이나 퇴보 없이 서서히 발전해 왔다. 19세기 말에 이르러서야 이처럼 틀에 박힌 규범이 광범위한 도전에 직면했는데, 데카당스 풍조가 특히 예술 분야(오스카 와일드의 글과 생애)에서 두드러지게 나타났고, 정치(자유주의의 퇴조)와 인문학(니체의 니힐리즘) 분야에서도 뚜렷이 등장했다. 과학 분야에서는 뉴턴 역학의 세계상과 인간 행동에 대한 합리주의적 관점이 부적할한 것으로 여겨지면서 그 토대까지 흔들렸다.

세기가 바뀔 무렵에 19세기의 기본 교의에 결정적인 타격을 가하는 일이 급속히 그리고 연이어 일어났다. 우리의 일곱 명의 창조자들도 이 맹공격에 중대한 역할을 했음은 물론이다. 우선, 1900년경에 프로이트는 일련의 중대한 발견을 하면서 중산 계급이 견지하는 도덕성과 합리성의 허식을 깨뜨렸는데, 인간의 마음 깊이 잠복해 있는 성적이고 공격적인 무의식적 동기와 충동을 밝혀냈던 것이다. 몇 년 후에 아인슈타인은 안정되고 '객관적인' 뉴턴의 세계상을 관측자에 따라 규정되는 상대적인 세계상으로 대체하면서, 오랫동안 받아들여졌던 시공간의 절대성을 무너뜨렸다.

1910년대 후반에 이르자 이러한 과학상의 방향 전환에 뒤이어 기존의 예술 규범이 모두 허물어졌다. 미술의 경우, 피카소와 브라크를 비롯한 동시대 화가들은 미술에서는 현실의 충실한 재현이 중요치 않다고 주장하면서 형태적 측면을 강조한 입체파 양식을 창시하고 순수 추상 미술의 토대를 마련했다. 스트라빈스키와 쇤베르크는 단일 조성과 단순한 리듬법을 기초로 한 기존의 작곡법에 격렬한 충격을 가했다. 스트라빈스키가 원시적이면서도 복합적인 리듬과 다조성(多調性. polytonality)을 수용했다면, 쇤베르크는 지적인 특징을 지닌 12음 기법*을 창안했다. 엘리엇과 조이스, 울프를 비롯한 영국 작가들과 이들과 성향이 비슷한 유럽 대륙의 작가들도 고전적인 시와 서사 형식에 혁신을 일으켰고, 이사도라 던컨과 세인트 데니스, 그레이엄, 발란쉰 등 혁신적인 무용가들도 고전적인 발레 형식을 전복시켰다.

많은 문화사가들이 1890년에서 1920년에 이르는 시기의 빈을 주목

■ 12음 기법이란 한 옥타브 내의 12음을 각기 한 번씩만 사용하여 기본 음렬(série)을 만들고, 이를 다양하게 변주하여 음악을 만들어내는 작곡 기법이다. 이에 따라 12음 음악에서는 어떤 특정한 음이 한 음렬에 두 번 이상 등장할 수 없고, 그 음을 '으뜸음'으로 하는 조성(調聲. tonality)이 형성될 수 없다.

하는 것은 전혀 우연이 아니다. 만약 현대적인 감수성의 탄생지가 한 군데 있다면, 그것은 합스부르크 제국의 영광이 퇴조해 가는 빈이라고 말해야 가장 타당할 것이다. 하지만 파리나 부다페스트, 프라하, 베를린, 혹은 상트 페테르스부르크와 같은 다른 도시들을 살펴보아도 비슷한 얘기를 할 수 있다. 설사 빈이라는 도시가 백 년 전에 불가해한 이유로 땅 속으로 꺼졌다고 해도 현대라는 시대는 왔을 것이다. 19세기 후반과 20세기 초반에 걸쳐 서유럽과 동유럽에 만연한 것은, 한편으로는 기존 사회제도의 퇴조와 공통 지식의 소멸이며, 다른 한편으로는 대개는 불온하다 싶을 정도로 낯설고 때로는 당황스러울 정도로 무모한 창조적 열정이었다.

 '현대적'이라는 표찰을 정치 분야에 붙이는 것은 더욱 문제적이다. 팍스 유로파의 결정적인 퇴조, 이탈리아와 독일의 민족국가 수립, 전 지구적인 전쟁이라 할 만한 전쟁의 최초 발발, 파시즘의 발흥과 패배 등은 어떤 식으로든 한두 마디로 성격을 규정할 수가 없다. 나는 20세기 초에 등장한 선구적인 예술 작품에는 전쟁의 발발을 암시하는(자극하는 정도까지는 아니라고 해도) 면이 있다는 모드리스 엑스타인(Modris Eksteins)의 흥미로운 주장도 전적으로 신뢰하지 않는다. 20세기에 벌어진 전쟁은 태고 적부터 존재하던 인간의 약점이 좀더 날카롭게 드러난 현상일 뿐이지, 삶과 죽음에 대한 새로운 관념이 비극적으로 실현된 것은 아니다.

 만약 혁신적인 정치적 행동과 새로운 정치 형식라는 것이 있다면, 그것은 체제가 완비된 서유럽 국가보다는 발전도상에 있는 나라에서 생겨났다고 보아야 한다. 즉, 세계 최초로 공산주의 국가를 수립한 소련, 농민 혁명에 성공한 중국, 그리고 비교적 비폭력적인 방법으로 독립을 이룬 인도에서 찾을 수 있다. 정치 분야에서 20세기의 창조적인 천재는 베니토 무솔리니(Benito Mussolini)나 아돌프 히틀러(Adolf Hitler), 윈스턴 처칠(Winston churchill), 샤를 드 골(Charles de Gaullle), 혹은 유럽 통합의 창시자 장 모네(Jean Monet)가 아니라 레닌이나 마오쩌둥, 혹은 간디이다. 현대의 창조자들을 연결하는 끈이 있다면, 우리는 그 끈을 우랄 산맥을 넘어 광활한 유라시아 대륙의 먼 곳까지 연장시킬 필요가 있는 것이다.

우리는 특정 개인의 창조적인 열정이 어떤 뿌리에서 나와 어떻게 열매를 맺게 되는지에 대해서도 잘 알지 못하지만, 역사적 시대를 정의하고 명명하고 성격 규정을 하는 방식에 대해서는 더욱 더 아는 바가 없다. 본 연구에서는 창조성이라는 현상에 사회과학과 인지과학의 통찰을 적용하고자 노력했지만, 지성사와 문화사의 까다로운 인식론적 문제까지 해결하기를 바라지는 않았다. 그러나 일곱 명의 탁월한 인물들의 생애와 정신, 그리고 세계를 탐구하면서 나는 좀더 커다란 이야기도 할 수 있을지 여부를 확인하고 싶은 유혹을 느꼈다.

그리고 나는 그런 가능성이 있다고 결론을 내렸다. 이 '현대의 이야기'는 수세기에 걸쳐 생겨나고 19세기 내내 유럽 전역에서(그리고 유럽의 영향을 받은 많은 지역에서) 확고하게 굳어진 관습과 풍습, 그리고 분석틀이 해체되는 과정을 연대기적으로 기술한다. 일단 전통과 관습이 특정한 예술 및 과학 분야에서 강력한 도전을 받게 되면, 다른 분야에서도 그런 전통과 관습이 도전을 받게 될 가능성이 커진다. 여기에는 두 가지 이유가 있다. 하나는 새로운 회화가 존재할 수 있다면 새로운 무용이나 시 혹은 정치도 존재할 수 있다는 점이고, 다른 하나는 인류사에서 처음으로 어느 한 지역에서 발생한 사건이 순식간에 전세계에 전파될 수 있게 되었다는 점이다. 입체주의 그림은 창시된 지 6년도 되지 않아서 뉴욕의 아모리 쇼(Armory Show : 미국 최초의 국제 현대 미술전. 전시장이 뉴욕의 제67기병대 무기고인데서 나온 명칭—옮긴이)에서 전시되었고, 아인슈타인의 일반 상대성이론은 이보다 짧은 시간 내에 적도 부근에서의 일식 관측을 통해 검증되었다. 간디의 단식 투쟁은 전보(telegraph)가 인도 전역과 전 세계에 이 소식을 급히 전할 수 있었기에 정치적으로 효과가 있었다.

관습에 도전한다는 것은 사실 모든 혁명적 시대의 특징으로서, 그 도전의 성격은 별개의 문제이다. 내가 보기에 이 책에서 연구 대상으로 삼은 분야들에서 생겨난 도전들은 상당히 비슷하다. 각각의 분야에서 가장 기본적이고 가장 단순한 형식을 추구한다는 점, 전통적으로 아이들이 매달리는 문제나 개념들과 씨름한다는 점, 낡은 문명이 죽고 새로운(그러나 아직 실체가 명확하게 드러나지는 않은) 문명이 탄생하는 장면을 포착하고 기록하려고 한다는 점 등이 비슷하다. 이러한 혁명은 백 년에 한 번 일어날지 모르며, 어쩌면 천 년에 단 한 번 일어날지도 모른다. 이러한 중대한 변화에 대해서는 에필로그에서 좀 더 상세히 살펴보겠다.

지금까지 서술한 내용을 요약하면 다음과 같다. 한 시대의 성격을 규정하는 것은 위험천만한 일이지만, 1900년 무렵은 특별한 성격을 갖는 시기로서 충분히 그럴 만한 가치가 있다. 중요한 창조자들은 공통의 역사적 힘과 사건에 노출되었을 뿐 아니라, 서로의 활동 내용을 잘 알고 있었고 서로 간에 영향을 주고받았다. 이들 각자의 노력을 독립적으로 연구하는 것도 그 자체로 의미 있는 작업이지만, 특히 현대라는 시대를 공동으로 창조한 이들의 삶에서 비슷한 사건들과 통찰을 찾아내고, 이를 바탕으로 그들의 업적을 연구하면 더욱 더 의미 있는 작업이 될 것이다.

  지금까지 나는 일곱 명의 창조적인 인물들을 소개하고 그들이 창조적으로 추구한 주요 주제를 살펴보았으며, 역사적 시대를 규명하려는 연구의 위험성과 가능성을 논의했다. 앞으로는 이들 일곱 명의 인물들이 성취한 창조적인 도약에 주로 집중할 생각이다. 그런데 제2부에서 개별적인 사례 연구에 들어가기 전에 우선 이 책의 시도를 창조적인 인물과 작품, 그리고 창조 과정에 대한 기존 연구의 범위보다 넓은 맥락에 자리매김할 필요가 있다.

2
창조성의 연구 방법

인간의 창조성에 대한 연구 역사는 인간의 지능에 대한 연구 역사와 상당히 비슷하다. 창조성이라는 용어는 지능과 마찬가지로 오랫동안 수많은 개인들이나 어떤 상황, 특정한 성과물에 붙는 명예로운 칭호로 여겨졌다. 물론 일상 대화에서는 '창조적인', '창조성', '창조하는'과 같은 단어들을 이처럼 별 생각 없이 써도 무방하다. 하지만, 지능이란 용어와 마찬가지로 창조성의 온갖 형태에 대해서는 좀더 엄밀한 정식화가 필요하다.

창조성 연구과 지능 연구

특히 파리의 알프레드 비네(Alfred Binet, 1857~1911)와 캘리포니아의 루이스 터먼(Lewis Terman, 1877~1956)과 관련된 심리학적 측정법(혹은 심리측정학 psychometrics)이 혁명적으로 발전한 덕분에, '지능'과 지능의 추정치인 '지능 지수(Intelligence Quotient)'라는 개념은 20세기 초반에 이미 널리 적용되고 있었다. 우연히도 내가 정의하는 '현대'의 탄생 시기와도 겹친다. 모든 사람은 태어날 때부터 혹은 교육의 결과로서 일정한 지능의 양을 가진다고 여겨졌고, 간단한 언어 문제나 수치 문제로 구성된 IQ 검사는 한 사람의 지능을 나타내기에 충분하다고 간주되었다. 많은 지능 검사가 고안되었지만, 대개는 비슷한 문제 유형을 채택했으며, 그만큼 서로 간에 상관성이 굉장히 높았다. 한 사람이 스탠포드-비네식 지능 검사법에 따라 심리측정학적으로 '똑똑하다'는 결과를 얻으면, 데이비드 웩슬러(David Wechsler)가 고안한 측정법에 의해서도 비슷한 결과를 얻을 가능성이 컸다.

20세기 중엽에 주요한 심리학자 조이 길포드(Joy P. Guilford)가 창조성에 과학적인 관심을 기울인 것은 놀랍다기보다는 오히려 때늦은 일이었다. 심리측정학자로서 길포드는 지능에 대해 이전에 성공적으로 수행된 과업과 매우 비슷한 프로그램을 염두에 두고 있었다. 그는 창조성과 지능이 똑같은 것이 아니라고 주장하면서, 어떤 사람이 창조적인 잠재력을 지녔는지 여부를 측정하는 도구가 필요하다고 단언했다.

길포드가 생각한 창조성의 핵심 개념은 발산적 사고(divergent thinking)였다. 표준적인 지능 검사에 의해 똑똑하다고 인정된 사람들은 주어진 자료나 문제에 대해 항상 올바른(어쨌든 상투적인) 대응법을 생각해낸다. 반면, 창조적인 사람들은 어떤 자극을 받거나 문제를 보면 아주 다양한 연상을 하는 경향이 있으며, 그 중 일부는 매우 유별나고 엉뚱하기까지 한 반응을 보이기도 한다. 창조성 검사의 '표준적인' 문제 항목은 대개 벽돌의 용도를 얼마나 많이 생각할 수 있는지, 하나의 이야기에 어느 정도까지 다양한 제목을 붙일 수 있는지, 추상적인 선화(線畵)를 얼마나 다양하게 해석할 수 있는지를 묻는다. 심리측정학적으로 창조적인 사람은 이러한 질문에 대해 언제나 다양하고 폭넓은 반응을 보이는 법인데, 다른 사람들의 경우에서는 거의 찾아보기 힘든 기묘한 반응이 나올 때도 있다.

길포드의 도전적인 시도 이후 수십 년 동안 심리학자들은 상당한 논쟁과 실험을 거친 후에 다음 세 가지 결론에 도달했다. 첫째, 창조성은 지능과 다르다는 점이다. 창조성과 지능은 서로 관련되어 있지만, 지능이 우수하지 않아도 창조성이 풍부한 사람도 있으며, 그 반대의 경우도 가능하다. 게다가 재능이 풍부한 사람들을 검사할 경우에는 일단 IQ가 120이 넘으면 심리측정학적으로 창조성과 지능은 아무 상관이 없다는 것이 분명해졌다.

다른 두 가지 결론은 모든 지능 검사를 둘러싼 고전적인 주제와 관련된다. 창조성 검사는 신뢰할 수 있다는 점이다. 즉, 한 사람이 창조성 검사를 여러 번 받아도 비슷한 점수를 얻을 가능성이 크다는 것이다. 게다가 한 사람이 여러 종류의 창조성 검사를 받을 때도, 그가 얻은 창조성 점수 사이에는 확고한 상관관계가 나타난다는 것이다. (지능 검사와 마찬가지로 창조성 검사도 해당 정신 능력을 반영한다고 가정되는 다른 검사 방법과 상관관계가 있는 결과가 나와야 그 유효성이 인정된다.)

남은 결론은 전통적인 종이 시험(paper-and-pencil test)으로 창조성을 검사하는 방법에 대해서는 다소 파멸적인(devastating) 진단이라 해도 과언이 아니다. 사실 창조성 검사는 시사하는 바가 없지는 않으나 아직 그 유효성을 인정받지는 못한 상태이다. 즉, 창조성 검사에서 높은 점수를 받는다고 해서 반드시 전문 직업이나 여기(餘技)에서 창조력을 발휘할 것이라고 생각하기는 힘들다는 얘기다. 뿐만 아니라, 해당 분야나 소속 문화권에서 창조적이라고 평가받는 사람들이 반드시 창조성 검사에서 우수함을 입증하는 표시로 여겨지는 발산적 사고를 하는 것도 아니다.

그렇다면 창조성 검사는 지능 검사에 비해서도 별반 유효하지 않다는 결론이 나온다. 일부 목적이 분명한 연구를 제외하면, 창조성 검사(그리고 이 검사의 바탕에 있는 생각)는 여러 연구 기관과 교육 단체에서 별다른 변화를 일으키지 못했다. 하지만 인지과학(및 인접 학문) 분야의 학자들은 창조성 검사에서 건설적인 아이디어를 얻었다.

창조성에 대한 인지적 접근

많은 논평자들이 인간의 창조성에 대한 진부한 견해를 구현한다는 이유로 창조성 검사를 비판했다. 오후의 한담(閑談)에나 어울리는 재기(才氣)가 아니라 진정한 통찰력과 정신적 도약을 요구하는 좀더 까다로운 검사 항목을 고안하자는 것이 대안적인 방침이었다. 게슈탈트 심리학 전통의 연구자들은 '종양 문제'와 같은 검사 항목을 선호했다. 곤란한 문제의 전형이라고 해도 좋은 종양 문제는 주변의 생체 조직(vital tissue)을 파괴하지 않으면서 악성 종양을 제거하는 해법이 타당한데, 이를 위해서는 적당한 지점에 치사량에 가까운 방사선 요법을 실시해야 한다. '점잇기' 퍼즐도 선호되는 항목으로서, 피검사자는 연필을 종이에서 떼지 않은 채 3×3 행렬 모양으로 찍힌 점을 네 개의 직선만으로 모두 연결해야 한다. 이 경우 창조적인 방법은 점이 찍힌 모양, 즉 사각형의 한계에 구애받지 않고 직선을 긋는 것이다.▪ 이러한 문제는 창조성 검사가 진부하다는 비난을 반박하는 근거가 될 수는 있지만, 이미 해당 분야(가령, X-선 기술이나 기하 문제)에 익숙한 사람들에게 유리한 면이 있고, 검사 환경을 벗어난 창조성과는 뚜렷한 관련이 없다. 뿐만 아니라, 두 유형 모두 시각적인 문제 해결에 뛰어난 사람들에게 유리하고, 숫자나 단어에 더 친숙한 사람들에게는 불리하다.

두 번째 대응은 인지과학(특히 인공지능) 분야에서 나왔다. 인지과

▪ 이 문제의 해답은 다음과 같다.

학 전통의 연구자들은 문제가 피상적이고 그것을 해결하는 데 필요한 사고 과정이 명료하지 못하다는 이유로 심리측정학의 창조성 문항을 비판한다. 대신 인지과학 연구자들은 독창적인 해답을 얻으려면 창조적인 사고가 필요한 본격적인 과학 문제 풀이를 컴퓨터를 이용해 고안해낼 필요가 있다고 주장했다.

연구자들은 베이컨(BACON)이라는 컴퓨터 프로그램을 개발했다. 이 프로그램은 가공하지 않은 원자료(이를테면 기체의 압력 변화와 이에 따른 기체의 부피 변화)를 제공하면 그 바탕에 깔린 원리를 계산해낸다. 이 경우는 기체의 압력과 부피의 반비례 관계를 도출해낼 수 있는데, 이것은 17세기에 로버트 보일(Robert Boyle, 1627~1691)이 발견한 것으로 보일의 법칙이라 불린다. 이런 종류의 컴퓨터 프로그램은 귀납과 일반화 과정을 통해 많은 과학 법칙을 재발견할 수 있게 만들었다.

이러한 컴퓨터 시뮬레이션은 적어도 확실한 증명을 보여준다. 적절한 자료만 주어지면 과학 법칙을 찾아낸다는 얘기다. 하지만 BACON과 과학자들이 동일한 과정을 통해 결론을 이끌어내는 것은 결코 아니다. 미하이 칙센트미하이가 지적했듯이 컴퓨터 프로그램은 인지과학자가 선호하는 특정 형태의 문제와 자료를 취급할 수밖에 없으며, 미리 프로그램으로 주입된 알고리듬을 이용할 수밖에 없다. 반면, 과학 문제를 푸는 인간은 문제 자체를 스스로 선택해야 하고, 무한한 자료 가운데 문제 풀이에 적절한 것을 스스로 결정해야 한다. 그리고 자료를 분석하는 방법을 확정해야 하고, 필요하면 각고의 노력을 기울여 새로운 분석법을 스스로 고안해야 한다.

내 생각에 인지과학자들이 취한 일반적인 접근법은 지나치게 흥분한 구석이 없지 않지만, 결정적인 일보를 거둔 것으로 보인다. 마거릿 보든(Margaret Boden), 데이비드 퍼킨스(David Perkins), 로버트 스턴버그(Robert Sternberg)를 비롯한 인지과학자들은 창조적인 사람이 어떤 방식으로 가능성 있는 문제와 해답의 '공간'을 찾아내는지 보여주었다. 창조적인 사람은 바로 이 공간 안에서 당면 문제에 적합한 접근법과 해답의 실마리를 찾으며, 효율적으로 에너지와 시간을 배분하여 단계적으로 탐구해 나가고, 더 철저한 연구가 필요할 때와 손을 뗄 때, 그리고 연구를 지속할 때를 결정한다. 좀더 일반적으로 말하면, 자신의 창조 과정을 스스로 반성하는 것이다. 몇몇 인지과학자들은 특히 재즈 즉흥 연주나 상상적 글쓰기와 같은 분야에서 바로 이러한 원리가 작용함을 보여주었다. 요컨대 인지과학자들은 지나치게 복잡하지 않은 수준에서 창조적인 업적을 탐구할 수 있는 방법을 찾아낸 것이다.

  심리측정학적 접근법에 대한 세 번째 비판의 화살은 의심할 바 없이 창조력이 풍부한 예술가와 과학자의 창조 과정에 주목할 것을 요구한다. 대체로 이 전통에 공감하는 연구자들은 찰스 다윈(Charles Darwin, 1809~1882. 심리학자 하워드 그루버Howhard Gruber의 연구 사례가 있다)이나 앙톤 라브와지에(Antoine Lavoisier, 1743~1794. 과학사가 프레드릭 홈스Frederic Holmes의 연구 사례가 있다), 파블로 피카소(게슈탈트 예술심리학자 루돌프 아른하임Rudolf Arnheim의 연구 사례가 있다)와 같은 인물에 대한 면밀한 사례 연구를 수행해 왔다. 이러한 연구는 대상 인물의 관념 체계에 주목하고 인지과학에서 빌려온 개념과 모델을 활용하여 대상 인물에게만 해당되지 않는 일반적인 원리를 발견하려고 한다는 점에서 인문학 전통의 전기물과 구별된다.

하워드 그루버와 그에게서 배운 연구자들이 지난 수십 년에 걸쳐 수행해 온 연구가 이 방면에서 이루어진 가장 정교한 업적이라 할 수 있다. 그루버의 저작은 오랜 시간 생산적인 사고 내용이 발전하고 깊어지는 과정에 면밀한 주의를 기울였다는 점에 특징이 있다. 그루버가 이끄는 연구 집단은 찰스 다윈이나 장 피아제(그루버의 스승이다)와 같은 주요한 학자들의 작업 방식을 특징짓는 많은 원리를 발견했다. 이러한 인물들은 거미줄처럼 서로 연결돼 있는 폭넓은 기획에 관여하며, 참여자들에게 일상적이면서도 장기적인 활동 지침을 지시하면서 이 기획들의 망 전체에 스며 있는 목적의식과 의지를 일깨운다. '진화의 나무' 처럼 넓은 시야와 전망을 지닌 이미지를 고안하고 이용하는 것을 선호하며, 자신들이 연구하는 기본 요소나 문제들 혹은 현상에 면밀한 주의를 지속적으로 기울인다. 그루버는 창조성에 대한 '진화론적 체계'의 연구 방법에 관해 말한다. 이를테면, 연구자는 특정 분야에서 창조적인 인물이 체계화하는 지식과 추구하는 목적, 그리고 경험하는 감정적 사건을 동시에 관찰해야 한다는 것이다. 이러한 체계들은 '느슨하게 연결되어' 있을 뿐이지만, 오랜 시간 그 체계들이 상호작용하는 모습을 관찰하면 생산적인 한 인간의 생애에서 창조적인 활동이 절정에 올랐다가 쇠락하는 과정을 이해하는 데 도움이 된다는 것이다.

나의 연구 방식은 개별적인 사례 연구와 발달심리학적 관점을 선호한다는 점에서, 그리고 한 개인의 생애에서 발견되는 다양한 상징체계를 검토하고 이들 간의 상호 작용을 탐구한다는 점에서 그루버의 전통에 충실하다고 할 수 있다. 하지만 다양한 분야에서 발현된 창조성을 폭넓고 면밀하게 비교 검토한다는 점에서, 그리고 특정한 역사―

문화적 시대에서 세심하게 선택한 창조적인 인물의 사례를 연구한다는 점에서, 또한 각각의 창조적인 도약과 활동 분야 그리고 그 분야에 속한 공중(公衆)의 대응 방식이 어떤 식으로 역동적인 관련을 맺고 있는지에 주목한다는 점에서는 그루버의 전통과 구별된다.

성격과 동기부여의 관점

지금까지 나는 주로 심리학의 두 가지 접근법에 의존해서 창조성을 논의했다. 하나는 유서 깊은 심리측정학 전통이고, 다른 하나는 보다 최근에 등장한 인지과학적 관점이다. 하지만 오랫동안 심리학 내에도 보완적인 접근법이 존재해 왔는데, 이는 개인의 비인지적인(noncognitive) 측면, 특히 성격과 동기부여라는 측면과 관련된다.

심리측정학적 접근법과는 달리 이 방면의 연구자들은 하나의 패러다임만 활용하면서 소속 공동체에서 창조적이라고 인정받는 사람들의 성격적 특색을 연구했다. 이 연구에서 피검사자는 자기 자신에 대한 적절한 묘사를 선택하고 불명료한 자극(잉크얼룩이나 실루엣 연상 테스트)에 나름대로 반응하라는 요청을 받는데, 이에 대한 대응 방식은 그들의 기본 성격을 '환기'하거나 '투사'한다고 여겨진다.

버클리 성격 연구소(Berkeley Institute of Personality Assessment)가 수행한 이 방면의 대표적인 연구에 따르면, '창조적인 건축가들'은 그들보다 창조성이 부족한 동료들에 비해 독립성과 자신감, 관습에 얽매이지 않는 태도, 기민함, 기꺼이 무의식에 내맡기는 성향, 야망, 일에 대한 집중력 등의 성격적 특색이 훨씬 풍부했다. 하지만 이미 이러한 성격을 지닌 사람들이 창조적인 업적을 이루는 것인지, 아니면 창조성을 인정받은 결과로 이와 같은 긍정적인 성격을 드러내는 것인지는 분명치 않다. 또한 창조적이라고 인정받는 사람들 근처에서 일하는 사람들도 이와 유사한 성격적 특색을 드러내는 것 같다.

정신분석학적 관점

그의 시대에서 가장 중요한 심리학자라고 할 수 있는 프로이트 역시 창조성을 이해하는 데 중대한 공헌을 했다. 이 점은 전혀 놀라운 일이 아니다. 비록 그가 "창조성 문제에 직면하면 정신분석학자는 무기를 내려놓을 수밖에 없다"거나 "정신분석학은 예술 작품의 본질에 접근할 수 없다"고 한탄했음에도 불구하고, 그가 중요한 공헌을 했다는 사실에는 변함이 없다. 우선 무의식 과정에 대한 프로이트의 명료한 설명은 창조적인 행동이 창조자의 사려깊은 의도를 직접 반영하지 않는다는 사실을 강조한다는 점에 그 핵심이 있다. 창조적인 행동의 원동력과 의미는 창조자 본인은 말할 것도 없고 그가 속한 공동체 사람들에게도 숨겨져 있는 경우가 많다는 것이다.

일반적으로 인간 행동의 성적(性的) 동기를 강조한 프로이트는 창조적인 삶을 뒷받침하는 성적 요인에 관심이 많았다. 프로이트의 입장에서 보면, 창조적인 인물은 리비도 에너지의 상당 부분을 승화시켜서 글쓰기나 그림, 작곡, 혹은 과학 탐구와 같은 '2차적인' 목적을 추구한다. 아마도 그는 이 책에서 소개하는 일곱 명의 인물들에게서도 흥미로운 자료를 많이 발견했을 것이다.

프로이트는 유아 발달의 중요성을 확신하고 있었는데, 이러한 점도 창조 행위를 보는 그의 관점에 영향을 미쳤다. 프로이트는 놀고 있는 아이와 백일몽을 꿈꾸는 성인, 그리고 창조적인 예술가 사이에 유사점이 있다는 사실에 강한 인상을 받았다. 그는 이렇게 썼다.

놀고 있는 아이는 자기만의 세계를 창조하거나, 혹은 자신이 즐거울 수 있도록 주변에 존재하는 사물을 재배열한다는 점에서 모두 창조적인 작가와 비슷하다고 말할 수 있지 않을까? …… 창조적인 작가와 놀고 있는 아이가 하는 일은 똑같다. 창조적인 작가는 환상의 세계를 창조하고 이것을 진지하게 받아들인다. 즉, 작가의 환상 세계에는 그의 감정이 충전돼 있다. 물론 그는 환상의 세계와 현실을 날카롭게 구별한다.

창조적인 삶, 특히 예술가의 삶에 대한 프로이트의 견해는 커다란 주목을 받았을 뿐 아니라 많은 비판에 직면했다. 프로이트가 결론을 도출하는 과정에서 의존한 증거는, 특히 대상 인물이 오래 전에 사망했고 믿을 만한 자전적(自傳的) 자료를 남기지 못한 경우(레오나르도 다 빈치나 셰익스피어)에는 상당히 취약한 것으로 여겨진다. 게다가 프로이트의 성격 묘사는 일부 창조적인 인물에게도 적용되지만, 창조성이 없는 사람에게도 적용될 수 있다. 따라서 프로이트의 관점은 뛰어난 예술가나 과학자를 평범한 예술가나 과학자와 구별하는 데 소용이 없다. 하지만 이러한 비판에도 불구하고 프로이트의 업적은 창조성 연구에 상당한 영향을 미쳤으며, 본 연구도 여기에 해당된다. 프로이트는 다른 혁명적인 인물과 마찬가지로 창조적인 인물의 성격과 동기를 설명할 수 있는 적절한 관점을 형성하는 데 크게 기여했다.

행동과학의 관점

정신분석학 전통과 미국의 행동과학 학파는 공유점이 거의 없지만, 두 학파는 모두 개인이 창조 활동을 하는 것이 주로 물질적인 보상 때문이라는 점에는 의견이 일치한다. 프로이트의 설명에 따르면, 예술가는 권력과 부를 갈구하지만 이것을 직접 얻을 수가 없기 때문에 창조 행위에서 안식처를 구한다는 것이다. 혹은 예술가는 그들이 갈구하는 리비도적 쾌락과 오이디푸스적 쾌락을 창조 활동에서 간접적으로 얻는다는 것이다. 스키너(B. F. Skinner)의 행동과학적 관점에서 말하면, 사람들이 창조 행위에 나서는 것은 이전에 보상을 받은 경험이 있거나 '긍정적인 강화'*가 주어졌기 때문이다. 하지만 일부 심리학자들은 창조 행위를 자극하는 요인을 다소 다르게 설명했다.

내재적 동기

사회심리학자 테레사 아마빌라(Teresa Amabile)는 일련의 탁월한 실험을 통해 '내재적 동기(intrinsic motivation)'의 중요성에 주목하도록 했다. 아마빌라는 고전적인 심리학의 설명과는 반대로, 사람들이 외적인 보상을 노릴 때보다 순수한 즐거움만으로 행동을 할 때 창조적인 해법을 발견하는 경우가 더 많다는 점을 보여주었다. 실제로 '창조성'이나 '독창성'을 기준으로 우리의 행동이 평가받는다는 것을 알고 있으면 오히려 행동의 반경이 좁아진다(비교적 상투적인 결과만을

---

* 심리학적 의미에서 강화(reinforcement)란 일정한 자극에 대한 반응이 강해지거나 약화되는 현상을 말한다. 가령, 유쾌한 자극을 주면 그 자극과 관련된 반응이 빈번해지고, 불쾌한 자극을 주면 관련된 반응이 감소하거나 소멸된다. 칭찬이나 포상은 전자의 예로서 긍정적인 강화(positive reinforcement)라고 불리며, 꾸중이나 형벌은 후자의 예로서 부정적인 강화(negative reinforcement)라고 불린다.

얻는다). 반면에 그런 평가가 없을 때는 오히려 창조성을 자유롭게 북돋는 효과를 내는 것이다.

미하이 칙센트미하이는 새로운 용어를 사용해서 몰입 상태(flow state) 혹은 몰입 경험(flow experience)이라는 감정 상태에 관해 설명한 바 있다. 사람들은 이와 같은 내재적으로 동기화된 경험(intrinsically motivating experience)에서 자신이 관심을 쏟는 대상에 완전히 몰입되고 빨려들어가는 것을 느꼈다고 말한다. 이러한 감정 상태는 어떤 활동 분야에서도 경험할 수 있다. 이렇게 '몰입' 상태에 있는 사람들은 그 순간에는 자신이 무엇을 경험하는지조차 의식하지 못한다. 하지만 나중에 반성적으로 자신이 완전히 살아 있었고 자신의 모든 것이 실현되는 '절정의 경험'을 했다고 느낀다. 자주 창조 행위를 하는 사람들은 이러한 감정 상태를 추구한다고 말하곤 한다. 이러한 '몰입 순간'에 도달할 수만 있다면 훈련과 노력을 아끼지 않으며 몸과 마음의 고통까지도 감수하려 드는 것이다. 작품에 전념하는 작가들은 책상에 묶여 있는 시간이 지긋지긋하다고 말하기도 하지만, 아마도 결과도 신통치 않은 작품을 쓰면서 그런 '몰입 순간'을 겪지 못한다고 생각하면 더욱 실망할 것이다.

한 개인이 어느 분야에 몰두하다 보면 몰입 경험의 궤적이 변하게 마련이다. 한때는 너무 어려운 도전이라 여겼던 일이 쉽게 달성할 만한 일, 심지어는 유쾌한 일이 된다. 반면에 오래 전에 성취했던 일은 더 이상 관여하고 싶은 마음이 들지 않는다. 나름대로 탄탄한 실력을 갖춘 음악 연주자들은 익숙한 곡을 정확하게 연주하면서 몰입 상태를 경험하며, 젊은 대가급 연주자들은 연주하기가 가장 어려운 곡에 도전하고 싶어 한다. 그리고 오랜 연륜을 쌓은 거장들은 익숙한 곡을 독창적으로 재해석하거나, 겉으로는 단순해 보이지만 실제로는 청중의 마음을 사로잡을 수 있는 연주가 매우 어려운 작품을 다시 집어 든다. 이러한 설명은 창조적인 사람들이 좌절을 겪더라도 자신의 전문 분야에서 지속적으로 도전하고, 마치 도박판에서 '판돈'을 계속 올리듯 통례적인 보상을 받지 못할 위험까지 감수하면서 더욱 더 어려운 도전에 응하는 이유가 무엇인지 말해준다.

역사계량학의 관점

한편으로 인지과학 전통에서의 연구와 다른 한편으로 성격 및 동기부여 연구가 최근 창조성을 연구하는 사회과학적 탐구의 대세를 이루고 있다. 많이 알려지지는 않았지만, 여기서 언급할 만한 가치가 있는 관점이 하나 더 있다. 특히 심리학자 딘 키스 사이먼튼(Dean Keith Simonton)의 작업과 관련된 역사계량학(Historiometric)의 접근법이 그것이다.

지금까지 살펴본 접근법과 달리 사이먼튼의 방법은 연구 방법론(methodology)의 성격이 강하기 때문에 인지적인 문제, 성격과 동기부여의 문제 및 창조적인 작품 자체에도 적용할 수 있다. 사이먼튼은 창조성과 관련된 고전적인 문제를 정식화하고, 이 문제를 해결하는 데 도움이 될 만한 계량적인 자료를 찾는다. 다루는 주제는 창조적인 인물들의 성격적 특색에서부터 그들의 훈련 환경, 가장 높이 평가받는 작품에 이르기까지 다양하다. 그루버와 달리 사이먼튼은 계량적인 연구 방식을 채택하고 될 수 있는 한 많은 자료를 취급한다. 또한 아마빌라와 달리 실험을 삼가는 대신 역사 기록에 의존한다.

사이먼튼과 같은 역사계량학의 연구자들은 거대한 자료 더미를 조사해서 창조적인 인물이 가장 왕성하게 활동한 시기를 결정하는데, 이것은 이 방면의 전형적인 연구 방식이다. 이러한 연구 결과 생산성이 가장 높은 시기는 보통 35살에서 39살 사이로 나타났지만, 정확한 시기는 분야마다 조금씩 다르다. 가령 시인과 수학자는 20대나 30대에 절정에 도달하는 반면, 역사가나 철학자는 이보다 수십 년 뒤에 정점에 이른다.

  사이먼튼은 이와는 연구 방식이 다른 저서에서 '뛰어난 창조자들은 대체로 왕성한 창조력을 보이는 법이어서 후세대가 존경하는 '훌륭한' 작품은 물론이고 오랫동안 무시되어 온 '신통찮은' 작품도 많이 창조했다'고 주장한다. 이러한 접근법을 통해 사이먼튼을 비롯한 역사계량학의 연구자들은 오랫동안 창조성 전문가들 사이에 논쟁거리가 되었던 많은 의문점에 잠정적인 해답을 제공할 수 있었다. 물론 역사계량학자들이 어떤 분석틀로 문제를 파악하는가에 따라, 그리고 이용 가능한 역사적 자료의 질적 수준이 어느 정도인가에 따라 연구의 성패가 엇갈린다. 이 방법은 특정한 창조적 도약이나 창조적인 인물 개개인에 관해서는 신선한 통찰을 제시하는 경우가 드물지만, 보다 넓은 맥락에서 인물을 평가하는 데는 귀중한 공헌을 했다.

  내가 보기에 그루버와 그의 동료들이 수행한 개인별 사례 연구는 사이먼튼과 그의 동료들이 수행한 역사계량학적 연구와 더불어 최근의 창조성 연구에서 가장 흥미로운 성과물이 아닌가 싶다. 당연하게도 이들 연구 성과는 또한 창조적인 인물에 대한 나의 탐구와도 가장 밀접한 관련을 맺고 있다. 내가 채택한 방법은 그루버의 진화론적 체계의 연구법과 더 가깝고 나는 이 방식에 좀더 공감하는 편이지만, 역사계량학파가 제공하는 귀중하고 풍부한 배경 자료 역시 나에게는 꼭 필요하다. 창조성을 포괄적으로 다루는 과학은 어떤 식으로든 이 두 가지 접근법 사이에 다리를 놓아야 한다. 이 책은 개별 사례에서 발견한 사항을 일반화해서 다양한 분야의 창조성을 해명하고자 하는 첫 걸음이라고 할 수 있다. 제3부에서 나는 이 책에서 수행한 개인별 사례 연구를 비교 검토할 것이다.

창조성에 대한 나의 접근법

창조성을 포괄적으로 논의하고자 한다면 시작 단계부터 우리는 수많은 요인과 이 요인들 간의 다채로운 상호 작용을 고려해야 한다. 이 책에서 나는 읽기 쉽게 나의 결론을 설명할 생각이다. 물론 이 방면에 흥미가 있는 독자들이 나의 방법과 자료, 그리고 결론을 평가하고 이용할 수 있도록 전문적인 정보도 충분히 제시할 것이다. 이 장의 남은 부분과 10장에서 이러한 연구 방법 문제에 집중할 것이다. 독자들은 세부 내용에 구애받지 않고도 충분히 이 책의 사례 연구와 결론을 이해할 수 있을 것이다. 제1장에서 소개한 간단한 분석 도구만 숙지하고 있으면, 곧바로 이 부분을 건너뛰어 제2부를 읽어도 상관없다. 하지만 나는 비전문가도 내 연구 방법의 요지를 충분히 이해할 수 있도록 서술해 보고자 한다.

나의 접근법은 네 가지의 독립된 요소로 이루어진다. 이 요소들은 엄격하게 구분되지는 않는다. 하지만 각각의 요소가 독자적으로 창조성 연구에 공헌하는 바가 있다고 생각하는 것이 유용하다.

1. **구성적 주제(Organizing Themes)**: 가장 총괄적인 주제로서 내 연구의 길잡이가 될 뿐만 아니라 개별 사례 연구를 정식화하는 기본 원리를 제공한다.

2. **구성적 틀(Organizing Framework)**: 나의 연구는 많은 훌륭한 동료들과 공동작업을 통해 도출한 학제적인(interdisciplinary) 분석틀을 전제하고 있다.

3. **경험적 조사 문제(Issues for Empirical Investigation)**: 분석틀만 보면 수많은 문제와 의문점이 생긴다. 이를 경험적인 사례 연구를 통해 명확하게 해명해야 한다.

4. **새로 발견한 주제(Emerging Themes)**: 개인별 사례 연구를 수행하면서 처음엔 연구 의제가 아니었던 두 가지 주제가 점점 더 명확하게 드러났다. 이는 내가 전혀 예기치 못했던 주제였기 때문에, 이 연구에서 내가 새롭게 발견한 것이라 해도 무방하다.

네 항목으로 나누어 이 요소들을 상세히 검토할 생각이다. 편의상 이들 요소와 하위 요소에 숫자와 알파벳을 붙여서 〈표 2.1〉을 만들었다. 마지막 장에서 이 문제를 다시 논의할 것이다.

이제 순서대로 각각의 요소를 살펴보겠다. 사례 연구에서 이런 요소들이 어떤 역할을 하는지 명확하게 이해할 수 있도록 배경 설명을 충분히 하겠다.

〈표 2.1 창조성 연구의 주요 요소〉

I. 구성적 주제	A. 아동과 창조적인 어른의 관계 B. 창조적인 인물과 다른 사람들의 관계 C. 창조적인 인물과 작품의 관계

II. 구성적 틀	A. 발달
	  1. 인생 행로
	  2. 창조 활동
	B. 상호관계: 개인과 분야 및 장(場)의 상호작용
	  1. 정의
	  2. 학제적인 분석틀
	  3. "창조성은 어디에 있는가?"
	C. 생산적인 비동시성

III. 경험적 조사 문제	A. 개인
	  1. 인지적 문제
	  2. 성격과 동기부여 문제
	  3. 사회적·심리적 문제
	  4. 삶의 패턴
	B. 분야
	  1. 상징체계의 특성
	  2. 활동 유형
	  3. 패러다임의 지위
	C. 장(場)
	  1. 스승과 경쟁자 및 추종자와의 관계
	  2. 정치적 갈등
	  3. 위계적 구조

IV. 새로 발견한 주제	A. 도약의 시기에 얻는 인지적·정서적인 도움 B. 파우스트적 거래

구성적 주제 – 재론

1장에서 소개한 구성적 주제는 가장 직관적인 특성을 지니고 있다. 이것은 그 자체로도 이 책에서 다루는 현대의 창조적인 인물들을 논의하는 쉬운 수단이 될 수 있다. 모든 인물에 대해 어떤 주제를 적용해도 무방하지만, 되도록 나는 그 인물의 생활 환경에 각별히 어울리는 주제의 관점에서 논의하고자 했다.

구성적 주제는 순서와는 상관없이 대체로 다음 세 가지 범주로 나눌 수 있다.

첫 번째 관심사는 아동과 창조적인 어른의 관계이다. 이는 어른이 지닌 창조성의 중요한 차원이 유년기에 뿌리를 두고 있다는 내 믿음을 반영하는 주제이다. 이 주제와 관련해서 나는 아인슈타인의 사례 연구에서는 재능 있는 아이가 골몰하는 질문 유형과, 이러한 물음에 대한 답을 얻기 위해서 거쳐야 하는 훈련 및 사고 과정의 특성이 어떻게 연관되는가 하는 점을 살펴볼 것이다. 그리고 피카소의 사례 연구에서는 재능이 풍부한 어린 신동과 원숙한 대가의 관련성에 주목할 것이다.

두 번째 구성적 주제는 창조적인 인물과 다른 사람들의 관계에 천착한다. 다른 사람들로는 창조자와 가장 가까운 사람들(가족이나 친밀한 친구들), 교육 과정에 관여한 사람들(교사나 스승), 그리고 경력을 쌓아가는 과정에서 만난 사람들(동료나 경쟁자, 혹은 추종자들)이 있다. 남은 다섯 가지 사례 연구 중에서 세 가지 사례 연구에서는 창조적인 인물과 다른 사람들의 관계를 직접 다루고, 두 가지 사례에서는 좀더 추상적으로 다룬다.

프로이트의 사례 연구에서는 그가 젊은 시절 다른 사람들과 맺은 관계를 탐구할 것이다. 그는 점차 교제 범위가 좁아지면서 결국 혼자가 된다. 이후에 그는 정신분석학의 핵심 교의를 발견하고 다시 많은 동료들을 얻게 된다. 간디의 경우는 그가 다른 사람들의 행동에 영향을 미친 방식을 강조하고, 스트라빈스키의 경우는 여러 사람의 공동 작업이 필요한 분야에서 활동하는 개인에게 부과되는 복잡한 정치적 압력을 서술한다.

남은 두 사례 연구에서는 다른 사람들의 세계에 대한 좀더 추상적인 관계를 탐구한다. 즉, 엘리엇과 그레이엄의 사례 연구에서는 경계성의 두 유형을 논의하는데, 하나는 엘리엇이 스스로 선택한 경계성이고 다른 하나의 성(gender)과 국적(nationality)으로 인해 그레이엄에게 강요된 경계성이다.

세 번째 구성적 주제는 창조적인 인물과 그가 활동하는 분야의 관계이다. 대체로 창조적인 인물은 어린 시절에 자신의 관심을 사로잡는 분야와 일을 발견한다. 처음에는 그 분야의 문화에 걸맞게 다른 사람들의 방식을 그대로 따르고 이를 완전히 터득하려고 하지만, 점차 자신이 속한 분야에서 불편함을 느낀다. 이제 그는 본의든 본의가 아니든, 선택한 문제나 주제를 다루기에 적합하고 궁극적으로는 다른 사람들도 이해할 수 있는 새로운 상징체계(의미체계)를 고안해야 한다는 압박감을 느낀다. 각각의 사례 연구에서 나는 창조자가 자신의 분야에서 새로운 의미체계를 만드는 과정을 상세하게 검토할 것인데, 다양한 분야에 걸쳐 놀라운 공통점이 드러날 것이다.

구성적 틀

사실상 구성적 주제 세 가지는 이 연구의 길잡이가 된 분석틀의 주요 특징을 구현한 것이다. 이것들은 인간 발달(아동과 대가의 관계에서 볼 수 있다), 창조 활동의 발달(창조자가 자신이 속한 분야의 공통 관행에서 벗어나기 시작할 때 싹튼다), 그리고 재능 있는 개인과 작업 분야 및 판관(判官) 역할을 하는 장(場) 사이의 상호관계와 갈등에 대한 오랜 관심을 간단하게 소개하는 역할을 한다. 지금부터 나는 좀더 직접적이고 공식적으로 이 분석틀의 주요 특징을 소개하겠다.

발달

발달심리학자들은 창조성 연구가 반드시 인간 발달 연구에 토대를 두어야 한다고 생각한다. 창조적인 작업의 전개 과정이나 특정 분야에서 관련 지식을 터득해 가는 일반적인 궤적은 모두 인간 발달을 통어하는 원리에 입각해서 고찰해야 한다는 것이다.

인생 행로. 인간이라는 생물종에 속했다는 이유로, 정상적인 아동이라면 모두 자신의 주위 환경을 탐구하는 꽤 오랜 시기를 거친다. 이 기간 동안에 아동은 물리 세계와 사회 세계, 그리고 그 자신의 개인 세계를 통어하는 원리를 발견할 기회를 갖는다. 이와 같은 세상의 일반적인 원리(universals) 발견은 한층 더 심오한 배움과 발견에 이르는 기본 바탕이 된다. 뿐만 아니라 발견 과정 자체도 훗날의 탐구 행위의 모델이 되는데, 이전에는 아무도 생각해 본 적이 없는 현상을 철저히 연구하는 자세도 유년기에서 그 모델을 찾을 수 있는 것이다.

유년기를 어떻게 보냈는가 하는 점은 매우 중요하다. 어린 시절부터 아이들이 마음 편하게 탐구하면서 주변 세계에 대해 많은 것을 발견하면, 그들이 성인이 되었을 때 활용할 수 있는 귀중한 '창조성 자본'을 많이 축적하게 된다. 반면에 이러한 발견 행위가 억압당하고 한쪽 방향으로만 떠밀리거나, 혹은 세상에는 정답이 하나밖에 없고 권위자들만 그 정답을 알고 있다는 고정 관념에 짓눌린 아이들은 자기만의 해답을 내놓을 가능성이 거의 없다.

많은 창조적인 사람들이 제약과 구속이 심했던 어린 시절의 경험을 쓰라린 심정으로 술회한다. 앞으로 나는 유별나게 엄한 부모들에 대해 상술할 것이다. (창조적인 사람들은 부모의 엄격함에 대한 일종의 반작용으로서 자신들의 아이를 키울 때는 지나치게 방임하는 경향이 있다.) 하지만 엄격한 환경에서 고통스럽게 자랐으면서도 호기심의 불꽃을 꺼뜨리지 않은 사람들도 있다. 성격이 강하고 반항적인 이유도 있겠지만, 정해진 선을 넘지 않으면서 규칙대로 살아가는 대신 인생에 대해 좀더 모험적인 태도를 지니라고 격려하는 역할 모델을 적어도 한 명은 만났기 때문이라는 이유가 더 클 것이다.

창조적인 인물은 유년기의 통찰과 감정, 그리고 경험을 생산적으로 활용하는 면에서 두드러진 모습을 보인다. 물론 어린 시절의 기억을 모두 지워버리는 편이 어떤 점에서는 살아가기에 좀더 유리할 것이다. 하지만 세상을 새롭게 이해하거나 새로운 세계를 창조하는 경우에는 유년기야말로 가장 든든한 동반자가 된다. 실상 창조적인 인물이란 호기심 많던 어린 시절에 품었던 수많은 의문점과 문제의식, 그리고 주변 사물을 관찰하는 섬세한 감수성을 자신이 선택한 분야의 가장 선진적인 이해 방식과 '결혼' 시키는 참으로 어려운 일을 해낸 사람이다. 창조적인 사람이 유년기의 '창조성 자본'에 되풀이해서 의존한다는 것은 바로 이런 의미에서이다. 다른 시대라면, 성인이 되어 의존하게 되는 유년의 시기도 달라질 것이다. 아주 어린 시절에 축적해 놓은 자원을 파헤치는 것은 바로 현대가 부과한 짐(burden)인 것이다.

교육심리학자 벤자민 블룸(Benjamin Bloom)과 로렌 소스니악(Lauren Sosniak)이 재능 있는 성인들에 관해 수행한 연구에서 보듯이, 우리는 이 젊은이들이 앞으로 지속적인 관심을 쏟게 되는 특정한 소재나 상황 및 인물과 처음 사랑에 빠지는 상황뿐만 아니라 심지어 그 시기조차 확정할 수가 있는 것이다. 이에 관해 그들은 철학자 노스 화이트헤드(Alfred North Whitehead)의 말을 빌어 첫사랑을 말하거니와, 나는 이를 데이비드 펠드먼의 말을 빌어 결정화(crystallizing) 경험이라 부르고자 한다.

어느 분야의 전문 지식에 정통하려면 아무리 열광적으로 몰두했더라도 최소한 10년 정도는 꾸준히 노력해야 한다. 창조적인 도약을 이루기 위해서는 자기 분야에서 통용되는 지식에 통달해야 한다. 바로 이런 이유에서 10년 정도의 꾸준한 노력이 선행되지 않으면 의미 있는 도약을 이룰 수가 없다. 흔히 모차르트는 이 규칙이 적용되지 않는 예외라고 말하지만, 그 역시 10년간 수많은 곡을 쓴 다음에야 훌륭한 음악을 연거푸 내놓을 수 있었다. 우리가 다루는 일곱 명의 창조자들 역시 혁신적인 업적을 이루기 전에 최소한 10년의 수련기를 거쳐야 했다. 물론 더 오랜 세월이 필요했던 인물도 있을 것이다. 그리고 대다수는 또 다른 10년 후에 다시 한 번 중대한 혁신을 이루었다.

하지만 10년 동안은 전문 기술을 그저 추종하기만 하고 그 다음에 비로소 자기만의 혁신적인 업적을 내놓을 수 있다는 말은 옳은 얘기가 아니다. 창조적인 도약을 이룬 인물들은 아주 어린 시절부터 탐구자이며 혁신가이고 사색가인 경우가 많다. 이들은 다수를 따르는 데만 만족하지 않으며, 선택한 분야뿐만 아니라 다른 분야에서도 실험적인 시도를 하는 모습을 자주 보인다. 가령, 젊은 음악 연주자들은 세세한 부분까지 자신의 맘에 들도록 '곡을 다시 쓰는' 노력을 기울이면서 자신의 작곡 재능을 발휘한다. 신진 과학자들 역시 일반적으로 인정되는 지식에 만족하기보다는 자신만의 눈으로 세상을 보려고 한다. 이러한 모험적인 시도는 흔히 반항적인 행위로 간주되지만, 운이 좋으면 교사나 동료들로부터 계속 실험적인 시도에 대한 격려를 받기도 한다.

공공연히 권위에 도전하든 그렇지 않든, 미래의 혁신가는 언제나 새로운 방향으로 시선을 돌릴 자세가 되어 있다. 혁신가에 걸맞는 성격이 있다는 얘기인데, 이미 상당한 수준의 역량을 갖춘 사람들은 대개 대담한 시도를 하기보다는 그런 수준에 만족하거나 사소한 변화만을 꾀하기 때문이다. 이를테면, 어느 분야에 위기가 닥쳐서 젊은 세대들이 새로운 사고가 필요하다고 자각하는 경우가 있다. 하지만 이런 때에도 끈기 있는 노력이 필요하다. 예를 들어, 많은 젊은 연구자들이 DNA 구조를 해독하는 시도가 진행중임을 알고 있었지만, 실제로 유전 정보가 풀리기 위해서는 제임스 왓슨(James Watson)과 프랜시스 크릭(Francis Crick)의 특별한 재능과 끈기 있는 노력이 필요했다. 물론 얼마간 운도 따라주었다.

창조 활동. 나는 발달 과정의 바로 이 시점에서 드러나는 창조성을 집중적으로 살펴볼 것이다. 아인슈타인이 빛에 관한 사고 실험을 하고 그레이엄이 미국 고유의 무용 형식을 찾고 있을 때, 그리고 간디가 비폭력적으로 극심한 갈등을 해결하려고 노력하면서 다양한 인간관을 검토할 때가 바로 이 시점이다. 나는 그들이 해당 분야의 상(像)을 어떻게 구성하는지, 해당 분야의 문제점이나 불확실성이 어느 지점에 위치하는지, 그리고 그들이 해당 분야에 결여된 부분을 지적하고 가능성 있는 새로운 방향을 어떻게 찾아가는지 그 과정을 살펴볼 것이다.

나는 각 인물들이 창조적인 과제를 이루기 위해 염두에 두었던 정신적 모델을 재현하고자 한다. 이것은 인지과학적 관점과 양립이 가능할 것이다. 이들은 처음에는 해당 분야의 공통어 혹은 상징체계를 그대로 받아들이지만, 곧 여기에는 부적절한 면이 있음을 발견한다. 이 경우에 그들은 보통 사소한 변화만을 꾀한다. 사실 수십 년 동안, 아니 수백 년 동안 힘들게 쌓아 올린 유산 전체를 송두리째 바꿔야 한다는 것은 그다지 매력적인 생각도 아니고 결코 수월한 일도 아니기 때문이다.

하지만 창조적인 사람이라면 한층 더 본질적인 변화가 필요함을 알게 된다. 그가 임기응변 식의 해결책에 만족하지 못했기 때문이기도 하지만, 오직 근본적인 방향전환을 통해서만 해결이 가능한 문제가 있기 때문이다. 물론 상황에 따라서는 다른 요인도 있을 수 있다. 어느 경우든 좀더 전면적인 방향전환을 이루거나 새로운 사고방식을 택하기 위해서는 국지적인 해법을 버려야 한다.

이 때가 바로 창조자의 용기를 가늠할 수 있는 시기이다. 관습적인 상징체계만으로는 더 이상 충분치 않다. 창조자는 이제 혼자서라도 복잡한 사정을 모두 감안하여 핵심 쟁점이나 성과물을 정확히 표현할 수 있는 새로운 상징 형식을 마련해야 한다. 처음의 노력은 대개 만족스러운 결과로 이어지지 않으며, 아예 처음부터 다시 시작해야 하는 경우도 있다. 보장된 것은 아무것도 없고 믿을 만한 길잡이도 없다. 창조자는 자신의 직관을 믿어야 하고, 아무 보상도 없는 반복적인 실패에도 꿋꿋이 버텨야 한다.

개인별 사례 연구에서 나는 창조적인 도약이 이루어지는 시기를 면밀하게 살펴볼 것이다. 이 시점의 인지적 작업(cognitive work)은 활용되는 지능뿐 아니라 창조 행위의 유형에 따라 서로 다르다. 간단히 말하면 수학 문제를 풀거나 심리학적 개념을 정의하는 것은, 감동적인 공연을 연출하거나 동포들 수백만 명의 행동에 영향을 미치는 것과는 전혀 다른 일이다. '문제'와 '해답'이라는 용어는 예술 및 사회 활동 분야의 창조 행위보다는 표준적인 과학 작업에 훨씬 더 적합한 용어이다.

이제 일곱 가지 사례 분석에서 반복해서 드러나는 발달상의 특징을 요약하겠다. (1) 세상의 일반적인 원리와 (사례마다 다른) 특별한 문제에 대한 유년 시절의 관심, (2) 처음 흥미를 느낀 문제를 탐구하다가 이 흥미를 이어받아 특정 분야를 마스터하겠다고 결심, (3) 선택한 분야에 정통한 후에 모순적인 요소를 발견하거나 새로운 요소를 창조, (4) 창조자가 신기한 문제를 발견하고 이를 단계적(program)으로 탐구해가는 방식, (5) 고립의 시기에 주변 사람들이 행하는 격려와 지지 역할 혹은 방해 역할, (6) 서서히 새로운 상징체계와 언어 혹은 표현 방식을 만들어가는 모습, (7) 관련 비평가들의 첫 반응과 오랜 기간에 걸쳐 이 반응이 변화하는 모습, (8) 보통은 중년의 시기에 이뤄내는 좀더 포괄적인 성격의 두 번째 혁신(및 이와 관련된 사건들).

상호관계의 관점 : 개인과 분야 및 장(場)의 상호작용

 지난 수 년 동안 나의 동료들, 특히 미하이 칙센트미하이와 데이비드 펠드먼과 더불어 공동 연구를 수행하면서 나는 '창조성'에 대한 '상호관계의 관점'을 발전시켰는데, 이 책이 바로 그러한 관점에서 쓰여졌다. 이 관점은 아주 복잡한 편은 아니지만 그래도 역시 다양한 요소로 이루어졌고, 따라서 약간의 배경 설명과 좀더 정교한 소개가 필요하다. 앞에서 나는 직관적인 세 가지 구성적 주제를 통해 이 분석틀을 소개한 바 있다. 여기서는 세 국면(정의, 학제적인 분석틀, 익숙한 문제의 재정식화)으로 나누어 이를 좀더 정밀하게 설명할 생각이다. 간단한 소개를 마친 후에는 이런 관점이 이 연구의 사례 연구에 부여한 특성이 무엇인지를 설명하겠다.

 정의. 우선 이 연구에 유용한 방식으로 창조적인 인물을 정의하겠다. 창조적인 인물이란 어떤 분야에서 처음에는 참신하게만 여겨지지만 종국적으로는 특정한 문화권에서 널리 받아들여지는 방식으로 문제를 풀고 작품을 창조하고 새로운 문제를 정의하는 사람을 말한다.
 이러한 정의(창조성이란 문제 풀이와 관련된다는 것, 그리고 창조적인 인물의 업적은 참신성을 인정받고 널리 받아들여진다는 것)는 심리학 분야의 창조성 연구자들이면 대부분 동의할 것이다. 하지만 다음 네 가지 특징은 다소 일반적인 이해와는 동떨어져 있다. 그렇기 때문에 한층 더 의미심장하다.

 1. 나는 어떤 한 사람이 모든 분야가 아니라 어떤 특정 분야에서만 창조적일 수 있다고 생각한다. 이러한 견해는 창조성 검사의 토대가

되는 만능적인 창조성 개념과 직접 충돌한다. 나는 한 인물이 활동하는 특정 분야에만 주목할 것이며, 창조적인 도약의 결과로 그 분야가 어떤 식으로 변형되는가에 대해 집중적인 관심을 기울일 것이다.

2. 나는 창조적인 인물이 정규적으로 창조성을 발휘한다고 생각한다. 이는 일생에 한 번 창조성을 폭발적으로 발휘할 뿐이라는 생각과는 배치된다. 사실 그루버가 훌륭하게 보여주었듯이, 창조적인 인물은 끊임없이 창조성을 추구하며 지속적으로 창조적인 도약을 이루기 위해 자신의 인생을 조정한다. 다만 창조적인 인물이 요절한 경우에는 창조성 발휘가 단발성(單發性)에 그칠 확률이 크다.

3. 창조성은 문제 풀이뿐만 아니라 작품의 제작이나 새로운 질문의 고안도 포함할 수 있다. 이런 점에서 나는 심리측정학이나 컴퓨터 시뮬레이션에 기반한 접근법에 동의하지 않는다. 이러한 접근법은 새로운 작품을 만들거나 새로운 질문을 정의하는 창조성보다 현존하는 문제를 해결하는 창조성에 훨씬 더 적합한 분석틀을 제공했다. 물론 많은 창조적인 업적이 주어진 문제의 해결과 관련되어 있다. 하지만 좀 더 높은 수준에서 보면, 창조성은 새로운 유형의 작품을 제작하는 것, 혹은 지금까지 무시되거나 알려지지 않은 새로운 문제의식이나 주제를 발견하는 것과 관련된다.

4. 창조적인 행위는 특정한 문화에서 받아들여질 때에만 제대로 인식된다. 여기서 시간상의 한계란 존재하지 않는다. 성과물이 나온 즉시 창조성을 인정받는 경우도 있고, 백 년이나 심지어는 천 년이 지나

도록 인정받지 못하는 경우도 있다. 하지만 내가 말하는 핵심적 요지(다소 논란의 여지가 있을 수 있지만)는 그 자체로 창조적인 것은 없다는 점이다. 공동체의 평가가 내려지기 전에 우리가 할 수 있는 최대한의 말은 그것(그 사람)이 '창조적인 잠재력'을 지녔다는 지적일 뿐이다. 그리고 그 평가는 소속 공동체나 문화에서 해당 분야의 전문가들이 내려야 마땅하다. 다른 판관(判官)의 말은 쓸모가 없다.

학제적인 분석틀. 심리학 분야 및 개인을 주로 다루는 심리학 관련 분야에서 창조성 연구를 주도한 것은 틀림없는 사실이다. 하지만 창조성은 어느 한 분야에서 전적으로 도맡아 연구할 수 없는 현상 내지는 개념이다. 이런 인식은 점차 확실해졌다. 노벨상 수상자인 면역학자 피터 미더워(Peter Medawar)는 다음과 같은 의견을 밝힌 바 있다.

어떤 형태로든 창조성을 분석하는 것은 어느 한 가지 분야에만 유능하다고 되는 일이 아니다. 다양한 재능의 협동작업이 필요한 일이다. 심리학자와 생물학자, 철학자, 컴퓨터 과학자, 예술가, 그리고 시인들 모두가 할 말이 있다고 생각할 것이다. 그리고 "창조성이 분석을 초월해 있다"는 말은 우리가 깨고 벗어나야 할 낭만적 허상에 불과하다.

창조성을 이해하려면, 궁극적으로는 다음 네 가지 분석 수준에서 탐구할 필요가 있다고 생각한다.

1. **아(亞)개인성(The Subpersonal).** 아직은 창조적인 인물의 유전적

특징이나 신경생물학적 특성에 대해 알려진 바가 거의 없다. 우리는 창조적인 인물의 유전 구조가 독특한지, 그들의 신경 체계의 구조나 기능에 남다른 특징이 있는지에 대해 잘 알지 못한다. 하지만 과학적인 창조성 연구라면 결국 이러한 생물학적 질문에 대답할 수 있어야 한다. 나는 곧 이 방면의 연구가 수행되리라고 기대하고 있다.

2. **개인성(The Personal).** 앞으로도 심리학 전통에서 훈련받는 연구자들은 창조적인 인물과 창조 과정, 그리고 창조적인 업적에 대한 우리의 이해에 커다란 공헌을 할 것이다. 과거에도 그러했고 내가 이전의 심리학적 연구를 직접 검토한 내용에도 드러났듯이, 앞으로도 두 가지 연구 방식이 존재할 것이다. 하나는 창조적인 인물의 인지 과정에 주목하는 방식이고, 다른 하나는 이러한 접근법에 보완적인 의미가 있는 관점으로서 창조적인 인물의 성격과 동기 그리고 사교적이고 정서적인 측면에 관심을 기울이는 연구 전통이다.

3. **비(非)개인성(The Impersonal).** 창조성에 대한 나의 입장에는 한 인물이 일반적인(추상적인) 의미에서 창조성을 발휘할 수는 없다는 견해가 스며 있다. 펠드먼이 주장했듯이 우리는 특정한 분야나 학문 영역에서 창조성을 발휘한다. 따라서 창조적인 인물은 항상 특정 분야에 공헌을 하는 법인데, 그가 공헌한 내용은 당시에 통용되는 인식과 실천의 수준에서 묘사될 수밖에 없다. 아인슈타인의 업적은 1900년의 물리학에 비추어 이해될 수밖에 없었고, 인간의 상호작용에 대한 간디의 처방은 점령자와 원주민 간의 예전 관계에 비추어 이해될 수밖에 없었다. 역사가와 철학자, 인공지능 연구자, 특히 각 분야의 전

문가들이 비개인성 연구를 수행한다. 이 관점은 지식 그 자체의 본성을 포착하려는 시도이므로 인식론적인 특성을 지니고 있다.

4. 다(多)개인성(The Multipersonal). 창조적인 인물이나 작품 주위에는 언제나 갓 출현한 성과물의 타당성과 질적 수준을 평가하는 다른 사람들과 제도가 존재한다. 이러한 영향력 있는 집단을 지칭하는 칙센트미하이의 '장(場. field)'이라는 용어를 나 역시 그대로 사용할 것이다. 장에 관한 연구는 근본적으로 사회학적인 성격을 가진다. 이러한 다개인성에 관한 연구 관점은 장의 성원들—비평가, 편집자, 대리인, 언론 종사자, 백과사전 필자를 비롯한 여러 평가자들—이 어떻게 최초의 평가를 내리는가, 그리고 그들이 시간의 흐름을 감안하여 어떻게 더욱 신중한 평가를 내리는가에 대해 연구한다. 이 때 물리학 분야는 소수의 전문가 그룹으로 장이 이루어진 경우이고, 대중 연예 분야처럼 장에 포함된 인원이 수백만 명에 이르는 경우도 있다.

본격적인 창조성 연구는 신경생물학자와 심리학자, 특정 분야의 전문가, 사회학적 방법론에 기울어진 연구자 등 다양한 관점에 입각하여 창조적인 현상을 탐구할 때 최선의 결과를 얻을 수 있다. 나 역시 이 책에서 이러한 시도를 할 생각이다. 하지만 내가 훈련받은 분야도 한정되어 있고 게다가 심리학적 관점이 창조성 연구에서는 우세한 위치에 있기 때문에, 개인적 요인을 가장 강조하게 되는 것은 불가피한 일이다. 물론 내 설명의 설득력을 높이기 위해 생물학적·인식론적·사회학적 관점에도 의존할 것이다. 어떤 의미에서 이 책의 창조성 연구는 창조성이 '위대한 인물'의 성과라는 관점을 반영하고 있다.

그리고 나는 이 점에 대해서는 별다르게 해명할 필요성을 느끼지 않는다.

창조성은 어디에 있는가? 창조성 연구처럼 어렵고 복잡한 연구 영역에서는 개념상의 중요한 진전을 이루기가 쉽지 않다. 따라서 칙센트미하이가 "창조성이란 무엇인가?"라는 관습적인 물음을 "창조성은 어디에 있는가?"라는 좀더 참신한 질문으로 대체하자고 제안한 것은 꽤 의미심장한 일이다.

칙센트미하이는 어떤 식의 창조성 연구에도 중요한 의미가 있는 세 가지 요소(결절점)를 지적한다.

(1) 재능 있는 개인, (2) 그 개인이 활약하는 특정 분야나 학문 영역, (3) 인물과 성과물의 질적 수준을 판단하는 장(場). (이 세 요소들은 대략 1장에서 소개한 세 가지 핵심 요소와 대응되며, 바로 위에서 간략하게 설명한 네 가지 분석 수준에서 각기 두 번째와 세 번째, 네 번째 관점과 대응된다.) 칙센트미하이의 설득력 있는 설명에 따르면, 창조성은 어느 한 요소나 한 쌍의 요소에 존재하지 않는다. 창조성은 이 세 요소가 변증법적으로 상호작용하는 과정으로 볼 때 가장 정확히 파악할 수 있다는 것이다.

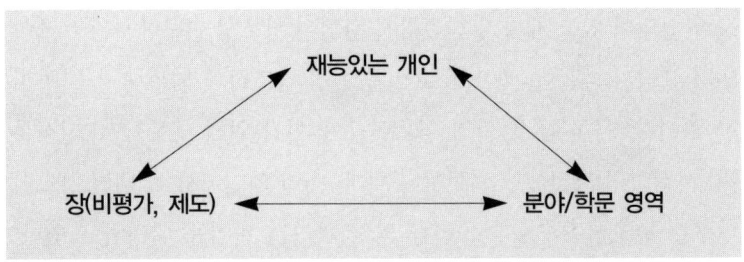

이제 우리는 1장에서 소개한 그림을 다시 상기하면서, 그것의 기능을 역동적인 형태로 살펴볼 수 있다. 일단 특정 분야에서 활동하는 다양한 능력과 재능, 성향을 지닌 개인들이 출발점이 된다. 어떤 역사적 시기에서도 각 분야에는 고유한 규칙과 구조 그리고 실천 관행이 있으며, 개인들은 이러한 틀 안에서 사회화되고 이러한 틀에 맞춰서 활동하도록 되어 있다. 개인들은 장에 성과물을 제시하고, 거꾸로 장은 관심이 가는 다양한 대상을 조사한다. 장에 의해 정밀한 조사를 받는 수많은 개인들과 성과물 중에서 아주 소수만이 지속적인 관심과 평가의 대상이 된다. 그리고 주어진 역사적 시기에 평가받는 많은 성과물 중에서 극소수만이 창조성을 인정받는다. 즉, 낯설 정도로 참신하면서도 아주 적절한 성과물이라는 평가를 받는다. 이러한 평가를 받은 성과물(및 인물)이 세 요소들 간의 변증법적 상호작용에서 가장 중요한 자리를 차지한다. 그것이 그 분야를 실질적으로 쇄신하는 원인이 되기 때문이다. 다음 세대의 학생들이나 재능 있는 사람들은 이제 창조적인 인물의 업적에 힘입어 전혀 새롭게 변한 분야에서 작업하게 된다. 창조성의 변증법은 바로 이런 방식으로 진행된다.

이러한 구도를 좀더 구체적으로 이해하기 위해, 파리에서 각자 독특한 역량과 화풍을 지닌 1,000명의 신진 화가들이 활동한다고 가정해 보자. 이들 모두는 현재의 회화 기법과 양식에 통달하려고 애쓰며, 자신의 작품을 비평가와 미술 학교, 화랑 주인, 대리인 등으로 이루어진 장에 선보인다. 이 많은 화가들 중에 소수만이 주목할 만한 화가로 선택될 것이다. 그리고 오늘날에는 작품의 전적인 새로움이 가장 중요한 선택 기준이 되어버린 것 같다. 이런 평가 과정을 거쳐 걸러진 극소수의 재능 있는 화가들 중에 기껏해야 한두 명만이 거장의 반열에 오를 터인데, 이들의 탁월한 작품은 결국 미술 분야, 그러니까 다음 세대의 화가들이 터득해야 할 인식구조와 기법에 커다란 영향을 미칠 것이다. 이렇듯 창조성은 예술가의 머리나 손에 있는 것도 아니고, 특정 분야나 심판관들에게 있는 것도 아니다. 창조성이라는 현상은 오직 이 세 요소들 간의 상호작용으로 이해될 수밖에 없으며, 그럴 때에만 좀더 완전하게 이해할 수 있다. 나는 앞 그림의 양방향 화살표로써 이러한 변증법적 상호작용의 복합성을 나타내려고 했다.

그런데 미술 분야는 장이 부당하리만큼 중요한 지위를 차지하고 있는 다소 특이한 영역으로 보일지 모른다. 이와는 대조되는 분야, 이를테면 금전상의 고려가 별로 중요치 않고 평가 기준이 그다지 변덕스럽지 않은 수학과 같은 분야는 어떨까? 이 분야에서도 상황은 마찬가지라는 게 내 생각이다. 천 명의 화가 대신에 같은 수의 젊은 수학자, 이를테면 위상 수학자를 예로 들어보자. 이들 젊은 수학자는 모두 널리 인정받는 원리에 입각해서 수학 분야의 전문 지식을 철저히 익혀야 한다. 좀더 위상 수학을 진전시키고 싶은 연구자들은 자신의 증명 방법과 새로 발견한 원리를 장에 내놓을 텐데, 이 경우 수학 분야의 장은 학술지 편집자와 교수, 수상 위원회 그리고 우호적인 동료나 시기심 많은 경쟁자들로 이루어져 있다. 젊은 위상 수학자들 가운데 오직 소수만이 저명한 교수가 되거나 탁월한 저서를 출간할 것이고, 이들 중 더 적은 인물만이 수학 분야에 커다란 영향을 미쳐 다음 세대의 젊은 위상 수학도로 하여금 다소 변화된 지식을 터득하게 할 것이다.

주요 인물에 대한 전기를 보면, 높이 평가받는 작품이 장에 의해 결국에는 무시되고 오해되는 사례, 심지어는 노골적인 조롱을 받는 사례가 많이 나온다. 이를 보고 진정으로 혁신적인 작품은 처음에는 거부될 수밖에 없는 운명인 것 같다고 말할 사람도 있을 것이다. 하지만 반대 사례도 제시할 수 있다. 예컨대, 이 책에서 다루는 현대의 거장들 대부분은 처음에는 고독한 처지에서 노력했지만, 역사의 긴 안목으로 봐서 참으로 짧은 시간인 10여년 만에 이름을 얻고 존경을 받을 수 있었던 것이다.

이렇게 말하면 분명히 많은 독자들은 이미 마음속에 품고 있던 의문점을 다시 떠올릴 것이다. 독창적이고 창조적이며 탁월한 업적을 남기고도 이런저런 이유로 제대로 인정받지 못한 불운한 인물들이 많지 않느냐고 물을 것이다. 실상 역사를 보면 살아 생전에 혹은 죽은 지 수십 년이 지난 후에도 제대로 평가받지 못한 사람들이 적지 않다. 생물학에서의 그레고르 멘델(Gregor Mendel), 회화에서의 빈센트 반 고흐(Vincent Van Gogh), 시에서의 에밀리 디킨슨(Emiley Dickinson), 음악에서의 바흐(J. S. Bach) 등이 그런 예이다. 하지만 이런 의문은 순수한 창조성에 관한 얘기라기보다는 성공이나 명예와 관련된 얘기가 아닌가?

이러한 의문점을 논할 때는 내가 주장하지 않은 것이 무엇인지 말해두는 것이 중요하다. 나는 창조적이라고 인정받은 사람들은 그렇지 않은 사람들에 비해 생물학적으로나 심리학적으로 특이한 면모가 있다는 주장을 하는 게 아니다. 만약 에밀리 디킨슨에게 재능은 없지만 스스로는 훌륭한 시인이라 생각하는 쌍둥이 자매가 있었다면, 애머스트(Amherst) 대학의 친구들이나 그녀의 뇌를 검사한 어느 신경해부학자는 두 사람 사이에 별다른 차이점을 보지 못했을 것이다. 그렇다고 내가 남들에게 높은 평가를 받는 사람들은 어떤 의미에서나 그렇지 못한 사람들보다 위대하다고 주장하는 것도 아니다.

내 주장은 간단하다. 합법적인 권위를 가진 장의 판단이 없으면, 어떤 사람이 '창조적'이라는 평가를 받을 자격이 있는지 여부를 결정할 수가 없다는 점이다. 프로이트와 아인슈타인은 거의 한 세기에 걸쳐 지지 의견(물론 논란도 있었지만)이 나온 마당이므로, 우리는 그들이 창조적인 인물이었다고 자신 있게 말할 수 있다. 하지만 두 사람의 친구인 빌헬름 플리스와 미켈란젤로 베소(Michelangelo Besso)는 창조적인 인물이 아니었을 것이다. 물론 지적 산파 역할이라는 어떤 새로운 분야를 설정한다면 그들도 역시 창조성을 인정받을 수도 있을 것이다. 그리고 스스로는 창조적이라 생각했으나 장에서는 그런 평가를 받지 못한 다른 많은 물리학자나 심리학자들에 대해서는 '증거 불충분'이라는 스코틀랜드식 판결*을 내리면 된다.

생산적인 비동시성

제2부의 사례 연구에서는 개인적 재능과 활동 분야의 성격, 그리고 개인과 제도로 이뤄진 장의 기능을 중심으로 현대의 거장들을 논의할 것이다. 이러한 요인들이 지닌 고유한 중요성도 탐구하지만, 여기에 더해 마지막 구성적 주제의 유용성에도 천착해 볼 생각이다. 정확히 말해서 나는 이들 요소 각자에 혹은 요소들 사이에 모종의 비동시성(asynchrony)이 존재하며, 이 비동시성이 창조성의 실현 전망을 높인다고 주장할 것이다.

---

* 스코틀랜드 법정에서는 '유죄(guilty)'와 '무죄(not guilty)' 이외에 '증거 불충분(not proven)'이라는 평결을 내릴 수 있다. 피고자의 혐의는 충분하지만, 유죄를 입증할 만한 증거가 없을 경우에 이러한 판결을 내린다. 실질적으로는 무죄 판결이나 마찬가지이지만, 그렇다고 혐의 사실을 완전히 벗겨주지도 않는 애매한 판정이다.

순수한 동시성만 존재한다면 세 개의 결절점은 톱니바퀴처럼 완벽하게 맞물려 돌아갈 것이다. 사람들은 누구나 경탄해 마지 않는 신동의 경우, 신동의 재능은 현재 통용되는 분야의 구조나 취향에 완전히 합치되지 않느냐고 주장할 것이다. 하지만 창조성은 그런 완벽한 조화에서 생기지 않는다. 비동시성이라는 용어로써 나는 창조성의 삼각형 내에 존재하는 부정 교합과 예외적인 유형 및 불규칙성을 지적한다. 이들 세 결절점 가운데 어느 한 결절점 내에 예외적인 유형이 존재할 때 하나의 결절점 내에 비동시성이 발생한다고 말한다. 가령, 인물의 지능이 다소 독특한 면을 보이거나(어린 시절 공간 지능에서는 조숙한 천재성을 보였지만 학교 공부에는 서툴기 짝이 없었던 피카소), 해당 분야에 극도의 긴장이 서려 있을 때(온갖 악파들이 음악의 주도권을 놓고 서로 경쟁하던 스트라빈스키 시대의 음악 분야), 혹은 장이 새로운 방향으로 변화를 모색할 때(현대 무용이 형성될 무렵에 적극적이고 진취적인 비평가들이 등장한 경우)가 있을 수 있다.

결절점 사이에 비동시성이 존재하는 경우도 그에 못지않게 중요하다. 예컨대, (프로이트의 민감한 인성 지능이 과학자에게는 적합하지 않은 것처럼) 어느 한 개인의 재능은 해당 분야에 어울리지 않는 예외적인 특성을 지닐 수 있으며, 혹은 (학위를 마치고도 교사직을 얻지 못한 아인슈타인처럼) 현재의 장과 긴장 관계를 맺는 개인도 있을 수 있고, (고전 음악의 대세가 무조(無調) 음악으로 급격히 기울어지던 시기에도 일반 청중과 비평가들은 조성 음악을 더 선호했던 것처럼) 장과 분야 사이에 긴장 관계가 서려 있을 수도 있다.

당연히 비동시성은 생산적인 결과를 낳는다. 그 성과물이 얼마나 창조적인가 하는 문제는 별도이다. 내 주장은 두 가지 명제에 근거한다. 첫째, 비동시성이 너무 뚜렷하거나 그다지 눈에 띄지 않을 수가 있는데, 이 경우는 창조적인 업적이 나오기 힘들다. 내가 생산적인 비동시성(fruitful ayncrony)이라고 부르는 중간 수준의 긴장 관계나 비동시성이 바람직하다. 둘째, 생산적인 비동시성이 많이 존재할수록 진정으로 창조적인 업적이 나올 가능성이 커진다. 하지만 비동시성의 과잉은 전혀 생산적이지 못하다. 바람직한 것은 비동시성에 압도되지 않는 범위에서 실질적인 비동시성이 존재하는 것이다.

인간 발달에 관한 입장 및 창조성의 삼각형과는 달리, 생산적인 비동시성이라는 가설을 경험적으로 입증할 필요는 없다. 다만, 이 책의 사례 연구에 적용한 분석틀에는 필수적인 부분이다. 이 분석틀의 가치는 창조성이라는 현상을 정확히 해명하는가의 여부에 따라 결정될 터이다. 하지만 이 틀에서 생성된 다양한 문제들은 경험적으로 탐구할 수 있다. 그리고 이제 이 문제로 관심을 돌리겠다.

경험적 조사 문제

제2부의 사례 연구에서 나는 대체로 지금까지 설명한 구성적 주제에 해당하는 몇 가지 사안을 집중적으로 검토할 것이다. 각 주제에 관련하여 모든 사안을 마치 엄격한 역사계량학적 접근법에서처럼 체계적으로 논의하고 평가할 생각은 없다. 이들 사안이 개별 사례에 관련된 점이 뚜렷이 드러날 때까지는 서술의 배후에 남겨둘 것이다. 제3부에서는 각각의 사례 연구를 수행하는 과정에서 이들 주제를 다시 검토하고, 잠정적이나마 나의 결론을 제시할 것이다. 적절하다고 판단되면, 이들 주제의 중요성을 '판정' 하고 그 운명을 일시적으로나마

평가할 생각이다. 다른 경우에는 그저 개략적인 설명만을 제시할 생각이다.

개인

개인 수준에서 탐구할 사안은 다음과 같다.

1. 인지적 문제를 논하는 것으로 시작한다. 즉, 특정 창조자의 지적인 장점과 약점(특정 지능), 그리고 어린 시절에 신동의 재능을 보인 증거에 대해 검토한다.

2. 성격과 동기부여와 관련해서는 이들 창조자가 창조적인 성격에 대한 전통적인 견해에 얼마나 부합하는지를 탐구한다. 다른 사람들과의 관계, 자기계발의 진척 정도, 거장이 되었을 때도 남아 있는 아이다운 특성에 대해 주목하고, 감정을 표현하는 방식이나 살아가면서 버티고 이겨내야 했던 긴장감의 정도에도 관심을 기울인다.

3. 다음에는 사회-심리학적 요인에 눈을 돌려서, 아이와 부모 관계의 성격, 가정 내의 규율과 관대함에 대한 태도, 사회 및 해당 분야의 다른 사람들과의 관계를 특징짓는 경계성의 정도를 살펴본다.

4. 마지막으로, 살아가면서 창조성의 절정과 추락을 경험하는 패턴, 특히 10년을 주기로 혁신적인 도약을 이뤄내는 창조성의 10년 규칙을 입증한다. 뿐만 아니라 서로 다른 분야에서 그리고 인생의 상이한 시기에서 왕성한 창조력을 보인다는 것이 어떤 의미인지 살펴본다.

분야

이 분석 수준에서는 다음 단계를 취한다.

1. 창조자가 작업 수단으로 삼는 상징체계의 성격을 논의한다.

2. 개인의 창조 활동을 다섯 가지의 서로 다른 활동이라는 견지에서 서술한다. 이 활동의 종류에 대해서는 '간주곡(interlude)' 부분에서도 언급할 것이다.

3. 마지막으로, 창조자들이 활동하는 해당 분야에 존재하는 패러다임이나 주요 연구 방법의 지위를 살펴본다. 대상 인물이 살아있는 동안, 그 패러다임이 얼마나 민감하게 지속적인 혁신을 수용하는가라는 문제도 살펴본다.

장(場)

이 분석 수준에서 내 접근법은 다음과 같다.

1. 우선 창조자와 장에 존재하는 스승 및 경쟁자, 그리고 추종자의 관계를 검토한다.

2. 이어서 해당 분야에서 벌어지는 정치적 갈등의 성격과 그 정도를 살펴본다.

3. 결론적으로 위계적인 구조가 어느 정도로 장의 기능을 지배하는

지 살펴본다.

다시 말하지만, 이러한 문제에 대해 결정적이고도 계량적인 해답을 제시하는 것은 이 책의 범위를 넘어선다. 이 문제들은 나의 경험적 탐구를 인도하는 길잡이 역할을 하고 있으며, 궁극적으로는 사례 연구와 역사계량학적 탐구의 결합에 의해 해결되어야 한다.

새로 발견한 주제

각각의 경험적 사안은 내가 채택한 분석틀에서 유기적으로 생성된 것이며, 따라서 연구를 처음 시작했을 때부터 나의 기본적인 의제에 속했다. 그런데 두 가지 다른 사안은 처음부터 알았던 것이 아니라 내가 이 연구를 수행하면서 새롭게 발견한 것이다. 새로 출현한 주제들은 창조성 연구에서 꽤 중요한 부분을 차지하게 되었기 때문에, 여기서 간단히 언급할 필요가 있다.

도약의 시기에 받는 지원

첫 번째 사안은 창조자가 가장 중요한 도약을 이루는 시기를 탐구하는 과정에서 표면에 등장했다. 이 시기에 적어도 일부의 창조자들은 아주 친밀한 동료의 도움을 받는다는 사실을 이미 알고는 있었다. 하지만 연구에서 드러난 사실은 좀더 극적이었다. 창조자들이 중요한 지원과 격려를 받는 것은 물론이고, 그 지원 체계에는 규정 가능한 요소가 존재한다는 점이었다.

우선, 창조자들은 자신이 편안하게 느끼는 사람의 정서적인 지원도 필요로 하고, 자신이 이룬 획기적인 도약을 이해할 수 있는 사람의 인지적인 지원도 필요로 한다. 한 사람이 두 가지 역할을 모두 할 수 있는 상황도 있고, 이런 이중 역할이 제대로 이루어질 수 없거나 불가능한 경우도 있다.

창조자와 '다른 사람들'의 관계는 두 가지의 상이한 관계 유형과 비교하면 유용하다. 하나는 어린 아이와 보육자의 관계이고, 다른 하나는 좀 자란 후의 젊은이와 주변 친구들의 관계이다. 새로운 상징체계를 전달하려고 애쓰는 사람은 아이들에게 언어와 문화를 가르치는 보육자와 닮은 점이 있고, 그러한 상징체계를 발전시키는 사람은 공감어린 동료들과 서로 영향을 주고받는 젊은이와 닮은 면이 있다. 어쨌든 나는 개인 창조자에 관심이 있는 심리학자이기 때문인지, 창조적인 도약 주위에 강렬한 사회적·정서적인 힘이 존재한다는 사실에 놀라움을 느꼈다.

파우스트적 거래

두 번째로 발견한 사항은 창조자의 성년기를 거의 포괄할 만큼 더 긴 세월을 아우른다. 이 연구를 통해 나는 각각의 창조자들이 모종의 거래나 계약, 다시 말해서 파우스트적인 협정을 맺은 것을 발견했는데, 이들은 이 협정을 자신의 비범한 재능을 오랫동안 발휘할 수 있는 수단으로 여겼다. 대체로 창조자들은 모든 것을 희생해서라도, 특히 원만한 삶을 포기하면서까지도 자신의 일에 매진하려고 한다. 이러한 계약의 성격은 사례마다 조금씩 다르다. 금욕적인 삶을 다짐하는 경우(프로이트, 엘리엇, 간디)도 있고, 다른 사람들과의 관계를 끊고 스스로 고립을 자초하는 경우(아인슈타인, 그레이엄)도 있다. 피카소는 이런 거래가 거절된 나머지 다른 사람을 노골적으로 이용하는 모습을 보였고, 스트라빈스키는 공평무사한 태도를 버리면서까지 주변 사람들과 끊임없이 갈등을 빚었다. 이 범상치 않은 협정에는 이런 계약을 강박적이리만큼 충실하게 이행하지 않으면 자신의 재능이 손상되거나 완전히 사라질 것이라는 믿음이 서려 있다. 실제로 계약 이행이 느슨해지면 창조력에 부정적인 영향을 미치는 수가 있다.

지금까지 나는 이 연구의 토대가 되는 설명 도구를 모두 소개했다. 즉, 처음 연구에 착수했을 때부터 길잡이가 되어 준 세 가지 구성적 주제, 그리고 개별 연구의 방향을 잡아 준 구성적 틀(발달, 상호관계, 생산적인 비동시성), 이 연구가 밝혀내야 할 경험적 사안, 처음엔 예상치 못했지만 연구 과정에서 새로 등장했고 그 자체로 새로운 발견 성과라고 할 만한 몇 가지 주제를 설명했다.

제2부에서는 20세기 벽두에 탁월한 창조적 도약을 이룬 사람들에게 관심을 집중할 것이다. 이들이 선택된 것은 의심할 여지없이 훌륭한 업적을 남겼기 때문이며, 또한 각자가 특정한 지적 능력과 재능 및 지능(해당 문화권에서 실효성을 거둔)을 대표하는 인물이기 때문이다. 나로서는 어떤 지능이 더 우월한지에 대해서도, 누구의 업적이 가장 중요하거나 가장 혁신적인지 혹은 가장 창조적인지에 대해서도 순서를 매길 생각이 없다. 이런 이유로 나는 이들이 가장 중요한 업적(도약)을 이뤄냈던 시대 순서상으로 서술하기로 결정했다. 아마도 프로이트부터 시작하는 편이 가장 적절할 것이다. 우리가 창조적인 정신을 좀더 깊이 있게 이해하는 데 필요한 도구를 제공한 장본인이기 때문이다. 제2부에서는 방금 소개한 구성적 틀은 서술의 배후에만 남겨

둘 것이다. 하지만 간주곡 부분과 제3부에서 내가 이 연구에서 알아낸 사실을 요약하면서, 이 문제를 좀더 명시적으로 다룰 것이다.

Creating Minds

제 2 부
현대의 창조적 거장들

3

지그문트 프로이드
세상에 홀로 맞선 사람

Sigmund Freud, 1921

1902년 초에 다섯 명에서 스무 명의 빈 사람들이 수요일마다 전직 신경학자이자 정신분석학의 창시자인 지그문트 프로이트의 집에 모이기 시작했다. 이후 몇 해 동안 이 모임에 참석한 인물들은 주로 빈의 젊은 의사들이었는데, 그 중에는 빌헬름 슈테켈(Wilhelm Stekel)과 파울 페더른(Paul Federn), 알프레드 아들러(Alfred Adler)도 끼어 있었다. 이 밖에도 다양한 직종의 사람들이 이 모임에 참석했다. 음악학자 막스 그라프(Max Graf), 음악 비평가 다비드 바흐(David Bach), 출판업자 후고 헬러(Hugo Heller), 군의관 장성인 에드빈 홀러링(Edwin Hollering), 전직 유리직공 오토 랑크(Otto Rank)가 그들이다. 손님 중에서 정신과 의사 어니스트 존스(Earnest Jones)는 런던에서 왔고, 칼 융은 취리히에서, 그리고 산도르 페렌치(Sandor Ferenczi)는 부다페스트에서 왔다. 이들은 커피를 마시고 시가를 피우며, 모임의 성원이나 가끔 손님이 준비해 와 낭독하는 논문을 듣고는 각자 논평을 했다. 보통 마지막에 말을 하는 사람은 지그문트 프로이트였다.

첫 제자들

구경꾼들에겐 프로이트의 수요 모임이 아주 희한한 취미에 몰두하는 괴짜들의 집합소처럼 보였을 것이다. 몇몇은 독불 장군이었고 대개는 외톨박이였다. 거의 모든 성원이 빈의 주류 사회에서 배척당한 유대인이었다. 논문들은 대개 히스테리나 강박증 혹은 편집증과 같은 비정상적인 정신 상태를 다루었다. 병인은 주로 성(性) 문제로 분석되었고, 가끔은 논문에서 자신의 꿈이나 성생활을 생생하게 묘사하는 참석자도 있었다. 하지만 프로이트가 입을 열기 전에는 논문에 대한

'공식적인 판단'이 무엇인지는 불명료했다.

  수요 심리학회(Wednesday Psychological Society)라는 모임은 프로이트의 생애에서 중요한 전환점이었다. 프로이트는 의학을 연구하면서 사설 병원을 개업했다. 가망이 있다고는 여겼지만 성공이 쉽지 않았고, 그는 결국 의사들의 세계에서 떨어져 나갔다. 동료들의 도움은 거의 받지 못했고 때로는 심한 반대에 부딪쳐야 했지만, 그는 정신분석학 이론과 실천의 기본 교의를 꾸준히 발전시켰다. 프로이트 스스로 가장 중요한 저작이라고 생각하는 『꿈의 해석(Die Traumdeutung)』이 출간된 후에야, 그는 다른 사람들도 자기의 이론을 보다 진지하게 받아들일 터이고, 어쩌면 그들을 보다 넓은 세계로 인도할 수도 있겠다는 생각을 처음으로 했던 것이다.

  오랫동안 프로이트와 교유 관계를 맺었던 어니스트 존스가 말했듯이, 베르가세(Verggasse) 19번지에 모인 사람들은 대개는 평범한 인물에 불과했을지 모른다. "나는 모임의 성원들로부터는 깊은 인상을 받지 못했다. 프로이트의 천재성과는 어울리지 않는 사람들이었다. 하지만 그에 대한 편견이 가득했던 빈의 당시 분위기로 봐서는 명망가 제자를 두기란 어려운 일이었다. 프로이트는 주어진 한계를 감내하는 수밖에 없었다." 사실 빈의 풍자 작가 칼 크라우스(Karl Krauss)에겐 프로이트의 수요 모임이 조롱의 대상이었다. 훗날 톰 스토파드가 「익살」에서 묘사한 것은, 사회의 주변부에서 서성거리는 이 신경과민한 사람들의 모임을 재현한 것이라는 점도 쉽게 상상할 수 있다. 하지만 수요 심리학회의 정수(central core)에서 빈 정신분석학회가 태동했고, 여기서 국제 정신분석학 협회(IPA. International Psychoanalytic Association)가 탄생한 것이다. 이 모임의 회원들이나 준회원들, 그리고 계승자들은 충성스러운 보병처럼 그들의 사령관이 내세운 혁명적인 사상을 지식 세계에 널리 전파했다.

성장 배경과 유년 시절

어느 면에서 보면, 프로이트는 운 좋게 세상에 태어난 사람이 아니다. 그는 빈에서 북동쪽으로 240킬로미터 떨어진 모라비아 지방의 프라이베르크라는 마을에서 태어났다. 마을의 주민 수는 5,000여 명이었고, 가족은 유대인이었다. 오스트리아-헝가리 제국에서 유대인은 좋은 대우를 받지 못했다. 성품이 온화하고 선량한 아버지 야콥(Jacob)은 매사에 낙천적인 편이었으나, 상인으로서는 아내 아말리에(Amalie)의 기대만큼 성공하지 못했다. 어린 지기스문트(Sigismund, 이것이 본명인데, 성년이 될 무렵까지 이 이름을 썼다)는 좁고 불편한 집에서 살았고, 후에 아버지의 형편이 다소 나아졌을 때 가족(이 때는 아이들이 일곱 명이나 되었다)은 좀더 큰 집으로 이사할 수 있었다. 지기스문트의 가족 구성은 난처한 편이었다. 아버지는 이전에 두 번이나 결혼한 적이 있고, 다 자란 형 둘은 어머니와 나이가 비슷했다. 그리고 지기스문트보다 한 살 어린 조카와 거의 동갑인 조카딸도 한 가족이었다.

프로이트가 자신의 생애를 회고한 글이 있기 때문에, 지금 우리는 한 사람의 유년 시절이 그의 인생 행로에 얼마나 중요한 역할을 했는지 이해할 수 있다. 방금 프로이트의 곤란한 환경을 언급했지만, 그래도 그는 여러 면에서 축복 받은 편이었다. 어머니에게는 첫 아들인 그는 어머니의 각별한 관심과 애정을 받았으며, 어머니는 그가 일흔 살을 넘길 때까지 살았다. 유모의 사랑도 듬뿍 받았는데, 유모는 항상 프로이트가 특별하다는 느낌을 갖도록 격려했던 것 같다. 그리고 이전 세대들은 유대인에 대한 편견이 심한 환경에서 살아야 했지만, 프로이트가 자랄 무렵만 해도 일시적으로는 반유대주의 정서가 누그러진 때였다.

아마도 가장 중요한 점은 프로이트가 재능이 매우 뛰어난 아이였고, 주변 사람들이 그런 재능을 알아보았다는 사실일 것이다. 실상 프로이트는 이 책에서 다루는 일곱 명의 창조적인 인물 중에서 학교 성적이 가장 뛰어났다. 그는 매우 총명한 학생이었다. 프로이트의 말을 직접 들어보자. "김나지움 시절 나는 7년 내내 최우등생이었다. 남다른 특권을 누려서 시험 통과 같은 건 요구받지도 않았다." 프로이트는 최우등으로 졸업했다. 가족들에겐 이 재능 있는 소년의 요구가 무엇보다 우선이었다. 방을 혼자 썼고 자기만의 책장도 있었다. 전용 식당이 따로 마련돼 있어서 다른 식구들과 함께 식사를 할 필요도 없었다. 그리고 누이동생이 치는 피아노 소리가 거슬린다고 말하면, 집에서 피아노가 치워졌다.

프로이트는 책을 좋아하는 소년이었지만 그런대로 다양한 취미를 즐기며 원만한 유년기를 보냈던 것 같다. 야외 활동을 좋아해서 산책이나 수영, 스케이팅을 즐겼고, 가족 이외에도 사귀는 친구들이 적지 않았다. 당시의 어린 소년들이 대개 그랬듯이(다른 시대도 마찬가지겠지만), 프로이트도 군인의 삶을 동경했다. 특히 카르타고의 명장 한니발에게 매료되어서 스스로 한니발의 전투를 이야기로 꾸미기도 했고, 유대인이 아니었으면(유대인은 군 지휘관이 될 수 없었다) 군대에 들어가 장교가 될 것이라고 말하기도 했다. 군인의 삶은 동경했지만 틀에 박힌 종교 생활에는 별 관심이 없었다. 하지만 프로이트는 자신이 유대인임을 분명히 자각하고 있었고, 성서나 다른 유대 전승에 대한 지식이 풍부했다. 그리고 반유대적인 발언이나 행동에 대해서는 분노를 감추지 않았다.

자유화가 급속히 진전되던 오스트리아-헝가리 제국의 수도에 사는 재능 있는 유대인 청년으로서, 프로이트는 이제 장래의 직업을 확실히 결정할 때가 왔다. 아들의 재능을 굳게 믿고 있는 아버지("내 아들의 발가락이 내 머리보다 영리하다"고 말한 적이 있다)는 프로이트에게 선택의 자유를 주었다. 야심만만한 유대인 청년에게 군인이나 정치가의 길은 막혀 있었지만, 법학이나 과학, 의학 분야의 길은 열려 있었다. 프로이트는 법학을 전공할 생각이었다가, 괴테의 『자연론』에 관한 강의를 듣고 마음을 바꿨다. 자연을 아이를 키우는 어머니로 묘사한 세상 만물에 대한 이 위대한 송가(頌歌)는 프로이트가 의학을 공부하고 자연과학도가 되는 데 촉매 역할을 했다.

프로이트의 다재다능함

프로이트는 자서전에서 이렇게 쓴다. "당시만 해도 의사라는 직업이나 의사가 하는 일에 특별히 마음이 끌렸던 것은 아니다. …… 나는 탐욕이라 해도 좋은 지적 욕구에 이끌렸을 뿐이다." 결코 과장된 말이 아니다. 프로이트는 김나지움을 졸업하고 의학 학위를 받을 때까지 8년 동안 지식의 세계에 흠뻑 젖었다. 그는 성경, 고대의 고전, 독일어나 영어로 출판된 셰익스피어 작품, 세르반테스, 몰리에르, 레싱(Gotthold Lessing), 괴테, 실러 등 다양하고 폭넓은 독서를 했다. 영어와 프랑스어를 익혔고, 세르반테스를 원어로 읽기 위해 스페인어를 배웠다. 미술과 연극을 좋아해서 자주 전시회나 극장에 들렀고, 자신이 본 작품을 날카롭게 비평했다. 잠시 철학의 유혹에 빠져 어느 모임에 들어갔는데, 이곳에서 그는 주요 철학자들을 읽고 존 스튜어트 밀(John Stuart Mill)을 독일어로 번역했으며, 심리학 문제에 관심이 많았던 빈 대학교의 명망 있는 철학자 프란츠 브렌타노(Franz Brentano)의 강의를 3년간 듣기도 했다. 물론 과학 분야에 대한 흥미도 잃지 않아서 당시 가장 중요한 과학자였던 헤르만 폰 헬름홀츠(Herman von Helmholtz)의 저서뿐만 아니라 다윈의 저서도 탐독했다.

이 무렵 프로이트가 친한 친구인 에밀 플루스(Emil Fluss)와 에두아르트 질버슈타인(Eduard Silberstein), 그리고 약간 나중에 약혼녀인 마르타 베르나이스(Martha Bernays)에게 보낸 편지를 보면 그의 탐구 정신을 생생하게 엿볼 수 있다. 프로이트는 평상시에는 쾌활하고 열정적이며 기지가 넘쳤으며 가끔 냉소적인 태도를 보이는 야심만만한 청년이었지만, 어떤 경우에는 스스로를 책망하는 모습도 보였다. 상상력이 풍부해서 무대와 인물, 제도를 꾸며내거나 시적인 공상으로 비약할 줄도 알았다. 여러 언어로 인물을 생생하게 그려내고 극적인 상황을 묘사했다. 문학에서 미술로, 과학에서 철학으로, 신변 문제에서 직업이나 정치, 혹은 세속적인 문제로 거침없이 주제를 바꿔가며 편지를 썼다. 이미 누군가에는 스승 노릇을 할 때였지만, 자신이 배운 것을 설명하고 편지 상대에게 날카로운 질문을 던졌으며, 자신이 얻은 지식을 종합하려고 애썼다. 아마도 프로이트와 편지를 주고받은 사람은 여러모로 도움을 받았을 것이다.

프로이트는 자서전에서 "자연보다는 인간 문제에 관심이 더 많았다"고 썼다. 편지에서 가장 두드러진 인상을 주는 부분은 결점 투성이인 인간 세계에 강한 매혹을 느끼고 이를 놀라울 정도로 정교하게 이해했다는 점이다. 그는 가족이나 친구들, 낯선 이들에 관해 짤막한 대목을 쓸 때도 있고 한 페이지 분량이나 심지어는 단편소설 분량을 쓸 때도 있었는데, 상세하고도 활기찬 묘사로 이야기를 감동적으로 그려 냈다. 아주 엄격한 교수와 만난 일, 상사의 딸과 결혼한 야심만만한 유대인 의사 이야기, 눈부신 재능을 지녔으나 심리적 불안감을 못 이겨 자살로 생을 마감한 어느 친구의 사정을 회고조로 쓰기도 했다. 가족 간의 갈등을 해결하는 방법에 관해 조언을 하기도 했고, 자신의 감정과 야망, 내적 갈등을 분석하는 데도 잉크를 아끼지 않았다.

 이 당시의 편지를 읽어 보면 프로이트가 스스로 세워놓은 야심적인 목표에 강한 인상을 받지 않을 수 없다. 젊은 시절부터 그는 자신이 세상에 살아있는 동안 중요한 성취를 이루리라는 확신이 있었던 것 같다. 문제가 있다면, 자신이 무언가를 성취할 수 있는가의 여부가 아니라 어떤 분야에서 그런 성취를 이룰 것인가였다. 이 점에서 그는 내가 이 책에서 다루는 일곱 명의 창조적인 인물 가운데 야심과 자신감을 가장 분명하게 밝힌 인물이다. 편지에서 그는 미래의 자서전이나 명성 그리고 영광의 월계수를 얻는 데 따르는 난점에 관해 많은 얘기를 했다. 자신이 현재 매달리고 있는 이론이나 강의 혹은 논문의 장단점에 대해 토로했고, 위대함에 이르는 직행로를 택할 것인가 아니면 우회로를 택할 것인가 하는 문제를 이야기했다. 이러한 '성취' 동기는 강박증이나 과대망상증으로 비화될 정도는 아니었는데, 프로이트의 글에는 다른 친구들도 충분히 그럴 만한 자격이 있다는 것을 인정하는 아량뿐만 아니라 유머 감각과 일종의 운명론 같은 것이 배어 있었기 때문이다.

프로이트가 수수께끼나 퍼즐과 같은 곤란한 문제를 푸는 데 몰두했다는 점도 주목할 만하다. 그는 분명 역설적인 문제에 골몰하는 것을 좋아했고, 해답이 풀릴 때까지 곰곰이 생각하는 버릇이 있었다. 『탈무드』의 저자들만큼이나 인생의 모든 빈틈(cranny)에 대해 그 원인과 이유를 지치지 않고 따져 물었다. 왜 자신은 약혼녀와 오랫동안 헤어져 지내야 하는지, 가진 것 없이도 행복하게 사는 방법은 무엇인지, 사람들이 자살하는 이유는 무엇인지, 몇 개월이나 실험실에서 고생하고도 어째서 아무것도 발견할 희망이 보이지 않는지, 여성이 가정과 직업 생활을 병행할 수 있는지의 여부 등이 프로이트가 제기했던 물음들이다.

때로 프로이트는 기억력이나 머리가 더 좋지 못해서 아쉽다는 속마음을 털어놓기도 했다. 그의 동시대인들은 물론이고 후대인들도 이런 불평에 관해서는 별로 동의하지 않을 것이다. 프로이트는 수학이나 물리학에서는 뛰어난 편이 아니었고 음악에 관해서는 상당히 둔감한 편이었지만, 인문학과 과학을 철저히 이해하고 연구할 만한 능력은 충분했다. 다른 많은 뛰어난 학자들과도 달리 그는 교우 관계도 원만했다. 젊은 프로이트는 우정을 쌓아갈 줄 알았고, 대부분의 기록이 전하는 바에 따르면 꽤 붙임성 있는 친구였으며 매력적인 강연자였고 충실한 가족의 일원이었다. 나의 용어로 말하면, 프로이트는 언어 지능과 인성(personal) 지능이 우수했다. 즉, 언어와 인간을 다루는 분야에서 편안함을 느끼고 능력을 최대한 발휘할 수 있었다. 프로이트가 학업을 마쳤을 때는 마치 세상이 그를 위해 기다리고 있는 것처럼 보였다. 바야흐로 현대의 문이 열리는 시대에 문명 세계의 중심지에 살면서 영향력 있는 스승들과 밀접한 교류를 하고 있었던 프로이트에게 선택의 자유는 실제로 무한했으리라 보인다.

'최초'의 경력 : 신경학

의학을 공부할 때 프로이트는 약혼녀에게 이런 편지를 썼다. "내 두뇌 속에는 희한한 생물들이 살고 있다오. …… 여기에 박테리아가 살면서 어떤 경우는 녹색이 되고 어떤 경우는 파란 색으로 변하는데, 바로 여기에 콜레라 치료약이 있다는 거요. 그럴 듯하게 들리기는 하는데, 아마 별 쓸모는 없을 거요." 프로이트는 일반 의학을 공부한 적이 없기 때문에, 의학 서적에서 얻은 이런 지식은 그의 본령과는 상관없었다. 그는 대신 신경해부학(neuroanatomy) 분야에서 경력을 쌓기로 결심했다.

프로이트는 당시의 뛰어난 생리학자인 에른스트 브뤼케(Ernst Brücke)의 실험실에 들어갔다. 브뤼케는 그보다 더 걸출한 생리학자인 헬름홀츠의 영향을 받아 생물(유기체)도 물질 세계의 다른 사물처럼 물리적 실체로 이해해야 한다는 입장을 견지했다. 브뤼케와 그의 동료들은 생기론(vitalism)이나 생명체의 의도성(intentionality)을 인정하지 않고, 유물론적이고 환원론적인 입장을 취했다. 자연에 관한 모든 의문점은 세포와 세포 간의 연결을 면밀히 연구하고, 유기체의 생물학적 상호작용을 제어하는 물리·화학적 힘을 명확히 파악해야만 답을 얻을 수 있다고 생각했다. 프로이트는 이러한 이론적 분위기에 휩싸여 제한된 과제만을 수행해야 했다. 원시 어류인 페트로미존(Petromyzon)의 특이한 대형 세포 조직을 연구했고, 가재류의 미세한 신경 세포 구조를 파악했으며, 뱀장어의 생식선 조직을 조사했다. 이런 과정에서 프로이트는 처음으로 과학적 창조성을 발휘했는데, 염화금으로 신경 조직을 염색하는 방법을 고안해낸 것이다.

프로이트는 브뤼케의 연구소에서 과학 지식과 실험 기술을 익힌 것 외에도 개인적으로도 큰 감화를 받았다. 사실, 브뤼케는 신경학자 장 마르탱 샤르코(Jean-Martin Charcot) 그리고 의사 조셉 브로이어(Josef Breuer)와 함께 프로이트의 아버지 상(像)이었다. 브뤼케의 성품은 젊은 프로이트에게 강한 인상을 주었다. 이 최초의 학문적 스승은 엄격하고 양심적이었으며 매사에 공정한 타고난 지도자였다. 그는 제자들에게 많은 것을 요구했으며, 의지가 약한 제자는 용서하지 않았다. 하지만 학문이나 성품 면에서 자신의 선례를 기꺼이 따르는 제자들에겐 따뜻한 격려를 아끼지 않았다. 결국 프로이트는 브뤼케의 유물론적 입장을 받아들여 신비주의적 견해를 경멸하기에 이르렀다. 하지만 브뤼케는 물리학에 영향을 받은 역학적 생리학의 깃발 아래에서 프로이트가 씨름하는 문제가 무엇인지 알았다면 아연실색을 금치 못했을 것이다.

프로이트가 20대와 30대 초반에 발표한 저작들은 신경해부학 분야의 훌륭한 업적이었다. 이 저작들은 프로이트가 세부 사항에 대한 남다른 관찰력과 신경계의 조직 원리를 현미경 수준에서 탐구하는 능력을 가졌음을 보여준다. 프로이트는 뉴런(neuron), 즉 신경세포와 거기서 나온 돌기가 신경계의 기능적 단위라는 사실을 발견하기 직전까지 갔지만, 최종 영광은 1884년 빌헬름 폰 발다이어(Wilhelm von Waldyer)에게 돌아갔다. 프로이트가 군계일학으로 빛을 발하기 위해서는 번득이는 통찰의 순간을 조금 더 기다려야 했다고 말하는 편이 공정할 것이다. 프로이트 자신도 선취권 경쟁을 의식하고 있었다는 사실은 다음 편지에 잘 드러나 있다.

…… 연구할 보람도 크고 인기도 많은 주제를 다루는 논문을 발표할지 여부는 확실치 않습니다. 아마 누군가 저보다 빨리 출판하겠지요. …… 다음 달부터는 개의 타액 분비에 관한 실험을 시작할 겁니다.

프로이트는 코카인을 복용해 보고 비약적인 발견이 아닐까 생각한 적도 있다. 그는 당시에는 그다지 알려져 있지 않았던 이 물질을 20분의 1그램만 복용해도 불쾌한 기분이 유쾌해진다는 사실을 알아냈다. 이러한 발견에 고무되어 병을 앓고 있던 친한 친구에게 코카인을 주었고, 코카인을 '마술적인 약'이라고 결론내리기도 했다. 이런 들뜬 기분에서 그는 약혼녀와 여동생들 및 다른 친구들이나 동료들에게도 이 약을 권하는 잘못을 범하기도 했다. 프로이트는 코카인에 관한 논문을 쓰기도 했는데, 이 논문은 아마도 프로이트가 '흥분 상태'를 드러낸 유일한 학문적 글이 아닌가 싶다.

하지만 코카인 에피소드는 불운하게 끝이 났다. 우선 프로이트의 한 친구는 코카인에 심하게 중독되었다. 게다가 우울증을 치유하는 효과는 지속적이지 않았다. 눈 수술을 할 때 국소 마취제로 쓰면 꽤 효과적이라는 다소 긍정적인 사실조차도 자신이 아닌 칼 콜러(Carl Koller)라는 가까운 동료가 발견해낸 점이 프로이트의 마음을 아프게 후벼 팠다. 다시 한 번 프로이트는 이 발견에 흥분했지만, 보상은 결코 자기 몫이 아니었다.

샤르코와 정신의학에의 길

　결과가 신통치 않았던 코카인 사건이 일어난 다음 해는 훨씬 행복했다. 이와 같은 정치적인 성격이 깃든 분쟁 — 평생 동안 프로이트가 시달리는 — 을 겪은 후에 프로이트는 1885년 10월부터 1886년 2월까지 파리에서 공부할 수 있는 장학금을 받았다. 이 짧은 유학 시절이 프로이트의 인생을 바꾸었다. 그는 살페트리에르(Salpêtrière) 병원에서 장 마르탱 샤르코가 담당하는 임상교실에 들어갔다. 이곳에서 그는 신경증의 다양한 증상을 알게 되었는데, 특히 히스테리에 강한 호기심을 느꼈다. 히스테리는 팔다리의 마비나 경련, 정신맹(psychic blindness. 익숙한 사물을 인지하지 못하는 증상 — 옮긴이) 등 비정상적인 신체 증상을 보이는 질환으로서, 보통은 여성들에게 나타났다. 샤르코는 병실을 회진하면서 히스테리 환자들의 사례를 인상적으로 보여주었다. 그는 히스테리 증상을 정밀하게 분석하고 그것을 지배하는 규칙을 파악하여 히스테리를 여러 그룹으로 분류했다. 프로이트의 말을 빌면, 샤르코는 "별 자격도 없고 열성도 없는 다른 사람들이 꾀병이나, 법칙이라곤 찾을 수 없는 난처한 질환이라고 생각한 병에서 질서와 법칙을 발견해냈다."

　샤르코는 히스테리를 분류하고 그것을 유전적인 원리로 설명하기 위해 심혈을 기울였다. 하지만 히스테리 환자가 아닌 환자도 최면 상태에서는 히스테리 증상을 보인다는 샤르코의 실험 결과는 프로이트에게 새로운 사실을 암시하는 것으로 여겨졌다. 즉, 적어도 몇몇 신체 증상은 완전히 심리적인 혹은 정신적인 요인에서 발생했을 가능성이다. 프로이트는 또한 이러한 환자들이 최면 상태에서 행한 경험을 기억하지 못한다는 사실에 주목하면서, 무의식의 강력한 작용에 처음으로 깊은 인상을 받았다. 프로이트는 집으로 보낸 편지에서 흥분을 감추지 못했다.

아침마다 샤르코 박사의 일을 돕느라 숨돌릴 여유도 없습니다. 그나마 오후에는 긴장도 풀고 편지도 쓸 짬이 생기지요. …… 샤르코 박사는 아주 위대한 의사이고 거의 천재라고 할 수 있어요. 저의 의도나 의견은 아주 간단히 묵살해 버리죠. 박사의 강의를 듣고 나면 꼭 노트르담 성당에서 나온 기분이 들 때가 있습니다. 완벽함이란 게 무엇인지 새로 알게 되거든요.

프로이트의 '자아 이상(ego ideal)'은 이제 꼼꼼하고 엄격한 신경해부학자 브뤼케에서 좀더 너그럽고 카리스마가 있는, 그리고 심리학에 보다 관심이 많은 샤르코로 바뀌었다. 약혼녀에게 보낸 어느 편지에서 그는 언젠가는 새로운 영웅이 되고 "샤르코만한 위치에 오를" 것임을 확신한다면서 자신의 끈질긴 야심을 드러냈다.

프로이트처럼 비범한 재능과 정력, 야망을 가진 사람에게는 파리 체류 이후의 10년간이 너무나 조용한 시기로 여겨질 수도 있다. 신경학 분야의 저술이 눈에 띄게 줄어들었다. 신경해부학 연구나 아동 신경병에 관한 저서로 과학계를 진동시킬 생각이 없다는 것이 분명해졌다. 프로이트는 결혼하고 병원을 개업하고 그리고 대가족을 이루기 위해서는 실험실 연구를 대부분 포기해야 할 필요가 있다고 느꼈다.

일상적인 임상 경험에 별 흥미가 없었던 프로이트는 신경해부학의 실험실 근무에도 별 자극을 받지 못했고, 전문가들의 갈채를 기대할 수 없다는 사실에 실망했다. 정신분석학자인 에릭 에릭슨의 용어를 빌면, 프로이트의 20대는 일종의 '심리사회적 유예기간(psychosocial moratorium)'이었다. 이 기간에 그는 자신이 어느 분야에서 성공할 수 있을지 결정하기 위해 다양한 직업과 생활방식을 시도했었다. 그런데 이제 프로이트는 앞으로의 학문 인생을 전부 걸어야 하는 문제가 무엇인지 어렴풋이 감지할 수 있었다. 샤르코는 신경성 장애의 세계를 그에게 소개해 주었다. 이 세계는 그 자체로도 매혹적이었고 프로이트 스스로도 신경성 장애를 관찰하고 분류하고 설명하는 기술을 정교하게 익혔다고 생각했다. 어쩌면 그는 신경증 환자의 행동을 해명함으로써 학계에 두각을 나타낼지도 모를 일이었다.

브뤼케의 실험실 동료 중에는 그보다 나이가 많은 브로이어라는 의사가 있었다. 역시 유대인으로서 아버지가 유대인 거주구역(ghetto)에서 '보다 자유로운' 빈으로 탈출한 브로이어는 다방면에 박식해서 예술과 철학, 정치에 관해 정통했다. 두 사람은 서로를 좋아했고, 브로이어는 형편이 어려운 프로이트에게 가끔 금전적인 도움을 제공해서 두 사람 사이에 형성되기 시작한 아버지와 아들 관계를 부드럽게 만들었다. 벌써 1880년부터 브로이어는 히스테리 증상을 보이는 환자들을 치료하고 있었다. 그는 환자들의 인상적인 증상을 프로이트에게 알려주었는데, 특히 베르타 파펜하임(Bertha Pappenheim. 이 환자는 훗날 '안나 O.양'이라는 이름으로 불멸의 존재가 되었다)의 상태를 소상히 전해주었다. 프로이트는 개업의로서 파리에서 얻어 온 과학적 흥미를 추구할 수 있고, 또 이 탐구 과정에서 명망이 있고 친절한 브로이어가 훌륭한 협력자가 될 수도 있겠다는 생각을 했다.

베르타 파펜하임은 프로이트가 아직 의학도였을 때부터 브로이어의 치료를 받고 있었지만, 안나 O.양의 사례 연구는 프로이트의 전체 저작에서 가장 유명한 글 중의 하나가 되었다. 빈의 부유한 유대인 상인의 딸인 파펜하임은 아버지의 병 수발을 들던 기간에 부분 마비와 사시(斜視), 시력 장애, 환각, 감지(感知) 능력 상실 등의 히스테리 증상이 생겼다. 안나 O.양은 자신의 기이한 증상을 알고 있었지만(물론 설명은 잘 못했다), 때로는 그런 증상을 감추려 들고 때로는 드러내면서 혼란에 빠진 이중적인 성격이 되었다.

파펜하임은 몇몇 의사의 도움을 받았다. 그 중에는 브로이어와 유명한 정신과 의사인 리하르트 폰 크라프트 에빙(Richard von Krafft-Ebing)도 끼어 있었다. 브로이어는 안나 O.양을 깊은 최면 상태로 유도했을 때 주목할 만한 현상을 발견했다. 히스테리 상태에서 파펜하임은 어떤 액체도 마시지 못했다. 그런데 한 번은 최면 상태에서 어느 영국 여자 친구에 대한 온갖 분노를 쏟아냈다. 쌓인 울분을 마음껏 쏟아낸 뒤에 그녀는 다시 물을 마실 수 있게 되었다. 파펜하임은 잔을 입에 댄 채 최면에서 깨어났고, 이후로는 물을 못 마시던 증상이 완전히 사라졌다. 이 요법을 여러 번 시험한 후에 브로이어는 파펜하임의 많은 증상들이 아버지를 간호하던 시절에 겪은 감정적인 사건들에서 연유한다는 사실을 발견했다. 당시에는 기분이 상했다는 것을 인정하지 않고 그대로 마음속에 억눌렀지만, 그 대가로 여러 가지 신체 증상이 나타난 것이다. 이제 예전에 억압된 기억을 말로 풀어내면서 거기에 얽힌 묵은 정서(affect)를 발산하면, 증상을 없애기에 충분한 것처럼 보였다.

이런 치료 방식을 파펜하임은 '대화 치료(talking cure)'라고 불렀는데, 브로이어와 프로이트도 이 용어를 그대로 사용해서 기술했다.

그들의 분석에 따르면, 환자가 히스테리 증상을 일으켰던 사건들을 최면중에 다시 경험하면 그 증상이 사라지리라는 것이었다. 어떤 경우에 그것은 병상에 누운 부모를 버린다는 생각만큼이나 강렬한 사건이었고, 어떤 경우는 그 자체로는 별로 대단치 않지만 환자가 감정적으로 크게 긴장했을 때 발생한 사건이었다. 물론 양자 간의 관계는 상징적일 수 있었다. 따라서 파펜하임의 오른쪽 발꿈치 통증은 어느 고상한 모임에 소개받았을 때 자신이 '올바른 발놀림(right footing)'을 할 수 없을지 모른다는 불안감에서 연유한 것이었다.

이 사례 연구가 처음 출판되었을 때 파펜하임은 거의 치유되었다고 적혀 있었다. 브로이어와 프로이트는 어떻게 불쾌한 기억이 의식의 배후로 억압되었다가 다시 의식 위로 떠오르게 되었는지를 다음과 같이 설명했다.

> 이 치료법은 말(言語)을 통해 억압된 감정을 발산하게 함으로써, 처음에는 소산되지 못했던 관념들의 작용력을 제거한다. 또한 그런 관념을 (가벼운 최면 상태에서) 정상 의식으로 끌어들이거나 치료자의 암시를 통해 제거함으로써, 그것을 연상 효과에 의해 교정(associative correction)하는 것이다.

하지만 후속 연구에서 보듯이 치료 효과가 지속적이지는 않았다. 하루는 환자가 끔찍한 복통을 일으켰다. 이유가 무엇이냐고 묻자 안나는 "B 박사의 아이가 나온다"고 말했다. 프로이트에 따르면, 브로이어는 이처럼 환자가 의사에게로 '전이(transference)' 하는 감정과 거꾸로 의사가 환자한테 '역전이(counter-transference)' 하는 감정, 그리고 히스테리성 임신의 바탕에 깔린 성적인 특성이 함의(含意)하는 바에 천착하지 않고 뒤로 물러섰다는 것이다.

브로이어가 처음으로 관찰하고 보고한 사례에 깊은 인상을 받은 프로이트는 최면 요법을 자신이 맡은 히스테리 환자에게도 적용했다. 그는 브로이어의 안나 O.양의 사례 연구에서 보고된 사항을 전반적으로 확인할 수 있었다. 프로이트도 권하고 샤르코의 제자인 피에르 자네(Pierre Janet)의 관련 저서가 출판된 데에 자극도 받아서 브로이어는 히스테리에 관한 연구 성과를 담아 『히스테리 연구』(1895)라는 짤막한 연구서를 공저(共著) 형태로 출판하는 데 동의했다. 이 책은 다섯 개의 상세한 사례를 보고하고 있는데, 여기서 제시하는 이론을 프로이트는 '소박한 이론'이라고 불렀다.

『히스테리 연구』에서 서술된 이론은 브뤼케-헬름홀츠 전통에서 훈련받은 두 의사들에게 기대할 만한 그런 내용이었다. 강력한 정서를 마치 물의 흐름을 막아놓은 댐처럼 막아버리면 히스테리 증상이 생기는데, 이 때 증상은 정서를 억누르지 않았을 경우에 소모되는 에너지와 똑같은 양의 에너지를 사용한다는 것이다. 치료는 카타르시스를 이용하는 방식인데, 억제된 에너지를 발산시켜 증상을 제거하려고 했다.

브로이어와 프로이트는 『히스테리 연구』를 공동으로 간행했지만, 두 사람의 우정에는 벌써 금이 가 있었다. 프로이트는 나중에 이렇게 말했다. "정신분석학이 발전하면서 그와 맺은 우정을 잃어야 했다. 그런 대가를 치르는 일이 내게는 쉽지 않았지만, 달리 어쩔 수가 없었다." 브로이어는 히스테리에 관한 역동적인 관점은 받아들였지만, 무의식 과정이라든가 의사와 환자의 전이 관계, 특히 성적인 주제와 동기를 중요하게 취급하는 점에 대해 상당한 부담을 느꼈다. 그는 가능하면 순전히 생리학적으로만 설명하기를 바랐다. 반면 프로이트는 이미 심리적 동기에 천착하면서, 여러 증상과 소산(消散. abreaction) 작용 및 카타르시스를 일으키는 정신 기관(mental apparatus)에 관한 포괄적인 이론을 구성하기 시작한 상태였다.

1896년 프로이트는 빈의 〈정신의학 및 신경학회(Verein für Psychiatrie und Neurologie)〉에서 「히스테리 병인론(Zur Ätiologie der Hysterie)」을 발표하는데, 앞으로 저서를 발간할 때마다 받게 되는 반응을 미리 경험하게 된다. 이 자리에서 프로이트는 자신이 발전시키고 있던 중심 생각을 자신 있게 표명했다. 즉, 샤르코가 가르쳐준 신경증에 대한 유전적 관점은 더 이상 적합하지 않다는 점, 히스테리 증상은 과잉 결정(overdetermined)된 것이고 증상이 심각하게 보이는 이유는 관찰자가 그 증상을 낳은 동기를 제대로 알지 못하기 때문이라는 점, 여자와 마찬가지로 남자도 히스테리에 걸릴 수 있다는 점, 히스테리 증상의 근저에는 조숙한 성적 체험이 한 가지 이상 존재한다는 점 등을 밝혔다. 대담하게도 그는 이렇게 단언했다. "어떤 원인이나 증상을 출발점으로 삼든, 종국적으로 우리가 만나는 것은 성적 체험이다."

프로이트는 이 강연에서 절정에 이른 능력을 보여주었다. 언변은 유창하고 매혹적이었으며, 18명의 환자들로부터 얻은 증거 사례로 단단히 무장하고, 마치 의심 많은 청중들의 마음속으로 들어갔다 나온 듯이 예상 반론에 침착하게 대응했다. 하지만 여러 정황상 프로이트의 주장은 냉담하게 받아들여졌음에 틀림없다. 모임의 사회를 맡은 성 과학자 크라프트 에빙은 "마치 과학 동화를 듣는 듯했다"고 말했다. 프로이트 자신은 후에 "고집스런 바보들에게 냉담한 대우"를 받았다고 썼다. 이런 반응에 낙심이 너무나 컸던지, 이후 42년간의 남은 생애 동안 프로이트가 빈에서 공개적으로 의학 강연을 한 것은 오직 한 번뿐이다.

프로이트는 전환점에 도달해 있었다. 그는 마음속으로는 가장 중요한 발견을 하기 직전에 이르렀다고 생각했다. 빈의 의사들 모임에서 그는 "수천 년이나 수수께끼로 남은 문제의 해답, 즉 '나일강의 원천'"을 발견했다고 공언했다. 하지만 빈에서도 다른 어디에서도 프로이트의 말을 귀기울여 들은 사람은 없었다. 대개는 무시당했고 "어리석고 말도 안 되는 억측이며, 비합리적인, 증명되지도 않고 증명할 수도 없는" 주장이라는 모진 비난을 들었다. 한때는 가족들에게 왕 대접을 받았고 동료들과 스승들에게는 애정과 존경을 받았으며, 광범위한 지식을 섭렵할 수 있었던 프로이트가 가장 불행한 상황을 맞이한 것이다. 브로이어 등 가장 가까운 동료들은 더 이상 뜻을 같이 하려고 들지 않았고, 부인을 비롯한 가족들은 그가 주장하려는 바를 이해할 수가 없었다. 한때는 세상에 많은 친구들이 있었던 프로이트였지만, 이제 그는 자신의 운명을 그대로 걷기로 했다면, 그것은 그 혼자서 감당해야 할 일이었다.

고독, 그리고 친밀한 친구들

인생의 보다 이른 시기에 프로이트에겐 항상 가슴속의 생각과 두려움, 야심에 대해 털어놓을 가까운 사람들이 한두 명 있었다. 프로이트 자신의 회고나 다른 사람들이 언급한 내용을 참조하면, 유년기에는 어머니와 아버지, 보모 등이 그런 역할을 했던 것 같다. 좀더 나이가 들어 고등 교육을 받기 시작했을 때는 친구인 에두아르트 질버슈타인과 흉금을 터놓는 사이가 되었다. 사실 우리가 정력적이고 활기에 넘치면서도 사색적인 젊은 프로이트의 모습을 확인할 수 있는 것은 질버슈타인에게 보낸 수백 통의 편지를 통해서이다. 프로이트와 질버슈타인은 은밀한 암호와 신호도 만들었을 정도로 두 사람만의 비밀스런 교제를 해왔다.

비정상적으로 길었던 약혼 기간에 프로이트는 거의 매일 약혼녀 마르타 베르나이스에게 자기의 영혼을 쏟아냈다. 마르타가 프로이트의 학문 연구를 이해한 것 같지는 않지만, 그는 자신이 하는 일을 자세하게 털어놓았다. 이런저런 이유로 마르타에게 자기 생각을 다 털어놓지 못했을 때는 처제인 민나(Minna)를 대화 상대로 찾았는데, 민나는 언니보다 더 지적인 여성으로 평생 동안 독신으로 지내면서 40년 이상 프로이트의 집안일을 돌보았다.

프로이트는 학문적인 면에서는 스승인 샤르코나 브뤼케와 같은 인물들과 친밀한 관계를 맺고 사적인 면에서는 가족들과 정서적인 유대감을 맺는 식으로 인간관계를 분리시킬 줄 알았지만, 학문적이고 정서적인 유대감을 한 사람과 맺기를 더 좋아했다. 브로이어는 젊은 프로이트에게 두 가지 역할을 모두 할 수 있었다. 이런 이유로 둘의 관계는 프로이트에게 특히 중요했으며, 사이가 멀어졌을 때 프로이트는 심한 고통을 겪었다. 프로이트의 사상이 두 사람 사이를 떼어놓은 형국이었는데, 그런 후에 남은 것은 텅 빈 공허감이었다.

다행히도 빌헬름 플리스가 1890년대의 중요한 시기에 이 빈 자리를 채웠다. 플리스는 베를린에 기반을 둔 의사로서 브로이어의 소개로 만날 수 있었다. 프로이트보다 좀더 안정된 위치에 있었던 그는 오늘날의 감각으로 보면, 코가 인간의 건강을 좌지우지하는 가장 중요한 기관이라는 식의 아주 묘한 생물학 이론을 만들어놓은 사람이었다. 열성적인 수비학자(數秘學者, numerologist)이기도 한 플리스는 인간의 삶이 바이오리듬의 주기(남자는 23일, 여자는 28일)에 지배된다고 믿었다. 그는 모종의 수치 계산을 통해 기묘한 의학 현상을 남김없이 설명하려고 했는데, 그저 피상적인 성공만 거두었을 뿐이다.

두 사람은 일년에 한 번 정도는 '회합'을 자처하면서 휴양지에서 만나 우정 어린 분위기에서 서로의 생각을 주고받았지만, 주로 편지를 통해 10년 이상을 지속적으로 교제했다. 두 사람 모두 비교적 고립된 상태에서 자신들의 사고를 발전시켰고, 세상에 자신을 이해하고 격려해 줄 사람, 물론 그렇다고 전혀 비판할 줄 모르는 위인이 아닌 사람이 최소한 한 명쯤은 있기를 바랐다. 프로이트는 아무 주저 없이 이 베를린 친구의 성품이나 이론을 칭찬하면서 그의 기분을 우쭐하게 만들곤 했다. 프로이트가 친구의 극단적인 견해와 주장에 일말의 주저감을 보인 경우는 아무 드문 일이었다.

돌이켜보면 플리스 역시 1890년대를 통틀어 프로이트에게 두 가지 핵심적인 역할을 했던 것 같다. 한편으로 그는 거의 매일 프로이트를 격려하며 이제 막 싹을 틔우고 있던 이론에 든든한 후원자 노릇을 했다. 플리스와 자주 연락을 주고받지 못했다면, 프로이트는 지적으로 완전히 고립된 생활을 했을 것이다. 두 번째로 그는 학문적 주제와 직접 상관이 있든 없든, 프로이트가 가장 마음 편히 느끼면서 자신의 내밀한 생각을 털어놓을 수 있는 친구였다. 프로이트를 격려하고 다독이는 이 역할도 학문적으로 든든한 버팀목이 되는 것만큼이나 중요했다. 여러 정황을 놓고 보면 프로이트 역시 플리스에게 비슷한 역할을 해주었던 것 같다.

프로이트가 친밀한 우정과 세상 사람들의 인정을 몹시도 갈망하던 이 중년 초기는 상당히 어려운 시기였다. 프로이트는 학계에서 두각을 나타내면서 자신의 엄청난 잠재력을 실현시킬 수 있는 마지막 기회가 왔다고 느꼈다. 만약 마흔 살인 지금 명성을 얻지 못하면, 영영 그럴 기회가 없으리라고 생각했다. 인간적인 한계가 왔다는 신호를 뚜렷하게 느꼈고, 경제적인 형편 역시 어려웠는데 환자들이 거의 오지 않는 시기도 있었다. 자랑거리가 될 만한 교수직도 점점 멀어져갔다. 아버지는 앓아누웠다가 1896년에 세상을 떠났다. 프로이트의 나이 마흔 살이었다. 1895년에 여섯 아이 중 막내가 태어났고, 이후에는 뭔가 결심한 듯 성관계를 그만두었다. 당시 그는 몸과 마음이 심하게 불안했으며, 죽음에 대한 공포와 우울증, 니코틴 중독, 만성적인 위장 장애에 시달렸다.

프로이트는 고독감과 자신에 대한 주변 사람들의 이해 부족을 뼈저리게 느꼈다. 1887년에 가족에게 보낸 편지에서 그는 이렇게 썼다. "어디에서도 학문적인 지원을 얻지 못하는 사람이 있지요. 주변에는 '너한테는 기회도 주지 않겠다'는 분위기만 있는 겁니다. 이런 상황에 처하면 정말 실망스러울 겁니다." 7년 후에 그는 플리스에게 이런 편지를 쓴다. "나는 이곳에서 혼자서 외로이 신경증을 연구하고 있네. 사람들은 나를 편집광이라고 생각하는 모양이야. 내가 자연의 위대한 비밀 한 가지를 풀었다는 느낌이 확실한데도 그렇다네." 플리스에게 보낸 편지에서 프로이트는 자신이 도달한 결론의 진가를 설명하면서 심한 감정상의 동요를 보였다. 한없이 우쭐대다가 절망의 나락으로 떨어지곤 했던 것이다.

1896년 4월 2일: "우리가 몇 년만 더 조용히 연구에 몰입할 수 있으면, 분명 우리가 세상에 태어난 이유를 정당화할 만한 성과물을 남길 수 있을 거네."

1897년 5월 16일: "얼마나 기쁜지 모르겠네. 아무도 모른다니, 아무도 모른다니 말일세. …… 꿈이 그저 무의미한 헛소리가 아니라 소원 성취라는 걸 조금이라도 생각해 본 사람이 아무도 없었던 거네."

1897년 8월 18일: "해 놓은 일이 아무것도 없어. 심리학에는 매우 만족하네만, 내 신경증 이론에 대해서는 심각한 의문이 들어 고통스럽네. 생각하기도 귀찮고, 머릿속이 복잡하고 기분이 혼란스러운 게 하나도 나아지지 않았네."

1900년 11월 25일: "외국어로 말하는 사람처럼, 아니 훔볼트의 앵무새*처럼 그저 묵묵히 살아갈 뿐이야."

이런 시기를 살아가는 것은 분명 진이 빠지는 일이었을 것이다. 때로 프로이트는 신경쇠약 직전에까지 이르렀다. 1913년에 그는 이렇게 회고한다.

▪ 독일의 박물학자이자 탐험가인 알렉산더 폰 훔볼트(Alexander von Humboldt)가 남미 탐험 중에 한 원주민 부족에게 얻은 앵무새를 가리킨다. 이 앵무새는 다른 부족의 언어를 흉내냈는데, 그 이유를 묻자 원주민은 자신들이 이웃 부족을 공격하여 몰살하는 과정에서 얻은 전리품이라고 말했다. 이 앵무새는 전멸당한 부족의 언어로 말하는 유일한 생존자였다. 이런 의미에서 이 새는 프로이트가 처한 고립무원의 상황을 나타낸다.

당시 나는 고독의 극에 도달해 있었다. 옛 친구는 모두 잃었고 새 친구는 아직 생기지 않은 상황이었다. 아무도 나를 주목하지 않았는데, 그나마 내 일을 계속할 수 있었던 건 오기 때문이기도 하려니와 『꿈의 해석』 집필을 막 시작한 참이었기 때문이다. 다른 한편으로는 그런 시기를 살아내고 견뎌내서 나는 긍지와 행복감을 느꼈다.

『정신분석학 운동의 역사』에서는 다음과 같이 회고한다. "그 외로웠던 시절, 요즘과 같은 압박감이나 분망한 일이 없었던 그 시절을 돌이켜 보면, 영광스러운 '영웅시대'처럼 느껴진다. 나의 '찬란한 고립'에는 분명 장점도 있었고 매력도 있었다." 다른 혁신가들도 위대한 비약을 이루기 직전의 정신 상태를 회고할 때면, 감정상의 절정과 추락이라는 이와 비슷한 경험을 얘기하는 경우가 많다.

프로이트가 창조적 도약을 이루기 직전의 심리학 분야와 장(場)

2장에서 소개한 분석틀에 입각해서 창조적인 업적의 본질을 명확히 서술하기 위해서는, 지배적인 장(dominant field)이 관련 분야에서 핵심 쟁점을 어떻게 인지하고 있었는지를 이해해야 한다. 프로이트를 매료시킨 임상 증후군의 경우, 이미 앞에서 우리는 히스테리나 신경증에 대한 관심이 의학 분야에서 비교적 새롭게 나타난 것임을 살펴보았다. 샤르코는 이들 증상을 소개해 사람들의 주목을 끌었고, 그것을 유전적 원인으로 설명하려고 했다. 서유럽의 많은 의사들은 그 이상은 탐구해 볼 생각이 없었다. 그저 유전적인 퇴화나 꾀병, 혹은 '희생자'의 도덕적 타락의 표지로 간주했을 뿐이다.

심리학이라는 학문 자체가 새로운 분야였다. 독일과 미국에서 심리학 연구소가 처음 문을 연 것은 1870년대였다. 헬름홀츠 전통에 영향을 받은 초기의 심리학자들은 인간의 본성이 물리적 세계를 닮았으며, 정확한 수치로 측정될 수 있다고 믿었다. 심리학을 굳건한 과학의 기초 위에 정립하려는 노력은 측정 가능한 행동에 주목하는 결과를 낳았다. 즉, 자극에 대한 반응 시간이나 상이한 자극의 크기에 대한 지각 능력을 측정했다. 프로이트가 철학자이자 심리학자인 프란츠 브렌타노의 강의를 들으면서 마주쳤던 의도나 의지의 문제는 이 새로운 과학자들의 주목을 받지 못했다. 이런 문제는 심리학 실험실에 새로 마련된 놋쇠 기구에 적합하지 않았기 때문이다.

의학과 심리학은 전문 잡지나 전문가 조직, 과학적 실험을 통해 공적으로 인증된 분야였다. 프로이트가 흥미를 느낀 분야는 그렇지 않았다. 꿈과 무의식, 그리고 마음을 탐구하는 데 있어서는 확고하게 정립된 연구 방식이나 제도가 존재하지 않았다. 사색적인 사람들, 특히 예술가들이나 오래 전부터 이런 문제에 흥미를 느꼈을 뿐이다. 꿈을 분석하는 일은 고대 이집트에까지 거슬러 올라가고, 자기분석은 세계의 많은 위대한 종교들이 수행하던 일이다. 그리고 무의식은 많은 작가들의 작품에서 언급되거나 암시되었으며, 고대의 작품에서 그 연원을 추적할 수 있다. 심지어 괴테, 셸링, 키에르케고르, 쇼펜하우어, 헤르더, 도스토예프스키와 같은 19세기 작가들의 작품에서는 무의식이 중요한 주제로 새로 부각되기까지 했다. 하지만 특정 분야에서는 이런 주제가 꽤 일반적으로 다뤄졌다고 해도, 의학이나 심리학, 자연과학 분야에서는 무시되거나 금기시되었다. 프로이트가 이 애매한 현상에 관심이 있다고 말했을 때, 그는 동료들이 인정하지 않았던 꿈이나 무의식 역시 연구 대상이 될 만한 자격이 있음을 주장한 셈이었다.

프로이트 혁명의 주요 개념

어떤 지적 혁명에서도 핵심적인 개념이나 주제를 하나만 집어내는 일은 위험하다. 이 위험은 특히 프로이트의 혁명적 사고와 같은 경우에서 두드러지는 법인데, 앞으로 논의하겠지만 프로이트의 이론 체계에 힘과 매력을 부여한 것은 여러 맹아적인 관념들이 독특하게 결합했다는 점이기 때문이다.

하지만 나는 과학사가 제럴드 홀턴(Gerald Holton)의 견해를 수용해서 프로이트의 이론에서도 핵심 개념이나 주제를 집어낼 수 있다고 생각한다. 프로이트의 이론은 바로 이 개념을 중심축으로 해서 여러 주요 개념들이 유기적인 전체를 이룬 것이다. 그 핵심 개념은 억압(repression)이다. 좀더 전문적인 용어로 말하면 방어 기제(defense mechanism)라고 하는데, 이는 마음을 불편하게 하는 표상(Vorstellung)들을 의식 아래로 억누르는 심리 과정을 일컫는다. 프로이트 자신도 이 개념의 중요성을 확언한 바 있다. "억압이라는 교의는 정신분석학 이론 전체가 서 있는 주춧돌이다."

억압 개념은 프로이트적 세계관의 핵심이다. 우선, 의식화되지는 않았지만 의식의 표면으로 튀어나오려는 일군의 표상들이 있다고 가정할 필요가 있다. 검열 기제(censoring mechanism)는 의식에 닿기에 부적절한 표상들을 걸러내고 그것을 무의식 영역에 가두는 역할을 한다. 그리고 전환 과정(conversion process)을 통해 그 불편한 표상들에 결부된 정서가 여러 종류의 증상으로 전환되는데, 이 중에는 말실수와 같은 무해한 증상도 있고 히스테리 발작과 같은 꽤 심각한 증상도 있다. 불편한 표상들이 전의식(前意識)에 닿거나 의식의 층위에 이르기 위해서는 어떤 식으로든 변형되어야 한다.

만약 억압이 프로이트 이론 체계의 중심 개념이라고 할 수 있다면, 꿈은 억압 과정을 이해하고 그 밖의 정신 생활(psychic life)에 접근할 수 있는 중요한 통로가 된다. 프로이트는 꿈의 힘을 발견한 것이 자기 인생에서 가장 의미 있는 일이라고 생각했다. 그는 플리스에게 자기 집에는 다음과 같은 글귀가 새겨진 대리석 서판이 있어야 한다는 농담을 하기도 했다. "1895년 6월 24일, 지그문트 프로이트 박사가 꿈의 비밀을 밝혀내다." 그는 꿈을 '무의식에 이르는 왕도(王道)'라고 불렀으며, 그 비밀을 밝히는 것은 '한 사람의 생애에 평생 한 번 허용될까 말까 한 통찰'이라고 말했다.

자기 이론을 비약적으로 발전시킨 1890년대에 프로이트는 서로 느슨하게 연결된 네 가지 영역을 연구했다. 이들 영역은 대체로 프로이트의 초기 관심사에서 마지막 관심사까지 순서대로 배열되지만, 중첩된 부분도 있음은 물론이다. 관심 영역들은 각기 구별되며, 20세기 초반의 연구로 이어졌다. 이들 영역은 여러 편의 논문에서 나누어 다루어졌지만, 『꿈의 해석』(1899/1900)에서 탁월하고도 단호하게 종합되었다. 이 책에 대해서는 나중에 좀더 논의하겠다.

신경증

샤르코의 임상교실에서 돌아온 후에 프로이트는 다양한 신경증(히스테리, 강박증, 편집증)을 연구하고 그 기제를 밝히기 위해 노력했다.

분류에 능한 편이었던 그는 유기적인 분류 체계를 만들었다. 어느 때는 전환 히스테리(conversion hysteria)는 정서(affect)의 변형 기제로, 강박증은 정서의 전위(displacement)로, 멜랑콜리는 정서의 교환(exchange)으로 성격을 규정하면서 이들을 구별했다. 그 다음에는 신경증을 두 개의 주요 종류(억압과 불안)로 나누거나 다섯 개의 범주로 구별했고, 나아가서는 '실제의' 신경증과 '심리적' 신경증으로 분류하기까지 했다.

신경증은 다양한 방어 기제에 의존한다. 방어 기제란 두려운 생각이나 정서적 불안을 야기할 만한 관념을 안전하게 처리하는 심리 기제이다. 억압이 가장 중요한 방어 기제라는 것은 분명하지만, 승화(sublimation)라든가 반응 형성(reaction-formation), 투사(projection), 전위, 금지(inhibition)와 같은 다른 방어 기제도 존재한다. 임상 의사는 이러한 다양한 방어 기제가 작동하는 것을 관찰하고 환자가 방어 자세를 풀도록 도와주어야 하는데, 이렇게 해야 환자는 처음 병을 유발한 사건을 인식하고 방어 기제를 해소할 수 있다.

임상 설명과 사례 연구, 병인(病因) 확인, 증상 분류, 치료법 탐색으로 이어지는 일련의 연구 과제는 브뤼케의 신경해부학 연구소와 샤르코의 살페트리에르 병원에서 운용된 모델이었다. 이들 연구 과제는 당시의 심리학 분야(domain)에서 비교적 주류로 인정된 주제였고, 회합이나 의학 잡지에서 가장 많이 발표되는 종류였다. 하지만 프로이트가 다양한 신경증의 병인을 성적 체험으로 확신하게 되고, 신경증의 기제를 심적 억압과 무의식 과정의 관점에서 설명하기 시작하면서, 비교적 전통적인 이런 작업조차도 동료 과학자들이 이해할 수 있는 범위를 넘어서게 되었다.

심리학

1895년 프로이트는 그의 인생에서 가장 묘한 학문적 시도라고 할 수 있는 작업에 착수했다. 끝내 완성되지도 출판되지도 못한, 장황하기 이를 데 없는 논문을 쓰기 시작한 것인데, 프로이트는 이 논문의 제목을 「신경학자를 위한 심리학(Psychology for Neurologists)」이라고 붙였다가 「과학적 심리학 연구(Project for a Scientific Psychology)」로 개제했고, 줄여서 「프로젝트」라고 불렀다. 몇 개월 동안 신들린 듯이 써내려간 이 논문에서 프로이트는 신경학의 토대 위에서 자신이 발견한 심리적 기제를 새롭게 구성하려고 노력했다.

이 과제는 프로이트의 강박증이 되었다. 그는 온갖 단편적인 체계를 고안하면서 모든 신경증을 하나의 포괄적인 분석틀에 입각해서 설명하고 싶어 했고, 그렇게 하기 위해서는 정상과 비정상, 의식과 무의식을 아우르는 총체적인 심리학을 새로 구성해야 한다고 결론내렸다. 프로이트 자신의 기계론적인 어휘로 말하면, 그 목적은 "자연과학이 되어야 하는 심리학에 토대를 제공하는 것이다. 즉, 심리 과정을 정량적인(quantitative) 상태로 묘사하는 것이다. 이 때 심리 과정을 규정하는 것은 미세한 물질인데, 이 물질은 서로 구별하고 명확하게 기록할 수 있어야 한다. 이렇게 하면 심리 과정을 더욱 명쾌하게 드러낼 수 있고, 설명상의 모순도 사라질 것이다." 그는 당시의 심경을 이렇게 고백했다.

나 같은 사람은 무언가에 열정을 쏟지 않고는 살아갈 수가 없다. …… 마침내 한 가지를 찾아냈다. …… 심리학이다. 항상 나를 유혹하는 목표였는데, 신경증이라는 주제를 만난 지금은 한층 더 마음이

끌린다. 지금은 두 가지 목표로 애를 먹고 있다. 하나는 정량적인 관점, 즉 신경 작용에 관한 경제학을 도입했을 때 심적 기능에 관한 이론이 어떤 형태를 취할지 파악하는 것이고, 다른 하나는 정신병리학에서 정상 심리학에 요긴한 부분을 추려내는 문제이다.

「프로젝트」는 읽기가 매우 까다로운 논문이다. 프로이트는 임상에서 발견한 무의식 과정의 기제뿐 아니라, 주의(attention)와 지각(perception)과 같은 정상적인 심리 현상을 어떻게 파악할 것인가 하는 문제와 씨름했다. 때로 프로이트는 흥분한 어조로 이해할 수도 없는 문장들을 길게 늘어놓기만 했다. 어떤 때는 작업량의 방대함과 자신이 활용할 수 있는 수단의 미약함, 그리고 검열 기제가 의식이나 내성(內省. introspection)에 미치지 못하도록 억압하는 대상이 무엇인지 밝혀내는 얼핏 보기에는 모순적인 과제 등으로 인한 절망적인 심정을 토로하기도 했다. 사실 이 논문을 요약할 필요는 없다. 프로이트는 이 논문의 내용 중 대부분은 아닐지라도 꽤 많은 부분을 포기했기 때문이다. 하지만 한 단락쯤 인용해서 논의가 얼마나 복잡하고 애매한지, 그리고 프로이트가 엄밀성을 위해 얼마나 공을 들였는지 음미해 볼 필요는 있다.

게다가 프사이 뉴런은 파이 뉴런에서 종결된다. Qn의 일부는 프사이 뉴런에 전달되는데, 물론 일부에 불과하고, 전달되는 양은 아마도 세포 간의 자극 크기에 상응하는 듯하다. 여기서 한 가지 의문점이 생긴다. 즉, 프사이 뉴런에 전달되는 Qn이 파이 뉴런에 흐르고 있는 Q의 양에 비례해서 크기가 커지는가의 여부인데, 만약 이

것이 사실이라면 자극이 클수록 심적 효과도 커질 것이다. 어쩌면 Q를 프사이 뉴런에서 떼어놓는 특별한 장치가 있는지도 모르겠다. 실제로 파이 뉴런에서 감각을 전달하는 부분은 묘하게 생겼다. 그것은 끝없이 가지를 치고, 두꺼운 줄기와 얇은 줄기로 나뉘어 있는데, 말단부가 수없이 많다. 이것은 강한 자극과 약한 자극이 서로 다른 통로를 따라 전달된다는 사실을 뜻하는 것 같다.

이 대목에서 엿볼 수 있듯이, 프로이트는 정신 기관을 설명하는 데 필요한 어휘를 모두 스스로 만들어냈다. 묶인 양(bound quantities)과 묶이지 않은 양(unbound quantities), 세 종류의 뉴런(자극을 받아들이는 뉴런, 자극을 전달하는 뉴런, 의식 내용을 운반하는 뉴런), 신경의 힘에 관한 경제학적 관점 등이 그런 어휘들의 예이다. 이 논문은 헬름홀츠의 관점, 즉 닫혀 있고 에너지가 고정된 생리학적 이론 체계를 따르고 있다. 모든 심리 기제는 신경의 연결과 에너지 상태의 전환이라는 관점에서 기술되었다. 프로이트가 경험적으로 입증할 수 있는 마음의 기본 법칙(예를 들어, 뉴런 양(量)의 줄어드는 경향)을 기술하려고 시도했다는 점에서, 이 논문은 뉴턴적인 관점을 갖는다고 여겨졌다. 정신분석학의 탄생을 예기하는 부분은 거의 없으며, 신경증을 성적인 문제로 다루는 구석도 별로 없다. 다만 논문 이곳저곳에 산재한 꿈이나 의식을 다루는 대목에서 프로이트가 앞으로 이루게 될 가장 극적인 도약이 언뜻언뜻 보인다.

처음에 프로이트는 자신의 노력에 상당한 기쁨을 느꼈다. 그는 "갑자기 장벽이 철폐되고 베일이 걷혔다. …… 그리고 모든 것이 제자리를 찾은 것처럼 보였다."라고 말했다. 하지만 프로이트는 곧 「프로젝트」에 환멸을 느꼈다. 분명 억압을 신경학적으로 설명하는 과정에서 부딪친 어려움 때문에 이런 환멸을 느꼈을 것이다. 플리스에게 보낸 편지에서 그는 어떻게 "그런 체계를 꾸며냈는지" 알 수 없으며 "괜히 미친 짓을 한 것 같다"고 썼다. 프로이트는 이 논문의 초고를 출판하지 않았음은 물론이고, 그것을 매우 부끄럽게 여겼던 것 같다. 이후에 공개적으로 이 논문을 언급한 적은 없으며, 플리스나 플리스의 상속자들이 남아있는 복사본을 모두 파기했으면 좋겠다는 뜻까지 분명하게 밝혔다.

그러나 나는 「프로젝트」가 비록 부정적인 방식이긴 하지만, 프로이트의 이론 발달에 핵심적인 역할을 했다고 믿는다. 죽을 때까지 모든 심리 기제를 물질적인 기초 원리로 설명해야 한다고 믿었던 유능한 신경학자이자 신경해부학자로서, 프로이트는 그와 같은 총괄적인 논문을 써야 한다고 느꼈음에 틀림없다. 이 과정에서 프로이트는 자신이 선택한 직업과 훈련받은 분야에 일종의 빚을 갚았던 것이다.

새로운 어휘와 상징체계를 만들어내고, 온갖 신경망과 에너지 장을 추적해 체계적으로 도식화하는 작업 역시 프로이트에게는 중요한 일이었다. 그는 당시의 전문 용어로는 설명이 불가능했던 이론을 사유하고 있었다. 자기 생각의 요점을 부적절하거나 시대에 뒤진 용어로 번역하는 데서 생기는 오해를 피하기 위해서라도, 프로이트는 자신만의 언어와 도해를 만들어낼 필요가 있었다. 자기가 뜻하는 바를 정확히 전달하기 위해서였다.

「프로젝트」는 어쩌면 프로이트 한 사람만을 위한 논문이었다. 하지만 이 논문을 플리스와 공유했다는 점은 내가 창조성을 연구하면서 반복적으로 만났던 주제이기도 하다. 창조적인 인물들은 근본적인 비약을 이루기 직전에, 자신이 새로 만들어낸 언어를 믿을 만한 친구에게 시험하는 경우가 종종 있다. 아마도 자기가 아주 미친 것이 아니며, 정말 중요하고 새로운 경지에 이르렀다는 것을 확인받고 싶은 심정 때문일 것이다. 소통에 대한 이런 욕망은 인지적인 측면과 정서적인 측면을 동시에 갖는다. 창조적인 인물들은 학문적인 이해뿐만 아니라 정서상으로도 무조건적인 격려와 지지를 원하기 때문이다. 어쩌면 소통에 대한 이런 필사적인 노력은 엄마와 아이 사이에 맺어진 최초의 소통 관계와 어린 시절의 친구 관계를 회복하려는 심정의 표현일지도 모른다.

만약 심리학이 물리학이었다면, 그리고 프로이트가 뉴턴(혹은 아인슈타인!)이었다면, 「프로젝트」는 프로이트의 가장 중요한 논문으로 발전했을 터이고, 심리학적 신경학 혹은 신경학적 심리학이라는 새로운 분야가 탄생했을 것이다. 하지만 이 논문은 그저 부정적인 의미에서나 뛰어난 역작이 되었을 뿐이다. 프로이트는 만족스러운 듯이 자신이 천착한 문제가 그의 시대에서는 과학적 신경학의 언어와 방법으로 해결될 수 없다고 단언했다. 만약 프로이트가 이 분야를 지속적으로 파고들고 싶다면, 심리학자의 방식을 따를 수밖에 없었다. 물론 자기 고유의 형식과 언어를 고안해야 했는데, 이는 결국 전문적이기보다는 상식적인 용어가 사용된, 특히 신경학 분야와는 완전히 절연된 이론 형태로 나타났다.

꿈과 자기분석

「프로젝트」를 집필하기 전에도 프로이트는 인간의 마음을 이해하는 길이 꿈의 분석에 있음을 희미하게는 자각했다. 결정적인 통찰을 하게 된 것은 프로이트의 창조성이 만개한 1895년 여름이었다. 브로이어가 플리스에게 이렇게 말했을 때였다. "프로이트의 지성은 절정에 달했어요. 나는 닭이 매를 지켜보듯이 그를 죽 지켜보고 있었지요." 이후 몇 달 안에 프로이트는 정상인의 꿈에도 그와 브로이어가 신경증 환자와 히스테리 환자에게서 어렴풋이 발견한 다양한 심리 과정과 기제가 나타난다는 사실을 알게 되었다. 여기서도 역시 검열 기제와 다양한 종류의 위장, 의식의 표면으로 튀어나오려는 두려운 표상들, 의식 아래에 잠복한 성적인 내용 등을 발견할 수 있었다.

1897년 무렵 프로이트는 진지한 마음으로 자기분석을 시작했는데, 이는 아마도 프로이트의 가장 고독하면서도 가장 중요한 탐구 작업이었을 것이다. 수면 중에 꾼 꿈을 재료로 삼아 자유 연상을 시도하고, 되도록 냉정한 자세를 잃지 않고 연상에서 비롯한 표상들을 분석하였다. 이와 같은 자기분석은 프로이트 자신의 마음에 대한 깊은 통찰을 낳은 것만은 아니다. 그는 모든 인간의 의식에 내재한 특정한 힘과 내용도 밝혀냈다고 믿었다. 꿈의 분석 과정은 또한 프로이트의 외로운 시절에 그에게 힘이 돼 주었다. "내가 내린 결론에 망설임과 의심이 생길 때마다, 아무 뜻도 없고 뒤죽박죽으로 뒤엉킨 꿈을 분석해서 꿈 속에서도 논리적이고 뜻이 분명한 심리 과정이 진행된다는 사실을 훌륭하게 밝혀낸다는 것은, 내가 올바른 길을 걷고 있다는 자신감을 새삼 느낄 수 있는 계기였다." 그는 꿈의 수수께끼 같은 언어를 힘겹게 해독하고 있었다.

프로이트는 모든 꿈에는 모종의 소원이나 환상이 담겨 있다고 믿게 되었다. 꿈은 억압된 소원이 위장 실현되는 과정이며, 예전의 결심이나 근심 혹은 욕망을 마음속에서 지속적으로 처리하는 수단이다. 어린 아이의 경우에는 소원이 위장되지 않고 명백하게 드러나며(예를 들어, 사탕을 먹고 싶다거나 비겁한 사람을 혼내주고 싶다는 소원), 어른의 경우에는 대개 더욱 복잡하고 위장된 모습으로 나타난다.

대체로 꿈은 예전에 품었던 생각에서 자극을 받는데, 꿈 꾼 당사자도 전혀 알지 못했던 생각인 경우가 많다. 이런 꿈 사고에 접근하기 위해서는 꿈의 '외현적 내용(manifest content)'을 꿰뚫어 보고 그 이면의 '잠재적 내용(latent content)'을 밝혀내야 한다. 꿈의 잠재 내용을 해독하려면 꿈 상징에 관한 완전한 어휘 목록이 필요한데, 물론 배경 지식 없이는 제대로 적용할 수 없는 어휘들이다. 꿈을 형성하는 방어 기제로는 응축(condensation)과 전위, 다양한 종류의 방어막(screen)이 있는데, 꿈의 의미를 제대로 해명하기 위해서는 이들 각각의 방어 기제를 끈기 있게 해소해야 한다.

샤르코가 보여준 사례들도 프로이트의 지적 호기심을 자극했지만, 꿈(자신의 꿈과 환자들의 꿈)은 프로이트를 더욱 매료시킨 주제였다. 모든 꿈은 각기 하나의 퍼즐인 셈이었는데, 그가 퍼즐 풀기를 좋아했다는 사실은 주목할 만하다. 각각의 꿈은 사례별로 해명될 필요가 있었고, 그 해답은 꿈을 꾼 당사자뿐 아니라 인간 본성에 관한 진실을 보편적인 무의식의 표현으로 드러냈다. 프로이트는 온갖 연상이 의식에 나타나는 것을 허용했고, 겉보기엔 무의미하고 혼란스러운 꿈에서 정합적인 논리를 발견하려고 애썼다.

프로이트가 분석한 다양한 꿈들은 이미 잘 알려져 있으므로 간단한 언급만으로도 기억할 수 있을 것이다. 이르마(Irma) 꿈은 이르마가 주사를 맞고 고통스러워하는데 이 고통이 자기 탓이 아니기를 소망하는 꿈이며, 툰(Thun) 백작의 꿈은 거만한 정치가와 대결하여 출세하고자

한 프로이트의 소원을 성취하는 꿈이며, 식물학 연구 논문에 관한 꿈은 예전에 제대로 인정받지 못한 전공 논문이 자신의 작품임을 확인하는 꿈이다.

이러한 꿈들의 '진짜' 의미를 분석하고 낱낱이 밝히는 과정은 프로이트의 우수한 지능을 요구하는 일이었고, 그 자체로도 즐거운 일이었다. 이제 그는 어린 시절부터 좋아했던 분석 작업에 대한 전문적인 자격증을 획득한 셈이었다. 하지만 이 고독한 의사가 꿈 분석을 그저 즐거운 일로만 받아들인 것은 아니다. 사정은 정반대로, 꿈 분석을 통해 프로이트는 자신에게 많은 불쾌한 특질(허영심과 냉혹함, 질투심)이 있음을 알게 되었다. 최근에 사망한 아버지에 대한 양가적인 감정, 『꿈의 해석』에서는 직접 드러낸 경우가 많지 않은 성적인 감정 등도 그런 예이다. 프로이트는 자신이 심한 괴로움을 겪기 때문에 그런 자기분석의 고통을 기꺼이 떠맡았다는 내용을 암시하기조차 했다. 그는 일종의 '굴뚝 청소'나 '대화 치료'를 원했던 것인데, 이는 예전에 다른 사람들이 가톨릭교회에서 행해진 고해 성사를 통해 얻었던 것이고 그가 자신의 정신분석 환자들에게 제공했던 것이다. 프로이트는 플리스에게 보낸 편지에서 이렇게 썼다. "나에게 가장 중요한 환자는 바로 나 자신이라네." 아마도 이 무렵에 프로이트는 더 이상 다른 사람에게 의존하지 않게 되었던 것 같다. 그는 '공감적인 청자(sympathetic listener)'의 역할을 자기 내부에서 스스로 창조한 정신분석가에게 맡겼던 것이다.

내용

과학자로서 프로이트가 처음 꿈의 분석에 이끌린 것은 방어 기제와

의식의 기제를 밝힐 수 있다는 생각에서였다. 하지만 그는 곧 앞으로의 연구 진척에 핵심적인 요소가 된 특정한 꿈 내용을 발견하기에 이른다.

확실히 가장 많이 쓰여진 주제이고 아마도 가장 중요한 발견이라 함직한 것은 오이디푸스 콤플렉스가 인간의 심리 발달에 중심 역할을 한다는 점이었다. 프로이트는 자기 내부의 깊은 곳에서 부모에 대한 양가적인 감정을 발견했다. 이 감정은 아주 어린 유아 시절로 거슬러 올라가는데, 유아들은 어머니에게는 강한 애정과 사랑과 욕망을 느끼는 반면 아버지에게는 질투와 두려움, 심지어 증오심까지 품는다는 것이다. 이런 복합적인 감정은 어머니와 결혼하고 아버지를 살해하려는 무의식적 욕망으로 전화한다. 처음 이런 감정을 자신의 마음속에서 느꼈을 때, 프로이트는 광범위한 문학적 소양과 다른 환자에 대한 정밀한 분석을 바탕으로 이런 감정이 인간의 정서에 깊이 뿌리박고 있다고 결론내렸다. 그는 오이디푸스 콤플렉스가 고대 그리스의 오이디푸스 신화와 중세의 햄릿 이야기의 토대가 된다는 견해를 제시했다. 해소되지 않은 오이디푸스 콤플렉스가 바로 성인 신경증의 뿌리이며, 오이디푸스 콤플렉스―여성의 경우는 '엘렉트라 콤플렉스'―는 모든 인간의 무의식에 내재해 있다는 것이다.

프로이트는 오랫동안 성적인 요인이 신경증의 병인이 아닐까 의심해 왔다. 그는 비슷한 내용을 지적하는 스승 샤르코와 가까운 동료 브로이어, 그리고 빈의 탁월한 부인과 의사 루돌프 크로바크(Rudolf Chrobak)의 발언을 자주 상기했다. 이제 프로이트는 꿈 분석을 통해 성적인 주제가 모든 인간의 무의식에 깔려 있으며, 방어 기제는 주로 불편하고 직접 대면하기 어려운 주제인 성적인 체험을 처리하는 역할을 한다는 확신에 이르렀다.

「프로젝트」를 집필하고 얼마 지나지 않아서 프로이트는 급격한 사고의 전환을 이루었다. 1890년대 중반 이후로 그는 어른 환자의 신경 장애가 어린 시절에 받은 성폭력이나 성적 학대에 원인이 있다고 생각했다. 실제로 그는 1896년 빈 의사 협회에서 이런 대담한 주장을 명백하게 밝혔다. 그러나 1897년 플리스에게 보낸 변명조의 편지에서는 잘못 판단한 점이 있다고 인정했다. 많은 사례에서 부모나 다른 어른들에 의한 유년기의 성적 학대는 존재하지 않았고, 그런 유혹은 주로 어린 아이들이 꾸며낸 이야기라는 것이었다.

많은 주석가들이 이 문제에 대한 프로이트의 방향 전환을 환경적인 요인으로 설명하거나 커다란 실수로 간주했다. 빈의 부모들이 자녀들을 성적으로 추행했다고 믿었다는 점에서 프로이트를 순진한 바보라고 생각하는 이들이 있는가 하면, 제프리 매슨(Jeffrey Masson) 같은 논쟁적인 정신분석학자들은 동시대인들이 받아들이기 어렵다는 이유로 프로이트가 아동 유혹이라는 가설을 폐기했다고 생각한다. 내가 보기에는 사고의 변화가 프로이트 자신에겐 꽤 깊은 인상을 주었는지 모르지만, 그의 이론이나 치료법의 발달에 있어서는 특별히 중요한 문제가 아닌 듯싶다. 아동 유혹이 '실제로' 일어난 것이든, 아니면 일어난 일처럼 '보이는' 것에 불과하든, 핵심적인 문제에 대한 프로이트의 사고에는 별 영향을 주지 못했다. 어느 경우든 마음속에서 털어내고 적절한 치료를 받아야 하는 문제였다. 하지만 프로이트가 그처럼 극적인 사고의 변화를 보이면서 아동 유혹이라는 가설을 공개적으로 인정하지 않기로 결정했다는 점은 한 가지 생각할 여지를 남겨둔다. 분명 프로이트는 자기 생각을 바꿀 태세는 되어 있었지만, 자긍심과 의지가 많은 사람답게 이런 변화를 깊숙이 받아들이지는 않았던 것이다.

프로이트가 유아 성욕(infantile sexuality) 이론을 전개한 것은 바로 이 무렵이다. 꿈 분석과 자기분석을 통해 그는 어린 아이들은 유아기부터 강한 성욕(육체적인 쾌락뿐 아니라 정신적인 쾌락 추구)을 갖는다고 확신했다. 모든 아이들은 성 에너지가 특정한 신체 부위에 집중되는 일련의 리비도 단계(처음에는 입, 그 다음에는 항문, 그리고 배뇨 기관, 마지막으로 생식기)를 거쳐 성장한다는 것이다. 유아 성욕에 관한 이런 믿음 등으로 인해 프로이트는 사회에서 배척당했다. 비록 무의식 수준에서 작용한다고는 하지만, 단정하고 예절 바른 빅토리아-합스부르크 시대에 어떻게 순진무구한 어린 아이들이 강한 성욕을 품고 있다는 말인가? 프로이트가 지지자를 원한다면, 당연히 자신의 주장을 어느 정도 누그러뜨릴 수밖에 없었다.

이 밖에도 다양한 프로이트의 이론적 주제들이 바로 이 시기에 생겨났다. 기억과 망각 문제, 농담, 말실수를 비롯해 속뜻이 담긴 여러 실수 등에 대해 관심을 기울이고, 무의식의 일차 과정과 이차 과정을 식별하고, 억압의 다양한 형태, 그리고 쾌락과 고통을 처리하는 심적 수단 등을 인식한 것이 바로 이 무렵이다. 마찬가지로 프로이트의 치유법이 변한 것도 이 시기이다. 즉, 전기 요법에서 최면술과 암시법으로 바꿨다가, 다음에는 환자를 소파(couch)에 눕히고 분석가는 환자에게 보이지 않는 자리에서 주로 침묵하면서 자유 연상을 시키는 덜 강압적인 치료 방법을 고안해냈다. 물론 이 대부분은 20세기에 들어와서야 본격적으로 실행된다.

꿈의 해석 : 1900년의 프로이트

1880년대와 1890년대에 사고했던 내용들이 1899년에 출간되었지만 출간 연도가 1900년으로 표기된 대작 『꿈의 해석』에서 집대성되었다. 프로이트에 따르면 이 책의 주요 내용은 이미 1896년 후반에 모든 구상을 끝낸 것이지만, 좀더 시간을 들여 배경 저서를 읽어야 했고, 그런 후에 방대한 초고를 쓰기 시작했다고 한다. 프로이트는 『꿈의 해석』이 그의 가장 중요하고 독창적인 저서임을 알고 있었다. "다른 어떤 나의 저서도 순전히 내 것은 아니며, 내가 직접 거름을 쌓고 묘목과 종자를 마련한 것은 아니다." 곧이어 그는 이렇게 말한다. "이 작품은 내가 운 좋게 발견한 사항 중에서 가장 가치 있는 보물을 담고 있다." 이 책에서 프로이트는 꿈이 왜 무의식에 이르는 왕도인지 상세하게 논의하고 있으며, 꿈의 기제를 설명하면서 정신 기관의 본성에 관한 자신의 견해를 정교하게 제시하고 있다.

『꿈의 해석』과 「프로젝트」 간의 명백한 차이에 불구하고, 전자를 후자의 논리적 계승물로 여겨도 큰 무리는 없을 것이다. 『꿈의 해석』은 대체로 신경학의 기본 원리와 용어를 삭제한 「프로젝트」라 해도 무방하며, 『꿈의 해석』은 인간의 꿈이라는 매력적인 주제와 꿈의 본성과 근원, 내용, 기제를 설명하는 흥미 만점의 이야기를 담고 있는 「프로젝트」라 할 수 있다.

『꿈의 해석』에서 소름이 끼칠 만큼 가장 뛰어난 부분인 마지막 장에서 프로이트는 '꿈 과정의 심리학'을 설명한다. 그는 다양한 심리 조직에 관해 서술한다. 지각 조직(perceptual system)과 운동성 조직(motor system), 주로 기억을 담당하는 기능(이는 지각 흔적을 보유해야 한다), 그리고 지각만 담당하는 기능(이는 지각 내용을 생생하게 보존하지만, 기억 능력이 없다). 프로이트는 기억 조직을 자세하게 탐구하면서 새로운 기반을 닦았다. 기억은 그 자체로는 무의식적이지만, 꿈은 무의식이 작용하는 방식에 대한 결정적인 단서를 제공한다는 것이다.

프로이트는 두 개의 '심리 장치(psychic instances)'를 가정할 필요성에 대해 말한다. 하나는 꿈 내용을 검열하는 기제이고, 다른 하나는 검열되는 꿈 재료이다. 그는 또한 지각(perception)에서 기억으로, 기억에서 무의식과 전의식으로 이어지는 연속적인 심리 체계를 새롭게 설명한다. 꿈의 동인(動因)은 무의식에서 생기며, 꿈에는 무의식적 소원이 잠복해 있다. 소원은 전의식으로 표출되고자 하는데, 낮에는 검열에 의해 왜곡되지만 저항이 약해지는 밤에는 다양한 위장과 타협 형성(compromise formation)을 통해 꿈으로 분출된다.

결론 부분에서 프로이트는 자신의 꿈 분석을 모델로 삼아 다양한 현상, 즉 두려움, 고통 속에서의 흥분감, 복잡한 사고 기능, 억압 작용, 지배적인 심리 기제 등을 설명한다. 그는 모든 신경증 증상을 무의식의 소원 성취로 간주해야 한다고 단언한다. 지난 10여 년 동안에 구축된 통찰과 연구 사례에 기초하여 하나의 총체적인 세계관이 성립하기 시작한 것이다.

프로이트의 재능

『꿈의 해석』은 프로이트의 지적 재능이 지닌 힘과 한계를 동시에 보여준다. 이 책은 프로이트의 문학적 재능이 유감없이 발휘된 뛰어난 저서이다. 파노라마처럼 인용되는 다양한 전거(典據)들은 프로이트가 과학 저서와 고전 문학뿐만 아니라 당대와 다른 시대의 정치적·문화적 사건들에 대해 풍부한 식견을 가지고 있음을 말해준다. 심리적 기제의 특성에서부터 개별적인 꿈의 특질 및 꿈에 등장하는 인물의 성격에 이르기까지 프로이트는 극적인 이야기 솜씨를 발휘하여 생생하게 분석한다. 논리적인 서술과 풍부한 임상 사례 역시 이 책의 또 다른 강점이다. 하지만 다른 한편으로 프로이트의 저서에는 정량적인(quantitative) 특성이 전혀 없는데, 이는 프로이트가 자신의 재능에 대해 어떤 견해를 지녔는지를 반영한다. "나의 재능에는 한계가 있다. 자연과학이나 수학에는 아무 재능이 없다. 양적인 것에는 아무 소질이 없다." 실상 프로이트의 저서에는 자신의 핵심적인 주장을 의문에 붙일 수도 있는 증거를 고려한 흔적이 거의 없다.

   어쩌면 놀라운 일일지 모르겠으나, 프로이트의 생생한 묘사에는 공간적, 시각-공간적, 혹은 신체-운동적 이미지 역시 얼마 되지 않는다. 이는 과학적 저서로서는 드문 특성이다. 생물학의 다윈이나 물리학의 아인슈타인 같은 과학자들은 사유 과정에 있어서 이미지를 중시했다. 아인슈타인의 경우에는 그가 해명하고자 하는 것은 현상의 법칙이더라도 주로 이미지를 통해 그것을 구체적으로 보여주었다(4장 참조). 하지만 프로이트의 저서는 거의 언어적 영역으로 이루어졌다. 적은 수의 간단한 도해조차 설득력 있는 서술에 대해 사족(蛇足) 이상의 의미는 없다. 프로이트의 과학적 사유는 그 본질이 언어적이며, 공간적 요소는 거의 없고 논리적 요소가 얼마간 담겨 있을 뿐이다. 아마도 이러한 논의 패턴을 해명하는 과정에서 나온 말일 터인데, 프로이트는 이렇게 말해놓고 있다. "나는 공간상의 관계를 시각화하는 능력이 지독하게 부족한 편이라서, 기하학이나 거기서 유래한 학문을 연구하는 일은 내게는 불가능하다."

무엇보다도 『꿈의 해석』은 인성 영역을 다루는 프로이트의 능숙한 솜씨를 보여준다. 그는 피분석자들의 욕망과 욕구, 소원, 두려움 등에 민감했을 뿐만 아니라, 오이디푸스 콤플렉스나 엘렉트라 콤플렉스처럼 모든 인간에 영향을 미치는 요인에 섬세한 감수성을 보였다. 프로이트가 어린 시절부터 자기 가족의 결점이나 문학 세계에 보인 관심이나 극적인 이야기 솜씨 등은 젊은 시절의 편지에서도 줄곧 드러났는데, 마침내 꿈을 다루는 글과 이후의 정신분석학 저술에서 폭발적으로 터져나왔다. 이러한 특색은 프로이트의 저작에 거역할 수 없는 매력과 한 번 읽으면 쉽게 잊혀지지 않는 특성을 부여했다. 과학자들 가운데 프로이트는 인간의 내밀한 영역과 언어와 논리적 설명의 영역에서 눈에 띄게 우수한 편인데, 이는 유능한 사회과학자나 행동과학자의 전형적인 표본이다.

프로이트의 과학적 접근법

프로이트가 자신의 주된 문제 영역을 개념화하고 재개념화하는 방식은 다른 과학 연구자들에게서도 찾아볼 수 있다. 그는 표준적인 기질상의 설명으로는 해명할 수 없는 행동을 하는 히스테리 환자들을 대면했을 때 처음 이상 징후를 감지했다. 히스테리 환자를 설명하려는 노력은 곧 신경증 환자의 모든 행동을 설명하려는 노력으로 발전했고, 결국 「프로젝트」에서 정상적인 심리 행동까지 포괄적으로 설명하려는 노력으로 이어졌다. 「프로젝트」에서 시도한 상징체계는 (플리스는 아닐지라도) 프로이트에겐 도움이 되었을지 모르지만, 그는 그처럼 전문적이고 신경학적인 상징체계는 더 폭넓은 대중과 소통하는 데 별로 필요하지도 유용하지도 않으리라 결론내렸다.

프로이트는 신경심리학적 이론 체계를 정교하게 다듬는 대신, 이론상으로 다소 우회했다. 그는 꿈 현상과 꿈 기제에 의존하여 인간의 행동과 무의식에 관한 자신의 견해를 밝히고자 했다. 새로운 설명틀과 언어를 만들었으며, 독일어 단어들을 조합했고, 몇몇 간단한 체계를 구성했는데, 물론 이것은 도해가 필요 없고 언어로서만 서술될 수 있는 체계였다. 이러한 이론적 골격은 남은 생애 동안 프로이트가 정신분석학을 발전시키고 구성하는 데 충분한 토대가 되었다. 또한 이 체계는 창조적인 사상가의 작품답게 다른 많은 학자들과 임상 의사들의 작업에 풍부한 연료를 제공했다.

프로이트의 업적은 정식화와 표상적인 표현이 비교적 느슨하다는 점에서 아인슈타인을 비롯한 다른 과학 이론가들의 창조물과는 다른 특색을 지닌다. 프로이트는 몇몇 문제를 집중해서 다루기보다는 논점 일체를 총괄적으로 다루었다. 그는 기본 원리를 주장하면서도 핵심적인 검증 방법에 대해서는 아무런 암시도 하지 않았다. 사실 프로이트의 이론 체계는 인문학적 성격에 가까운 편이어서, 온갖 분야의 학자들이 다양하게 이용할 수 있는 여지가 충분했다.

게다가 프로이트는 다른 많은 연구자들과 달리 여러 분야에서 두각을 나타낼 수 있는 지적 능력을 가졌던 것처럼 보인다. 화가가 아닌 피카소나 이론 물리학자가 아닌 아인슈타인을 상상하기는 어렵지만, 프로이트는 아마도 (다윈 전통에서) 중요한 생물학자가 될 수도 있었을 터이고, 변호사나 법관, 종교 지도자로도 훌륭한 업적을 남겼을 것이며, 여러 학문 분야에서 중요한 공헌을 할 수 있었을 것이다. 물론 그는 자기 재능을 최대한 발휘할 수 있는 분야를 선택했겠지만, 그것이 유일하게 가능한 선택은 분명 아니었다.

처음의 반응

프로이트 스스로 걸작이라고 여긴 『꿈의 해석』이 출간되었을 때, 세상은 과연 그의 발견이 지닌 잠재력을 인식할 수 있었던가? 얼핏 보기에 그처럼 폭넓은 시야를 가진 저서라면, 프로이트가 그 책의 내용을 전달하고 싶은 주된 대상 독자인 심리학자들의 장(場, field)에 즉각적인 충격을 주었으리라 생각하기 쉽다. 하지만 잘 알려진 대로 『꿈의 해석』 초판본은 처음 2년 동안 겨우 351권이 팔렸을 뿐이며, 곧 절판되었다. 몇몇 공감 어린 서평도 받긴 했으나, 가령 다윈의 『종의 기원』과는 달리 학자들이나 대중들은 이 책에 별다른 관심을 보이지 않았다. 책을 출판했음에도 프로이트가 남은 생애 동안 무명 인사로 보낼 가능성도 충분했다. 그는 출판 얼마 후에 플리스에게 이런 내용을 써보냈다. "『꿈의 해석』이 무언가 의미 있는 책이라는 걸 인정하는 글은 한 줄도 보이지 않아. …… 책의 평판은 그저 그렇고 기껏해야 다들 침묵하는 바람에, 겨우 싹트기 시작한 나와 주위 환경과의 관계가 다시 한 번 파괴되었네." 그 후에는 이런 농담을 하기도 했다. "아마도 명백한 사실만을 발견하는 게 내 운명인 모양이네. 아이들이 성적인 감정을 갖는다는 것, 보모라면 다들 알고 있는 사실이지. 밤에 꾸는 꿈은 백일몽과 마찬가지로 소원 성취를 표현한다는 점도 다들 알고 있겠지."

빈의 배경

백 년 전의 빈은 런던이나 파리처럼 사람들로 북적이는 도시가 아니었고, 로마나 아테네처럼 역사적으로 유서 깊은 도시도 아니었지만, 지적 활기에 있어서는 경쟁 도시들을 능가했다. 세기말의 빈에는 왈츠 작곡가인 슈트라우스(Strauss) 집안, 철학자 루드비히 비트겐슈타인(Ludwig Wittgenstein), 소설가이자 평론가인 로베르트 무질(Robert Musil), 건축가 아돌프 루스(Adolf Loos), 도시 계획가 오토 바그너(Otto Wagner), 평론가 칼 크라우스(Karl Krauss), 리브레토 작가 후고 폰 호프만슈탈(Hugo von Hofmannsthal), 물리학자 루드비히 볼츠만(Ludwig Boltzmann)과 같은 대단한 인물들이 이웃해서 살면서, 카페에서 허물없이 어울리고 회합에서 의견을 교환했다. 독서를 좋아하고 세계주의 성향이 짙은 프로이트는 분명 이들을 알았을 터이고, 그 중 일부와는 친하게 사귀었을 것이다. 작곡가이자 지휘자인 구스타프 말러(Gustav Mahler)는 성기능에 장애가 생겼을 때 프로이트와 상담했으며, 한때 프로이트의 심리학 스승이던 프란츠 브렌타노는 브로이어를 물리학자로 알았다. 프로이트는 빈의 일류 극작가인 아르투어 슈니츨러(Arthur Schnitzler)를 존경했는데, 슈니츨러는 프로이트가 빈 사람들의 마음을 분석하는 과정에서 발견한 많은 주제를 극화했다. 최근에 빈을 다룬 어느 저서는 당시의 분위기를 이렇게 포착했다. "'현대성의 요람'인 도시에서, 그 화려한 순간에, 클림트(Klimt)와 바그너(Richard Wagner, 1813~1888)와 루스는 프로이트와 말러, 비트겐슈타인과 상상의 커피숍에서 만나 어울리는 허물없는 친구 사이였다."

평생 동안 거의 빈에서만 살았던 프로이트는 이 도시를 애증 섞인 감정으로 바라보았다. 그는 향수 어린 심정으로 고향 모라비아의 시골 분위기를 회고했고, 휴양지를 선택할 때면 꼭 목가적인 장소를 고집했다. 프로이트는 도시적인 환경에 염증을 느꼈을 뿐 아니라 빈의 과학적·지적 생활에 대해서는 종종 화를 냈다. 사람들이 너무 권위적이고 소견이 좁고 반유대적이라는 이유에서였다. 그는 주저 없이 다음과 같은 말을 하기까지 했다. "빈은 이 도시가 정신분석학의 태동에 일정한 역할을 했다는 점을 부인하기 위해서라면 무슨 짓이든 할 것이다. 빈에서만큼 교양과 학식이 있는 사람들이 정신분석학에 대해 그처럼 적대적인 무관심을 단호하게 보인 도시는 없다."

사실 프로이트가 빈에 대한 혐오감을 공언하고 다닌 것이 바로 빈 사람들의 기질을 드러낸 것이라는 얘기도 있다. 1938년 독일과 오스트리아가 합병하는 바람에 늙은 나이에 빈을 떠나야 했던 프로이트는 꽤 낙심했다. 물론 프로이트가 빈을 정말로 좋아했는지 여부는 우리의 목적에 별 상관이 없다. 다만 전혀 다른 환경에서 그의 학문적 업적이나 결과가 나왔으리라고 생각하기는 힘들다.

프로이트의 사상은 그가 살았던 환경을 반영하는 것이면서, 또한 그런 환경에서 유기적으로 움터 나왔던 것이다. 성적인 문제에 고결한 체하는 모습은 빈의 중산층 사이에 만연한 태도였는데, 아마도 다른 계층 사람들도 비슷했을 것이다. 이렇듯 정치적이고 사회적인 분위기는 보수주의에 기울어 있었지만, 직접 정치 구조를 위협하지만 않는다면 예술 분야에서 누가 전위적인 목소리를 드높여도 놀랄 만큼 관용적인 태도를 보인 것이 또한 빈 사람들의 특징이었다. 반유대주의를 선동하는 수사는 넘쳐났지만, 유대인들이 특히 세례를 받은 경우라면 직업을 얻고 경력을 쌓아가는 데 별 지장이 없었다. 경멸과 비판과 무시를 당하기는 했어도 프로이트가 노골적인 검열을 두려워할 필요는 없었다. 적어도 당시의 빈에서 시오니즘이나 도시 계획, 의료 혁신, 예술 혁명을 주창하던 사람들도 마찬가지였다. 빈의 공식적인 여론과 실제적인 창조 여건 사이에는 상당한 격차가 있었다는 얘기인데, 프로이트는 바로 이런 점의 혜택을 입었던 것이다. 반면 프로이트가 표면상으로는 훨씬 관용적인 영국에서 살았더라면, 성을 다룬 저서를 출판하지도 못했을 것이다.

물론 낡은 인습에 물든 합스부르크 왕조의 전초지나 다름없는 빈 같은 도시가 프로이트의 혁명적인 사상을 팔을 벌려 환영했으리라고 기대할 수는 없다. 빈 사람들은 기껏해야 슈니츨러의 극 형식으로 '위장' 된 경우에나 이런 주제를 수용할 수 있었다. 하지만 일부 사람들은 프로이트가 설명하는 상태를 일상적인 관찰을 통해, 신문 기사에서, 환자의 치료 과정에서, 그리고 자기 자신들의 삶을 내성(內省)하면서 확인할 수 있었다. 바로 이들이 프로이트의 첫 제자들이 되었고 수요일 저녁마다 프로이트의 집에서 모임을 가졌다.

프로이트가 제자들을 받고자 했고 그런 추종자들을 원했다는 것은 아직 결론이 내려진 이야기가 아니다. 우리는 이미 그가 때로는 아무도 주목하지 않는 삶을 체념적으로 받아들였음을 살펴보았다. 프로이트는 친구인 플리스처럼 자기 생각을 적극적으로 퍼뜨리지 않으면서 그저 자기 생각의 정당성을 계속 믿는 자기만족적인 삶을 살아갈 수도 있었다. 즉, 지식인 은자(隱者)로 살아갈 수도 있었다. 가정생활과 가장의 역할에만 충실하면서, 혹은 편안한 유대인 구역으로 되돌아가서 그가 무척이나 외로운 시절이던 1897년에 가입한 브나이 브리스

(B'nai Brith : 유대인의 비밀 결사―옮긴이)의 친구들과 어울리면서 카드놀이나 하며 조용한 삶을 살아갈 수도 있었다. 물론 그는 추종자들을 원했을 테지만, 다른 많은 야심만만한 혁명가들처럼 추종자 없는 삶을 살아야 했을 것이다. 한편 철학자이자 교육자인 존 듀이(John Dewey)처럼 추종자들이 자기 휘하에 모이는 것은 허용하면서도 별다른 행동 지침을 내리지 않았을 수도 있다. 혹은 정치 철학자인 칼 마르크스(Karl Marx)처럼 자기 사상에 기반한 운동을 이끌고자 했으나 결국 스스로 그 운동을 사실상 파괴했을 수도 있다. 하지만 프로이트는 전혀 다른 길을 택했고 추종자들을 훨씬 성공적으로 이끌었다.

지도자로서의 프로이트 : 조직의 확대

1900년대 초반 정신분석학 운동을 태동하고 유지하는 과정에서 프로이트는 오랫동안 잠들어 있던 성격의 일면을 드러냈다. 군대에 대한 동경과 전투 부대를 이끌고 싶었던 욕망이 드러난 것이다. 2장에서 소개한 삼각 분석에 따르면, 프로이트라는 재능 있는 개인은 혁명적인 사유 체계를 구상했지만, 이러한 사유는 심리학 및 정신 의학 분야에서 기존의 지배적인 교의와는 충돌을 일으켰다. 만약 새로운 이론이 영향력을 행사하려면, 프로이트는 그 이론을 평가하고 전파하는 지지 세력의 장(場)을 창출해야 했다.

프로이트의 집에서 모임을 가진 수요 심리학회는 여러 면에서 실효성이 있었다. 가장 중요한 성과 중의 하나는 분명 프로이트가 지도자의 위치에 설 수 있게 된 점이었다. 이전에도 프로이트는 대중 앞에서 연설이나 강연을 하거나 자기 입장을 변호하는 일을 두려워하지 않았지만, 그 때는 자신만큼이나 포부가 큰 수많은 학자들을 앞에 두고 말을 했어야 했다. 하지만 이제 그는 하나의 이론 체계를 구축했고 거기에 정신분석학이라는 명칭을 붙여놓은 상태였다. 그는 이 집단의 의심할 바 없는 지도자였다. 자신의 집안뿐만 아니라 한 학파의 권위자가 된 것이다.

프로이트는 정신분석학의 이론과 실천 양면을 대표했다. 진지한 학자라면 독창적인 사상을 발전시키는 것이 당연한 일이다. 이것이 바로 그들의 직업인 것이다. 하지만 이들 중에서 실천 방안에도 관여하는 학자는 매우 드물며, 처리 방법을 완전히 새로 만드는 경우는 더욱 드물다. 지구 반대편의 간디처럼 프로이트는 자유 연상, 꿈 분석, 치료 개입(therapeutic intervention) 등 사람들을 돕는 데 실제로 사용되는 실천 기법을 발전시켰기 때문에 훨씬 더 많은 사람들에게 사상을 전할 수 있는 잠재력이 있었다. 프로이트는 치유를 갈망하는 병들고 불행한 사람들에게 치유법을 알려준 것이다.

중년에 접어들면서 프로이트의 삶에는 미묘한 변화가 생겼다. 오랫동안 그는 로마에 가는 것을 꿈꾸었지만, 몇 가지 비합리적이고도 금욕적인 이유로 이런 즐거움을 스스로 포기했었다. 그런데 1901년 초에 프로이트는 여러 차례 로마를 방문했다. 오랜 기간 자기 본분을 지킨 대가이자 뛰어난 저서를 출간한 보상이라고 할 수 있었다. 프로이트는 또한 교수가 되는 것을 꿈꾸었지만, 교수직을 얻기 위해 강단 정치판에 휘말려드는 것을 혐오했었다. 그는 이제 이러한 과도한 도덕주의를 괄호 안에 넣어두고, 정치적 거래판에 들어가 교수직을 얻을 수 있었다. 무려 17년 동안 기다린 일이었다.

변하지 않은 것은 프로이트의 왕성한 생산력이었다. 『꿈의 해석』을 집필할 당시에도 그는 다른 두 작품을 쓰고 있었는데, 둘 다 프로이트의 매우 중요한 저작이며 널리 인정받았다. 하나는 『일상생활의 병리학』(1901)으로서 그 때까지 별달리 주목받지 않았던 말이나 행동의 실수를 분석한 책이며, 다른 하나는 『농담과 무의식』(1905)으로서 농담이나 재담의 다양한 기능을 연구한 책이다. 프로이트는 또한 혁명적인 저작 『성욕에 관한 세 편의 에세이』(1905)를 출간했는데, 이 책에서 그는 성도착과 유아 성욕, 사춘기의 변화에 관한 견해를 정교하게 제시했다. 대상 환자가 예술가, 의사, 학생, 귀족, 편집증 환자 등을 망라한 사례 연구 역시 꾸준히 진행되었다. 치료법에 관한 논문과 정신분석학에 대한 보다 성찰적인 논문 등도 연이어 발표되었는데, 이로써 수요 심리학회에서 논의될 내용이 많다는 사실과 정신분석학이 얼어붙은 교의가 아님이 분명해졌다.

프로이트는 정신분석학의 위대한 주창자였다. 일이십 년 전에는 수줍음과 오만함 때문에 발표를 망치곤 했지만 이를 극복했고 젊은 시절의 편지에서도 뚜렷하게 드러났던 유창한 언변을 구사하면서, 그는 매혹적인 강연자가 되었다. 별로 준비를 하지 않는 것처럼 보였지만, 그는 각양각색의 청중 앞에서 역사와 예술, 당대의 독서물, 최근의 사건, 현재 강연을 듣고 있는 청중의 관심사 등에서 적절한 예를 자유롭게 끌어들이면서, 친밀하고도 사려 깊은 태도로 폭이 넓은 강연을 할 수 있었다. 청중의 반대를 예상할 수 있었고, 심지어는 반대 목소리를 명확하게 밝히기까지 하면서 청중의 유보적인 태도와 비판을 무장해제시켰다. 사색적인 많은 젊은이들이 설득력이 점차 높아지는 프로이트의 간단한 요약문이나 그의 카리스마 넘치는 개성에 매료되어 정신분석학에 이끌렸다.

정신분석학 운동의 아버지

앞에서 나는 프로이트를 정신분석학 운동의 아버지라고 불렀다. 프로이트는 모든 젊은이의 삶에 아버지의 역할이 다른 무엇과도 비교할 수 없을 만큼 크다는 점에 주목했었다. 아버지의 역할은 고전적인 오이디푸스 상황에서와 마찬가지로 정신분석학 운동 내부에서도 매우 중대한 의미를 띠었고, 프로이트의 추종자들 사이에서 그만큼이나 혼란스러운 결과를 빚어냈다.

초기의 개종자(추종자) 가운데 프로이트보다 19살 어린 스위스의 정신 의학자 칼 융은 논란의 여지없이 가장 중요한 인물이었다. 그는 분명 일급의 지성을 소유했고, 빈의 이름 없는 유대인 의사의 사상에 끌린 것도 무슨 다른 뜻이 있었기 때문은 아니었다. 융 자신도 매력적인 성품을 지녔고, 다른 나라와 문화, 사회적·종교적 배경에서는 나름대로 인정받는 사람이었다. 프로이트는 과거 어느 때보다 확실하게 자기 생각의 정당성을 느낄 수 있었다. 융에게 보낸 편지에서 그는 '명예롭지만 고통스러웠던 고립'에 관해 심정을 토로한 후에 이렇게 썼다. "고요한 확신이 내 마음에 들어차기 위해선 누군지 알 수 없는 사람의 목소리가 내게 응답할 때까지 기다려야 했네. 그 목소리의 주인이 바로 자네라네." 프로이트는 아무 망설임 없이 그의 조그만 모임에서 융을 가장 중요한 인물로 만들었으며, 1910년 새로 탄생한 국제 정신분석학 협회의 초대 회장으로 선출했다. 만만찮은 두 사람의 성격이 부딪칠 때가 되면, 그것은 분명 후회할 결정이었다.

초기 정신분석가들 사이에 벌어진 반목에 대해서는 엄청나게 많은 글이 쓰여졌지만, 외부인으로서는 그런 갈등이 얼마나 정상적이고 불가피한 과정이었고 심지어는 건강한 모습이었는지, 그런 갈등이 얼마나 지도자와 그의 초기 추종자들이 지닌 기묘한 병적 특질을 반영한 것인지는 판단하기 어렵다.

분명히 일정한 경향이 존재하기는 했다. 처음에 프로이트는 개방적이고 누구든 환영하는 모습을 보였다. 특히 먼 곳에서 오거나 다른 나라에서 온 사람들, 신앙이 다른 사람들을 환대했다. 프로이트는 정신분석학이 유대인 지식인이 이끄는 또 하나의 운동으로 전락하지 않기를 필사적으로 원했고, 자신의 휘하에서 헤맬지도 모르는 비유대인 추종자들에게 기꺼이 좋은 대우를 해주었다. (프로이트가 정신분석학에 대해 좋은 말을 해준 명사들에게 보낸 아첨기 농후한 편지들을 보면, 그가 얼마나 영향력 있는 개종자를 찾고 있었는지 알 수 있다.) 환영의 분위기는 얼마 동안 지속되었다. 프로이트는 참을성 있는 교사가 되었고, 다른 면에서는 흠 잡을 구석이 없는 개종자라면 중심 교의에서 일탈해도 관용을 보여주었다. 실제로 정신분석학에 어느 정도 공감하는 영향력 있는 인물들이 내부 모임에 들어와서, 말썽을 일으키거나 생각이 다른 성원들에 관한 토론에 참석하기도 했다. 프로이트는 고대 그리스인의 형상을 새긴 특수한 금반지를 이들 정예 회원에게 수여했다.

하지만 결국 프로이트는 인간적으로나 사상적으로나 충성을 요구하기에 이른다. 불만을 품은 추종자들은 정신분석학 운동에서 불행의 씨앗이 되었다. 아들러 융 등의 제자들과는 분열이 비교적 일찍 찾아왔고 서로 간에 불편한 감정이 가득했다. 랑크와 페렌치 등은 오랫동안 학파의 일원으로 남았지만 결국 고통스럽게 헤어졌다. 정신분석학 운동과 카리스마적이지만 까다롭기 이를 데 없는 그 창시자 곁에 끝까지 남은 추종자들은 얼마 되지 않았다.

정신분석학 이론을 잘 알지 못해도 이들과의 관계가 프로이트에게 어떤 영향을 미쳤는지는 쉽게 짐작할 수 있다. 그는 1890년대에 오이디푸스 콤플렉스에 관한 글을 쓸 때부터 이미 아버지와 자식 간의 곤란한 관계를 알고 있었다. 사회적인 문제에까지 관심폭이 넓어진 것은 자기 개인적인 경험이나 유럽에 불어닥친 정치적인 소용돌이에 기인했을 것이다. 처음 이탈자가 생긴 무렵에 쓴 『토템과 터부』(1912~1913)에서 프로이트는 금기시되는 인물이나 물건을 에워싸고 있는 특별한 힘, 원초적인 군거집단 내부에 팽배해지는 부친 살해 충동, 살아남은 형제들 간에 지배권과 권력을 놓고 벌어지는 투쟁에 관해 논의한다. 외부인들에게는 우화(寓話)로 보일지 모르지만, 프로이트 학파 내에서 보면 그것은 자전적인 이야기였다.

『문명 속의 불만』(1930), 『환상의 미래』(1927)와 같은 중요한 저서에서는 사회적이고 문화적인 주제가 더욱 비중 있게 다루어진다. 마지막 저작인 『모세와 일신교』(1939)에서는 새로운 종교를 창시했지만 정작 자신이 '진리의 길'을 알려준 당사자들에게 핍박받게 되는 지도자와 직접 동일시하기까지 한다. 이 저서는 (완전히 의식적인 것은 아니지만) 프로이트의 뚜렷한 방향 전환을 나타내는데, 기성 종교에 대한 반대 입장을 자신의 과학적 사상이나 인생철학의 초석으로 삼았기 때문이다.

이러한 갈등과 긴장에도 불구하고, 혹은 그런 갈등과 긴장 때문에 20세기의 처음 10년은 정신분석학이 눈에 띄게 성장하면서 서구 세계 전역으로 퍼져나간 시기였다. 1908년에 수요 심리학회를 모태로 하여 빈 정신분석학회를 창립했는데, 이를 모델로 한 모임이 세계 곳곳에 생겨났다. 1909년에 프로이트는 융과 존스를 대동하고 미국 매사추세츠 주 워세스터 시에 소재한 클라크 대학교를 방문했다. 이 중요한 여행에서 그는 처음으로 유럽 바깥의 세계에서 자신의 저서를 인정하는 시선을 느낄 수 있었다. 1910년 드디어 여러 나라에 지부를 둔 국제 정신분석학협회가 탄생했다. 1920년 제1차 세계대전 이후로 처음으로 헤이그에서 학회가 열렸을 때는 이미 서유럽의 주요 국가, 러시아, 인도, 미국(학파가 둘이었음) 등에서 정신분석학 운동이 활발히 전개되고 있었다. 운동의 성공에는 분명히 프로이트의 개인적인 지도력이 큰 역할을 했다. 사실 프로이트의 이름이 한때 동료였던 융이나 오랜 기간 경쟁자였던 자네보다 더 많이 알려진 것은 이론 자체의 우수성보다는 이론을 널리 보급하는 운동이 그만큼 탁월했고 또 가혹할 정도로 일사불란했다는 점에 기인했다.

프로이트의 명성

프로이트는 서서히 세계적인 명성을 얻었다. 과학 분야에서는 아인슈타인, 지도자의 세계에선 간디에 필적했으며, 영화나 스포츠계의 '진짜' 스타들과도 맞먹었다. 그는 로맹 롤랑(Romain Rolland), 토마스 만(Thomas Mann), 아르놀트 츠바이크(Arnold Zweig)와 슈테판 츠바이크(Stefan Zweig) 등 유력한 문인들과 '공식적인 교유' 관계를 맺었고, 아인슈타인과는 전쟁과 평화에 관해 '공식적인 서신'을 주고받았을 뿐 아니라, 한때 니체의 연인으로 공인받았던 루 안드레아스 살로메(Lou Andreas-Salomé)를 비롯한 여러 제자들과도 친밀한 우정을 나누었다. 물론 공식적인 적대자들도 있었는데, 특히 유럽 정신 의학계에서 프로이트와 가장 가까운 동료라고도 할 수 있는 자네와 오랫동안 반목과 불화를 빚었다는 것이 가장 유명한 얘기다. 그는 자기 자신이나 정신분석학에 관해 글을 쓰는 저자들을 세심하게 주시했는데, 내용이 도움이 된다 싶으면 부추겼고 전략상 다른 판단이 서면 주저없이 비난했다.

프로이트와 맺은 인연으로 인해 불운을 겪은 이들도 있었다. 특히 그와 절교하게 된 사람들이 그러했는데, 가령 젊은 제자였던 빅토르 타우스크(Viktor Tausk)는 용서할 줄 모르는 프로이트와 결별한 후 낙심한 상태에서 스스로 목숨을 끊었다. 초기 추종자들 중에 적어도 여섯 명은 같은 선택을 했다. 이는 창조성이 매우 뛰어난 인물 주변에 있는 사람들은 피해자가 되는 경우가 많다는 사실을 입증하는 우리의 첫 번째 사례이다.

추종자는 늘지 않고 제자들이 이탈하거나 자살하는 상황에서도, 프로이트는 젊은 시절 브로이어나 플리스와 맺었던 교우 관계가 결렬될 때만큼 큰 영향을 받지는 않았다. 어느 정도는 나이가 먹은 탓이었다. 나이가 들면 새로 만난 사람과 감정적으로 강한 유대감을 갖기가 어려운 법이고, 동년배 친구들을 잃게 되는 일이 많아지므로 이런 일에 무감각해져야 하는 것이다. 하지만 내 생각에 프로이트의 경우에는 세 가지 요인이 더 크게 작용했다. 하나는 오랫동안 홀로 자기 생각을 발전시켰다는 점인데, 이런 혹독한 경험을 통해 프로이트는 다른 누군가에게 지나치게 의존하지 않는 태도를 배웠을 것이다. 두 번째로 프로이트는 남들이야 어찌 생각했건 자신은 다른 사람과 유대 관계를 맺는다고 생각했다. 물론 사적인 관계는 아니고 보다 공적이고 지적인 관계였다. 마지막으로 프로이트는 스스로를 어려운 작전을 수행하는 군대 사령관으로 여겼다. 위험하고 무모한 작전도 당연히 필요하고, 결과가 불확실한 포위 공격도 해야 한다. 그리고 어떤 경우는 사상자를 열외시키고 전열을 재편한 후, 새로운 전략을 수립하여 전장(戰場)으로 되돌아가야 한다. 위대한 지도자들은 때로 이러한 단계적 임무를 떠맡을 수 있는 다른 사람을 후원하기도 한다. 모세는 형인 아론의 도움을 받았고, 다윈은 진화론을 주창하는 운동을 생물학자인 토머스 헉슬리(Thomas Huxley)에게 맡겼다. 하지만 프로이트는 대개의 경우 장군과 중위 임무를 모두 수행했다.

    프로이트는 비록 바쁜 장교이기는 했어도 짬을 내서 다른 일도 그럭저럭 해냈다. 가족들은 프로이트의 관심과 조언을 받는 데 큰 부족함이 없었다. 하루에 여덟 내지 아홉 시간은 환자들을 보았고, 매일 산책을 했으며, 가까운 친구들이나 브나이 브리스의 동료들과 어울렸으며, 책을 읽고 고대의 유물을 수집했다. 그리고 거의 매일 밤 11시에서 새벽 1시나 2시까지 글을 썼다. 1910년에서 1930년까지 발표된 그의 저작을 나열만 해도 몇 페이지는 금방 채울 수 있을 정도다. 프로이트는 확실히 지치지 않고 일을 하는 19세기 부르주아 계층의 이상형에 부합하는 인물이었다. 매 순간 무엇인가 생산적인 일에 몰두하면서, 자신에게서 나태한 구석이 보이면 스스로를 매섭게 다그쳤다. 학자로서의 소명 의식은 청교도의 영국에서 생겨났을 테지만, 수백 년 후 빈의 유대인들 사이에서도 그에 못지않게 널리 퍼져 있었다.

    프로이트는 사례 연구와 임상 논문의 한계를 과감하게 뛰어 넘었다. 제1차 세계대전이 최고조에 이를 무렵, 그는 여섯 편의 중요한 이론적이고도 '메타심리학적인' 논문을 썼는데, 모두 두 달 안에 완성한 것이다. 그리고 『토템과 터부』에서 처음 소개한 여러 주제를 다루면서 정신분석학을 보다 정치적이고 문화적인 관심 방향으로 밀어붙였다. 프로이트는 집단 심리와 종교, 정치, 전쟁, 공격성, 그리고 책의 제목으로 쓰인 '문명 속의 불만'에 관한 내용을 몇몇 중요하고 논쟁적인 저서에서 다루었다. 이로써 그는 의학과 자연과학을 공부하기로 결정한 60년 전에 '사정없이 억눌렀던' 철학적·문화적 성향을 마음껏 발산할 수 있는 통로를 마련한 셈이었다. 그리고 그가 상대한 청중은 세계대전이 끝난 후에 인간의 파괴적인 본성에 관한 설명에 굶주려 있던 유럽인들이었던 것이다.

앞에서 언급한 대로 나는 창조적인 인물에 관해 연구하면서 '10년 규칙'을 발견했다. 즉, 창조적인 인물은 한 분야에서 10년 정도 종사한 후에 혁신적인 도약을 이루어내며, 이후에는 다양한 요인에 따라 새로운 도약을 이루어내기도 하고 그렇지 않기도 한다. 프로이트는 이 규칙의 첫 부분에 정확히 들어맞는다. 『꿈의 해석』은 그가 샤르코의 임상교실에서 견습 생활을 시작한 지 거의 정확히 10년 만에 탄생한 업적이다. 물을 것도 없이 프로이트의 창조성은 이후 수십 년 동안에도 지속적으로 발휘되었다. 이 점에서 그는 과학자인 아인슈타인보다 피카소와 스트라빈스키, 그레이엄과 같은 예술가와 더 비슷하다. 새로운 성과물이 정확히 10년 간격을 두고 나오는지 여부는 다소 의문의 여지가 있다. 하지만 프로이트는 1910년 무렵에 사회적 문제로 관심사를 확대했고, 1920년대와 1930년대에는 정치와 문화를 본격적으로 다루었다.

프로이트 후기의 보다 사변적인 저서들은 많은 비판을 받았지만, 많은 나라의 일반 시민들과 다양한 분야의 학자들에게 주목받는 세계적인 학자가 되는 데는 이들 저서가 핵심적인 역할을 했다. 그가 의학 문제나 치료법에 관해서만 글을 썼다면, 성 문제를 과감하게 다룬 우상 파괴적인 정신과 의사 하벨로크 엘리제스(Havelock Ellises)

와 리하르트 폰 크라프트 에빙의 세계에 머물렀을 것이다. 하지만 이제 프로이트는 장 자크 루소(Jean-Jacque Rousseau, 1712~1778)와 존 스튜어트 밀(John Stuart Mill, 1806~1873)을 비롯한 근대 초기의 철학자들과 월터 리프먼(Walter Rippman, 1889~1973), 버트란드 러셀(Bertrand Russel, 1872~1970), 앙리 베르그송(Henri Bergson, 1859~1941)과 같은 동시대의 대변인들이 활약한 국제적인 문학 전통에 속하게 되었다. 프로이트는 세계 수준에 걸맞는 인정과 찬사를 받기 시작했다. 그 중에서 1930년, 뛰어난 독일어권 작가에 수여되는 권위 있는 '괴테 상'을 받은 일이 프로이트에겐 가장 의미가 컸다. 프로이트가 이 시기를 일종의 '퇴행적인 발달' 국면으로 언급한 것은 별 마음에 없는 소리였을 것이다. 그는 "나의 관심은, 오랜 세월에 걸쳐 자연과학과 의학, 심리 치료법 분야로 우회한 후에 아주 예전에 아직 사색 능력이 없던 어린 시절에 나를 매료시켰던 문화적인 주제로 되돌아갔다"고 말한다. 하지만 그가 이 시기를 즐겁게 맞이한 것은 분명했다.

프로이트는 생애의 거의 마지막 날까지 활동적인 삶을 살았다. 82살의 나이에 런던으로 강제로 이주한 후에도 환자를 보고 글을 썼다. 암으로 인해 몸은 쇠약해지고 고향을 잃은 상황에서 곧 죽을 목숨이라는 것을 알고도 그는 의연했다. 당연히 이런 극기의 자세는 많은 사람들의 존경을 받았다. 그가 오랫동안 살면서 왕성하게 활동하고 저서를 써내는 것이 친지들에겐 개인적으로, 그리고 다른 모든 사람들에겐 상징적으로 중요한 의미가 있었겠지만, 그가 예순 다섯이나 일흔 살에 사망했더라도 정신분석학 운동의 역사는 거의 달라지지 않았을 것이다. 프로이트는 우리 시대의 학자-연구자로서는 유례가 없을 만큼 뛰어난 업적을 남겼기 때문이다. (아마도 마르크스가 그와 필적할 만한 위업을 남겼을 터다.) 그는 사람들이 읽고 연구하고 논박하거나 추종하는 훌륭한 저서뿐 아니라, 죽은 뒤에도 자신이 남긴 업적을 바탕으로 계속 성장해 갈 학회 조직과 정신분석학 운동 역시 유산으로 남겼다.

세계 도처의 추종자들

오늘날 아르헨티나와 일본 등의 산업 국가나 인도와 같은 개발도상국에서도 정신분석가라 불리는 일군의 훈련된 사람들이 존재하는데, 대개는 최초의 프로이트 학파에 계보를 두고 있다. 프로이트 정신분석학을 내세운 수많은 협회와 학회지, 훈련 기관 등이 존재하고(융이나 아들러, 라캉 정신분석학을 내세우는 이들도 있다), 역사에서 철학에 이르기까지 다양한 학문에 종사하는 사람들이 스스로를 정신분석학 공동체의 일원으로 생각한다. 프로이트는 이 모든 것을 예상하지도 못했고 그 중 일부는 인정하지도 않았을 테지만, 프로이트의 저작과 선례가 없었다면 이 모든 것은 존재하지도 않았을 것이다.

사상 자체도 정체해 있지는 않았다. 물론 대가의 한 마디 한 마디를 신성한 진리로 여기는 신봉자들도 있었고, 이론 전체를 경멸하는 까탈스러운 비판자들도 있었다. 하지만 진지한 학자들과 의사들도 존재해서, 정신분석학 운동에서 가치 있는 내용을 찾아내 정신분석학을 보다 생산적인 방향으로 이끌었는데, 그 중엔 최초의 수요 심리학회에 모인 사람들로서는 예상할 수 없었던 내용도 있을 것이다.

100년이 지나도 논쟁은 수그러지지 않았다. 영국과 프랑스에서는 멜라니 클라인(Melanie Klein)이나 자크 라캉(Jacque Lacan)의 이론을 에워싼 논의들이 정신분석학에 관한 고전적인 문제를 제기했다. 미국에서는 자네트 말콤(Janet Malcolm)의 저서들에서 볼 수 있듯이, 의학으로서의 정신분석학과 프로이트 관련 기록 문서에 엄청난 관심이 쏠렸는데, 이는 프로이트가 제기한 문제들이 지속적으로 주목받았음을 뜻한다. 프로이트 자신도 사례 연구의 정확성이나 몇몇 부유한 환자들을 치료한 동기에 관해서는 의심을 받기도 했다. 새로운 책이나 기사가 나오거나 혹은 떠들썩한 논란이 벌어지고 금지 조치가 취해질 때면, 유명한 권위자가 등장해서 판결을 내렸다. 이런 상황은 『뉴욕 타임스』의 지면에 불을 지폈으며, 아마도 톰 스토파드나 우디 앨런(Woody Allen)의 상상력도 자극했을 것이다.

프로이트는 스스로를 과학자라고 생각했고 정신분석학을 과학으로 간주했다. 그는 언젠가 자신의 이론적 발견이 신경학적·화학적 근거를 가지고 있음이 밝혀지리라 확신했다. (그렇다고 해서 그나 다른 사람들이 프로이트 저서에 담긴 예술적이고 철학적인 특성을 못 본 것은 아니며, 프로이트에게 정복자 같은 성격의 일면이 있음을 간과한 것은 아니다.) 시간이 흐름에 따라 정신분석학의 일부 측면은 과학적으로 적절히 해명되었지만, 정신분석학에 대한 관심 대부분이 과학자 사회 외부에서 나온 것이며 엄격한 과학자들 대다수가 진지하게는 프로이트를 동료로 인정하지 않았다고 말해야 온당할 것이다. 이런 상황은 프로이트를 실망시켰겠지만, 아마 놀라게 하지는 않았을 것이다. 이 경우에도 그는 결국 자신의 주요 이론이 과학적으로 입증될 것이라고 단언했을 것이다. 하지만 이 책의 목적을 위해서라면 이렇게 말하는 게 보다 합당하다. 즉, 프로이트는 그가 흠모하는 영웅인 셰익스피어나 소포클레스와 비등하게 인간에 대한 우리의 지식을 넓히는

데 공헌했으며, 프리드리히 니체나 아르투어 쇼펜하우어—프로이트는 특이할 정도로 이들의 책을 읽으려 하지 않았다. 자기 생각의 많은 부분을 이들이 이미 예견했기 때문이다.—처럼 인간 사회의 본성에 대해 통찰했다.

오늘날 프로이트는 세계적인 인물이다. 가까운 장래에 그의 위상이 줄어들 것 같지는 않다. 100년 전에는 거의 알려져 있지 않았던 인물이 이처럼 유명해진 것은 참으로 대단한 성과라 할 수 있다. 제2차 세계대전이 시작될 무렵까지 살았으며, 동원할 수 있는 가장 강력한 무기라고는 어린 시절 꿈꾸었던 칼이 아니라 꿈꾸기와 꿈 자체의 본성에 대한 탐구 방식이었던 그였다.

내 논의에서 그는 상징적인 인물이다. 이를테면, 그는 특정 지능을 활용하여 창조성의 절정에 이를 수 있음을 보여주는 훌륭한 사례인데, 자신의 생각과 감정을 성찰하는 자성 지능을 통해, 그리고 아무도 공감과 이해를 보이지 않을 때도 포기하지 않는 끈기를 통해 그런 성과를 보였던 것이다. 그런 다음에 프로이트는 에너지를 새로운 방향으로 돌려, 자신을 적대하는 세상에게 자기 이론의 진실성을 납득시켰다. 처음엔 세상에 매료되었고, 다음엔 세상에서 가장 고립된 처지가 되어 비밀스런 탐구 작업을 계속했으며, 결국 다시 세상에 돌아와 다양한 집단의 독자들과 대화를 나누었던 프로이트는 창조성의 이원적 성격을 새삼 환기시킨다. 특정 분야에서 창조적인 도약을 이루어 냈고, 덕분에 그 분야는 마침내 다양한 인간 사회의 관심과 가치를 논할 수 있게 된 것이다.

알베르트 아인슈타인
영원한 아이

Albert Einstein, 1942

아인슈타인은 스스로 '부고장'이라 부르기를 고집했던 자서전에서 어린 시절 강한 인상을 받았던 몇몇 일화를 회상하고 있다. 아인슈타인이 네댓 살이었을 무렵 아버지가 나침반을 보여준 적이 있다. 어린 아인슈타인은 나침반을 돌릴 때에도 바늘은 고정된 채 방향이 바뀌지 않는 것을 보고 마냥 신기해했다. 이 신비로운 물건에 비하면, 물건이 땅에 떨어진다거나 달이 추락하지 않는다는 사실은 별로 놀랍지 않았다고 쓰고 있다. 열두 살 무렵 유클리드 기하학을 다룬 조그만 책자를 받았을 때는 경이로움을 느꼈다고 한다. 이 책에서는 가령, '삼각형의 세 높이는 한 점에서 교차한다'와 같은 놀라운 주장을 한치의 의문도 허용치 않을 정도로 너무나 명쾌하게 증명했다는 것이다.

어린 아인슈타인의 창조성을 나타내는 징후는 또 있었다. 그는 아주 까다로운 물음을 제기해 놓고 그것에 대해 골몰하곤 했다. 아마도 미래의 아인슈타인을 가장 잘 드러낸 물음일 터인데, 열여섯 살에 그는 사람이 빛과 같은 속도로 움직이면 어떤 일이 벌어질 것인가 하는 질문을 던졌다. 조금 나중에는 엘리베이터가 아주 높은 곳에서 자유낙하할 때, 안에 타고 있던 사람이 지닌 물건은 어떻게 될지 궁금해했다. 그러니까, 물건이 주머니에서 빠지면 바닥에 떨어질지, 아니면 공중에 그대로 떠 있을지가 문제였다. 수수께끼 같은 문제를 내놓고 그 해답에 대해 골몰하는 이런 성향은 이후에도 없어지지 않았다. 나이가 들었을 때는 누군가 우주론적 문제에 관해 진지하게 조언을 청해 오면, 신이 우주를 가지고 주사위 놀이를 하겠느냐는 괴상한 질문을 던지기도 했다.

어린 시절의 수수께끼들

아마 그런 질문들은 어린 아이들이 언제나 궁금해하는 문제일 것이다. 물론 어른들이 '입을 틀어막는' 경우가 별로 없는 아이들에게나 해당하는 얘기이다. 아이들은 다섯 살에서 열 살 무렵까지는 상상력을 자유롭게 발휘하면서, 신기하거나 두려운 현상에 관해 질문을 던지고, 야외에서 산책하거나 밤에 잠을 자면서도 그 해답을 궁리하곤 한다. 어떤 경우는 프로이트처럼 인간 관계의 본성에 관련된 질문, 그러니까 권위적인 부모, 원치 않는 형제, 선이나 악의 화신 등이 연루된 상황에 관련된 질문을 던진다. 반면, 예술가들에게서 보는 것처럼 일종의 비언어적인 상징체계로만 풀 수 있는 의문을 품기도 한다. 가령, 이런 식이다. 이 노래에서 가장 멋진 선율은 어느 부분인가? 이 색깔은 어떤 효과를 자아낼까? 내 느낌대로 춤을 출 수가 있을까? 아인슈타인의 경우는 다른 많은 아이들과 마찬가지로, 저명한 심리학자 장 피아제가 아이들에게 물었던 것과 비슷한 종류의 의문을 품곤 했다. 사물이 그런 식으로 움직이는 원인은 무엇일까? 자연 법칙을 바꿀 수 있을까? 그러면 모든 결과가 달라질까?

아인슈타인은 자신의 사고 유형과 아이들의 일반적인 사고 유형이 유사하다는 점을 알고 있었다. 지나친 겸손에서 나온 말일 터인데, 그는 이렇게 말한 적도 있다.

내가 어떻게 상대성 이론을 발견하게 되었는지 모르겠다. 아마도 보통 어른이라면 시간과 공간의 문제를 생각하느라 길을 멈추는 일 따위는 없을 것이다. 바로 이 점이 이유가 아닐까 싶다. 이런 문제는 아이 적에나 골몰했을 것이다. 하지만 내 경우는 지능 발달이 더뎌서 어른이 된 뒤에나 겨우 시간과 공간에 관해 의문을 품기 시작한 것이다. 당연히 나는 보통 능력을 가진 아이보다 그 문제를 더 깊이 파고들 수 있었다.

그리고 피아제에게 속도와 시간에 관한 아이들의 직관적인 생각을 탐구하라고 제의한 것은 아인슈타인이었다. 덕분에 피아제는 매우 훌륭한 연구 성과를 이룰 수 있었다.

아이의 마음과 창조적인 어른의 마음 사이에 깊은 유사성이 존재한다고 가정하는 것은 비교적 최근의 일이다. 물론 현대 이전에도 이런 생각을 가진 사람이 있었다. 19세기 중반에 활약했던 시인 샤를 피에르 보들레르(Chrles-Pierre Baudelaire)는 어린 아이의 그림과 어른 화가의 그림을 연관지었고, 아이를 '근대 생활의 화가'라 부르기도 했다.* 지난 세기에서만 예술가와 작가 등 창조적인 사람들이 아이들의 상징적 생산물에 폭넓은 관심을 기울였다. 그리고 자연과학자 중에서 아이들의 마음에 지속적으로 호기심을 보인다는 점에서는 아인슈타

---

* 이 부분은 저자의 착오가 아닌가 싶다. 보들레르가 「근대 생활의 화가」라는 글에서 강조한 내용은, 소묘 화가로서 세계 곳곳을 여행하거나 종군(從軍)하면서 다양한 풍속과 전쟁 장면을 그려낸 콩스탕탱 기(Constantin Guys)가 회복기 환자나 유년기 아동의 생생한 호기심을 지닌 훌륭한 예술가라는 점이었다. '근대 생활'의 스쳐지나는 듯한 인상을 강렬하게 포착하기 위해선 회복기 환자나 어린아이처럼 모든 장면을 호기심어린 눈으로 볼 줄 알아야 한다는 게 보들레르의 견해였다. 이런 의미에서 보들레르는 예술가의 "천재성이란 의지로 되찾은 유년기이자, 이제는 스스로를 표현할 수 있는 어른의 육체적인 능력을 갖춘 유년기, 그리고 무의지적으로 축적된 경험의 총합에 질서를 부여하는 분석적인 정신을 갖춘 유년기"라고 말한다. 즉, 보들레르는 어린이를 예술가로 본 것이 아니라, 화가를 아이의 눈을 가진 어른으로 본 것이다. (Charles Baudelaire, 'The Painter of Modern Life', Baudelaire: selected writings on art & artists, trans. P. E. Charvet, Cambridge university press, 1972, 397~398쪽 참조)

인이 가장 두드러졌다. 그는 "우리가 아는 물리학이란 세 살 무렵이면 알 필요가 있는 것"이라고 말하기도 했다.

물론 아인슈타인이 질문을 제기했을 때는 동료들을 염두에 둔 것이다. 전문가들이 제기하는 질문은 대개 오랫동안 그 분야에서 훈련받은 사람들이나 이해할 수 있는 것이다(아인슈타인은 끊임없이 질문거리를 만들어냈다). 하지만 존재에 관한 가장 근본적인 질문을 제기하는 일은 물리학자가 담당해야 할 특별한 짐으로 여겨졌다. 이를테면, 우주는 언제 탄생했는가? 만물이 그로부터 생겨난 가장 작은 물질의 단위는 무엇인가? 우리는 시간을 어떻게 정의하는가? 인간은 공간을 초월할 수 있는가? 그리고 이에 관해 영원이 올바를 것 같은 답변을 제시하는 것은 20세기 물리학자의 특권이었다. 그 중에서 아인슈타인의 업적이 가장 빛났음은 물론이다. 또 한 명의 존경스러운 물리학자 라바이(I. I. Rabi)는 이런 말을 한 적이 있다. "물리학자들이란 인간 피터팬이다. 그들은 결코 어른이 되지 않으며 언제나 호기심을 갖고 있다. 세상 물정에 밝아지면, 호기심을 갖기에는 너무 많이, 지나치게 많이 알게 된다."

평범한 유년기

20세기를 수놓은 탁월한 인물들의 경우, 그들의 유년기에 관해 많은 전설이 지어졌다. 아인슈타인은 말문이 늦게 트이고 난독증이 있던 아이로 그려졌으며, 외톨이, 신동, 가난뱅이 학생, 흙 속의 진주 등으로 묘사되었다. 이런 얘기 대부분이 사실임을 입증하는 단편적 증거들을 모을 수는 있지만, 진실은 겉보기만큼 극적이지는 않다.

어느 면에서 보면, 아인슈타인의 유년기는 프로이트의 유년기와 흡사하다. 둘 다 계층 상승을 이룬 유대계 집안에서 태어났다. 불과 몇 세대 전에 게토에서 빠져나왔고, 경제적으로나 직업적으로 뚜렷한 기반을 잡지는 못했으나, 터무니 없는 반유대주의에 굴복당할 처지는 아니었고, 부르주아 계층의 일원으로서 밝은 미래를 희망할 만한 위치에 있는 집안이었다. 독일 뮌헨에 거주한 아인슈타인 가족들은 소박하고 쾌활했으며, 집안 분위기도 권위와는 비교적 거리가 멀었다. 알베르트의 아버지 헤르만(Herrmann)은 프로이트의 아버지와 비슷하게 성품은 다정했지만 야망은 별로 없었고, 인생의 굴곡을 여러 차례 넘겼으나 사업가로는 그다지 성공하지 못한 인물이었다. 아인슈타인의 어머니 역시 프로이트의 어머니처럼, 아버지들보다는 좀더 교양이 있고 자식에 대한 포부가 컸다. 그녀는 프로이트의 어머니가 어린 지기스문트를 애지중지한만큼 어린 알베르트를 맹목적으로 사랑하지는 않았고 오히려 '냉정한 구석'이 있었는데, 이런 면은 훗날 알베르트 역시 자기의 이익을 지키기 위해 간혹 보이곤 했다.

가족들은 아인슈타인이 비교적 늦게 말문을 텄고 말주변이 부족했다고 말한다. 말을 잘하고 다른 사람들의 세계에 흥미가 많았던 프로이트와 달리, 어린 알베르트는 사물의 세계에 호기심이 많았다. 아버지 헤르만은 동생인 야콥과 함께 온갖 종류의 전기 기구를 만들곤 했는데, 이런 물건들이 아이의 호기심을 자극했을 것이다. 어린 아인슈타인은 뭐든지 만드는 것을 좋아했다. 그는 카드를 쌓아 때로는 14층이나 올라가는 커다란 집을 지었고, 직소 퍼즐 풀기를 즐겨 했다. 그는 수레처럼 뭔가 움직이는 부분이 달린 물체들을 아주 좋아했다.

알베르트는 드러내놓고 비사교적인 모습을 보이지는 않았으나, 일찍부터 자기만의 세계에 빠지곤 했다. 세 살이라는 아주 어린 나이에도 뮌헨 거리를 혼자서 걸었던 듯싶고, 다른 아이들이 주변에 있어도 혼자 놀곤 했다. 매사에 조용하고 신중한 편이었지만, 가끔은 엄청난 분노를 터뜨리기도 해서 어느 날인가는 가정 교사에게 의자를 집어던지기도 했다. 대부분의 시간은 친구들 몇몇과 함께 과학 문제와 퍼즐을 풀면서 보냈다.

어린 아인슈타인의 특징 중 별로 언급된 바가 없는 것이 하나 있는데, 나는 이것이 꽤 중요하다고 생각한다. 당시의 많은 해방된 유대인 가족들처럼, 아인슈타인 가족도 유대교 의식에 얽매이지 않았다. 그들은 '자유사상가'를 자처했다. 하지만 어린 아인슈타인은 종교를 받아들였고, 꽤 진지한 마음으로 신을 믿고 종교적 가르침을 지켰다. 종교에 대해 이와 같은 태도를 보임으로써, 아인슈타인은 그 자신의 가족이나 그가 다니던 가톨릭 학교 학생들에게 반발한 셈이었다. 급우들은 아인슈타인의 경건한 태도를 이상하게 여겼던 것 같다. 이처럼 어린 아인슈타인에게 종교적 성향이 강했다는 점은, 그가 영혼의 진한 갈증을 느꼈으며, 궁극적인 의문에 사로잡혀 있었고, 관습적인 지혜에 반발할 수 있는 능력(충동적인 반발이 아니다)을 가지고 있었음을 나타내는 것이라 할 수 있다.

프로이트는 학교에서 출중한 학생이었지만, 아인슈타인은 정규 교육에 불만이 많았다. 그는 당시 독일 학교의 특징인 획일적이고 권위적인 교육 방식을 매우 혐오했다. 특히 판에 박힌 학습을 요구하는 과목들을 경멸해서, 과제 수행을 엉망으로 한다거나 교실에서 당돌하게 행동함으로써 그런 경멸감을 겉으로 드러냈다. 그는 자신이 잘 알고 있는 주제에 관해서라면 오만하고 무례한 짓도 서슴지 않았는데, 어느 교사는 알베르트의 버릇없는 행동이 교사에 대한 학생들의 존경심을 훼손시킨다고 말하기도 했다.

아인슈타인이 학교에서 보내는 시간은 대개 불행했지만, 분명 그가 열렬하게 배운 과목도 있었다. 야콥 삼촌이 대수학과 기하학을 소개해 준 이래로 그는 이들 과목을 혼자서 열심히 공부했다. 그는 기하학의 아름다움과 질서를 사랑했으며, 체계적인 증명 방법이나 도형과 추론 간의 긴밀한 연결에 매료되었다. 물론 증명이 이상하다 싶으면, 주저치 않고 기하학 책의 내용을 따져 물었다.

청소년기의 탐구

아인슈타인이 청소년기에 접어들었을 무렵, 그의 집에는 가난한 유대계 러시아 의학도인 막스 탈마이(Max Talmey)가 자주 찾아왔다. 탈마이는 아인슈타인을 좋아해서 많은 책을 갖다 주었는데, 여기에는 칸트와 다윈의 저작을 비롯한 여러 고전도 섞여 있었다. 그는 아인슈타인이 물리학에 흥미를 느끼는 것을 보고, 힘과 물질의 문제를 다룬 대중적인 책도 갖다 주었다. 특히 아론 베른슈타인(Aaron Bernstein)의 연작 저서가 많은 영향을 미쳤다. 아인슈타인은 이들의 책에서 사실적인 정보를 얻었을 뿐 아니라 기본적인 과학관을 수용했던 것 같다. 이는 젊은 시절의 프로이트 역시 수용했던 과학관으로서, 기계론과 원자론을 설명의 뼈대로 삼으며 과학 탐구의 잠재력을 무한정 낙관하는 관점이다. 아인슈타인은 이 책들을 기쁜 마음으로, 열광적으로, 철저하게, 그러면서도 비판적으로 탐독했다. 탈마이는 "아인슈타인의 수학적 재능은 내가 더 이상 좇아갈 수 없을 정도로 높이 비약했다"고 회고한다. 철학과 과학 저서를 읽게 되면서, 어린 시절 종교에 심취했던 마음은 거의 사라졌다.

소년기를 어렵게 보낸 아인슈타인이 제도 교육의 폐해만을 겪은 게 아니라는 점은, 그가 취리히에서 50킬로미터쯤 떨어진 아라우(Aarau)의 '진보적인 주립 학교'에 입학 허가를 받았을 때 분명해졌다. 이 학교는 인도주의적 교육 방침을 강조하고 개념을 시각적으로 이해하는 방법을 중시한 교육 철학자 요한 페스탈로치(Johan Pestalozzi)의 영향을 많이 받은 학교였다. 아인슈타인은 이 학교를 무척 마음에 들어 했다. 이론만 가르치는 게 아니라 실험 실습도 강조하는 과학 수업을 아주 재미있어 했으며, 여러 친구들을 사귀었다. 말하자면 그는 '180도 달라졌다.' 그는 죽기 한 달 전에 이렇게 회고했다. "그 학교는 나한테 잊지 못할 인상을 남겼다. 자유로운 정신이 가득했고, 소박하면서도 진지한 교사들도 권위적인 모습이라곤 보이지 않았다." 아라우 주립 학교(이 학교는 아인슈타인의 학창 시절 논문을 보관하고 있다)에서의 경험을 통해 아인슈타인은 주변의 지지와 격려를 받으면서 자신만의 독특한 호기심을 탐구할 수 있다는 사실을 알았다.

이 학교에서 성공적인 학창 시절을 보낸 아인슈타인은 명문 취리히 연방 공과 대학(Eidegnössische Technische Hochschule)에 한 번 입학 시험에 실패한 후 입학 허가를 받았다. 지원서에 동봉한 에세이에서 그는 자신을 약간 낮추어 말한다. "제가 이런 구상을 하게 된 이유는 이렇습니다. …… 기질상 저는 추상적인 사고나 수학에 이끌리고, 상상력이나 실제적인 분야의 재능은 부족합니다."

아인슈타인이 열여섯 살 때 슈트트가르트의 카이사르(Caesar) 삼촌에게 보낸 소론은 앞으로 그가 걸어갈 길을 가장 잘 보여준다. 「자기장 내의 에테르 연구에 대하여」라는 제목이 붙은 다섯 페이지 짜리 소론에서 그는 당시까지 에테르와 관련하여 알려진 전자기에 관한 지식을 요약했다. 여기서 에테르란 모든 파동을 전파하는 매질(媒質)로 여겨졌던 가상적인 물질이다. 이 암시적인 글에서 아인슈타인은 '탄성변형(elastic deformation)과 변형력(deforming forces)'을 측정하는 실험을 통해 모든 종류의 자기장 내부에서 에테르의 상태를 연구할 것을 제안하고 있다. 이는 당시에 실험 과학자들이 실제로 시도하고 있었던 연구였다. 아인슈타인의 결론은 다음과 같았다. "에테르의 밀도의 절대량과 변형력에 대한 정량적인 연구는, 기존에 인정된 과학적 사고와 관련된 측정 결과가 나올 때 가능하다."

이런 생각이 빛의 속도로 여행하는 상상을 해보았던 젊은이에게서 나온 만큼, 열여섯 살 먹은 학생이 쓴 이 논문에 특수 상대성 이론의 맹아가 보인다고 해도 터무니없는 얘기는 아닐 것이다. 특수 상대성 이론은 10년 후에 결실을 맺을 터였다. 더욱이 대학에 들어가서야 본격적으로 배움의 길에 들어서는 대부분의 학생들(프로이트처럼 우수한 학생들도 포함해서)과 달리, 젊은 아인슈타인은 가장 중요한 측면에서 학문적으로 이미 틀이 잡힌 상태였다. 그는 오랫동안 흥미를 느낀 주제를 가지고 있었고, 대중적인 저서와 주변 사람들과의 토론을 통해 얻은 과학적 신념을 지녔으며, 가족 사업을 통해, 그리고 우호적인 분위기의 아라우 주립 학교에서 과학 분야의 일을 즐겁게 해본 경험이 있었다. 이미 아인슈타인은 어린이의 호기심과 감수성을 어른의 단계적인 방법론과 접목시킨 경험이 있었던 것이다.

분야의 전문 지식 익히기

아인슈타인의 다소 비정상적인 학습 이력은 취리히 공과 대학에서도 이어졌다. 학생인 만큼 그는 교재를 배우고 강의를 듣고 실험실에서 실험을 하면서, 그리고 표준적인 문제를 풀고 표준적인 시험을 치르면서 당시의 물리학과 수학을 익혀야 했다. 아인슈타인은 실제로 지리학과 금융 시장, 스위스 정치, 인류학, 지질학, 괴테의 작품 등 다양한 강의를 들었다. 하지만 그는 당시의 주류 과학 강의를 좋아하지 않았다.

아인슈타인이 특히 좌절감을 느낀 것은 주로 공학 전공 학생들을 가르치는 하인리히 베버(Heinrich Weber)의 진부한 물리학 강의였다. 베버는 자신의 스승인 헤르만 폰 헬름홀츠의 저작을 중심으로 고전 물리학을 가르쳤지만, 이미 아인슈타인의 관심을 사로잡고 있던 제임스 클락 맥스웰(James Clark Maxwell)의 중요한 저작과 전자기 문제를 무시했다. 당연히 아인슈타인은 출석을 하지 않았다(다행히 마르셀 그로스만Marcel Grossmann이란 친구가 기막히게 정리한 노트를 빌려주었다). 이 고집스러운 독학자는 하인리히 헤르츠(Heinrich Hertz)와 헨드리크 A. 로렌츠(Hendrik A. Lorentz)가 맥스웰의 이론을 좀더 정교하게 가다듬고 재정식화한 글을 옆에 나란히 두고 맥스웰의 저작을 읽으면서, 그리고 루드비히 볼츠만과 구스타프 키르히호프(Gustav Kirchhoff)와 같은 이론 물리학자들의 책을 읽으면서 혼자서 공부했다.

선구적인 업적을 이룬 사람의 교육 여정을 재구성하다 보면, 대개는 그 획기적인 발견자와 정신적으로 가장 가깝고 또 비슷한 업적을 낸 선행자에 관심이 가게 마련이다. 그리고 이 경우엔 맥스웰과 로렌츠, 그리고 위대한 프랑스 수학자인 쥘 앙리 푸앵카레(Jules-Henri Poincaré)가 아인슈타인이 이룬 업적의 '전사(前史. prehistory)'로서 어렴풋이 떠오른다. 그런데 때로는 2류 소설가가 자기 시대의 모습을 가장 정확히 포착하는 것처럼, 다소 수준이 떨어지는 인물이 젊은 창조자의 관심을 끌 만한 문제를 정의하는 데 핵심적인 역할을 하는 경우가 있다.

과학사가 제럴드 홀튼(Gerald Holton)은 지금도 잘 알려지지 않은 물리학 교사 아우구스트 푀플(August Föppl)의 저작에 관심을 기울였다. 아인슈타인은 푀플의 저서를 1890년에 처음 접했다. 기록상의 모든 증거로 보건대, 아인슈타인은 푀플의 『맥스웰의 전기론 개론(Einführung in die Maxwellsche Theorie der Elektrizität)』을 철저하게 공부했던 것 같다. 아인슈타인은 정규 교육을 받지 않은 학생들도 이해할 수 있도록 세심하게 쓰인 이 개론서를 통해 앞으로 그가 지속적으로 파헤치게 될 관심사를 찾아냈던 것이다. 푀플은 역학이 물리학의 일부분이며, 역학을 탐구하기 위해선 철학적·인식론적 물음을 회피하지 말아야 한다는 사실을 아인슈타인에게 일깨워 주었다. 푀플은 「움직이는 도체의 전자기론」이라는 장에서 다음과 같이 서술한다.

공간 내의 절대 운동에 호소할 방법은 없다. 운동을 관찰하고 측정하는 시점(視點)으로서의 참조 대상(reference object)이 없다면, 그런 운동을 발견할 수단도 없는 셈이기 때문이다. 완전한 진공이라는 개념을 경험적으로 확인할 길은 없다. 달리 말해서 우리는 무엇보다 먼저 이전의 과학 발달기에 인간의 사고에 영향을 미친 공간 개념을 전면 쇄신해야 한다. 이 문제에 관해 어떤 결정을 내리는가에 따라, 우리 시대의 과학에서 가장 중요한 문제가 무엇인지 판단하게 될 것이다.

아인슈타인이 상대성 이론을 제시한 1905년의 고전적인 논문은 푀플의 대중적 저작의 바로 이 부분에서 발견되는 개념 틀과 많은 면에서 닮아 있으며, 이 책에서 소개된 사고 실험을 원용하기까지 했다.

자기 자신의 사고 실험과 정규 교육을 통해, 그리고 푀플 같은 저자들의 저서를 연구하면서 아인슈타인은 앞으로 숙고하게 될 일련의 문제를 이미 정해놓은 상태였다. 전기력와 자기력의 관계, 에테르의 가상적인 역할, 그리고 칸트와 같은 철학자나 맥스웰 같은 과학 이론가가 정식화한 시간과 공간 개념이 그것이다. 아인슈타인은 훗날 이렇게 회고한다.

하지만 학생이던 나에게 가장 깊은 인상을 심어준 것은, 역학에 대한 전문적인 설명이나 복잡한 문제의 해답이 아니라, 역학과 전혀 관련이 없는 분야에서 역학이 이루어낸 성과였다. 이를테면 빛을 어느 정도는 딱딱한 특성이 있는 탄성 에테르의 파동으로 간주하는 빛에 관한 역학적 이론과, 무엇보다도 기체에 관한 모든 운동학적(kinetic) 이론이 그것이다.

이 기간에 아인슈타인은 이 문제를 주로 경험 과학의 층위에서 생각했다. 가령, 그는 에테르의 본성과 효과를 해명하려면 어떤 실험을 하는 게 좋을지에 관해 골몰했다. 그는 18살이던 1897년에는 에테르로 채워진 공간을 배경으로 지구의 운동을 정확히 측정할 수 있는 기구를 만들고 싶어 했다. 취리히 공과 대학을 졸업한 후인 1901년에는 친구인 그로스만에게 보낸 편지에서, 가벼운 에테르에 관한 물질의 속도를 측정하는 새롭고 더욱 간단한 방법을 구상해 보았다고 적었다. 결국에는 보다 이론적인 방법으로 이런 문제 의식을 공격할 테지만, 주로 홀로 배움의 길에 나섰던 젊은 아인슈타인은 이미 인생 행로의 길을 정한 상태였다. 철학자 모리스 라파엘 코헨(Morris Raphael Cohen)은 훗날 이렇게 말한다. "우리 시대에 물리학을 혁명적으로 변화시킨 많은 젊은이들처럼, 아인슈타인은 과거의 지식을 너무 많이 배웠다는 점이나 독일인들이 참고 문헌이라고 부른 것 때문에 곤란을 겪지는 않았다."

과학적 배경 : 갈릴레오에서 로렌츠까지

모든 창조적인 도약은 특정한 분야나 학문 영역에서 벌어진다. 피카소나 스트라빈스키의 경우는 그들이 기여했던 분야의 정체성이 분명하고, 혁신이 미친 파장의 윤곽을 파악하기도 비교적 쉽다. 반면 프로이트 같은 경우는 그가 기여한 분야의 정체성 자체가 상당히 불확실한 편이다. 프로이트는 신경학과 심리학, 임상 정신 의학, 꿈 연구, 자기분석, 그리고 인간의 본성 탐구라는 보다 넓은 영역에도 기여했을 뿐 아니라, 궁극적으로는 새로운 분야와 장을 만들어냈다고 해도 과언이 아니다.

과학사가 토마스 쿤(Thomas Kuhn)의 유명한 용어로 말하자면, 심리학을 비롯한 사회과학은 '패러다임 이전(preparadigmatic)'의 분야라 할 수 있다. 즉, 공인된 지식 체계나 탐구 방법, 혹은 인식상의 발전을 나타낼 방법이 없는 상황에서 연구를 수행하는 분야이다. 반면에 패러다임적 과학 분야는 비교적 합의된 지식 체계와 문제 집합, 그리고 널리 인정된 접근 방법과 새로운 작업을 판단하는 분명한 기준을 가지고 있다.

패러다임 개념은 여러 한계가 있기는 하지만, 물리학과 같은 분야의 개략적인 역사를 설명하는 데는 도움이 된다. 사실 패러다임적 학문 분야의 범례(paradigmatic case)가 물리학이다. 아리스토텔레스나 중세 학자들의 패러다임을 운위할 수 있고, 갈릴레오와 뉴턴 물리학의 패러다임이나, 아인슈타인의 상대성 이론과 여러 학자들의 양자역학을 중심으로 한 20세기 물리학의 패러다임에 대해 말할 수 있다. 각각의 경우에, 앞선 시기의 패러다임은 일정 기간 과학자들에 의해 널리 수용되며, 각종 연구와 실험은 패러다임의 보호를 받으며 안정적으로 수행된다. 처음 발생하는 문제들은 대개 무시되지만, 점차 여러 사람들의 눈에 띄게 되고, 문제점으로 뚜렷이 부각된다. 이런 시기가 오면, 아인슈타인도 나중에 말했듯이, "마치 땅이 꺼지는 듯해서 어디에서도 새로운 이론을 다질 굳건한 토대를 발견할 수 없게 된다."

이같은 위기의 기간에, 결국 몇몇 과학자들이 기존 이론으로는 설명할 수 없는 발견 사항을 보다 넓은 사고틀 속에 봉합하고 편입시킬 수 있는 새로운 체계와 원리, 이론을 만들어낸다. 이 새로운 사고틀은 물론 기존의 이론적 종합을 대부분은 아니지만 상당 부분 포함하게 된다. 내가 여기서 다루는 경우로 말하자면, 뉴턴 물리학이 아인슈타인 물리학이라는 보다 포괄적인 사고틀에 편입되어 하나의 특별 사례가 되는 것이다.

19세기 물리학의 발전

20세기 초반에 아인슈타인의 이론이 등장할 수 있었던 지적 배경을 샅샅이 밝히는 것은 무모한 시도일 뿐더러, 나는 그런 역사적 설명을 제시할 만한 자격도 없다. 하지만 아인슈타인이 이루어낸 획기적인 도약의 본질을 파악하고자 한다면, 19세기 후반에 물리학자들이 직면한 몇 가지 개념과 딜레마에 대해 개략적으로나마 설명하는 것이 중요하다.

갈릴레오와 뉴턴이 이룬 역학 혁명의 중심에는, 모든 현상을 지렛대나 수레와 같은 간단한 기계를 모델로 삼아 설명할 수 있다는 믿음이 있다. 이 과학자들은 물체는 우주에 그냥 '속해(belong)' 있는 것이므로 우주 내에 일정한 장소를 점유한다는 생각을 받아들이지 않았다. 차라리 그들은 (땅에 떨어지는 사과에서부터 천체(天體)에 이르기까지) 모든 물체의 움직임을 지배하는 법칙을 찾고자 했으며, 등속 운동이든 등가속 운동(중력의 특징)이든 모든 운동의 법칙을 밝히려고 했다. 갈릴레오는 만일 한 좌표계가 이웃하는 좌표계에 대해 일정한 속도로 움직인다면, 운동 법칙은 모든 물질계에 적용된다고 주장했다. 그는 움직이는 배의 돛대에서 물체를 떨어뜨리면 어떻게 될지 묻고는, 관찰자가 부두에 있을 때와 갑판에 있을 때는 물체가 다른 모습으로 떨어질 것이라고 말했다. 우리는 여기서 갈릴레오가 상이한 관측계에서는 물체의 운동이 상이하게 보인다는 사실을 설명하려고 한다는 점에서, 어렴풋이 감지한 상대성 문제와 씨름하고 있음을 알고 있다. 뉴턴은 역학적 운동 법칙을 천체와 지구뿐만 아니라 광학 현상과 전자기, 열에도 적용하려고 했다. 어떤 목적에서인지 그는 절대적인 용어로 기술해야 할 필요성이 있음을 깨달았다. 그는 '절대 운동', '절대 시간', '절대 공간'을 가정했다. 때로 뉴턴은 절대적으로 정지해 있는 물체가 과연 존재하는가에 대해 의문을 품기도 했지만, 결국 신앙에 근거하여 이러한 절대적인 것(운동, 시간, 공간)을 인정했다.

뉴턴이 보기에 절대적인 것은 대자연에 반드시 존재해야 했다. 오직 신만이 그것을 이해할 수 있다고 해도, 절대적인 것은 우주에 존재해야 마땅했다.

설명력이 뛰어난 뉴턴의 이론이 널리 보급되면서, 과학자들은 뉴턴의 사고를 모든 물리학 분야에 적용하려고 했다. 그들은 엄격한 인과율에 따라 만약 하나의 역학적 체계를 완전히 이해할 수 있다면, 즉 그 체계 안에 포함된 모든 물체의 위치와 속도를 정확히 파악할 수 있다면 그 체계의 미래를 예측할 수 있다고 믿었다. 공교롭게도 미래의 운동에 대한 이러한 예측 가능성을 두고 사람들은 역학적(기계론적. mechanistic) 물리학의 상대성 원리라고 불렀다. 이 관점에서는 절대적인 운동이 아니라 상대적인 운동만을 다루었기 때문이다. 아인슈타인의 전기 작가인 필립 프랭크(Philipp Frank)가 말했듯이, 아인슈타인의 업적은 뉴턴의 '절대적' 역학이 더 이상 타당하지 않을 때도, 가령 속도가 엄청나게 빠른 경우에도 이런 상대성 원리가 유효하다는 점을 발견했다는 점에 있다.

뉴턴의 발견은 천체의 운동을 아주 정확하게 추론할 수 있게 하였다. 그런데 뉴턴의 이론으로 설명하면 커다란 모순이 생기는 영역이 있었다. 뉴턴이 믿었던 것과는 달리 빛은 운동의 법칙에 따라 움직이는 입자가 아니라, 공기 중에서 소리가 진동하는 것처럼 가볍게 진동하는 파동과 같은 것으로 여길 필요가 있었다. 과학자들은 빛의 파동을 전달하는 매질로서 에테르라는 물질을 가정해야 한다고 생각했다. 그리고 그들은 이런 질문을 던졌다. 에테르를 통과하는 물체의 운동을 파악할 수 있는가? 가령, 태양 주위를 도는 지구의 운동을 파악할 수 있는가? 에테르는 물체의 운동을 방해하는가? 즉, 에테르는 제동 효과를 발휘하는가?

    뉴턴 이후의 물리학자들이 지속적으로 관심을 쏟은 또 다른 문제는 전기와 자기의 관계였다. 1830년대에 독학으로 공부한 영국의 탁월한 물리학자 마이클 패러데이(Michael Faraday)는 전자기 유도 원리를 발견했다. 그는 자석과 전류(회로)를 상관적인 움직임 속에서 탐구하고, 전자기력선의 존재를 주장했다. 패러데이는 에너지를 전달하는 매질로서 장(場, field)이라는 개념을 고안했다. 장(場)은 그 안에 특정한 물리적 조건이 만들어지고 그것을 통해 힘이 전달되는 공간계(region of space)라고 할 수 있었다. 장에 대한 관심은 파동을 전달하는 매질에 대한 관심으로 이어졌고, 결국 다시 에테르에 관한 문제로 연결되었다.

    제임스 클락 맥스웰은 패러데이의 발견에 수학적 원리를 제공하려고 노력하면서, 전기론과 자기론을 빛의 파동론과 결합시켰다. 이들의 공동 기여 덕분에, 서로 멀리 떨어진 위치에서 동시에 어떤 사건이 생길 수 있다는 뉴턴의 생각은 무너지고, 장은 근본적으로 변수(variable)의 성격을 갖는 것으로 여겨지게 되었다. 뉴턴 역학에서는 에너지를 시간상에 정위할 수 있고, 어느 시점에서도 그 효력을 벡터의 세기로 표시할 수 있었다. 맥스웰은 이러한 절대적인 시공간 개념을 분명하게 거부하면서 다음과 같이 선언한다.

    시간과 공간에 대한 우리의 모든 지식은 본질적으로 상대적이다. …… 위치는 명백히 상대적인 것으로 간주해야 한다. 관계를 표현하지 않는 용어로는 물체의 위치를 기술할 수 없기 때문이다. …… 공간에는 어떤 이정표도 없다. 공간의 어느 한 구역은 다른 모든 구역과 똑같다. …… 즉 우리는 바람 한 점 없이 잔잔한 바다에 떠 있는 셈이나 마찬가지다.

앞에서 지적했듯이 아인슈타인은 맥스웰의 발견에 매료되었고, 그 발견에 담긴 풍부한 의미를 하나의 '계시'라고 언급하기도 했다. 맥스웰의 성과는 아인슈타인이 읽었던 다른 어떤 것보다 그의 관심에 부합했는데, 아마도 혼자 놀던 어린 시절부터 마음속으로 공상했던 주제들에 한 줄기 빛을 던져주었기 때문일 것이다. 곧바로 그는 푀플의 간접적인 설명을 건너 뛰고, 맥스웰과 헤르츠, 키르히호프 등 대가들의 저서를 직접 읽기 시작했다. 아인슈타인은 에테르 이론이 다른 좌표계에 비해 비교적 고정돼 있는 정지계(rest frame)의 존재를 함축한다는 사실에 놀라움을 느꼈다. 하지만 절대적인 정지 상태를 찾는 일은 실패할 수밖에 없다. 맥스웰-패러데이 전자기학은 무게 있는 모든 물질로부터 절연된 전자기 현상이 존재한다는 것을 보여주었다. 즉, 전자기장으로 구성된 진공 속에 존재하는 파동이 그것이다. 역학을 계속 물리학의 토대로 삼고자 한다면, 맥스웰 방정식을 역학적으로 해석해야 했다. 하지만 아인슈타인은 "역학이 물리학의 기초라는 생각은 부지불식간에 폐기되었다. 결국 역학적 물리학을 사실에 적용하려는 노력이 무망하다는 점이 밝혀졌기 때문이다"라고 말했다.

하인리히 헤르츠는 맥스웰-패러데이의 관점을 한층 더 밀고 나갔다. 그는 1888년 전자기파의 존재를 확인하면서 이를 물리학 이론에 입각하여 설명하고자 했다. 그는 곧 역학적 물리학의 견지에서는 이것이 어렵다는 것을 깨달았는데, 이는 다만 전기장 및 자기장과 전하의 관계를 규정하는 맥스웰 방정식을 사용해 본 결과였다. 여기서 헤르츠는 맥스웰을 좇아 매우 중요한 요점을 밝힌다. 방정식을 얻는 것은 실험이 아니라 가설을 통해서인데, 가설의 유효성은 얼마나 많은 자연 법칙을 포괄할 수 있는가에 달려 있다는 것이다.

물리학자이자 철학자인 에른스트 마흐(Ernst Mach)의 저서는 역학을 모든 물리학적 사유의 궁극적인 기초로 여기는 아인슈타인의 미약한 믿음을 마구 흔들었다. 마흐가 보기엔 사고의 단순성과 경제성이 물리학 이론의 핵심이었다. 관찰가능한 현상에 관한 진술을 연역할 수 있는 몇 가지 명제만을 채택해야 한다는 것이다. 마흐는 뉴턴 역학에는 인간 정신에 자명한 원리가 하나도 없다고 주장하며 뉴턴 역학을 비판했다. 뉴턴은 경험적 지식(관찰 기록)을 조직했을 뿐이어서, 그의 원리와 예측은 다만 기술된 경험이 실제로 일어나는 경우에는 타당하다는 것이다. 특히 마흐가 공격을 집중한 것은 뉴턴의 '절대 공간'과 '절대 시간'이라는 개념이었는데, 실로 이런 개념은 관찰가능한 양으로는 정의가 불가능했다. 마흐는 이렇게 말한다. "모든 질량과 모든 속도, 그리고 따라서 모든 힘은 상대적이다. …… 우주의 모든 물체는 우주의 다른 물체와 일정한 관계를 맺고 있다." 절대 공간의 개념을 거부하면서 마흐는 뉴턴의 설명을 관찰과 정의가 가능한 현상에 입각하여 새롭게 고쳐 쓴다. "모든 물체는 거기에 아무 힘도 작용하지 않는 한, 항성(恒星)을 기준으로 일정한 속도(크기와 방향)를 유지한다." 즉, 정의가 불분명한 '절대 공간'이란 표현을 '항성'이라는 한정된 개념으로 대체한 것이다.

과학자들은 에테르와 장이라는 복잡한 문제를 해결하기 위해 적절한 경험적 탐구에 입각하여 사고하기 시작했다. 한 가지 추론 방법에 따르면, 에테르에 대해 일정 속도로 움직이는 관찰자에게 빛의 속도는 그가 움직이는 방향과 빛이 나아가는 방향이 일치하는가 아니면 반대되는가에 따라 증가하거나 감소하게 된다. 그렇다면, 가령 태양 주위를 도는 지구가 아무런 저항을 받지 않고 에테르를 통과해 움직인다면, 지구의 운동 방향에 따라 변하는 빛의 속도를 측정함으로써 에테르를 기준으로 한 지구의 속도를 알아낼 수 있어야 한다. 이와 같은 추론에 따라 몇몇 중요한 실험이 이루어졌는데, 그 중에서 가장 유명한 것은 1887년에 행해진 마이컬슨-몰리 실험(Michelson-Morley experiment)이다.

1887년에 알버트 마이컬슨(Albert Michelson)과 에드워드 몰리(Edward Morley)는 에테르를 대략 초속 30만 킬로미터로 지구를 지나쳐가는 흐름이라고 생각했다. 그들은 지구가 에테르를 통과해서 움직인다고 가정했을 때, 이런 지구의 운동으로 인해 빛의 속도가 그 전파 방향에 따라 변하는지에 관해 문제를 제기했다. 지구상에서 지구가 움직이는 방향과 같은 방향으로 쏜 빛의 속도는 그 반대 방향이나 수직 방향으로 쏜 빛의 속도와 약간이라도 달라야 했다.

마이컬슨-몰리 실험은 다양한 방법으로 수행되었다. 기본적인 아이디어는 광선을 두 가닥의 빛으로 쪼개 서로 직각을 이루는 방향으로 쏘아서, 이 두 가닥의 광선이 거리가 동일한 에테르 공간을 날아가서 거울에 반사되어 되돌아오게 한 다음에, 조그만 광학 렌즈에서 합쳐지게 하는 것이었다. 만약 에테르의 흐름이 일반적인 역학적 흐름과 동일한 효과를 낸다면, 두 가닥의 광선은 서로 일치하지 않아야 했다. 그러나 실험 결과는 빛을 지구의 공전 방향으로 쏘았을 때나 수직 방향으로 쏘았을 때나, 빛의 속도가 똑같은 것으로 나왔다. 광원을 움직이거나 관찰자가 움직이는 것은 아무런 영향을 미치지 않았다. 이런 결과는 에테르가 존재한다는 학설과 일치하기가 어려웠는데, 마이컬슨-몰리의 실험 및 이와 비슷한 실험 결과를 에테르가 존재한다는 학설과 화해시키려는 모든 노력은 그들에게는 특별히 가치 있는 일로 여겨졌다.

마흐나 맥스웰 등이 다양한 방법으로 이론과 개념을 수정하고, 마이컬슨과 몰리 등의 실험 과학자들이 경험적인 결과를 산출하면서, 뉴턴의 종합은 한계에 이르렀음이 드러났다. 무의식이라는 개념이 19세기 후반에 '인구에 회자' 되었듯이, 상대성 이론의 주요 요소들도 재능 있는 젊은 학생들에게는 어느 정도 알려져 있었다. 그리고 실제로 몇몇 사람들이 자연에 대한 우리의 지식에 한계가 있다는 의문을 제기하면서, 역학적 관점으로는 자연을 완전히 이해할 수 없다고 주장했다. 물론 보다 날카로운 논리적 분석만이 새로운 과학의 토대를 마련할 것이라고 주장하는 이들도 있었다.

상대론적 관점의 문제와 가능성을 단순히 직관적으로 제기하는 수준을 넘어 뚜렷한 성과를 보인 사람이 두 명 있었다. 당시의 저명한 네덜란드 물리학자인 헨드리크 A. 로렌츠는 맥스웰 방정식을 후에 로렌츠 방정식으로 불리게 될 수식을 통해 수학적으로 개념화하면 그 형식이 변하지 않는다는 것을 보여주었다. 즉, 에테르에 대해 정지 상태인 매질에서 이 매질에 대해 일정한 속도로 움직이는 매질로 변경을 가해도 똑같은 방정식이 적용된다는 것이다. 로렌츠 변환은, 하나의 계(系. system)에서 일어난 사건의 시공 좌표를 알고 있고 이 계와 다른 계의 상대 속도를 알고 있다면, 원래 사건이 다른 계에서 갖게 되는 시공 좌표 역시 알 수 있도록 했다. 하지만 이런 이론 체계에서는 한 쪽의 계에서 동시에 발생한 두 사건이 다른 쪽 계에서는 동시에 발생하지 않는다. 따라서 로렌츠 변환은 하나의 계에서 벌어진 사건의 시공 좌표와, 그 똑같은 사건이 다른 계에서 차지하는 시공 좌표를 새롭게 연결한 셈이 된다.

여기서 한 가지 문제가 생긴다. 로렌츠 변환식의 변수들은 새로운 기준계에서의 실제적인 시공 좌표와 일치할 수 없다는 점이다. 그래서 로렌츠는 시간과 공간을 일종의 가상적 변수로 취급하는데, 가령 '국소 시간(局所 時間, local time)'을 특정 변수에 의존해 정의한다. 에테르를 설명 변수(explanatory variable)로 생각하는 관점에 점점 더 불편함을 느낀 로렌츠는 마침내 에테르를 절대적으로 고정돼 있으면서 물질의 영향을 받지 않는 것으로 간주하기에 이른다. 하지만 에테르가 존재한다는 생각에 매여 있던 그는 에테르 개념에 단호하게 도전하지 못했다.

상대성 이론을 예기한 또 한 명의 위대한 인물은 프랑스의 박식한 수학자 푸앵카레였다. 푸앵카레는 '상대성 원리'라는 표현이 지구의 절대 운동을 측정하지 못하는 과학의 무능함을 나타낸다고 여겼다. 1898년의 주목할 만한 논문에서 그는 "우리는 두 개의 시간 간격의 등가성을 직관적으로 알지 못한다. …… 시간 간격의 등가성이나 두 사건의 동시성 및 그 계기적 순서는 자연 법칙을 가능한 한 단순하게 기술할 수 있도록 정의해야 한다."

2년 후에 그는 에테르가 실제로 존재하는가에 관해 도전적인 질문을 던지고는 마이컬슨-몰리 실험의 부정적인 결과를 상기하면서, 임의적인 방법으로 에테르 개념을 구제하려는 노력을 비웃었다. 이러한 사고 방식을 파헤치는 과정에서 푸앵카레는 서로에 대해 일정한 속도로 움직이는 두 명의 관찰자가 빛 신호를 통해 각자의 시계를 똑같이 맞추려는 상황에 대해 숙고했다. 그는 두 사람이 맞춘 시각은 오직 '국소 시간'일 수밖에 없고 "상대성 원리에 따라 [관찰자는] 자신이 정지해 있는지 아니면 절대 운동을 하고 있는지 판단할 수 없다."고 지적했다. 푸앵카레는 "어쩌면 우리는 새로운 역학을 구성해야 할지 모른다. 아직 어렴풋이 그 윤곽만을 감지했을 뿐이고……. 이 새로운 역학에서는 빛의 속도가 넘을 수 없는 한계가 될 것인데……. 우리는 아직 거기까지 이르지 못했다."

뉴턴 이후의 두 세기 동안, 특히 19세기의 마지막 20년 동안에는 많은 복잡한 문제가 제기되긴 했어도, 수학적 개념화는 분명 이 문제에 관한 사람들의 이해를 상당히 진척시켰다. 어떤 이들에게 1905년은 전자기론이 올바른 방향으로 발전한 해로 보였고, 로렌츠의 이론은 자연을 통일장(unified-field) 이론의 관점으로 파악하는 데 있어 믿을 만한 토대가 될 수 있을 것처럼 보였다. 하지만 푸앵카레가 제기한 문제나, 로렌츠의 이론에 내재한 의문점과 특별한 주장은 적어도 한 명의 젊은 과학자에게는 사고 방식이 광범위하게 변할 필요가 있다는 것을 뜻했다. 아마도 그는 근본적인 질문을 제기할 능력이 있으며, 물리학의 최신 성과물에 익숙해 있지만, 아직 현재 통용되는 관점에 지나치게 물들어 있지는 않은 사람일 것이다. 그러니까 젊은이의 마음과 성숙한 어른의 마음을 모두 갖춘 사람일 것이다.

아인슈타인의 '객체 중심적인' 정신

앞 장에서는 아인슈타인과 대체로 동시대인이라 할 수 있고 서로 상대의 존재를 알았으리라 여겨지는 지그문트 프로이트의 정신과 성격 그리고 군대의 사령관 다운 작전 수행 방식을 살펴보았다. 어린 시절부터 프로이트는 다른 사람들에 대한 관심이 많았음에 비해, 아인슈타인은 객관 세계와 물리적 힘에 주로 관심을 기울였다. 어릴 때는 장난감을 가지고 놀거나 책 읽는 것을 다른 아이들과 노는 것보다 좋아했다. 통상적인 기준으로 따지면 프로이트가 인간 문제에 훨씬 더 관심이 많았다면, 아인슈타인은 사물의 문제에 관심이 많았다. 좀더 정확히 말하면 프로이트가 사람들 사이의 관계에 매료되었던 데 비해, 아인슈타인은 객관적 사물 간의 관계에 열정을 가지고 있었던 것이다. 아인슈타인은 성공을 위해 자신의 육체와 정신을 팔았으며, '나'와 '우리'의 세계에서 '그것(사물)'의 세계로 날아갔다고 말한 적이 있다. 그런데 다소 역설적이게도 아인슈타인은 오랫동안 좋은 친구들과 사귀었고, 말년의 프로이트보다는 훨씬 호감가는 인물이었다. 게다가 성 문제에 있어 금욕적인 모습을 보인 프로이트와 달리, 아인슈타인은 젊은 여성들에게 노골적인 관심을 보였고 이 여성들도 그에게 호감을 내비치곤 했다.

아인슈타인은 취리히 공과 대학에 다니던 시절에 젊은 수학자 마르셀 그로스만과 오랫동안 지속될 교유 관계를 맺게 된다. 이 우정은 몇 년 후에는 전문 분야에서 공동으로 이론을 연구하는 사이로 발전했다. 대학 동기인 밀레바 마릭(Mileva Maric)과는 한층 더 깊은 우정을 나누었는데, 결국 아인슈타인은 이 여자 친구와 결혼을 했고 15년쯤 후에는 이혼을 한다. 특허국에서 근무할 때는 젊은 공학자인 미켈란젤로 베소(보통은 미셸Michele로 불린다)와 친구가 되었는데, 이 친구와는 자신이 한창 구상하고 있던 생각을 지속적으로 논의했으며, 50년 후 거의 비슷한 시기에 죽음을 맞을 때까지 자주 만났다. 아인슈타인이 이들과 맺은 우정에는 프로이트와 남자 동료들 사이에 미만했던 강렬한 열정은 없었지만, 그 우정은 좀더 꾸준한 편이었고, 프로이트와 동료들의 관계를 물들였던 긴장과 편집증적인 특성도 존재하지 않았다.

올림피아 아카데미(Akademie Olympia)라는 작은 모임에서 어울렸던 친구들도 특별히 주목할 만한 가치가 있다. 정규 교육을 마치고 스위스의 베른(Bern)에 정착한 아인슈타인은 다방면에 걸쳐 학식이 풍부한 재사(才士)인 모리스 솔로빈(Maurice Solovine)과 취리히 출신의 좀더 어린 친구인 콘라드 하비히트(Conrad Habicht)와 만나기 시작했다. 올림피아 성원들은 체계적인 독서 계획을 세워 철학(밀, 흄, 스피노자), 수학(리만, 푸앵카레) 및 과학 저서(칼 피어슨Karl Pearson, 에른스트 마흐)를 읽어나갔다. 여러 책 중에서 절대 시간이라는 개념을 직접 공박한 푸앵카레의 『과학과 가설(La Science et l'hypothése)』이 "깊은 인상을 심어 주어서 우리는 몇 주 동안이나 숨조차 못 쉴 정도였다"고 솔로빈은 회고한다. 올림피아 성원들은 함께 도보 여행이나 캠핑을 떠났고 수영을 했으며, 집에 돌아오는 길에서 서로 열정적으로 대화를 나누었다. 유쾌한 농담을 나누었고 서로의 열망과 두려움을 함께 얘기했다. 다른 친구들보다 약간 나이가 많은 아인슈타인이 자연스럽게 모임을 이끌었다. 1903년에 아인슈타인이 결혼했지만, 이 모임은 솔로빈과 하비히트가 모두 베른을 떠나는 1905년까지 이어졌다.

아마도 우리는 프로이트가 플리스처럼 가까운 동료들에게 우정과 개인적인 유대 관계 그리고 정서적인 버팀목 등을 모두 원했다면, 아인슈타인은 올림피아 성원들이나 베소, 물리학자인 아내 밀레바 등과 대화를 나누며 자기 생각을 검토할 기회를 갖는 것을 더 좋아했다는 얘기를 할 수 있을 것 같다. 어쩌면 믿을 만한 친구나 애인들의 이론적 자극이나 비판이 없었다면, 프로이트나 아인슈타인이 그렇게 혁신적인 작업을 완수하지는 못했으리라고 말해도 큰 무리는 없을 것이다. (아인슈타인은 특수 상대성 이론을 구상하기까지 베소와 나누었던 대화가 많은 도움이 됐다며 그에 대한 감사의 뜻을 솔직하게 말했다. 그리고 최근의 학자들은 밀레바 역시 아인슈타인이 독창적인 생각을 발전시키는 데 도움을 주었다고 추정하고 있다.)

하지만 자기 생각의 핵심 부분에 대해 다른 사람에게 지지를 구하는 마음과 다른 사람에게 완전히 의존하려는 마음은 전혀 다르다. 어느 경우든 다른 사람들과 의견을 교환했다는 이유로 최종 결과물의 요체가 달라졌으리라고 생각하기는 힘들다. 프로이트와 아인슈타인 둘 다 자신들이 향하는 지점이 어디인지 확고하게 알고 있었고, 누구라도 그들이 가는 방향을 바꾸기는 어려웠을 것이다.

아인슈타인은 고독한 처지를 일부러 구하진 않았으나, 프로이트와 달리 고독을 두려워하지도 않았다. 그의 결혼 생활이 두 번 모두 실패로 끝났고 두 아들과의 관계 역시 순탄치 않았던 이유는, 이처럼 다른 사람에 대한 갈망이 부족했다는 점에서 찾아야 할 것 같다. 이론적 문제를 풀기 위해 노력하면서 "나는 시골에서 고독하게 살았으며, 단조롭고 조용한 삶이야말로 창조적인 정신을 자극한다는 사실을 알게 되었다"고 아인슈타인은 회고한다. 곧이어 그는 향수 어린 심정으로 이렇게도 말한다. "현대의 여러 조직 중에는 육체적으로나 정신적으로 큰 노력을 하지 않고도 그처럼 고독한 생활을 할 수 있는 직업이 있다. 등대나 등대선에서 근무하는 것이 그런 직업이 아닌가 싶다."

아인슈타인은 남다른 집중력의 소유자였다. 그는 몇 시간, 심지어 몇 일 동안이나 중단 없이 같은 문제를 숙고할 수 있었다. 그가 관심을 두었던 주제 중에는 수십 년 동안 마음속에 담아 둔 것도 있었다. 기분 전환을 위해서는 음악을 듣거나 요트를 타곤 했지만, 이런 순간에도 사색은 중단하지 않았다. 그는 공책을 주머니에 넣고 다니면서 새로운 생각이 떠오르면 공책에다 적곤 했다. 그는 상대성 이론을 발표한 후에 동료인 볼프강 파울리(Wolfgang Pauli)에게 "앞으로 남은 인생 동안에는 빛의 본성에 관해 탐구하고 싶다네"라고 말했는데, 갓 태어난 아이가 처음 내보이는 시각적 행동이 빛에 눈 초점을 맞추는 일이라는 사실이 전혀 우연은 아닐 것이다.

아인슈타인은 스스로 수학에 뛰어난 재능이 없다고 느꼈으며, 이 분야에서는 일부러 강의를 맡지 않았고 연구도 계속하지 않았다.

내가 어느 정도 수학을 무시했던 것은 수학보다 과학에 더 관심이 많았기 때문만은 아니고, 다음에 설명하는 바와 같은 묘한 경험을 했기 때문이다. …… 수학은 수많은 전문 영역으로 분리돼 있는데, 그 하나하나는 우리의 짧은 생애를 쉽게 소모시킬 수 있다는 것을 알았다.…… 그런데 물리학 분야에서 나는 어느 영역이 근본적인 문제를 다루고 있는지 금방 간파했고, 내 마음을 어지럽히고 본질적인 것에서 주의를 흩트리는 다른 모든 것에서 벗어날 수 있었다.

중요한 주제를 골라내는 이러한 능력이 가장 보편적으로 적용될 수 있는 개념을 찾으려는 아인슈타인의 노력과 긴밀히 맺어졌다. "나 같은 사람에게 발달의 전환점이란, 그저 덧없을 뿐인 개인적 관심사를 서서히 뒤로 하고 사물을 관념적으로 파악하기 위해 관심을 집중한다는 사실에 있다."

아인슈타인도 다른 사람들과 마찬가지로 성숙한 사고를 할 때까지는 발달 단계를 거쳐야 했다. 신동이라고 해서 모든 것을 갖추고 태어나는 것은 아니다. 아인슈타인이 처음 발표한 논문들은 당시의 주요 물리학 잡지에 금방 게재되긴 했지만, 그렇다고 수준이 특별히 뛰어난 편은 아니었다. 하지만 일찍부터 과학자로서의 자기 색깔을 분명히 내보인 건 사실이다. 고등학교 시절에도 공책 정리는 간결하고 깔끔했다. 문제의 결과나 논문의 요점을 정확하고 간단하게 정리해 놓았다. 그는 특히 이론 물리학에 관심이 많았는데, 믿기 어려울 만큼 복잡한 자연 현상을 가장 일반적인 물리학 개념으로 설명할 수 있기를 원했기 때문이다.

아인슈타인 자신의 말대로 그는 수학적 용어로 표현할 수 있는 물리 현상에 관심이 많았다. 그는 글도 무척 잘 썼지만, 언어 자체에는 별 흥미를 갖지 않았다. 외국어를 익히고 용어를 정확히 외우는 데 서툴다는 한탄을 가끔 했을 뿐이다. 반면에 그는 논리-수학 지능과 공간 지능이 뛰어났다. 다른 과학자들이 설명 모델로 고안한 '심적 표상(mental picture)'을 쉽게 익힐 수 있었다. 이 점에서 인지적인 측면이 강했던 프로이트와는 크게 대조된다.

아인슈타인이 지닌 타고 난 재능이 과학자에게 늘 유용하기만 한 것은 아니다. 어떤 문제와 그와 관련된 상황을 상상하고, 사고 실험이라 불리는 생생하고 선명한 정신의 수수께끼를 풀어가는 재능 말이다. 이 장의 첫 부분에서 나는 젊은 아인슈타인을 매료시켰고 이후에도 그의 마음속에 줄곧 남게 되었던 몇 가지 현상에 대해 서술했다.

아인슈타인은 이런 문제들을 깊이 탐구하고, 그가 상상한 우주선이나 기차, 자유 낙하하는 엘리베이터와 같은 것들을 다양하게 변용하면서 생산적으로(generatively) 사고할 수 있었다. 마음속에 이같은 공간적 형상을 간직하고 이에 관해 다채롭고도 계발적인 방식으로 사고를 전개시킬 수 있었던 능력은 아인슈타인의 독창적인 과학 사상이 형성되는 데 핵심 역할을 했다. 이런 것이 바로 그가 선택한 상징체계인 것이다. 훗날 이같은 '수수께끼 푸는' 행위를 회고하는 자리에서 그는 자신의 사고의 중심 특징을 다음과 같이 말한다.

글이든 말이든 언어의 세계는 나의 사고 기제에서 별 역할을 하지 않은 것 같다. 내가 생각을 전개하는 데 나름대로 기여한 심적 요소는, 마음속에 '자발적으로' 생겨나고 서로 결합되곤 하는 특정 기호와 다소 명징한 이미지이다. …… 심리학적 관점에서 보자면, 이런 결합과 연상 작용이야말로 생산적인 사고에서 가장 본질적인 측면이 아닌가 싶다. …… 내 경우에는 시각적 요소와 근육 감각적인 요소들이 여기에 해당된다. …… 관습적인 어휘나 다른 기호들은, 위에서 언급한 연상과 결합 작용의 틀이 충분히 잡히고 그것을 자유 자재로 운용할 수 있게 되었을 때나 이차적인 단계로서 애써 찾아야 했던 것이다.

아인슈타인은 상이한 감각 체계에 기반을 둔 이러한 요소들에 주목하는 것 외에도, 상상과 공상의 역할이 갖는 중요성을 강조했다. "나 자신과 나의 사고 방법에 관해 살펴보노라면, 공상하는 재능이 실증적인 지식을 흡수하는 재능보다 나한테는 더 큰 의미가 있었다는 결론이 나온다." 아인슈타인은 분명 자기 마음속에서 세상을 창조하고 또한 탐험하는 일을 즐겼는데, 이 세상은 순수 수학자들이 만들어낸 세계와 달리 언제나 물리적 현실의 법칙을 닮았으며 그 법칙에 의해 지배되었다.

아인슈타인은 공간적 시각화(spatial visualization)와 상상력을 중요시했지만, 마음속에 선뜻 그림이 그려지지 않는 '동시성의 상대성(the relativity of simultaneity)' 과 같은 개념도 고안해 냈다. 실제로 그의 혁신적인 업적은 공간적 이미지와 수학 공식, 경험 현상 그리고 기본적인 철학 주제를 통합할 수 있었기에 가능했다. 필립 프랭크가 지적한 대로 아인슈타인은 자기 생각을 다양한 표상(representation) 방법을 통해 나타내는 일을 즐겼던 것이다.

> 아인슈타인은 어떤 문제에 관해 사고할 때 항상 이 주제를 다양한 방식으로 정식화해서 사고방식이나 교육 배경이 다른 사람들도 모두 이해할 수 있도록 제시해야 한다고 생각했다.

과학사가 아서 밀러(Arthur I. Miller)는 아인슈타인이 다양한 표상 방법을 결합할 수 있었던 사정을 알려준다.

> 1900년 경 독일어권 과학자와 공학자들 사이에서는 시각적 사유(visual thinking)가 널리 퍼져 있었다. 이 사실은 아무리 강조해도 지나치지 않는다. 하지만 1905년에 정작 시각적 사유와 사고 실험을 결합하고 예술 만큼이나 아름다운 개념적 구상을 눈부시게 표현한 사람은 아인슈타인이었다.

아인슈타인이 일하거나 대화하는 방식에 관해 좀더 말하자면, 그는 단언을 일삼고 자기 주장을 쉽사리 굽히려 들지 않는 편이었다. 친구인 그로스만에게 "신은 당나귀(자신을 고집이 세고 우둔한 당나귀에 빗대고 있다―옮긴이)를 창조하면서 두꺼운 피부를 만들어주었다"라고 자신에 관한 농담을 던지기도 했다. 이유 없이 험담을 늘어놓은 것은 아니래도, 거리낌 없이 혹평을 해대곤 했다. 정도가 상당히 심했는지, 베소는 자신이 아인슈타인이 초기의 한 논문에서 당시 독일의 1급 물리학자인 막스 플랑크(Max Planck)를 모욕하려고 했던 일을 막았고 덕분에 과학계의 두 거장이 훗날 친구가 될 가능성을 열어두었다고 주장하기도 했다. 마찬가지 얘기지만, 아인슈타인은 어느 논문의 초고에서 볼츠만의 기체 이론을 너무 혹독하게 비판했다가 결국 이를 철회한 일도 있다. 권위에 반발하는 기질을 타고 난 아인슈타인은 특히 젊은 시절에는 윗사람들에게 도전하는 모습을 자주 보였다. 물리학 분야의 기존 문헌들을 세세히 알지 못한다는 점에 일종의 자부심까지 느낄 정도였다. 그는 가장 야심적인 도전 앞에서 몸을 사리는 과학자들에 대한 경멸감을 감추려들지 않았다. "나는 나무 판자를 들고서는 제일 얇은 부분만 찾고 구멍 뚫기가 쉬운 곳에만 송곳을 들이대는 과학자들을 참기가 힘들다."

아인슈타인은 자신이 원하는 과학자가 되기 위해서는 많은 것을 포기해야 한다는 사실을 인정했다. 편집광다운 열정이 있는 과학자만이 과학적 발견을 할 수 있다고 친구인 베소에게 토로했을 정도이다. 그리고 그런 과학자는 그 자신의 말을 빌면 '지위 상승이나 노리는 기회주의자'에 대적해야 하고, 물리학자 로버트 밀리칸(Robert Millikan)이 아인슈타인의 1905년 획기적인 논문에 대해 사용한 단어를 빌면

'무모할 정도로 과감하게' 도전해야 한다.

분명 아인슈타인은 과학자로서 프로이트와 비슷한 성격을 가졌다. 두 사람 모두 포부가 크고 자기 주장을 굽히지 않았다. 대담한 용기를 지녔고 기꺼이 홀로 일어서고자 했으며 논쟁을 반기기까지 했다. 물론 그들은 서로 다른 분야를 선택했다. 아인슈타인은 물리학 분야에서 아직 그 해답은 뚜렷하지 않지만 수십 년 동안 연구되었고 비교적 명확하게 규정되는 문제를 해결하려고 골몰했다. 그를 사로잡았던 주제는 로렌츠와 푸앵카레를 비롯한 당시의 최고급 두뇌들이 연구하던 주제였다. 이 나이 든 학자들이 상대성 문제를 해결하지 못한다면, 굳이 천재인 아인슈타인이 아니더라도 그의 세대에 속하는 누군가가 이 문제를 해결하리라는 것은 불을 보듯 확실한 일이었다. 실제로 아무나 칭찬하거나 신임하는 사람이 아닌 아인슈타인은 자신이 아니라면 프랑스 동료인 폴 랑게방(Paul Langevin)이 특수 상대성 이론을 내놓을 것이라고 말하기도 했다. 문제가 명확히 기술되고 해답도 쉽사리 인식되는 물리학 분야의 특성 덕분에, 아인슈타인은 서른 살 무렵까지 중요한 업적 대부분을 완성했으며 마흔 살이 되기 전에 벌써 세계적인 명사가 되었다.

바로 이 점에서 아인슈타인은 프로이트와 뚜렷이 대조된다. 프로이트는 스물 여섯에 의과 대학을 졸업했고, 서른에 샤르코의 임상교실 공부를 마쳤으며, 마흔에도 여전히 이름없는 빈의 개업의로서 그의 이론이 획기적인 성과로 고평(高評)될지는 차치하고 누가 그의 이름을 알게 될지조차도 전혀 불확실한 상태에 놓여 있었다. 프로이트 자신이나 다른 사람들이나 그가 어느 분야에서 연구하고 있으며 누가 그의 작업 내용을 올바로 판단해야 하는지에 대해 정확히 알지 못했다. 그리고, 내가 앞에서 언급했다시피 프로이트는 자기 이론의 진가를 올바로 평가받기 전에 먼저 하나의 분야와 장(場)을 스스로 창조해야 했다. 아인슈타인도 분명 하나의 분야를 변화시켰지만, 그 장은 예전과 크게 달라지지 않았다. 물론 장의 좀더 젊은 인원들이 그들과 같은 세대인 아인슈타인의 놀라운 업적을 인정하고 그런 업적을 능가할 수 없다는 사실을 한탄하곤 했지만 말이다.

특수 상대성 이론이 나온 특별한 해

아직 20대 초반이던 1665년과 1666년에 걸쳐 아이작 뉴턴은 캠브리지 대학을 떠나 울스소프(Woolsthorpe)의 조용한 마을에 머물고 있었다. 이곳에서 그는 완전히 홀로 사색하면서 미적분학을 발전시켰고, 빛과 색채에 관한 중요한 내용을 통찰했으며, 중력 법칙을 발견하는 도정에 들어섰다. 이런 연구 내용을 기반으로 그는 물리적 세계에 대한 최초의 종합적 이론, 그러니까 가장 작은 입자나 가장 커다란 천체나 모두 동일한 수학 원리에 입각하여 운동한다는 기계론적 세계관을 구성했다. 나중에 뉴턴은 "당시에 나는 창조력이 절정에 이른 나이였는데, 다른 어느 때보다 수학과 철학에 전념하고 있었다"고 회고한다. 아인슈타인이 뉴턴을 존경하고 뉴턴의 사진을 자기 침대 위 벽에 걸어둔 것은 전혀 우연이 아니다.

물리학 역사에서 이 때와 비견될 만한 유일한 시기는 1905년인데, 예전에 뉴턴이 맡은 역할을 이제는 알베르트 아인슈타인이 맡게 된다. 한 해 동안 아인슈타인은 네 편의 주요 논문을 써서 발표했다. 모두 물리적 세계에 대한 우리의 인식을 확장·심화시킨 의미 있는 논문이었는데, 그 가운데 한 편이 16년 후에 아인슈타인에게 노벨 상을 안겨줄 터였고, 또 다른 한 편은 그의 가장 중요한 발견, 즉 상대성 이론의 기본 개념을 소개했다. 그러면 상대성 이론을 다룬 논문이 쓰여진 배경을 개략적으로 살펴보고, 이 논문에 담긴 혁명적인 사고를 소개한 후에, 상대성 이론과 그 창시자가 전 세계에 걸쳐 명성을 얻고 인정을 받는 과정을 검토해 보기로 하자.

아인슈타인의 직업 세계 입문

아인슈타인은 취리히 공과 대학을 졸업하고 연구소나 다른 곳에서 교사 자리를 얻기를 희망했다. 하지만 아인슈타인과 아들의 문제라면 발벗고 나섰던 아버지의 힘만으로는 교사 자리를 얻을 수 없었다. 사실 그만한 재능의 젊은이가 획기적인 발견을 하기 직전에도 교사직을 얻지 못했다는 사실이 믿기 어렵긴 하다. (요즘에도 재능을 못 알아보는 맹점이 있지 않을까 한다.) 두루 알다시피 아인슈타인은 스위스의 베른 시에서 특허국 직원으로 근무하면서 발명품을 평가하지 않을 때는 물리학을 연구했다.

우선적으로 고려한 직업은 아니었어도 아인슈타인은 특허국 근무를 꽤 만족스럽게 여겼다. 올림피아 아카데미의 동료들을 자주 만났고, 결혼을 하고 가정을 일구었다. 그는 일에 완전히 몰두했던 이 시기를 인생에서 가장 행복한 시절로 회상하곤 했다. 어쩔 수 없이 해야 할 일을 하면서도 뭔가 소득이 있었는지, 훗날 그는 이런 말을 하기도 했다. "실무직은 나 같은 사람에겐 구원이나 마찬가지다. 학계에서 성공하려면 학문적 업적에 대한 압박이 심하다. 자기 주관이 강한 사람만이 피상적인 분석에 만족하자는 유혹에 저항할 수 있는 것이다."

아인슈타인이 어떤 업적을 이룰지 알 도리가 없던 당대인들은 당연하게도 그를 실패한 사람으로 여겼다. 김나지움을 좋은 성적으로 졸업하지 못했고, 처음에는 취리히 공대 입학에 실패했으며, 영향력 있는 스승이나 후원자도 없었다. 교수직을 확보하지도 못했고 박사 논문을 완성하지도 않았다. 굳이 말하자면, 특허국의 이름 없는 관리로 남게 될 가능성이 가장 컸던 것이다.

초기의 혁명적인 논문들

20세기 초에 발표된 아인슈타인의 논문 모두가 주옥 같은 성과를 이룬 것은 아니다. 사실 그 중 몇 편은 쓸모 없는 논문이라고 아인슈타인 스스로가 공언했을 정도이다. 하지만 가치가 별로 없는 이들 논문에도 물리학의 중심 주제에 관한 관심이 뚜렷하게 드러나 있다. 1900년대 초기에 아인슈타인은 볼츠만 전통에서 통계 역학과 열 평형 법칙, 그리고 열역학 제2법칙에 관해 연구하고 있었다. 좀더 구체적으로 말하면, 그는 원자가 일정한 크기를 가진다는 사실을 증명하고자 했고, 액체 분자들이 서로 연결돼 있는 특성을 이해하려고 노력했다. 1901년에 그로스만에게 보낸 편지에서 그는 "직접적인 감각 경험으로는 완전히 분리되어 있는 것처럼 보이는 복잡한 현상에서 통일성을 인식하는 것은 정말 놀라운 일이라네"라고 쓰고 있다.

이같은 물리학의 진리는 기껏해야 물리학 논문에나 걸맞는지도 모를 일이다. 제럴드 홀턴에 따르면, 아인슈타인의 1905년 논문이 유별나게 보이는 것은 그저 표면적인 수준에서라고 한다. 겨우 8주 안에 쓰인 세 편의 획기적인 논문들은 전혀 다른 물리학 분야를 다룬 것처럼 보인다. 빛이 에너지 덩어리(quantum)로 구성되었다는 해석, 물질이 원자 구조로 이뤄졌다는 학설을 입증하는 브라운 운동에 대한 설명, 그리고 물리적 시공간에 대한 우리의 이해 방식을 완전히 바꿔 놓은 '상대성 이론' 소개가 이들 논문의 내용이다. 그런데 홀턴은 이 세 편의 논문 모두가 동일한 일반적 문제, 즉 태양 복사에너지 압력의 불안정성이라는 문제를 다룬다고 지적한다. 홀턴은 또한 이 논문들의 스타일도 놀랄 정도로 비슷하다고 말한다. 아인슈타인은 각각의 논문을 우선 형식적으로 불균형한 진술, 혹은 심미적으로 부조화한 진술로 시작한다. 그런 후에, 관찰된 현상의 불균형을 단숨에 해소하고 설명의 장황함을 제거하여 하나 이상의 경험적 예측을 가능케 하는 우아한 원리를 제안한다.

매우 간결하게 쓰인 이 논문들이 기존의 사고를 단순히 반영하기만 했다는 생각은 어불성설이다. 전기 작가 카를 젤리히(Carl Seelig)에게 보낸 편지에서 아인슈타인은 다음과 같이 쓰고 있다. "특수 상대성 이론을 구상하고 그것을 발표하는 데까지는 5주에서 6주 정도의 시간이 걸렸습니다. 하지만 상대성 이론이 이 시기에 탄생했다고 말할 수는 없습니다. 그 전에도 몇 년 동안 충분히 논의하면서 이론의 주춧돌을 준비하고 있었지요. 다만 근본적인 수준에서 결정을 내리지 못했던 겁니다." 아인슈타인은 이 편지에서 '근본적인 결정'에 대해 설명하지 않는다. 다른 글에서 추론하건대, 그 결정은 베소와의 대화가 계기였던 것 같고 다음 날 아침 깨어나면서 머릿속에 떠올랐던 듯하다. 아인슈타인은 두 사건의 동시성이라는 절대적인 개념을 포기하기로 결정했다. "시간과 신호 속도(signal velocity. 우주에서 정보가 전달될 수 있는 가장 빠른 속도, 즉 빛의 속도를 가리킨다—옮긴이)는 서로 뗄 수 없이 연결되어 있으므로" 동시성 개념을 절대적으로 정의하기는 불가능하다는 것이다. 우리는 특수 상대성 이론이 아이슈타인이 오랫동안 골몰하던 문제에 관한 사고 실험에서 유래했고, 학생 시절에 그는 시간과 공간의 수수께끼에 관한 책을 주로 읽었으며, 그가 쓴 많은 편지가 움직이는 물체의 전기 역학에 관해 설명하려는 시도를 담고 있다는 사실을 알고 있다. 이 해에 쓰여진 다른 논문들도 이와 유사한 기초 연구를 거쳤다는 사실은 의문의 여지가 없지만, 뉴턴과 마찬가지로 당시 절정에 이른 이 수학과 과학의 천재가 무척 빠른 속도로 사고했다는 점을 과소평가해서는 안 될 것이다.

아인슈타인의 특수 상대성 논문은 간결하고 단도직입적으로 서술되었다. 학술적인 장식은 일체 배제되었다. 아인슈타인은 참고 문헌을 하나도 인용하지 않았으며, 친구 베소에게만 감사 표시를 했고, 상대성 문제를 건드린 다른 전문가들을 논박하지도 않았다. 이 논문의 초고 역시 아직 발견되지 않았다. 물리학자 헤르만 본디(Hermann Bondi)는 이런 논문은 "연구 성과를 알고자 하는 사람은 누구나 읽고 싶은 마음이 들도록 참고 문헌이나 기존 연구자에 대한 자세한 언급 없이 쓰여진 것이다. 이런 논문은 그 결과를 발견하게 된 과정에 대해서는 거의 말해주지 않는 법이다." 아인슈인은 풍부한 사색을 통해 얻은 결론을 자신이 보기에 가장 논리적이고 단도직입적인 방식으로 써 내려갔다는 느낌을 준다. 나중에 그는 오랜 시간 검토했더라도 논문의 내용이나 형식을 그다지 바꾸지는 않았을 것이라고 말했다.

특수 상대성 이론의 요체

논문에 적용된 수학을 이해하려면 다소 전문적인 식견이 필요하지만, 핵심적인 주장은 수학 공식 없이 직접적으로 서술되었다. 아인슈타인 자신을 비롯해서 많은 학자들이 특수 상대성 이론을 소개하는 글을 쓴 바 있다. 여기서 제시하는 사례와 유추는 그들의 글에서 참조한 것이다.

아주 단순하게 말하면, 1905년에 발표된「움직이는 물체의 전기 역학에 관하여(Zur Elektrodynamik bewegter Körper)」라는 논문은 1890년대의 사고 실험에 대한 아인슈타인의 대답이라고 할 수 있다. "빛의 속도로 광선을 좇아가는 관찰자가 볼 때에도, 모든 사건이 지구에 대해 정지 상태에 있는 관찰자가 볼 때와 동일한 법칙에 따라 발생할 것이라는 점은 처음부터 내게 직관적으로 자명하게 보였다. 그렇지 않다면 첫 번째 관찰자가 자신이 빠른 등속 운동을 하고 있다는 사실을 알 도리가 없기 때문이다."

아인슈타인은 (1) 빛의 속도는 일정하다는 것, (2) 법칙은 관성계의 선택과 무관하다는 것이라는 두 가지 가설이 양립불가능한 역설을 이룬다는 점에 대해 숙고했다. 이러한 가설에 정면으로 도전한 아인슈타인은 빛보다 빠른 속도로 여행하는 것은 불가능하다는 근본적이면서도 예기치 못한 결론에 도달했다. 빛의 속도(초속 30만 킬로미터)를 한계 속도로 받아들이면, 물리학과 상식의 기본 교의 하나를 부정하게 된다. 보통의 경우 어떤 물체가 일정한 속도로 운동하고 있고, 또 일정한 속도로 운동하는 또 다른 물체 위에 놓여 있다면, 처음의 물체가 움직이는 속도는 두 가지 속도의 총합이다. 하지만 빛의 속도는 사정이 다르다. 광원이 빛의 속도로 움직이면서 빛을 쏘는 경우에도, 관찰자에 대한 빛의 속도는 여전히 동일하다. 사실 어떤 물체도 빛의 속도로 움직일 수 없다고 말하는 게 더 정확하다. 속도를 더한다는 낡은 법칙이 오류인 점은, 사건이 지속되는 시간이 (그 시간을 측정하는 좌표가 되는) 기준계의 운동 상태와 무관하다는 가정에 있다. 따라서 뉴턴 역학은 속도가 빛에 가까운 현상에서는 성립하지 않는다.

이를 좀더 정식화해서 말하면, 특수 상대성 이론은 다음 두 가지 가정에 입각해 있다. (1) 서로에 대해 등속 운동하는 두 개의 좌표계에 대해서는 법칙이 달라지지 않는다. (2) 모든 광파(光波)는 정지한 광원에서 발사한 것이든 움직이는 광원에서 발사한 것이든 그러한 좌표계에서 동일한 속도로 운동한다. 따라서 모든 현상은 상대성 원리에 지배되며, 서로에 대해 등속 운동하는 모든 좌표계는 동등한 권리를 갖는 셈이 된다. 로렌츠의 공통 시간과 공통 공간, 절대 운동이라는 개념은 무의미해졌다. 하지만 상대성 원리는 광속 일정의 법칙과 양립할 수 있다. 따라서 로렌츠 방정식은 전기력과 자기력이 좌표계의 운동 상태와 독립적으로 존재하지 않는다는 주장으로 축소될 수 있고, 광속 불변성뿐만 아니라 움직이는 기준계에 대해서도 적용되어야 했다.

이러한 새로운 추론 방식과 가정들로부터 우리의 시간 이해에 관한 놀라운 결론이 유도되었다. 어떤 계에서는 관찰자에게 동시에 발생한 사건이라도 다른 계(첫 번째 계에 대해 등속 운동하는)의 관찰자에게는 동시에 발생하지 않는다. 아인슈타인은 이렇게 지적한다. "동시성 개념에 절대적인 의미를 부여할 수는 없다. …… 하나의 좌표계에서 동시에 발생한 두 가지 사건은, 이 계에 대해 운동하고 있는 다른 좌표계에서 바라보면 동시에 발생했다고 볼 수 없다." 이를 좀더 선명하게 말하면, 어떤 기준계에서 A와 B가 동시에 발생한 것처럼 보여도, 다른 기준계에서는 A가 B보다 선행하거나 B가 A보다 선행할 수 있다는 얘기다.

상대성 이론은 대중적인 상상력을 자극한 좀더 이상야릇한 주장도 함의(含意)했다. 가령, 각각의 계에는 고유한 시계가 있으며, 움직이는 시계는 주기가 변한다. 즉, 움직이는 시계는 정지한 시계보다 천천히 간다. 그리고 자(尺)는 정지 상태에서 일정한 속도로 운동을 시작할 때 관찰하면 운동 방향으로 수축하는 것처럼 보인다. 아니, 좀더 일반적으로 말하면 관찰자가 정해지기 전에는 자의 길이 자체가 확정되지 않는다. 시간과 거리가 상대적인 개념이 되면서, 속도와 가속도, 힘, 에너지와 같은 물리학의 주요 개념들도 재고되어야 했다. 가령, 움직이는 물체는 관찰자에 대해 그 속도가 빨라지면 질량도 커진다. 끝으로 이 논문의 획기적인 결론을 소개하면, 에너지의 방사와 더불어 질량 덩어리가 형성되거나 붕괴되면, 질량의 총합이 변한다는 점이다. 이로부터 $E=mc^2$이라는 그 유명한 방정식이 도출되었는데, 이는 아인슈타인이 이 논문에서 제시한 결론을 수식으로 단순하게 표현한 것이다.

물리학자들의 사고 방식을 바꾸다

아인슈타인은 1905년 논문을 혁명적인 성과물로 간주하기보다는 "그저 예전에는 서로 무관했던 가정들을 멋지게 요약하고 일반화한 것"에 불과하다고 생각했다. 에테르의 효과가 없음을 증명한 마이컬슨-몰리 실험도, 아인슈타인 본인이 그런 암시를 내비친 데서 근거를 끌어온 다른 사람들이 생각하는 만큼, 아인슈타인의 발견에 큰 역할을 하지 않았다. 하지만 아인슈타인은 에테르 관련 실험 결과에 의거했음이 분명한 개괄적인 책을 읽으면서 에테르의 존재를 가정해도 이론적 소득이 거의 없음을 확실히 알았다. 그는 "여기서 전개한 관점은 그 나름의 특별한 속성을 지닌 '절대 정지 공간'을 필요로 하지 않기 때문에, 발광성 에테르의 존재를 가정할 필요가 거의 없다"고 말한다. 만약 에테르가 존재한다면, 지구 속도와 빛의 속도를 더할 수 있을 것이고, 운동 방향이 반대라면 지구의 속도를 뺄 수 있을 것이다. 하지만 아인슈타인은 이런 가능성을 무시함으로써, 광속 일정의 원리를 실험 결과로부터 연역하는 대신 이론 전개의 출발점으로 삼을 수 있었다.

바로 이 점을 강조해야 할 필요가 있다. 물리학의 표준 절차는 현상을 관찰하고 자료를 체계적으로 수집한 후에, 이로부터 원리와 이론을 도출해내는 것이다. 아인슈타인은 이와 정반대로 결론을 이끌어냈다. 그는 높은 추상 수준에서 기본적인 물리 법칙, 가령 광속 일정의 원리를 우선 제기한 후에 이에 근거하여 경험적 현상을 추측하고 그 기본 원리를 다른 법칙과 연결시켰다.

확실히 아인슈타인은 몇몇 선행자의 이론적 작업에 직접 의존했다. 그는 갈릴레오가 역학에 적용했던 원리를 빛과 다른 전자기 현상을 포함하는 수준까지 확장했으며, 관성계 자체의 운동까지 고려함으로써 초기 조건으로부터 미래의 운동을 예측할 수 있다는 뉴턴의 주장을 보다 확대했다. 그리고 그는 절대적 동시성이라는 개념을 비판함으로써 거리가 먼 지점에서 동시적인 사건이 발생할 수 있다는 생각을 제거했다.

장 이론을 포함하고 있는 패러데이와 맥스웰의 전기 역학은 갈릴레오나 뉴턴의 역학 이론보다 더욱 포괄적인 것처럼 보였다. 이들의 장 이론은 이전 시기의 '물질과 운동(matter-and-motion)' 개념보다 사이에 거리를 둔 지점에서 벌어지는 운동을 좀더 설득력 있게 설명했다. 하지만 엄청난 속도로 운동하는 입자에도 적용될 수 있는 새로운 역학이 구성되어야 했다. 로렌츠 변환을 사용하면 어느 계에서든 사건의 시공 좌표를 확정할 수 있다. 단, 다른 계에서 이 사건이 차지하는 시공 좌표와, 두 계 사이의 상대 속도가 알려져 있어야 한다. 새로운 상대성 개념을 적용함으로써 이제 역학 이론과 장 이론의 결합이 가능해졌다.

아인슈타인의 이론은 물리학과 역학 분야의 선행 작업에 이어진 것이고 일부는 다른 영역에 잠복해 있었다고 해도, 아인슈타인이 이룬 성과는 정말 대단한 업적이었다. 논리-수학적 추론 능력과 시각-공간적 상상력, 여기에다 대담한 자세로 제1원리를 재검토하는 열의까지 갖추었던 26살의 특허국 직원이 물리학자들(결국에는 일반 사람들까지도)이 현실에 대해 사고하는 방법을 완전히 새로운 방향으로 돌려놓은 것이다. 다른 사람이라면 실험을 통해 증명된 후에나 인정했을 법한 생각을 아인슈타인은 전제 조건으로 삼아 그로부터 추론을 전개했다. 그는 이렇게 회고한다. "1900년이 지나고 얼마 후에······ 나는 기지(旣知)의 사실을 토대로 추론을 통해 참된 법칙을 발견하겠다는 생각을 포기했다. 더 오랫동안 더 필사적으로 노력하면 할수록, 오직 보편적인 공식(원리)을 발견했을 때만 확실한 결론을 얻을 수 있다는 확신이 커졌다."

과학 혁명의 대조

여기서 우리는 과학 혁명을 이끌어내는 데 필요한 정신적 능력과 마음가짐을 만나게 된다. 우선 특정 분야의 연구 결과와 원리를 충분히 알고 있어야 하는데, 그렇지 않으면 이미 알려진 사실을 다시 발견하는 경우가 생긴다. 실제로 아인슈타인도 초기에는 이미 알려진 결과를 중복해서 연구한 일이 몇 번 있었다. 하지만 상대성 문제에 관해서는 이미 십 년 동안 그 주제에 관심을 기울이고 있었고 그 내용에 대해서도 자세히 알고 있었다. 이런 조건에 대한 보완적인 태도로서, 그 분야의 기정 사실과 요체를 극복하고 전혀 새로운 접근 방식을 과감하게 제안할 수 있어야 한다. 이런 대담함은 나이가 들면 사라지게 마련이다. 아인슈타인은 기꺼이 미지의 세계로 발을 내딛고자 했는데, 어린 아이의 중요한 정신적 성향이랄 수 있는 이런 특징을 그는 꽤 오랫동안 보유했다.

아인슈타인의 업적과 다윈이나 프로이트와 같은 다른 과학 혁명가들의 업적을 대조하는 것은 그럴 만한 가치가 있다. 넓은 관점에서 보면 이들 세 명은 모두 심원한 혁신을 이루었지만, 이들 사이의 차이점도 언급할 가치가 있을 것이다. 다윈은 과거와 현재에 있어 생물종의 분포와 변이에 관한 자료를 포괄하는 데 알맞은 모델과 몇 가지 기본 가정을 도입했다. 프로이트는 이전에는 무시당했던 사고와 행동 영역에 관심을 기울였고, 무의식 영역이 작동하는 과정을 제시했다. 프로이트와 다윈은 기존의 패러다임을 교체하거나 앞 시기의 이론적 종합에 부분적으로 합류하는 대신 새로운 방향으로 나아갔으며, 노력의 성패 여부는 주로 그들의 이론적 모델이 전통적으로 인식된 현상이나 새로 발견된 현상을 얼마나 풍요롭게 설명할 수 있는가에 따라 판가름나게 되어 있었다. 뿐만 아니라 그들이 연구했던 분야는 처녀지와 같았고, 연구자들이 후속 작업을 하게 되는 문제의 상당 부분을 그들 자신이 언명했기 때문에, 두 사람 모두 비교적 길었던 남은 생애 동안 자기 분야에 기여할 수 있었다.

반면 아인슈타인은 선행하는 이론 체계에 거의 직접 대응해야 하는 처지였다. 오래 전에 나온 뉴턴의 저작, 보다 최근에 이루어진 맥스웰과 패러데이의 업적, 그리고 당대의 로렌츠와 푸앵카레의 관심사가 그것이다. 아인슈타인은 이들의 다양한 원리를 가설적 토대로 삼아서, 시간과 공간을 비롯한 여러 물리 개념에 대한 직관적 지식을 쇄신했다. 과학사가 아서 밀러가 설명한 대로, 아인슈타인은 "우리의 지각 너머에 존재하는 시공간에 대한 상(像)을 새롭게 제시하기 위해, 마치 고르디아스의 매듭을 끊듯 문제를 해결함으로써……. 특정 문제가 발생하지 않도록 새로운 물리학 관점을 창안함으로써……. 자료와 (공리와 개념에 의한) 이론 구성을 구별해야 할 필요성을 깨달음으로써" 볼츠만과 헤르츠, 푸앵카레, 마흐 등 여러 과학자들의 고유한 주장에 주목했다.

아인슈타인의 도약은 물리학적 분석의 여러 요소를 통합하려고 했고 낡은 사례와 원리를 좀더 광범위한 이론틀에 포함시켰다는 점에서는 고전적인 성격을 갖는다. 하지만 아인슈타인 이후 우리가 시간과 공간, 물질과 에너지에 대해 전혀 다른 방식으로 생각하게 되었다는 점에서는 혁명적이다. 더 이상 절대성을 갖지 못하는 시간과 공간은 이제 세상의 색깔이나 그림자의 길이와 마찬가지로 관점이나 의식과 분리될 수 없는 직관 형식이 되었다. 철학자 에른스트 카시러(Ernst Cassirer)가 논평하듯이, 상대성 이론에서는 어떤 요소의 불변성이나 절대성은 상대성 법칙의 영속성과 필연성을 위해 포기되는 것이다. 이제 철학에서 물리학, 심리학으로 통하는 길은 하나가 되었다. 하지만 역설적이게도 물리학 분야는 많은 사람들이 참여해 왔고 다른 과학자들 역시 (열의만 있다면) 새로운 패러다임을 쉽게 흡수할 수 있었기 때문에, 아인슈타인이 남은 생애 동안 근본적인 기여를 계속 할 수 있을지 여부는 분명치 않았다.

상대성 이론 : 즉각적인 운명

아인슈타인은 움직이는 물체의 전기 역학에 관한 그의 논문을 혁명적이라고 생각하지 않았다. 오히려 그는 양자 이론에 관한 자신의 '발견적(heuristic)' 논문을 혁명적이라고 여겼다. 하지만 그의 부인에 따르면, 아인슈타인은 상대성 이론 논문이 관심을 끌고 어쩌면 격렬한 반론까지도 일으키기를 기대했고, 그의 논문이 발표된 이후 처음 얼마 동안은 「물리학 연보(Annalen der Physik)」에 아무런 논평도 게재되지 않자 꽤 실망했다고 한다. 급기야 「물리학 연보」의 편집자인 막스 플랑크가 다소 애매한 부분을 명확하게 써줄 것을 요청했다. 물론 그 자신은 이 논문을 분명히 이해하고 있었다.

아인슈타인의 상대성 논문에 대한 반응을 논의하는 것은 그 이론 자체를 기묘하게 적용하는 셈이나 마찬가지다. 우선 반응이 너무 느렸다는 관점이 있을 수 있다. 초기에 주요 잡지에 실린 응답은 하나뿐이었다. 3년쯤 시간이 흐르자 학계의 반응도 조금씩 나오기 시작했다. 아인슈타인이 처음으로 주요 회의에 초빙된 것은 4년이 지난 뒤였다. 특수 상대성 이론을 전면적으로 다룬 진지한 해설서가 나온 것은 6년 뒤였다. 많은 사람들이 상대성 이론을 로렌츠의 전기 역학과 혼동해서 그것을 로렌츠-아인슈타인 원리라고 불렀다. 실상 1912년 이전에는 독일 이외의 지역에서는 거의 논의되지 않았다.

하지만 저자가 유럽 학계의 중심지 바깥에서 활동하는 무명의 특허국 직원이었고 통신망이 오늘날에 비해 협소하고 느린 시절이었다는 점을 감안하면, 이런 반응도 상당히 빠른 편이라고 할 수 있다. 플랑크에 이어서 매우 탁월한 젊은 물리학자들 일부가 논문에 관한 소식을 듣고 재빨리 찾아 읽었으며, 자신들의 생각에 심대한 영향을 미쳤다고 얘기했다. 1908년이라는 이른 시기에 벌써 유명한 수학자 헤르만 민코프스키(Hermann Minkowski)는 대중 강연에서 다음과 같이 말했다.

신사 여러분! 내가 이 자리에서 제시하고자 하는 공간과 시간에 대한 이론은 실험 물리학의 토양에서 자란 것입니다. 바로 여기에 이 이론의 강점이 있습니다. 이 이론은 근본을 뒤흔드는 관점을 제시합니다. 이제부터는 공간 자체 그리고 시간 자체란 그늘 속으로 사라져버릴 운명에 놓였으며, 오직 이 양자(兩者)의 결합만이 독립적인 실재로 존속하게 될 것입니다.

이러한 발언은 도처의 과학자 모임에 커다란 반향을 일으켰다. 여러 곳에서 인정한다는 신호가 나왔다. 갑작스레 아인슈타인은 베른대학교의 아인슈타인 교수 앞으로 잘못 부쳐진 편지들을 받기 시작했다. 1909년이 되자 그는 10년 전에 조교 자리를 얻을 수 없었던 취리히 대학의 교수로 임명되었다. 같은 해에 제네바 대학교에서 명예 학위를 수여받았고, 비록 10년 후에나 노벨상을 받게 되지만 벌써 1912년에 노벨상 후보로 추천되었다.

그렇다면, 모든 점을 고려해 볼 때 아인슈타인은 빠른 시간 내에 상당히 우호적인 반응을 얻었다고 말해야 한다. 하지만 상대성 이론의 발견에 가장 가깝게 접근했고 아인슈타인의 사고에 가장 커다란 영향을 미친 사람들은 상대성 이론을 전면적으로 받아들이지 않았다. 이 점은 오랫동안 아인슈타인 연구자의 흥미를 끌었던 문제였다. 내 용어로 말하면, 장(場)에서 가장 영향력 있는 인사가 새로운 발견에 저항한 셈이었다. 유고 출판된 글에서 마흐는 상대성 이론을 냉담하게 대했고 상대성 이론을 교리처럼 떠받드는 추종자들에게 거의 공감하지 않았음을 밝히고 있다. 플랑크는 어느 정도 열광적으로 반응했지만, 상대성 이론보다는 상대성 원리라고 말하길 더 좋아했고, 로렌츠의 업적을 일반화한 이론에 불과하다고 생각했다.

한층 더 당황스러운 반응은 푸앵카레가 죽기 전 7년 동안이나 상대성 이론에 대해 거의 침묵했다는 점이었다. 나는 앞에서 이미 푸앵카레가 상대성 이론의 많은 요점과 몇몇 용어까지도 예견했음을 지적한 바 있다. 그는 아인슈타인의 논문 내용에 대해 훤히 알고 있었을 테고 그것을 이해하는 데도 전혀 어려움이 없었을 것이다. 푸앵카레의 무반응은 많은 억측을 자아냈다. 가장 그럴듯한 추측은 푸앵카레가 아인슈타인보다 한 발 늦은 점에 분개하고 질투심을 느꼈다는 것인데, 이런 생각을 아주 무시할 수는 없지만 푸앵카레가 다른 면에서는 관대한 편이고 아인슈타인의 재능을 칭찬한 적도 있다는 점에서 꼭 들어맞지는 않는 것 같다. 오히려 푸앵카레가 기질상 점진주의자(gradualist)라 할 만했고 그처럼 혁명적인 방식으로 그처럼 단호하게 주장된 이론을 받아들이기를 거북해했다는 점이 진상에 가까울 듯하다. 푸앵카레는 비록 그 자신은 도발적인 문제 제기를 하는 것을 좋아했지만, 증명되지 않은 대안 이론이 나왔다는 이유로 뉴턴 물리학을 송두리째 포기하고 싶지는 않았을 것이다. 그는 상대성 이론을 물리학에 대한 새로운 개념적 구상으로 여기기보다, 경험 자료를 통해 수정될 수 있는 경험론적 주장으로 이해했던 것 같다. 푸앵카레는 수학자로서 물리학자의 사고 실험에 아무런 감흥도 받지 않았다. 오히려 그는 방정식의 기본 규칙과 관습적인 용법에 관심이 많아서, 방정식이 얼마나 현실을 정확하게 반영하고 현실에 대한 관념을 바꿀 수 있는가 하는 문제는 사소하게 여겼다.

　헨드리크 로렌츠의 반응 역시 수수께끼였다. 그와 아인슈타인은 결국에는 친구가 되었고, 아인슈타인은 몇몇 다른 사람들을 존경하듯 로렌츠를 존경하게 되었다. 로렌츠 역시 상대성 이론의 일부 아이디어에 가깝게 접근한 인물이었지만, 푸앵카레와 달리 그 용어와 개념을 사용하는 데 끝끝내 불편함만을 느꼈다. 기본적으로 그는 아인슈타인이나 푸앵카레와 달리 철학 토론을 즐기지 않았던 것이다. 비록 초창기 논문에서는 상대성 이론의 용어를 사용했지만, 실험상 필요했기 때문이지 직관적으로 상대론적 관점이 올바르다고 느꼈기 때문은 아니었다. 그리고 로렌츠가 그의 방정식을 적용하고 자료를 분석해서 상대론적 특색을 띤 결론에 도달했다면, 아인슈타인은 기본 원리에서 출발해서 방정식과 자료를 산출했다. 로렌츠가 기울인 노력은 대부분 고전 물리학을 내부로부터 지키려는 시도였다. 비록 이런 시도는 임시 변통적인 사고에 의존했지만 말이다. 제럴드 홀턴은 이런 점을 선명하게 보여 준다.

　로렌츠의 작업은 곳곳에서 실험적 사실이라는 암초에 부딪히고 군데군데 땜질 자국이 많은 배를 구하려는 영웅적인 선장의 행위와 같다. 반면 아인슈타인의 작업은 뜻밖의 실험 결과에 대한 직접적인 대응과는 상관 없고, 기존의 교통 수단에 대해 환멸을 느끼고 다른 교통편으로 갈아 타는 창조적인 행위라고 할 수 있다.

로렌츠 역시 플랑크처럼 결국에는 상대성 이론에 대해 호의적으로 말했는데, 이 점은 푸앵카레나 마흐와는 다른 모습이었다. 하지만 그는 에테르 개념과 19세기의 고전 물리학에 대한 애착과 정열이 너무 컸다. 나이가 많고 자신의 사고방식이 확고한 로렌츠가 상대성 이론을 수용하기는 많이 힘든 일이었을 것이다.

이러한 사례는 새로운 혁명적 과학 사상이 기성 세대, 즉 장(場)의 권위자들에게 수용되는 일은 드물다는 토마스 쿤의 주장에도 부합한다. 새로운 패러다임이 수용되려면 입장이 굳어지지 않은 새로운 세대가 성장할 때까지 기다려야 한다. 이 점을 뚜렷하게 예증하기라도 하듯, 1905년 괴팅겐 대학교에서 열린 세미나에는 당대의 1급 물리학자들이 참석했는데, 이미 출판 검토를 위해 제출된 상태였던 아인슈타인의 획기적인 논문의 주제를 예견한 발표문은 하나도 없었다.

중요한 이론가들이 침묵했던 반면, 실험가들은 아인슈타인의 작업에 금방 흥미를 보였다. 아마도 가장 잘 알려진 사람은 발터 카우프만(Walter Kaufmann)일 터인데, 그는 아인슈타인과 로렌츠의 이론을 반증하는 것처럼 보이는 실험 결과를 발표했다. 꽤나 의미심장하게도 아인슈타인은 경험적 사실에 근거한 이러한 비난에 전혀 대응하지 않았다. 실험 결과에 의지한 이론에 관심이 없었을 뿐만 아니라, 보편적으로 적용될 수 있는 자신의 이론이 올바를 수밖에 없다는 자신감이 확고했던 것이다. 이런 자신감은 과학자 생애의 전반기 동안 그에게 큰 힘이 되었다.

상대성 이론에 대한 반응은 문화권에 따라 다르게 나타났다. 역사가 스탠리 골드버그(Stanley Goldberg)가 지적한 대로 에테르 이론의 고향인 영국과 푸앵카레가 과학계를 지배한 프랑스, 그리고 여전히 과학 후진국이던 미국에서는 상대성 이론에 대한 논의가 거의 없었다. 다만 독일과 독일어권 나라에서는 활발하게 논의되었는데, 논문이 독일어로 쓰여진 탓도 있었겠지만 과학 제도와 기관이 훨씬 민주적이고 유연한 풍토였기 때문일 것이다. 재미 있는 일은 일단 상대성 이론이 알려지자 미국에서도 폭넓은 논쟁이 불거졌다는 점이다.

논문이 발표된 후 20여 년의 세월이 흐르는 동안, 상대성 이론은 특수 상대론이건 일반 상대론이건 물리학계에 폭넓게 받아들여졌다. 물론 예외도 있었지만, 시간이 흐르면서 이런 반대 의견은 과학보다는 정치적 문제와 관련된 경우가 더 많아졌다.

상대성 이론에 대한 합의가 느슨하게나마 유지되는 것을 보면, 물리학이 심리학과 같은 다른 분야와는 성격이 다른 점을 알 수 있다. 이제는 프로이트가 저작을 발표한 지 거의 100년이 지났고 행동주의가 전성기에 이른 시기로부터는 50년 가량 지났지만, 이러한 심리학 혁명이 이룬 공적에 대해서는 아직도 이견이 분분하다. 심리학을 비롯한 미숙한 과학 분야는 장의 모든 성원들이 인정하고 참여하는 규범적인 패러다임이 나오는 대신 여러 학파들이 충돌하고 대립한다는 점이 특색이다. 반면 물리학 분야는 학자들이 대거 새로운 이론, 즉 양자 역학으로 몰려가는 경우에도 상대성 이론을 옹호하는 학자들을 도외시하지 않는다. 다만, 고전적인 뉴턴 물리학이나 '고전적인' 아인슈타인 물리학이 적절하게 설명할 수 없는 주제로 관심을 돌릴 뿐이다. 마찬가지로 다윈은 진화론을 도입하면서 생물학이 보다 성숙한 과학의 지위를 얻는 데 도움을 주었다. 『종의 기원』(1859)이 출판된 지 135년이 지나는 동안, 우리는 다윈의 종합, 신 다윈주의의 종합, 그리고 점진주의자와 불연속적 진화 주창자들 간에 벌어지는 현재의 논쟁을 거쳐 왔다. 이 점에서 생물학은 심리학보다는 물리학과 더 가깝다고 할 수 있다.

아인슈타인의 출세 가도

처음 몇 년간의 불확실한 시기가 지난 후 아인슈타인은 꾸준히 경력을 쌓아갔다. 1911년 국제 물리학회가 처음으로 솔베이에서 개최될 무렵에 아인슈타인은 분명 플랑크와 푸앵카레, 로렌츠, 어니스트 러더포드(Ernest Rutherford), 마리 퀴리(Marie Cuire)와 동렬에 서는 제1급의 물리학자로 인정받았다. 1912년에 그는 벌써 프로이트를 비롯한 지도적인 과학자 그룹에 합류하여 형이상학을 반대하고, 철학은 과학으로부터 자연스럽게 결론을 이끌어내야 한다는 주장에 지지 의사를 표했다.

취리히 대학에서 교수직을 얻은 이후 짧은 간격을 두고 연이어서 프라하에서 유망한 교수직 제의를 받았고, 다시 취리히로 돌아왔다가 베를린에서 전례 없이 좋은 자리를 제시받았다. 높은 봉급과 원하는 만큼 가르치는 선택권이 보장된, 카이저 빌헬름(Kaiser-Wilhelm)연구소의 소장으로 선임된 것이다. 그는 이제 존경스러운 플랑크를 비롯해 세계 최정상급의 물리학자들과 함께 연구에 전념할 수 있게 된 것이다.

아인슈타인은 프로이트처럼 자기의 야망을 실현하기 위해 스스로를 다그치는 성격이 아니었다. 그는 사소한 다툼이나 앙심을 품은 경쟁자에게 시달리지 않았다. 1920년 이전에는 자신의 글을 체계적으로 모으지도 않았다(물론 글을 모두 불태우는 따위의 극적인 일도 벌이지 않았다). 하지만 아인슈타인은 적절한 연구 환경과 좋은 동료들, 그리고 세상의 인정을 나름대로 중요시했고, 그래서 불행했던 학창 시절 이래 별로 애착을 갖지 않았던 땅에서 제안한 직위를 받아들였다. 이 결정 덕분에 그는 전혀 예상하지 못했던 각광을 받게 될 터였다.

세계적인 유명 인사가 되다 : 두 가지 투쟁

꽤 젊은 나이였음에도 프로이트와는 대체로 동시대인이라고 할 수 있었던 아인슈타인은 세계적인 명사가 되었다. 1920년대가 되자 그의 얼굴은 전 세계에 알려졌다. 물론 그의 논문이 다루고 있는 실제 내용을 이해한 사람은, 그의 이름과 얼굴과 이론 이름을 아는 사람들 중에서 극히 일부에 불과했다. 오직 열두어 명의 사람들만이 상대성 이론을 이해했다는 주장을 진지하게 제기한 사람도 있었다. 그 중에 여덟 명은 베를린에 살고 있을 것이라는 빈정대는 농담도 나왔다. 심지어 아인슈타인 숭배자인 영국의 천문학자 아서 에딩턴(Arthur Eddington)은 상대성 이론을 완전히 이해한 사람이 세 명이나 될지도 확신할 수 없다는 말을 하기도 했다.

프로이트는 자주 불평을 털어놓긴 했어도 자신이 얻은 세계적인 명성에 자부심을 느꼈고, 이런 명성을 오랜 세월 자기를 무시하고 조롱한 사람들에 대한 일종의 복수라고 생각했다. 반면 아인슈타인은 화려한 대중적 명성에 편안하게 적응하지 못했는데, 일찍부터 명성과 인정을 받았기 때문일 수도 있고 대중의 인정과 각광을 갈망하지 않앉기 때문일 수도 있다. 그는 대략 40대 후반 이후인 남은 반생(半生) 동안, 시간을 내달라는 많은 사람들의 요청을 힘겹게 물리치면서 자기만의 연구 시간을 확보하기 위해 애써야 했다. 공교롭게도 그는 자신이 소중히 여기는 물리학 분야가 양자 역학 방향으로 진행되는 추세를 바꾸기 위해서도 그만큼 인정사정 없는 투쟁을 벌여야 했다.

아인슈타인의 명성

많은 사람들이 1920년대와 그 이후에 아인슈타인이 그처럼 대단한 명성을 얻게 된 이유에 대해 숙고했다. 하나의 요인만으로는 설명이 불가능하다. 그가 세계에서 가장 뛰어난 과학자라는 점이 출발점인 것만은 틀림 없다. 하지만 얼마나 많은 사람들이 오늘날 세계에서 가장 뛰어난 과학자의 이름을 알고 있는가? 그가 공간과 시간에 대한 새로운 개념을 제기한 사실, 그것도 '상대성'이라는 매력적인 표찰을 붙여서 제기한 것도 한 가지 요인이었을 것이다. 실제로 영향력이 더 컸던 '양자 이론'은 상대성 이론에 견줄 만한 대중적 추종자를 불러 모으지 못했다.

아인슈타인의 평판은 그의 개인적인 성품에서도 연유했던 것 같다. 털털한 옷차림, 헝클어진 머리, 텁수룩한 콧수염, 격의 없는 태도, 보헤미안 기질 등 남의 이목을 쉽게 끄는 겉모습을 하고 다녔던 그를 보면, 누구나 금방 알아볼 수 있었고 쉽게 호감을 느끼면서 입가에 미소를 지었다. 아인슈타인의 외모와 몸가짐, 그리고 마음속으로 '어른'의 기준을 못마땅하게 여기는 태도에는 아이다운 천진성이 담겨 있었다. 나이가 들어서도 그는 걱정 없이 살아가는 낙천적인 아이(아이들이란 자기 행동을 규율하려는 사회의 관습이나 기성 세대의 잔소리에 별 신경을 쓰지 않는 법이다)의 모습을 잃지 않았다. 카메라를 보기만 하면 얼굴을 찡그린다거나 체면 따위는 아랑곳하지 않고 아이들이나 동물들과 함께 노는 모습은 상아탑의 교수에 대한 대중들의 고정 관념에 신선한 충격을 가했다. 이런 불경스런 이미지는 그가 죽은 지 벌써 반 세기가 지난 오늘날에도, 많은 사람들이 즐겨 입는 티셔츠에 새겨진 사진으로 남아 있다.

하지만 아인슈타인의 명성을 드높이는 데 가장 기여한 요인은 제1차 세계대전이 끝난 직후에 수행된 중요한 실험 결과에 대한 전 세계적인 반응이었다. 제1차 세계대전 기간에 발표한 일반 상대성 이론에서 아인슈타인은 중력에 의한 적색 이동과 태양을 지나는 별빛이 1.7초 가량 휘어지는 현상을 예견했다. 영국 과학자들이 개기 일식을 관측하기 위해 브라질과 아프리카의 남부 지방으로 떠나기로 했다. 이들의 정확한 측정값은 아인슈타인의 이론을 입증하기에 충분했다. 로렌츠가 실험의 성공을 알리는 전보를 보내왔고, 아인슈타인은 감사의 뜻을 전했다. 그리고 곧바로 영국의 연구 파견대가 태양 근처에서 생기는 빛의 굴절 현상을 입증했다는 소식을 어머니에게 전했다.

왕립 학회(Royal Society)와 왕립 천문학회의 합동 회의에서 이 획기적인 실험 결과가 발표되었다. 천문학자 프랭크 다이슨(Frank Dyson)는 이렇게 보고했다. "연구 파견대의 실험 결과는……. 태양의 중력장으로 인해 태양 근처에서 빛의 굴절 현상이 일어난다는 점을 틀림 없이 입증하였고, 굴절 각도 역시 아인슈타인의 일반 상대성 이론이 요구하는 수치와 비슷하게 나왔습니다." 왕립 학회의 회장은 아인슈타인의 업적이 "인류의 지성사에서 가장 위대한 성취"라고 선언했다. 이 장엄한 회합에 참석했던 철학자 알프레드 노스 화이트헤드는 "위대한 사색의 모험이 마침내 무사히 해안에 닻을 내렸다"고 말했다.

당시 최고의 권위지이던 「런던 타임스」는 아인슈타인을 가리켜 시대를 대표하는 인물이라고 칭송했다. 1년 만에 상대성 이론을 다룬 책이 백 권이나 출간되었다. 세계 곳곳에서 상대성 이론에 대한 강연이 개최되었다. 상대성 이론을 3천 단어로 설명할 수 있는 대중적인 글에 대해 상금 수천 달러가 약속되었다. 아인슈타인의 전기 작가 바네쉬 호프만(Banesh Hoffmann)은 다음과 같이 쓴다. "아인슈타인은 세계적으로 유명했다. 조화로운 우주의 아름다움을 탐구하는, 순진하기 이를 데 없는 이 조용한 사색가는 이제 세계의 상징, 폭넓은 존경과 뿌리 깊은 증오의 대상이 되었다." 한 몽상가의 이론적 사색이 일식 현상과 관련된 측정값을 정확히 예견할 수 있었다는 사실이 아인슈타인에게 귀중한 망토를 입힌 격이었다.

세계적인 명성을 얻게 되자 아인슈타인은 자기 이론에 대한 이해와 오해에 대처해야 했다. 가끔은 상대성 이론의 요체를 기자들에게 설명할 때처럼 친절하고 참을성 있게 대했다.

제 대답을 너무 심각하게 여기지 말고 그저 농담 한 마디 정도로 받아들인다면, 제 이론을 이렇게 설명할 수 있습니다. 이전에는 우주의 모든 물질이 사라져도 시간과 공간은 그대로 남게 될 것이라고 믿었습니다. 하지만 상대성 이론에 따르면, 시간과 공간 역시 물질과 함께 사라질 것이라는 얘기지요.

강경하고 무뚝뚝한 모습을 보일 때도 있었는데, 가령 미술사가들이 상대성 이론과 입체주의를 연결시키고자 할 때 그러했다. 그리고 정치적 의도를 가진 과학자들이 그의 주요 이론을 악의적으로 왜곡할 때도 그는 냉담하게 침묵했다.

세계 정치사에서 행한 역할

과학은 아인슈타인의 첫 사랑이었다. 하지만 그는 1913년 말에 독일로 되돌아온 이후부터 국제적인 정치 환경에 휘말려 들어갔다. 1년도 지나지 않아서 독일은 전쟁에 돌입했다. 스위스 시민이었던 그는 전쟁에 관여할 필요가 없었지만, 중립적인 위치를 버리고 제1차 세계대전에 참전한 독일에 대한 우려의 목소리를 높였다. 실제로 아인슈타인은 어린 시절부터 군국주의를 반대해 왔거니와, 국제 협력과 평화주의, 사회주의에 대한 지속적인 관심과 애정을 드러냈다.

1920년대 내내 아인슈타인은 평화주의 운동과 연대했으며 시온주의를 지지했다. 그는 독일에 대해서는 애증의 감정을 갖고 있었는데, 과거의 훌륭한 과학과 문화에는 자부심을 느꼈지만 전체주의가 출현하는 징후는 공포스럽게 지켜보았다. 독일은 인간성의 희망과 위기를 모두 상징했다.

유럽에 파시즘의 유령이 출몰하면서, 좌파적 성향이 있고 유대인의 대의에 강한 일체감을 갖고 있었던 아인슈타인이 베를린에서 계속 자리를 지킬 수 없으리라는 점은 명확했다. 다행히도 그는 프린스턴에 새로 창설된 고등학술 연구소(Institute for Advanced Study)에 종신 직책을 맡게 되었는데, 이곳에서도 그는 넉넉한 봉급을 받고 연구의 재량권도 보장받았다. 이 점은 아무런 속박 없이 지식을 탐구할 수 있는 여건에 대한 우리 시대 공통의 표지라 할 것이다.

한때 독일에서 동료로 지냈던 과학자들이 '유대 물리학'을 부인하고 그의 저서가 불에 태워지자, 아인슈타인은 한층 더 강도를 높여 나치를 비판했다. 히틀러의 군대가 서구문명 자체를 위협하는 전쟁을 일으키자, 일평생 평화주의를 견지했던 아인슈타인은 연합국이 전면전을 치러야 한다고 생각했다. 아인슈타인은 프랭클린 루스벨트(Franklin Roosevelt) 대통령에게 부치는 편지에 서명을 했는데, 이는 과학자가 행한 가장 유명하고 가장 중요한 정치 행위 중의 하나로 평가된다. 레오 질라드(Leo Szilard)가 초고를 쓴 이 간결한 편지는 미국 정부로 하여금 다량의 우라늄에 핵 연쇄 반응을 일으킬 수 있으면 매우 엄청난 위력의 폭탄을 제조할 수 있는 가능성에 관심을 기울이게 하였다. 아인슈타인은 이러한 선택 사항을 독일이 알고 있었고 핵 물리학의 지도자가 우라늄 판매를 이미 중단시켰음을 주지시켰다. 이후 6년 만에 질량과 에너지의 관계에 대한 아인슈타인의 공식에 의거하여 지구상에서 가장 위력적인 폭탄이 제조되었고 폭발 실험이 이루어졌다.

이미 과학사에 등재된 아인슈타인이 이번에는 세계 정치사에 족적을 남기게 되었다. 과학자로서 얻은 명성은 이제 전쟁을 승리로 이끌고 결과적으로 냉전 구조를 고착시켰던 무기를 개발하는 데 촉매 역할을 했다는 점으로 인해 더욱 커졌다. 이제 노인(1949년에 일흔 살이 되었다)이 된 아인슈타인은 당시 다른 누구보다도 전설적인 인물이었다. 아주 뛰어난 과학자들도 아인슈타인 앞에서는 경외감을 느꼈다. 확실히 그는 이스라엘의 카임 바이츠만(Chaim Weizmann)과 데이비드 벤 구리온(David Ben-Gurion)과 같은 중요한 정치 지도자나 버트란드 러셀과 지그문트 프로이트와 같은 매우 탁월한 사상가와 동렬에 올랐다. 실제로 프로이트와 아인슈타인은 두루 알다시피 "왜 전쟁을 벌이는가?"라는 주제에 관해 서로 의견을 교환했다. 비록 결론을 내릴 수는 없는 대화였지만 말이다. 두 사람의 정신이 어울리지 않는다는 지적에 관해 프로이트는 "그는 내가 물리학을 이해하는 만큼 심리학을 이해하고 있어서, 우리는 아주 유쾌한 대화를 나눌 수 있었습니다"라고 농담조의 대답을 했다.

일반 상대성 이론

과학자라는 위치와 세계 정치에 관여하는 역할 사이에 빚어진 갈등을 완성하기라도 하듯, 아인슈타인은 물리학의 본성과 방향에 관한 갈등도 그만큼 깊이 겪었다. 특수 상대성 이론을 발표한 후 10년 동안은 가끔 어려움을 겪긴 했어도 아인슈타인에게는 상당히 생산적인 시기였다. 그는 1907년에 이미 중력 현상과 가속도의 관계에 대해 사색하고 있었다. 그는 상당한 성과를 올렸지만, 압박감이 심하고 한 번은 신경 쇠약을 일으킬 정도의 열악한 환경에서 일군 성과였다. 이 기간에 아인슈타인은 일반 상대성 이론이라는 훨씬 포괄적이고 도전적인 이론을 고안해냈다. 이 이론은 먼저 이론보다 더 복잡한 수학적 도구를 필요로 했으며, 좀더 정교하고 눈부신 물리학 업적이 되었다. 특수 상대성 이론과 마찬가지로 이번에도 아인슈타인은 주로 직관에 의지하여 이론을 구상했다. 그의 직관은 앞선 경우에서는 직선상으로 등속 운동하는 계에 관심을 기울였다면, 이번에는 등가속 운동을 하거나 (좀더 복잡하게) 자의적인 운동을 하는 계에 대해서까지 관심을 확대했다.

아인슈타인의 동료 레오폴드 인펠드(Leopold Infeld)가 서술한 대로, 그는 우선 떨어지는 엘리베이터에 갇힌 사람에 관해 몇 가지 문제를 제기하는 것으로 시작했다. 유리로 만든 엘리베이터가 등가속 운동을 하며 자유 낙하하는 상황을 설정하고, 엘리베이터 안에도 관찰자가 있고 바깥에도 관찰자가 있어서 각기 운동 상태를 측정하고 기록한다고 가정했다. 이 때 추락하는 엘리베이터는 바깥의 세계와 달리 가속도 운동을 하고 있으므로, 두 계가 서로 다르다는 점에 주의해야 한다.

엘리베이터 내부에서 실험자가 콤팩트와 립스틱을 떨어뜨릴 경우, 바닥에 떨어진 립스틱과 콤팩트는 내부에서는 정지 상태로 보일 터인데, 엘리베이터를 포함해서 모든 물체가 동일한 가속도로 떨어지고 있기 때문이다. 실험자가 콤팩트를 밀면, 그것은 엘리베이터 벽에 부딪칠 때까지 밀린 방향으로 균일한 운동을 하게 될 것이다. 따라서 엘리베이터 안의 관찰자는 중력장의 존재를 감지하지 못하고 계 내부의 모든 물체가 다른 힘이나 계의 벽에 방해를 받거나 바닥에 충돌해서 방해를 받을 때까지 정지 상태에 있거나 아니면 균일한 운동을 한다고 결론 내릴 것이다.

아인슈타인은 내부의 관점에서 보면 추락하는 엘리베이터와 그 내용물이 "거의 관성계를 이루게 된다"는 의견을 제시했다. 이 계가 완전한 관성계가 되지 못하는 이유는 조만간 립스틱이 벽에 부딪칠 것이고, 또한 엘리베이터도 바닥에 충돌할 것이기 때문이다. 하지만 엘리베이터 바깥의 관찰자가 보면, 모든 요소(엘리베이터, 실험자, 콤팩트 등)가 지구의 중력장에 기인한 동일한 가속도로 추락할 것이다. 따라서 두 가지 계가 있는 셈이 된다. 엘리베이터 내부의 유사(almost)

관성계와 중력에 종속된 외부 관찰자의 계가 바로 그것이다. 따라서 우리는 서로에 대해 가속도 운동을 하는 두 가지 계를 고려해야 한다. 하나의 계에서 다른 계로의 변이가 가능하려면, 한 쪽에는 중력장이 나타나야 하고 다른 쪽에서는 중력장이 사라져야 한다. 따라서 균일하지 않은 운동(즉, 등속 운동이나 등가속 운동이 아닌 운동)을 하는 계를 포함하려면, 중력 현상을 고려해야 하는데, 중력이 바로 균일하지 않은 운동을 하는 계들을 서로 연결시키는 역할을 하기 때문이다. 중력장은 기준계를 어떻게 선택하느냐에 따라 생길 수도 있고 사라질 수도 있는 것이다.

이러한 추론으로부터 일반 상대성 이론이 전개되었다. 그리고 엘리베이터에 구멍을 뚫고 그곳을 통해 빛을 쏘는 경우엔 사고 실험이 더욱 복잡해진다. 이제 빛의 궤적은 엘리베이터 내부의 관찰자와 외부의 관찰자에게 서로 다르게 나타난다. 중력은 마치 물질에 영향을 미치듯 빛에 영향을 미치기 때문에, 관찰자는 중력장이 광파의 직선 경로를 변형하는 모습을 보게 된다.

특수 상대성 이론과 마찬가지로 일반 상대성 이론의 관점에서도 기묘한 사실과 예측이 도출되었다. 내가 설명하는 것보다 훨씬 복잡하고 전문적인 의미를 담고 있겠지만, 공간은 이제 구부러진 형태로 생각해야 하고 중력장에는 유클리드 기하학을 적용할 수 없게 되었다. 시계는 질량이 큰 물체 근처에 놓이면 진행 속도가 느려지고, 광선의 경로는 휘어질 수밖에 없으며, 행성의 타원 궤도는 운동 방향으로 서서히 회전한다 등등. 대중 과학서 저자 링컨 바넷(Lincoln Barnett)은 다음과 같이 쓴다. "우주는 독립적인 물질이 독립적인 시공간에 자리잡고 있는 고정된 불변의 실체가 아니다. 그와는 정반대로 우주는 무정형의 연속체로서 고정된 구조를 갖지 않고, 유동적이고 가변적이며, 끊임없이 변화하고 변형된다."

이러한 만곡(彎曲) 형태는 앞에서 지적한 것처럼 천체 수준에서 관측이 가능하기 때문에 매우 중요하다. 개기 일식이 일어나는 기간에 태양 근방에서 별을 관찰할 수 있고 별빛이 태양의 가장자리를 지나 지구로 오는 것을 볼 수 있다. 이러한 관측이 실제로 이루어지도록, 아인슈타인은 다양한 기하학을 터득하고 그것을 적절히 수정해야 했다. 이 방식에 따라 일단의 천문학자들은 광선이 중력장에서 휘어지는지, 이러한 만곡 효과가 상대성 이론의 예측과 정량적으로 일치하는지 여부를 판단하기 위해 1919년의 일식을 관찰했다.

아인슈타인은 일반 상대성 이론을 발표하면서 역사상 가장 위대한 과학자의 한 사람으로 확실히 자리매김되었다. 그는 아주 복잡한 문제를 상상하고 그 해답을 내놓았을 뿐 아니라, 대담한 예측도 제기했는데 이 예측은 결과적으로 옳은 것으로 입증되었다. 사실 1919년의 일식 관측에서 상대성 이론이 입증되자 세상은 축복으로 환영했지만, 아인슈타인 자신은 담담했고 조금은 지겨운 기색까지 비쳤다. 그 날 그와 마주친 학생에게도 이런 말을 했다고 하는데, 아인슈타인은 관찰 결과가 그렇게 나오리라는 것을 알고 있었다는 것이다. 그는 다른 과학자들도 이 점을 인정하게 되리라는 것을 확신하고 있었다. 그러나 말은 이렇게 했어도, 아주 태평한 심정만은 아니었을 것이다. 최근에 발견된 편지에 따르면, 그는 이미 1916년에 한 학생에게 일반 상대성 이론을 입증할 수 있는 실험 자료를 찾아보라는 격려를 했던 것이다.

물리학의 주류를 거부하다

특수 상대성 이론과 일반 상대성 이론을 구상한 아인슈타인은 분야를 막론하고 창조적 행위를 특징짓는 일정한 패턴을 잘 보여준다. 자신이 선택한 분야에서 10년 동안 전문 지식을 익힌 아인슈타인은 아직 젊은 나이에 결정적인 도약을 이루어 물리학의 연구 방향을 쇄신했다. 많은 창조적인 인물들이 처음의 근본적인 도약이 함의하는 내용을 탐구하는 다음 10년 동안의 연구를 거쳐, 아인슈타인은 두 번째 결정적인 도약을 감행했다. 고르디아스의 매듭을 끊었던 것과 같은 최초의 연구 성과(특수 상대론)를 토대로 일반 상대성 이론을 구상한 것이다. 이 이론은 첫 번째 통찰을 물리학의 다른 영역, 특히 중력 현상에 연결시켜서 훨씬 포괄적인 이론이 되었다.

그런데 1913년이라는 이른 시기에 벌써 물리학은 분명 새로운 방향으로 나아가고 있었다. 이는 상대성 이론과 직접 충돌하지는 않았지만, 아인슈타인을 점점 불편하게 만들었다. 양자 역학에 입각하여 물질계를 설명하려는 방향이었는데, 이 연구 방향은 1900년 막스 플랑크가 개시했고 아인슈타인의 1905년 논문(노벨상 시상문에 언급된 광전 효과를 다룬 논문)이 상당히 진전시킨 바 있거니와, 급속도로 물리학 분야의 총체적인 세계관으로 자리잡았다.

1920년대 중반에 이르자, 에르빈 슈뢰딩거(Erwin Schrödinger), 루이 드 브로이(Louis de Broglie), 파울 디락(Paul Dirac), 베르너 하이젠베르크(Werner Heisenberg)와 같은 젊은 물리학자들이 이룬 일련의 혁신적인 성과에 힘입어 양자 역학은 절정에 도달했다. 이들보다 나이가 약간 많은 저명한 덴마크의 물리학자 닐스 보어(Niels Bohr)가 양자 역학의 관점을 엄밀히 기술하면서 이들의 노력을 지원했다. 보어는 조작적 의미(operational meaning)만이 신뢰할 수 있고, 인과적 법칙 대신 개연성을 받아들여야 하며, 모든 관찰자는 관찰 행위 자체가 관찰 대상에 미치는 효과를 인식해야 한다는 양자 역학의 기본 교의를 서술했다. 아인슈타인은 양자 역학의 요지를 이해했고 결론의 상당 부분을 존중했지만, 그 이론을 좋아하지는 않았다. 그는 고전 역학의 인과성을 부인하지 않고 완전한 과학적 설명의 가능성을 의문시하지 않는 좀더 심오한 방법으로 세상을 설명해야 한다고 느꼈다. 그리고 "신은 우주를 가지고 주사위 놀이를 하지 않는다"는 아주 유명한 말을 하기도 했다. 아인슈타인에게 있어 과학이란 가장 작은 세계에서도 질서를 가져야 했다. 그는 동료 막스 보른(Max Born)에게 이렇게 써 보냈다. "복사(radiation)에 노출된 전자가 자유 의지로서 튀어나올 순간과 방향을 선택한다는 생각은 정말 참기 어렵습니다. 우주가 이렇게 생겼다면, 나는 물리학자보다는 차라리 구두 수선공이나 도박장의 종업원이 되겠습니다." 아인슈타인과 보어는 서로를 무척이나 존경했고 30여년에 걸쳐 공적으로나 사적으로 '상보성(complementarity)'과 '객관적 현실'에 관해 논쟁을 했다. 하지만 어느 쪽도 상대방의 견해를 뚜렷하게 바꾸지는 못했다. 그럼에도 두 사람은 진심과 성의로써 상대방을 대했는데, 이 점은 프로이트와 그의 적대자들 간의 관계와 뚜렷하게 대조된다.

이후 20년 동안 최근의 과학사에서 가장 뼈아픈 일이 벌어졌다. 아인슈타인은 자기 믿음에 대한 확신은 결코 잃지 않았지만 점점 고립되어 혼자 남게 되었고, 양자 역학에 계속 맞섰다. 많은 친구들은 여전히 아인슈타인을 존경했고 그가 공개적으로 발언하고 글로써 나타낸 주장에 귀를 기울였지만, 아인슈타인이 자기만의 세계에 틀어 박혀서 물리학의 새로운 패러다임과 동떨어져 있다고 느꼈다. 아인슈타인은 이러한 고립과 소외를 잘 알고 있었고 이런 처지에 관해 농담을 하기도 했다. 그는 용감하게 노력했지만, 양자 역학과 상대성 이론을 종합하는 통일장 이론을 구축하는 데는 실패했다. 사람들 대부분은 이러한 시도를 실패가 정해진 싸움이라고 생각했다. 일반 상대성 이론은 거시적인 규모에서 중력 작용과 우주론을 설명했지만, 원자나 원자 내부의 수준에는 제대로 적용되지 않았다. 양자 역학은 우주의 물질과 복사 에너지가 그로부터 구성되는 가장 기본적인 입자들의 본성과 구조를 설명하는 데 필요한 이론이었다.

아인슈타인은 그의 작업이 다른 많은 동료들의 작업과 점점 더 분리되는 상황에 틀림없이 고통을 느꼈을 것이다. 또한 상대성 이론의 시대에는 그의 업적에 낯간지러운 찬사가 쏟아진 반면, 양자 역학의 시대에는 고통스러운 침묵만을 대면해야 했던 대조적인 경험을 받아들이기도 조금은 힘들었을 것이다. 어쩌면 아인슈타인이 견딜 수 있었던 것은, 과거에도 그는 홀로였지만 결국 자신이 옳았다는 사실과, 모종의 장대한 설계도(비록 인간은 일시적으로, 아니 영원히 이 설계도에 접근할 수 없다고 증명된다 하더라도)가 존재해야 한다는 거의 종교에 가까운 믿음 덕분이었는지도 모른다.

직관적 지혜와 성찰적 지혜

마흔 살 이후에도 자연과학 분야에서 뛰어난 업적을 이룰 수 있을까? 물론 나이와 상관 없이 아주 소수의 과학자들만이 유력한 새 이론을 내놓는 법이지만, 대단한 위업을 달성하는 그런 소수의 과학자들도 대개는 젊은 시절에 그런 업적을 이룬다. 아인슈타인의 경우와 마찬가지로, 양자 역학의 주요 창안자들이 획기적인 도약을 이룬 것은 20대 시절이었다. 이들 중 많은 과학자들이 이후 반세기 동안 활발하게 연구 활동을 계속했지만, 양자 역학에 버금가는 중요성을 지닌 후속 이론의 발견에 기여한 학자들은 한 명도 없었다. 이와 대조적으로 비과학 분야나, 심리학이나 다윈 이전의 생물학처럼 다소 구조가 느슨한 과학 분야에서는 수십 년 동안 중요한 학문적 기여를 할 수가 있다.

20대 이후에는 과학자들의 두뇌(혹은 계산 능력)가 급속히 쇠퇴한다고 말할 수도 있지만, 이들이 최상급의 과학 비평가가 될 수 있다는 점은 그런 가정을 약화시킨다. 나이가 들면 연구 시간을 내기가 점점 어려워지고, 이제 세계적인 명사로 인정받기에 참으로 혁명적인 업적을 이루기 위해 필요한 '찬란한 고립'의 시기를 더 이상 가질 수 없다고 말할 수도 있다.

하지만 내가 보기에 과학 분야의 가장 혁명적인 업적을 이루려면 젊음과 원숙함을 절묘하게 결합할 줄 알아야 하고, 이런 결합은 비교적 젊은 시절에나 가능하다. 경계가 분명히 구획되는 자연과학 분야에서는 그 분야의 선행 연구를 속속들이 이해하고 체화한 경지가 되어야 의미 있는 진전을 이룰 수 있다. 아인슈타인도 그 장점과 한계를 포함해서 맥스웰과 로렌츠를 비롯한 다른 물리학자들이 기여한 내용을 이해하지 못했다면, 이들을 능가하지 못했을 것이다. 하지만 동시에 일정한 사고 방식에 너무 오랫동안 물들어 있으면, 새로운 혁신에 적응하지 못한다. 푸앵카레와 로렌츠도 자신들의 사고 습관에 너무 묶여 있던 나머지, 공간과 시간 그리고 이와 관련된 문제들에 대한 전혀 새로운 접근법을 용인할 수 없었을 것이다.

1905년에 아인슈타인이 그들을 능가하고 다음 10년 동안 여기서 한층 더 전진할 수 있었던 원동력인 참신한 생각은 젊음의 특권이요, 일단 지나가면 다시는 찾을 수 없는 재능이다. 실상 아인슈타인은 37살에 마흐에 관해 다음과 같은 통찰력 있는 발언을 했다. "만약 그의 정신이 아직 젊고 다른 사람의 생각을 받아들이기 쉬운 시절에 광속 일정의 문제가 물리학자들 사이에 논의되었다면, 마흐가 상대성 이론을 발견했을 가능성도 전혀 무시할 수만은 없다." 아인슈타인 자신도 한 친구에게 이런 말을 한 적이 있다. "상대성 이론에 관해 사색한 만큼 백 번씩이나 양자 역학에 관해 사색해 보았네." 그는 양자 역학에 계속 열의를 보였지만, 이런 몰두만으로는 획기적인 도약을 이루기는 충분치 않았다. 젊음과 원숙함의 결합은 창조적인 과학 천재의 고유한 특징일 것이다. 하지만 이것은 필요 조건이지 충분 조건은 아니다. 아인슈타인은, 우선 그가 젊은 시절에 숙고했던 문제가 당시의 물리학에 적합했다는 점에서, 둘째 그가 공간적·시각적 상상력에 재능이 있다는 점이 그의 과학 연구를 진전시킬 수 있었다는 점에서 운이 좋은 편이었다. 만약 아인슈타인이 20년 늦게 태어났더라면, 그의 재능과 세계관은 논리-수학 지능이 공간적 재능보다 더 중요한 양자 역학 시대에는 어울리지 않았을 것이다.

젊음과 원숙함이 훌륭하게 결합한 아인슈타인의 지성은 많은 사람들에게 강한 인상을 남겼다. 우선 그는 세상의 흥미로운 현상에 대한 관심을 평생 잃지 않았다. 호프만은 이렇게 쓴다.

어떤 일을 하고 있을 때나 그의 마음속에는 과학이 있었다. 그는 차를 저으면서 차 찌꺼기가 컵 바닥의 가장자리가 아니라 가운데로 모인다는 것을 알았다. 그는 이런 현상이 생기는 이유를 전혀 뜻밖의 사실, 즉 강물이 굽이쳐 흐르는 모습과 연결시켜서 설명했다. 모래 위를 걸을 때도 그는 우리가 보통 아무 생각 없이 알고 있는 사실을 신기하게 생각했다. 즉, 마른 모래나 물에 잠긴 모래는 그렇지 않은데, 젖은 모래는 딱딱한 발판이 될 수 있다는 사실 말이다. 이 현상에 대해서도 그는 과학적 설명을 찾아냈다.

하지만 예술 문제에 관해서는 노인의 보수주의적 심성을 드러냈는데, 그의 영향 아래에서 창조된 20세기의 모더니즘 예술을 결코 받아들이지 않았다. 그는 바로크 음악과 고전주의 시대의 음악을 좋아했으며, 중세 미술과 르네상스 미술에 호감을 보였다. 벌써 1911년에 과학자들은 원자 수준에서는 개연성을 용인해야 할 필요성에 대해 논하기 시작했지만, 아인슈타인은 보수적인 성향을 분명히 나타냈다.

탁월한 젊은 과학자가 중년과 만년에도 계속해서 혁명적인 업적을 이루는 주된 방식은 두 가지다. 하나는 체계가 느슨하고 발전 방향이 다양한 분야, 가령 사회과학처럼 아직 발전 도상에 있는 분야에서 활동하는 경우이다. 흥미로운 점은 활동력이 왕성한 물리학자들이 중년에 들어서도 젊은 지성을 계속 유지하거나 신선한 지적 자극을 받을 생각으로 생물학이나 심리학, 혹은 인지 과학 분야로 진출하는 경우가 적지 않다는 사실이다. 또 하나의 방식은 매우 중요한 발견을 이룬 다음에 남은 생애 동안 그 발견에 따른 지적 자본으로 연구 생활을 지속하는 경우이다. 바로 다윈이 이런 경우이다. 프로이트도 (임상 심리학자로서는) 마흔 살이라는 비교적 늦은 나이에 발견한 이론의 다양한 함의를 탐구하면서 말년을 보냈다. 물론 어떤 분야에서 활약하는 재능 있는 젊은 과학자들이 많을수록, 한 사람이 계속 그 분야를 주도하기는 힘들다. 이런 점에서 아인슈타인의 첫 번째 독자들의 질적 수준에 비해, 프로이트의 초창기 추종자들이 다소 한심한 인물이었다는 점은 시사하는 바가 크다.

역설적이게도 아인슈타인이 말년에는 로렌츠와 푸앵카레가 된 셈이다. 그는 여전히 탁월한 통찰력을 지닌 사색가요 비평가였으며, 그에 대한 동료들의 존경심도 여전했다. 하지만 이 훌륭한 선배들과 마찬가지로, 물리적 실재에 대한 새로운 개념화 방식을 받아들이려고 하지 않았다. 그는 고전적인 물리학에 대한 미련을 버리지 못했다. 물론 이번에는 뉴턴과 갈릴레오의 옛 물리학이 아니라, 그 자신이 창안한 새로운 고전 물리학이었다. 그가 만년에 쓴 글에서 이전과는 전혀 다른 어조로 로렌츠와 푸앵카레가 상대성 이론의 탄생에 기여했다고 말하는 이유도 어쩌면 여기에 있을 것이다.

물론 아인슈타인은 1929년 이후에는 물리학에 별달리 공헌한 바가 없었지만, 그의 업적에서 파생된 여러 이슈를 점차 분명히 이해했고, 과학을 삶의 다른 영역에 연관시키는 면에서도 통찰이 깊어졌다. 실제로 아인슈타인은 과학자로서보다 전반적인 사색가로서 끊임없이 성숙했다. 아인슈타인은 그의 시대에서 언제나 독특한 위치에 설 수 있었는데, 단지 뛰어난 과학자로서만 아니라 (과학에 대해서 뿐 아니라 과학이 인간의 삶에서 차지하는 위치에 대해서도 현명한 판단을 내릴 수 있었던) 원숙하고 성찰적인 인간으로서 우리 시대를 대표하는 인물이 되었기 때문이다. 어린 시절의 천재란 주로 명민하고 신속하게 직관적인 능력을 발휘할 수 있다. 직관과는 다른 이해 능력, 즉 성찰적 지혜(reflective wisdom)라고 부를 만한 능력은 인생을 살아가면서 계속 성숙한다. 이러한 지혜는 보통 링컨이나 간디와 같은 정치 및 종교 지도자와 어울린다고 생각하기 쉽지만, 나는 아인슈타인과 같은 과학자들에게서도 찾아볼 수 있는 특성이라고 생각한다.

사실 아인슈타인은 만년의 30년 동안 오히려 철학자에게 어울리는 문제에 상당한 정력과 재능을 쏟았다. 과학을 실제에 응용하는 문제, 과학의 매력, 과학의 인식론적 성격, 사유의 심리적 측면, 상식과 과학적 사유 간의 관계, 과학에서 심미적 감수성이 담당하는 역할 등이 그것이다. 이들 각각의 주제에서 아인슈타인은 꽤 인상적인 생각을 밝혔다. 이를테면, 과학과 인식론은 긴밀하게 연결되었다는 점, 과학적 사유란 단지 상식의 확장에 다름아니라는 점, 과학자와 예술가는 모두 일상에서의 도피를 추구한다는 점, 과학자로서 그의 임무는 신이 마성적으로, 그러나 전혀 불가해하지는 않게 우주에 짜 넣은 구조의 주요 요소를 알아내는 데 있다는 점 등이었다. 그는 기탄 없이 말했다. "나는 신이 어떻게 우주를 창조했는지 알고 싶다. 이런저런 현상이나 이런저런 요소에 대한 각양각색의 견해 따위에는 관심이 없다. 내가 알고 싶은 것은 신의 생각이다. 나머지는 지엽적인 것이다." 철학적 색채가 가미된 아인슈타인의 발언은 어느 것도 완전히 독창적이라고 보기는 힘들다. 그렇지만 그는 분명한 확신을 갖고 일관성 있게, 그리고 인상적인 태도로 그런 주장을 했고, 덕분에 그의 주장은 우리 시대에서 가장 영향력 있는 사상이 될 수 있었다.

내 생각에 경험의 과학적, 종교적, 미학적 측면에 대한 아인슈타인의 생각에는 일관성이 있었다. 그는 우주의 비밀을 밝혀낼 수 있다는 점과 우주의 근본적인 합리성과 질서, 조화를 강조했다. 프로이트와 마찬가지로 이 현대의 창조자는 계몽주의의 자식임을 자처했다. 시작은 유년기의 날카로운 직관이었지만, 그것이 결국 탁월하고 포괄적인 철학이 되었다. 그렇지만 아인슈타인은 인생의 비합리적인 측면과 변칙적인 사례를 전혀 모른 체하지 않았다. 그는 그의 사위가 쓴 전기 서문에서 이렇게 쓰고 있다. "우리들 각자는 무궁무진한 자연이 그저 놀이 삼아 우리 내부에 심어 놓은 비합리성과 비일관성, 우스꽝스러움, 광기 등을 품고 있지만, 사람들은 이를 간과해 왔던 것 같다. 하지만 우리의 정신이 호된 시련을 겪을 때면 언제든 이런 요소가 불거진다." 아인슈타인은 과학에 의존해서 이런 존재의 오점을 설명하려고 하지 않았다(프로이트의 심리학에 다소 의심쩍은 눈길을 보낸 이유도 여기에 있을 것이다). 물리 세계를 지배하는 영원한 법칙을 규명하는 일만으로도 충분히 힘겨운 과업일 터였다.

오랫동안 아인슈타인의 비서로 지냈던 헬렌 뒤카스(Helen Dukas)는 "아인슈타인은 만약 북극곰으로 태어났더라도 여전히 아인슈타인이 되었을 것이다"라고 말한 적이 있다. 나는 다른 분야에서도 아인슈타인의 천재성이 똑같이 발현되었으리라고는 조금도 생각하지 않는다. 20세기 초반에 발달한 이론 물리학은 그의 재능(그리고 한계)을 지닌 사람이 천착하기에 가장 적합한 분야였다. 하지만 그가 음악가나 랍비 혹은 기술자가 되었어도, 항상 자신이 생각한 문제에 끈질기게 관심을 두는 모습과 삶의 다양한 영역들 간의 관계를 인식하고자 하는 열망이 나타났을 것이다.

자신의 견해를 널리 알리다

만년에 이르러 아인슈타인은 세계의 정치나 사회 문제에 관해 어떤 견해를 갖고 있느냐는 질문을 끊임없이 받았다. 어쩌면 놀라운 일일 수도 있으나, 그는 이러한 요청을 잘 받아주었다. 그는 원자 에너지의 군사적인 사용과 평화적인 사용, 이스라엘에서의 유대인의 운명, 독일을 처벌하고 계속 감시해야 할 필요성, 유대인과 아랍인의 관계, 무기를 모두 없애는 일이 바람직하다는 입장, 맥카시즘 시대의 미국에서 시민의 자유가 줄어드는 상황 등 폭넓은 주제에 관해 자신의 견해를 밝혔다. 이런 문제에 대한 아인슈타인의 견해가 과학과 철학 문제에 대한 견해보다 날카롭지도 독창적이지도 않다는 생각에 이의를 제기할 사람은 없을 것이다. 하지만 이러한 견해도 그의 정합적인 세계관을 구성하는 중요한 요소이다.

이같은 전기적인 사실이나 사상적인 면에 대한 고찰은 상당히 복잡한 측면을 고려해야 하지만, 그렇다고 전혀 설명이 불가능한 것은 아니다. 아인슈타인은 겉으로 보면 모순적인 인물이다. 어떤 면에서는 젊은이와 같지만 다른 면에서는 나이보다 원숙한 모습을 보여준다. 신자는 아니었지만 오랫동안 신에 관해 사색했고, 역사상 가장 치명적인 무기 개발을 고무한 평화주의자였다. 한때는 과학의 근본을 바꾼 혁신가였으나 만년에는 근본적으로 새로운 과학 패러다임을 논박했고, 과학자이면서도 이론적 기준을 심미적인 아름다움에 두었다. 물리적 세계에 온 관심을 쏟았던 과학자로서 그는 시간을 초월한 문제와 시간 개념에 관해 숙고했을 뿐 아니라, 그가 살았던 시대에 인간을 괴롭혔던 세속적인 문제에 관해서도 장시간 고심하고 자신의 의견을 밝혔다.

아인슈타인은 이처럼 다채로운 면모를 보였지만, 그의 과학적 천재성, 심미적 감성과 종교적 심성 그리고 세계의 현실적인 문제에 대한 관심은 모두 아인슈타인이라는 한 사람의 인격 속에 긴밀하게 결합되어 있었다. 사상사가 이사야 벌린(Isaiah Berlin)은 물리 세계를 이해하는 데 필요한 직접적이고 직관적인 인식의 도약은 인간 세계를 지배하는 특징인 한계성과 미묘한 의미의 차이, 그리고 타협적인 성격에 대한 섬세한 인식과 다른 질서를 갖는다고 지적한 바 있다. 벌린은 "허수나 비유클리드 기하학, 양자 이론와 같은 중요한 발견의 경우는, 보통 사람들이 필수불가결한 것으로 여기는 사고 범주에서 분리될 수 있는 능력, 즉 원리상 자연어로는 상상하지도 표현하지도 못하는 것을 사색할 수 있는 재능이 필요하다"고 말한다. 뉴턴이나 코페르니쿠스와 마찬가지로 아인슈타인은 조화롭고 통일된 우주, 물리적 인과성에 통어하는 우주에 대한 상(像)을 간직했다. 이처럼 보통 사람들의 사고 범주와 절연될 수 있었기에 아인슈타인은 물리학 분야에서 천재성을 발휘할 수 있었고, 이보다는 성과가 없었어도 세계 질서와 관련된 문제에 개입할 수 있었던 것이다.

벌린은 또한 다른 사람과 친밀한 관계를 맺지 못하는 사인(私人)으로서의 아인슈타인과, 놀랍게도 이방인을 잘 받아들이고 인류의 문제에 깊이 관여하는 세계 시민으로서의 아인슈타인 사이에 명백한 차이점이 있다고 지적한다. 하지만 여기에도 그 밑바탕에는 연관성이 존재한다. 어쩌면 간디를 연상할 수 있을 만큼 아인슈타인은 가족과의 관계를 끊다시피 했고, 아들들을 멀리 했으며, 첫 결혼에서 낳은 딸은 자신이 아버지라는 사실조차 부인했다. 하지만 가족이나 친구들과 가깝게 지내지 않았기 때문에 오히려 그는 세상 전체와 폭넓은 관계를 맺고 그 물리적 본성을 밝혀낼 수 있었던 것이다. 아인슈타인도 스스로 맺은 이 파우스트적인 거래를 의식하고 있었던 것 같다.

나는 사회 정의와 사회적 책임에 대해서는 열정적일 만큼 관심이 많은데 비해, 이와는 이상하리 만치 대조적으로 주변 사람들과 직접 어울리고 싶은 마음은 별로 없었다. 굳이 말하자면 나는 협동 작업에는 익숙치 않고 혼자서 일하는 스타일이다. …… 이러한 고립은 때로 쓰라린 기분을 느끼게 하지만, 다른 사람의 이해와 공감을 얻지 못한 걸 후회하지는 않는다. …… 여기에는 나름대로 보상이 있었는데, 나는 관습이나 다른 사람의 의견과 편견에서 자유로울 수 있었고, 그와 같은 변덕스런 토대에 내 정신을 의존하고 싶은 생각이 들지 않았던 것이다.

독창적인 과학자로서의 아인슈타인은 마흔 살 때 끝났다고 봐도 무방하다. 하지만 그는 과학과 철학, 심리학, 인간 본성, 세계 문제 등에 관해 계속 성찰하면서 남은 생애에서도 여전히 왕성하게 활동했다. 이런 주제에 관해 우리의 인식 폭을 넓힌 사람은 매우 드물다. 프로이트와 간디 정도가 최근 역사에서는 이에 합당한 자격을 갖춘 인물로 돋보일 뿐이다. 하지만 아인슈타인은 특히 그가 친숙해 있던 과학 문제에 대해서는 필요하고도 귀중한 견해를 밝혔다. 우리는 과학 연구의 본성과 과학 연구에 필수적인 사고 과정에 대해서는 근거가 확실한 견해를 듣고자 하는 법이다. 또한 아인슈타인의 세계관과 원칙적인 자세는 모두는 아니라도 많은 이들의 존경을 받았다. 물리학보다 체계가 느슨한 분야에서는, 이를테면 문학이나 철학 혹은 역사와 같은 분야에서는 어린 시절의 직관에서 성찰적인 지혜로의 변화가 자연스럽고 무리 없이 일어난다.

간주곡 1

 제2부에서 나는 창조성의 거장들을 세 부류로 나누어 살펴볼 셈인데, 각각의 사례에서 나는 대체로 과학과 예술, 그리고 세상의 현실적인 무대와 관련된 창조성의 다양한 모습을 살펴볼 것이다. 여기에서는 지금까지 소개한 프로이트와 아인슈타인의 창조성을 짤막하게 다시 검토하겠다.
 프로이트와 아인슈타인에 관한 사례 연구의 경우, 나는 전기적 사실과 성격 그리고 그들의 업적을 살펴보면서 두 인물의 다양한 유사점과 차이점에 주목했다. 두 사람은 모두 탁월한 학자이며 사상가로서, 평생 동안 지식 탐구에 몰두했다. 과학자라는 용어는 특히 만년의 프로이트가 다소 사변적인 저술을 남겼다는 점에서 보면, 프로이트보다는 아인슈타인에게 어울린다고 할 수 있다(아인슈타인의 경우는 과학과 사상이 좀더 날카롭게 구별된다). 하지만 프로이트 이론의 과학성을 의문시하는 사람들도 그가 과학자로서 훈련받았고 프로이트 스스로는 자신의 이론을 과학이라고 생각했다는 점에는 동의한다.
 넓게 보아 학자들이란 세계(물리 세계, 사회 세계, 정신 세계)의 현상을 기술하고 설명하는 과업을 맡은 사람들이다. 인문학자들은 문학과 예술, 개인들의 생애, 역사적 사건과 같은 구체적인 현상에 주목하고 이 분야에 어울리는 이론 모델을 활용한다. 반면 과학자들은 실체의 종류와 사건의 유형을 설명할 수 있고 나아가 특정한 조건 하에 이러한 물체와 사건에 어떤 일이 생길지 예측할 수 있는 이론 모델을 세우려고 노력한다.

    과학자를 비롯한 학자들은 그들이 몸담고 있는 분야에서 제기된 문제를 해결하는 데 많은 관심과 노력을 기울인다. 생물학자들은 새로운 생물종을 분류하거나 특정 효소를 조사하고, 역사학자들은 국가 간의 협정이나 종교 단체를 연구하며, 인류학자들은 낯선 문화를 관찰해서 문화의 유형을 도출해낸다. 프로이트와 아인슈타인의 일부 업적은 정상 과학에 포함시켜도 별 무리가 없다. 가령, 프로이트의 히스테리 유형 분류나 분자 크기를 측정하려는 아인슈타인의 시도가 그런 경우이다.

    하지만 이미 다른 학자들이 제기한 문제의 해답을 마련하는 수준을 넘어설 때 과학자의 소명은 더욱 빛이 난다. 우리가 아인슈타인의 상대성 이론 공식과 프로이트의 무의식 탐구에서 보는 것은 이론 체계의 구축이다. 과학자들은 특정 분야의 개념과 현상을 탐구하고 통용되는 관점이 적절치 못함을 알게 되면, 모든 것을 처음부터 다시 시작한다. 프로이트는 동료들이 무시했던 현상, 즉 무의식의 구조와 과정을 연구했고, 이를 설명하기 위해 새로운 이론 모델과 어휘를 만들어냈다. 아인슈타인은 동시성, 시간, 공간, 운동이라는 개념을 기존에는 정합적으로 이해하지 못했다고 주장했다. 그는 마치 고르디아스의 매듭을 끊듯 대담한 정리(定理)를 제기하고 그 논리적 타당성을 주장하면서 그 정리에 담긴 의미를 탐구했다.

    아인슈타인이나 프로이트는 상대방이 제기한 이론을 발견할 수도 있었다고 생각하기 쉽지만, 실상은 그렇게 간단하지 않다. 내가 앞에서 보여주고자 했듯이, 두 사람은 정신 유형과 활용한 상징체계가 서로 달랐다. 프로이트는 언어 지능과 인성 지능이 우수했다. 어린 시절부터 인간의 본성에 남다른 관찰력을 보였고, 주로 언어에 기반해서 사고했으며, 공간적이거나 논리적 내용은 거의 없는, 주로 언어와 개념에 기반한 이론 체계를 구성했다. 그의 이론 체계는 대부분 일상 언어를 통해, 그리고 직관적으로 자명한 느낌을 주는 방식으로 설명하는 것이 가능했다. 실상 프로이트의 이론 체계를 일련의 논리적인 명제로 바꾸는 작업은 상당히 까다로웠다. 프로이트 학파의 연구는 새로운 사례를 서술하고, 새로운 용어를 고안하고, 언어에 기초한 모델을 쇄신하는 방식으로 진행된다.

이와는 날카롭게 대비되는 아인슈타인은 언어에는 별다른 재능이 없었고 인성 문제에 대한 관심도 부족했다. 그는 물리학자로서는 유리하게도 시각적·공간적 이미지가 풍부한 사고 실험에 재능이 있었다. 그는 사고 실험의 내용을 수학 공식과, 엄밀한 논리적·수학적 구조에 존재하는 개념으로 쉽게 변환시킬 수 있었다. 평범한 사람들은 아인슈타인의 업적에 경탄하곤 하지만, 사실 그들은 피상적으로만 이해할 수 있는 처지이다.

결국 아인슈타인도 우주의 본성에 대해 논리적인 진술을 하게 된다. 과학자들은 주로 논리적으로 얼마나 엄밀한지, 그리고 그의 상호 연관된 명

제들이 얼마나 물리 현상을 폭넓게 설명할 수 있는지에 근거해서 아인슈타인의 이론에 반응했다. 그러다가 마침내 상대성 이론이 함의하는 일부 내용을 직접 검증할 길이 열렸고, 실험을 통해 확증되면서 아인슈타인의 공식은 확고한 지지를 받게 되었다. 하지만 아인슈타인은 그의 이론이 논리적이고 심미적인 근거를 갖고 있으므로 실험 결과가 어떻게 나오든 크게 동요하지 않을 마음의 준비가 돼 있었다고 여러 차례 언급했다.

어떤 점에서 프로이트와 아인슈타인은 둘 다 하나의 이론 체계 혹은 학파를 만들어냈다고 해도 무방하다. 우리는 프로이트주의자 혹은 아인슈타인 파(派)가 될 수 있는 것이다. 이들의 이론은 서로 간에도 차이점이 있지만, 이 책 제2부에서 만나게 될 예술가들의 비전과는 더욱 다르다. 그리고 이 사례 연구의 마지막 부분에서 다루게 될 인물(그레이엄과 간디)의 행위와도 그만큼 다르다.

프로이트와 아인슈타인은 내 논의에 배어 있는 몇 가지 주제를 소개하는 역할을 한다. 두 사람 모두 위대한 도약의 시기에 고립된 생활을 했지만, 주변 사람들에게 이론적이고 정서적인 도움을 받았다. 프로이트는 한 친구에게서 도움을 받았고 아인슈타인은 소규모의 친구들에게서 도움을 받았다. 두 사람 모두 처음의 좌절을 극복하고 끈기 있게 노력했는데, 어쩌면 자신들을 둘러싼 논란에 다소 즐거움을 느낀 면도 있었을 것이다. 그리고 자신들의 연구에 매진하기 위해 많은 것을 포기했다. 프로이트는 금욕적으로 성관계를 단념했고, 아인슈타인은 충만한 가정 생활을 일부러 혹은 어쩔 수 없이 포기했다.

교육적으로 의미 있는 차이점도 있다. 프로이트는 지배적인 패러다임이 존재하지 않는 분야에 전혀 새로운 사고 방식을 도입한 과학자로서 살아 있는 동안 줄곧 혁신적인 업적을 내놓았다. 반면 아인슈타인은 일찍이 혁명적인 과학자로 출발해서, 이미 바탕이 다져진 분야에 기여했다. 그는 남은 생애 동안에도 계속 "물리학을 했지만" 비교적 빨리 그보다 젊고 사고방식이 유연한 차세대 아인슈타인들에게 추월당했다. 그가 만년에 기여한 내용은 그가 사랑하는 물리학보다는 철학과 사회적 지혜에 관련되어 있는 경우가 많았다. 두 사람은 모두 무명 인사에서 세계적인 인물이 되었다. 아인슈타인이 여기서 오는 불편을 씩씩하게 견딘 반면, 프로이트는 다소 선동가다운 모습을 보였다. 스스로를 아직도 가야 할 곳이 남은 군사 작전의 지도자로 여긴 탓이었다.

프로이트와 아인슈타인이 유년기에 각별한 관심을 가졌다는 점은 현대에 대한 이 책의 연구에 적절한 면이 있다. 프로이트는 유아기의 사건을 성년의 감정과 인격을 좌우하는 주된 추진력으로 여겼다. 아인슈타인은 어린 아이의 마음을 중시해서 아이들이 물리학에 대한 직관적 능력이 탁월하다고 생각했다. 앞서 언급했듯이, 스위스의 아동 심리학자 피아제에게 물리 현상에 대한 아동들의 생각과 반응을 탐구하라고 독려했을 정

도이다.

표면적으로 보면, 프로이트나 아인슈타인은 피카소나 간디처럼 어린 아이 같은 구석이 있다고 하기는 힘들다. 그들은 어쨌든 독일 부르주아 계급에 속한 사람들이었고, 그에 걸맞는 옷을 입고 행동거지를 보였다. 물론 아인슈타인은 익살스런 표정으로 사진을 찍곤 했고 프로이트도 농담을 잘 하기로 유명하지만, 두 학자가 성숙하지 못했다고 말하기는 어렵다.

그러나 깊은 수준에서는 유년기와 연결된 끈이 매우 창조적인 인물들의 생애를 관통한다는 것을 알아볼 수 있다. 아인슈타인이 종종 말했듯이 그가 숙고했던 문제들은 아이들이 자연스럽게 제기하는 문제들이고 어른들 대부분은 자라면서 더 이상 생각하지 않는 문제들이다. 프로이트가 몰두했던 주제는 아이들이 자연스럽게 떠올리는 종류는 아니지만, 어쨌든 아동의 삶을 지배하는 것이긴 하다. 즉, 꿈이나 농담, 성적 놀이와 같은 다양한 현상뿐 아니라 전위와 응축, 대체와 같은 심리 과정이 그렇다는 얘기다. 여전히 유년기의 체험과 접촉하는 사람만이 그들이 탐구했던 현상을 파헤칠 수 있을 것이다. 그리고 현대가 개시하는 시기에 살았던 사람들만이 그토록 체계적이고 생산적인 방식으로 탐구할 수 있었을 것이다.

5

파블로 피카소
신동과 천재

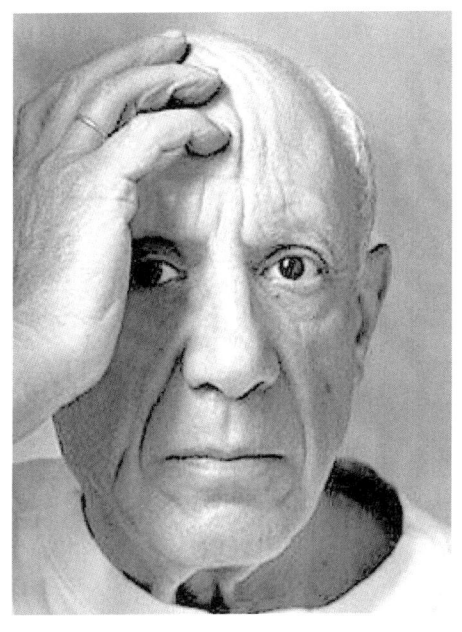

Pablo Picasso, 1947

어린 시절에는 신동이었고 나이가 들어서는 거장이 된 피카소와 같은 예술가를 만나려면, 200년을 거슬러 올라가 볼프강 아마데우스 모차르트를 불러내야 한다. 두 사람은 모두 유년기에 비범한 예술적 재능을 보였고, 예술가이자 예술 교육가였던 아버지의 지원과 격려를 크게 받았으며, 이미 어린 시절부터 아버지와 지방의 여러 대가들을 능가했다. 이들은 각기 유럽의 예술 중심지로 이주한 지 몇 년도 안 되어 생존하는 누구 못지않게 자신의 예술 세계를 확립했다. 그런 후에 동시대의 지배적인 예술 동향에 아랑곳하지 않고 자기만의 예술적 취향을 추구하였다. 물론 피카소는 모차르트보다 훨씬 오래 살았으며 모차르트에겐 사후 100년 후에나 허용된 성공과 갈채를 살아있는 동안에 누릴 수 있었다. 물론 모차르트 음악에 별다른 애정이 없고 그의 괴팍한 성품에 다소 진저리를 치는 사람이라 해도, 그가 어릴 때부터 비범한 재능을 보인 천재 음악가였다는 사실은 인정할 것이다.

신동

'신동'이란 기적에 가까운 재능을 타고 난 아이를 가리킨다. 기적을 믿지 않고 오직 개연성만을 기대하는 사람이라고 해도, 어린 모차르트나 펠릭스 멘델스존(Felix Mendelssohn), 피카소, 영국 화가인 존 에버렛 밀레이(John Everett Millais) 등이 보여준 비범한 솜씨를 보면 놀랍게 느낄 것이다. 대체로 사람들이 신동을 특정 분야에서만 탄생하는 인물로 간주하며, 아이가 어른 수준의 예술적 솜씨를 보이는 것을 두고 대충 신동의 솜씨라 부른다면, 이런 재능은 문학이나 과학 연구보다는 음악, 수학, 체스와 같은 분야에서 나타날 가능성이 크다고 주장할 수 있다. 게다가 비범한 솜씨라는 것도 여자 아이보다는 남자 아이에게 더 많이 나타나는 현상처럼 보인다. 물론 지금까지 교육적 관심을 주로 재능 있는 남자 아이들에게 쏟았다는 역사적 사실이, 체스의 명수나 수학의 대가가 대개 남자라는 현상에 어느 정도나 영향을 미쳤는지는 판단하기 어렵다.

신동의 성 차이 문제에 관해서는 상세하게 논의할 생각이 없으나, 나는 유전적이고 신경 생물학적인 요소가 신동의 출현이라는 현상에 중요한 함의를 지닌다고 생각한다. 모차르트와 체스 선수인 바비 피셔(Bobby Fischer), 그리고 수학자 칼 가우스(Carl Gaus)의 신경계의 구조나 기능에는 고른 음의 패턴이나 체스 말의 배치, 혹은 숫자 결합의 가능성을 어린 나이부터 불가사의할 정도로 쉽게 터득할 수 있는 무엇인가가 있었을 것이다. 하지만 신동이 신경해부학적으로 타고 난 존재라는 사실에 주목하는 사람들도 거기엔 문화적인 측면도 있음을 알아야 한다.

데이비드 펠드먼이 설명하듯이, 신동이 재능을 보여주어야 하는 영역이란 이미 해당 문화에서 그 가치를 인정받는 분야이고 최소한 그 아이의 행동이 사람들의 이목을 끌 수 있는 분야인 것이다. 만약 문상(文像. graphic) 표현이 그 가치를 인정받지 못하고 아이들의 서화(書畵)가 간단히 무시되고 버려지는 문화권에서라면, 수묵화의 신동은 태어날 수 없을 것이다. 바로 오늘날의 중국 미술계에서 그런 일이 벌어졌는데, 어느 문화가 특정 분야에서 조숙한 솜씨를 발휘하는 아이들에 관심을 기울이기 시작하면, 뜻밖의 재주꾼을 발견할 수가 있는 것이다. 아마도 역사상 가장 특출한 재능을 발휘한 미술 신동은 왕야나라는 중국의 여자 아이일 터이다. 아주 어린 나이부터 이 아이가 그려 놓은 비상한 그림을 보고 있노라면, 앞에서 언급한 신동에 대한 통상적인 인식, 그러니까 체스나 음악, 수학 분야에서 서양의 남자 아이들이 주로 신동의 재주를 뽐냈다는 상투적인 인식이 여지없이 무너진다.

신동의 출현은 특정 분야에 대한 어떤 문화권의 관심과 지원 이외에도, 언제나 여러 요인들이 '우연히 맞아 떨어져야(co-incidence)' 가능한 현상이다. 그러니까, '재능이 갖춰진' 아이와 그 분야에 '우호적인 문화' 뿐만 아니라, 풍부한 사회적 지원이 필요하다. 좋은 선생님과 사려 깊은 부모, 재주를 뽐내고 선보일 수 있는 풍부한 기회, 경쟁의 의무를 덜어주는 혜택, 대중적인 명성을 얻을 수 있는 다양한 경로, 특정 분야에서 공인된 아동이 발판으로 삼아 도약할 수 있는 일련의 장애물 등이 필요한 것이다. 어느 분야에서 '전망이 있는' 아동이란 또래 친구들보다 이런 단계를 좀더 빨리, 그리고 무리 없이 밟아나갈 수 있는 아동을 가리킨다. 어린 피카소의 삶에는 이 모든 요인들이 작용하고 있었다.

비상한 재능을 타고 난 신동이라도 장애를 만나게 마련이다. 특히 어린 시절에는 나아갈 길을 닦아주고, 다양한 기회를 주고, 주변의 쓴소리에 대해 아이를 방어해 주며, (현실적으로든 상상만으로든) 좌절하고 실패한 경우에는 아이가 납득할 만한 합리적인 설명을 해주고, 기력과 재능을 생산적인 방향에 쏟도록 인도해 주는 어른의 역할이 필요하다. 아동과 주변 환경의 궁합이 꼭 맞는 경우에도 경험이 미숙한 아이들은 탈선하고 방황하기 십상이다. 게다가 신동은 모방에는 특출한 재능이 있어도 특정 분야의 최전선에서 무슨 일이 벌어지는지 모르는 경우가 많아서, 낡은 관행과 인습을 극복하리라고 기대하기도 어렵다. 실제로 신동은 당대의 선도적인 혁신가들이나 역사에서 배운 모범적인 인물들과 진지하게 대화를 나누기보다는 자신에게 '의미 있는 사람들'을 만족시키거나 특정 분야의 일반적 규준을 익히는 등 자기만의 관심사에 주력한다.

신동들은 10대를 넘기면서 거의 예외 없이 급작스러운 충격을 받는다. 이 시기가 오기 전에는 그저 경이로운 재능을 지닌 신동으로 여겨질 뿐이고, 주변 사람들도 아이의 능력을 철저히 따지기보다는 경탄하는 태도로 일관한다. 하지만 일찍이 신동이었던 인물이 나이가 들어 특정 분야의 어른 신참자가 될 무렵이면, 그들의 불가사의한 재능만으로는 더 이상 충분치 않다. 이제 그들은 자기 시대의 거장들이나, 신동은 아니었지만 그 동안 역량을 쌓아 온 다른 젊은이들과 경쟁할 만한 능력을 갖추어야 한다. 이와 동시에, 특히 서구에서는 지금까지는 자기들이 그저 열성적으로 밀어붙이는 부모나 강압적인 선생님, 혹은 다른 누군가의 야망을 대신 실현해 주는 대리인에 불과했다는 사실을 알게 되는데, 이런 주위 사람들의 야망은 그들 자신의 오랜 관심사와 일치하지 않는 경우가 많다. 하지만 이제 그들은 자기 자신의 삶을 스스로 주도해 나가야 하고, 이렇게 주도권을 되찾게 되면 지금까지 그들의 경력을 '관리' 해 온 사람들과 여러모로 충돌을 빚게 된다.

신동에서 어른 대가로 성장하는 일은 이론이 분분한 문제이다. 청년기를 거치면서 거의 모든 오늘날의 신동들은 음악가이자 심리학자인 잔느 밤베르거(Jenne Bamberger)가 '중년의 위기(mid-life crisis)'라고 부른 어려움을 겪는다. 대부분은 아닐지라도 많은 신동들이 유년기의 잠재력을 모두 발휘하지는 못한다. 피카소와 모차르트는 이 점에서 분명 예외적인 존재이다. 아마도 작곡가 헥토르 베를리오즈

(Hector Berlioz)가 발언한 내용이 좀더 일반적인 경우일 터인데, 그는 일찍이 신동의 재주를 뽐냈던 카미유 생상스(Camille Saint-Saëns)에 대해 "그는 모든 걸 알고 있지만, 미숙함을 경험한 적이 없다"고 비꼰 바 있다. 특정 분야에서 독창적이고 창조적인 업적을 이루는 것은 그 분야의 관행을 그대로 답습하여 통달하는 것과는 차원이 다른 일이다.

신동 피카소

재능 있는 아동이 어른이 되어 특정 분야에서 불후의 업적을 남기면, 유년기에 대해 많은 이야기들(그들 자신의 회고담까지 포함해서)이 생겨나게 마련이다. 어린 시절의 피카소에 관해 흘러나온 얘기들이 모두 사실인지 확신할 수는 없지만, 그가 그림에 특출한 재능을 보였다는 점은 의심의 여지가 없을 것이다.

재능의 발현

1881년 낙후된 해안 도시인 스페인의 말라가에서 평범한 미술 교사의 아들로 태어난 피카소는 말문이 트일 무렵부터 그림을 그리기 시작했다고 한다. 그리고 그가 첫 마디로 내뱉은 단어는 스페인어로 '연필'을 뜻하는 라피스(lapiz)의 피스(piz)였다고 한다. 오랜 친구인 거트루드 스타인(Gertrude Stein)은 "피카소는 다른 아이들이 a b c를 쓸 때 그림을 그렸다. …… 그림은 언제나 그가 말하는 유일한 방법이었다"고 말한 바 있다. 피카소가 그림을 배우는 일반적인 단계, 그러니까 처음엔 연필로 낙서하듯이 끄적거리다가 원과 같은 순수한 기하학적 도형, 태양이나 꽃과 같은 단순한 형상을 그리고, 이후엔 '단조로운' 화면 구성까지 하는 단계 등을 거쳤다는 사실을 의심할 근거는 없다. 하지만 피카소가 아홉 살 때 그렸다는 그림(현재 남아 있는 그림 중에서 가장 최초의 그림)을 보면, 그가 이미 윤곽 그리기와 화면 구성에 상당히 숙달했음을 알 수 있다. 피카소의 아버지는 비둘기를 전문적으로 그렸고 보통의 스페인 남자들처럼 투우를 좋아해서, 피카소 역시 처음에는 이 두 가지 대상을 주로 그렸다. 하지만 피카소는 인간 세계에 매료되었고, 10대에 접어들면서 인간의 모습과 인간의 폭넓은 감정을 유별나게 강조한 그림을 그리기 시작했다.

분명 피카소는 풍부한 색감으로 솜씨 있게 그릴 수 있는 재주가 있었다. 아무렇게나 시작해서 전혀 엉뚱한 방식으로 그리는 것 같지만, 결국 그럴 듯한 작품을 만드는 비결을 알고 있었다. 그는 시각적 세부와 색채의 배합을 알아내고, 공간 구성에 대해 사유하고, 현실적인 장면이든 그림 속의 장면이든 자신이 본 것을 생생하게 기억하고, 다른 사람들의 세계에 주의를 기울이는 데 재능과 솜씨를 발휘했다. 다중지능이론의 견지에서 보면, 피카소의 조숙함은 시각-공간 영역, 신체-운동 영역, 대인 영역에서 특히 두드러졌다. 미술가라면 이런 재능을 모두 가져야 한다고 생각하기 쉽지만, 실상 화가들은 특히 손재주가 뛰어나다거나 눈이 밝다거나 공간 지각력이 우수하다거나 혹은 인간 세계에 대한 통찰이 훌륭하다거나 하는 식으로 특출한 영역이 따로 있다. 피카소는 이 같은 여러 영역에 골고루 재주가 있었고, 이들 재능에 두루 의존하여 시너지 효과를 발휘할 수 있었다. 이 점에서 모차르트와 비교하는 것이 가능한데, 모차르트 역시 연주와 작곡, 인간 삶의 극화(劇化) 등 음악 분야 전반에 걸쳐 뛰어난 재능을 보였기 때문이다.

신동이라고 해서 꼭 다른 학습 영역에서는 부진한 모습을 보이란 법은 없지만, 피카소의 경우는 그러했다. 그는 학교를 혐오했고, 용감하게도 출석을 자주 빼먹었으며, 이따금 수업에 들어가서도 진도를 제대로 따라가지 못했다. 읽기와 쓰기를 배우는 것을 어려워했고, 특히 숫자를 익히는 데 큰 곤란을 겪었다. 이를테면 숫자를 수량을 나타내는 상징보다는 차라리 시각적 무늬로 여기고 싶어 해서, 가령 0은 비둘기의 눈으로, 2는 비둘기의 날개로, 숫자의 합은 베이스라인으로 생각하는 식으로 숫자들에서 비둘기의 모습을 볼 정도였다. 미술사가 메리 게도(Mary Gedo)는 "그는 숫자를 의인화했고, 자기만의 공상에 빠지곤 했다"고 지적한다. 은밀한 접촉이나 상세한 과외 학습, 노골적인 부정행위 등이 없었다면 아마도 학교를 졸업하지 못했을 것이다. 아버지가 따라가지 않으면 출석하지 않고 학교 근처에 머물다가 그냥 집으로 되돌아가는 등의 신경증적인 모습도 보였다.

피카소는 특정한 학과목을 전혀 익히지 못했고 추상적 사유에 서툴렀다고들 말한다. 이런 점에서 너무 가혹한 결론을 이끌어낼 필요는 없으나, 신기에 가까운 예술적 재능과 빈약한 학습 능력 간의 불일치(내 용어로는 능력 간의 비동시성asynchrony)는 분명 어린 피카소를 괴롭히는 문제였을 것이다. 이런 차이점 때문일 테지만, 피카소는 이후 오랫동안 학계나 (예술가가 아닌) 지식인들과는 사이가 좋지 못했다.

예술가의 유년기는 그들이 장래에 이루게 될 업적에 대한 단서를 담고 있다. 그가 아홉 살이던 1890년부터 가족은 피카소가 그림을 그려놓은 종이와 수많은 노트, 학교 교재, 이밖에 피카소가 붓이나 연필을 댄 흔적이 있는 것을 모두 모았다. (그림 5.1은 현재까지 남은 피카

그림 5.1 「피카도르」(1889~1890), 목판 유화
피카소의 첫 작품

소 그림 중 최초의 것이다.) 이 유품을 통해 우리는 생물이든 무생물이든 그 모델의 모든 형태적 특성을 마스터하려는 피카소의 끈질긴 노력만을 볼 수 있는 게 아니다. 훨씬 더 중요한 것은 그의 집요한 실험 정신을 엿볼 수 있다는 점이다. 피카소는 다양한 화면 구성을 시도하고 똑같은 대상을 여러 각도에서 그렸으며, 호소력 짙은 극적인 감정을 화폭에 담았다.

이들 드로잉 노트를 보면, 피카소가 10대 초반에 벌써 주변에 있는 거의 모든 대상을 솜씨 있고 재치 있게, 그리고 독창적으로 그릴 수 있었다는 점을 알게 된다. 온갖 종류의 식물과 동물, 인간이 만든 물건을 포함해서 젊은이와 늙은이, 건강한 사람과 아픈 사람, 기괴한 것과 관능적인 것 등이 다양한 방식으로 그려져 있다. 에로틱하고 쓸데없이 폭력적인 장면도 눈에 띌 정도는 아니어도 어느 정도 그 징후를 엿볼 수 있다.

하지만 훗날 피카소가 주도하는 대상의 형태와 크기를 조각내고 왜곡하는 입체주의 화풍의 전조로서 좀더 중요한 요소는 아마도 숫자와 알파벳 기호를 이용한 묘사, 풍부한 입체화법(trompe l'oeil), 시각적 유희, 엉뚱한 캐리커처, 앞뒤가 맞지 않는 병치 등일 것이다. 피카소가 20년 후에 조르쥬 브라크와 함께 입체주의를 창안할 때 의식적으로 이 때의 형태 실험을 생각했는지는 분명치 않다. 하지만 적어도 무의식 수준에서는 유년 시절의 풍부한 실험이 도움이 되었을 것이다.

한 예술가의 초기 작품에서 이러한 실험적 시도는 매우 중대한 의미를 가진다. 특정 분야에서 다소 속도의 차이는 있겠지만, 기존의 관습적인 실행 방법을 그대로 터득하는 젊은이가 낯선 방법을 실험하면서 그 분야를 새로운 방향으로 이끄는 젊은이보다 훨씬 많기 때문이다. 가령 음악 분야의 경우, 음악적 규범에 실험적인 변형을 가하면서 연주하기로 정해진 작품을 '분해하는(decompose)' 젊은이에 비해, 배운 대로 연주하고 일탈적인 주제나 리듬을 수용할 생각이라곤 전혀 해본 적이 없는 젊은이가 훨씬 많은 것이다.

피카소의 아버지는 규범에 도전한다는 생각을 하기만 해도 크게 당황하는 아주 평범한 화가였던 것 같다. (그는 피카소가 바르셀로나나 마드리드의 전통적인 미술 학교에 들어가 나중에 지방의 미술 교사가 되기를 고집했다.) 따라서 피카소는 아버지의 행동을 모델로 삼아 반항적인 혁신가가 된 것은 아닐 것이다. (모차르트 역시 법칙에 얽매인 평범한 아버지로부터 우상파괴적 성향을 배운 것은 아니다.) 피카소의 오만불손한 독립성에 대한 역할 모델로 의지가 강한 어머니나 경제적으로 튼튼한 삼촌 살바도르(Salvador)와 같은 다른 인물을 찾는 사람도 있을지 모른다.

하지만 내가 보기에 이 같은 실험적 성향이 생긴 이유는 좀더 내생적인 요인에서 찾아야 할 것 같다. 그러니까, 피카소의 실험적인 성향은 자극적인 것을 추구하는 기질, 미술 소재로 작업하는 일에서 느끼는 순수한 즐거움, 점점 커지는 자기 능력에 대한 자신감, 그리고 좀더 불행한 일이지만 미술 소재를 다루는 데는 익숙하고 뛰어난 솜씨를 발휘하지만 표준적인 학과 공부를 하는 데는 어려움을 느끼는 능력 간의 불균형에서 유래했을 것이다. 학생이면 마땅히 잘 해내야 하는 일을 잘하지 못할 때, 사람들은 자기가 강점을 보이는 분야를 맹렬하게 파고들어서 개인적인 좌절감을 극복하고 가족들에게 자기의 진면목을 보이고자 하는 법이다.

성장기의 체험과 잊을 수 없는 기억들

피카소의 유년기에서 그의 궁극적인 예술적 성취에 기여한 또 다른 면을 찾을 수 있다. 여기서 내가 염두에 두고 있는 것은 피카소가 유년 시절에 정신적으로 충격을 받은 일련의 사건들이다. 물론 모든 아동은 외상적인 체험을 하며, 그런 체험이 얼마나 그 아동에게 깊은 충격을 주고 거기서 받은 상처가 얼마나 오래 남는지에 대해 정확히 계산하기는 불가능하다. 하지만 모든 기록을 통해 보건대, 피카소는 유아 시절부터 자신이 몸소 겪은 사건이나 사람의 외양을 생생하게 기억할 만큼 감수성이 아주 예민했다.

피카소는 특히 세 살 무렵에 지진이 발생해서 화재를 피하기 위해 한밤중에 집에서 피신해야 했던 일을 충격적으로 경험했다. 반세기가 지난 후에 그는 스카프를 머리에 두른 공포에 질린 어머니의 표정과 망토를 어깨에 걸치고 가족을 구하느라 동분서주하는 아버지의 모습을 회상한다. 두 번째 사건은 그가 열네 살 되던 해에 어린 누이 콘치타(Conchita)가 죽은 일이다. 콘치타는 디프테리아에 걸려 수 주일 동안 서서히 숨이 막히며 고통스럽게 죽어갔다. 누이의 죽어가는 모습은 시각적으로(그리고 청각적으로) 매우 강렬한 인상을 남겼다. 어린 파블로는 이 일로 극심한 혼란을 겪었을 뿐 아니라, 어떤 이유에선지 자기가 누이의 죽음에 책임이 있는 것처럼 생각했고 어떤 식으로든 보상을 하고 싶어 했다. 당시 피카소는 콘치타가 살아날 수만 있다면 이에 대한 감사의 표시로 그림 그리기를 그만두겠다고 신에게 약속까지 했다는 얘기도 전해진다. 이 거래가 받아들여지지 않았기에, 미신적인 성향이 강했던 피카소는 전문 분야에서나 개인적인 삶에서나 무엇이든 하고 싶은 것을 자유롭게 할 수 있다고 느꼈고, 이런 만용에 가까운 힘을 가졌다는 사실에 응분의 죄책감도 느꼈다. 이와 같은 '신과의 거래'는 우리가 다루는 일곱 명의 창조적인 인물들의 삶에 반복적으로 등장한다.

피카소가 살아있는 가족들에게 느낀 감정은 매우 양면적이었다. 자신이 받았던 관심을 앗아간 또 다른 어린 누이 롤라(Lola)에게는 질투심을 느꼈고, 누이를 애지중지하는 어머니 마리아(Maria)에게는 분노를 느꼈다. 피카소의 어머니는 아들이 훌륭하고 뛰어나다고 생각했고 아들에 대한 기대도 컸지만, 정말로 아들이 무엇을 이룰 수 있는지에 대해서는 이해하지 못했다. 그녀의 억세고 강한 성격은 그녀만큼이나 고집이 센 아들의 성격과 충돌을 빚곤 했다. 피카소는 부유한 삼촌 살바도르에게도 불편한 감정을 숨기지 않았는데, 이 유력한 삼촌은 조카의 교육을 경제적으로 많이 도와주어서 피카소로 하여금 자선 행위에 흔히 따르게 마련인 고마움과 쓰라림을 동시에 느끼게 했다. (프로이트도 조셉 브로이어의 선심 공세에 적개심을 느꼈다.) 그는 어린 시절에 한 집에서 같이 살았던 다섯 명의 고집 센 여인들(어머니와 네 명의 노처녀 아주머니들) 때문에 많이 시달렸다.

무엇보다 아버지에 대한 감정이 양가적이었다는 점이 근본적이다. 한편으로 그는 아버지를 열렬하게 사랑했고 유년기에는 아버지에게 매순간 의지하다시피 했다. 다른 한편으로 그는 아버지가 직업을 얻기 위해 남의 비위나 맞추고 아들의 경력을 위해 사건을 조작하려고 하며, 예술적 모험을 회피하고 젊은 피카소가 경멸감을 갖기 시작한 아카데미와 부르주아의 가치를 신봉하는 나약하고 타협적인 인물이라 느꼈다. 피카소는 아버지를 깎아내리고 아버지의 초상화를 실물보다 못나게 그릴 필요가 있다고 생각했다. 피카소의 아버지가 아들의 그림 솜씨가 자기보다 뛰어나다는 것을 알고 그림을 포기했는지 여부는 정확하지 않지만, 파블로가 아버지의 성(姓) 루이스(Ruiz)를 버리고 어머니의 이름인 피카소로 세상에 알려지기를 선택했다는 것은 확실한 일이다.

피카소의 유년기 작품

흔히들 피카소는 힘들이지 않고 주변의 다른 화가들을 능가한 그림 신동이었다고 얘기한다. 최근에 예리한 통찰력을 지닌 피카소의 전기 작가 존 리처드슨(John Richardson)은 이런 통념을 공박했다. 그는 피카소가 일찍부터 남다른 재능을 보인 사실은 인정했지만 비범한 수준은 아니었다고 느꼈고, 화가로서 성공하기 위해 많이 노력해야 했다는 사실을 강조했다. 리처드슨은 "피카소가 모차르트와 같은 몇몇 작곡가들과 달리, 위대한 화가들은 사춘기 이전에 진지한 주목에 부응하는 작품을 내놓지 못했다는 규칙에 그대로 해당되는 듯하다"고 보았다. 그는 또한 학교 공부는 서툴렀지만 일찍이 그림에 두각을 보였다는 피카소에 관한 신화에도 의문을 제기했다. 피카소 자신과 그의 성인전(聖人傳) 작가들이 어린 천재를 부당할 정도로 추켜세우며 영웅적인 언어로 묘사하려는 강박증을 보였다는 것이다.

이 문제에 관해 피카소 자신의 증언을 들어보는 것도 의미가 있을 것이다. 그는 브라사이(Brassai. 사진 작가 기울라 할라스Gyula Halasz의 가명)와의 대담에서 다음과 같이 말했다.

음악과 달리, 회화 분야의 신동은 없습니다. 어린 천재란 그저 유년기의 천재일 뿐이지요. 나이가 좀더 들면 아무 흔적도 남기지 않고 사라집니다. 그런 아이도 미술가가 될 수는 있지만, 처음부터 다시 시작해야 합니다. 가령, 나는 천재가 아니었습니다. 내가 처음 그린 그림은 아동 전시회에서도 걸리지 못했어요. 아이다운 천진성이나 소박함이 없었던 거지요. …… 어린 시절에 나는 그저 아카데미 화풍에 따라 그림을 그렸는데, 지금 보면 충격을 받을 정도로 거의 똑같이 베끼다시피 했더군요.

그리고 피카소는 아동 전시회에 관해 다소 수수께끼 같은 말을 농담처럼 던지기도 했다. "그 나이 적에 이미 나는 라파엘로처럼 그릴 수 있었지만, 그 아이들처럼 그리는 법을 배우기까지는 평생이 걸렸습니다."

이 같은 언급을 통해 피카소는 아이들의 작품을 이상화하는 한편, 자신의 유년기 자아를 낭만적인 예술관에서 분리시킨 것이다. 피카소의 가족들이 보관한 작품들이 순진한 매력을 지닌 젊은 화가의 모습이 아니라 촉망받는 아카데미 화가로서의 면모를 드러낸다는 것도 사실이다. 하지만 피카소가 여덟 살 이전에 그린 그림은 남아 있지 않으며, 따라서 우리는 그의 초기 작품이 다른 아이들의 작품과 닮았는지를 판단할 처지가 못 된다. 게다가 자유분방한 상상력과 실험성이 깃든 다소 일탈적인 성향의 그림들은 좀더 공식적인 주제를 다룬 그림에 비해 그의 예술적 발달에 더 중요한 의미를 지닌다. 피카소의 유년기 그림은 매우 능숙한 솜씨를 자랑하지만, 그렇다고 조숙한 천재의 솜씨라고 하기는 힘들다. 그럼에도 신동이란 단어를 쓰지 않으면 이후 수십 년 동안 그가 이룬 장대한 발전을 설명할 수 없게 된다. 이런 유보 조항을 단다면 그를 신동이라 불러도 무방할 것이다.

재능의 연마

입문 훈련을 마친 재능 있는 젊은이들이 대개 그렇듯이, 피카소 역시 처음 만난 교사들의 수준을 넘어섰다. 그가 정식 미술 교육을 받은 이야기는 모차르트의 경우를 상기시킨다. 불필요한 정규 수업을 연이어서 받고, 평범한 교사들을 경멸하고, 사적인 갈등을 빚곤 하고, 이전 시기의 맘에 드는 거장들을 사숙하며 독학으로 기량을 연마하기로 결심하는 과정이 거의 비슷하다. 피카소는 처음에 바르셀로나의 미술학교에 들어갔다. 입학시험은 손쉽게 통과했지만, 출석은 거의 하지 않았고, 학교 규칙과 규정에 적응하지 못해 곧 학교를 떠났다. (학생들은 자신이 교사보다 유능하다고 생각할 때, 그리고 이런 추측이 사실로 판명날 때에는 학교에 남기가 힘들다.) 그러자 살바도르 삼촌은 피카소를 마드리드의 미술 아카데미에 보냈는데, 이곳에서도 그는 똑같은 소외감을 느꼈다.

마드리드에서 불행했던 피카소는 17살에 바르셀로나로 돌아왔다. 이곳에서 그는 생애 처음으로 좀더 넓은 세계에 발을 들여놓게 된다. 그는 자신보다 나이가 많은 이지드레 노넬(Isidre Nonell)과 로만 카세스(Roman Cases)*와 같은 화가들을 만났고, 화가 카를로스 카사헤마스(Carlos Casagemas)와 시인 자이메 사바르테스(Jaime Sabartés)를 비롯한 보헤미안 기질의 젊은 예술가, 작가, 지식인들의 회합에 들어갔다. 피카소는 재능과 기지, 매력적인 성품 덕분에 주로 '엘스 쿠아트레 가츠(Els Quatre Gats. 고양이 네 마리)'라는 선술집에 모이던 테르툴리아(Tertulia)라는 모임의 주도적인 인물이 되었다. 그는 지치지

---

* 이지드로 노넬(Isidro Nonell)과 라몬 카사스(Ramon Casas)로 불리기도 한다.

않고 일을 했으며, 잡지 「아르테 호벤(Arte Joven)」의 삽화를 도맡아 그렸다. 그는 정치와 예술 영역의 사상을 접하고 이를 기꺼이 흡수했는데, 아방가르드와 무정부주의 정서는 재능은 있지만 소외감을 느끼고 있던 젊은 예술가인 피카소의 정서와 잘 맞았다.

바르셀로나 체류 기간에 피카소의 천부적인 재능은 틀이 잡히고 더욱 깊어졌다. 한편으로 그는 독학을 통해 인상주의와 결부된 새로운 사조나 툴루즈 로트레크(Toulouse-Loutrec) 화풍의 카바레 미술뿐만 아니라, 프란시스코 호세 데 고야(Francisco José de Goya), 디에고 벨라스케스(diego Velázquez, 1599~1660), 프란시스코 데 주르바란(Francisco de Zurbarán)과 같은 옛 거장들의 작품을 사숙했다. 동시에 그는 경박하고 피상적인 표현 방식을 넘어서, 선원과 부두 노동자들의 내면 심리와 자연 풍경이나 거리 풍경의 저변에 흐르는 감정을 탐구했으며, 가족들의 삶이나 밤의 거리에서 명백히 드러나는 사람들의 갈등과 긴장을 진지하게 들여다보았다. 그는 고통과 빈곤의 세계로 들어가고자 했다. 벌거벗은 무희들의 현란한 환영에 사로잡혀, 자기 방으로 돌아와서는 밤을 새우며 그녀의 정조와 자세를 화폭에 담으려고 노력했다. 이제 그는 좀더 대담하고 강렬한 필치로 성과 죽음, 무질서를 다룰 수 있었다. 자기를 있는 그대로 충실히, 혹은 현란한 의상과 복장을 차려 입은 모습으로 그렸으며, 기지와 예리함이 번득이는 몇 번의 붓질로 모델의 정조와 성격, 심지어는 생각까지 포착하는 놀라운 솜씨는 관람자에게 깊은 인상을 심어주었다.

주변 사람들은 피카소가 비상한 능력과 감수성의 소유자이며, 그가 침묵할 때조차 타고난 지도자임을 깨달았다. 그리고 피카소는 자신이 성취할 수 있는 것이 무한하다는 것을 생애 처음으로 명료하게 느꼈을 터인데, 유년 시절에 이미 이런 생각을 어렴풋이 했던 바 있다. 이런 점을 자각하고 고향의 재능 있는 젊은 예술가 사이에서 리더의 자리에 올랐을 때, 다른 많은 천부적인 재능을 소유한 젊은이들처럼 그가 서양 예술의 중심지로 이주하는 것은 시간 문제였다.

파리의 젊은 예술가

빈이나 베를린, 기타 주요 도시에서도 중요한 예술 공동체를 찾을 수 있지만, 파리만큼 예술과 학문, 도시 경관, 낭만적 풍조 등이 멋지게 결합된 유럽 도시는 없을 것이다. 스트라빈스키와 프로이트, 엘리엇, 심지어 간디까지도 파리의 부름에 응답했듯이 19살의 피카소가 이곳에 이끌린 것은 당연한 일이었다. 그리고 서른 살에 이 프랑스의 수도에서 명성을 얻게 된 피카소가 오래 전부터 미술의 도시요, 보헤미안의 도시로 이름난 이곳 파리에서 남은 생애 태반을 보내게 된다고 해서 놀랄 일은 아닐 것이다. 피카소가 파리의 예술 거리 몽마르트 언덕에 도착했을 당시, 19세기 후반에 등장한 탁월한 혁신적 미술 사조인 인상주의는 이미 역사가 되어 있었다. 기성 화단을 공격하는 운동으로 출발한 인상주의—고전적 주제와 장대한 감정, 사진과 같은 리얼리즘의 이상을 폐기했던—가 이제는 실질적인 규범이 되어 있었다. 일상적 주제, 빛과 질감에 대한 '과학적' 실험, 스쳐 지나가는 시각적 인상을 포착하려는 열망이 이제는 흔해빠진 관습이 된 것이다. 그리고 인상주의는 한때 논란을 빚은 다른 예술 운동처럼 후기 인상주의와 표현주의를 비롯한 일군의 대항 사조를 낳았다. 피카소는 클로드 모네(Claude Monet), 피에르 오귀스트 르느와르(Pierr-

Auguste Renoir), 카미유 피사로(Camille Pissarro) 등의 전형적인 인상파 작품과 조르쥬 쇠라(Georges Seurat)와 폴 시냐크(Paul Signac) 등의 후기 인상파 작품뿐만 아니라, 빈센트 반 고흐의 표현주의 작품, 폴 고갱의 원시주의 작품, 사회적이고 정치적인 색채가 깃든 로트레크의 작품, 호소력 짙은 오귀스트 로댕(Auguste Rodin)의 장대한 조각품, 유진 카리에르(Eugène Carrière)의 상징주의 작품, 그리고 여러 잡지와 상업 광고물을 장식한 활기찬 삽화 예술 등을 접했다. 어느 유파도 우위를 차지하지 못했고, 물리학과 심리학 분야만큼 변화의 기운이 넘쳐났다.

피카소는 다양한 심미적 모델을 재빠르게 탐구하고 직관적으로 모방하면서 자기에게 알맞은 측면을 손쉽게 골라냈다. 오랜 시간을 화랑에서 보내면서 자신이 본 것을 모두 흡수했으며, 적어도 겉보기엔 아무 힘도 들이지 않고 그것을 불러낼 수 있었다. 하지만 스무 살에 이른 피카소는 더 이상 모방에 불과한 작품은 그리지 않았다. 실제로 바르셀로나를 떠난 지 일년 동안 그는 그 나름의 독특한 색채가 있는 작품을 창조했다. 솔직담백하면서도 냉엄하고, 또한 페이소스가 깔린 그의 작품은 쉽게 눈에 띄었다. 만약 피카소가 25살에 죽었다면 혁명적인 화가로 기억되지는 못했겠지만, 요절한 로트레크나 쇠라처럼 세상에 대한 독특한 비전을 뚜렷하게 보여준 화가로 인정받았을 것이다.

처음에 피카소가 겪은 파리 생활은 목가적인 것과는 전혀 상관이 없었다. (서두에 실린 미워시의 멋진 시를 읽을 때면 나는 특히 피카소가 생각난다.) 교육을 제대로 받지 못하고 프랑스어를 할 줄 모르는 외국인으로서 그는 세계주의(cosmopolitanism) 풍조로 가득 한 파리에서 두려움을 느끼고 혼란을 겪었다. 그는 빈곤과 질병의 참상을 목격하고 치를 떨었는데, 결국 이런 참상에 냉담해지긴 했으나 많은 사람들의 비참한 삶은 감수성이 예민하고 무정부주의에 기울어진 이 젊은 예술가의 마음에 상처를 남겼다. 미신을 잘 믿는 그는 자신이 매일 마주하는 질병과 성병, 맹목적인 행동을 두려워했다. 처음엔 작품을 팔 수가 없어서 가난하게 살았고, 심지어 자살을 생각한 적도 있었다. 어떤 면에서는 가족들과 사이가 멀어졌다고 할 수 있지만, 감정적으로나 경제적으로 여전히 가족에게 의존했고 특히 황량한 다락방에서 추위에 떨 때면 집으로 돌아가고 싶어 했다. 1899년에서 1904년 사이에 그는 파리와 말라가, 바르셀로나, 마드리드를 옮겨 다녔다.

생전에 갈채를 못 받는 훌륭한 예술가들이 많이 있다는 사실에 비하면, 피카소는 놀랄 만큼 빠르게 명성을 얻은 편이다. 그의 다재다능한 솜씨는 곧 바로 인정을 받았다. 채 스무 살도 되지 않은 나이에 첫 전시회를 열었고, 『라 가제트 다르(La gazette d'art)』지의 비평가 펠리시엥 파구스(Félicien Fagus)는 피카소 그림에 대해 그 순결성과 색채 및 주제에 대한 열정, 모든 것에 대한 호기심, 그가 흡수한 폭넓은 영향을 언급했다. 이 젊은 재주꾼을 칭찬한 후("그는 아직 스무 살도 안 되었는데 하루에 세 폭의 그림을 그린다고들 한다.")에 파구스는 예리한 경고의 말도 잊지 않았다.

그는 바로 이런 성급함 때문에 경박한 기교의 대가에 그칠 위험이 있다. 다작(多作)과 풍작(豊作)은 폭력과 활력이 다른 것처럼 서로 다르다. 창조력이 왕성한 예술가가 그렇게 된다면 참으로 유감스러운 일일 것이다.

두루 알다시피, 피카소가 처음 인정을 받은 시기를 '청색 시대'라 부른다. 이 시기에 그는 파리의 비참한 생활상을 주로 그렸다. 거지들, 슬픔에 잠긴 부부, 가난한 가족 등 비참한 삶의 '전형'적인 모습을 그렸으며, 이들 인물도 개별적인 특성이 고스란히 드러나도록 묘사했다. 그는 소외되고 외로운 사람들, 파괴된 가정, 북적이는 대도시에서 군중과 유리된 익명의 인물 등에 이끌렸다. 이를 두고 비평가들은 '끔찍한 아름다움'이라 부르거나 '메마른 슬픔' 혹은 '삶에 대한 비관적인 느낌'이라 불렀다. 심지어 그는 매춘부들을 철저히 탐구하기 위해 생 라자르 감옥에 가기도 했다.

피카소는 상황이 조금 나아지자 처음으로 진지하게 연애를 하기 시작했다. 그리고 피카소의 '장밋빛 시대'가 이어졌다. 이 시기의 작품은 색상이 다소 밝아졌고, 서커스단의 생활과 인물을 주로 그렸는데, 이들은 안정되고 평화로운 모습은 아니어도 참혹할 정도로 가난한 형편도 아니었다. 피카소의 주된 주제는 이제 절대 빈곤에서 보헤미안적 예술가의 삶으로 이동했다. 이 두 시기는 모두 피카소가 아직 진정으로 혁신적인 수준까지는 이르지 못했지만 그 나름의 독특한 스타일을 만들어낸 첫 번째 성숙기로 여길 수 있다.

1905년 즈음에 피카소의 개인적인 상황은 실질적으로 좋아졌다. 5년 전의 바르셀로나에서와 마찬가지로, 일군의 예술가, 작가, 지식인들이 재능 있는 스페인의 젊은 화가 곁으로 모여들었다. 작가 기욤 아폴리네르(Guillaume Apollinaire), 비평가 앙드레 살몽(André Salmon), 시인 막스 자코브(Max Jacob)가 피카소의 매력을 발견한 세 명의 젊은 프랑스인이었다. 이들은 혈기 넘치고 활발한, 풍자와 야유에 능한 야심만만한 청년으로서 세상을 정복할 준비가 되어 있었다.

피카소의 옛 친구 사바르테스도 이 모임에 들어와서 평생 동안 존경하는 고향 친구의 후원자 노릇을 하기 시작했다.

특히 피카소는 시인과 작가들과 사귀는 것을 좋아했는데, 이들은 피카소 자신의 관심사와 재능을 보완할 수 있는 친구들이었다. 이들은 피카소가 성취해야 하는 것을 분명히 정하는 데 도움을 주었고, 에너지를 쏟을 방향에 관해 조언을 해주었으며, 다양한 사상을 가르쳐주었고, 그의 작품을 세상에 널리 알렸다. 동시에 이 언어의 전문가들은 그들이 자연 언어로서 묘사하려고 하는 인물의 성격을 몇 번의 붓놀림으로 완벽하게 포착해내는 피카소의 놀라운 솜씨에 탄복을 아끼지 않았다. 특히 아폴리네르와는 일종의 공생 관계를 맺었다. 두 사람은 사고방식이 비슷했고, 서로 보완되는 관심사와 상상력을 가지고 있었으며, 예술적 노선이 비슷했다. 존 리처드슨의 견해에 따르면, 두 사람은 "예술과 문학의 역사에서 유례를 찾기 힘들 정도로 서로에게 촉매 역할을 했다."

비극의 여파

초창기의 어려움을 겪으면서 처음으로 성공의 서광이 비칠 무렵, 피카소는 매우 충격적인 사건을 경험한다. 바르셀로나 출신의 카를로스 카사헤마스라는 재능은 있지만 심신이 괴로웠던 화가는 피카소의 절친한 친구였는데, 그와 함께 파리에 와 있었다. 두 사람은 숙소와 소유물, 친구들 그리고 연인까지 공유했다. 카사헤마스는 자신이 처한 삶의 여건, 특히 연애 문제(성교 불능이었던 것 같다)로 인해 매우 우울해했다. 언젠가 피카소가 스페인에 가 있을 때, 카사헤마스는 연인을 죽이려고 시도한 후에 스스로 목숨을 끊었다. 비극은 카사헤마스의 어머니가 뒤따라 죽는 바람에 더 커졌다. 그녀는 아들의 자살 소식에 충격을 받아 쓰러졌다고 한다.

피카소는 긴 생애 내내 죽음을 받아들이는 데 무척 어려움을 겪었다. 대개의 경우는 죽음을 아예 부정하려고 했다. 죽은 사람에 대해 입을 다물었고, 장례식에 참석하지 않았으며, 질병과 노화, 죽음을 야기하는 사람이나 요인을 두려워했다. 물론 이런 반응이 아주 비정상인 것은 아니고, 또 미신에 사로잡혀 있던 당시 스페인 사람들의 특징인 면도 있다. 하지만 피카소의 경우는 이런 반응이 폭력과 죽음 그리고 재난에 대한 매혹과 결합되어 있었다. 실상 그는 투우나 국제적인 정치 갈등, 몽마르트 언덕의 비참한 모습 등을 샤르코의 임상 실험만큼이나 정밀한 시선으로 탐구하고 그려냈다.

얼마 동안 피카소는 카사헤마스의 비극적인 자살에 거리를 두었다. (당시에 그는 "카사마헤스의 죽음은 나로 하여금 청색으로 그림을 그리게 한다"고 말한 바 있고, 실제로 관자놀이에 총알 자국이 있는 친구의 그림을 몇 점 그렸다.) 존 리처드슨은 "피카소가 친구를 버렸다는 비난을 듣는 게 마땅하든 그렇지 않든, 카사헤마스에 대해 느끼는 죄책감은 죽은 누이나 살해 욕구를 느꼈던 아버지에 대해 느낀 죄책감과 마찬가지로, 그의 예술에 카타르시스를 제공했을 것이다"라고 말한 바 있다.

어찌 됐든 피카소는 2, 3년 후에 여러 면에서 젊은 시절의 최대 걸작이라고 할 수 있는 대작을 그린다. 「인생(La vie)」*이라는 제목이 붙은 이 청색 시대의 작품은 어느 화가의 작업실이 배경이다. 관자놀이

■ 작품명은 예술에 대한 비전문적인 글에서 통상적으로 쓰이는 제목을 따랐다.

그림 5.2 「인생」(1903) 캔버스 유채(196.5×129.5cm)
청색 시대의 걸작

에 상처가 있는 카사헤마스와 그의 연인으로 추정되는 여인, 이렇게 두 명의 중심 인물이 있고, 맞은 편에는 인상이 험악하고 불길한 느낌을 주는 성모 마리아와 같은 여성이 아이를 안고 있다. 뒷배경의 작은 액자 그림에는 두 명의 나체 인간이 부둥켜 있다. 여자 연인은 남자에게 기대고 있고, 남자는 현장에서 사라지고 싶어 하는 것처럼 보인다. 아마도 카사헤마스는 애인을 포옹해야 할지 아니면 죽여야 할지 고민하는 듯하다.

모든 정황으로 볼 때, 「인생」은 카사헤마스의 삶과 죽음을 받아들이려는 피카소의 노력과 그에 대한 혼란스러운 반응을 나타낸다. 좀 더 넓게 말하면, 이 작품은 죽음, 예를 들면 사랑하는 누이를 잃어버린 일에 대한 피카소의 감정을 드러낸 것이다. 예술적 생산성과 불모성에 대한 느낌과, 그가 평생 동안 드러내놓고 모호한 태도를 보인 가족이나 여자들과의 관계에 대한 감정도 이 작품에서 엿볼 수 있다.

초기 대표작 「인생」

피카소는 오랜 생애 동안 거의 매년 소묘와 회화, 조각, 판화 등의 작품을 수백 점이나 창작한 거장이다. 하지만 피카소는 이들 작품을 그 중요도 면에서 구별했음에 틀림없다. 가끔 그는 성악곡 사이에 오라토리오를 작곡하고 단편소설 사이에 장편소설을 창작하듯, 일종의 결산을 의미하는 작품을 캔버스에 그렸다. 이 경우엔 캔버스의 크기도 커졌고, 사전 준비 과정도 길어졌으며, 밑그림과 스케치 역시 훨씬 많이 그렸다. 주제나 제목은 불길한 느낌을 주었고, 특히 시각적 요소나 주제적 요소는 이전 작품에서 단편적으로 다룬 요소들을 종합한 것이다. 피카소의 가장 유명한 작품들은 대개 이런 과정을 거쳤다.

그림 5.3 「곡예사 가족」(1905) 캔버스 유채(212.8×229.6cm)
장밋빛 시대의 대표작

「곡예사 가족」(1905-그림 5.3), 「아비뇽의 처녀들」(1907-그림 5.5), 「세 무용수」(1925-그림 5.4), 「게르니카」(1937-그림 5.10), 「납골당」 (1945) 등은 10년 정도의 시간을 사이에 두고 완성된 작품이다. 이러한 결산과 종합의 의미가 있는 작품의 전형이 바로 「인생」이다.

여러 밑그림을 조사하고 X선 사진을 찍어 최종작을 연구한 결과 피카소는 「인생」을 준비하면서 꽤 많은 실험을 했음이 밝혀졌다. 여러 차례에 걸쳐 그는 작품 안에 자화상이나 서로 다른 표정의 젊은 여인을 배치했으며, 배경에는 조인(鳥人)과 나체 여인, 혹은 아버지의 초상을 그려넣곤 했다. 전체적으로 이 작품은 그 정신적 측면에서 카사헤마스의 장례식 장면과 그의 천국행을 그린, 엘 그레코(El Greco, 1541?~1614) 풍의 1901년작 「초혼(招魂)」에서 많은 요소를 빌어온 것이다.

메리 게도가 「인생」에 대한 상세한 연구에서 밝혔듯이, 모든 등장인물과 자세는 피카소의 이전 작품에서 그 흔적을 찾을 수 있다. 「인생」은 이 모든 요소를 독특하게 결합한 작품으로서, 사랑과 인생, 순결함, 죄악, 소외 그리고 죽음에 관한 느낌을 강렬하게 전달하고 있다. 바로 이 점이 「인생」을 초기의 대표작(defining work)으로 만든 것이다. 게도는 또한 중심 인물의 스케치가 대단히 유려하게 그려졌음을 지적한다. 피카소는 인물의 형상이나 자세, 정조를 원하는 모습이 나올 때까지 끊임없이 바꾸었다. 가령, 스케치에 따라 여체의 풍만한 정도가 달라졌고, 심지어 임신한 몸을 암시하는 경우도 있었다. 그림 속의 화가도 처음에는 피카소를 닮게 그렸지만 결국 카사헤마스의 모습으로 바꾸었다.

아마도 가장 의미심장한 것은 두 중심 인물의 관계가 애정에서 거

그림 5.4 「세 무용수」(1925) 캔버스 유채
입체화 이후 시기의 대표작

리감으로, 다시 남자의 여자에 대한 물리적 공격으로 변했다는 점일 것이다. 존 리처드슨은 「인생」을 타로 카드에 비유하면서, 둘 다 애매하게 해석될 수 있다는 점을 강조한다. "타로 카드의 모든 메이저 아르카나처럼, 「인생」도 …… 패가 나오는 방향에 따라 긍정적인 의미나 부정적인 의미를 갖는다." 프로이트의 「프로젝트」 초고나 엘리엇의 『황무지』 초기 작업에 비견되는 이와 같은 수정 작업에서 우리는 한 시각 예술가가 사유하고 상징적 문제를 발견하고 그것을 해결하는 과정을 엿볼 수 있다. 그는 상징과 지능의 광맥(鑛脈)을 채굴하여, 풍부한 의미망을 만들어냈고 궁극적으로 유례없이 독특한 예술적 업적을 응축해냈던 것이다.

피카소처럼 오래 살았던 예술가의 삶에서 전환점이 될 만한 작품을 집어내는 것은 위험한 일이다. 그리고 사실 어떤 작품을 골라낸다 하더라도, 그의 예술적 발전의 핵심적인 의미를 띠고 피카소의 고유한 특징을 드러낼 것이다. 피카소의 중요한 작품들은 거의 모두 하나의 정점이자 선취(先取, anticipation)이다. 이 작품들은 대부분 그가 이전에 보았던 것, 그리고 최근까지 작업해 왔던 것을 훌륭하면서도 독창적으로 (재)창조한 것이다. 하지만 적어도 「인생」은 이 재능 있는 젊은 스페인 예술가의 작품 세계에서 일어나고 있는 변화의 상징이자 징후이며 전형이라고 할 수 있다.

피카소를 비롯한 위대한 예술가들이 각기 자신의 분야에서 창조한 대표작들은 개인적 의미가 깊이 담긴 사건과 정서를 보편적인 주제와 이미지로 표현하는 데 성공한 것이다. 이런 생각은 식상할 정도로 많이들 얘기하는 것이지만, 모두가 알고 있는 친숙한 생각이라고 해서 참이 아닌 것은 아니다. 피카소의 다른 걸작들도 마찬가지지만, 「인생」은 그와 가까웠던 사람들(가족과 친구, 연인)에 대해 품고 있던 피카소의 개인적인 감정을 깊이 있게 표현하고 있어서 그와는 전혀 다른 상황에 살고 있는 사람들의 공감과 이해를 얻을 수 있었던 것이다.

피카소는 「인생」과 같은 작품을 그리면서 자신의 길을 갔다. 이 시기의 다른 어떤 작품도 「인생」에 비할 바는 못 된다. 피카소는 불과 20대 초반의 나이에 벌써 반 고흐나 폴 세잔과 같은 앞 세대의 위대한 화가들과 같은 반열에 올랐으며, 스스로 비교 상대로 여겼던 동시대 화가 앙리 마티스(Henri Matisse)와 동급으로 인정받았다. 머지않아 그는 자신의 예술 세계를 더욱 발전시켜서 새로운 세기의 새로운 기준이 될 회화 형식을 창조하게 된다.

「아비뇽의 처녀들」: 실험적인 양식을 향해서

1905년 무렵, 피카소는 이미 파리에서 비교적 인정받는 화가가 되었고, 그에게 관심 있는 화상(畵商)이나 그에게 도움이 될 수 있는 구매자들에게 작품 값을 당당히 요구하기 시작했다. 어릴 때는 신동이었고 낯선 나라로 어렵게 이주해서 개인적 특성이 강렬한 심미적 양식을 만들어낸 사람한테는, 똑같은 양식에 머무르면서 추종자를 키우고 이미 방향이 정해진 채 돌아가는 성공의 수레바퀴에 그대로 오르고 싶은 유혹이 매우 클 것이다. 하지만 피카소에겐 현재의 영예에 만족하는 것을 막는 무언가가, 아마도 어린 시절에 형식을 해체하도록 했던 것과 동일한 충동일 터인 그 무언가가 있었다. 그는 화가라는 전문가로서나 사사로운 개인으로서나 끊임없이 새로운 도전에 맞서 새로운 경지에 오르고자 했으며, 전례가 없는 깊이에 도달하는 모험을 감행했다. 이와 같은 가차 없는 도전 의지는 이 책에서 다루는 창조적인 거인들 모두의 특징이며, 그들을 그들답게 만드는 특성이다.

아폴리네르는 두 부류의 예술가가 있다고 주장한다. 하나는 자연에 의존하는 '모든 걸 한데 모으는(all-put-together)' 스타일의 명인이고, 다른 하나는 자기 자신에 의존하는 성찰적이고 지적인 '조립가(structurer)' 형의 예술가이다. 모차르트가 전자의 전형이라면, 베토벤은 후자의 전형이다. 신동 피카소는 첫 번째 유형을 대표하지만, 두 번째 유형의 예술가로 변신할 수 있었다고 아폴리네르는 주장한다. "그가 두 번째 유형의 예술가로 변신하는 것은 참으로 환상적인 장관이라 할 만했다." 피카소 자신도 이런 이율배반을 느꼈는지, 거트루드 스타인에게 "내가 라파엘로만큼 잘 그릴 수 있다면, 적어도 내 길을 선택할 권리는 있을 거네. 사람들도 그런 권리를 인정해야 할 테고. 하지만 그들은 인정하지 않았다네"라고 불평 섞인 말을 하기도 했다.

다시 말하지만, 한 예술가의 특징작을 선정할 때는 어느 정도 단순화가 필요하다. 후보작으로는 우선 「거트루드 스타인의 초상」(1906)이 눈에 띈다. 그림을 그린 과정이 유별났던 탓이다. 피카소는 모델이 된 친구에게 여든 번 이상이나 앉아 있기를 요구했는데, 정작 그림을 그릴 때는 여름 여행을 떠나서 알아볼 수 있는 얼굴의 형태를 지우고, 스타인과는 떨어진 장소에서 사실적인 얼굴을 가면 같은 얼굴로 바꿔서 그림을 완성했다. (초상화가 스타인을 닮지 않았다는 비난을 듣자 피카소는 세기의 농담이라고 할 만한 유명한 말로 대꾸했다고 한다. "별로 걱정할 필요 없어. 결국은 스타인이 저 그림을 닮게 될 테니까.") 또 다른 후보작은 같은 해에 그린 「두 나체 여인」이다. 몸집이 풍만하고 조각상을 닮은 두 명의 여인상을 그린 작품인데, 개별적인 인물보다는 어떤 유형에 가까운 모습이다. 관람객은 날것의 물감이 넓게 번져서 만들어진 색조를 보게 된다. 그리고 1907년의 「자화상」이 있다. 이 작품의 얼굴 모습은 윤곽이 뚜렷한 살아있는 생명체보다는 차라리 기하학적 형상을 닮아 있다. 가면을 닮은 초상화의 또 다른 예인 것이다.

하지만 이런 그림을 보았던 사람 그 누구도 1907년작 「아비뇽의 처녀들」(그림 5.5)의 충격에 대비할 수는 없었다. 많은 사람들이 이 작품을 20세기의 가장 중요한 작품이자, 미술사에서의 결정적인 전환점을 나타내는 작품으로 간주한다. 피카소의 여타 대표작과 마찬가지로 「아비뇽의 처녀들」 역시 이전 시기의 작품을 결산하는 의미를 담고 있다. 하지만 소재를 형상화한 형태 자체가 심미적으로 중요한 의미를 띠는, 완전히 새로운 양식을 예고한다는 점에서는 다른 작품들보다 한 걸음 더 나아갔다.

입체주의 양식을 고무한 기념비적인 작품인 「아비뇽의 처녀들」의 시각적 원천에 대해서는 이미 많은 글이 쓰여졌다. 물론 이 작품이 오랜 세월 이어진 당시의 미술사적 맥락 바깥에서 뜬금없이 솟아난 것은 분명 아니다. 앵그르(Jean Auguste Ingres, 1780~1867), 들라크루아(Ferdinad Delacroix, 1798~1863), 엘 그레코에서 마네(Edouard Manet, 1832~1883)와 고갱(Paul Gauguin, 1848~1903)에 이르는 여러 화가들의 흔적도 찾을 수 있다. 그리고 피카소는 당시 그가 탐구하고 있던 이베리아의 예술과 야수파 화가들, 그 중에서도 특히 마티스가

그림 5.5 「아비뇽의 처녀들」(1907) 캔버스 유채(243.9×233.7cm)
피카소의 창조성을 드러낸 초기의 획기적인 작품

묘사한 강렬한 인간 형상에 영향을 받았다. 비록 그는 수십 년에 걸쳐 「아비뇽의 처녀들」과 아프리카 부족 예술의 관련성에 대해서 여러 차례 말을 바꾸었지만, 피카소가 파리의 트로카데로(Trocadero) 박물관에서 보았던 아프리카 가면 예술에 영향을 받았음은 분명하다. 얼마 전에 베일을 벗은 경쟁자 마티스와 드랭(Drain)의 대형 누드 작품도 자기 시대의 거장들과 맹렬히 경쟁하고 있던 피카소를 자극하고 부추겼을 것이다. 최근에는 피카소가 드가의 은밀한 매춘굴 소묘를 보았고 이런 경험이 「아비뇽의 처녀들」에 흡수되었다는 증거도 나왔다.

하지만 피카소에게 가장 중요한 예술적 영향을 미친 요소를 하나만 고른다면(이 점에선 피카소에게 가장 중요한 의미를 띤 동시대 화가였던 마티스와 브라크도 마찬가지다), 그것은 그들의 직계 선배 세잔의 작품이었다. 세잔은 소묘나 채색에 특별히 능한 편은 아니었지만, 적어도 20세기의 기준에 맞는 회화의 본성을 깊이 꿰뚫어 보았다. 세잔은 회화를 형태 위주의 작업으로 여겼다. 여기서 '형태적'이라 함은 회화에서는 형태 문제가 결정적이고 모든 지각 대상에 내재한 기하학적 형태가 시각 예술의 근본이 된다는 뜻이다. 그는 "자연에서 우리는 원통과 구, 원뿔 형태를 보아야 한다"고 주장했다.

세잔은 특히 후기에 이르러서 원근법적인 표현 방식을 포기하고, 형태와 색상이 포개진 장면으로 전경과 후경을 융해시켰다. 그리고 영원한 회화적 현실을 추구하면서 인상주의와 표현주의 화가들이 중요시한 색상과 정서, 감정의 복잡성에도 등을 돌렸다. 세잔이 사망한 이듬해인 1907년에 열린 세잔 회고전은 그의 젊은 동시대 화가들에게 심대한 영향을 미쳤다. 피카소는 수십 년 후에 브라사이에게 "내가 세잔을 아냐고요? 그는 나의 유일한 스승이었습니다"라고 말했다.

최근에 피카소 연구에 엄청난 도움이 될 만한 일이 생겼다. 피카소가 대략 1894년부터 1967년까지 보관하던 175권의 드로잉 노트가 발견된 것이다. 이 기막힌 발견물에는 「아비뇽의 처녀들」의 스케치만 그린 노트 8권도 포함되어 있다. 게다가 「아비뇽의 처녀들」의 일부 형태는 처음부터 피카소가 탐구했던 것으로 밝혀졌다. 그는 형태를 변형하고 캐리커처를 그리면서 인간의 형태를 묘사하려고 무수히 노력했던 것이다. 그리고 1991년 말에는 「아비뇽의 처녀들」의 유일한 유화 스케치가 발견되었다.

피카소가 그림을 준비하는 방식에도 매력적인 면이 있다. 피카소는 익숙한 소재, 이를테면 황소나 말, 두 유형의 여자(그는 '여신'과 '가련한 여인(doormat)'이라고 불렀다), 가족, 가정용품 등을 다채롭게 변형하면서 작업을 했기에 수 년 동안, 심지어 수십 년 동안 동일한 주제를 추구할 수 있었다. (피카소는 하숙을 새로 옮기면 한 달 가량은 새로운 환경을 스케치하는 데 시간을 보냈다.) 또한 그가 존경하는 다른 예술가들의 작품뿐만 아니라 자기 자신의 과거 작품을 수정하거나 변형했다. 피카소는 수십 년 전에 그가 보았거나 창작했던 작품 혹은 형태 실험을 했던 작품을 절대로 잊지 않았다.

1950년대에 제작된 조르쥬 클루조(Henri-Georges Clouzot)의 「피카소, 천재의 비밀(Le mystére de Picasso)」이란 영화를 예외로 한다면, 피카소의 노트들은 그의 다재다능함과 풍요로운 정신을 들여다볼 수 있는 가장 좋은 자료이다. 여기에는 그가 관심을 두고 있던 주제와 문제를 다룬 연속적인 기록이 담겨 있는데, 아마도 이것은 그의 머릿속에서 맴돌고 있던 이미지를 간편한 도상(圖上)적 형태로 재현하는 방법이었을 것이다. 여기서 우리는 이러한 기록이 그의 사생활까지 포함했다는 사바르테스의 증언을 떠올릴 수 있다. "우리는 피카소의 작품에서 그의 정신의 변천사와 운명의 굴곡을 엿볼 수 있으며, 어느 날 혹은 어떤 시기에 그가 느낀 성취감과 곤혹스러움, 기쁨과 환희, 고통 등을 알게 된다." 피카소는 이 점을 간결하게 말했다. "내 작품은 일기와 같다." 이런 점에서 이들 드로잉 노트의 첫 번째 대중 전시회를 '나는 노트이다(Je suis un cahier)'라고 부른 것은 적절한 일이었다.

여느 획기적인 작품과 마찬가지로 「아비뇽의 처녀들」에 대해서도 수많은 방식과 다양한 관점으로 설명할 수 있다. 가장 단순하게 말하자면, 일단 대형 작품이고(가로 세로가 각기 2미터가 훨씬 넘는다), 서로 간에 동떨어져서 각자 다른 자세를 취한 채 화폭에 흩어져 있는 다섯 명의 매춘부들을 통렬하게 묘사한 작품이라고 말할 수 있을 것이다. 공허하고 무표정한 얼굴, 얼굴 방향은 가지각색이지만 모두가 정면을 응시하는 크고 검은 눈, 거의 형체가 없다시피 한 평평한 몸은 스케치마저 부분적으로 이뤄졌을 뿐이다. 마치 여인의 부드러운 살과, 그것을 묘사한 조악한 형태와 각도 사이에 갈등과 투쟁이 있는 듯하다. 그림의 주제와 메시지는 애매하지만, 분명 이 여인들의 황량한 삶을 우의적으로 드러내고 있다. (원래 제목은 「아비뇽의 사창가」였다.) 심미적인 의도 역시 뚜렷하다. 피카소는 사실주의적인 화풍이나 도덕성을 고취하는 미술에 대항했고, 세잔이 주창한 대로 형태를 더 중요시했다. 하지만 세잔이 주로 중립적인 주제(정물화)나 온화한 대상(목욕하는 여인들이나 카드놀이하는 사람들)을 그린 반면에, 피카소는 이전 시기의 「인생」이나 나중의 「게르니카(Guernica)」에서 보듯 훨씬 비통한 주제를 다루었다.

피카소의 그림은 완성작이라는 느낌을 주는 작품이 거의 없다. 대개는 그 자체로도 충분할지 모르는 해당 작품의 초기 판본이 있고, 후기 판본으로 간주될 만한 후속 작품이 있다. 하지만 「아비뇽의 처녀들」이 풍기는 미완성작이라는 느낌은 다른 작품에 비해 훨씬 뚜렷하다. 우선 이 작품의 각 세부별로 다양의 기초 데생이 존재한다. 피카소가 '표현 방법을 깊이 숙고' 했음을 알 수 있다. 하지만 기초 데생은 내용이 좀더 설명적이고 방향성이 아직 뚜렷하지 못했다. 피카소의 작업 전개가 대개 그렇듯이, 대체적인 추세는 불필요한 부분을 과감히 삭제해서 좀더 투박하게 표현하는 쪽을 향했다. 실상 이 시기의 드로잉 노트에는 대체로 이러한 추세가 분명히 나타난다.

처음에는 (아마도 매춘굴에 처음 와본 듯한) 선원을 화면 중앙에, 그리고 의과 대학생을 화면 왼쪽에 그렸다. 이 학생은 두개골을 손에 든 경우도 있고 책을 든 경우도 있다. 이들 인물은 남자 고객들이 여러 부류이고 매춘부 생활에 대한 시선도 다양하다는 사실을 보여주려는 의도로 그려진 듯하다. 매춘굴의 모습이 좀더 명확하게 그려지기도 했고(커튼을 걷어서 내부를 들여다볼 수 있게 했다), 얼마 동안은 스케치에 태아가 포함되기도 했다. 결국 피카소는 이들 도덕적인 '논평가 인물'을 그림에서 지워버렸고, 덕분에 사창가의 모습을 좀더 적나라하게 그릴 수 있었다. 여자들의 모습이나 숫자도 시간에 따라 바뀌었다. 오른쪽 두 여자는 나중에 추가로 그린 듯하고, 얼굴 모습도 처음엔 이베리아인을 닮게 그렸다가 나중에 아프리카 가면처럼 바꾸었다. 왼쪽 여인이 무엇인가를 '선언하는 듯' 들어올린 팔은 변함없는 특징이었다. 흥미롭게도 30년 후의 작품 「게르니카」에도 이와 비슷하게 죽 치켜 올린 팔이 등장한다.

피카소가 그림의 내용과 스타일을 바꾼 이유가 무엇이든, 최종 완성작은 강렬한 효과를 발휘했다. 미술사가이자 미술 비평가 티모시 힐턴(Timothy Hilton)은 이같은 불멸의 효과를 설명하면서 다음과 같이 말한다. "이처럼 형체의 비틀림이 본질인 그림, 낫 모양으로 휘어진 선으로 부피감을 표현한 그림은 이전에도 없었고 앞으로도 없을 것이다." 이 작품은 그 때까지 피카소가 은밀하게 실험해 왔던 다양한 스타일의 절정을 보여준다. 다중 시점(multiple view), 둥근 형태와 모난 형태의 충돌, 부드러운 색조와 거친 색조의 충돌 등, 피카소는 마치 한 화폭에 얼마나 많은 것을 표현할 수 있는지 실험하는 듯했다. 피카소의 전기를 썼던 롤랜드 펜로즈(Roland Penrose)는 피카소 자신이 장밋빛 시대에 대해 느낀 미묘한 매력과 기하학적 형상에의 이끌림 사이에서 투쟁과 갈등을 겪었기 때문에 작품의 호소력이 그토록 강렬할 수 있었으며, 작품 자체도 이 투쟁을 실제로 화폭에 표현함으로써 서양 미술사의 중대한 순간을 집약적으로 나타낼 수 있었다고 말한다.

이 작품에 대한 피카소의 양가적인 태도는 지인들과 주변 친구들의 반응으로 인해 더욱 심해졌다. 초기 작품에는 찬탄을 아끼지 않았던 사람들조차 「아비뇽의 처녀들」 앞에서는 할 말을 잃었다. 당혹과 혼란(거트루드 스타인과 리오 스타인, 브라크)에서 노골적인 분노(마티스)에 이르기까지 다양한 반응이 나왔다. 오직 두 명의 화상(畫商), 다니엘 헨리 칸바일러(Daniel-Henry Kahnweiler)와 빌헬름 우데(Wilhelm Uhde)만이 관심을 보였을 뿐이다. 훗날 칸바일러는 이렇게 회고한다. "우선 이 점을 알아주셨으면 합니다. 피카소는 믿기 힘들 정도로 영웅적인 인물이었습니다. 동료 화가들 누구도 그를 뒤따르지 않았으니, 당시 그가 느낀 정신적 고독이란 참으로 공포스러울 정도였겠지요. 다들 괴상하고 기형적인 작품이라고 생각했습니다." 피카소는 엄청난 위험을 감수하는 이러한 순간에 대해 다음과 같이 쓴 바 있다. "그림은 자유다. 도약하면 밧줄을 놓쳐 추락할지도 모른다. 하지만 목이 부러지는 위험을 감수하지 않는다고 무슨 좋은 점이 있겠는가? 도약하지 않는 것뿐이다. 우리는 사람들을 일깨워야 한다. 그들이 인정하지 않으려는 이미지를 창조해야 한다." 피카소는 대개는 적대적이었던 주변 사람들의 반응으로 인해 길을 잃지는 않았어도 쓰라린 상처를 받았는지 어디론가 그림을 조용히 치워버리고 몇 년 간은 공개하지 않았다.

당연한 일이지만 「아비뇽의 처녀들」이 이룬 성과와 당대의 미술사적 맥락에서 차지한 독특한 지위는 결국 널리 인정받았다. (이런 의미에서 이 작품의 이력은 6장에서 다루는 스트라빈스키의 「봄의 제전」과 비슷한 면이 있다. 6년 후에 초연된 「봄의 제전」도 청중을 시험에 들게 한 작품이었다.) 좀더 사회학적으로 말하면, 장이 이 작품을 걸작으로 인정하게 된 것이다.

이렇게 진가를 인정받았으니 피카소가 얼마간 자부심을 느끼면서 작품의 기원과 발전 과정을 사람들과 공유했으리라고 생각하기 쉽다. 하지만 피카소는 「아비뇽의 처녀들」의 기초 데생을 그린 많은 스케치북을 공개하지 않았다. 그가 죽고 얼마 후에 「아비뇽의 처녀들」의 완전한 연필 소묘가 발견되었는데, 마치 쇼핑 목록을 적은 종이인 양 가지런히 접혀진 채 어느 스케치북에 끼어 있었다. 반면 앞서 언급한 유화 스케치는 1990년대 초에야 세상에 모습을 드러냈다. 피카소는 늘 대중과 게임을 벌였고, 이 스케치들은 그가 우리에게 유고로 남겨 둔 깜짝 선물이었는지도 모를 일이다. 하지만 피카소는 결코 뒤를 돌아다보는 사람이 아니었다. 「아비뇽의 처녀들」은 단지 입체주의라는 더 큰 게임으로 향하는 도정의 중간 지점에 불과했을 터이다.

입체주의를 낳은 동반자 관계

피카소보다 겨우 1년 늦게 태어 난 동년배 조르쥬 브라크는 여러 면에서 피카소와 달랐다. 키가 작고 몸집이 다부진 피카소는 열정에 넘치고 반항적인 기질을 타고 났으며, 스스로 신동임을 알고 있었다. 음악에는 아무 흥미가 없어서 오로지 그림에 살고 그림으로 호흡했다고 해도 과언이 아니다. 반면 프랑스인으로서 키가 컸던 브라크는 뻔뻔한 속물근성이 있는데다가 엄격한 성격에 다소 부끄러움을 타는 구석도 지녔다. 그는 권투와 춤, 아코디언 연주를 즐겼다. 신동은 전혀 아니었는데, 특히 소묘에 서툰 편이어서 사람 모습은 잘 그리려고 하지 않았다. 어쩌다가 미술판에 들어온 격이었던 그는 야수파와 세잔의 작품에 큰 영향을 받았다. 브라크와 피카소가 만난 것은 「아비뇽의 처녀들」이 그려진 1907년이었던 것 같다. 이 작품을 보고 젊은 브라크는 혼이 빠질 만큼 강한 인상을 받았다. 훗날 브라크는 "누가 휘발유를 마시고 불을 뿜어내는 느낌이었다"고 말했다. 이후 몇 달 만에 그는 「커다란 누드」를 그렸는데, 전통적인 주제를 그린 작품치고는 묘한 구석이 있었고 피카소가 감행한 예술적 도전을 상기시키는 면이 있었다.

피카소와 브라크는 의기를 투합해서 공동작업에 나섰다. 1908년경에 시작된 공동작업은 브라크가 제1차 대전이 발발한 직후 입대할 때까지 6년간 지속되었다. 과학 분야 종사나 회사 생활에서처럼 현대의 일부 직업에서는 공동작업이 흔한 일이지만, 미술 분야에서는 여전히 드문 일이다. 성격이 판이하게 다른 두 사람이 어떤 점에서 서로에게 끌렸는지는 알 수 없지만, 피카소와 브라크는 공동작업을 통해 예술적 혁신에 주력했다. 이는 그 때까지 피카소가 다른 분야의 아폴리네르와 맺었던 친밀한 관계를 미술 분야에서 재현한 셈이나 마찬가지였다.

한 마디로 말해서 피카소와 브라크는 공동작업을 하면서 입체주의라는 새로운 미술 양식을 창안하고 탐구했다. 어쩌면 둘 중 누구라도 혼자서도 구상화를 선과 형태, 평면으로 분해하여 미래의 추상 미술 경향을 선도하고 세잔에서 비롯한 미술 혁명을 더욱 진전시킬 수 있었을 것이다. 하지만 서른 살도 되지 않은 두 화가가 유례없이 강렬하고 생산적인 방식으로 공동작업을 한 덕분에, 오늘날 우리가 보는 입체주의 양식이 탄생했고 그토록 빠른 속도로 미술계의 변화를 일으켰다는 점은 새삼 물을 필요도 없는 사실이다.

몇 개월 동안 두 사람이 거의 붙어 지낸 적도 있다. 낮에는 각자 그림을 그리고 밤에 만나서 서로의 작품을 살펴보았다. 가끔은 전문가나 겨우 분간할 수 있을 정도로 둘의 작품이 비슷할 때도 있었는데, 작품의 익명성을 공언이라도 하듯 사인을 하지 않으려 했다. 작품의 귀속 문제보다는 입체주의 스타일의 데포르마시옹이 더 중요하고 일차적인 문제였기 때문이다. 두 사람 모두 이 교제를 중요하고 감사히 여겼고, 농담 삼아 자신들을 '라이트 형제'라고 부르기도 했다. 피카소는 브라크를 기쁘게 할 생각으로 여자들을 소개시켜 주기도 했는데, 브라크는 나중에 이렇게 만난 어느 여자와 결혼까지 했다. 협동뿐만 아니라 선의의 경쟁도 있어서 때로는 자신의 작품을 상대방이 못

보게 숨기기도 했다. 특히 1911년 이후에는 상대방보다 더욱 참신한 작품을 내놓기 위해 더 치열하게 경쟁했다. 물론 이 때에도 친밀하고 공생적인 협력 관계는 그대로 남아 있었다. 거의 반세기가 지난 후에 브라크는 이렇게 회고했다.

우리는 몽마르트에 살면서 거의 매일 만나서 대화를 나누었다. …… 피카소와 나는 당시 누구도 말하지 않던 일……. 다른 사람들은 이해할 수 없었으나 우리들한테는 참으로 즐거웠던 일에 관해 얘기를 주고받았다. …… 같은 밧줄에 몸을 묶고 함께 산에 오르는 느낌이었다. …… 서로의 얘기에 푹 빠져 있었다.

이 기간 동안만은 피카소도 노트 기록을 하지 않았는데, 그만큼 동반자 역할을 하는 다른 사람들이 얼마나 중요한지 가늠할 수 있다. 피카소는 통상 노트에다 새로운 구상을 시도해 보고 이를 성찰하고 앞으로의 계획을 적어두면서 생각을 가다듬었다. 분명 입체주의 시기에도 이런 일을 완전히 그만둔 것은 아니지만, 이제는 살아있는 협력자이자 비평가가 직접적인 대화 상대로 등장하면서 자기 생각을 가다듬는 데 통상적으로 활용했던 일지(日誌)의 역할을 어느 정도 대신하게 된 셈이었다.

프로이트를 다룬 장에서 나는 창조자가 낯선 영역으로 나아가는 모험, 다른 사람들이 보기에는 해당 영역의 경계를 넘어서는 모험을 할 때는 이런 행동에 격려와 지지를 아끼지 않는 인물의 역할이 매우 중요하고 어쩌면 꼭 필요할지 모른다는 점을 논의한 바 있다. 피카소의 경우에는, 바르셀로나와 파리의 보헤미안 무리들 같은 잡다한 지지자 그룹에서 창조자의 인지적인 욕구와 정서적인 욕구를 모두 충족시킬 수 있고 특히 새로운 상징체계의 창조에 동반자로 참여한 한 인물과의 친밀한 관계로 인간관계의 비중이 이동한 것을 볼 수 있다.

메리 게도는 피카소가 다른 사람의 격려와 지지를 받고 싶은 욕구가 상당히 강한 편이었다고 주장하는데, 아마도 이러한 욕구는 어린 시절 부모에게 매달리고 의존했던 성향이 아주 없어지지 않은 탓일 것이다. 미술 분야에서 이러한 욕구는 주로 문사(文士)들이 채워주는데, 피카소의 경우는 바르셀로나와 몽마르트에서 만난 문사들이 여기에 해당된다. 이들의 이름을 열거하자면, 10대에 만난 사바르테스를 비롯해서 초기의 파리 생활에서 어울린 아폴리네르와 막스 자코브, 이후에 만난 시인이자 극작가인 장 콕토(Jean Cocteau, 1889~1963), 말년의 훌리오 곤잘레스(Julio González)*가 그들이다. 하지만 피카소가 새로운 미학적 차원을 탐구하고자 했을 때는 어쨌거나 자신의 재능뿐만 아니라 회화의 기술적인 측면까지 속속들이 이해할 수 있는 사람과 작업할 필요가 있었을 것이다.

입체주의의 특질과 유산

현대 미술의 역사에서 입체주의의 기원에 대해서 만큼이나 설왕설래가 많았던 주제는 없다. 그럴싸한 역사적 설명을 하고자 하는 욕구가 컸다는 얘기인데, 그만큼 입체주의가 중요한 미술 운동이기도 했지만 실제로 설득력 있는 얘기들이 몇 가지 나오기도 했던 탓이다. 나는 앞서 이미 세잔의 작품과 선례가 핵심적인 역할을 했음을 언급한

---

* Julio Conzáles로 쓰는 경우가 있다.

바 있지만, 이 점은 입체주의의 창시자인 두 사람이 모두 솔직하게 인정한 사실이다.

  이러한 미술사적 설명에 덧붙여 몇몇 보완적인 이야기도 해봄직하다. 입체주의에 대해서는 피카소가 마티스의 집에서 보았고 트로카데로 박물관에서 상세히 관찰했던 아프리카 민속 가면이나 평면적인 고대 이집트 미술의 원시적인 형태를 강조한 화풍으로 보는 사람도 있고, 이미 캐리커처와 포스터 미술 등 다양한 '통속미술' 혹은 '대중미술'에서 널리 활용되던 형식을 고급 미술로 고양시킨 양식으로 이해하는 사람도 있다. 뿐만 아니라 입체주의 양식을 아이들처럼 그림을 그리고 아이들처럼 사물을 보는 시도로 설명하는 사람도 있으며, 피카소가 어린 시절에 (다른 어린 학생들처럼) 노트 여백에 장난삼아 끄적거린 낙서나 실험적인 그림으로 (아마도 무의식적으로) 회귀한 것으로 해석하는 사람도 있다. 또한 세기말의 심리학자들이 발견한 통찰과 지각 모델에 의존한 미술 운동으로 이해하기도 하며, 때로는 다중 시점이나 좀더 상대적인 관점이 '올바르고' '특권적인' 단일 시점을 밀어내고 있었던 보다 일반적인 예술적·과학적 흐름에 속하는 양식으로 설명하기도 한다. 미술사가 알프레드 바(Alfred Barr)는 다소 화난 기색으로 다음과 같이 논평한 바 있다.

> 수학, 삼각법(trigonometry), 화학, 정신분석학, 음악 등 입체주의와 하등 상관없는 이론들이 입체주의를 손쉽게 해석하고 있다. 말도 안 되는 헛소리는 아니지만 그저 문학상의 허구와 비슷한 얘기들뿐이어서, 이론으로 사람들의 눈을 멀게 하는 나쁜 결과를 빚어냈다.

피카소 역시 이런 견해에 공명(共鳴)하는 심정을 토로한 바 있다. "우리가 입체주의를 창시했을 때는 입체주의를 창안하겠다는 의도는 없었고, 그저 우리의 내면에 있는 것을 표현하고 싶었을 뿐이다."

획기적인 변화나 '패러다임의 변동'에는 수많은 원인들이 작용하는 법인데, 이 중 어떤 원인도 반드시 필요했다고 말하기는 힘들다. 트로카데로 박물관에서 전시한 아프리카 가면이나 윌리엄 제임스 (William James, 1842~1910)의 심리학 저서에 서술된 시각적 환영 이론, 아인슈타인의 상대성 이론, 상징주의 시인들의 작품, 혹은 학생 노트와 카바레 포스터의 이미지나 거장 세잔의 작품이 없었어도 누군가는 입체주의를 창안할 수 있었다. 하지만 미술 분야의 이러한 변화를 지향하는 인습 타파적인 추세가 강해진다는 점 자체가 중요할 것이다. 그만큼 미술계의 변화가 일어나고 혁신적인 화풍이 받아들여질 가능성이 높아졌기 때문이다.

이처럼 미리 '준비된' 상황이었고 입체주의의 등장이 거의 필연적이었음에도, 학자들은 이 운동의 성격과 의의에 관해 좀처럼 의견일치를 이루지 못했다. 입체주의는 그 자체로 선구적인 시도인가, 아니면 구상화의 쇠퇴와 순수 추상미술의 등장을 알리는 신호탄에 불과한가? 대상을 분해한 것은 감상자로 하여금 물질과 운동을 더 통합적으로 인식할 수 있게 하는가, 아니면 2차원 평면에서는 사물을 전면적으로 포착할 수 없다는 사실을 강조하면서 동시에 모든 경험의 불연속성을 단언하는 것인가? 입체주의는 대상의 물리적 차원을 전달하려는 시도인가, 아니면 회화의 물질적 요소와 그림을 그리는 행위 자체에 주의를 집중하는 시도인가? 이러한 작업은 실재의 본질과 그 지각을 탐구하는 정말로 진지한 노력인가, 아니면 그저 가벼운 마음으로 교육적 의도뿐만 아니라 오락적 의도를 담고서 사람들의 마음을 자극할 생각으로 그려낸 것인가? 현대 사회에 대한 정치적·사회적 비판이 목적인 작품인가, 아니면 그런 논쟁적인 사안에는 신중한 중립을 지킬 뿐인 작품인가? 입체주의(cubism)라는 명칭도 논란거리였다. 모든 것을 '작은 입방체'로 환원시킨 화가들에 대한 비난과 경멸의 의미를 담고 있는가, 아니면 피카소와 브라크가 사물의 기하학적 형상을 강조하여 대상의 본질을 포착할 수 있었던 업적을 나타내는 징표인가?

내가 보기에 입체주의는 단일한 요인에서 생긴 것이 아니듯, 미학이나 철학상의 문제나 현실적인 문제에 관해 어떤 하나의 입장을 반영하는 것도 아니다. 분명 두 화가는 매우 진지하게 새로운 화풍을 탐구했지만, 기지 또한 풍부했고 자신들과 다른 사람들에게 즐거움을 주길 원했다. 그들은 2차원 평면이나 캔버스라는 2차원 평면에 신문지나 악보를 붙이는 방법으로 대상을 얼마나 풍부하게 담아낼 수 있을지 열정적으로 탐구했지만, 어떤 묘사 방법을 확고히 결정해버리면 그 방법이 무엇이든 이득뿐만 아니라 손해도 생길 것임을 알고 있었다. 사실적인 대상 위주의 미술이 지배하는 화단에 도전하기를 원한 것은 사실이지만, 여전히 자신들의 작업은 대상 세계에 근거해야 한다고 느꼈다. 이들은 다른 표현 형식을 택한 성향이 비슷한 동료들과는 달리, 완전히 비대상적인 예술로 결정적인 일보를 내딛지는 않았다. 이런 시도에 불을 지핀 것은 아마도 전혀 새롭고 위험하다 싶을 만큼 무정부주의적인 과업에 용기 있게 도전했다는 점일 터인데, 실상 그들이 끝내 얻은 해답은 제기한 문제나 도전한 시도만큼 과격하지는 않았다.

입체주의의 일부 역설적인 특징은 피카소와 브라크의 성격이나 기량이 뚜렷하게 차이가 났다는 점에서 연유했을 것이다. 자연과 인간 세계를 능숙하게 그릴 줄 알았던 피카소가 대상의 독특한 특징에 주목하여 재현성이 강한 그림을 그렸다면, 브라크는 추상성을 한층 더 밀고 나갔다. 소묘에 능란했던 피카소의 대가적 솜씨 역시 공간적 효과 창출과 화면의 구도 실험 등 주로 기술적인 측면에 관심이 많아서 이 부분에 기여가 컸던 브라크의 성향과 날카롭게 대비되었다.

하지만 입체주의가 각 예술가의 장점과 약점을 그저 반영하기만 했다고 생각하면 너무 단순한 결론이다. 두 화가는 새로운 시도에 나서 게끔 서로를 자극했다. 피카소는 브라크의 엄격한 태도가 없었다면 지나치게 왕성한 창작력을 다소나마 누그러뜨리지 못했을 터이고, 브라크 역시 피카소의 창조적인 사례와 자극이 없었다면 온갖 종류의 대상과 시각 요소를 작품에 구현하지 못했을 것이다.

입체주의의 전개

미술사가들은 각양각색의 다양한 해석을 내놓긴 했어도, 입체주의 양식이 1910년부터 1916까지 일련의 발달 국면을 거쳤다는 사실에는 대부분 동의한다. 첫 단계는 1910년부터 1911년에 이르는 시기의 분석적 입체주의(analytic cubism)인데, 대상을 해체하고 분해하는 방법을 주로 활용했다. 엄격하고 절제된 화풍이 주도했던 시기로서 회화 소재를 단색으로 처리했다(그림 5.6). 대상을 구성 요소로 분해해서 자연적인 형태를 기하학적 형태로 환원했으며, 이 형태를 더욱 잘게 분해하고 그 위치를 뒤바꾸면서 평면성을 강조했다. 그림을 그린다는 행위 자체가 묘사 대상보다 더 중요하게 여겨졌기에 대상의 현실적인

형상은 그다지 중요하게 취급되지 않았고, 앞선 시기의 회화에서는 명확하게 표현된 3차원적 공간이라는 환영도 화면의 깊이가 점차 얕아지면서 사라져갔다.

실제로 두 화가가 서로의 작품을 들여다볼 때에도 재현 대상이 무엇인지에 관해 의견일치를 이루지 못한 경우도 종종 있었다. 1911년경에는 피카소가 브라크의 어느 그림에서 다람쥐를 보았다고 주장하니까, 브라크 역시 이를 발견하고 일주일 내내 그 흔적을 지워버리려는 무망한 노력을 기울인 일이 있었다. 피카소와 브라크는 유례를 찾기 힘들 만큼 친밀한 사이로 공동작업을 했는데, 작품 하나하나가 고유한 상징체계 내에서 이전 작품에 대한 응답이라는 성격을 띠었다. 아마도 이들이 새로운 시각 언어를 향해 나아가는 초창기에 허물없이 지내며 그림에 대한 의견을 주고받은 과정을 완전히 이해할 수 있는 사람은 아무도 없을 것이다.

분석적 입체주의의 경직된 화풍이 다소 누그러진 시기가 뒤를 이었다. 형태상으로나 소재 활용 면에서나 더 자유로워졌고 재기가 넘쳤다. 1912년 중반부터 1913년까지 피카소와 브라크는 신문지와 악보, 마분지, 담배 상표 등 온갖 잡다한 오브제를 캔버스에 붙이거나 쉽게 알아보기 힘든 문자나 단어를 화폭에 표현하는 등의 실험적인 작품을 내놓았다. 캔버스 표면에 등나무 무늬가 그려진 유포(油布) 조각을 붙인 피카소의 「등의자가 있는 정물」(그림 5.7)은 콜라주(collage) 기법을 활용한 최초의 작품이었는데, 그만큼 콜라주의 도입에는 피카소의

그림 5.6 「빌헬름 우데의 초상」(1910) 캔버스 유채(81×60cm)
기하학적 형상과 단조로운 색조는 분석적 입체주의의 특징이다

역할이 컸다. 브라크는 리얼리티와 재현성을 강조할 생각으로 나뭇결 무늬의 벽지 조각을 그대로 화면에 붙여 파피에 콜레(Papier collé)를 처음 시도했다. 이들은 이제 유화 물감을 신중하게 배합하는 대신, 물감과 모래 혹은 물감과 톱밥을 뒤섞어 훨씬 자유분방하고 거친 소재의 질감을 활용했다. 말하자면 좀더 '민주적인' 재료로서 자신들의 구상과 생각을 표현한 셈인데, 커다랗고 식별가능한 재료를 쓰기도 했다. 이들은 또한 오려낸 신문 기사와 단어 등 다양한 예술적 상징과 숫자를 광범위하게 활용했다. 이런 상징물로는 고유한 시각적 효과도 자아낼 수 있었고 정치적·사회적 메시지도 전달할 수 있었다.

두 화가가 외부 요소를 캔버스에 끌어들인 이 시기는 분석적 입체주의에서 종합적 입체주의(synthetic cubism)로 이행해 가는 중간 단계였다. 분석적 입체주의 단계에서는 대상의 분석과 분해에 집중했던 피카소와 브라크가 이제 종합적 입체주의 단계에 이르러서는 해체된 부분들에서 대상의 종합적인 형상을 강조했다. 가령, 콜라주에 포함된 여러 흔적들에서 대상을 재구성하여 종합한 것이다. 앞선 시기에 비해 좀더 대담하고 신속하게 그림을 그렸고, 명상적인 특질도 거의 사라졌다. 이 즈음에도 피카소와 브라크는 서로를 편하게 여겼지만, 예전만큼은 공동작업에 의존하지 않았다. 서로간의 경쟁이 표가 나게 드러났다. 브라크는 혼자 은밀하게 구상을 가다듬어 피카소와 세상 사람들을 깜짝 놀라게 할 생각으로 피카소 면전에서는 새로운 아이디어를 얘기하길 꺼려했다. 종합적 입체주의는 10년간 지속했지만, 1914년 이후에는 피카소나 브라크의 영향을 그다지 받지 않았다.

후기 입체주의에는 다른 화가들도 가담했는데, 스페인의 젊은 화가 후안 그리스(Juan Gris. 호세 V. 곤잘레스José V. González)가 대표

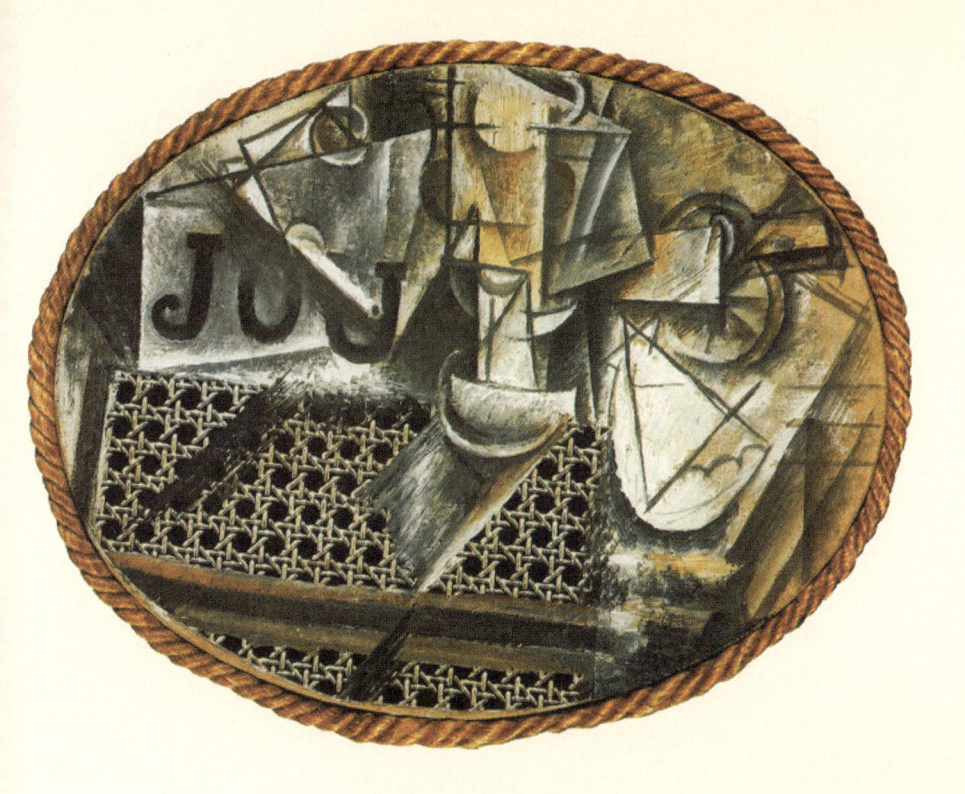

그림 5.7 「등의자가 있는 정물」(1912) 유채(23×37cm)
밧줄로 테두리를 두르고 캔버스에 유포 조각을 붙인 작품
콜라주는 종합적 입체주의의 특징이다

적이다. 알프레드 바는 그의 미술사 책에서 '초현실주의적', '로코코 풍의', '곡선 위주의' 입체주의에 관해 서술한다. 브라크는 전장에 나갔고, 피카소는 이후에도 줄곧 입체주의 기법을 활용하긴 했어도 입체주의 이전의 양식으로 되돌아가는 데 더 이상은 가책을 느끼지 않았다. 그는 미술사 전반을 검토하면서 특히 고전주의 시기의 화풍을 자기 것으로 소화했고, 결코 입체주의라 할 수 없는 양식을 새로 시도

했다. 1915년 혹은 1916년 무렵 피카소와 브라크의 입체주의 시대는 실질적으로 끝난 셈이었다.

함께 지내는 시간, 떨어져 지내는 시간

두 화가가 공동작업을 통해 혁명적인 미술 운동을 개시한 것만큼이나, 그처럼 역량이나 기질이 상이한 미술가들이 함께 손을 잡고 나아갈 수 있었다는 사실 자체도 상당히 주목할 만한 일이다. 이러한 협력에는 자아의 희생이 필요했거니와, 적어도 피카소의 경우는 재능을 상당 부분 억눌러야 했다. 하지만 입체주의 운동의 역동적인 측면을 두 사람이 서로에게 영향을 미치며 공동작업을 한 덕분으로 모두 돌리는 것은 다소 위험한 발상이다. 적어도 피카소의 경우는 얼마 동안이라도 새로운 환경에서 휴식을 취하면서 사고방식을 일신했던 경험이 중요했다. 실제로 피카소는 여러 차례 이런 가벼운 여행을 통해 지친 심신을 달래고 낙천성과 삶에 대한 애정을 되찾았다. 사람들로 북적이고 경쟁이 치열한 도시 환경에서는 기대할 수 없는 일이었다.

피카소가 처음으로 이러한 휴양차 여행을 떠난 것은 1898년으로서, 마누엘 파야레스(Manuel Pallarés)라는 젊은 스페인 화가와 함께 피레네 산맥 발치의 산골마을 오르타 데 산후안에 찾아갔을 때이다. 이곳에서 피카소는 시골 생활과 농사일을 처음 접했고, 초목은 무성하지만 메마른 석회암 산악으로 둘러싸인 환경에서 시간을 보냈다. 펜로즈에 따르면, 이러한 환경은 피카소가 10여년 후에 그리게 될 초기의 입체주의 회화에 영감을 불어넣었다. 1906년 여름에는 연인 페르낭드 올리비에(Fernand Olivier)와 함께 피레네 산맥의 남쪽 기슭에 위치한 산골마을 고솔(Gosol)로 들어갔다. 바위투성이의 거친 환경에서 스페인풍의 습속으로 살아가는 이 시골 사람들 사이에서 피카소는 편안함과 행복감을 느꼈고 많은 그림을 그렸다. 겨우 10주 동안 머물렀을 뿐인데도 그 이전 6개월 동안 그린 작품보다 많은 작품을 완성했을 정도로 다작(多作)이었다. 고솔에서 그린 많은 작품은 목가적인 화풍을 띠었지만, 고전주의와 원시주의에 맞서 이전 작품의 감성을 뛰어넘었다. 그는 또한 이전 몇 개월 동안 관심을 두고 있던 형태 문제를 집중적으로 탐구했다. 그리고 파리로 되돌아오자마자 늦봄에 미완성 상태로 남겨두고 고솔로 떠났던 「거트루드 스타인의 초상」을 끝냈다.

브라크는 1908년 여름에 남프랑스 마르세유 부근의 한촌(閑村) 레스타크(L'estaque)에서 머물렀고, 나중에 입체주의라 불리게 될 세잔풍의 풍경화를 안고 돌아왔다. 같은 시기에 피카소는 파리 근교 라 리유 데 브와(La Rue des Voix)에서 브라크의 작품과 비슷한 그림을 갖고 돌아왔다. 최초로 입체주의 양식을 선보인 후인 1909년 여름에 피카소는 다시 오르타 데 산후안으로 돌아갔는데, 이번에는 10년 전과는 전혀 다른 의도를 품고 있었다. 그가 본 것은 낯익은 풍경이었지만, 피카소는 이 풍경을 자신과 브라크가 시도하던 형태 실험에 입각해서 전혀 새로운 방식으로 화폭에 담아낼 수 있었다. 그는 세잔의 작품에 영감을 받아 눈에 보이는 풍경 대신, 그 이면의 단순한 기하학적 형상을 전경에 내세웠다. 인체 형상에 대한 통찰을 이번에는 이 외진 마을의 자연 풍경과 건물에 적용하여 확고하게 가다듬었다. 구릉과 건물을 해체하여 평면을 모호하게 중첩시키는 방식으로 표현했던 것이다. 피카소는 이곳에서 그린 작품 더미를 안고 파리로 돌아왔다. 과거 어느 때보다 많은 양으로서 새로운 양식의 발달을 집약한 작품들이었다.

아무리 친밀하고 좋은 관계를 맺은 사이라도, 서로 떨어져서 자기만의 시간과 장소를 확보하여 새로운 관점에서 낡은 주제를 재검토할 필요성이 있는 법이다. 이 점은 특히 미지의 영역을 탐사하는 창조적인 인물들한테 꼭 해당되는 이야기이다. 이런 시기에는 앞서 언급했다시피 누군가 핵심적인 산파 역할을 할 수가 있는데, 이 점은 피카소와 브라크의 독특한 관계나 이후 피카소와 그의 연인들의 관계에서 분명하게 볼 수 있다. 하지만 서로 거리를 두고 떨어져 지내는 일도 그에 못지않게 중요하다. 혼자 고독하게 작업할 때나 1909년 여름처럼 좀더 오랜 시간을 두고 떨어져서 별도로 작업할 때나 피카소와 브라크는 이와 같은 인간관계의 리듬을 중시했던 셈이다. (돌이켜보면, 두 화가가 1911년 여름을 세레(Ceret)에서 함께 보내기로 결정한 것은 실수였던 것 같다.) 고독의 시간은 친밀한 어울림의 시간만큼이나 중요했던 것이다. 결국 두 사람 사이에 긴장이 고조되고 서로 거리를 두어야 할 필요성이 커질 즈음에서 브라크는 전장에 나갔고, 이로써 두 사람의 관계는 끝이 났다. 이에 대한 피카소 자신의 말은 은유적으로 정곡을 찌른다. "그 후에 나는 브라크를 다시는 보지 못했다." 하지만 두 화가 모두 다른 화가와는 그만큼 가까운 사이가 되지 못했고, 이후 작품에선 입체주의에 견줄 만한 새로운 화풍을 강렬하게 주도하지 못했다.

대중과 전위 예술가들의 반응

미술 비평가들은 이내 입체주의의 중요성을 알아챘지만, 일반 대중은 이 새로운 시도를 거의 이해하지 못했다. 처음 소개된 지 100년 가까이 지난 오늘날에도 입체주의는 여전히 현대 미술의 상징으로 여겨지지만, 예술적 업적의 정점으로 이해되기보다는 수수께끼같은 호기심의 대상으로 취급되는 경우가 많다. 「아비뇽의 처녀들」은 피카소가 오랫동안 감춰둘 만큼 물의를 빚었고 피카소 자신은 입체주의 작품을 공개 전시회에는 되도록 출품하길 꺼려했음에도, 새로운 입체주의 회화는 초창기부터 널리 알려졌다. 실제로 1913년 뉴욕에서 개최된 저 유명한 아모리 쇼(현대 미술을 미국에 훌륭하게 소개한 전시회)에서는 입체주의 회화가 상당한 주목을 받았다.

입체주의 미술은 논란거리가 되었다. 피카소는 이런 논란에 휘말리지 않으려고 전람회장에 모습을 드러내지 않았고 비판에도 대꾸를 하지 않았지만, 논란은 수그러들지 않았다. 많은 비평가들이 '기괴한', '야만적인', '과격한 혁명', '우스꽝스러운', '고의적으로 충격을 주는' 등의 언사를 사용하면서 평범하고 무가치한 작품으로 평가 절하했다. 장점을 인정한 사람들도 신비적이고 엘리트주의적인 예술이라는 비판에는 수긍했다. 조롱하고 풍자하는 작품이 연달아 나왔다. 입체파 운동의 주요 옹호자는 피카소의 오랜 친구 아폴리네르였다. 그는 여러 편의 글과 책을 써서 입체주의 미술의 정당성을 논리적으로 설명했고, 이 운동의 중요성과 입체주의를 창시한 두 화가의 업적을 옹호했다. 그가 지적했듯이 입체주의는 미(美)에 대한 전혀 새로운 관념을 표현했다. 여타의 공감적인 평자들은 입체주의 미술이 과학을 예술에 도입한 사조이며 최초의 객관적인 예술이고 대상 사물의 구조를 과거와는 다른 방식으로 표현한 양식이라고 서술했다. 그리고 존 미들턴 머리(John Middleton Murry)와 같은 일부 비평가들은 이해는 잘 안 되지만 위대한 예술임에는 틀림없다고 공언했다.

대중과 전위 예술가들의 취향이 다른 점은 예술사에서 새삼스러운 일이 아니고, 19세기 중반 이후에 등장한 예술 운동 대부분에 해당되는 현상이다. 하지만 입체주의(및 이 시기의 다른 예술 운동)의 등장과 더불어 새로운 현상이 나타났는데, 전문가들이 높이 평가하는 작품들이 폭넓은 대중들로부터는 막연한 이유로 외면을 받은 것이다. 오늘날 다소나마 문화적 소양이 있는 사람들은 피카소와 브라크, 스트라빈스키와 쇤베르크, 덩컨과 그레이엄, T. S. 엘리엇과 조이스의 이름을 알고 있다. 하지만 대중은 이들의 작품보다는 좀더 접근하기가 쉬운 모네와 반 고흐, 브람스(Johannes Brahms, 1833~1897)와 바그너, 디킨스(Charles Dickens, 1812~1870)와 조지 엘리엇(George Eliot, 1819~1880) 및 고전적인 발레단의 작품에 끌리는 경향이 있다. 20세기 들어 대중적인 평가의 장과 아방가르드적인 평가의 장은 점차 그 간격이 넓어졌다. 이 간격이 더욱 넓어질지, 어느 장이 더욱 유력한지에 관한 문제는 확실히 말하기 어렵다. 분명한 것은 입체주의 미술의 이미지가 상업 광고물에서 아류 모방작에 이르는 다양한 시각물에 스며들어 우리에게 익숙한 풍경이 되었음에도, 보는 사람들은 대개 그 이미지의 원천이 무엇인지 알지 못한다는 점이다.

입체주의 이후 : 유명 인사로서의 삶

피카소는 비록 최근에 내놓은 작품들이 사람들의 눈살을 찌푸리게 했음에도, 입체주의 시기가 종막에 이를 무렵 이미 세계적인 화가라는 명성을 얻었다. 그는 다재다능한 신동이자 유례없이 특출한 솜씨를 지닌 원숙한 천재로 여겨졌다. 종합적 입체주의 작품을 계속 그려내면서도 세잔보다는 앵그르(Jean Auguste Ingres)의 작품을 연상시키는 기법으로 사실주의적인 연필 초상화와 소묘 작품을 내놓았다. 걸인과 곡마단 사람들을 그린 청색 시대와 장밋빛 시대의 그림들이 상당한 가격에 팔리고 있었다. 비록 입체주의 회화는 여전히 호기심의 대상으로만 취급되었지만, 1914년 이후에 그린 작품들은 다시 미술 소비자들의 관심을 끌고 있었다. 피카소의 측근들은 그의 작품을 선전하고 부유한 수집가에게 팔았으며, 그를 당대의 가장 위대한 예술가로 추켜세웠다. 이미 피카소는 동시대 화가들을 능가하는 수준에 이르렀으며, 과거의 거장들과 같은 반열에서 평가되고 인정받았다. 그리고 이런 평가는 이후에도 변함이 없었다.

성숙한 신동의 작품

자신의 작품을 열광적으로 지지한 사람들조차 자신이 정작 성취하고자 했던 것을 제대로 이해하지 못했기 때문에, 피카소는 스스로가 호기 있게 시도한 예술적 반역을 망각했으며 여러 악평들로 인해 마음이 흔들렸다고 생각하는 사람도 적지 않을 것이다. 하지만 실제로 피카소는 브라크가 전장으로 떠난 마당에 연인 에바까지 결핵으로 사망하면서 상당한 일신상의 변화를 겪었다.*

30대 중반에 접어든 피카소는 그 때까지 다양한 인생을 살아왔다. 불행했던 학창 시절, 아카데미의 화풍에 대한 반역, 바르셀로나와 파리의 카페에 드나들던 젊은 지식인, 몽마르트 언덕에서의 힘들었던 화가 생활, 청색 시대와 장밋빛 시대를 거치면서 명성을 얻기 시작한

---

* 에바의 실명은 마르셀 훔베르트(Marcelle Humbert)이지만, 피카소는 항상 에바라고 불렀다.

예술가, 다양한 국면의 입체주의를 선보이면서 자기 스타일을 확립한 전위 예술의 선도자. 이제 그는 스스로 부유하고 성공한 화가이자 갈채를 받는 예술가라는 확신을 갖게 되었고, 좀더 안락한 부르주아적인 삶을 살기로 마음먹었다.

이러한 삶의 선택은 몇 가지 형태로 나타났다. 우선 피카소는 부유한 주택가로 이사를 했고 상류층과 어울리기 시작했다. 콕토와 스트라빈스키를 비롯해서 발레 안무가 세르게이 디아길레프(Sergey Diaghilev)와 작곡가 에릭 사티(Erik Satie) 등 당대의 창조적인 인물들과 공동작업을 하기도 했으며, 프랑스와 스페인 이외의 지역으로 여행을 하기도 했다. 그 중에서 가장 중요한 사건은 몇 차례 보헤미안 기질의 여인들과 사귄 후에 러시아 장교의 딸이자 발레리나인 사교계의 매력적인 여인 올가 코흘로바(Olga Koklova)와 결혼한 일이었다. 부르주아적 생활을 받아들인 피카소와 올가는 1921년 여름 아들 파올로(Paolo)를 낳았다.

입체주의 시기가 끝나자 피카소의 작품에는 성숙한 신동의 표지가 드러났다. 아마도 너무나 잘 드러났다고 해야 할 것이다. 피카소는 여러 단계를 거쳐 발전을 이루는 동안 자신의 이전 작품을 적극적으로 활용하여 10년에 걸쳐 창작 활동에 반영했다. 그는 초현실주의나 추상주의라는 새로운 사조에도 주목했지만 여기에 깊숙이 관여하지는 않았으며, 다른 표현 매체, 특히 조각을 활용한 실험에 나서기 시작했다. 피카소의 생애에서 이 무렵은 주로 고전주의 시기 혹은 신고전주의 시기라 불린다. 신중하게 고대 그리스·로마 시대의 작품 형식과 양식을 수용했기 때문이다. 하지만 신고전주의 시기가 서로 일치했던 스트라빈스키의 경우와 마찬가지로, 신고전주의적 작품에도 피카소의 고유한 스타일은 명백히 각인되었다. 피카소 자신이 이런 작업의 특색을 가장 잘 알고 있었다.

> 내가 나 자신을 반복해서 흉내낼 것이라고 기대하지 말라. 과거는 더 이상 내게 흥밋거리가 되지 못한다. 나 자신을 베낄 바에야 차라리 다른 사람을 모방하겠다. 그러면 적어도 새로운 면을 추가할 수는 있을 테니 말이다. 아무튼 난 새로운 걸 발견하기를 좋아한다. …… 화가란 결국 무엇이겠는가? 다른 사람의 소장품에서 본 그림을 그려서 자신의 소장품으로 만들고 싶은 수집가가 아니겠는가. 시작은 이렇게 하더라도 여기서 색다른 작품이 나오는 것이다.

신변상의 동요와 예술적 변화

피카소는 1916년부터 1926년까지는 이렇다 할 굴곡이 없는 안정된 세월을 보냈지만, 이후 10년 동안은 훨씬 많은 고초를 겪어야 했다. 일단 사생활 면에서 상당히 복잡했고 스트레스도 많이 받았다. 한 여자에게 충실한다는 생각은 아주 불편하게 여겨서 그런 노력을 하지 않았고, 성적으로 방종한 삶을 살았다. 많은 여자들과 가벼운 통정(通情)을 일삼던 중년의 화가는 마리 테레즈 발터(Marie Thérése Walter)라는 묘령의 아가씨와 심각한 연인 사이가 되었다. 마리는 피카소의 부인 올가와 자주 싸워야 했고, 피카소는 이를 방치했다. 그는 마리와의 사이에서 딸 마야(Maja)를 얻었다. (마야의 실명은 마리아 콘셉시온 Maria Concepciòn인데, 이 이름은 어머니와 죽은 누이동생의 이름에서 따온 것이다.) 올가가 이혼 소송을 내고 또 다른 연인 도라 마르(Dora Marr)라는 지적인 여자가 끼어들면서 상황은 더욱 복잡해지고 난처해졌다. 피카소는 아이들이 어릴 때는 귀여워했지만 곧 싫증을 냈고 파올로를 멀리 했다.

사생활의 혼란은 그림에도 영향을 미쳤다. 상당 기간 그림을 거의 그리지 않은 시기도 있었는데, 아마도 그의 인생에선 처음 있는 일이었을 것이다. 몇 년간은 작품 창작이 이전에 비해 턱없이 줄었다. 게도에 따르면 피카소는 일년에 보통 300점의 그림과 소묘를 그려왔지만, 1926년에서 1936년 사이에는 일년에 100점에도 미치지 못하는 작품만을 제작했을 뿐이다. 티모시 힐턴은 피카소의 다채로운 연애 경험, 미술 양식과 매체에 관한 다양한 실험, 보헤미안적인 삶과 부르주아적인 삶이 혼융된 생활 등은 나이가 들면서 점차 영감이 사라지는 현상을 필사적으로 막으려는 시도였다고 보았다. 어쩌면 피카소는 무의식적으로 인생의 판돈을 더 올리고 있었는지도 모른다. 이는 상상력을 자극하는 수단으로 피카소가 작품 활동에서 늘 활용했던 방식이었다.

이 시기에 피카소의 작품이 질적으로 쇠퇴했는지 여부는 판단하기 힘들다. 하지만 더욱 비극적인 주제를 다루면서 훨씬 잔인한 장면을 그린 것만은 분명하다. 이전에는 언제나 냉정하고 분석적인 자세로 그림을 그렸었고, 실제로 입체주의 시기에는 '얼음장 같이 차가운 사람'이라고 불렸다. 피카소는 이제 여자의 모습을 잔혹하게 그렸다. 기형적이거나 절단된 형상, 기괴한 자세, 왜곡된 얼굴 모습이 자주 등장했다. 그리고 한 여자를 여러 번 그린 경우에도 보통은 나중의 판본을 훨씬 왜곡된 형상으로 표현했다. 피카소는 신화에 나오는 괴물을 작품에 끌어들이기 시작했는데, 특히 몸은 사람이고 얼굴은 황소인 미노타우로스를 많이 그렸다. 미노타우로스는 아주 애매한 형상이어서 사악한 강간자로 묘사되거나 냉정하고 순진하기까지 한 관찰자로 묘사되었고, 때로는 승리자의 형상으로 그려졌고 때로는 사악한 괴물의 희생자로 그려졌다. 언제나 즐겨 그렸던 투우 장면에서도 이제는 다친 황소와 죽어가는 말이 등장했다. 난교(亂交), 기묘한 성관계, 기형적인 성기, 왜곡된 십자가상을 그린 작품을 비롯해서 화가와 모델을 관음증과 성적 착취의 관계로 묘사한 작품도 등장했다. 피카소는 예술작품이 관람자에게 충격을 가해야 한다고 생각했다. "관람자에게 아무런 감정상의 동요도 일으키지 못하고 관람자가 그저 대충 훑어보는 예술작품은 아무 의미가 없다. …… 관람자가 비록 상상 속에서라도 어떤 반응을 보이고 스스로 창조에 대한 열망을 강렬하게 느낄 수 있는 작품이 되어야 한다. …… 관람자를 마비 증상에서 일깨워야 한다." 피카소는 확신을 갖고 이렇게 말했다.

불안한 사건이 유럽에서 연이어 발생했다. 비교적 평온했던 20년대가 지나면서 이탈리아와 독일, 스페인에서 파시즘이 맹위를 떨쳤다. 피카소는 특별히 정치에 관심 있는 사람은 아니었지만, 민주주의와 공산주의 그리고 무엇보다도 무정부주의에 공감하고 있었고, 파시즘에는 눈곱만큼도 동의하지 않았다. 피카소가 사생활에서 겪은 혼란이 마치 거울 영상처럼 전통적인 유럽 문명의 붕괴로 재현된 듯했다.

피카소 스스로 걸작으로 인정한 작품 「게르니카」

운명이 등을 돌리고 정열이 퇴조하면 작품 활동에 위기가 닥치게 마련이다. 피카소 역시 이런 곤경에 처했다. 하지만 피카소의 성격 깊은 곳에는 '반항적으로' 그림을 그리고자 하는 강한 충동이 뿌리박고 있었다. 특히 중년 이후에는 피카소의 폭력적이고 파괴적인 성향이 작품의 동기가 되었다. 그는 이렇게 말한다. "결국은 무언가에 거역하는 작품을 만드는 수밖에 없다. …… 나는 가슴을 찌르는 그림을 그린다. 폭력, 심벌즈의 쨍그렁 소리 …… 폭발 ……. 훌륭한 그림, 아니 모든 그림(!)에는 면도날처럼 날카로운 면이 있어야 한다."

1930년대 중반이 되자 피카소의 삶에 혼재해 있던 갈등과 긴장이 작품에 그대로 드러났다. 「프랑코의 꿈과 거짓」이나 「미노타우로스」 연작에서 피카소는 이전 시기에서는 넌지시 암시만 했던 폭력적이고 비극적인 색조를 드러냈다. 「프랑코」 연작에서는 통령(統領) 프랑코를 익살스러운 장면, 공포스러운 장면 그리고 외설적인 장면에 그려 넣었고, 몸은 말이고 머리는 히드라인 프랑코를 닮은 괴물의 내장을 황소가 들어내는 장면을 그리기도 했다. 「미노타우로마키」(1935)는 구도가 매우 복잡한 작품으로서, 성냥불을 든 어린 소녀에게 위협적으로 다가서는 미노타우로스, 내장이 드러난 말, 죽어가는 여자 투우사, 물러서서 이 기괴한 장면을 지켜보는 사람들이 표현되어 있고, 화면 왼쪽에는 사다리를 타고 여기서 벗어나려는 듯한 그리스도를 닮은 예술가가 그려져 있다(그림 5.8). (「미노타우로마키」가 아이의 눈에 비친 성행위를 나타낸다는 지적이 있다.) 「우는 여인」(1937)은 견딜 수 없을 만큼 고통스러운 여인의 얼굴을 처참하게 조각난 모습으로 그렸다(그림 5.9). 피카소가 무시무시하고 폭력적인 환상에 사로잡혔다고 생각할 수도 있다. 실제로 피카소는 이 무렵이 자신의 삶에서 가장 고통스러운 시기였다고 말하곤 했다. 허나 공정한 관찰자라면 피카소의 고통은 그 태반이 스스로 자초한 것이라고 말해야 옳다.

그러나 당시에 벌어진 가장 잔혹한 사건에 관해서라면, 결코 피카

그림 5.8 「미노타우로마키」(1935) 에칭(49.8×69.3cm)
폭력적인 장면에 대한 피카소의 환상을 그린 작품

소에게 그 고통의 원인을 돌릴 수 없다. 1937년 4월 26일 프랑코 군에 가담한 독일 폭격기가 바스크 지방의 작은 마을 게르니카를 폭격해서 쑥대밭으로 만든 비극적인 사태가 벌어졌다. 이 무자비한 짓으로 인해 장날에 읍내에 쏟아져 나온 군중 수천 명이 죽었다. 세상은 경악했고 프랑코와 그의 군대에는 비인간성과 잔혹성이라는 낙인이 영원히 찍히게 되었다. 이 사건에 엄청난 충격을 받은 피카소는 게르니카의 참상을 화폭에 담아내고자 마음먹었다. 당시 스페인의 공화국 정부는 1937년에 파리에서 개최된 세계 박람회장의 스페인 관에 장식할 벽

그림 5.9 「우는 여인」(1937) 캔버스 유채(60×49cm)
비통한 슬픔에 고통스러워하는 여자의 얼굴을 그린 작품

화를 피카소에게 의뢰한 상태였는데, 피카소는 곧 혼신의 힘을 기울여 이 작품을 운명적인 작품으로 완성하리라고 결심했다.

나는 앞에서 이미 「인생」이나 「아비뇽의 처녀들」과 같은 초기의 대표작에 관해 논의한 바 있다. 「세 음악가」(1921)나 「세 무용수」(1925-그림 5.4), 「안락의자에 앉아 있는 여자」(1929) 혹은 앞서 언급한 「미노타우로마키」도 대표작의 목록에 포함할 수 있을 것이다. 피카소는 이렇게 말했다. "'완성된' 작품이란 있을 수 없다. 한 작품의 상이한 상태가 있을 뿐이다." 하지만 인류의 회화사에서 「게르니카」(그림 5.10)만큼 한 화가의 전모를 드러내는 '특징적인(defining)' 작품은 없을 것이다.

피카소는 다소 절충적인 후기 입체파 양식을 취했으면서 고전적이라 할 만한 장대한 구도와 주제가 특징인 이 작품이 시대를 증언하는 작품임을 확신하면서, 정교한 세부에 이르기까지 신중하게 준비 작업을 하고 이를 기록했다. "내 그림은 모두 탐구다. …… 이 탐구에는 논리적인 순서가 있다. 내가 번호를 붙인 이유가 여기에 있다. 시간 순서에 따라 실험을 하고, 여기에 번호와 날짜를 적어두었다. 이런 점을 고맙게 생각할 날이 올 것이다." 이를 좀더 자세히 설명하면서 그는 이렇게 덧붙인다. "…… 예술가의 작품을 아는 것만으로는 충분치 않다. 그가 언제, 왜 그리고 어떤 상황에서 작업했는지 알아야 할 필요가 있다. …… 언젠가는 과학이 존재할 것임에는 틀림없다. 이것은 인간에 대한 과학이라고 불릴 수도 있을 터다. 창조적인 인물을 탐구해서 인간 일반에 관해 알고자 하는 그런 과학이다." 실제로 피카소는 「게르니카」를 준비하면서 대략 45점의 스케치를 그렸는데, 몇몇 예외를 제외하고는 번호와 날짜를 부기해 두었다. 게다가 당시 피카소의

그림 5.10 「게르니카」(1937) 캔버스 유채(351×782cm)
피카소가 스스로 걸작이라고 인정한 작품

그림 5.11 「게르니카」의 최초 스케치. '1937년 5월 1일(1)'. 청색지 연필(26.9×20.9cm)

연인이었던 도라 마르가 사진을 찍어둔 덕분에 우리는 박람회장의 스페인 관에 전시될 최종작이 완성되기까지 일곱 단계를 거친 변화의 궤적을 살펴볼 수 있다.

세계에서 가장 유명한 화가가 세기적으로 가장 탁월한 작품을 그리면서 상세한 기록을 남겼다면, 온갖 전문가들이 이 기록을 주의 깊게 살펴봤으리라는 점은 누구나 짐작할 수 있는 일이다. 큐레이터 앤소니 블런트(Anthony Blunt)와 심리학자 루돌프 아른하임(Rudolf Arnheim)을 비롯한 수많은 학자들이 「게르니카」의 사전 스케치를 조사했다. (스트라빈스키가 「봄의 제전」을 작곡할 때와 엘리엇이 『황무지』를 쓸 때도 초안을 마련하는 과정이 비슷했음을 나중에 상술하겠다.)

이러한 설명은 실로 놀랄 만큼 유사한 결론을 내포하고 있다. 학자들에 따르면, 「게르니카」에 적용된 화면 구도의 씨앗은 피카소가 직전에 완성한 여러 점의 작품에서 찾을 수 있고, 특히 앞서 언급한 연작 「프랑코의 꿈과 거짓」과 복잡한 구성의 대형 동판화 「미노타우로마키」에서도 엿볼 수 있다고 한다. 「게르니카」는 또한 과거의 위대한 작품, 특히 니콜라스 푸생(Nicolas Pussain, 1594~1665)과 장 오귀스트 앵그르, 외젠 들라크루아의 작품에 영향을 받았으며, '양민 학살'이라는 고전적인 주제와도 뚜렷한 연관성이 존재했다. 평생 투우를 좋아한 만큼 투우 장면과 연관된 주제와 색조도 반영되었다. 물론 피카소가 몸소 겪은 두려운 경험, 특히 세 살 무렵에 지진을 피해 가족 모두가 피신해야 했던 혼란스러운 경험에 대한 기억을 암시하는 측면도 있다.

아른하임은 급히 그려진 첫 번째 스케치(그림 5.11)가 완성작의 구도와 비슷하다고 보았고, 힐턴은 초기 두 장의 스케치에 주목하고 이것들이 「미노타우로마키」의 기본 구도를 재창조한 것이라고 생각했다. 피카소 자신도 최초에 구상했던 장면을 중간에 여러 차례 기초 데생을 하는 과정에서도 큰 변화 없이 보존했다고 증언한 바 있다. "그림이란 기본적으로 변하는 게 아니다. 외양은 어떨지 몰라도 처음의 구상은 거의 온전하게 남는다." 나는 이미 완성작을 본 연후에나 아직 다듬어지지 않은 이들 스케치에서 최종 완성작의 흔적을 볼 수 있다고 생각하긴 하지만, 그럼에도 「미노타우로마키」의 구도를 염두에 두면 피카소가 처음부터 대략적인 화면 구성을 마음에 품고 있었다는 의견에 동의할 수밖에 없다고 느낀다. 분명히 그는 캔버스의 가로세로 비율이나 정확한 등장인물(형상), 강조할 색조의 배합 등에 관해 아직 뚜렷이 정한 사항이 없는 상태에서도 이미 장대한 서사시적인 작품이 되리라는 점을 알고 있었다.

그림 5.12 화면 구성 탐구. '1937년 5월 9일(2)'. 백지 연필(45.3×24.1cm)

「게르니카」의 작업 과정

　드로잉 노트를 통해 잘 알려진 피카소의 작업 방식은 「게르니카」의 스케치 작업에서 최대한의 역량을 발휘할 수 있었다. 바로크 협주곡에서 듣는 바처럼, 그는 부분과 전체를 끊임없이 왕복하는 방식으로 작업을 했다. 한편으로 난삽하고 비틀린 사지(四肢)와 몸통을 그리면서, 다른 한편으로는 마을의 전경을 가볍게 스케치했다. 강박적으로 세부 묘사에 힘을 기울이다가, 캔버스에서 거리를 두고 전반적인 화면 구도를 조망하면서 가벼운 필치로 솜씨 있게 스케치를 해나갔다. 마흔 장의 묘한 스케치 가운데 여섯 장이 전체적인 구도를 다룬 것이

그림 5.13 황소 두상과 눈 연구. '1937년 5월 20일'. 백지 연필과 구아슈 물감(29.2×23.4cm)

다(그림 5.12). 여타의 스케치는 개별적인 동물이나 인간, 얼굴의 모양과 특징을 각기 완성작에서 차지하는 중요도에 따라 실험적으로 묘사한 것들이다. 이들 스케치를 일괄해서 바라보면, 눈을 다양한 모양으로 그려보거나 주요 인물의 배치를 이리저리 옮겨보거나 혹은 황소의 시선을 여러 가지로 표현해 보는 실험적인 시도(그림 5.13)와 아이다운 필치로 가볍게 그린 말의 모습이 눈에 띈다. 피카소나 가까운 주변 친지도 온갖 스케치에서 그 모습을 볼 수 있는데, 최종 완성작에서도 약간의 흔적이 남아 있다.

물론 햇불을 든 여인처럼 처음부터 끝까지 변함없이 남은 형상도

그림 5.14 말과 죽은 아이를 안고 있는 어머니. '1937년 5월 8일(2)' 백지 연필(45.3×24.1cm)

있고, 죽은 아이를 안고 있는 어머니처럼 위치가 바뀐 인물도 있다(그림 5.14). 다른 대부분의 형상은 크게 변했다. 죽어가는 군인은 점차 벽화의 중심 인물로 부상했고, 황소의 위치와 얼굴 생김새, 그리고 황소가 이 잔혹한 장면에 초연한 태도를 보이는 정도도 스케치에 따라 변화의 편차가 심하고 심지어 일곱 단계를 거친 최종 벽화의 다양한 판본에 따라서도 뚜렷한 차이를 보인다(그림 5.15). (최종적으로 대형 화폭에 그림을 그리기 시작하면서 결정한 사항도 분명 존재한다.) 스케치를 그리는 와중에서 무심한 황소와 비통한 여인의 관계도 지속적으로 변화했다. 피카소는 마지막 순간까지 황소를 온화한 존재로 그릴지, 아니면 위협적인 존재나 무심한 존재로 그릴지 결정하지 못했던 듯하다. 실제로 그는 황소가 직접적으로 파시즘을 뜻하지는 않으며, 다만 말이 '민중'을 상징한다고 말했을 뿐이다. 이와 같은 다양한 변화는 피카소가 시각적 묘사라는 상징체계를 통해 사유한다는 점을 보여준다.

그림 5.15 벽화로 그린 「게르니카」의 최초 모습(1937)

「게르니카」는 미술학도뿐만 아니라 창조성 연구자에게도 한결같은 관심의 대상이다. 다른 예술가의 여느 대표작과 마찬가지로 창조자의 내면 세계에 존재하는 다양한 성향에 의존한 작품인 까닭이다. 「게르니카」는 개인적으로도 대단히 의미 있는 작품이었지만, 동시에 민족적 의의와 세계적인 의의를 모두 지닌 작품이었다. 고전적인 구도와 어린아이 같은 이미지를 한꺼번에 드러낸 작품으로서 천진한 아이의 눈에 비친 혼돈의 이미지를 묘사하고 있다. 피카소는 모든 갈등, 스페인 내전으로 폭발한 사회적 갈등뿐만 아니라 자신의 내부에 존재하는 폭력과 성, 예술 창조에 관한 갈등까지도 화폭에 담아냈다. 그는 전쟁에 반대하는 입장을 강력하게 내세웠고, 프랑코의 파시즘을 격렬하게 비난했다. 피카소는 이렇게 말했다. "정신적 가치가 삶을 영위하고 작품 활동을 하는 토대인 예술가들은 인간성과 문명의 가장 숭고한 가치가 위기에 처한 갈등 상황에 대해 오불관언(吾不關焉)의 태도를 보일 수도 없고 보여서도 안 된다. 항상 나는 이렇게 믿어 왔다." 이어서 그는 더욱 날카로운 말을 남겼다. "예술가가 어떤 존재라고 생각하는가? 백치(白痴)이다. …… 정치적인 존재이면서 동시에 심장을 뒤흔드는 정열적이거나 행복한 사건에 민감한 사람이다. …… 그림은 집 따위를 꾸미는 수단이 아니다. 그림은 적을 공격하고 적의 공격을 방어하는 전쟁의 수단이다."

「게르니카」는 심미적인 최고선(最高善)의 경지에 오른 작품이다. 오랫동안 피카소의 작품을 뚜렷이 부각시켰던 상징적인 측면이 이제 통제된 혼돈과 축적된 힘과 결합되어 이 작품의 심미적 성취를 배가시켰다. 블런트는 "청색 시대의 정서적 강렬함을 신화적인 그림의 환상과 결합한 작품이며, 20대 초반에 보여준 고전적인 의미에서의 탁월한 데생 솜씨와 입체주의 시기의 엄격한 형태 실험을 두루 활용한 작품"이라고 말했다. 피카소의 마음속 생각과 감정을 거의 모두 담아낸 최종 완성작은 관람객을 압도할 정도로 농밀한 메시지를 전한다. 화폭의 거대한 크기와 획기적인 주제 덕분에 「게르니카」는 당연히 성공할 수 있었다.

실상 「게르니카」는 피카소의 대표작 중의 대표작이라 해도 과언이 아니며, 불멸의 위치에 오른 작품이라고 자신 있게 단언해도 전혀 무리가 없다. 「인생」의 사랑과 인생, 그리고 죽음이라는 주제, 「아비뇽의 처녀들」의 척박함과 잔혹함, 초현실주의 작품인 「세 무용수」의 예기치 못한 열정과 무아지경의 폭력성, 「안락의자에 앉아 있는 여자」와 「우는 여인」의 데포르마시옹, 그리고 「미노타우로마키」의 복잡하게 엉킨 주제와 의인화(擬人化)가 모두 이 작품에 담겨 있다. 오직 「세 음악가」와 「앙티브에서의 밤낚시」(그림 5.16)에서 볼 수 있는 비교적

그림 5.16 「앙티브에서의 밤낚시」(1939) 캔버스 유채(205.7×345.4cm)
「게르니카」 시기에 완성한 다소 유희적이고 평화로운 작품

유희적인 성격과 평화로운 정경만이 최종 완성작에서 빠져 있다(물론 이 두 작품에도 불길한 징조가 스며 있다).

노년기에 이른 신동

피카소가 「게르니카」를 완성한 것은 그의 나이 쉰다섯 살 때의 일이다. 「게르니카」는 분명 그의 화가 인생에서 정점에 오른 작품이며,

만약 이 시기에 그가 죽었더라도 피카소의 명성 자체는 확고했을 터이다. 하지만 피카소는 이후에도 서른다섯 해를 더 살았으며, 수천 점의 작품을 더 내놓았다. 상업적인 도자기에서부터 초현실주의 풍의 소극(笑劇)에 이르기까지 다양한 예술에 손을 댔는데, 이들 작품은 오늘날 엄청난 액수에 팔리고 있다. 한편 복잡한 사생활은 그 정도가 더욱 심해져서, 화가 프랑수아즈 질로(Françoise Gilot)와 10년에 걸쳐 떠들썩한 연인 관계로 살았으며, 작품 발표 및 재산에 관한 법적 공방에 시달렸고, 정도는 조금씩 달라도 대체로 네 아이들과도 소원한 상태로 지냈으며, 1940년대에 공산당에 입당하는 등 정치적인 활동에 몸소 나서기도 했다.

피카소의 혼란스러운 사생활과 지속적인 예술적 다산성(多産性)의 관계는 논평할 만한 가치가 있다. 피카소의 삶은 끊임없이 새로운 가정과 연인, 아이들 그리고 여름 휴양지를 찾는 과정이면서 동시에 꾸준하게 새로운 양식과 대표작을 추구하는 과정이었다. 게다가 게도 같은 이들은 연인들이 피카소로 하여금 신선한 예술적 실험에 나서게끔 자극한 촉매 역할을 했다고 주장하기도 했다. 비록 피카소의 개인적인 삶에서 일어난 굵직한 사건들과 화가로서의 성장 단계가 일대일 대응 관계로 맺어진다는 주장에는 누구나 저항감이 들겠지만, 어떤 의미에서 피카소는 난마(亂麻)처럼 뒤얽힌 복잡성과 날카로운 단절로 점철된 삶에서 오히려 기운을 얻고 역량을 발휘할 수 있었다. 평생에 걸쳐 성장과 발전이 가능한 분야에서 활동했기에 피카소는 새롭고 신선한 경험과 예술적 자극을 얻을 수 있었고, 스스로 몰입할 수 있는 경험을 통해 끊임없이 앞으로 나아갈 수 있었다.

여든 살이 넘어서도 피카소는 엄청난 정력과 기운을 발휘했다. 그는 과거의 예술에 눈을 돌려 에두아르 마네와 구스타브 쿠르베(Gustave Courbet, 1819~1877), 엘 그레코, 들라크루아, 벨라스케스와 같은 거장의 작품을 '리메이크' 했으며, 특히 벨라스케스의 「시녀들」을 다양하게 변주한 작품을 수십 점 남겼다. 1940년대에 그는 루브르 미술관에 들어가, 들고 간 자신의 그림 몇 점을 들라크루아와 앵그르, 수르바란(Francisco de Zurbarn, 1598~1664) 등 거장들의 작품과 나란히 놓고 비교하기도 했다. 훗날 이 얘기를 친구들에게 들려주면서 그는 "내 그림도 그렇게 나쁘지는 않더군"이라고 말했는데, 그만큼 자신의 예술적 불멸성을 확신했음을 알 수 있다.

이 같은 피카소의 마지막 시기에 대해 삐딱하게 바라보는 시선도 존재한다. 전기 작가 존 버거(John Berger)는 이렇게 말한다. "피카소는 일을 할 때는 행복하기만 하다. 하지만 자신만의 독자적인 주제는 없다. 그는 다른 화가의 작품에서 주제를 취한다. 다른 사람들이 만들어놓은 단지와 접시를 장식할 뿐이다. 철부지 애들처럼 군다. 다시 꼬마 신동이 된 모양이다." 피카소 스스로도 자신의 후기 작품이 훌륭한지 여부에 대해서는 별 확신이 없었다는 말도 심심찮게 들린다. 실상 피카소의 후기 작품은 비평적 갈채를 받기가 상당히 어려운 면이 있었다. 거의 임상적이라 할 만한 엄밀한 관찰에 입각하여 자기의 신체, 그리고 아마도 정신까지 왜곡한 형상을 위주로 한 작품이나 섹슈얼리티를 기괴하게 표현한 작품이 무엇을 뜻하는지 관람객들은 이해하지도 못했다(그림 5.17). 그럼에도 피카소가 대담하게 도전하기를 결코 포기하지 않았다는 점은 주목할 만한 가치가 있다. 현재의 영예에 안주하는 사람들은 피카소의 '퇴폐적인' 후기 작품에 쏟아질 수밖에 없었던 그런 비난의 위험을 감수할 용기가 없을 것이다.

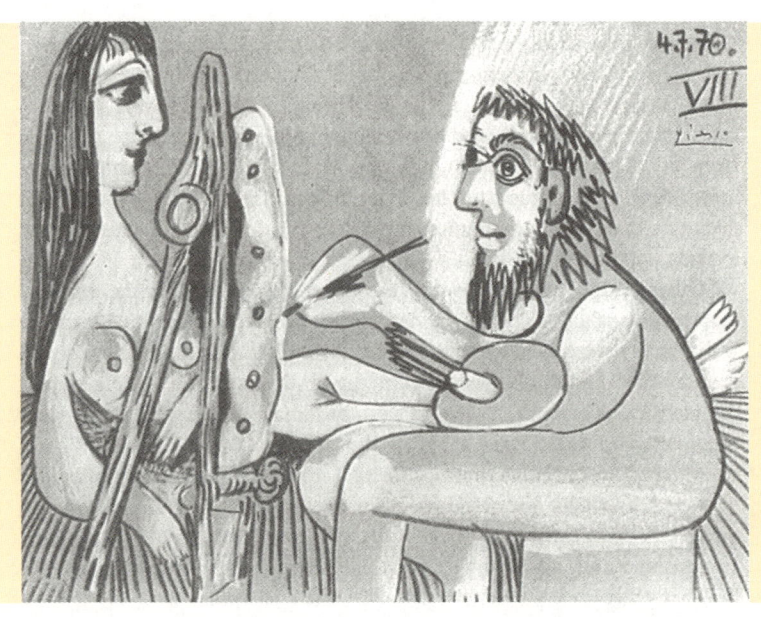

그림 5.17. 「화가와 모델」 Ⅷ (1970년 7월 4일) 판지(板紙) 채색 연필(24.1×31.7cm)

천의무봉의 솜씨를 지녔을 뿐더러 매체(사진 찍기)에 어울리는 성격을 지녔던 피카소는 시샘 많은 언론을 즐기기까지 하였다. 그는 한 시대를 대표하는 시각 예술의 마법사였다. 끊임없이 창조에 몰두하여 새로운 작품을 내놓았고, 찰리 채플린이나 아인슈타인처럼 대중 앞에 나서 연기할 줄 알았다. 1950년대 중반에 제작된 「피카소, 천재의 비밀」이라는 탁월한 영화에는 이 희대의 거장이 말 한마디 없이 75분 동안이나 그림을 그리는 모습이 담겨 있다. 마치 이 영화는 피카소가 시각적 평면 위에 마음 내키는 대로 작품을 창조하고 파괴할 수 있으며, 때에 따라서는 매력적이고 기지가 넘치는 인물이면서 동시에 자학적일 만큼 엄숙한 인물이기도 하다는 점을 웅변하는 변론(辯論)처럼 보인다. 참으로 매혹적인 어느 장면에서 그는 꽃을 그리다가 갑자기 그것을 물고기로 바꾸고 곧 병아리로 변형했다. 처음엔 흑백의 그림이었는데 어느 순간 착색을 했는가 싶더니, 화폭에는 사람들로 둘러싸인 고양이 한 마리가 그려졌다. 전기 작가 롤랜드 펜로즈와 사진 작가 데이비드 더글러스 덩컨(David Douglas Duncan)은 되도록 좋은 모습만 사진으로 찍고 글로 써주겠다는 암묵적인 협약 아래 이 거장 주변에 언제든 접근할 수 있다는 허락을 받았다. 프랑수아즈 질로가 쓴 『피카소와 함께 살았던 나날(Life with Picasso)』은 이 거장의 왕국에서 벌어진 일들이 겉보기마냥 밝은 면만 있지는 않다는 점을 분명히 밝히고 있지만, 수많은 추종자들은 질로의 서술 내용과 동기에 대해 의심의 눈초리를 보내는 데 주저하지 않았다.

 오늘날 유명 인사를 비판하는 것은 차고 넘칠 만큼 흔한 일이기에, 피카소의 사망 이후 지난 20여 년 동안 피카소를 신랄하고 혹독하게 묘사한 글이 쏟아져 나온 현상에 놀랄 사람은 없을 것이다. 이 책에서 다루는 다른 '영웅'들 누구도 거센 비판을 피해가지는 못했다. 그럼에도 피카소 사후(死後)에 나온 여러 얘기들은 피카소가 참으로 이기적이고 잔혹한 인물이었음을 새삼 들추어냈다. 피카소는 적어도 중년 이후의 반세기 동안에는 주위 사람들이 자신에게만 봉사해야 한다고 생각했다. 프로이트조차 흉내낼 수 없을 정도로 개인 조수나 여인들의 충성을 요구해서, 자신의 뜻대로 이들을 대할 권리를 조금쯤 양보할 때도 무자비한 태도로 서로 간에 갈등을 부추겼고 기분에 따라 함부로 이들을 해고하거나 쫓아냈다. 가학적인 성격이 있어서 자신을 사랑하는 사람들에 대한 폭행도 서슴지 않았는데, 마리 테레즈 발터에 따르면 강간과 일을 연관시켰다고 한다. 그는 화가 친구들의 비판도 용납하지 않아서, 마르크 샤갈(Marc Shagall, 1887~1985)이나 알베르토 자코메티(Alberto Giacometti, 1901~1966)의 비판도 이 점에서 예외가 아니었다. 그리고 살아있을 때 자식들을 대한 방식이나 자식들에 관해 사후에 실행하도록 미리 내린 결정은 비극적인 교훈극(morality play)에나 걸맞을 만큼 냉혹했다.

다른 창조적인 인물 역시 주변 사람들의 죽음이나 불행에 책임이 있다고 말할 수 있지만, 피카소와 관련된 사람들이 비참한 운명에 처한 경우는 그 정도가 심했다. 특히 여인들이 그러했다. 피카소는 점점 더 자신을 미노타우로스와 동일시해서 여인들이 몸과 영혼을 모두 희생하기를 요구했다. 첫 번째 부인 올가는 정신 이상이 되어 1935년에 죽었고, 가장 낙천적인 성격이던 마리 테레즈 발터는 1977년에 스스로 목을 맸다. 지성적인 연인 도라 마르는 신경 쇠약에 시달렸으며, 손자 파블리토(Pablito)는 피카소의 장례식 참석이 불허되자 농축 표백제를 마시고 자살했다. 1961년에 결혼한 두 번째 부인 자클린(Jacqueline)은 그녀가 소장하고 있던 피카소의 작품을 전시할 계획을 세운 날 밤에 스스로 목숨을 끊었다. 메리 게도는 피카소를 일컬어 '비극 중독자'라 불렀는데, 피카소는 연약한 여인들에게 매력을 느꼈고 비극적인 사태가 발생할 때까지 그녀들의 삶에 남아 있었다고 주장했다. 이 점에서 피카소가 결백하다고 말할 사람은 없을 것이다. 피카소는 "나의 죽음은 배가 침몰하는 일과 같다. 거대한 배가 침몰하면 많은 사람들이 바다에 빠질 거다"라고 말한 바 있다.

피카소의 동성(同性) 친구들도 고통을 겪기는 마찬가지였다. 피카소는 자신의 예술 세계를 앞서서 지지했던 아폴리네르가 부당한 범죄

혐의로 기소되었을 때 아폴리네르를 모른다고 증언했고, 40년 동안이나 알고 지낸 막스 자코브가 강제 수용소에 보내졌을 때도 이 친구를 돕는 모임에 참여하기를 거절했다. 젊은 시절의 동료 카사헤마스를 비롯해서 여러 친구들의 부인이나 연인들과 정을 통했으며, 고국의 젊은 화가 후안 그리스의 경력에 흠집을 내는 고약한 짓도 마다하지 않았다. 오랜 친구 브라크를 비난하는 발언을 했으며, 제1차대전 기간에는 독일인 국적을 가졌다는 이유로 프랑스 정부에 의해 재산을 몰수당한 화상 칸바일러를 못 본 척했다. 사바르테스는 "피카소는 그림을 그릴 때 색깔을 고르듯, 시기와 목적에 따라 적당한 친구를 고른다"고 말한 적이 있다. 매우 공감어린 피카소 전기를 썼던 리처드슨은 그 특징을 다음과 같이 서술했다. "피카소는 결코 헌신적인 친구들의 도움이 필요없는 사람이 못 되었다. 다른 누구보다 자기만을 추켜세울 수 있는 친구들을 원했다. 그리고 그는 끊임없이 친구들의 헌신적인 자세와 이해 능력, 그리고 인내심을 까다롭게 시험했다."

피카소는 나이가 다소 많은 동료 화가 마티스에 대해서만 우정에 값하는 예의를 보였고 평등한 관계를 인정했다. 둘이 만났을 무렵에 이미 거장으로 인정받고 있었던 마티스는 훨씬 권위 있는 인물이었다. 그렇다고 해서 피카소가 마티스에게 도전장을 내밀지 않았던 것은 아니다. 실상 「아비뇽의 처녀들」은 마티스의 「모자를 쓴 여인」과 「삶의 기쁨」에 대한 응답이었다. 하지만 피카소는 선묘(線描)나 색채 활용 및 조화롭고 정갈하며 청명한 화법에 관해서는 마티스가 자신과 맞먹거나 어쩌면 한 수 위일지도 모른다는 점을 인정했다. 언젠가 그는 마티스에게 이렇게 말했다. "나는 데생을 터득하고서 색채에 눈을 돌렸는데, 당신은 색채를 터득하고 데생에 눈을 돌렸군요." 그는 "결국 마티스밖에 없다"는 말을 자주 했는데, 마티스가 사망했을 때는 자신이 유일하게 생존해 있는 세기의 거장이라고 느꼈음에 틀림없다.

　내가 피카소의 부정적인 측면을 언급하는 목적은, 그의 미덕(그는 친구들에게 관대한 모습도 보였고, 특히 제2차 세계대전 기간에는 용기 있는 모습도 보였다)을 부인하거나 그가 이룩한 탁월한 예술적 업적을 간과하려는 데 있지 않다. 비록 우리 모두는 결국 인간으로서 평가받아야 하겠지만, 예술가(혹은 과학자)의 업적을 그들의 인간적 약점으로 판단해서는 안 된다. 그렇다고 해서 피카소 작품의 풍요로운 성과를 보증하기 위해서는 그의 파괴적인 성격쯤은 참아낼 필요(혹은 가치)가 있다고 주장하면서 일종의 변명을 늘어놓을 생각도 없다. 우리가 다루는 현대의 창조자들 누구도 성인(聖人)이라 할 수는 없는 것이다. 다만, 다른 사람들을 오만하게 무시하는 면에서는 피카소에 필적할 만한 인물이 없는 듯하다.

　나는 피카소가 왜 그런 인물이 되었는지 다소나마 이해할 수 있다고 생각한다. 피카소는 신동의 자질을 타고났다는 점에서 유리한 면도 있었고 불리한 면도 있었다. 그는 재능과 정력을 타고났기에 약간의 예외적인 상황이 있긴 했어도, 평생 동안 자신이 하고자 하는 일을 원하는 장소에서 원하는 때에 무엇이든 할 수 있었다. 그의 대가적 솜씨를 굴복시킨 사람은 물론이고 거기에 진지하게 도전한 사람도 없었다. 남녀를 막론하고 자신이 가치를 두었던 분야에서 어깨를 나란히 할 만한 경쟁자를 만나지 못한 것이다. (이 수준에 가장 가깝게 근접한 인물이 마티스와 질로인데, 두 사람이 친구가 되자 피카소가 심한 질투심에 사로잡혔다는 점은 흥미로운 일이다.)

　하지만 피카소는 자신의 재능을 초월해서 생각할 능력이 없었다.

그는 여러모로 어린애 같은 모습을 보였는데, 이를테면 다른 사람을 함부로 대하고 '성숙한 어른'의 세계를 경멸했다. 앞서 언급했다시피 피카소는 어린 시절에 일종의 협약, 즉 파우스트적인 계약을 맺었다고 생각했다. 누이동생 콘치타가 죽었을 때 자신의 재능을 위해서라면 무엇이든 할 수 있고 희생할 수 있다고 다짐했던 것이다. 여러모로 전근대적인 면모가 완강하게 남아 있던 나라와 고향에서 자란 인물로서, 미신에 깊이 사로잡혀 있고 자주 두려움에 시달린 피카소가 자기 나름대로 이야기를 꾸며댄 격이었는데, 이 이야기는 결국 자신이 하고 싶은 대로 행동해도 된다는 얄팍한 변명의 장막을 마음속에 쳐놓은 셈이었다. 그는 예술적 사명을 완수하기 위해서 다른 어떤 세속적인 관심사보다 자신의 작품과 생존을 우선시했다. 어느 정도 이해할 만한 두려움 탓이지만, 그는 죽음에 관해서는 말하길 꺼려했고 다른 사람의 죽음도 인정하지 않으려 했다. 이와 같은 완전히 자아중심적인 행동 방식을 차치하면, 그는 참으로 매력적이고 친절하고 관대한 인물이랄 수도 있다. 물론 자기 마음이 내킬 때만 그런 모습을 보였다. 실로 작품에 방해가 되는 존재면 누구라도 희생시키겠다는 일념이 강했던 사람이었다. 가끔은 이런 행동에 죄책감을 느꼈을지 모르지만, 그 죄책감도 작품을 완성하려는 더 큰 열정에 흡수됐을 뿐이다.

피카소의 대인 관계는 기이한 착취 관계로 점철되었고, 예외적인 사례는 단지 네 번 정도 있었을 뿐이다. 우선 젊은 시절 에바와 맺은 연인 관계가 그러했는데, 피카소에게는 가장 의미 있는 애정 관계였던 것 같다. 오랜 세월 마티스와도 알고 지냈는데, 문제가 전혀 없지는 않았어도 서로를 충심으로 존중하는 관계였다. 좀더 후에 만난 연인 가운데는 질로와 맺은 연인 관계가 예외라 할 수 있는데, 피카소는 온 힘을 다해 질로를 파멸시키려고도 했지만 자신의 맹렬한 공격에도 흔들림 없는 모습을 보고는 마지못해 그녀를 존중하기로 했던 것 같다. 거트루드 스타인 역시 이 목록에 포함시킬 수는 있으나, 만년의 피카소가 그녀를 멀리했음을 염두에 두어야 한다.

 마지막 예외는 채 10년을 넘기지 못한 브라크와의 관계인데, 미술사 전반이나 본 연구에서 가장 중요한 사례라고 할 수 있다. 두 화가는 사적으로도 친밀하게 지내면서 회화 작업에 공동 보조를 취했으며, 매우 효과적이고 끈질긴 공동작업을 통해 서양 미술사의 새로운 장을 열 수 있었다. 이 때 피카소는 이전이든 이후든 비근한 사례를 볼 수 없을 만큼 자신의 자아와 개성을 억눌렀고, 덕분에 새로운 전망을 열 수가 있었다. 훗날 그는 이 무렵을 가장 행복했던 시기로 회상했다. 브라크와 맺은 관계가 그의 가족 관계를 재현한 것인지, 동성애적인 함의를 내포했는지, 이후에는 입체주의에 버금가는 혁명적인 양식을 추구하는 길을 방해한 면이 있는지 여부는 임상 의학자들에게 맡겨둬야 할 문제이다. 하지만 분명한 것은 피카소가 「아비뇽의 처녀들」의 수준을 뛰어넘어 한 단계 높이 도약하기 위해서는 다른 누군가의 도움이 필요했다는 점이다.

6

이고르 스트라빈스키
음악가이자 정치가

Igor Stravinsky, 1951

이고르 스트라빈스키의 자서전에서 가장 유명한 문장은 다음과 같다. "음악은 그 본질상 무언가를 표현하는 데는 무력하다." 이런 문장을 보면 스트라빈스키의 곡을 들어본 청중은 깜짝 놀랄 것이다. 스트라빈스키야말로 서정적인 「페트루슈카(Petrushka)」에서부터 극적인 「봄의 제전(Le Sacre du printemps)」, 그리고 애가(哀歌)조의 「시편교향곡(Symphony of Psalms)」에 이르기까지 20세기 음악에서 표현성이 가장 풍부한 작품을 작곡했던 장본인이 아닌가. 하지만 스트라빈스키는 논객의 자질을 유감없이 발휘하여, 리하르트 바그너의 추종자를 비롯해서 자신의 미학적 정적(政敵)이라 생각되는 자들을 가차 없이 비판했다. 이 '불순한 음악가'들은 언제나 민족적 단결이나 종교적 자유와 같은 음악 외부의 목적을 위해 음악을 활용한다는 것이다. 이와 같은 불균형을 바로잡기 위해 스트라빈스키는 음악가라는 장인(匠人)이 작업하는 소재인 가락과 리듬은 그 자체로는 목수의 대들보나 보석 세공사의 보석과 마찬가지로 표현할 내용을 담고 있지 않다고 주장했다.

예술 창조의 정치적 측면

외부에서 부과한 '프로그램'이 없는 경우에 음악은 그저 음악일 뿐이라는 스트라빈스키의 주장이 옳을지도 모른다. 그는 음악의 '시학'을 얘기하는데, 여기서 시학(poetics)이란 글자 그대로 음악을 만드는 행위(포이에시스. poiesis)를 지칭한다. 하지만 스트라빈스키는 평생 이와는 전혀 다른 측면을 생생하게 보여준 인물이다. 정치라는 외부적인 자극 요소가 없이는 음악 창작이 불가능하다는 점을 웅변한 실례인 것이다. 모든 창조자들, 특히 음악가들은 자신의 이상을 실현하는 데 도움이 될 뿐만 아니라 결국에는 폭넓은 대중과 더불어 자신이 창조한 작품의 운명을 결정하는 역할을 하는 주위 동료들 사이에서 적절히 처신해야 한다.

지금까지 살펴본 예술 및 과학 분야의 탐구에 비해, 음악 창작은 훨씬 더 공적인 활동이다. 단지 악보를 세밀하게 읽으라고 작곡한 음악이라면 아무 소용이 없을 것이다. 음악적 구상이 대중들에게 전달되기 위해서는, 연주자와 악보 출판업자, 공연 대행인, 입장권 판매업자 등 많은 사람들이 필요하고, 악기와 공연장, 광고판, 공연 프로그램 같은 물질적인 요소도 필요하다. 그리고 스트라빈스키가 그러했듯이, 발레와 오페라와 같은 스펙터클한 대형 공연을 기획하는 경우에는 관련자의 인원수가 수백 명에 이르기가 십상이다.

친구이자 공동작업자이던 로버트 크래프트(Robert Craft)가 거의 70년에 걸쳐 스트라빈스키가 주고 받은 편지를 검토하기 시작했을 때, 그는 놀라운 사실을 발견했다. 스트라빈스키는 작곡과 연주에 기울인 노력에 못지 않게 자신의 음악 인생을 관리하는 면에서도 상당한 정력을 쏟아부었다는 점이다. 게다가 스트라빈스키는 아주 즐거운 듯이 과감하게 정치적 복마전에 뛰어든 사람이었다. 크래프트는 이렇게 말한다.

스트라빈스키가 은행가와 브로커, 변호사, 부동산 중개인 등에게 보낸 편지가 그의 '분열된 인격'을 입증하는 증거로 충분할지는 모르겠지만, 사업상의 문제에 그토록 세세하게 관심을 쏟고 자기 논리를 펼치는 모습을 보면, 어찌 됐든 그가 위대한 음악가라는 점을 염두에 두었을 때 참으로 무섭다는 생각까지 든다. …… 스트라빈스키의 정신은 천재 음악가와 대금업자로 거의 정확히 양분된 것 같다. …… 1912년 11월의 어느 날 아침 그는 「봄의 제전」을 완성하고는 투자 재산에 관한 편지를 쓰는 일로 오후 시간을 보냈다.

크래프트는 세 권 분량의 스트라빈스키 편지 모음집을 소개하면서 다소 변명투의 설명도 덧붙인다.

이 서한집에는 1912년부터 혁명이 일어날 때까지 스트라빈스키와 러시아 소재 은행들 간에 오고 간 막대한 분량의 편지는 포함되지 않았다. 스트라빈스키가 출판사와 흥행주, 후원자, 공연 단체에게 보낸 청원 편지 역시 포함되지 않았다. 이 편지들은 그에게 연체 빚을 청구하는 편지들과 날카롭게 대비된다. …… 이 장에서는 여러 차례에 걸쳐 스트라빈스키가 휘말린 경솔한 재판건에 대해서도 다룰 생각이 없다.

일신상의 문제나 직업상의 문제에 있어 복잡하기 짝이 없는 정치적 소용돌이에 휘말린 정도로 말하자면, 스트라빈스키는 이 책에서 다루는 창조적인 인물뿐만 아니라 음악 작곡가를 통틀어서도 가장 극단적인 인물이다. (아마도 점차 복잡하게 뒤얽힌 피카소의 애정 생활과 가장 비슷할 것이다. 두 사람 모두 이같은 분쟁 사안을 겪으면서 쾌감을 느꼈던 것 같다.) 위대한 물리학자나 불멸의 작곡가가 되기 위해서 (대개는 쓸모 없는) 소송에 휘말릴 필요는 없다. 하지만 예술 창조의 정치적인 측면을 부각시킴으로써, 스트라빈스키는 해당 분야를 관할하는 장

(場)에서 예술가 자신이 요령 있게 처신해야 한다는 점을 드러낸 셈이었다. 극소수의 예술가만이 별다른 외부적 자극 없이도 장의 인정을 받을 만큼 운이 좋으며, 소수의 예술가만이 끊임없이 자신을 위해 노력하는 동료를 만나는 축복을 누릴 수 있는 것이다. 게다가 최근까지도 자신의 창조물을 대중 앞에서 정당화하는 일은 여성에게 더욱 힘들고 부담스러운 일이었다. 잘하든 못하든, 열의가 있든 내키지 않는 일을 억지로 하든, 창조 활동을 하는 사람들이라면 거의 누구나 자신의 경력을 관리하는 일에 만만찮은 정력을 쏟아야 한다. 정치적 행위에 나섰다고 해서 성공을 보장받는 것은 전혀 아니지만, 그렇다고 정치적 행위를 도외시하면 아무리 포부가 큰 예술가라도 영원히 무명의 굴레를 벗어나지 못할 것이다.

러시아인의 유년기

과거를 돌이키는 사람들에게 유년기란 마냥 다정하고 단순했던 시절로 기억된다. 이 점은 특히 소련이 건국하기 전에 유년기를 보낸 사람들에게 해당하는 얘기인 것 같다. 블라디미르 나보코프(Vladimir Nabokov, 1899~1977)와 보리스 파스테르나크(Boris Pasternak, 1890~1960)의 글을 읽으면, 제정 러시아 시대의 도시에는 유쾌한 대저택과 값진 보물, 우아한 호텔과 사교 클럽이 그득했고 시골에는 눈으로 덮인 구릉 지대와 화려한 별장이 점점이 박혀 있었으며, 믿음직한 하인들과 손주 사랑에 여념이 없는 조부모, 다정한 유모로 이루어진 대가족들 사이에는 즐거운 연회 분위기가 그칠 날이 없었다는 인상을 받게 된다. 스트라빈스키 역시 어린 시절의 러시아에 향수를 품고 있었다는 점에서는 다른 전전(戰前) 세대와 다를 바 없지만, 그가 기억하는 유년기에는 문학가들의 유년기에 비해 목가적인 성격이 훨씬 미약하게 스며 있다.

양친이 모두 토지를 소유한 젠트리 계급에 속했던 스트라빈스키는 1882년 러시아의 상트 페테르스부르크 부근의 오라니엔바움이란 마을에서 네 아들 중 셋째로 태어났다. 겨울은 그가 특별히 소중하게 생각한 도시인 상트 페테르스부르크에서 지냈고, 여름은 친척들이 소유한 다양한 시골 영지에서 지냈다. 스트라빈스키의 본가(本家)는 표도르 도스토예프스키(Fyodor Dostoyevsky, 1921~1881)를 비롯한 다양한 인물들이 자주 방문하는 상트 페테르스부르크의 지적 중심지였다. 스트라빈스키의 아버지는 왕립 오페라 극장의 유명한 베이스 가수이자 재능 있는 배우였다. 어린 이고르는 집에서도 많은 음악을 들었고 연주회와 오페라 공연에도 자주 참석했는데, 어느 인상적인 공연에서 이 아홉 살짜리 소년은 차이코프스키(Pyotr Il'ich Chaikovskii, 1840~1893)를 발견했다. 이 위대한 작곡가가 사망하기 불과 얼마 전의 일이었다.

스트라빈스키는 언제나 음악에 흥미를 느꼈던 것 같다. 실상 그가 아주 생생하고 정확하게 기억하는 가장 어린 시절의 장면은 소리와 관련이 깊다. 그는 벙어리였지만 매우 희한하게 혀를 굴려 묘한 소리를 내곤 했던 어느 농부를 기억했다. 농부는 두어 마디의 음절(자기가 발음할 수 있는 유일한 소리)로 이상한 노래를 매우 빠르고 솜씨 있게 불렀는데, 오른 손을 왼쪽 겨드랑이에 낀 채로 왼팔로 오른손을 눌러서 은근한 입맞춤 소리를 내며 박자를 맞추었다. 스트라빈스키는 집에서 농부의 음악을 흉내냈다. 어린 이고르는 또한 일터에서 집으로 돌아가면서 여럿이 입을 맞춰 부르는 여자들의 노래도 흉내냈다.

　이러한 유년 시절을 결정화 경험으로 확대 해석하는 것은 위험하다. 결국 창조적인 인물이나 그 가족들은 탁월한 재능을 암시하는 어린 시절의 특징적 표지를 찾는 데 열심인 법이고, 필요하면 그것이 증거로서 '가치 있음'이 분명해질 때까지 기억을 윤색하는 짓도 마다하지 않는 법이다. 하지만 개별 인물에 따라 어린 시절에 흥미를 느낀 일이나 훗날 기억 속에 오롯이 떠오르는 경험은 서로 다르다고 가정하는 것이 이치에 맞다. 이런 맥락에서 어린 스트라빈스키의 청각적 경험은 나침반에 흥미를 느낀 아인슈타인의 기질(4장 참조)이나 시각과 촉각에 민감했던 엘리엇의 감수성(7장 참조)과 유비 관계를 이룬다고 생각할 수 있다. 스트라빈스키는 이러한 장면의 시각적인 요소도 정확히 기억했는데, 어떤 의미에서 이는 아주 어릴 때부터 '황금 귀'의 소유자였음을 입증할 생각만 했다면 굳이 꾸며낼 필요조차 없는 기억의 윤색이라 할 수 있다. 하지만 결국 스트라빈스키는 연극성이 짙은 작품을 공연하면서 시각적인 요소를 능란하게 다룰 줄 알았다는 점에서 다른 작곡가들과는 뚜렷이 구별된다고 할 수 있다.

　스트라빈스키는 음악에 심취하기는 했지만 음악 신동은 아니었다. 실상 그는 음악 자체보다는 회화나 연극에 더 흥미를 느낀 아이였다. 피아노 교습은 아홉 살이라는 비교적 늦은 나이에 받기 시작했는데, 일단 배우기 시작하자 일취월장했다. 아버지의 서재에서 오페라 악보를 읽었고 연주회에도 열심히 참석했다. 음악 교육을 받는 초창기부터 즉흥 연주에 흥미를 보였고 스스로 멜로디와 변주곡을 만드는 일을 되풀이했는데, 가족과 교사들이 이를 시간 낭비라고 나무랐음에도 아랑곳하지 않았다.

스트라빈스키는 음악적 소양이나 지적 능력을 계발하는 데 우호적인 분위기에서 자랐다. 하지만 당시 다른 백인계 러시아인들과는 달리 그의 유년 시절이 행복하기만 했던 것 같지는 않다. 예술가이면서 법률가이자 공무원이기도 했던 아버지는 엄격하고 냉정한 사람이었다. 어린 이고르는 어머니한테 상냥한 모습을 보이긴 했지만, 독일인 가정교사인 베르타를 더 애틋하게 생각해서 1917년 베르타가 사망했을 때는 깊은 충격을 받았다. 형제 중에는 손윗 형인 구리(Gury)만을 좋아했는데, 구리는 제1차 대전에 참전했다가 루마니아 전선에서 사망했다. 스트라빈스키는 자신이 꽤나 고독한 아이였다고 기억한다. "나를 진심으로 아끼는 사람은 한 번도 못 만났다"고 자서전에 쓰고 있다. 아인슈타인과 마찬가지로 자유주의 지식인이자 열렬한 음악 애호가인 삼촌 알렉산드르 이엘라치치(Alexandre Ielachich)에게 얼마간 도움을 받았고, 프랑스 작곡가를 소개해 준 손윗 친구 이반 포크로브스키(Ivan Pokrovsky)에게 격려를 얻었을 뿐이다.

자신의 말대로라면 스트라빈스키는 훌륭한 학생은 아니어서 학급에서 평균 혹은 평균 이하 수준에 머물렀던 것 같다. 하지만 학습 능력에 심각한 장애가 있었던 피카소와도 달라서 그저 정규 교육에 흥미가 없었을 뿐이고 평생 동안 스스로 배워 익히는 방식을 선호했을 뿐이다. 스트라빈스키의 아버지는 학교 교육을 싫어하는 아들의 기질을 무시하고 이고르가 차근차근 단계를 밟아 법률 교육을 받아야 한다고 고집했다. 스트라빈스키는 법과 대학을 가기는 했으나 맘에 맞지 않아서 아버지와 첨예한 갈등을 빚었고, 자신이 처한 상황에 대한 불만만 많아졌다.

중심지의 음악

상트 페테르스부르크 대학교에 입학할 무렵 스트라빈스키는 음악을 천직(天職)으로 삼겠다고 결심했다. 그는 많은 것을 독학으로 배워 익혔다. 화성법은 배우기 싫어했지만 대위법에는 호감을 느꼈는데, 특히 스스로 문제를 설정하고 해답을 얻는 과정에서 짜릿한 기분을 맛보았다. 그는 새로운 음악을 듣기 시작했고, 당시의 전도유망한 젊은 예술가와 지식인들이 그러했듯이 러시아와 서유럽에 새로 등장한 현대적인 표현 형식에 뜨거운 관심을 보였다.

스트라빈스키의 음악 교육 여정에서 가장 중요한 사건은 러시아 작곡가들의 좌장격인 니콜라이 림스키 코르사코프(Nikolay Rimsky-Korsakov, 1844~1908)를 만난 일이었다. 림스키 코르사코프는 젊은이 특유의 기백과 미숙함이 드러난 스트라빈스키의 곡에 심드렁한 반응을 보이면서, 앞으로 해나갈 공부 방향에 관해 날카로운 조언을 해주었다. 게다가 자신의 작곡 과정을 함께 논의하자는 관대한 제안을 하는 바람에 젊은 이고르를 놀라게 했다.

1908년 림스키 코르사코프가 사망할 때까지 이후 6년 동안 스트라빈스키는 이 선배 작곡가의 제자로 지내면서 점차 친구이자 가까운 동료가 되었고, 심지어는 아들 노릇까지 했다. 스트라빈스키는 주로 기술적인 내용을 배웠다. 림스키 코르사코프는 스트라빈스키에게 악기별로 작곡하는 방법을 가르치면서 관현악 편곡법을 전수했다. 두 사람은 똑같은 악절(樂節)을 따로 관현악으로 편곡하고는 서로의 작품을 비교하곤 했다. 스트라빈스키는 영특한 학생이어서 무엇이든 금방 익혔는데, 이런 모습은 스승을 즐겁게 했다. 그리고 생애 처음으로

스트라빈스키는 자신을 온전히 받아들이는 환경에 속해 있다는 느낌을 받았다. 어린 시절 음악 분야에서 겪은 결정화 경험이 이제 평생 동안의 과업이 된 셈이었다.

스트라빈스키와 림스키 코르사코프는 비슷한 교육 철학을 견지했고 엄격한 훈련 방식을 선호했다. 훗날 스트라빈스키는 이렇게 말했다. "무엇을 배우든 신참자가 걸어야 할 길은 하나밖에 없다. 처음에는 학습 과정을 무조건 수용해야 하지만, 이것은 자기만의 표현 방법을 자유롭고 힘차게 추구할 수 있는 수단으로만 삼아야 한다." 하지만 두 사람의 음악적 취향은 상당히 달랐다. 스트라빈스키는 여러모로 림스키 코르사코프의 표제음악보다는 차이코프스키와 같은 스승의 경쟁자의 음악에 더 끌렸다. 림스키 코르사코프의 입장에서 보면, 스트라빈스키가 러시아의 옛 음악 형식에 흥미를 보이거나 최신의 프랑스 음악에 심취하고 러시아와 유럽의 음악 전통을 혼합한 새로운 경향에 호기심을 느끼는 모습은 의심쩍은 일이었다. 그는 다소 애매한 자부심을 드러내면서 다음과 같이 말했다. "이고르 스트라빈스키는 나의 제자이긴 해도, 결국 누구의 추종자도 되지 않을 것이다. 그러기엔 음악 재능이 너무나 탁월하고 독창적인 까닭이다."

이 무렵 러시아의 음악 분야는 유동적인 상태에 놓여 있었다. 마치 독일에서 물리학이 그러했고 프랑스에서 회화가 그러했듯이, '다양한 선택 가능성'이 존재했다. 1875년 경에 다섯 명의 작곡가가 결성한 러시아 국민악파가 커다란 영향력을 발휘하고 있었다. 림스키 코르사코프 외에 알렉산더 보로딘(Alexander Borodin, 1833~1887), 세자르 큐이(1835~1918), 밀리 발라키레프(Mili Balkirev, 1837~1910), 모데스트 무소르그스키(Modest Mussorgsky, 1837~1881)가 국민악파의 일원이었다. 이 작곡가들은 서유럽 음악에 더 큰 영향을 받았다고 여겨진 차이코프스키와 마하일 글링카(Mikhail Glinka, 1804~1857) 및 고전적인 관현악 형식에 충실한 아카데미 풍의 양식을 선호한 알렉산드르 글라주노프(Alexandr Glazunov, 1865~1936)와 대척적인 위치에 있었다. 물론 스트라빈스키는 많은 유럽 작곡가들의 작품과 작곡 전통에 의지했다.

비평가들에 따르면, 스트라빈스키의 초기 작품은 별볼일 없는 태작에 불과하다. 여느 창조자와 마찬가지로 스트라빈스키 역시 처음엔 선배들의 언어를 열심히 터득했고, 동시대 작곡가들의 작품도 골고루 사숙했다. 그의 최초 작품은 그가 흥미를 느끼고 종종 의식적으로 모방하기도 했던, 림스키 코르사코프와 차이코프스키 등 여러 러시아 작곡가들의 작품과 여러 면에서 비교 대상이 될 수 있다. 베토벤, 리하르트 바그너, 리하르트 슈트라우스(Richard Georg Strauss, 1864~1949)를 비롯한 독일 음악가의 흔적도 느낄 수 있다. 새로운 음악을 듣고자 하는 열망이 강했던 스트라빈스키는 1906년 '현대 음악 협회'를 공동으로 설립했는데, 이곳에서는 클로드 드뷔시(Claude Debussy, 1862~1918)와 모리스 라벨(Maurice Ravel, 1875~1937) 등 프랑스 작곡가들의 흥미롭지만 위험스러운 면도 있는 프랑스 음악이 많이 연주되었다. 스트라빈스키는 이 기간 동안 열정적인 음악도로서 많은 걸 새로 배웠으며, 음악적으로 눈에 띄게 성장했다. 실제로 비평가 제레미 노블(Jeremy Noble)은 "1903년과 1904년에 소나타를 작곡한 이후 4,5년 동안 스트라빈스키가 나아간 거리를 보면 참으로 놀랍기만 하다"고 말했다.

초창기의 성공과 운명적인 만남

스트라빈스키 작품의 첫 번째 대중 연주회는 1907년 상트 페테르스부르크에서 열렸는데, 여기서는 그가 이전에 작곡한 소나타가 연주되었다. 최초의 교향곡은 1908년에 연주되었다. 스트라빈스키는 이제 20대 중반에 들어선 나이였고, 첫 공연을 하는 나이치고 그렇게 어린 편은 아니었다. 청중이나 림스키 코르사코프는 그다지 탐탁치 않은 반응을 보였다. 바로 얼마 후에 선보인 관현학곡 「환상 스케르초(Scherzo fantastique)」와 「불꽃(Feu d'artifice)」은 좀더 긍정적인 반응을 얻었다. 두 곡 모두 폭발력과 역동성을 갖춘 탁월한 표제음악으로서, 단순한 모티프를 풍부한 화음을 곁들여 절도 있게 전개시킨 관현악곡이었다. 여기서 중요한 점은 이 단순한 작품들이 스트라빈스키 고유의 예술적 목소리를 드러냈다는 사실일 것이다.

법률가에서 발레 흥행주로 직업을 바꾼 젊은 러시아인 세르게이 디아길레프(Sergey Diaghilev, 1872~1929)가 1908년에 「불꽃」이 연주되었던 것으로 추정되는 어느 연주회*에 참석했다. 이에 앞서 디아길레프는 작곡가로 성공할 꿈을 포기하면서(림스키 코르사코프가 이런 꿈을 단념시켰다) 「예술 세계(Mir Iskusstva)」라는 잡지를 창간했었고 이 잡지는 젊은 예술가들의 집결지 역할을 했는데, 이는 몇 년 전에 피카소와 그의 바르셀로나 동료들 사이에서 「아르테 호벤」이 행한 역할(5장 참조)이나 몇 년 후에 런던의 T. S 엘리엇과 에즈라 파운드(Ezra Pound, 1785~1972), 윈덤 루이스(Wyndham Lewis, 1882~1957) 사이

---

* 연주곡목에 관해서는 믿을 만한 기록이 남아 있지 않다.

에서 「돌풍(Blast)」이 행한 역할(7장 참조)과 유사하다. 이런 유형의 잡지들이 대개 그렇듯 「예술 세계」도 5년 이상을 버티지는 못했지만, 러시아의 아방가르드 예술이 아카데미 예술가들과 정치적 혁명가들 사이에 전략적인 입지를 마련하는 데 도움이 되었다. 이 잡지는 진정한 러시아 정신과 현대 유럽 예술의 영향을 신중하게 혼합하여 예술을 위한 예술도 포용했고, 디아길레프 주위에 당대의 재능 있는 예술가와 작가들이 모여들게 하는 효과도 발휘했다.

디아길레프는 아주 걸출한 인물이었다. 그는 위엄 있고 화려한 인상을 풍기는 귀족으로서 도박꾼과 지식인, 책략가, 예술가, 몽상가 기질이 조금씩 뒤섞인 인물이었다. 음모를 꾸미는 것을 좋아했는데, 개성이 넘치는 젊은 예술가와 배우들 사이에서 살았던 이 카리스마 넘치는 동성애자한테 음모거리가 부족했던 적은 결코 없었다. 그는 새로운 재주꾼을 발굴하는 데 기막힌 재주가 있는 인물이었고, 청중을 매혹시키고 놀라게 할 만한 작품을 고를 때도 실패가 거의 없었을 만큼 탁월한 감각의 소유자였다. 그가 선호한 주제는 성적 황홀경과 폭력 그리고 죽음이었다. 게다가 그는 현대적인 양식을 추구하면서도 청중이나 흥행 성적을 시야에서 놓치는 일은 결코 없었다.

디아길레프는 자신을 잘 알았다. 20대 초반에 그는 계모에게 다음과 같은 편지를 써보냈다.

> 우선 저는 대단한 허풍선이입니다. 비록 불같은(con brio) 성격도 가졌지만 말예요. 둘째로는 굉장한 매력남이지요. 셋째, 저는 참으로 뻔뻔스러운 사람이기도 해요. 넷째, 아주 조리있게 말할 줄도 알지요. 물론 원칙 따위는 거의 없지만 말예요. 다섯째, 저한테는 참

된 재능이 없다는 걸 잘 알고 있어요. 아무튼 저에게 꼭 맞는 천직(天職)을 찾아냈다는 말씀을 드리고 싶어요. 마에케나스*가 되는 거지요. 필요한 건 다 있는데 돈이 좀 부족해요. 하지만 곧 해결될 겁니다.

스트라빈스키는 디아길레프에 관해 이런 글을 남겼다. "그는 새롭고 신선한 구상을 단숨에 알아채고 조금의 망설임도 없이 거기에 몸을 던질 줄 아는 대단하고 신기한 능력을 지녔던 사람이다." 스스로는 위대한 예술가가 되지 못할 운명임을 잘 알았던 디아길레프는 재능을 키워주는 역할에 자족하기로 결심한 것이다. 이런 인물로는 사진작가 알프레드 스티글리츠(Alfred Stieglitz, 1864~1946)와 작곡 교사인 나디아 블랑제(Nadia Boulanger, 1887~1979), 편집자 맥스웰 퍼킨스(Maxwell Perkins, 1884~1947), 연출가 막스 라인하르트(Max Reinhardt, 1873~1943) 등이 있는데, 이 소수의 예술 양육자들이 20세기의 예술사를 풍요롭게 키워낸 장본인이었다.

유력한 잡지 출판과 공연 성공을 통해, 그리고 자신이 이끌던 재능 있는 예술가들의 활약상에 힘입어 상트 페테르스부르크를 평정한 디아길레프는 이제 유럽, 그 중에서도 파리로 눈길을 돌렸다. 우선 그는 1906년에 파리 그랑팔레(Grand Palais)에서 러시아 미술 전시회를 기획했고, 이듬해에는 오페라 극장에서 다섯 차례에 걸쳐 연주회를 열었으며, 이어서 1908년에는 오페라 「보리스 고두노프(Boris Godunov)」 공연을 선보여 센세이션을 일으켰다.

▪ 가이우스 클리니우스 마에케나스(Caius Clinius Maecenas. BC 76~AD 8)는 로마의 문예 후원자였다.

1909년 디아길레프는 발레단 '발레뤼스'를 설립했는데, 아마도 이는 그가 내딛었던 가장 과감한 일보(一步)였을 것이다. 발레는 많은 지식인들이 이제는 시효가 끝난 낡은 예술 형식으로 간주했을 정도로 혼란스러운 평판을 듣고 있었다. 하지만 디아길레프는 훌륭한 발레가 존재하며, 게다가 그가 이끌던 천부적인 재능을 지닌 러시아의 무용수 일행이 존재하는 마당이므로 발레라는 예술 형식이 무한한 잠재력을 발휘할 수 있으리라고 확신했다. 디아길레프의 발레뤼스는 쇼팽(Frédéric François Chopin, 1810~1849)의 곡에 기반한 「레실피드(Les sylphides)」와 보로딘의 「폴로베츠인의 춤(Polovtisan dances)」을 비롯한 대규모 공연을 성황리에 개최하면서 파리 사람들을 사로잡았다.

디아길레프는 1909년 무렵에 이미 바슬라프 니진스키(Vaslav Nijinsky, 1890~1950)와 미하일 포킨(Mikhail Fokine, 1880~1942)을 비롯한 탁월한 무용수와 안무가들, 그리고 레온 박스트(Leon Bakst, 1866~1924)와 알렉산드르 베누아(Aleksandr Benua, 1870~1960)와 같은 뛰어난 무대 장치가를 모아놓은 상태였다. 하지만 부족한 인원이 있었으니, 그것은 꾸준히 그의 사단과 함께 일할 작곡가였다. 그는 스트라빈스키의 곡을 들어보고 자기가 찾는 사람임을 직감했다. 자신의 본능적인 감각을 철저하게 믿었던 디아길레프는 아무런 주저 없이 스트라빈스키에게 「레실피드」의 '야상곡 Ab장조'와 '화려한 왈츠'를 관현악으로 편곡해 달라고 요청했다. 그는 또한 러시아의 민담으로 전해 오던 「불새(L'Oiseau de Feu)」의 이야기에 기반한 발레를 상연할 생각을 마음에 품고 있었는데, 이제 20대 후반에 접어든 스트라빈스키에게 이 극적인 이야기에 맞는 곡을 위촉했다.

디아길레프를 만나 발레뤼스 무용단에 동참하기를 부탁받은 일은 스트라빈스키의 인생을 하룻밤 사이에 바꿔놓았다. 얼마 전에 사망한 림스키 코르사코프의 제자였으며, 재능은 있었지만 아무런 단체에도 속하지 않았고 특별히 마음속에 담아둔 음악상의 목표도 없었던 젊은 작곡가였던 스트라빈스키가 이제 세계에서 가장 혁신적인 공연 단체의 귀중한 일원이 된 것이다. 스트라빈스키는 아버지와도 같던 림스키 코르사코프의 가르침에 금방 이끌렸듯이, 디아길레프 주변에 모여 있던 기발한 재주꾼들에게도 곧장 매료되었다.

이제 스트라빈스키는 홀로 작업하는 대신 거의 매일 무용단과 얼굴을 마주보며 의견을 주고받았다. 마음 편한 동료와 교제하기를 갈구했던 그로서는 새롭고도 흥분되는 경험이었다. 스트라빈스키는 배움에는 열심이어서 무엇이든 빨리 익혔고 활발하게 반응했다. 그는 융통성 있는 성격을 지닌데다 호기심도 남달랐고 다방면에 재주가 있어서, 무대 장치가나 무용수, 안무가, 심지어는 사업상의 일을 책임지는 사람들과도 무리 없이 어울려 일할 수 있었다. 베누아는 스트라빈스키가 연극과 건축, 미술에도 흥미가 아주 많았던 참으로 유별난 음악가라고 말하기도 했다. 젊은 스트라빈스키는 디아길레프의 활동 모습에서 공동작업에 있어 굉장히 중요한 교훈 두 가지를 배웠다. 하나는 마감 시한을 지켜야 한다는 점이었고, 다른 하나는 예술적 이상은 각기 다르면서 고집은 무척이나 센 사람들 사이에서 중재 역할을 하며 타협을 이끌어내는 방법이었다.

발레곡의 거장이 되다 :「불새」와「페트루슈카」

스트라빈스키가 전혀 성격이 다른 이러한 두 가지 교훈을 모두 활용할 기회가 찾아왔는데, 1909년 겨울에서 이듬해 봄까지 「불새」의 발레곡을 작곡하기 시작했을 때였다. 훗날 그는 이렇게 회고했다. "정말 열심히 일했다. 디아길레프를 비롯한 여러 사람들과 끊임없이 의견을 주고받았다는 얘기다. 내가 곡을 건네주면 포킨은 거기에 맞는 안무를 구상했다. 무용단이 리허설을 할 때면 늘 가서 보았는데, 그런 날은 보통 회식 자리가 마련되어 나는 디아길레프와 니진스키(이 발레 작품 직접 출현하지는 않았다) 곁에 앉아 프랑스산 와인을 마시며 이야기를 나누었다."

「불새」는 스트라빈스키의 재능을 유감 없이 보여주었다. 이야기 자체는 전형적인 동화답게 사악한 마왕 카스체이와 주인공 이반 왕자, 사랑스러운 공주, 환한 빛을 발하는 '착한 요정' 불새가 주요 배역으로 등장한다. 상상의 동물 불새는 일단 왕자의 손에 붙잡혔다가 깃털 하나를 내놓고 풀려나는데, 이 깃털이 결국에는 이반 왕자가 공주를 마왕의 손아귀에서 구출하는 데 결정적인 도움이 된다.

이 극적인 이야기는 스트라빈스키에게 연극적인 상상력을 마음껏 발휘할 수 있는 폭넓은 재량권을 허용했다. 그는 림스키 코르사코프에게 배운 기법에 의존하여, 배역의 성격에 고유한 음역을 찾아냈다. 가령, 초자연적인 배역에 대해서는 반음계 작곡법을, 인간에 대해서는 온음계 양식을 활용했고, 러시아의 전설 분위기를 자아내기 위해서 동양적인 선율을 사용했다. 스트라빈스키는 또한 주인공의 특징적인 몸짓과 움직임까지도 음악으로 표현했다. 게다가 이 작품은 열아홉 가지의 서로 다른 장면으로 구성되었기 때문에, 그는 다양한 관현악 기법을 최대한 이용할 수 있었다. 프랑스와 러시아의 선배 작곡가들의 흔적도 들을 수 있지만, 멜로디 구성이나 화성 전개, 박자의 움직임 등은 모두 스트라빈스키만의 색깔을 분명히 나타냈다. 그는 박진감 넘치는 선율을 창조하는 능력을 보여주었을 뿐 아니라, 악기 파트와 조각 악절이 서로 간에 격렬하게 충돌하는 음악을 빚어냈다. 많은 할리우드 영화는 스트라빈스키의 첫 번째 주요 작품인 「불새」에서 완벽하게 처리된 기법을 충분히 활용할 수 있었다.

디아길레프는 스트라빈스키가 대가다운 솜씨로 「불새」를 창조하는 모습을 보고 새로운 영역에 진입하리리라는 확신을 가졌다. 그는 초연 전날밤에 다음과 같이 공언했다. "이 사람을 눈여겨 보십시오. 곧 명성을 얻게 될 겁니다." 실제로 「불새」에 대한 반응은 대단히 열광적이어서 스트라빈스키는 순식간에 스타덤에 올랐다. 클로드 드비쉬를 비롯한 여러 유명 인사들도 객석에 앉아 「불새」를 지켜보았다. 『새 음악 소사전(The New Grove Dictionary of Music)』은 스트라빈스키의 생애를 다음과 같이 소개하고 있다.

「불새」의 성공은 스트라빈스키의 인생 행로를 바꿔놓았다. 당시 국제적인 예술 중심지로 이름 높았던 파리에서 발레뤼스는 선풍적인 인기를 끌었고, 스트라빈스키의 독창적인 작품은 발레음악의 명곡 반열에 올랐다. 실로 그는 하룻밤 사이에 러시아 작곡가의 젊은 세대를 대표하는 작곡가로 알려졌으며, 이후 몇 년 동안 그의 음악은 고향 러시아에서보다 서유럽에서 더 유명하고 진가를 인정받았다.

그는 이 책에서 다루는 다른 어떤 창조자들보다 더 급속하게 성공했다. 「불새」가 성공하면서 디아길레프의 발레단은 이제 국제적인 무대로 진출할 수 있었고, 이후 20여 년 동안 스트라빈스키와 디아길레프는 일종의 공동운명체가 되었다.

스트라빈스키는 「불새」의 성공에 애매한 태도를 보였다. 물론 남은 생애 동안 그의 이름을 가장 널리 알린 작품이긴 했다. 뿐만 아니라 가장 많이 공연되고 패러디된 작품이었는데, 대개는 저작권의 보호를 받지 못했기에 그렇지 않아도 툭하면 소송을 일삼는 스트라빈스키를 격노케 했다. 스트라빈스키는 「불새」가 그다지 독창적이지도 못하고 후속 작품에도 별다른 영향을 미치지 못했다는 취지로 그 작품성을 평가절하했으며, 음악적 구상이나 관현악법이 관습적인 수준에 머물렀다고 간주했다. 요란한 무대 장치와 과장된 표현이 전부인 19세기의 낡은 이야기 구조로 퇴행한 작품이라는 것이다. 안무에도 불만이 있어서 자신의 발레 모음곡이 안무 없이 관현악단 연주회에서 연주될 때 안도의 한숨을 내쉬었을 정도였다. 이 작품에 대해 그는 냉소적인 발언도 서슴지 않았다. "당시에 작곡된 민속음악 중에서 가장 활기찬 작품임에는 틀림없지만, 그렇게 독창적인 작품은 아니다. 하긴 이 정도면 성공의 조건은 다 갖춘 셈이다." 물론 스트라빈스키는 오만함이나 의기소침의 늪에 빠져 허우적거리는 짓은 하지 않았다. 창조력이 풍부한 예술가라면 누구나 그렇듯이 다음 작품을 구상하느라 바빴을 뿐이다.

「페트루슈카」의 혁신

1910년 여름 스트라빈스키를 방문한 디아길레프는 스트라빈스키가 관현악곡을 작곡중임을 알았다. 디아길레프는 "갑자기 생명을 부여받은 어느 꼭두각시 인형에 관한 음악. 아르페지오 주법을 연속적으로 강요해서 관현악단의 화를 돋우고 인내심을 시험하는 작품. 관현악단은 트럼펫의 위협적인 소리로 복수하고, 덕분에 끔찍한 소음이 된 음악. 그 불쌍한 인형이 슬픔과 불만을 품고 쓰러짐으로써 대단원의 막을 내리는 작품"이라는 평을 받은 이 곡에 매료되어서, 스트라빈스키에게 「페트루슈카」 이야기의 발레조곡으로 바꿔보라고 설득했다. 스트라빈스키는 그 해 가을과 겨울 동안 작업에 몰두했고, 완성작은 이듬해 6월 파리의 샤틀레 극장에서 공연되어 열광적인 반응을 얻었다.

「불새」는 스트라빈스키가 스승들의 가르침을 종합하고 당시의 청중을 매료시키는 작품을 창작할 수 있었음을 보여주었다. 「페트루슈카」는 훨씬 대담한 작품이었다. 부활절 사육제를 배경으로 전통적인 민요와 도시의 유행가를 혼합시킨, 고대와 현대가 공존하는 작품이었다. 서정적이고 피카레스크 풍의 정조로 시작해서 비극적인 정조로 막을 내렸으며, 「불새」와 달리 이 외로운 인형의 비극에는 천편일률적인 공식이 아니라 진정성이 담겨 있었다.

작곡 기법 또한 혁신적이었다. 화성적 조성이 대위법, 다조성(多調性) 및 반음계 양식과 번갈아 나타났다. 온음계 음정이 지배적이긴 했으나 불협화음 요소도 무시할 수 없어서 양자가 날카롭게 대비되었다. 「페트루슈카」는 C장조 화음과 F#장조 화음이 중첩된 다소 껄끄러운 화음이 특색이었다. 스트라빈스키는 악구에도 못 미치는 작은 에피소드를 만들기도 했는데, 처음 들으면 귀에 거슬리지만 서로 간에 부드럽게 어울렸다. 이 에피소드들은 비슷한 맥락에서 반복되면서 서로 화합하여 표현성이 풍부하고 조화로운 전체를 이루었다. 이밖에도, 사육제의 떠들썩한 분위기를 통해 이런 분위기와는 대조적인 페트루슈카의 가슴 저리는 고통을 그려냈다는 점도 흥미로운 특징이다.

아마도 가장 중요한 혁신은 리듬 부분에서 이루어졌다고 보아야 할 것이다. 이원적 리듬과 삼원적 리듬을 중첩시키는 등 겉보기엔 끊임없이 새로운 리듬을 고안하기만 한 것처럼 보이지만, 전반적으로는 기계적인 정확성까지 느껴질 정도로 조화로운 전체로 통합해냈다. 그는 계산된 비대칭성과 당김음 구조를 갖춘 에피소드로 규칙적인 강세를 주면서 곡 전체를 유기적으로 통어하는 원시적인 구성 요소로서 리듬을 활용했다. 당연한 얘기지만, 스트라빈스키는 이처럼 독창적인 작품을 손쉽게 작곡할 수는 없었다. 그는 한 달 동안이나 피아노 앞에 앉아 감동적인 마지막 장면에 어울리는 악상을 다듬어내기 위해 씨름해야 했다.

「페트루슈카」는 「불새」에 비해 콜라주, 즉 개별 장면을 인위적으로 짜넣어 좀더 호소력 짙은 효과를 자아내는 몽타주의 느낌이 훨씬 강하다. 「불새」는 예정된 서사 장면을 그대로 따라갔을 뿐이지만, 「페트루슈카」는 꼭두각시 인형의 정조나 감정을 음악적 암시를 통해 드러냈다. 피카소와 브라크가 시각적 콜라주를 실험하고(5장 참조) 엘리엇이 시 작품에 '우연히 얻어들은' 일상 대화를 삽입했을 때와 거의 동시에 이 작품이 창조되었음을 감안하면, 모종의 예술적 시대정신이 작용하고 있었다는 생각이 든다.

스트라빈스키는 이번에도 역시 디아길레프 무용단과 긴밀하게 작업했는데, 베누아가 대본의 공동 저자로 참여했다. 그런데 일반적인 작업 절차와 달리, 먼저 악보가 완성되면 그에 걸맞는 무용 형태가 결정되었다. 스트라빈스키는 이러한 방식을 대놓고 좋아했지만, 이 방식에 소외감을 느낀 안무가 포킨은 결국 발레단을 떠나게 된다. 스트라빈스키는 무대 연출에도 훨씬 능동적으로 참여했다. 전기 작가 앙드레 부쿠레슐리프(André Boucourechliev)는 이렇게 말한다. "스트라빈스키가 무대 연출에서 차지한 비중을 강조할 수는 없지만, 결국 이런 참여를 통해 그는 이 분야에도 전문가 수준에 이를 수 있었다." 스트라빈스키는 점차 지식이 넓어지고 자신감을 갖게 되면서, 인물의 성격이나 안무, 악기 편성에 이르기까지 다양한 사안에 관해 격렬하게 논쟁하곤 했다. 급기야 그는 제작 과정의 지휘권을 놓고 베누어와 심하게 다투기까지 했다.

「불새」와 마찬가지로 피에르 몽퇴(Pierre Monteux, 1875~1964)가 훌륭하게 지휘하고 포킨이 안무를 담당했던 「페트루슈카」는 크게 성공했다. 꼭두각시 인형을 맡은 니진스키의 빛나는 연기가 초연의 대성공이 가능했던 주된 요인이었다. 스트라빈스키는 언제나 니진스키의 놀라운 창조성에 경의를 표했다. "그는 「페트루슈카」로 무대에 올라간 어느 누구보다 감동적인 연기를 보여주었다." 작품에 대한 긍정적인 반응은 스트라빈스 자신에게도 중요했다. "「페트루슈카」의 성공은 나에게도 도움이 되었다. 「봄의 제전」에 착수할 즈음에 내 귀를 절대적으로 믿을 수 있게 되었으니 말이다."

실패의 교훈

스트라빈스키는 1910년에서 1913년에 이르는 짧은 기간 동안 이론의 여지가 없는 걸작을 세 편이나 완성할 정도로 왕성한 창조력을 과시했는데, 이런 점을 놓고 보면 이 젊은 작곡가가 성공의 탄탄대로에 올라섰다고 생각하기 쉽다. 그런데 그는 이 기간에 콘스탄틴 발몬트(Konstantin Bal'mont, 1867~1943)의 시에 토대를 둔, 남성합창과 관현악단을 위한 칸타타 「별들의 왕」 작곡에 상당한 정력을 쏟고 있었다. 스트라빈스키는 드뷔시에게 헌정한 이 작품에 대해 기대가 컸지만, 일은 뜻대로 풀리지 않았다. 합창 형식이 복잡한데다 공연에 난점이 많은 작품이었기 때문에, 1939년까지는 무대에 오르지도 못했고 이후에도 널리 공연되지 않았다.

공전의 성공을 거듭하는 가운데서 이례적인 실패를 맛보았다는 점은 꼭 알아두어야 할 중요한 사실이다. 아무리 창조성이 뛰어난 혁신가라 해도 길을 잘못 들어설 수가 있는 법이며, 이들은 본래부터 오류 따위는 범하지 않는 사람들이 아니라 다만 그 실패를 딛고 재기하는 방식이 보통 예술가와는 다른 사람들이라는 점을 새삼 일깨우는 사실인 까닭이다. 앞서 언급했다시피, 창조성 연구자 딘 키스 사이먼튼은 위대한 창조자들은 걸작이든 태작이든 작품 자체를 다량으로 창조한다는 점을 시사하는 증거 자료를 모아놓았다. 이런 맥락에서 「별들의 왕」은 실패한 「아비뇽의 처녀들」이나 폐기처분된 『황무지』의 초고 원고, 혹은 프로이트의 「프로젝트」와 비슷한 부류로 여겨야 한다. 새롭게 움트고 있지만 아직 분명하게 표현하기 힘든 예술적 이상을 서툴지만 진지하게 대중들이 이해할 수 있는 상징체계로 전달하고자 했던 시도였던 것이다. 이러한 노력은 대중의 평범한 평가 기준에 의해 실패할 수는 있을지언정, 창조자 자신에게는 대단한 의미를 지닌다. 자신이 그 작품을 통해 무엇을 했고 무엇을 하지 않았으며, 무엇을 성취하고자 했는지, 나아가서 그러한 목표를 미래의 작품 속에 가장 훌륭하게 담아내기 위해서는 무엇을 해야 하는지 발견하는 데 도움이 되는 것이다.

「봄의 제전」: 새로운 세기의 시작을 알린 소리

1910년 봄 「불새」의 스코어를 마무리하던 중에 스트라빈스키는 꿈을 꾸었다. "이교도의 성스러운 제전이 펼쳐지는 장면이었다. 마을 원로들이 빙 둘러앉아 지켜보는 가운데 봄의 신(神)에게 희생 제물로 바쳐진 소녀가 춤을 추다가 죽어 갔다. 이것이 「봄의 제전」의 주제가 되었다." 이런 꿈 자체는 러시아의 모더니스트 시인인 세르게이 고로데츠키(Sergei Gorodestki, 1884~1967)의 시에서 영감을 얻은 것이었다. 이후 3년 동안 특히 「페트루슈카」를 완성한 이후부터 스트라빈스키는 이 환상적인 장면을 악보로 옮기는 작업에 매달렸다. 잘 알려진 대로 「봄의 제전」은 초연 당시 엄청난 스캔들을 일으켰지만, 얼마 지나지 않아 독창적인 작품이자 현대 음악사의 전환점을 나타내는 작품으로 인정받았다.

내게는 음악이나 발레에 관해 글을 쓰는 것이 문학이나 시를 논하는 것보다 더 어려운 일이다. 하지만, 「봄의 제전」의 작곡 과정과 이 작품에 대한 반응을 나름대로 재구성해 볼 생각이다. 작곡 과정을 둘러싼 사건들은 상당히 복잡하다. 스트라빈스키의 환상을 듣자마자 디아길레프는 공식적으로 작품을 의뢰했다. 스트라빈스키는 러시아의 이교도 의식에 관해 정통한 사람의 도움이 필요함을 직감했고, 화가이자 고고학자이며 민족지(誌)학자인 니콜라스 로에리히(Nicholas Roerich, 1874~1947)와 함께 긴밀한 공동작업에 착수했다. 1910년이면 아직 집중적으로 곡을 쓸 때도 아니었는데, 로에리히는 이렇게 말했다. "새 발레는 원시 부족의 제의 장면에서 시작한다. 여름 밤에 벌어지는 제의는 다음 날 첫 햇살이 비출 때까지 이어진다. 의식 무용을 위주로 안무를 구성한 작품인데, 뚜렷한 극적 이야기 없이 원시 부족의 삶을 재현하는 첫 시도가 될 것이다." 포킨은 이미 다른 기획에 참여한 마당이었고, 덕분에 니진스키가 안무를 맡게 되었다. 게다가 발레뤼스 무용단이 이미 새로운 작품 공연(유명한 모리스 라벨의 「다프네와 클로레」와 드뷔시의 「목신의 오후에의 전주곡」)을 진행시키는 상황이었기 때문에, 1913년까지는 「봄의 제전」을 공연할 가망도 없었다.

「봄의 제전」은 이전 작품에 비하면 작곡 과정이 일사천리로 진행되지 않은 편이었다. 잉태 기간이 길었던 이유는 스트라빈스키가 설정한 목표가 지나치게 새롭고 복잡했다는 데 있었다. 「불새」는 잘 알려진 이야기 형식을 차용하고 익숙한 음악 기법(물론 상당히 정제하는 과정을 거쳤지만)을 활용하면서, 디아길레프 사단 전체와 긴밀하게 협조하는 과정을 거쳐 창조한 작품이었다. 「페트루슈카」 역시 곡마단을 배경으로 한 어릿광대 이야기라는 비교적 익숙한 이야기 형태를 다룬 작품인데다 배역에 꼭 맞는 무용수를 기용할 수 있었다는 점에서 상당히 운이 좋은 작품이었다. 하지만 「봄의 제전」은 거의 모든 요소가 새로웠다. 주제, 민속적 소재, 로에리히와의 공동작업, 안무를 담당한 니진스키 등이 모두 새로웠고, 무엇보다 작곡가 자신이 근본적으로 새로운 음악 형식을 창안하고 있었다는 점이 쉽지 않았다.

「봄의 제전」의 악보 초고는 존재하기는 하지만, 기대에는 못 미친다. 어떤 의미에서도 완전한 초고 뭉치라 보기도 힘든 실정인데, 특히 작곡 초기의 초고가 부족하다. 스트라빈스키의 악보 노트는 작곡을 해가는 과정에서 비판적인 요점을 기록해 둔 일지(日誌)의 성격이 강하다. 하지만 이를 통해 일부 사실은 꽤 정확히 밝혀졌다. 제목과 각본은 1911년 여름에 로에리히와 함께 작업한 결과이다. '봄의 속삭임' 과 '봄의 론도', '패권을 다투는 부락의 유희' 도 이 무렵에 작곡되었다. 일부 악절은 민요조의 선율이 중요한 요소로 삽입되기도 했다. 스트라빈스키는 리듬 분절을 작품의 시그니처(signature)로 삼는 화음을 구상했던 것인데, 단7도 음정을 더한 E♭장조와 F♭장조의 결합을 통해 불협화음적 요소가 강한 화음을 만들어냈다. 스트라빈스키는 이러한 화음 구성을 설명하거나 정당화하지는 못했고, 다만 자신의 '귀가 즐겁게 받아들였다' 고 회고했다. 흥미로운 점은 자연이 깨어나는 소리를 묘사하는 서곡 부분은 작품 전체의 화음의 기조를 이루는데, 실상은 나중에, 어쩌면 1부(전체 2부)를 모두 끝낸 다음에 작곡했다는 사실이다.

스트라빈스키는 처음 작품을 구상하고 악보에 옮겨 적을 때 이미 작품 전반을 마음속에 담아두고 있었다. (처음의 구상은 매우 도식적이지만 정서적인 색조나 조직적인 구성이 중요한 특색을 이룬다는 점에서 「게르니카」나 『황무지』의 초기 구상과 매우 유사하다.) "나는 웅대한 장면은 관객이 단숨에 느낄 수 있도록 복잡한 세부묘사 없이 매우 단순한 리듬의 힘찬 움직임으로 표현할 생각이었다. 독무는 끝부분에 희생자인 무희가 춤을 추는 장면뿐이었다."

스트라빈스키는 몇몇 중요한 예외 사례도 있긴 하지만 대체로는 수월하게 작곡하는 편이어서, 「봄의 제전」도 지금 우리가 듣는 곡과 악보 초고에 담긴 곡이 크게 다르지 않은 것 같다. 비록 서곡은 비교적 늦게 작곡한 곡일 가능성이 크지만 말이다(그림 6.1). 그러나 작곡 과정에 곤란한 점이 없지는 않았다. 이를테면, '봄의 론도' 의 코보로보드(khoborovod) 멜로디를 표현하는 데는 무려 일곱 개나 되는 상이한 기보법이 존재한다거나, 느린 반음계 악절로 이루어진 2부의 서주

그림 6.1 「봄의 제전」 악보의 중간 페이지
'야만인의 춤'과 '조상의 초혼', '신성한 춤'을 기재한 다양한 악보 초고

부분이 골치 아픈 문제를 야기했으리라는 점이다. 악보 노트를 보면, 피아노 연주에 적합한 부분은 최종 형태와 거의 흡사하지만 피아노와 무관한 부분은 다각도로 실험하면서 고생한 흔적이 역력하다. 스트라빈스키는 늘 피아노를 치면서 곡을 만들었으므로 피아노 연주에 어울리지 않는 부분을 작곡할 때 가장 힘들었으리라는 점은 전혀 놀라운

일이 아니다.

　곡의 순서에 중대한 변경을 가하기도 했다. 지금은 서곡 근처, 즉 '봄의 속삼임' 다음에 위치한 '납치의 유희'는 원래는 1부의 마지막, 즉 '현인의 행렬' 다음에 배치되었었다. 「봄의 제전」을 가장 철저하게 연구한 피에르 반 덴 투른(Pierre van den Toorn)은 1부가 용두사미격으로 흐르는 것을 막기 위해 이렇게 순서를 변경했다고 생각했다.

　악보 초고를 보면 묘한 특색이 한 가지 더 있다. 오늘날에는 이 작품의 가장 혁신적인 면이 리듬 구성에 있다고 생각하지만, 리듬보다는 오히려 악기편성에 가장 많이 고심한 흔적이 보인다는 점이다. 스트라빈스키가 이미 세부에 이르기까지 리듬에 대한 구상을 마쳤기 때문인지, 아니면 악보에다가는 리듬 문제를 별로 다루지 않았기 때문인지는 확실치 않다.

　분명한 것은 「봄의 제전」이 스트라빈스키의 진을 빼놓을 정도로 아주 길고 복잡하며 힘든 작곡 과정을 거쳐서 완성되었다는 점이다. 그는 악보 노트의 마지막 페이지에 완성을 자축한다는 듯이 이렇게 적었다. "드디어 오늘, 1912년 11월 17일 일요일에, 견딜 수 없는 치통을 앓으면서, 「봄의 제전」을 끝냈다. 클라렝의 샤트라 호텔에서 스트라빈스키."(그림 6.2) 설상가상으로 리허설 과정도 순탄지 않았다. 스트라빈스키는 독일인 피아니스트를 해고하고, 리허설 과정에서 피아노 연주 부분은 자신이 직접 연주했다. 그러다가 알 수 없는 이유로 리허설에 빠지는 날이 많아지더니, 유능한 지휘자 몽퇴에게 리허설을 전부 맡겼다(초연이 코앞에 닥칠 때까지 몽퇴가 요청한 대로 곡을 바꾸는 일을 그만두지는 않았지만). 1913년 5월말에 초연을 하기로 예정된 파리의 샹젤리제 극장은 불과 얼마 전에 문을 열었기 때문에 리허설

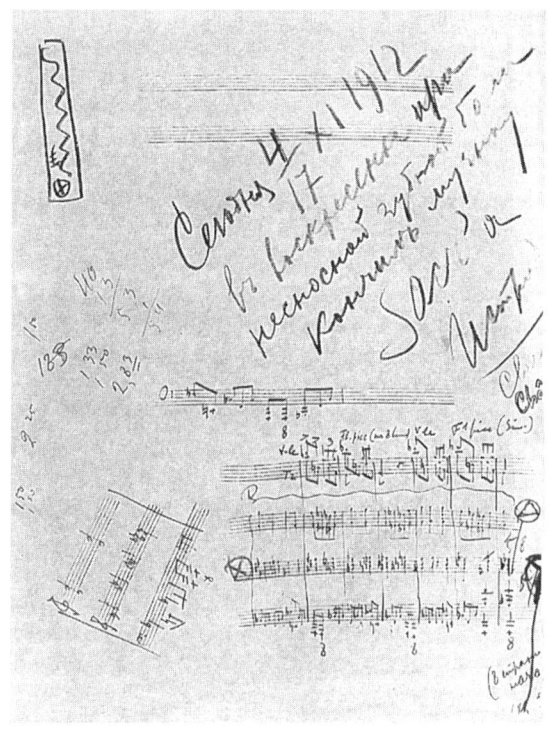

그림 6.2 「봄의 제전」 악보의 마지막 페이지
날짜와 스트라빈스키의 사인이 보인다

무대를 마련할 기회가 별로 없었다.

  그처럼 복잡하고 혁신적인 작품치고는 많이 부족한 감이 있지만 어쨌거나 몇 차례 리허설을 하긴 했는데도, 초연 시에 받게 될 엄청나게 적대적인 반응을 시사하는 면은 거의 없었다. 1913년 봄에 스트라빈스키는 드뷔시와 함께 피아노 연탄 버전으로 이 곡을 연주한 적이 있었다. 드뷔시는 "마치 아득한 과거에서 불어온 폭풍으로 생명의 뿌리가 뽑힌 것처럼" 충격을 받은 모습이었다고 루이 랄로이(Louis Laloy)

라는 목격자는 말했다. 정식 리허설은 5월 29일 드뷔시와 라벨, 파리의 언론계 인사들이 청중으로 참석한 상황에서 열렸는데, 다음 날 벌어지는 난폭한 소동을 조금이라도 감지한 사람은 아무도 없어 보였다.

「봄의 제전」: 공연과 그 여파

현대의 뛰어난 고전음악 가운데 「봄의 제전」만큼이나 노골적인 적대에 부딪쳤던 작품은 없다. 샹젤리제 극장에 모인 청중은 서곡의 첫 소절이 들릴 때부터 동요했다. 막이 오르고 무용수들이 도약하고 착지하는 모습이 보이자, 객석에서 야유와 고성이 터져나왔다. 공연 내내 소란은 그칠 줄을 몰랐다. 관객들은 휘파람을 불고 발을 구르고 뿔피리를 불고 욕설을 퍼부었다. 청중의 동요가 너무 심해서 음악을 듣는 것은 불가능했다. 안무가 니진스키가 무대 옆에 서서 무용수들에게 큰 소리로 번호를 불러줘야 할 정도였다.

자주 인용되는 목격담은 관객의 반응이 얼마나 극심했는지 전해준다. 미술가 발랑탱 그로스 위고(Valentine Gross Hugo)는 말한다. "극장 주변에 지진이라도 난 줄 알았다. 고함 소리에 건물 전체가 휘청거릴 정도였다. 비명과 욕설, 야유, 휘파람 소리에 음악은 완전히 묻혀버렸고 비난과 야유만이 들끓었다." 작가이자 사진가인 칼 반 베히텐 (Carl van Vechten)은 이렇게 썼다. "첫 소절이 연주되자마자 호루라기와 야유 소리가 터져나왔고, 비명 소리가 이어졌다. 박수 소리도 들렸다. …… 소란을 피운 마흔 명 가량이 극장에서 쫓겨났지만 소동은 가라앉지 않았다. 객석을 비추는 조명이 환하게 켜졌어도 소음이 그치지 않았는데, 지금도 …… 무슨 폭도처럼 소리를 내지르던 성난 사람들의 모습이 뚜렷이 기억난다."

초기에 나온 평도 대부분 비난 일색이었다. 개막 시즌에 나온 비평가들의 논평은 다음과 같다.

"이런 작품은 원시 악기로 연주해야 한다. 아니, 차라리 공연하지 말아야 할 작품이다.

"참으로 교묘한 작품이다. 작곡가가 두 살보다는 많다면, 이런 곡을 만들기 위해 자기가 아는 것을 다 버려야 했을 테니 말이다."

"야만인 무리가 배워서든 본능적으로든 악기를 건드릴 수 있다면 아마 저런 소음이 났을 것이다."

"사실상 음악하고는 아무 관련이 없다. 우리 대부분이 세상을 이해하는 방식에 의하면 그렇다."

영국의 중견 비평가 어니스트 뉴먼(Ernest Newman)은 「선데이 타임스」에서 '죽은 작품'이며 '실패한 허풍'이라고 비판했으며, "우리 시대의 음악 가운데 가장 우스꽝스러운 사기"였다고 말했다.

리허설 무대에서 어느 정도 진가를 인정받았고 파리의 예술 감식가들이 기대를 아끼지 않은 작품이었는데, 어째서 이처럼 부정적이고 적대적인 반응이 나온 것일까? 봄의 신의 노여움을 풀기 위해 제물로 바쳐진 처녀가 춤을 추며 죽어간다는 주제는 물론 선정적인 측면이 있지만, 리하르트 슈트라우스의 「살로메」에서 펼쳐보인 잔혹하고 에

로틱한 이야기만큼 선정적이지는 않았다. 장황하고 지루한 작품이긴 했어도, 스트라빈스키의 다른 작품이나, 차이코프스키와 라벨 및 여러 현대 작곡가들의 작품에 비해 그런 면이 두드러진 정도는 아니었다. 표면적으로 혼란스런 인상을 주기는 하지만, 악기 편성 및 리듬의 조직과 구성이 매우 철저하게 이루어진 작품이었다.

어쩌면 작곡가의 뛰어난 기술적 역량과 널리 인정받는 발레뤼스의 정교한 안무에서 이런 반응이 나온 단서를 찾을 수 있을지 모른다. 파리의 관객 대부분은 (드뷔시의 「목신의 오후에의 전주곡」처럼) 도발적인 발레 공연을 관람할 때도 극장에서 지켜야 할 예의쯤은 지킬 줄 아는 사람들이었다. 다른 작품의 경우는 관객을 모욕한다는 느낌을 주는 경우에도, 작곡가는 보통 아이러닉한 태도를 취하거나 관객에게 슬그머니 윙크하는 모습을 보여주었다. 하지만 「봄의 제전」은 관객의 관습적인 이해 범위를 벗어났고, 그래서 무질서한 소동이 그치지 않았던 것이다. 극장 무대에 오른 재주꾼들이 모두 관객을 놀라게 하고 자극하고 불편하게 하려는 노력만 했던 셈이었으나, 관객은 그저 이런 노력에 협조하기를 거부했던 것이다. 특히 초기의 비평가들은 너무 많은 것을 수용하라는 강요를 받은 것처럼 느꼈던 듯싶고, 언론을 통해 분노를 발산했다.

나는 하나의 요인이 분노와 소외감을 자아냈다기보다는 여러 요인이 복합적으로 작용해서 적대감을 야기했다고 생각한다. 우선 원시적인 희생 제의라는 주제에는 심금을 울릴 만한 구석이 없었고, 그런 주제가 부드럽게 완화되기는커녕 너무 노골적으로 묘사되었다. 게다가 그 내용이 구제불능이라 할 정도로 부도덕했다. 그리고 「봄의 제전」의 불협화 화음은 몇 차례 연주된 정도가 아니었다. 실상, 불협화 화음은 서른두 마디에 걸쳐서 되풀이되었고, 한 악절에서만 도합 280번이나 반복되었다. 둘잇단음표와 셋잇단음표가 단조로우면서도 끊임없이 변주되는 가운데 무수하게 되풀이되었다. 리듬도 자주 변한 정도가 아니었다. 어떤 악장에서는 9/8박자에서 5/8박자, 3/8박자, 2/4박자, 7/4박자, 3/4박자, 7/4박자, 3/8박자, 2/4박자, 7/8박자로 변하는 식으로 마디마다 박자가 달랐다. 음량 역시 그냥 크다고 할 것이 아니었다. 한참 동안 매우 강한 타악기 소리가 나다가 갑자기 멎었다. 부드러운 멜로디는 감질이 날 정도로 들리는 듯 마는 듯 하더니, 예기치 못하는 순간에 중단되었다. 스트라빈스키는 「불새」 이후로는 병치 기법을 자주 활용했는데, 이번에는 불협화 화음과 불규칙한 리듬, 이국적인 음계, 변칙적인 강세 유형 등이 관객에게 마치 소나기처럼 퍼부어진 것이다. 갑작스런 중단, 재배열, 러시아 민요에서 차용한 단순한 '4개의 음으로 이루어진 동기(four-note motifs)'의 치환 등을 특징으로 한 멜로디 전개 방식은 19세기 교향악 형식에 익숙한 관객의 귀에 충격을 가했다. 비교적 플롯이 없는 이야기 구조에 단순한 온음계로 이루어진 테마와 복잡한 불협화 화음을 중첩시킨 방식 또한 듣기에 거북한 소리를 냈다. 사람들이 음악이나 발레에 대해 품었던 기대를 여지없이 무너뜨렸다. 요컨대, 「불새」에서는 거의 들을 수 없었고 「페트루슈카」에서도 흔적만 느낄 수 있었던 요소가 「봄의 제전」에서는 인내심의 한도를 넘어설 정도로 많이 담겨 있었던 것이다.

    이러한 음악상의 충격에 더해 니진스키의 안무 역시 당시의 관객들로서는 거의 이해할 수 없었다. 뚜렷한 이유도 없이 무용수들이 도약하고 착지하거나 걸어다니는 모습은 그저 기존 관습을 조롱하는 것으로만 보였다. 무용수들은 균형 잡힌 동작을 하는 대신, 어색한 몸짓으로 움직이다가 발작적으로 몸을 떨거나 발을 굴렀다. 피루엣과 아라베스크, 파드되를 표현하는 대신, 껄끄러운 소리와 불규칙한 박자를 흉내냈을 뿐이었다.

「봄의 제전」의 첫 공연에 대한 감상 중에서 스트라빈스키의 친구인 작곡가 라벨의 평이 가장 심오한 통찰을 보여주었다. 라벨은 이 작품의 새로움은 관현악법에 있지 않고 음악 전체의 새로운 면모에 있다고 보았다. 관현악단은 다중 음역 악기로서 단일한 효과를 내는 것으로 취급해야 했다. 스트라빈스키 자신은 훗날 이 작품이 혁명적이라는 평가를 부인했다. 그는 "내가 전달하고 싶었던 것은 약동하는 봄의 기운, 다시 태어나는 자연의 거침 없는 기세였다"고 말했다. 하지만 우리는 작품 전체를 받아들이거나 거부할 수밖에 없다.

분명히 이 작품은 여러 이유로 처음 듣는 청중을 소외시킨 면이 있었다. 하지만 바로 그와 똑같은 이유로 결국에는 수용되고 인정받았던 것이다. 물론 변한 것은 작품이 아니라 장(場)이었다. 실험적인 리듬은 그 자체로 청중을 자극하고 흥분시키면서 봄의 새 기운을 넌지시 알리는 묘한 느낌을 주었다. 혈기왕성한 젊은이와 신비롭고 엄격한 현자(賢者)와 불행한 처녀가 한꺼번에 뿜어내는 긴장된 분위기가 서려 있었다. 간결한 도입부, 그리고 불협화음이 고조되는 와중에서 수많은 모티프가 자유분방하게 변주되는 것은 원시적인 제의에 산만한 자연의 기운을 불어넣었고, 필연적으로 파괴적인 클라이막스로 향할 수밖에 없는 충동을 예고했다. 이러한 도입부와 곡의 급격한 변화는 청중에게 음악을 창조적이고 통합적으로 들을 것을 요구했다. 그리고 특정 음과 악구의 어색한 반복이 청중에게는 일종의 정박점 역할을 하였다. 하지만 태고의 민속적인 테마를 웅장한 관현악단으로 연주한다는 것은 스트라빈스키가 이러한 원시 제의에 거리감을 두고 있음을 드러냈다. 엘리엇의 『황무지』에서처럼 마치 현대의 도시 생활을 충분히 의식하고 있는 사람이 원시적인 제의를 공연하는 듯한 느낌을 주었다. 「봄의 제전」에 대한 드뷔시의 평이 정곡을 찌른다. "기상천외하고 난폭한 음악이다. 현대 문명의 이기를 모두 갖춘 원시 음악 같다."

드뷔시의 평을 바꿔 말하면, 스트라빈스키는 「봄의 제전」을 작곡하면서 원래의 착상을 표현하기 위해 그가 알고 있는 모든 조치와 기교를 사용했다고 할 수 있다. 문제는 이러한 결합을 좋아할지 여부가 아니라, 작품 전체를 수용할지 여부이다. 당연하게도 나이가 많고 좀더 관습과 전통에 익숙한 청중은 모욕받은 정도는 아니라도 기분이 상할 수밖에 없었다. 반면, 이 장대한 공연을 마음껏 즐기며 19세기 낭만주의를 못 견뎌하는 작곡가에 동감하는 젊은 청중, 눈과 귀 모두를 만족시킬 가능성을 원했던 젊은 청중은 스트라빈스키의 음악에 새로운 활력을 느낄 수 있었다. 초기의 청중을 괴롭혔던 불연속성과 단절, 반복, 자유분방함을 젊은 관객은 이 작품의 본질로 여겼고, 반복해서 「봄의 제전」 공연을 관람하면서 음악을 새롭게 듣는 훈련을 했던 것이다. 이와 비슷한 관객(독자)의 단절은 조이스의 『율리시스』와 엘리엇의 『황무지』, 피카소의 「거트루드 스타인의 초상」과 「아비뇽의 처녀들」 및 초기 입체주의 회화와 같은 작품이 출현했을 때도 있었다. 그리고 이들 작품과 마찬가지로, 「봄의 제전」은 처음 등장했을 때는 역겹고 이해할 수 없다는 반응이 주를 이뤘지만, 빠른 시간 안에 새로운 작품, 아니 걸작으로 인정받게 되었다. 전기 작가 알렉산드르 탄스만(Alexandre Tansman)은 이렇게 말한다. "「봄의 제전」의 어떤 점에 더 감탄해야 하는지 말하기는 힘들다. 대담한 혁신이나 아무 주저 없이 그런 혁신을 단행한 점은 단호하기 그지 없는 관습의 절대적 확실성만큼이나 분명하게 드러나 있다."

그렇다면 스트라빈스키 자신은 어떤 반응을 보였는가? 당연하게도 그는 자신의 노력이 제대로 이해받지 못한다는 사실에 실망하고 낙담했다. 작품의 구조와 공연에 대한 생각은 마음속에 분명히 담아두고 있었다. 비록 시간이 흐르면서 니진스키의 안무에 대해서는 더욱 비판적인 태도로 나왔지만, 몽퇴의 지휘에도 만족했다. 이전의 발레곡에 대해서도 그러했지만, 그는 「봄의 제전」이 관혁악곡으로만 연주돼도 충분히 감동을 줄 수 있다는 점에 기쁨을 느꼈다. 「봄의 제전」이 스캔들을 일으켜서 어느 정도 만족감을 느꼈는지 여부는 확실하지 않다. 다만 디아길레프는 분명히 이런 스캔들에서 쾌감을 느꼈다. 그리고 만년의 스트라빈스키 역시 이런 논란과 물의에서 나오는 배당 이익을 너무나 잘 알게 되었다.

스트라빈스키는 그의 다른 작품에 비해 더 지속적으로 「봄의 제전」을 수정하는 작업에 매달렸다. 주로 작품의 구도와 화음을 분명하게 드러내기 위한 수정이었다. 그리고 서사 요소와 이미지 요소를 줄이고 순수한 음악적 측면을 강조하는 식으로 작품의 본질을 바꾸었다. 게다가 스트라빈스키는 이렇게 계속 수정해 간 작품을 공연할 때는 자신이 직접 통제권을 발휘하고 새로운 로얄티를 받을 수 있었다. 안무 역시 새롭게 바꾸었는데, 스트라빈스키는 레오니드 마신(Lèonide Massine)의 안무를 훨씬 좋아했다. 마사 그레이엄이 주인공 역할로 춤을 추었던 이 공연은 1930년 4월 뉴욕과 필라델피아에서 열렸다.

시학에서 정치로

「봄의 제전」 공연이 있기 전날 밤에 스트라빈스키는 「몽주아(Montjoie!)」라는 잡지와 인터뷰를 했다. 이 인터뷰에서 그는 새로운 작품에서 표현하고 싶었던 것을 밝혔다. 오늘날의 독자는 스트라빈스키가 말하는 내용이 아주 솔직하다고 생각할 것이다. 그는 대략 12곡으로 이루어진 이 작품을 한 곡마다 거기에 해당하는 의도와 관현악법을 간략하게 소개했다. 그는 안무를 담당한 니진스키와 각본을 쓴 로에리히에게 감사하는 말로 인터뷰를 끝맺었다.

그런데 스트라빈스키는 인터뷰 내용이 출간되자 발언 내용이 왜곡되었다며 화를 냈다. 특히 자신이 「봄의 제전」에 관해 과장되고 호언장담하는 발언을 했다는 식으로 소개한 서두 부분에 격분했던 같다. "아직 막을 올리기 전에 준비하는 과정에서, 저는 관현악단에게 이런 마음을 토로했지요. 앞으로 자신의 잠재력이 무한히 펼쳐질 무대를 앞두고 있는 민감한 영혼이라면 누구나 커다란 두려움을 느끼게 된다고 말이죠." 설상가상으로 이 인터뷰를 「뮤지카(Muzyka)」라는 러시아 잡지가 번역 게재했는데, 이를 보고 스트라빈스키는 '너무 급작스럽게' 마친 인터뷰인데다 러시아 번역문은 프랑스 잡지의 기사보다도 오히려 더 정확하지 않고, 작품의 양식을 오해하게 만든다고 비난했다. 그는 「뮤지카」의 편집자를 향해 이렇게 말했다. "부정확한 정보로 가득한 전혀 맞지 않는 얘기들이다. 특히 작품의 주제와 관련된 부분이 그렇다." 하지만 스트라빈스키 자신이 직접 수정한 기사도 주로 대개는 문법적인 오류를 바꾼 기사에 불과했다. 「몽주아!」가 출판된 지 57년이나 지난 후에 스트라빈스키는 「네이션(Nation)」에 보낸 편지에서 그 인터뷰는 "프랑스 기자가 꾸며낸 것"이고 자신은 그 기사를 여러 차례 부인했다고 말하기까지 했다.

자신의 가장 유명한 작품이 어떤 의도와 구상으로 만들어졌는지 사람들이 어떻게 생각할 것인지에 대해 스트라빈스키가 관심을 갖는 것 자체는 별로 이상하거나 놀라운 일이 아니다. 다만 좀 기묘한 점은 다음 두 가지다. 우선, 정작 기사를 수정할 기회가 주어졌을 때는 스트라빈스키가 수정한 내용이 거의 없었다는 점이고, 후에 그가 「봄의 제전」에 관해 발언한 내용을 보면 많은 부분이 「몽주아!」에서 했던 말(그 자신은 부인하지만)과 부합한다는 사실이다. 그리고 두 번째는 스트라빈스키의 기이한 태도이다. 즉, 음악은 음악 자체가 말하게(혹은 노래하게) 해야 한다고 주장하는 작곡가가 지금은 거의 잊혀진 20세기 초에 출간된 어느 프랑스 잡지의 우연한 인터뷰에 그토록 신경을 쓴다는 사실이다.

법을 따지기 좋아하는 성향

하지만 앞서 이미 지적했듯이, 음악계의 정치적인 문제에 관심을 갖는 것은 처음부터 스트라빈스키의 특징이었다. 스트라빈스키는 그의 아버지가 그랬듯이 법학을 공부했다. 스트라빈스키의 집안이나 그의 가족이 자주 어울렸던 지식인과 예술가 그룹에는 툭하면 소송까지 일삼는 정도는 아니라도 법 만능주의라고 할 만한 분위기가 있었다. 물론 디아길레프 역시 법률가로 훈련받은 사람이었고, 두 사람이 20년 동안 교제하면서 스트라빈스키는 이 음악계의 스승이 많은 법률적 협상에 나서는 모습을 똑똑히 보았다. 어떤 점에서 스트라빈스키와 디아길레프는 같은 편에 있었다고 할 수 있었지만, 스트라빈스키는 점차 이 예술 세계의 스승과 사이가 멀어졌다.

'정치적인 스트라빈스키'에 관한 한 가지 정보원은 방대한 그의 유고 저작이다. 이를 보면 스트라빈스키와 디아길레프의 관계는 그다지 원만하지 않았던 것 같다. 두 사람 사이에 오고 간 전보는 내용이 간결할 뿐 아니라 인간적인 정감이 별로 묻어 있지 않고, 시간이 갈수록 은밀한 혹은 노골적인 적의를 표현하는 경우가 많아졌다. 스트라빈스키는 편지에서는 더 모진 말을 하곤 했다. 가령, 1919년 지휘자 에르네스트 앙세르메(Ernest Ansermet)에게 보낸 편지에서 그는 디아길레프에 대해 이렇게 쓰고 있다.

그가 언제나 입에 달고 다니는 '도덕적 고결함'이란 것은 별 가치가 없습니다. …… 특히 친구가 아주 어려운 상황에 처해 있을 때 그가 '법적 권리'에 도움을 청하기보다는 그냥 법적 권리를 운운하기만 하는 모습에서 이런 모든 것을 알았는데, 저는 속이 많이 뒤틀렸습니다. 우정을 표시하는 희한한 방법이지요. …… 그래서 전 그가 제 권리를 인정하지 않은 상태에서 보내는 돈은 모두 거절합니다. 이런 돈은 선물일 뿐이어서 받아들일 생각이 없는 겁니다. 그리고 디아길레프는 제가 그의 방식대로 행동한다고 불평해서도 안 됩니다. 그가 부추긴 셈이니까요.

이어서 스트라빈스키는 세계 여러 지역에서 개최하는 공연과 관련해서 정확한 날짜와 계약 기간, 소유권과 공연권을 명기하는 문제를 디아길레프와 의논하는 과정에서 불거진 특성을 자신이 어떻게 이해하고 있는지 하나하나 열거하고 있다.

몇 년 후에 스트라빈스키는 앙세르메와도 긴장이 어린 사이가 되었다. 그는 이렇게 쓴다. "15일날 당신이 보낸 이상한 편지에 대해서는 우선 친애하는 벗(mon cher)이라는 두 마디로 답하지요. 미안합니다만 「카드놀이(Jeu de Cartes)」의 어느 부분도 삭제를 허락할 수 없군요. 당신의 부조리한 제안은 행진곡 부분을 망치게 합니다. …… 다시 말씀드립니다. 「카드놀이」를 원곡대로 연주하거나 아니면 아예 그만두십시오. 10월 14일에 보낸 제 편지에서 이 문제에 대해선 제 입장을 확실히 밝혔는데, 이 점을 제대로 이해하시지 못한 것 같군요." 이런 식의 신랄한 대화는 스트라빈스키의 초기 작품을 훌륭하게 지휘한 몽퇴나 스트라빈스키가 '적'이라고 불렀던 지휘자 세르게이 쿠세비츠키(Sergei Koussevitzky)와도 주고받았다.

이런 긴장된 관계는 스위스의 작가 라뮈즈(C. F. Ramuz)에까지도 연장되었다. 라뮈즈는 스트라빈스키를 숭배한 사람이고, 스트라빈스키가 몇 년간 피카소와 브라크의 관계처럼 친밀하게 지냈던 사람이며, 서로 간의 가족들도 가깝게 지낸 인물이다. 둘 사이에 오고 간 서신에는 두 사람이 공동 제작한 작품의 상이한 부분에 대한 소유권 문제를 놓고 갈등을 겪는 모습이 드러나 있다. 스트라빈스키는 아무리 작은 이익이라도 양보하려 들지 않았다. 그는 라뮈즈를 은근히 협박하기까지 했다. "친애하는 라뮈즈씨, 저는 제 주장을 굳게 고수하고 있습니다. 당신이 고의적으로 그리고 은밀한 속셈으로 작품의 소유권을 주장하는 엉뚱한 쪽지를 쓴 사람이란 걸 알고 참담한 심정이 되었습니다." 이런 걸 보니까 "흥정이 격렬한 것은 짜낼 이익이 얼마 안 되기 때문이다(The haggling is so bitter because the stakes are so small)"라는 경구가 연상된다.

스트라빈스키는 예술가가 아닌 사람들에게는 더욱 단호하고 모질게 굴었다. 그가 오랫동안 함께 일해야 했던 사람들인 에이전트와 중개인, 은행가, 출판업자, 홍보 대리인 등에게 보낸 편지를 보면, 소송을 걸겠다는 위협과 막무가내 식의 감언이설이 가득 차 있다. 대개는 아주 적은 돈 때문에 벌어진 일이었다. 물론 정말로 신경을 써야 할 문제도 있었다. 이를테면 제1차 세계대전이 끝나고 볼셰비키가 러시아를 장악했을 때 스트라빈스키는 재산을 모두 포기해야 했고, 1920년대에는 네 아이들뿐 아니라 점점 늘어나는 망명자 그룹도 그가 경제적으로 책임져야 하는 식솔이 되었다. 하지만 이런 식솔들이 줄어들고 그가 부자가 된 이후에도 여전히 구두쇠로 굴었고 툭하면 소송을 일삼는 버릇을 버리지 않았다. 이런 인색한 성품은 아이들이나 불운한 첫 부인과의 서신 왕래에도 유감 없이 나타났다.

  스트라빈스키가 아첨투의 말을 못하는 사람이었던 것은 아니다. 작곡가나 연주자, 대리인 등이 자기 말을 따르게 하고 싶을 때는 그들의 비위를 맞출 줄도 알았다. 가령 스트라빈스키는 예술 후원자인 베르너 라인하르트(Werner Reinhart)에게 아예 열리지도 않은 공연의 사례금을 지불하도록 교묘한 말로 설득했고, 심지어는 자신의 협상 성공이 일종의 양보로 보이게까지 유도했다. 그리고 자기가 하고 싶은 일을 할 수 있도록 누군가에게 도움을 청할 때, 예를 들면 제1차 대전 기간에 미국에 간다거나, 프랑스 아카데미에 들어가기를 청원하거나, 혹은 공동작업의 내력을 비밀로 유지해달라거나 할 때면, 뻔뻔하고 태연하게 상대의 환심을 살 줄도 알았다. 그는 지나치게 자기중심적으로 생각하고 자신의 욕구와 욕망에 많이 집착하는 사람이었지만, 자기 뜻을 관철하기 위해서는 다른 사람의 '목소리'도 들어야 한다는 것쯤은 알고 있는 사람이었다. 그는 유명한 전쟁 전략가 카를 마리 폰 클라우제비츠(Carl Marie von Clausewitz)와 마찬가지로 위협과 소송은 다른 수단으로 진행되는 협상의 일종이라고 생각했다. 다른 창조의 거장들도 법적 다툼을 그저 피하기만 한 것은 아니지만, 스트라빈스키는 법적 다툼을 즐기고 생애 내내 소송을 일삼는 버릇을 버리지 못했던 것이다.

물론 이러한 성향은 어느 정도 그의 성격과 교육 환경을 반영한다. 예술가가 스트라빈스키만큼 고지식하고 싸움꾼 기질이 있어야 할 필요도 없는 것이고, 대부분의 창조적인 인물 역시 스트라빈스키처럼 법률을 중요시하는 환경에서 자라지 않았다. 하지만 대규모의 공연을 해야 하는 예술가라면, 젊은 스트라빈스키처럼 직접적으로 참여하거나 혹은 만년의 스트라빈스키처럼 대리인이나 에이전트, 후원자를 통해 간접적으로 참여하거나 어찌 됐건 정치적인 복마전에 휘말릴 수밖에 없다.

젊은 시절의 스트라빈스키는 대리인을 고용할 수 없고 후원자가 없는 처지에 있는 다른 많은 예술가들과 비슷한 경험을 했다. 어쨌든 다른 사람과 더불어 작업을 하기 원하는 예술가라면, 자신의 권리와 신조를 위해 싸우거나 아니면 더 유력한 인물이나 설득력 있는 주장에 양보하는 수밖에 없다. 탁월한 창조자들은 언제나 완벽주의자이다. 처음의 구상을 세목 그대로 애써 실현하고자 하며, 수정이 꼭 필요함을 인정하지 않으면 아무런 변경도 가하지 않으려고 한다. 용기 있는 창조자들은 어떤 권리도 타인에게 양도하지 않으려 하며, 설사 의식적으로는 그럴 필요가 있다고 생각해도 무의식적으로는 원래의 착상을 그대로 고수하고자 하는 마음이 커서 타인의 말을 듣기를 거부하게 되는 것이다.

소품 작곡

짧은 기간 동안 세 편의 주요 작품을 작곡하고 이들 작품을 공연하면서 롤러코스터를 타는 듯한 경험을 했던 이후인 터라, 스트라빈스키가 한 동안 대형 발레곡 작곡을 시도하지 못한 것은 놀라운 일이 아니다. 몸과 정신이 모두 기진맥진한 상태에서 1차 대전이 발발했고, 스위스에 정착했지만 대규모의 공동작업이 필요한 공연을 기획하기 어려운 상황이었기에, 실상 소품에 주력하기로 선택한 것은 스트라빈스키로서는 불가피한 일이었을 것이다.

전쟁 이전에도 스트라빈스키는 일본 예술에 매력을 느끼고 있었다. 그는 이렇게 쓴다. "일본의 서정시는 일본의 회화나 판화만큼 내게 감명을 주었다. 시점과 공간의 문제를 회화적으로 해결한 것을 느끼고 나는 이와 비슷한 것을 음악에서 찾아볼 생각을 하게 되었다." 스트라빈스키는 몇 편 정도는 러시아 민요에 기반해서 일련의 소곡을 작곡하고 번호를 붙였다. 라뮈즈와의 공동작업을 통해서는 주로 견고한 소품을 제작했는데, 특히 읽고 연주하고 춤으로 표현할 수 있는 「병사 이야기」가 눈에 띈다. 이 무렵에 작곡한 다른 작품, 예컨대 「여우」, 「고양이의 자장가」, 「네 곡의 러시아 노래」 등은 모두 「페트루슈카」나 「봄의 제전」에 비해 독창성이 없진 않았어도 폭이 좁은 작품이었다. 스트라빈스키가 작곡에 관한 사상을 뚜렷하게 정립한 것도 이 무렵일 것이다. 즉, 자신을 엄격하게 제한할수록 더욱 더 자유를 느낄 수 있다는 생각이 그것이다.

「결혼」: 또 다른 종류의 걸작

1912년에 이미 스트라빈스키는 러시아 농부의 결혼을 테마로 한 합창곡 「결혼」을 구상하고 있었다. 처음엔 결혼식의 장관을 묘사할 생각이었지만, 자신이 정말 원하는 것은 "통속적인, 그러니까 비문학적인 시(verse)를 직접 따 와서 결혼식"을 표현하는 것임을 곧 깨달았다. 훗날 그가 설명하듯이, 「결혼」은 일련의 결혼식 장면을 표현한 모음곡이었는데, 이 작품은 『율리시스』처럼 가벼운 클리셰와 민속시의 구절을 그대로 인용하고 있다. 일관된 이야기를 하기보다는 어떤 분위기만을 표현한 작품이다. 그리고 이 작품에는 개별 인물이 아니라 여러 가지 유형의 성격을 대역하는 역할만이 있다.

실제로 이 걸작을 작곡하기 시작한 것은 1914년이다. 스트라빈스키가 1915년에 이 작품의 최초 버전을 연주했을 때 디아길레프는 감동해서 눈물까지 흘렸다. 「결혼」은 디아길레프가 가장 좋아하는 작품이 되었고, 스트라빈스키는 이 작품을 그에게 헌정했다. 스트라빈스키 역시 「결혼」을 가장 마음에 들어했다고 한다. 1917년에 짧은 스코어로 작곡했지만, 초연이 이루어지기 직전인 1923년에 작품을 완성했다.

스트라빈스키는 다른 어느 작품도 이 작품만큼 여러 번 스코어를 바꾸지 않았다. 즉, 그 자신의 말을 빌면 '악기의 변화'를 꾀하지 않았다. 초기 버전을 그대로 대형 관현악곡으로 악보에 옮긴 것이다. 그런 후에 스트라빈스키는 다양한 악기 그룹을 별개의 앙상블로 나누어 무대에 올렸다. 가령, 현악기와 금관악기를 대조적으로 구성했다. 다른 버전에서는 관악기부와 타악기부, 혹은 피아놀라 그룹(Pianolas)과 금관악기부를 대조적으로 배치했다. 나중에는 금관악기를 하모늄

(harmonium)으로 대체했고, 현악기는 피아노와 두 개의 집시 심벌즈로 대체했다. 마침내 1921년 스트라빈스키는 만족스러운 해결책을 찾았다. "갑자기 네 대의 피아노가 포함된 관현악단이 내가 생각한 조건을 충족시키리라는 것을 깨달았다." 그는 피아노에 타악기부를 보충했다.

「결혼」은 신중하게 악기 편성을 바꾸면서 오랜 기간을 거쳐 작곡한 작품이지만 일관된 통일성이 있었다. 세 개의 장면과 네 악장으로 이루어진 작품이었는데, 음악이나 가사는 전통적인 결혼 예식의 요소(중매, 신랑 신부의 이별, 신부 집, 신랑 집, 신부의 출발, 애가(哀歌), 부모의 축복, 희생 제물 바치기, 제의 음식, 장례, 결혼 침대, 처녀성 매장 등)를 암시했다.

음악의 구성은 대체로 복잡했다. 스트라빈스키는 러시아 민요의 발성법을 주의 깊게 탐구하여 정확한 음조와 반주에 따라붙는 웅얼거리는 소리를 분명하게 표현했다. 그리고 당김음 리듬과 합창을 통해 약간의 기지를 발휘하기도 했다. 작품을 지배하는 리듬은 주로 환각적이면서 동시적인 박동으로 이루어졌고, 4도 음정을 단3도 음정과 장2도 음정으로 분할하는 기본적인 모티프가 존재했다. 선율은 주로 민요조였고, 음색은 타악기와 노래 소리의 대조가 특징이었다. 악기는 타악기에 제한된 면이 있었는데, 피아노와 실로폰, 트라이앵글의 간단한 조합을 특징으로 했다.

「결혼」은 「봄의 제전」과 여러모로 대조적인 특징을 가진다. 「봄의 제전」의 폭발적인 '이교도' 제의에 대한 문명적이고 '문화적인' 응답이라고 할 수도 있을 것이다. 거친 폭력이나 급격한 변화, 귓전을 때리는 듯한 악절이 없어졌다. 활기차고 인간미 넘치는 특징도 물론 있었으나, 주로 엄숙하고 간결하며 집중적이고 지적으로 통제된 특성을 지녔다. 「봄의 제전」에서는 '수직(vertical)' 반음계 음정이 반복되었으나, 「결혼」은 주로 온음계 음정으로 이루어졌다. 화려한 장관을 연출하는 대신 간소한 배경 장면으로 무대를 꾸몄고, 웅대한 관현악단을 활용하는 대신 소규모의 엄밀하게 배치한 악기 앙상블과 노래 소리가 어울리게 하였다. 두 작품 모두 급변하는 리듬에 맞춰 주선율이 변화하는 고유한 형식을 갖추고 있지만, 「결혼」의 주선율이 리듬과 훨씬 긴밀하게 어울렸다. 「봄의 제전」과 마찬가지로 음악은 일부 선율이 중첩되고 순환되며 박자의 변화를 수반하는 식으로 진행되었다. 비슷한 역사적 시기에 완성된 『율리시스』나 『황무지』처럼 가사는 몽타주로 구성되었지만, 민간 속담을 치밀하고 의도적으로 구성한 것은 아니었다. 청중 스스로 형식 분석을 통해서보다는 직관적으로 작품을 통합적으로 이해할 필요가 있었다.

    스트라빈스키는 「결혼」의 실험적인 시도를 통해 작곡에 대한 새로운 통찰을 얻었다. 대체로 스트라빈스키는 작곡에 착수할 무렵부터 곡의 전모를 분명하게 구상해놓는 편이었다. 피아노 반주를 통해 일찍부터 기본 선율과 리듬을 정해놓을 수 있었던 것이다. 그는 영감으로 멜로디를 구성하는 작곡가가 아니었다. 자신의 음악적 구상을 제대로 표현하고 자신의 마음에 맞는 음악적 효과 및 표현 효과를 내려면 악기 파트와 단편적인 악절을 어떻게 배치해야 하는지 결정하기 위해 그에 가장 알맞는 악기 및 기악 앙상블로 실험해 보고, 또 고전음악이나 민요의 단편적인 악절을 차용하여 멜로디를 구성했다.

    스트라빈스키는 활용 가능한 악기와 음악 자원을 염두에 두고 문학적 주제와 연극적인 등장 인물의 성격, 그리고 지배적인 정조 사이의 균형을 맞추는 복잡한 작업을 해야 했다. 그가 활용한 주요한 상징체계는 조성 음악이라 할 수 있는데, 끊임없이 언어와 성격, 시각적 장면, 신체 운동, 박자 등을 고려해서 작품을 수정해야 했던 것이다. 다양한 악보 초고는 이런 여러 요소들을 조정하면서 기울였던 변화 시도를 나타낸다.

「봄의 제전」과 「결혼」은 조이스의 『율리시스』와 『피네건의 경야』, 피카소의 「아비뇽의 처녀들」과 「게르니카」, 그리고 예술과 과학의 차이점을 무시한다면, 아인슈타인의 두 가지 상대성 이론에 비견할 만한 스트라빈스키의 양대 주요 작품이라고 생각한다. 앞에서 내가 10년 규칙이라 부른 규칙이 이 경우에도 적용됨을 알 수 있다. 즉, 처음 10년 동안 해당 분야의 지식과 기법을 완전히 터득하고 이후 대략 10년을 주기로 혁신적인 작품과 새로운 방향 전환을 이룬 작품(이론)을 창조한다는 법칙이 스트라빈스키에게도 적용된다는 얘기다. 스트라빈스키의 경우는 상황이 좀더 복잡하다. 두 작품을 거의 비슷한 시기에 착수했지만, 다만 「결혼」을 완성하는 데 훨씬 긴 시간이 걸렸기 때문이다. 「결혼」은 처음에는 다소 혼란스러울 정도로 다양한 반응을 받았지만, 서서히 작품의 진가를 인정 받았다. 오늘날에는 많은 이들이 웅장하지만 다소 형태적인 우아함이 덜한 「봄의 제전」보다 차라리 「결혼」이 더 훌륭한 작품이라고 생각하고 있다.

이들 작품의 양식적인 원천을 따지는 것은 그다지 실효가 없을 듯하다. 하지만 두 작품 모두에서 우리는 스트라빈스키가 외부에서 받은 다양한 영향과 자기 내부에서 느낀 여러 종류의 압력을 조정하고 화해시키려는 노력을 했음을 감지할 수 있다. 전쟁 직전에 완성한 세 편의 위대한 작품은 주제 면에서나 악기 편성 면에서나 매우 급진적인 양상을 띠었고, 스트라빈스키가 러시아의 발레곡 전통에서 점차 멀어져 간다는 사실을 보여주었다. 아마도 림스키 코르사코프는 「불새」는 자랑스럽게 생각했을 테고 「페트루슈카」는 다소 애매하게 여겼을 테지만 「봄의 제전」에 대해서는 마음이 많이 상했을 것이다. 「봄의 제전」은 파리의 아방가르드 예술에 속하며, 또한 아방가르드 운동에 기여한 작품이었다. 러시아의 민족 음악이나 러시아-유럽 음악과는 거리가 멀었다.

이에 반해서 「결혼」은 스트라빈스키가 러시아의 원천으로 회귀한 곡이자 그런 회귀를 신앙 고백한 곡이라 할 수 있다. 인생의 중대사인 농부의 결혼을 소재로 한 작품으로서, 가사나 음악을 민속적 소재에 풍부하게 의존했다는 점에서 벨라 버르토크의 작품을 연상시키는 곡이었다. 따라서 당시의 서유럽 사람들의 관심사와는 다소 동떨어져 있었고, 다만 한 음악 거장이 자기만의 작풍을 발전시켜가는 과정의 한 계기를 상징했다.

과거의 음악으로부터 얻은 신선한 자극

「결혼」은 스트라빈스키가 현대와 러시아의 과거에 다리를 놓은 작품이다. 스트라빈스키는 자신의 내부에 길항하고 있는 이런 두 성향을 조정하려는 시도를 결코 포기하지 않았으며, 작곡가 생애 내내 러시아적인 것과 현대성을 동시에 견지했다.

하지만 「결혼」을 완성하기 오래 전부터 스트라빈스키는 새로운 기획에 착수하고 있었다. 과거의 고전 음악을 재발견하고 이를 신고전주의 양식으로 재창조하는 기획이었다. 신고전주의자로서 그는 고전파 작곡가들이 선호한 선율과 형식에 경의를 표했다. 언제나 그랬듯이 스트라빈스키는 그 자신에게 최고의 스승이었다. 이제 그는 20여 년 전에 현대의 거장들을 사숙할 때처럼 체계적이고 엄격하게 17·8세기의 음악을 연구했다. 부쿠레슐리프는 이렇게 말한다. "그는 음악사 전체를 자신의 것으로 만들겠다고 굳게 마음 먹었다. 당시 그가 매혹되고 영감을 받은 것은 무엇이든 때와 여건을 불문하고 활용하여 스트라빈스키 자신의 색깔이 담긴 새로운 작품으로 창조하기로 굳게 마음먹은 것이다."

전쟁이 끝나고 콩코르드 광장을 함께 걸어가면서 디아길레프가 스트라빈스키에게 17세기 작곡가인 조반니 페르골레시(Giovanni Pergolesi, 1710~1736)의 작품을 연구할 것을 제안했다. 스트라빈스키는 그의 작품이 마음에 들었고, 풀치넬라(Pulcinella)라는 호색한의 이야기를 각색하여 페르골레시 풍의 작품을 만들기로 결심했다. 디아길레프는 이 작품의 무대를 장식할 화가로 피카소를 선택했는데, 스트라빈스키는 몇 년 전에 피카소를 만난 적이 있었다. 현대 예술계의 두 거목은 친밀하게 공동작업에 임했다. 두 사람의 생애에서는 처음이자 마지막의 협력이었다. 스트라빈스키에 따르면 "피카소는 내가 음악 작곡을 맡기로 한 것과 똑같은 이유로 「풀치넬라」의 무대를 디자인해 달라는 주문을 받아들였다. 그냥 재미 있을 것 같았기 때문이다." 그는 이런 말도 했다. "피카소는 기적을 이루어냈다. 나는 무엇을 가장 칭찬해야 할지 모르겠다. 색채감, 디자인, 창의력 등 이 비범한 사내는 모든 면에서 뛰어났다."

「풀치넬라」는 스트라빈스키가 매우 중대한 시점에 놓여 있을 때 작곡한 작품이다. 1920년에 스트라빈스키는 영세 중립국 스위스에서 프랑스로 이주했는데, 이로써 그는 서구와 운명을 같이하고, 좀더 명시적으로 서구의 고전 음악 전통에 의존하기로 한 셈이었다. 스트라빈스키는 이 순간의 중대성을 잘 알고 있었다. "풀치넬라는 과거에서 발견한 것이다. 이 발견이 있었기에 나의 모든 후기 작품이 가능했던 것이다. 물론 처음으로 뒤를 돌아다보는 일이긴 했지만, 내 안을 들여다보는 일이기도 했다."

사람들은 종종 스트라빈스키와 피카소의 유사점을 언급한다. 두 사람 모두 한 해 차이로 태어났고, 서유럽 문명의 주류에서는 다소 벗어난 인물이었다. 1900년대 초반 자석에 끌리듯 파리에 온 두 사람은 이곳에서 처음 명성을 얻었다. 시기는 피카소가 약간 빨랐다. 두 사람 모두 전위적인 색채가 가장 짙은 작품을 제1차 대전이 발발하기 직전에 완성했다. 피카소는 브라크와 공동작업을 하고 있을 때였고, 스트라빈스키는 발레뤼스에 참여하고 있을 때였다. 두 사람 모두 전쟁 기간에는 다소 어려움을 겪어야 했다. 이 기간에 피카소는 첫 부인을 만났는데, 공교롭게도 발레뤼스 단원이었다. 전쟁이 막바지에 이를 무렵 둘은 파리에서 중산층 생활을 영위하게 되었고, 신고전주의 국면으로 넘어갔다. 물론 서로의 작업 내용을 알고 있었다. 전쟁이 끝난 이 시기에 두 사람은 흥미로운 작품을 함께 창조하게 된 셈이었는데, 관객이 보다 편안하게 감상할 수 있는 형식을 만드는 데 열중했다.

거장이 과거의 작품에 대해 관심을 보이는 것은 분명 이해할 수 있는 일이다. 특히 자신만의 고유한 예술 형식에 젖어 있으면서도 그 기원 및 발달 과정에서 자신의 예술이 점하는 위치까지 알고 있는 거장이라면 더욱 그렇다. 이러한 역사적인 성향은 또한 과거의 정전과 그 자신의 뿌리를 노골적으로 거부한 초창기의 작품에 대한 정상적인 반응이라고도 할 수 있다. 젊은 시절에 직관적으로 수용한 것을 이제는 좀더 의식적이고 거리를 둔 상태에서 다시 살펴보는 것이다. 물론 이미 과거와 단호하게 결별한 적이 있기 때문에 이번에는 과거가 압도적인 무게로 다가오지 않는다. 그리하여 그는 자주 먼 과거로 자주 되돌아가게 된다. 스트라빈스키는 이렇게 말했다. "시간상으로 우리와 더 가까운 시기가 더 먼 시기보다 일시적으로는 우리와 더 많이 떨어져 있는 게 세상 이치다."

스트라빈스키와 피카소가 과거와 자극적인 대화를 지속적으로 했다는 점은 두 사람이 오랫동안 창조성을 발휘할 수 있었던 중요한 이유였다. 그들은 과거로부터 배우고 과거를 재창조함으로써 자신의 목소리를 한층 더 심화시킬 수 있었다. 이는 과학자나 수학자로서는 할 수 없는 일이다. 만약 그들이 이런 식으로 과거와 유희하지 않았다면 훨씬 개인적이고 급진적인 작품은 창조했겠지만, 이는 기껏해야 창조력을 갉아먹는 곤란한 재주에 불과했을 것이다.

스트라빈스키의 초기 작품은 공동작업의 성격이 분명하고 또 그로 인해 생산적이었지만, 1920~30년대에는 좀더 개인적으로 작업했다. 물론 공동작업을 그만둔 것은 아니다. 다만 발레뤼스 무용단처럼 어떤 조직에 참여하여 작품을 만든 것이 아니라, 스스로 먼저 작품을 시작한 후에 비슷한 위치의 협력자를 한두 명 선택하는 방식을 따랐다.

스트라빈스키는 여러 차례 라뮈즈와 공동작업을 하고 한 차례 피카소와 공동작업을 해서 풍부한 성과를 낸 것 외에도, 프랑스 시인 장 콕토와는 「오이디푸스 왕」을, 프랑스의 소설가이자 극작가 앙드레 지드(André Gide, 1869~1951)와는 「페르세포네」를 함께 작업했다. 그는 베르톨트 브레히트(Berthold Brecht, 1898~1956)와도 공동작업을 할 생각을 해보았으나, 정치적이고 혁명적인 극장에서 작업할 엄두가 나지 않았다. 가장 오래 지속되었고 가장 풍요로운 성과를 낸 협력자는 러시아의 무용수이자 안무가인 조지 발란쉰이었다. 두 사람의 협력 관계는 서로를 존중하는 마음으로 40년이나 지속되었는데, 스트라빈스키의 다른 협력 관계의 특징이던 긴장과 갈등이 그다지 배어 있지 않았다. 내가 보기에 발란쉰은 다른 모든 협력자 가운데 배경이나 재능, 포부 면에서 스트라빈스키와 가장 가까운 인물이었다. 무용과 음악의 관계에 대한 취향이나 견해가 거의 비슷했고, 자라온 사회적 배경과 예술적 배경이 동일했다. 발란쉰이 그의 아버지 상(像)이자 스승인 스트라빈스키보다 한 세대 어렸을 뿐이다.

이 기간 내내 스트라빈스키는 현대의 음악과 과거의 음악을 연관짓기 위해 신중한 노력을 기울였다. 엘리엇이 『황무지』를 창작할 때처럼 그 역시 다른 시대의 음악 소재를 적재적소에 활용했다. 스트라빈스키 자신은 청중이 과거의 음악에서 따온 악절을 직접적으로 이해할 필요는 없다고 생각했다. 다만 무의식 차원에서 어떤 실질적인 역사적 주제를 활용하고 인유했는지 감지할 수 있기를 바랐다. (이런 아이디어는 7장에서 논의하는 엘리엇의 '객관적 상관물(objective correlative)과 비슷하다.) 스트라빈스키는 엘리엇과 마찬가지로 개인의 자의식이라는 진창에서 허우적거리는 작품을 경멸했다. 그는 자기만의 독특한 양식을 창조하기보다는 전통을 확인하고 유지하기를 원했다. 그는 유럽의 모든 음악을 하나의 단일한, 나눌 수 없는 전체로 간주했다. 그는 이렇게 말한다. "엘리엇과 내가 낡은 배를 수리하지 않았는가? 낡은 배를 수리하는 것이야말로 예술가의 진정한 임무다. 예술가는 이미 말해진 것을 그 자신의 방식으로 다시 말할 수 있을 뿐이다."

스트라빈스키는 탁월한 음악가로 널리 인정받게 되면서 자신이 원하는 계약 조건을 요구할 수 있었다. 완벽주의자답게 그는 가능한 한 많은 부문에 통제력을 발휘할 수 있기를 원했다. 그는 점차 작품 공연에 관해 더욱 엄격한 기준을 요구했고, 자신의 작품을 스스로 지휘하거나 연주하겠다고 고집했다. 마치 독재적인 군대 사령관처럼 그는 지휘자나 해설가들에게 해석의 자유를 허락하지 않았다. 그는 자신을 위해서는 스스로 피아노 곡을 썼고, 젊은 러시아 바이올린 연주자 사무엘 두쉬킨(Samuel Dushkin)을 위해서는 바이올린 곡을 주문했다. 두쉬킨은 자발적으로 그리고 전적으로 거장의 변덕에 굴복했다. 1920년대와 1930년대의 스트라빈스키는 소규모 사업과 같아서 모든 사안이 그의 경력을 중심으로 처리되었다.

사고와 인격의 성숙

스트라빈스키는 과거의 음악에 기반하여 작품을 창조하는 와중에 인격이 성숙하는 체험을 했다. 1926년 파도바에서 열린 성 안토니우스 축일 700주년 행사에 참석했을 때 그는 심원한 종교적 체험에 맞닥뜨렸다. 이 일이 있은 직후 그는 청년 시절에 저버렸던 바로 그 종교에 다시 귀의했다. 흥미롭고 우연한 일치로서 스트라빈스키가 러시아 정교회에 귀의했을 때 엘리엇 역시 영국 성공회에 몸을 담았다(7장 참조). 개인적으로나 세계적으로나 혼란스러운 시대에 전통적인 종교에 귀의할 필요가 있다는 점 외에도, 혹시 이 두 명의 망명자들은 과거에 저지른 미학적 성상파괴주의의 '죄'를 씻기 위해 개종을 선택한 것이 아닌가하는 의문을 떨치기 어렵다. 물론 창조력을 계속 유지하기 위해 신과 계약을 맺는다는 특성도 일부 있을 것이다. 동기야 여럿이겠지만 어쨌든 스트라빈스키는 강렬한 종교적 감정을 느꼈고, 이는 평생 동안 그의 내면에 남아 매일매일의 행동에 영향을 미쳤다. 그는 이렇게 말한다. "나의 재능은 신이 주신 것이다. 나는 매일 그 재능을 활용할 수 있는 힘을 달라고 신에게 기도한다. 어린 시절에 이미 이 재능은 내가 잠시 보관하는 것에 불과함을 깨달았을 때, 내게 그럴 만한 자격이 있게 해달라고 기도했다. …… 맨 처음에 말한 생각이 중요하다. 재능은 신이 주신 것이라는." 그리고 로버트 크래프트에게는 이런 말을 한 적이 있다. 종교적인 음악을 작곡하려면 "상징적 의미뿐만 아니라, 악마도 믿어야 하고 교회의 기적도 믿어야 한다."

스트라빈스키가 싸우고 있던 악령이 무엇이든, 우리 대부분에게 그는 본질적으로 코스모폴리탄 예술가였다. 음악계에 아는 사람이 많고, 옷차림이 반듯하고, 유럽에서 유복한 생활을 누렸다. 유부남이었지만 베라 드 바세트(Vera de Basset)라는 매력적인 여류 예술가와 함께 살았으며, 1940년 병약한 첫 부인이 사망하자 결혼했다. 배와 비행기를 타고 전 세계를 돌아다니면서 자기 음악을 널리 소개하고, 다른 작곡가의 음악에 축복을 내리거나 저주의 말을 남겼다. 나이가 들면서 스트라빈스키 자신의 이런 전설적인 이야기에 살을 보탰다. 재치 있고 신랄한 글을 쓰면서 자신의 재미 있는 성격을 더욱 과장해놓은 것이다. 물론 그는 재기 넘치고 매력적이고 명석한 그리고 박식한 사람이었다. 그는 얼마 안 되는 주변 사람들을 즐겁게 해줄 줄 알았다. 사실 나는 이 책에서 다루는 인물들을 모두 알고 싶긴 하지만, 굳이 고른다면 스트라빈스키의 만찬에 참가하면 가장 즐거운 시간을 보낼 수 있지 않을까 생각한다.

하지만 스트라빈스키는 자신을 오랜 전통에 속하는 장인(匠人)이라고 생각했다.

나는 시대를 잘못 타고났다. 내가 가진 기질과 재능이라면 차라리 소(小) 바흐로 살아가는 편이 나았다. 가끔 교회와 신을 위해 곡을 쓰면서 눈에 띄지 않게 조용히 살아가는 삶 말이다. 나는 내가 태어난 세상에서 만난 온갖 어려움을 이겨냈고 견뎌냈다. 타락한 면이 없지 않은 출판업자나 음악 축제, 음반사, 홍보업계의 오랜 인습(물론 나 역시도 그런 인습에 빠져 있었지만)을 극복해낸 것이다.

스트라빈스키의 삶은 대중적인 이목과 논란의 중심에 선 저명한 음악가로서의 삶과 지성적이면서 부지런히 일하는 장인(匠人)의 삶이 균형을 이루었다. 그 자신은 스스로를 특별한 경우에만 격렬한 디오니소스의 세계에 들어가는, 기본적으로 질서와 균형이라는 아폴로적 원리를 체현한 사람이라고 생각했다.

그는 오랜 세월에 걸쳐 하루에 적어도 열 시간 동안 일을 했다. 오전에는 피아노로 바흐의 푸가를 연주하는 것으로 시작해서 이후 네댓 시간 동안 작곡에 몰두하고, 오후에는 관현악편곡과 기악편곡을 하며 시간을 보냈다. 그는 매우 체계적인 방식으로 작업을 했다. 전기 작가 미하일 드루스킨(Mikhail Druskin)은 이렇게 쓰고 있다. "스트라빈스키의 작업대는 작곡가의 작업대라기보다는 외과 의사의 작업대를 닮았다. 음계 이름과 음, 쉼표 등이 모두 완벽하게 기재된, 깔끔하고 정확한 그의 스코어는 마치 지도와 같다." 그는 작곡에 필요한 모든 자료와 도구를 근처에 두고 이것들을 솜씨 좋은 장인처럼 능숙하게 활용했다.

스트라빈스키는 자신의 작곡 행위에 관해 다음과 같이 성찰했다. "창조적인 음악가로서 나는 매일매일 짐을 풀 듯이 내 마음속의 아이디어를 표출해야만 직성이 풀렸다. 나는 작곡가라는 운명을 타고났고 다른 것을 할 수 없었기 때문에 작곡을 했다. …… 나는 영감이라는 것이 따로 있다고 생각하지 않는다. …… 일을 하다 보면 영감이 떠오르는 것이다. 물론 처음엔 잘 모를 수도 있다." (프로이트 역시 비슷한 말을 한 적이 있다. "영감이 내게 오지 않으면, 나는 그것을 맞으러 마중 나간다.") 스트라빈스키는 작곡의 우연성 문제에 대해서도 언급한 바 있다. "뜻밖의 참신한 생각이 떠오를 때가 있다. 그러면 메모를 해두고 적절할 때에 적절하게 활용한다."

그는 「페트루슈카」의 작곡 과정을 설명하면서 자신의 신체 지능에 대한 찬사를 아끼지 않았다. "이 작품을 작곡할 때 무엇보다 나를 매료시킨 것은 손가락이 알아서 상이한 리듬의 에피소드들을 만들어냈다는 점이다. …… 손가락을 얕봐서는 안 된다. 악기와 늘 접촉하는 영감의 원천이 바로 손가락이다. 그게 없으면 무의식적인 아이디어를 떠올릴 수가 없는 것이다." 그에겐 다소 강박적인 면이 있었다. "더 많은 곡을 쓰느라고 바쁘지 않으면 영원히 내 음악을 반복해서 검토했을 것이다." 그리고 이런 말도 했다. "사람들은 내가 베르디처럼 곡을 쓴다고 말한다. 헛소리다! 제대로 음악을 듣지 못한 사람들이다. 나를 고정된 위치에 못박아두고 싶은 것이다. 그렇게는 못 한다! 다음 곡을 쓸 때는 전혀 다른 것을 시도하고, 그래서 사람들을 당황하게 할 터이다." 이런 태도는 피카소와 그레이엄 등 많은 성찰적인 예술가들의 견해와 부합한다.

피카소는 전혀 그렇지 않았지만 스트라빈스키는 늘 책을 가까이 하는 지적인 인물이었다. 그는 중년의 시기에 음악에 관한 일관된 철학을 구상하고 있었다. 그는 저술 자체를 좋아하지는 않았지만 자기 생각이 분명한 사람이었다. 피에르 수브친스키(Pierre Suvchinsky)와 알렉시스 마뉘엘(Alexis Mauel Lévy. 롤랑 마뉘엘Roland-Manuel이라는 필명으로 글을 썼다)과 같은 재능 있는 대필작가의 도움으로 그는 자신의 음악 철학에 관해 중요한 저서 두 권을 출판했다. 하나는 1936년에 나온 자서전 『내 생애의 연대기(Chronique de ma vie)』이고, 다른 하나는 1939년과 40년에 하버드 대학교의 찰스 엘리엇 노턴 강연회의 원고를 1942년에 출판한 『음악의 시학』이다.

이러한 글에서 스트라빈스키는 좋은 음악에 대한 자신의 견해를 개진하면서, 음악상의 정적에 대한 혹평도 빼놓지 않았다. 특히 그는 모든 예술 형식을 종합하고 음악을 종교의 경지로 고양시키려는 바그너의 과장된 음악론에 대한 언짢음을 노골적으로 표명하면서, 음악 자체는 아무것도 표현할 능력이 없다는 점을 인상적으로 주장했다. 그는 끊임없이 되풀이되는 멜로디를 뚜렷하게 구획되는 순서에 따라 정렬하고, 혼합적이고 종합적인 형식을 자족적인 형식으로 대체하고, 감정적인 표현을 자제하는 대신 엄격하게 음악적인 언어만으로 아이디어를 표현해야 한다고 생각했다.

스트라빈스키는 자기 내부에 존재할지도 모르고 초기작에 영감을 불어넣었던 혁명적인 충동을 자제하면서 그리고 초기의 걸작에 담긴 풍부한 감정 표현을 무시하면서, 관습과 전통의 중요성 및 자기 절제의 유용성을 강조했다. 그는 무질서와 방종, 자의성 그리고 혼돈으로 손짓하는 키르케(그리스 신화에 나오는 마녀—옮긴이)의 유혹을 혐오했다. 음악은 수학적 사고 및 수학적 관계와 비슷해서, 그 이면에는 강력하면서도 냉혹한 법칙이 관철된다는 것이었다. 역설적인 의미로 가득한 『음악의 시학』의 마지막 대목에서 스트라빈스키는 이렇게 쓰고 있다. "나의 행동 반경을 좁힐수록, 그리고 내 주위에 장애물을 더 많이 쌓아둘수록, 나의 자유 역시 더욱 커지고 풍부해진다. 속박을 없애면 그만큼 내가 발휘할 힘도 줄어든다. 더 많은 제한을 부과할수록 우리는 영혼을 구속하는 사슬에서 더 자유로와진다."

음악과 작곡에 대한 스트라빈스키의 철학은 중대한 의미를 가진다. 비슷한 시기에 엘리엇이 문학에 관해 정립한 사상과 영향력 면에서는 차이가 있었지만 그 기본 바탕의 정신은 비슷하다. 일관되고 정합적인 사상을 구상했다는 점에서 이들은 지적인 포부가 크지 않았던 피카소와 구별된다. 엘리엇과 스트라빈스키는 둘 다 정치 성향이 보수적이었다. 반유대주의와 파시즘에 대해 호감을 느꼈다. 독일인 매니저에게 보낸 어느 편지에서 스트라빈스키는 다음과 같이 쓰고 있다. "저는 공산주의와 마르크시즘, 소비에트라는 역겨운 괴물뿐만 아니라 자유주의와 민주주의, 무신론 등을 죄다 혐오합니다. 마음속 깊이 증오하지요." 스트라빈스키는 정치적으로 보수적인 성향이 짙었지만 급진적인 음악적 혁신의 가치를 모르는 바 아니었다. 전통과 속박을 찬양하는 그가 이런 말을 하기도 했었다. "탁월하고 위대한 예술가의 원동력은 대담한 용기이다. 내가 이런 점을 가장 먼저 깨달은 사람이다. 나는 대담한 용기를 높이 평가하며, 거기에는 어떤 제한도 두지 않는다."

그러나 두 예술가는 중요한 점에서 서로 달랐다. 스트라빈스키는 정치가 자신의 예술 작업을 방해하거나 조국 러시아의 운명에 관련된 경우를 제외하면 정치 문제에 별 관심이 없었다. 그리고 오늘날 엘리엇의 시 대부분이 그의 자전적인 내용을 반영하고 사생활의 고통을 기록한 것으로 읽히는 반면, 스트라빈스키의 음악은 내재적인 논리에 따라 발전한 것으로 보인다. 아마도 스트라빈스키는 음악과 음악 외적인 사건 사이에 별다른 연관점을 인식하지 못했기 때문에, 음악은 그 자체로 아무것도 표현할 수 없다고 확신한 것 같다.

마지막 업적

제2차 세계대전이 끝난 1947년 스트라빈스키는 남부 캘리포니아에서 추방 생활을 하고 있었다. 벌써 60대 중반에 접어든 그는 초기의 혁명적인 시대를 뛰어넘었고, 신고전주의적인 양식도 철저하게 시도하고 있었다. 러시아와 유럽의 구세계는 무너졌다. 부모와 첫 부인, 자식 하나가 목숨을 잃었고, 다른 자식들은 모두 어른이 되었다. 은퇴하거나 할리우드의 유혹에 넘어가거나 하기가 십상이었다. 사실 미국의 대중 영화와 연극을 위해 곡을 써달라는 부탁을 몇 차례 받기도 했다. 이런 요구에 대한 스트라빈스키의 태도는 다음 일화에서 멋지게 드러난다. 저명한 미국의 흥행주 빌리 로즈(Billy Rose)는 「세네 드 발레(Scenes de ballet)」를 듣고 작품이 마음에 들었지만, 약간의 편곡이 필요하다고 느꼈다. 그는 스트라빈스키에게 전보를 보냈다.

귀하의 음악은 대단한 성공을 거두었음. 로버트 러셀(Robert Russell)에게 기악 편성의 권한을 허락하면 선풍적인 인기를 끌 것으로 보임.

스트라빈스크가 곧 맥빠지는 답신을 보냈다.

　대단한 성공에 만족함.

　만년에 스트라빈스키는 인생에서 두 번에 걸쳐 위기를 겪었다고 말했다. 하나는 1920년 이후에 조국 러시아와 모국어를 상실하게 된 일이고, 다른 하나는 제2차 대전 이후에 새로운 음악 형식, 즉 1900년대 초에 쇤베르크가 창안했고 엘리트 음악인들 사이에 널리 받아들여진 엄격한 음렬주의 양식에 적응해야 했던 일이다. 두 경우 모두 그는 어려움을 잘 이겨냈으며 덕분에 음악 인생을 계속 이어갈 수 있었다.
　스트라빈스크는 음악 인생의 세 번째 시기를 맞을 만큼 운이 좋았다. 인생의 마지막 날까지 독창성을 잃지 않고 작곡을 할 수 있게 된 것이었다. 물론 에너지와 영감은 그 자신에게서 나온 것이지만, 두 명의 젊은 예술가와의 만남이 중요한 역할을 했다. 1947년 시카고의 예술 협회에 방문했을 때 그는 윌리엄 호가트(William Hogarth)의 동판화집 「난봉꾼의 행각(A Rake's Progress)」에 깊은 감명을 받았다. 그는 이 주제를 토대로 오페라를 만드는 사안을 두고 작가 올더스 헉슬리(Aldous Huxley)와 상의했다. 헉슬리는 곧 그에게 역시 미국으로 이주해 있던 영국의 젊은 시인 오든(W. H. Auden)을 소개해 주었다.
　오든은 스트라빈스키의 권유를 받고 「난봉꾼의 행각」의 오페라 제작에 참여했다. 두 사람은 대충 1년에 1막(총 3막)을 마무리하는 속도로 3년 동안 이 오페라를 공동 제작했다. 모든 증거를 두루 고려할 때 두 사람은 기쁜 마음으로 공동작업에 임했던 것 같다. 현역이든 역사상의 인물이든 유럽과 미국의 거장들에 관해 한담을 나누기도 하고,

세부 하나하나를 주의 깊게 살피면서 오페라의 운문화 작업을 즐겁게 수행했다. 「난봉꾼의 행각」은 1950년대 초 유럽과 미국에서 비평가들의 호평을 받았다. 흔히 스트라빈스키의 신고전주의 시기의 정점에 이른 작품으로 평가받는 「난봉꾼의 행각」은 그가 영어를 사용해서도 훌륭한 작품을 만들 수 있고, 또 자신의 예술적 품격을 희생하지 않고도 새로운 청중에 다가설 수 있음을 보여주었다.

스트라빈스키는 오든을 만났을 때와 비슷한 시기에 젊고 재능 있는 미국의 지휘자 로버트 크래프트와 첫 대면을 했다. 크래프트는 쇤베르크가 수십 년 전에 창시한 빈 악파의 12음 음악과 음렬주의 음악*에 큰 흥미를 느끼고 있었다. 스트라빈스키 역시 이러한 혁신적인 음악을 알고 있었고 초년 작곡가 시절에는 쇤베르크의 몇몇 작품을 듣고는 공감을 느꼈는데, 가령 「달의 피에로(Pierrot Lunaire)」에 대해서는 '눈부신 기악곡의 걸작'이라고 부르기도 했다. 그리고 1940년의 강연에서는 이런 말을 했다. "아놀드 쇤베르크의 음악에 대해 어떻게 생각하든, 자존심과 진정한 음악적 교양이 있는 사람이라면 「달의 피에로」의 작곡가가 자신이 하는 일을 충분히 의식하고 있으며 아무도 기만할 생각이 없다는 것을 느낄 수밖에 없다."

그러나 스트라빈스키는 여러 가지 이유로 음렬주의 음악에 거리를 두었다. 그는 쇤베르크와 선험적인 작곡 체계에 대해 개인적으로 반

---

* 12음 음악(twelve tone music)은 쇤베르크가 창시한 12음 기법을 적용하여 만든 음악을 가리킨다. 12음 기법이란 한 옥타브 내의 12음을 각기 한 번씩만 사용하여 기본 음렬(série)을 만들고, 이를 다양하게 변주하여 음악을 만들어내는 작곡 기법이다. 이에 따라 12음 음악에서는 어떤 특정한 음이 한 음렬에 두 번 이상 등장할 수 없고, 그 음을 '으뜸음'으로 하는 조성(調聲, tonality)이 형성될 수 없다. 그리고 음렬주의(serialism)는 쇤베르크의 12음 기법에 기초하여 발전한 일련의 작곡 기법을 통칭한다.

감을 느꼈고, 자기 작품에 대해서는 오만한 자부심을 느끼면서 발레곡에 대해서는 야유와 빈정거림으로 일관하고, 스트라빈스키의 곡을 무시하는 쇤베르크라는 굉장한 경쟁자에 대해 당연하게도 불편한 심정을 느꼈다. (쇤베르크는 이렇게 말한 적이 있다. "내가 발견한 작곡 이론 덕분에 독일 음악은 앞으로 100년 동안 음악계를 풍미하게 될 것이다.) 둘 다 편집증 성향이 있었기에 충돌은 불가피한 일이었다. 두 사람이 거리를 둔 것은 이해할 만한 일이긴 해도 분명 불운한 일이었다. 특히 로스앤젤레스에서 인근에 살면서 관심사나 어울리는 사람들이 서로 비슷한 처지였기 때문에 더 그런 면이 있다.

크래프트는 이런 음악계의 낡은 반목과 갈등에 구애받지 않았다. 그는 쇤베르크 악파의 음악을 들어보라고 스트라빈스키를 부드럽게 압박했고, 스트라빈스키는 예상했던 것보다 훨씬 크게 자극받았다. 그는 특히 쇤베르크보다 젊은 세대였던 안톤 베베른(Anton Webern, 1883~1945)의 작품에 끌렸다. 스트라빈스키의 귀에는 좀더 웅장하고 화성적인 스타일인 쇤베르크의 작품보다 음정 관계를 더 많이 이용하는 베베른의 점묘 음악이 더 편안하게 들린 것이다. 1951년 쇤베르크가 사망했을 때(대략 스트라빈스키가 「난봉꾼의 행각」을 끝냈을 무렵), 그는 음렬주의 기법에 의한 실험적인 음악을 시도해도 된다는 일종의 허가장을 받은 것처럼 느꼈다.

스트라빈스키는 20대에는 디아길레프와 교제하면서 음악적 영감을 얻었고, 중년에는 고전 음악을 사숙하면서 새로운 활력을 얻었으며, 만년에는 음렬주의 음악을 접하면서 창조력의 원천을 얻었다. 대부분의 예술가들이 엘리엇처럼 작품 활동을 완전히 그만두거나 이따금 피카소가 그랬듯이 자신의 예술 스타일을 그저 반복하는 데 머무는 인생의 시기에 들어선 무렵에도, 스트라빈스키는 새로운 작곡 기법에 의존하여 작품을 창작하고 있었던 것이다. 대중의 폭넓은 인기는 결코 얻지 못했으나 일부 비평가들은 이런 그의 후기 작품이 초기 작품에 못지 않게 중요하고 혁신적인 작품이라고 인정했다. 「칸티쿰 사크룸(Canticum sacrum)」(1956), 「아곤(Agon)」(1957), 「트레니(Threni)」(1958), 「피아노와 관현악을 위한 곡(Movements for Piano and Orchestra)」(1958~1959) 등은 음렬주의 음악의 언어를 활용한 작품이지만, 스트라빈스키 자신의 목소리를 담고 있고 그가 평생 동안 견지한 예술적 이상을 반영하고 있다. 이들 작품은 전형적인 음렬주의 음악은 아니고 조성과 음렬주의가 결합된 음악이다. 초기 음악에 비해 멜로디의 독창성이나 감정적인 호소력은 다소 약화되었는지 모르지만, 테마와 대위법은 향상되었고 스트라빈스키 특유의 조성과 리듬 구성, 날카로운 병치는 그대로 남았다.

이러한 종합은 이를테면 피카소가 초창기의 입체파 양식을 그대로 견지하면서도 아예 루비콘 강을 건너 순수 추상 미술의 세계로 들어가거나, 혹은 좀더 비유적으로 말해서 아인슈타인이 상대성 이론과 양자 역학 이론을 융화시킨 경우에 비견된다. 분명히 스트라빈스키의 음렬주의 작품은 초기 작품에 비해 난해해졌고 공연 횟수도 줄었다. 스트라빈스키는 이런 현상을 다소 오기가 섞인 체념으로 받아들였던 것 같다. 그는 자서전에서 이렇게 쓰고 있다. "일반 청중은 더 이상 내 음악에 열광하지 않는다. …… 청중의 그런 태도가 내 길을 막지는 못한다."

여든 살이 넘으면서 스트라빈스키의 열정도 퇴조하기 시작했다. 그는 잦은 질병에 시달리면서 작곡과 연주 활동을 서서히 줄여나갔다.

그래도 여전히 크래프트와 함께 집필한 일련의 저작을 출판하는 묘한 활동을 하면서 여전히 국제적인 예술계에 모습을 드러내긴 했다. 크래프트는 재능이 뛰어난 작가이고 박식한 음악가이며, 현대 예술의 현장에 대한 날카로운 관찰자였다. 그리고 그는 스트라빈스키 가족과 20여 년을 함께 살면서 실질적인 가족의 일원이 되었고, 스트라빈스키라는 거장의 정신을 속속들이 알게 되었다. 크래프트는 스트라빈스키에게 새로운 음악을 소개해 주고, 그가 젊었을 때 혹평했던 독일 음악을 들어보라고 권유하면서 스승의 정신에 활력을 불어넣었다.

1957년 스트라빈스키의 일흔다섯 번째 생일에 거행한 일련의 질의응답으로 시작된 두 사람의 공동 저작은 『새 음악 소사전』의 서문에서 "두 명의 저자는 각자의 개별 정체성을 녹여서 새로운 성격을 만들어냈다. 두 사람 모두의 탁월한 개성이 뚜렷하게 드러났다"라고 소개하는 책에서 정점에 다다랐다. 어느 정도로 크래프트가 스트라빈스키의 입을 대변했는지에 관해 논란이 빚어졌다(『자서전』을 함께 쓴 수브친스키와 『음악의 시학』을 함께 쓴 클로드 롤랑 마뉘엘에 대해서도 똑같은 질문을 던질 수 있다). 하지만 크래프트의 끈기 있는 대화 그리고 이 묘한 우정에 대한 기록이 없었다면, 스트라빈스키의 생각과 감수성에 대해 별로 알 도리가 없었을 것이다. 마치 보즈웰(James Boswell)■과 존슨(Samuel Johnson) 혹은 괴테와 에커만(Johann Peter Eckermann)이 15년 이상을 같이 지내면서 공동 저작을 했던 셈이거나, 혹은 프랑수아즈 질로가 피카소와 좋은 관계를 유지하면서 피카소의 생각을 대변하는 역할을 지속적으로 수행했던 셈이라고나 할까. 스트라빈스키

■ 보즈웰은 존슨과 오랫 동안 교제한 저술가로서 존슨의 평전을 썼다.

는 이렇게 말한다. "단순한 대작(代作)이라고 볼 문제가 아니다. 그가 나를 상당 부분 창조한 것이다."

우리는 이미 앞에서 스트라빈스키가 젊은 시절에 디아길레프와 로에리히 그리고 발레단원들로부터 인지적이고 정서적인 도움을 받은 사실을 살펴 보았다. 이러한 도움이 없었다면 스트라빈스키는 림스키 코르사코프 풍의 「불꽃」과 「불새」의 세계에서 벗어나서 훨씬 혁신적인 「봄의 제전」과 「결혼」을 창조하지 못했을지 모른다. 중년의 시기에는 친구들과 추종자들의 지지를 폭넓게 받았지만, 정작 그는 뛰어난 동시대 음악가들뿐만 아니라 존경할 만한 선배들의 작품을 사숙하면서 신고전주의적인 작곡을 시도했다. 하지만 노년에 접어들자 스트라빈스키는 좀더 생기가 넘치는 젊은이의 도움이 필요하다고 느꼈을 것이다. 부모처럼 길을 안내하고 지적인 자극을 주면서 다시 한 번 그의 원기를 북돋을 수 있는 사람이 필요했던 것이다. 스트라빈스키가 노년에 들어서도 당시에 생존해 있던 다른 어떤 음악가들보다 변함 없는 창조력을 발휘할 수 있었던 것은 크래프트가 이러한 다양한 욕구를 채워줄 수 있었기 때문일 것이다. 스트라빈스키의 오랜 생애 동안 이 거장에게 인지적이고 정서적인 도움을 제공한 협력자 가운데 크래프트가 최후의 인물이자 가장 큰 영향을 미친 인물이 아니었던가 싶다.

피카소와 마찬가지로 스트라빈스는 20세기의 상당 기간을 살아오면서 자신의 흔적을 뚜렷하게 각인시켰다. 그는 광대한 음악적 원천에서 받은 영향을 흡수하면서도 동시에 자신만의 독특한 목소리를 잃지 않았다. 어쩌면 그에겐 피카소의 지칠 줄 모르는 에너지와 변화무쌍한 능력이 없었을지 모르지만, 피카소에겐 부족했던 작업 방향이나 철학의 일관성과 자신의 아이디어를 음악과 언어로써 명확히 표현할 줄 아는 능력이 있었다.

작곡을 선택하고 게다가 주로 다른 많은 사람들의 참여가 필요한 장르를 선택함으로써, 그는 회화나 시처럼 비교적 혼자서 작업하는 개인적인 분야에는 그다지 필요치 않은 공동작업에 관여해야 했다. 디아길레프에게서 공동작업의 기본적인 모델을 배웠고, 사람들을 지도하고 이끌어가는 적극적인 성격과 다소 부정적이라 할 만한 위압적인 성격을 모두 내면화했다. 음악가로서 절정에 올랐을 때는 공동작업자로서는 꽤 불쾌한 면모도 보여서, 20세기 초반에 스트라빈스키가 남긴 선동적인 글을 보고 크래프트가 충격을 받을 정도였다.

만년에 이른 스트라빈스키는 자신이나 주변 사람들과 점점 더 평화롭게 지냈던 것으로 보인다. 자질구레한 것까지 까다롭게 따지고 여전히 지독한 구두쇠 노릇을 했지만, 이제는 삶을 즐기고 친구들과도 어울리고 여행도 자주 다녔다. 사생활을 만끽하면서도 유명세에 시달리지 않는 요령도 체득했다. 무대에 대해 잘 알고 있는 만큼, 그는 당대의 극적인 인물이 될 수 있었다. 스트라빈스키는 생의 마지막 날까지 작곡을 계속할 수 있었고, 그에게 의미가 있었을 뿐 아니라 20세기의 음악사에 크게 기여했던 음악 형식을 창조했다는 점에서 운이 좋은 작곡가였다. 그는 오든과 크래프트처럼 동시대의 분위기를 호흡하고 동시대의 주위 환경에 관여하도록 그에게 권유하는 젊은이들에게 먼저 협력의 손을 내밀 수 있을 만큼 영리했다. 이런 점에서 그는 피카소보다도 훨씬 운이 좋았다. 피카소는 젊음을 유지하고자 하는 열망은 훨씬 강렬했지만, 방향 설정이 잘못되어 주로 젊은 연인들이나 찾아다니면서 가장 혁신적이고 풍요로운 예술적 동향과는 별 접촉을 할 생각이 없었던 것이다. 스트라빈스키는 이 책에서 논하는 다른 창조자들보다도 유년기에서 흘러나오는 중요한 어떤 것을 간직할 줄 알았고, 또 만년의 삶에서 우러나오는 열매를 만끽할 수 있었다.

하지만 한 가지 거슬리는 점도 지적해야겠다. 생존한 세 자식들과의 관계가 원만치 못해서, 운명이 가까워질수록 소유권 문제로 법률적 갈등이 심화되었다. 자식들은 스트라빈스키의 오랜 연인이자 두 번째 부인인 베라 드 바세트를 결코 받아들이려 하지 않았다. 실제로 바세트는 그가 사망했을 때 전처 소생의 자식들과는 아무 일도 하지 않으려 했다. 심지어 자식들이 스트라빈스키의 장례식과 다양한 기념식에 참석하는 문제가 분쟁 사안이 될 정도였다. 우리가 다루는 다른 창조자들도 대개 그렇듯이, 스트라빈스키 역시 전 세계의 인정을 받는 대신 평온하고 애정어린 가족 관계를 잃어야 했던 것이다.

기력이 쇠하는 것은 누구에게나 즐거운 일일 수 없겠지만, 세기의 거장에게는 더욱 더 쓰라린 일이 될 것이다. 그러나 스트라빈스키는 우리 시대의 거장 누구 못지않게 늙어가는 현실에 잘 대처했고, 부인과 '양자' 크래프트와 함께 개인적으로 행복한 나날을 보냈다. 그리고 다른 창조자들과 부대끼며 치러야 하는 갈등과 분쟁의 요소를 스스로 단념할 줄도 알았다. 결국 그는 마지막 안식을 찾아 땅에 묻혔다. 그가 사랑했던 도시 베네치아에, 반세기 전에는 언쟁을 벌였지만 이제는 단체를 세우고 예술적 촉매 역할을 하는 데 남다른 재능을 보인 그와 화해를 원한다는 듯이 디아길레프 옆에 묻혔다.

T. S. 엘리엇
경계선에 위치한 거장

T. S. Eliot, 1914

『황무지』의 재발견

1968년 뉴욕 공립도서관의 버그(Berg) 콜렉션에서 오랫동안 잃어버린 것으로 여겨진 초고가 발견되었다. 대개는 타자로 친 54페이지 분량의 초고 뭉치였는데, 군데군데 육필 원고도 끼어 있었다. 별다른 표시가 없는 페이지도 있었지만, 여러 사람이 손을 댄 흔적이 뚜렷한 페이지도 있었고, 아예 가위표로 삭제 표시가 그어진 페이지도 있었다. 타자로 친 부분은 다양한 언어로 쓰여 있었다. 구어체 영어로 쓰인 대목도 많았고, 우아하고 심원한 문체로 쓰인 대목도 많았다. 각종 유럽어에서 산스크리트에 이르기까지 다양한 언어로 쓰인 시행이 페이지 곳곳에 널려 있었다.

흔히 얘기하는 초고와는 달랐다. 20세기 영시 가운데 가장 유명하고 가장 영향력이 큰 작품이라 할만한 『황무지』의 중간 초고였다. 세인트루이스 태생으로 영국에 정착한 시인이었던 T. S.(Tomas Stearns) 엘리엇은 1914년 경에 이 작품(혹은 이 작품에 포함될 운문)을 쓰기 시작했는데, 수천 행에 이르는 초고를 완전히 끝낸 것은 1921년 말이었다. 그는 아내 비비언(Vivien)*과 역시 미국에서 태어나 유럽에 정착했던 시인으로서 가까운 친구 에즈라 파운드에게 초고를 보여주었다. 이 '우호적인 비평가들'은 엘리엇과 함께 작품에 중대한 수정을 가했다. 특히 에즈라 파운드는 원래 길이를 반으로 줄여버릴 정도로 가차없이 수정하라는 제안을 했다. 엘리엇 연구자인 헬렌 가드너(Helen Gardner)의 말을 빌면, "파운드는 좋은 구절과 나쁜 구절이 함부로 뒤

■ 'Vivienne'으로 표기되기도 한다.

섞인 초고 뭉치를 한 편의 시로 만들었다."

엘리엇은 파운드의 도움이 얼마나 값진 것인지 금방 알아챘다. 그는 『황무지』가 중요한 작품으로 인정받으리라 확신하고 미국에서 엘리엇의 출판권을 (보수 없이) 대리하고 있던 유능한 에이전트 존 퀸(John Quinn)에게 초고를 선물로 보냈다. 퀸은 초고를 받은 이듬해에 사망했고, 재산을 처리하는 과정에서 초고가 분실되었다. 엘리엇은 아주 잊어버렸다고 생각했다. 45년 후에 초고가 발견된 일은 문학상의 미스터리를 밝혔음은 물론, 뛰어난 문학 작품의 탄생 과정을 통찰할 수 있는 값진 실마리를 제공했다. 즉, 우호적이면서 솔직한 비판을 삼가지 않는 친구의 역할이 얼마나 중요한지 알게 해준 것이다. 게다가 이 초고는 고국을 떠난 두 젊은 미국인이 제1차 세계대전을 겪은 후 어째서 문명의 쇠퇴라는 주제로 글을 쓰게 되었는지를 구체적으로 보여준다.

엘리엇의 성장 배경

미시시피 강 연안의 세인트루이스 시에서 나고 자랐음에도, 오히려 엘리엇은 뉴잉글랜드 지방의 그늘에서 성장했다고 봐야 한다. 양친의 조상이 모두 보스턴 지역 출신인데다, 17세기 이래 이 지역에서 종교 및 교육 지도자로 활동했던 인연이 있는 까닭이다. 친조부인 윌리엄 그린리프 엘리엇(William Greenleaf Eliot)은 세인트루이스 지역으로 이주한 후에, 이곳에서 유니테리언(unitarian) 교회의 목사이자 유능한 금융업자로 활동하면서 워싱턴 대학교를 설립했다. 풍족하고 성취욕이 강한 사업가였던 아버지 헨리 웨어 엘리엇(Henry Ware

Eliot)은 수압 프레스 회사의 사장이었다. 어머니 샬롯 엘리엇 (Charlotte Champe Eliot)은 꽤 포부가 크고 재능도 있는 시인이었는데, 스스로는 정규 교육을 끝까지 마치지 못했기 때문에 실패했다고 생각했다. 아버지와 어머니는 둘 다 근엄한 도학주의자까지는 아니라도, 평생 '선행'을 베풀어야 한다고 믿는 매우 도덕적인 사람들이었다. 또한 완벽주의자이기도 했다. 먼 사촌격인 찰스 윌리엄 엘리엇 (Charles William Eliot)은 엘리엇이 태어나기 20년쯤 전에 하버드 대학교의 총장으로 부임했다. 엘리엇 가문에서 이 정도의 출세는 그다지 새삼스러운 일은 아니었다.

엘리엇은 어머니가 감싸면서 키운 다소 병약한 아이였다. 어머니와 누이들, 먼 친척 여자들뿐 아니라, 정이 많은 아일랜드 출신의 보모 애니 던(Annie Dunne) 등 주로 여자들에 둘러싸여 자랐다. 어릴 때부터 아주 총명하고 재능이 많은 아이로 인정받아서, 학습이나 도덕 면에서 주변에서 거는 기대치가 굉장히 높았다. 엘리엇은 자기 내면에서 청교도 조상들의 기대감을 느꼈고, 여기서 커다란 압박감을 느꼈다. 여름철이면 매사추세츠 해안에서 독서와 항해를 즐기며 즐거운 한때를 보냈다. 거대한 미시시피 강 연안에서 살았던 경험도 그에겐 소중한 추억이었다. 훗날 그는 "커다란 강 근처에서 유년기를 보낸 사람은 그렇지 않은 사람과는 교감할 수 없는 뭔가를 품고 살아간다"고 썼다.

모든 기록을 통해 보건대, 어린 엘리엇은 감수성이 매우 예민한 아이였다. 누이에 따르면, 아직 말을 배울 무렵에도 단어 꼴도 만들지 못하면서 운율에 맞춰 말을 했다고 한다. 어떤 냄새나 소리, 장면과 같은 감각적인 인상에 넋을 잃곤 했고, 조상(彫像)이나 양초, 향기에 정신이 팔리기 일쑤였다. 수십 년 후에도 그는 새해를 자축하는 증기선의 기적 소리와, 홍수로 범람한 강에 떠다니는 사람의 몸뚱아리와 동물의 시체와 온갖 잔해들, 그리고 아일랜드계 보모가 해주던 기도와 신이 존재한다는 얘기들을 또렷이 기억했다. 감각적인 인상에 이처럼 강하게 매료되었다는 점은 그 자체로도 유별난 일이지만, 수십 년이 지난 후에도 이런 장면을 생생하게 기억하는 능력이나 어릴 때 받은 인상을 시에 담아내려는 강한 성향은 더욱 더 유별난 점이다.

글쓰기는 오랜 세대에 걸쳐 양친의 두 집안에서 모두 뜻을 전하는 중요한 수단으로 활용된 방식이었다. 샬롯 엘리엇은 대개는 교훈적인 의도를 담은 종교시를 많이 썼다. 어린 엘리엇은 언어에 대한 기억 용량이 남달리 큰 편이었고, 학교에서 주로 익살과 농담으로 채운 신문을 발행하기도 했다. 10대가 되자 항해 소설과 광시(狂詩. doggerel), 그리고 좀더 진지한 운문를 썼고, 남태평양과 하와이에 관한 이야기를 꾸며내면서 환상에 빠져들곤 했다. 엘리엇의 시는 특별히 조숙한 편은 아니었어도 형식에 대한 본능적인 감각과 분명한 어조를 드러냈다. 재치 있게 모방하는 재능도 뛰어난 편이어서, 열여섯 살 때는 벤 존슨(Ben Johnson, 1572~1637)의 작품을 훌륭하게 모방한 작품을 쓰기도 했다.

엘리엇은 훌륭한 학생이었다. 할아버지가 세운 세인트루이스의 스미스 아카데미에서도 모범생이었고, 한 해 동안 특별생으로 다닌 매사추세츠의 밀턴 아카데미에서도 뛰어난 학생이었다. 영어와 라틴어, 그리스어, 불어로 쓰인 책을 폭넓게 읽었고, 읽은 내용 대부분을 기억했다. 엘리엇이 어려움을 겪은 과목으로는 물리학이 유일했다. 그는 평생 동안 과학에는 관심도 재능도 보여주지 못해서, 과학자이자 인

문학자인 스노우(C. P. Snow)의 설명법에 따르면 엘리엇이 두 학문적 문화 중에서 고대적인 성격이 더 짙은 인문학 전통에 철저히 몸을 담 갔음을 알 수 있다.

하버드 대학교와의 불화

거의 모든 증거로 보면, 엘리엇과 20세기 초반의 하버드 대학교는 참으로 잘 어울린다는 생각을 하기가 쉽다. 엘리엇의 가족은 하버드 대학교와 오랜 인연이 있었고, 여름철에는 보스턴 북쪽의 쇼(Shore) 지역에서 지냈다. 엘리엇은 책을 좋아하고 문예에 밝고 기지가 풍부한 사람으로서 모든 면에서 '하버드 맨'으로 합당했다. (재미있게도 엘리엇 자신은 융통성이 없고 짓궂고 매력적이고 점잖은 사람이라는 식으로 아주 다양한 모습으로 스스로를 묘사했다.) 게다가 엘리엇은 가장 뛰어난 하버드 동창생의 일원이었다. 엘리엇과 함께 1910년에 졸업한 동기들로는 미래의 칼럼니스트 월터 리프먼, 정치가 해밀턴 피쉬(Hamilton Fish), 정치 혁명가 존 리드(John Reed)가 있었고, 비슷한 해에 졸업한 동창들로는 엘리엇의 평생 친구였던 시인 콘래드 에이킨(Conrad Aiken)과 문학 비평가 반 위크 브룩스(Van Wyck Brooks)가 있었다.

하버드 대학교의 엘리엇 총장▪의 지도 방침과 테오도르 루스벨트(Theodore Roosevelt) 대통령(역시 하버드 졸업생)의 시대를 반영해서, 학교 분위기는 자유와 민주주의, 진보, 물질주의, 개인주의, 다원

▪ 1869년부터 1909년까지 총장을 역임했다.

주의로 가득했다. 크게 놀라운 일이지만, 엘리엇은 이런 분위기에 별다른 매력을 느끼지 않았다. 엘리엇에게 하버드는 무미건조한 곳이어서, 그는 인문학을 경시하는 대학 풍토에 고통을 느꼈다.

엘리엇은 내면에서 일고 있는 상반되는 충동을 느꼈다. 그는 당시의 미국 문학이 그야말로 공허하기 짝이 없다고 생각했고, 하버드가 선호하는 시인 헨리 워즈워스 롱펠로(Henry Wadsworth Longfellow, 1807~1882)의 경박한 애국적 시보다는 과거나 외국의 신비한 문학에 매료되었다. 보수주의와 가톨릭 교리를 주창한 어빙 배빗(Irving Babbitt, 1865~1933)에 끌렸고, 솔직하고 서민적인 자기 조상들의 유니테리언 교의보다는 동양의 신비주의를 선호했으며, 정전(正典)을 확립하고 체계적이고 누적적인 학습 과정을 마련해야 한다는 생각을 품고 찰스 엘리엇이 도입한 그 유명한 선택과목 제도를 경멸했다.

엘리엇은 계속해서 글을 쓰면서 학부생들이 펴낸 「주창자(Advocate)」에 시를 기고했다. 다른 면에서는 그저 미숙한 습작품에 불과한데도 벌써부터 더러운 도시와 메마른 자연이라는 주제와 동양적인 감수성의 맹아가 엿보였다. 젊은이들의 시가 대개 그렇듯 감정은 강렬했으나 명확한 표현에 담기지 못했고, 자기만 아는 언어로 쓰여졌기에 독자들로서는 뜻을 알기가 어려웠다.

엘리엇의 하버드 시절에서 가장 중요한 사건은 아서 시몬스(Arthur Symons, 1865~1945)의 〈상징주의 문학 운동(The Symbolist Movement in Literature)〉을 만난 일이었다. 엘리엇은 산문적 리얼리즘을 거부하고 예술을 일종의 종교로 간주하면서 시적 상징이 존재의 본질을 포착할 수 있다는 영적인 비전을 추구하는, 나아가서 시란 외부와는 절연된 독자적인 세계를 창조할 수 있다고 확신하는 시몬스의 문학관에 열광했다. 시몬스는 엘리엇의 관심을 프랑스 시로, 특히 별로 알려지지 않은 19세기 시인 쥘 라포르그(Jules Laforgue, 1860~1887)의 작품으로 이끌었다.

엘리엇은 라포르그의 작품에 '친화성'을 느꼈다. 라포르그는 고통과 일상 대화와 고압적인 논평을 다양한 목소리로 표현한 시인이었다. 세상을 퇴폐와 쇠락에 물든 곳으로 보았던 그는 권태에 빠진 젊은이와 쓸쓸하게 물러나는 늙은이의 모습을 병치시킬 수 있었고, 아이러니와 유머 그리고 정서적인 거리감을 통해 심각한 관념을 표현할 줄 알았다. 훗날 엘리엇은 "누구보다도 그에게 감사한다. 그 때 이후로 나는 라포르그만큼 나에게 의미가 있는 작가를 만나지 못했다"라고 말했다.

엘리엇은 최근에 발견한 프랑스 상징주의 시와 이보다 앞선 시기에 나온 샤를 보들레르의 작품에 영향을 받아 자기만의 감수성을 연마하고 있었다. 보스턴의 부패하고 더러운 지역을 걸어가면서 자신이 본 광경에 매혹과 역겨움을 번갈아 느꼈다. 하지만 여전히 그는 보스턴의 '잘난 지식인'들이 모여 있는 응접실이나 하버드의 엘리트들이 우글대는 사교 클럽과 주점에 드나들 자격이 있었다. 한때는 활기차고 역동적인 도시였던 보스턴이 이제는 활력을 잃은 무기력한 도시가 되었고 시민들은 긴장과 소외감 속에 억지로 살아간다고 그는 느꼈다. 너무 경건하긴 했어도 절도가 있었던 청교도적 삶이 이제는 조악한 상업주의와 황폐한 도시 환경에 포위되어 사라져갔다. 빈민가의 세계와 하버드 신사들의 세계, 가난한 자의 고통과 안락한 사교계의 위선이 마구 충돌하는 모습은 감수성 예민한 젊은이의 영혼을 깊이 흔들었다. 1908년과 1909년에 엘리엇은 마음속에 차오른 이러한 복합적인 감정을 시로 표현하려고 노력했다.

　엘리엇이 1908년 겨울에 하버드 유니온에서 출판한 시몬스의 저서를 발견한 때처럼, 혹은 이듬해 봄에 쥘 라포르그를 흥분하며 읽은 때처럼, 결정화 경험을 확정할 수 있는 경우가 있다. 그리고 그 다음해에도 엘리엇은 자신에게 엄청난 영향을 미쳤지만 정확히 그 성격을 이해하지 못한 경험을 했다. 하버드 대학을 졸업할 무렵에 보스턴 거리를 배회하고 방황하고 있던 그는 거리가 수축하고 갈라지면서 자신이 거대한 정적의 심연 속에 빠져든다는 느낌을 받았다. 이 환각적인 경험에 대해 훗날 엘리엇은 "신과 교감을 했다고 볼 수도 있고, 일시적으로 정신이 결정화(結晶化)된 것이라고 볼 수도 있다"고 말했다.

　내가 보기에 이런 경험은 젊은 엘리엇이 겪고 있었던 변화, 즉 시적 이미지를 통해서 가장 적절하게 포착할 수 있는 감정적 변화를 상징하는 것이다. 그 때까지 그는 가족이 마련한 각본대로 살아왔을 뿐이다. 공부도 잘했고 해야 할 일에도 소홀함이 없었으며 글쓰기에도 능숙했고, 학문이나 사교 면에서 별 어려움 없이 주위의 기대에 걸맞게 살아왔던 그였다. 철학에 관심이 많았기에 하버드에서 공부를 계속하여 철학 교수가 되리라는 게 일반적인 예상이었다.

　하지만 자신의 의식 내부에서 엘리엇은 점차 소외감이 커지는 것을 느꼈다. 그는 당시의 보스턴과 세인트루이스와 미국을 싫어했다. 배타적인 학생들, 보스턴의 먹물들, 그리고 비참하게 살아가는 도시 하층계급에도 정이 떨어졌다. 그는 나이 든 여자들이 휘어잡은 집안에서 자란 사람답게 자기 또래의 여자들을 사귀는 법에 서툴렀고, 여자들에게 위협감을 느꼈을 뿐더러 성적 욕망을 해소하지 못해 좌절감을 느꼈다.

엘리엇은 다른 세상과 아무도 가보지 않은 길에 매력을 느꼈다. 훨씬 오랜 역사와 더 위대한 문학 유산을 가진 나라, 종교와 영혼의 문제에 높은 가치를 부여하고 아이러니의 깊은 의미를 아는 땅인 프랑스와 영국에는 매력적인 무언가가 있었다. 그는 철학 공부에도 마음이 끌렸지만, 구체적인 정서와 강렬한 감정 그리고 자신을 짓누르는 삶과 문명에 관한 생각을 종합적으로 표현할 수 있는 시의 목소리를 찾고 싶었다.

신적인 영감을 느낀, 보스턴 거리에서 겪은 '결정화 경험'을 통해 그는 시로써 이렇듯 상반되는 감정의 소용돌이와 소외감을 표현할 수 있다는 자신감을 얻었다. 엘리엇은 『황무지』에서 "한 시대의 사려분별로도 취소할 수 없는 한 순간에의 굴복, 그 엄청난 대담, 이것으로 이것만으로 우리는 존재해 왔다(The awful daring of a moment's surrender Which an age of prudence can never retract By this, and this only, we have existed)"■라고 쓴 대로 '무인지경의 순간(unattended moment)'의 중요성을 강조했다. 그의 작품에서 갈라지는 거리는 생생한 이미지로 표현되었고, 거리는 엘리엇의 글 전반에 걸쳐 언제나 풍요로운 상징으로 되풀이되어 등장했다. 하지만 그 환상, 무인지경의 순간이란 스쳐 지나가는 덧없는 인상에 불과하다. 엘리엇에게는 아직 흐릿하게만 느껴질 뿐인 종합적인 표현 방식을 찾아야 할 일이 많이 남아 있는 시기였다.

■ 「천둥이 한 말(What the Thunder Said)」에 나오는 구절이다.

새로운 삶

엘리엇이 소외감을 강하게 느끼고 있었고 마음의 평정을 찾고 싶어 했던 점을 감안하면, 졸업 후에 유럽 여행을 결정한 것은 아주 당연한 일이었다. 우선 엘리엇은 라포르그의 분위기에 젖고 싶은 마음에 프랑스로 떠났다. "나만의 목소리를 내는 방법을 배울 수 있는 시가 영시에는 전혀 없었다. 프랑스 시에서만 찾을 수 있었다." 엘리엇은 앙리 베르그송과 에밀 뒤르켐(Emile Durkheim, 1858~1917)과 같은 석학들의 강의를 들었는데, 특히 어빙 배빗처럼 가톨리시즘과 고전주의, 그리고 군주제를 옹호한 샤를 모라스(Charles Maurras, 1868~1952)의 보수적인 사상에 이끌렸다. 젊은 프랑스인들과도 사귀었다. 그 중에서 가장 유명한 이들은 소설가 알랭 푸르니에(Alain-Fournier, 1886~1914)와 의학도이자 작가인 장 베르데날(Jean Verdenal, 1889~1915)이었다. 엘리엇과 무척 친밀한 사이였던 이들은 제1차 세계대전에서 전사함으로써 엘리엇에게 지울 수 없는 상처를 남겼다.

엘리엇은 파리에서 방문객으로 사는 일이 보스턴에서 학생으로 지내는 것보다 더 행복하지도 않았다. 그는 다시 한 번 지식인들의 살롱이나 아방가르드 예술과 누추한 거리의 가난한 모습 사이에 크나큰 대조가 있음에 충격을 받았다. 하지만 집에 보낸 편지에 따르면, 재능 있는 여느 젊은 예술가와 마찬가지로 그저 새로운 지식과 인상을 흡수하는 데 여념이 없었던 것 같다. 런던에는 한 차례 이상 다녀왔고 독일도 방문했으며, 1911년 여름에는 첫 번째 주요 작품인 「J. 알프레드 프루프록의 연가(The Love Song of J. Alfred Prufrock)」의 초고를 마무리했다.

　엘리엇은 외국에 남아 시인으로 성공하겠다는 생각도 고려해 봤지만, 결국 1911년에 하버드로 되돌아가 철학 박사 과정을 밟기로 결심했다. 모든 일이 끝난 오늘날의 시점에서 보면, 엘리엇이 또 다시 야심적이고 보수적인 교수직을 선호하는 가족의 기대에 부응하는 모습을 보였다는 점에서 이 시기를 일종의 유예기 혹은 퇴행기로 생각하기 쉽다. 실제로 엘리엇은 유럽 체류 기간에 밤마다 끔찍한 '공포'에 시달렸다. 이 때는 엘리엇이 마음속에서 앞으로 살아갈 삶의 모습이나 자기 나름의 철학과 표현 방법을 결정하느라 고심하고 갈등하는 시기였다. 그는 버트란드 러셀의 강의를 듣기도 했는데, 러셀은 엘리엇을 열정이나 삶의 기쁨을 모르는, 조용하고 말이 없는 젊은 멋쟁이(dandy) 정도로 여겼다. 산스크리트를 공부해서 힌두교와 불교의 경전을 읽었고 계속해서 시를 썼다. 정신분석학자 에릭 에릭슨의 용어로 말하면, 엘리엇은 다수의 정체성과 상이한 목소리를 실험하고 있었던 것이다. 이러한 불확실성을 나타내기라도 하듯, 이 기간 동안 그의 필적은 여러 차례 바뀌었다.

　대학원 시절에 엘리엇은 동시대의 영국 철학자인 브래들리(F. H. Bradley, 1846~1924)의 저서를 탐독했다. 브래들리는 현상과 실재, 경험과 진리, 주관적 체험과 객관적 진리의 관계를 천착한 철학자였다. 이와 같은 영원한 철학적 문제는 엘리엇의 흥미를 끌었고, 그는 결국 이런 문제를 자신의 시와 글에서 다루었다. 엘리엇이 브래들리의 해답에 만족했는지 여부는 분명치 않지만, 두 사람의 감수성은 일치했다. 엘리엇과 브래들리는 둘 다 제의와 인간 실존에서 질서가 담당하는 역할에 관심이 많았고, 주관적인 체험에 흥미를 느꼈으며, 조화되지 못하는 신념들을 통합시키는 방도에 관심이 많았고, '개념적' 지성을 믿지 않았다. 그의 박사논문(「F. H. 브래들리 철학에 있어서 경험과 지식의 대상Experience and the Objects of Knowledge in the Philosophy of F. H. Bradley」) 주제는 엘리엇이 자신에게 매우 중요한 문제를 탐구하는 기회를 제공한 셈이었다. 즉, "아주 짧은 순간 환각을 체험하고 이를 상반되는 관점에서 해석"하는 문제였다. 아마도 브래들리는 유명 시인의 박사 논문 주제가 된 덕분에 전문가 집단 외부에도 계속 이름이 알려진 유일한 철학자일 것이다.

엘리엇은 대학원생이 되어서는 학부 시절보다는 좀더 행복감을 느꼈던 것 같다. 하버드의 철학 교수들도 엘리엇을 높이 평가해서 철학자가 되라고 열심히 설득했다. 하지만 제1차 세계대전이 발발하자 엘리엇은 런던으로 되돌아갔고, 이후 20년 가까이 유럽에 머물게 된다. 목가적인 대학 캠퍼스를 자발적으로 포기한 것이다. "대도시에서 사람은 얼마나 더 자의식적인가"라고 그는 공언했다. 이 무렵 그는 경계인의 삶에 만족했고, 작가로서의 삶에 운명을 걸고 이국 땅에서 성공하기로 결심했던 것이다.

두 시인이 힘을 합치다

젊은 엘리엇이 편안한 미국인과 전도유망한 철학자로서의 삶을 포기하고 해외에서 예술가로 입신하기로 결정하는 데는 오만한 자신감이 필요했다. 문명의 중심지 파리와 런던에 비해, 여전히 미국은 예술 분야의 업적이 빈약한 낙후된 땅이었다. 헨리 제임스(Henry James, 1843~1916)와 같은 아주 뛰어난 사람만이 유럽에 훌륭하게 정착했을 뿐이었다. 이런 제임스조차 반세기가 지난 후에도 여전히 이방인이라는 느낌을 가졌다.

하지만 엘리엇에게는 아이다호 주 출신으로 1908년에 유럽에 이주한 젊은 미국 시인 에즈라 파운드의 선례가 있었다. 활기차고 논쟁하길 좋아했던 파운드는 이런 성격에다가 다섯 권의 시집으로 영문학계에 강렬한 인상을 남긴 인물이었다. 1914년 9월 아직 「프루프록」의 원고를 출판하지 않았던 엘리엇을 만나보고는 금방 이 하버드 출신의 어린 동료에게 굉장한 호감을 보였다. 그는 「포이트리(Poetry)」의 편집자인 해리엇 먼로(Harriet Monroe)에게 보낸 편지에서 「프루프록」이 미국인이 쓴 시 중에서 최고라고 추켜세웠고, 작가 멩켄(H. L. Mencken)에게는 엘리엇이 "내가 본 최후의 지성인"이라고 말했다. 훗날 엘리엇은 이렇게 썼다. "1914년에 에즈라 파운드를 만난 일은 내 삶을 바꿔놓았다. 그는 내 시에 열광적인 반응을 보였고, 오래 전부터 받기를 단념했던 칭찬과 격려를 아끼지 않았다." 기질은 달랐어도 출신 배경이 같았던 두 사람은 급속히 친해졌다.

이후 몇 해 동안 엘리엇과 파운드, 그리고 영국의 작가이자 화가인 윈덤 루이스는 새로운 표현 형식을 영국에 퍼뜨리는 데 힘을 모았다. 엘리엇은 가망이 없을 정도로 낭만주의와 선동성에 물든 당시의 문예계에는 이러한 혁신이 반드시 필요하다고 생각했다. 나중에 그는 이렇게 말했다. "1909년이나 1910년에 시가 처한 상황은 오늘날의 젊은 시인으로서는 감히 상상하기도 어려울 만큼 침체해 있었다." 거칠 것이 없었던 이 젊은이들은 서로에게 기법을 배웠다. 가령, 엘리엇은 파운드의 에둘러 말하기, 이미지의 파편화, 독자를 충격하는 병치 기법에 영향을 받았다.

그들은 또한 서로의 용기를 북돋웠다. 특히 엘리엇에 대한 파운드의 도움은 중요했다. 엘리엇보다 훨씬 적극적인 성격을 지닌 파운드는 영국과 미국의 다양한 사람들에게 엘리엇과 엘리엇의 작품을 소개했다. 그는 에이전트와 흥행주 노릇을 자처하면서, 들을 귀가 있는 사람들에게 엘리엇의 뜻을 전했고, 엘리엇 가족에게도 고국을 버린 엘리엇의 처지를 변호했다. 파운드가 없었다면 아마도 엘리엇은 영국에 남기도 어려웠을 터이고, 철학을 버리고 시인이 되거나 첫 번째 부인과 결혼하지도 못했을 것이며, 에이전트 퀸을 만나거나 미국에서 시집을 출판할 수도 없었을 것이다.

프랑스의 상징주의 시에 주로 영향을 받은 미국 시인의 작품이 어째서 영국의 문학 독자들에게 관심을 끌게 되었는지 당연히 궁금한 사람이 있을 것이다. 섬나라 영국에서는 잘 보이지 않던 중요한 변화가 서양 세계에서 벌어지고 있었다. 19세기의 거대한 제국들은 붕괴하고 있었고, 계몽된 귀족이 하층 계급에 자선 정치를 베풀어야 한다는 식의 자유주의적 총의는 증발되었다. 사회 계급 간의 분열과 갈등이 증폭되고 격화되었으며, 지저분한 도시 생활은 산업화가 야기한 일시적인 궤도 이탈이 아니라 영원한 운명처럼 보였다. 기존의 종교 제도와 이데올로기는 과거 어느 때보다 그 필요성이 절감되고 있었음에도, 그 토대가 허물어지는 판국이었다.

이러한 파괴적인 동향은 세기말의 예술에 이미 암시되었다. 프랑스의 에밀 졸라(Émile Zola, 1840~1902)와 미국의 시어도어 드라이저(Theodore Dreiser, 1871~1945)와 같은 소설가들은 자기 시대의 격변과 동요를 작품 속에 담아내려고 노력했고, 피카소와 브라크를 비롯한 프랑스에서 활동하던 화가들은 고급 예술과 저급 예술을 뒤섞는 실험적인 시도를 했으며, 슈트라우스와 쇤베르크, 스트라빈스키 등의 작곡가들은 각자의 방식에 따라 편안하게 감상할 수 있는 19세기의 낭만적 음악을 거부했다. 하지만 대영제국에서는 이러한 경향이 그다지 눈에 띄지 않았다. 여전히 테니슨 경(Alfred, Lord Tennyson, 1809~1892)과 루디야드 키플링(Rudyard Kipling, 1865~1936)의 시, 조지 엘리엇과 토머스 하디(Thomas Hardy, 1840~1926)의 소설, 아카데미 풍이 짙은 에드워드 엘가(Edward Elgar, 1857~1934)와 같은 작곡가나 월터 시커트(Walter Sickert, 1860~1942)와 같은 화가들의 작품이 대세를 장악하고 있었다.

20세기 초반에 들어서면서 영국 문학계는 영국 태생이 아닌 작가들이 지배하기에 이르렀다. 제임스 조이스와 윌리엄 버틀러 예이츠(William Burtler Yeats, 1865~1939), 조지 버나드 쇼(George Bernard Shaw, 1856~1950)는 아일랜드에서, 조셉 콘래드(Joshep Conrad, 1857~1924)는 폴란드에서, 그리고 엘리엇과 파운드는 미국에서 건너온 사람들이었다. 이들은 영어에는 당연히 능통했지만, 본래는 외국인인지라 빅토리아 시대의 관습을 당연시하는 사람들이 감지하기 어려운 동향을 인식할 수 있었다. 물론 이들 경계인이 없었더라도 영국의 예술 형식은 변했을 것이다. 어쨌거나 혁신적인 작가 버지니아 울프는 영국 혈통이었다. 그러나 본토박이가 아닌 경계인 작가들은 영국의 예술 형식이 더 빠르게 변화하는 데 기여했으며, 영국의 예술 작품에 국제적인 흔적을 각인시켰다.

시인의 재능을 입증하다

엘리엇의 초기시 「프루프록의 연가」는 영국 문학의 현대화에 중대한 공헌을 했다. 주인공의 이상한 이름과 '연가'라는 낭만적인 제목은 잘 어울리지 않는다는 인상을 준다. 단테의 『신곡』에서 따온 이탈리아어 제사(題辭, epigraph), "미켈란젤로를 이야기하는" 여인들에 관한 후렴구와, 햄릿과 나사로, 영원한 종복(eternal Footman), 어릿광대(Fool) 등에 대한 언급은 작자가 매우 박식하고 예술적 감성이 풍부한 사람임을 드러낸다. 하룻밤 묵어가는 싸구려 여관, 톱밥이 널린 식당, 머리 한가운데가 벗겨진 대머리, 가냘픈 팔다리, 마루에 끌리는 치맛 자락, 접어 올린 바짓단 등을 당시의 속어(俗語)로 언급한 것은, 작자가 길거리나 뮤직홀 혹은 주점의 삶과 대화에 익숙했음(혹은 불편했음)을 나타낸다.

> 그러면 갑시다. 그대와 나는
> 마치 수술대 위에 마취된 환자처럼
> 저녁이 하늘에 펼쳐져 있으니
> Let us go then, you and I,
> When the evening is spread out against the sky
> Like a patient etherized upon table

독자의 눈길을 잡아 끄는 시문을 읽자마자 우리는 전혀 어울리지 않는 요소인 낭만적인 저녁과 마취된 환자를 무리 없이 병치시키는 시인의 목소리를 듣게 된다. 이런 식의 놀라운 결합은 작품 전체에 걸쳐 되풀이된다. 불가항력적인 질문과 방문 권유(To lead you to an overwhelming question … Oh, do not ask, What is it? Let us go and make our visit), 만남의 시간과 살인의 시간(To prepare a face to meet the faces that you meet; There will be time to murder and create), 커피 스푼으로 삶을 측정하는 행위(I have measured out my life with coffee spoons), '감히' 우주를 뒤흔든다는 말과 '감히' 복숭아를 먹는다는 말을 동렬에서 하는 것(Do I dare Disturb the universe? …… Do I dare to eat a peach?), 우주를 압축시켜 공으로 만드는 이미지(To have squeezed the universe into a ball), 약간 대머리인 자신의 머리가 쟁반에 실려오는 것을 본다는 진술(Though I have seen my head [grown slightly bald] brought in upon a platter) 등이 그런 예이다. 이러한 결합은 세상을 기이한 병치 이미지로 드러낼 뿐 아니라, 그러한 부조화성에 매료되는 사람의 독특한 감수성도 암시한다.

이 작품은 좀더 개념적인 층위에서도 부조화성을 다룬다. 주인공은 시의 한복판에서 속세를 떠나고, 시인의 목소리는 젊은이와 중년, 그리고 노년의 목소리로 다양하게 변주된다. 남성적인 정체성과 여성적인 정체성, 활동적인 삶과 마비 상태가 동등하게 나타난다. 시구(詩句) 역시 규칙적인 운율에 맞춘 경우에서 생략 표시가 있는 의외의 짧은 행에 이르기까지 다양하다. 순간적인 정신 상태가 뚜렷한 특징으로 부각되어 있는데, 젊은 시인을 혼란스럽게 만든 이 세상, 아니 이 많은 세상들의 분열과 붕괴를 드러내고 있다. 라포르그 식의 자기풍자와 아이러니가 시 전체에 스며있는 통일적인 특성이 되고 있다.

「프루프록」과 두 번째 초기시인 「여인의 초상(Portrait of a Lady)」은 엘리엇이 재능 있는 젊은 시인임을 세상에 널리 알렸다. 시인들은 대개 어린 시절부터 시를 쓰는데, 엘리엇의 경우도 아직도 출판되지 않은 10대 초반의 습작품이 존재한다. 이런 초기시는 그 자체로는 관심의 대상이 되지 못한다. 비록 엘리엇의 경우는 앞서 말했듯이 능통한 어휘 구사나, 어조와 형식에 대한 감각, 유머 활용, 죽음과 상실 및 시간의 흐름이라는 주제에 대한 관심이 잘 드러나 있지만 말이다. 하지만 사춘기를 지나면서 대부분의 시인들은 급속하게 성장한다. 불과 몇 년 만에 자기만의 개성적인 목소리(엘리엇의 경우는 여러 개의 목소리)를 찾아내는 것이다. 존 키츠(John Keats, 1795~1821)의 작품에서 가장 잘 드러난 바와 같이, 엘리엇은 철학적인 목소리와 산문체의 평범한 목소리를 결합시켰고, 일상 생활의 언어와 이미지로 자기가 관심을 두고 있는 철학적인 주제를 표현할 줄 알았다.

엘리엇은 「프루프록」의 대변자나 「여인」의 관찰자로만 남아야 할지에 대해 자기 자신도 분명히 알지 못했다. 마음 한켠에는 엄격한 프랑스어 4행시에 파리 풍경을 담아내 프랑스에서 시인이 될 생각을 하고 있었다. 그의 초기시는 또한 무거운 종교적인 주제뿐 아니라 엘리자베스 시대의 극 형식과 이국적인 이미지, 직설적인 풍자를 실험적으로 다루었다. 친구들에게 보낸 편지에 시극(詩劇) 전체와 통속적인 시를 옮겨적기도 했다. (이렇게 편지에다 가벼운 마음으로 작품을 실험하는 일은 평생 동안 계속되었다.) 일찍이 엘리엇은 모방에 탁월한 재능을 보였고, 손쉽게 다양한 문학 양식을 패러디하곤 했다. 물론 박사 논문이나 학구적인 소논문에 철학을 진지하게 논하는 글도 쓰고 있었다. 상당 기간 시를 전혀 쓰지 않은 적도 있었다.

사실 엘리엇은 「프루프록」의 우수함을 알고는 있었지만 전혀 출판을 서두르지 않았고, 에이킨과 파운드의 강권이 없었다면 출판 자체가 아예 (혹은 적어도 얼마 동안은) 이루어지지 않았을지도 모른다. 실상 그는 「프루프록」이 자신의 마지막 작품일지 모른다는 생각을 토로

하기도 했다. 다른 이들에게는 대단한 업적으로 비쳤을지 몰라도 엘리엇은 자신이 무엇을 하고 싶은지에 대해 여전히 확신이 없었다. 한결같은 경계인답게 그에겐 젊은 시절의 프로이트나 아인슈타인 혹은 피카소가 지녔던 대단한 자신감이 별로 없었다.

유럽에 정착하다

제1차 세계대전이 발발하자 엘리엇은 유럽에 자신의 미래가 달려 있음을 과거 어느 때보다 절감했다. 하버드 대학교의 2년째 연수 장학금을 포기하고, 런던 지역에서 교사 노릇을 하고 글을 쓰면서 살겠다고 결심했다.

이 때까지 엘리엇은 성 경험이나 연애 경험이 전무했다. 콘래드 에이킨에게 보낸 편지에 그는 이렇게 썼다. "가끔 이런 생각이 드네. 차라리 몇 년 전에 동정과 수줍음을 털어냈으면 더 좋았을 것이라고. 사실은 지금도 결혼 전에 이렇게 됐으면 좋겠다고 생각하네." 1915년, 열정적인 성격의 에즈라 파운드를 만난 지 몇 달 뒤에 그는 영리하고 활달하며 생기발랄하고 솔직한, 감수성 풍부한 영국 아가씨를 만났다. 이름은 비비언 헤이우드(Vivien Haigh-Wood)였다. 엘리엇과 비비언은 사랑에 빠졌고 곧 결혼했다.

모든 면에서 불행하기 짝이 없었던 엘리엇의 첫 결혼에 대해서는 온갖 추측(최근 런던에서 공연된 「톰과 비브(Tom and Viv)」라는 연극에서 보듯)이 난무했다. 처음에 두 사람은 분명 서로에게 이끌렸다. 사려깊고 나서길 싫어하고 학구적이며 극히 내향적인 미국의 숫총각과 활달하고 장난기 가득하며 자유분방한 옷차림을 즐겨 입고 성경험이 풍부한 영국 여자가 만난 것이다. 둘은 상대가 자신의 두려움과 단점을 어루만지고, 서로 다른 성격과 소망이 각자의 부족한 부분을 채워 주리라 생각했을 것이다. 엘리엇은 거의 20년 가까이 결혼 생활을 잘 해나가기 위해 노력했지만, 뜻대로 되지 않았다. 몇 년 전부터 엘리엇을 잘 알았고 좋아했으며, 둘의 신혼 시절에 비비언과 가벼운 불륜 관계를 맺은 적도 있는 버트란드 러셀은 이렇게 생각했다. 엘리엇은 자극과 격려를 받을 생각으로 비비언과 결혼했지만 비비언이 그럴 여자가 못된다는 사실을 금방 알아챘다는 것이다. 분명 엘리엇은 자신의 성 정체성에 불편함을 느꼈다. 비록 그가 동성애자라는 뚜렷한 증거는 나오지 않았지만 말이다.

결혼하고 얼마 후부터 비비언은 질병에 자주 시달렸다. 신체적인 질병(얼굴 붓기, 뇌하수체 이상, 늑막염, 척추 부상)도 앓았지만, 신경성 불안과 심신증 및 히스테리성 질환도 앓았다. 하지만 그녀는 몸이 많이 약해지긴 했어도, 말 몇 마디로 신경과민한 엘리엇에게 상처를 입힐 수는 있었다. 엘리엇은 적어도 겉으론 아내를 잘 보살폈다. 불평에도 귀를 기울였고 아내의 상태에 꽤 신경을 썼으며 다른 맘을 먹지 않았다. 하지만 둘이 어울리지 않는다는 사실에 심한 괴로움을 겪었다. 아직 신혼이던 시절에 "지난 6개월 동안 장시(長詩)를 쓰기에 충분할 만큼 온갖 일을 겪었다"고 토로하기도 했다. 엘리엇은 점점 더 불안감에 사로잡혔고, 『황무지』를 쓰기 직전의 몇 달 동안은 신경 쇠약으로 고생했다. 하지만 둘 모두에게 있던 신경증이 상대방을 어느 정도나 힘들게 했는지, 각자의 언행이 서로를 못 견딜 정도로 만들었는지 여부는 분명히 말하기가 어렵다.

한동안 엘리엇은 젊은 예술가가 대개 그렇듯이 낮에는 가르치고 밤에는 글을 쓰면서 힘들게 살아갔다. 모든 증거에 의하면 그는 성실하고 능력있는 교사였고 학생들에게도 존경을 받았다. 하지만 이번에도 역시 엘리엇은 상궤에서 벗어났다. 은행에서 일을 하기로 결정했던 것인데, 전혀 예술과 상관없는 직업을 자기가 좋아한다는 사실에 그 자신도 놀랐고 다른 사람도 놀랐다. 엘리엇은 숫자 놀음과 판에 박힌 업무를 즐기기까지 했으며, 진부한 은행원 일에 소홀함이 없었다. 혈통을 생각하면 놀랄 일도 아니어서, 이런 업무에 수완을 발휘했고 결국 전쟁 부채를 다루는 큰 책임을 떠맡기까지 했다.

작품 세계의 확장과 명성의 확산

빚지지 않고 생활을 꾸려가느라 고생하면서 시도 많이 못 쓰고 보람 없는 결혼 생활을 고통스럽게 유지해 가는 와중에도, 엘리엇의 문학적 이력은 빛을 발하기 시작했다. 파운드의 든든한 지원 덕에 많은 작품이 세상에 나왔다. 시선집 『프루프록 및 그 밖의 관찰(Prufrock and Other Observation)』이 1917년 6월에 영국에서 출간되었고, 3년 후에는 미국에서도 출간되었다. 엘리엇의 비평과 시가 「포이트리」나 「다이얼(Dial)」, 「네이션(Nation)」과 같은 당시 영미권의 주요 잡지에 게재되었다. 널리 영향을 미친 비평서 『신성한 숲(The Sacred Wood)』이 1920년에 출간되었다. 20년대 후반이 되자 아직 30대를 넘기지 못한 엘리엇이 벌써 대서양 양안에서 중요한 문학인으로 인정받았고, 탁월한 문학적 재능이나 출판계에서 점차 커지는 힘 덕분에 존경(과 두려움)을 받았다.

주도적인 문학 그룹에 파운드가 (나중에는 엘리엇 자신도) 끼어 있었다는 점은 확실히 엘리엇이 문학계에서 두각을 나타내는 데 힘이 되었다. 엘리엇은 영향력 있는 문학인과 지식인들의 모임으로서, 포스터(E. M. Forster, 1879~1970)와 리턴 스트레이치(Lytton Strachey, 1880~1932), 버지니아 울프 등이 속해 있던 블룸즈버리 그룹의 동반자였다. 그는 특히 울프에게서 작품 세계와 기질 면에서 친화성을 느꼈다. 영국의 젊은 세대가 전장에 나가 있고 가장 재능 있는 젊은이들이 대부분 영원히 돌아오지 못하게 된 사실은 영국의 문화계에 공백지대를 만들었다. 바로 이 빈틈을 엘리엇과 파운드 같은 외국인들이 채울 수밖에 없었는데, 이들 역시 이런 역할을 기꺼이 맡고자 했다.

하지만 엘리엇의 성공에는 그 자신의 노력이 필요했음은 물론이다. 최근에 출간된 엘리엇의 서한집에 따르면, 처음부터 엘리엇은 자신의 작품을 인정받는 데 꽤 신경을 썼다. 한때는 부끄럼이 많던 엘리엇이 대담성과 확신을 갖게 된 것이었다. 그는 영향력 있는 후원자와 친분을 쌓기 위해 신중하게 노력했다. 「다이얼」의 스코필드 세이어(Schofield Thayer), 보스턴의 부유한 후원자 스튜어트 가드너(Stewart Gardner), 뉴욕의 중요한 편집자 알프레드 노프(Alfred Knopf), 그리고 보수 없이 자신의 충실한 에이전트로 일해 준 퀸이 그들이었다. 영국에서도 리처드 올딩턴(Richard Aldington)과 브루스 리치먼드(Bruce Richmond)를 비롯한 중요한 문학계 인사들과 좋은 사이를 유지하기 위해 용의주도하게 행동했다. 그는 이들에게 합당한 존경을 표했고 나름의 권위를 인정해 주었는데, 각 인물의 중요도에 따라서 서신교환이나 만남의 횟수 그리고 교제기간을 적절히 조정했다.

그는 형 헨리(Henry Eliot, jr, 1879~1947)에게 보스턴과 뉴욕의 영향력 있는 사람들과 접촉하는 방법, 방문해야 할 출판사, 소개 방법 따위를 장황하게 설명하는 편지를 쓰기도 했다. 엘리엇은 "편집장들보다 사회적 지위가 높은 사람들의 소개장을 확보하기"를 당부하고 있으며, "앞에서 언급한 잡지측에서 사적인 방법으로 제 이름을 알고 …… '영국의 문학'을 쓰거나 최근의 프랑스 작품을 논하는 식으로 꾸준히 인연을 맺었으면" 좋겠다는 뜻을 분명히 밝히고 있다.

엘리엇은 자신의 위치를 예리하게 분석할 줄도 알았다. 옛 철학 스승인 우즈(J. H. Woods)에게 보낸 편지에서 그는 이렇게 썼다.

중요한 작가가 되는 데는 오직 두 방법이 있습니다. 아주 많은 작품을 써서 온갖 지면에서 제 작품을 볼 수 있게 하거나, 아니면 아주 조금만 쓰는 거지요. …… 저는 과작(寡作)인지라 많이 써서 유력한 작가가 되기는 글렀습니다. …… 런던에서는 작은 책자 분량의 시 한 편으로 명성을 얻었습니다. …… 한 편 한 편마다 완벽성을 기해야 하고, 그래서 각기 중요한 작품으로 인정받는 것이 유일한 관건일 테지요. 미국과 관련해서 말씀드리자면, 저는 아무래도 고향보다는 여기서 훨씬 더 중요한 사람으로 인정받습니다. …… 생계를 유지하려면 예술하고는 하등 상관 없는 직업을 택하는 것이 가장 안전하겠지요.

그리고, 퀸에게는 한 권의 책에 산문과 비평을 모두 싣게 된 경위를 변명하듯 이렇게 말한다. "미국에서도 제 책을 낼 때가 되긴 했는데, 그러기 위해서는 이런 방법을 쓸 수밖에 없군요."

가족과 유력한 스승들은 젊은 예술가들이 어떤 방법으로 장(場)에 영향력을 행사하는 게 좋을지 알려주곤 한다. 엘리엇은 오랫동안 아들의 재능을 살리기 위해 사태에 개입해 왔던 어머니와 영미 문학계를 속속들이 알고 있던 파운드에게서 여러 전략을 취했음에 분명하다. 물론 엘리엇도 자기 경력을 훌륭하게 관리할 줄 아는 사람이었다. 지인(知人)들의 실수에서 배운 바도 있었는지, 공적으로는 파운드에 비해 덜 공격적인 자세를 취했고 사석에서도 어머니에 비해 고집을 덜 부렸다. 1914년 영국으로 영구 이주한 이래 1930년에 세계적인 시인이 될 때까지, 엘리엇은 자신의 경력에 중요한 행동을 할 때마다 세심하게 계획하고 깊이 생각했다.

여전히 엘리엇은 수줍음과 뻣뻣한 태도를 버리지 못했고 자기 자신에게도 불만이 많았지만, 만나는 유력한 인사들 대부분에게 멋진 인상을 심어주었다. 점잖고 신중한 태도며 별로 드러내지 않는 박학다식과 우아한 유머 감각 그리고 영원한 경계인의 표지는 다른 사람들의 환심을 샀다. 어쨌거나 호감가는 인상은 전혀 흠이 될 수 없다. 겉으로 매력이 철철 넘치는 스타일은 아니었지만, 유력 인사들이 도움을 주겠다고 나서게 만드는 어쩌면 더 중요한 자질을 엘리엇은 지니고 있었다. 그의 책이 다소 부정적인 평가를 받고 잘 팔리지 않을 때도, 영국의 주요 지식인들은 그의 책에 강한 인상을 받았다. 결국 눈에 띄지 않는 이들의 긍정적인 반응이 핵심적인 역할을 했다.

『황무지』: 작시(作詩) 과정과 배경

엘리엇은 벌써 1914년에 '장시(長詩)'를 쓰는 작업을 시작했고, 이후 몇 해 동안 단편적인 구절을 써서 모으는 일을 계속했다. 엘리엇이 처음부터 작품의 주제와 구조에 대한 구상을 끝냈는지 여부는 분명치 않지만, 확실히 엘리엇은 이 작품을 오랫동안 그와 그의 어머니가 사로잡혀 있었던 정신적 여정을 묘사할 뿐 아니라 자기 시대에 대한 중요하고 '결정적인' 진술을 하는 작품으로 만들고 싶어 했다. 잘못 시작한 부분도 많았고 중도에 폐기한 부분도 많았다. 이런 점은 「식당에서(Dans le restaurant)」라는 불어 시에서 특히 잘 드러났다. 1921년 초에 엘리엇은 친구 윈덤 루이스에게 「그는 서로 다른 목소리로 세상을 정탐한다(He Do the Police in Different Voices)」*라는 제목을 붙인, 4부로 이뤄진 시를 보여주었다. 에이전트 퀸에게는 6월까지 작품을 탈고하고 싶었지만 가족 문제가 중간에 끼어들었다는 편지를 써보냈다.

이 작품이 『황무지』로 완성되는 데는 두 가지 요인이 결정적이었다. 하나는 긍정적인 요인으로서, 엘리엇이 성배 전설에 관한 제시 웨스턴(Jessie L. Weston)의 저서 『제식에서 로망스로(From Ritual to Romance)』를 읽었다는 점이다. 오래 전부터 엘리엇은 의혹과 폐허로 가득한 세상에서 모험과 탐색을 시작한다는 구상을 마음속에 담아두고 있었지만, 다양한 문화에서 취한 신비적인 탐색 주제를 풍부하게 서술한 웨스턴의 책이 아직은 이런 주제와는 다른 구상을 품고 있던 엘리엇에게 매력적이고 풍요로운 사유의 수단을 제공한 셈이었다. 두 번째 요인은 일단은 파괴적인 영향을 미친 요인이었는데, 급속히 악화되는 엘리엇의 건강이었다.

1921년 9월 경에 신변이나 직업상의 압박감에 시달리던 엘리엇은 결국 심각한 신경쇠약 직전까지 내몰렸다. 의사에게 철저한 휴양을 권유받는 그는 우선 켄트 지역 해안의 마게이트(Margate)로 떠났다가

▪ 찰스 디킨스의 『우리는 서로 친구(Our Mutual Friend)』에서 인용한 구절이다.

얼마 후에 스위스의 로잔으로 장소를 옮겼다. 엘리엇은 3개월 동안 거의 홀로 지내면서, 3,000행에 육박하는 시의 초고를 완성했다.

여전히 『황무지』의 작시 과정은 학자들의 의견이 분분한 주제이지만, 한 가지는 분명하다. 엘리엇은 1921년말 즈음에 파운드에게 초고를 건넸고, 파운드는 이것을 가차 없이 편집했다는 점이다. 주석이 빼곡하게 적힌 이 초고가 바로 엘리엇이 퀸에게 감사의 표시로 전했던 원고이자 수십 년 후에 발견된 원고였다. 엘리엇 연구자들은 이제 비비언과 엘리엇이 수정한 흔적뿐만 아니라 파운드의 제안대로 개고한 흔적도 연구하고 있으며, 이 작품의 작시 과정은 20세기의 다른 어느 작품 못지않게 충실히 이해되고 있다.

오랫동안, 특히 1921년의 마지막 몇 달 동안, 엘리엇은 온갖 다양한 상황을 묘사한 장면과 에피소드를 탈고했다. 현대 런던에서 하층계급이 영위하는 삶, 신화적인 인물이 등장하는 고전적인 장면, 겨울과 뼈, 사막 등 환기력 강한 이미지가 특징인 자연 현상 묘사, 여러 언어로 이루어진 대화, 고급 문학(셰익스피어, 단테, 보들레르)에서 따 온 구절, 평판 높은 작가(포프)의 패러디, 찬미의 송가, 뜨거운 설법, 페니키아 수부(水夫) 이야기, 산스크리트 구절 등이 그것이다. 「프루프록」과 「여인의 초상」의 삽화적인(episodic) 특색은 거의 사라졌다. 독자는 이제 곤혹스러운 중년 남자의 언어만이 아니라, 광대한 시공간에서 끌어온 다양한 인물의 의식과 사물을 반영하는 온갖 목소리를 듣게 되었다.

초고는 암시성이 풍부하고 거역할 수 없는 힘을 갖고 있었지만 지나치게 방만했던 것도 사실이다. 이같은 다양한 세계에 대한 정서를 전달하는 대신, 독자로 하여금 복잡한 장면에 코를 박고 반복해서 읽도록 했을 뿐이다. 막연하고 장황할 뿐더러 단조로웠다. 목소리가 너무 많았고, 시의 기조를 일정한 방향으로 유지하고 통제한다는 느낌, 그리고 현장성에 대한 감각이 부족했다. 파운드의 업적은 작품을 산만하게 만드는 과장된 진술 부분을 잘라내고, 필요 없고 오해를 살 만한 단어나 구절을 삭제해서 남은 부분을 날카롭게 가다듬었고, 애매하고 막연한 정조를 씻어낸 데 있었다. 그는 엘리엇이 의도적으로든 무의식적으로든 패러디를 시도한 부분에 가차 없이 손을 댔는데, 조잡하고 불필요하다고 생각해서였다. 또한 여성 혐오증이나 반유대주의 혹은 지나치게 개인적인 특이성을 드러낸 구절을 삭제하거나 수정하라고 다그쳤다. 군데군데 삽입되거나 첨부된 시는 따로 출판하기를 권유했다. 개별 시행(詩行)이나 폭넓은 주제와 리듬 면에서도 작품의 음악성이 드러나도록 조언을 아끼지 않았다. 하지만 전반적인 주제와 소재는 그대로 두어서, 엘리엇의 극히 절망적인 메시지를 명확하고 강렬하게 전달할 수 있도록 도와주는 데 자기 역할이 있음을 분명히 했다.

  파운드는 그 자신의 말을 빌면 '산파'였고, 엘리엇의 말을 빌면 더 훌륭한 장인(匠人)이었다. 결과적으로 훨씬 날카롭고 간결하며 힘찬 시가 탄생했다. 각 부는 훨씬 직접적으로 진술되었지만, 완성작의 5부를 연결하는 것은 여전히 독자가 스스로 상상하고 해석해야 할 일이었다.

  비비언 엘리엇의 제안대로 수정한 대목은 훨씬 적은 분량이긴 했지만 파운드가 수정한 부분을 훌륭하게 보완해 주었다. 비비언은 특정 시행(詩行)에 대해서는 옥석을 가리는 탁월한 귀를 가졌을 뿐더러 런던의 보통 사람들의 말투를 기막히게 흉내낼 수도 있어서, 잘 된 부분은 칭찬하고 모자란 대목은 더 낫게 다듬어주었으며, "그게 싫더라도 좋도록 해 봐(If you don't like it you can get on with it)"나 "아이가 싫다면 넌 뭣 때문에 결혼했니? (What you get married for if you don't want to have children)"처럼 좀더 간결하면서도 함축적인 시행을 새로 제안하기도 했다.

 파운드는 문학에 관한 조언을 했고 비비언은 정서적인 도움을 주었다고 생각하면 간단하기는 하지만 잘못된 판단이다. 실제로 두 사람은 두 가지 역할을 모두 했다. 이런 두 명의 훌륭한 편집자가 있었기에 엘리엇은 전반적인 시의 흐름과 특정한 행의 단어 선택에서 모두 도움을 받을 수 있었다.

 엘리엇 자신도 구조적인 문제와 개별 시행에 관련해서 많은 부분을 고쳤다. 엘리엇이 언제나 파운드의 제안을 따르기만 했던 것은 아니며, 일부 주석가들은 차라리 더 많은 파운드의 제안을 무시했어야 더 좋은 작품이 나왔을 것이라고 생각한다. 하지만 전반적으로 보았을 때 최종작이 원래의 초고보다 훨씬 뛰어나다는 점에는 이론의 여지가 없다. 굳이 양자택일을 한다면, 파운드의 제안을 무조건 따르는 편이 그것을 모두 무시하는 것보다 더 나았을 것이다.

 『황무지』의 작시 과정은 창조적인 걸작품의 탄생에는 다른 사람의 역할이 필수적이라는 점을 뚜렷하게 보여주는 실례가 된다. 시를 쓸 무렵 엘리엇은 절망적인 처지에 놓여 있었다. 개인적으로 불행했고, 문학계에서의 자기 위치에 대한 확신도 없었다. 대단한 성공이 가능한 작품을 난삽하게나마 탈고한 상태였지만, 사람들이 제대로 읽어줄지가 의문인 작품이었다. 그럼에도 엘리엇은 행운아였다. 가까운 두 사람이 작업을 도와주었고 그들의 비판을 건설적으로 수용했다는 점에서 엘리엇은 운이 좋은 편이었다.

중대한 혁신을 감행한 창조자라면 누구나 그렇듯이, 엘리엇도 새로운 상징체계 혹은 새로운 언어를 만들어내기 위해 고투했다. 자신의 개인적인 절망과 유럽 문명의 몰락을 담아낼 수 있는 시적 목소리를 창조하기 위해 힘겹게 노력했다. 그가 오랫동안 써 모았던 단편적인 작품은, 피카소의 「아비뇽의 처녀들」과 「게르니카」의 기초 데생과 유사하며 또한 스트라빈스키의 「봄의 제전」과 「결혼」에 흡수된 단편적인 악곡이나 민요와 흡사하다. 어느 순간, 두 명의 엄선된 비평가는 엘리엇이 자기의 목표를 이루는 데 적절한 어조와 수단을 찾았음을 깨달았다. 이들은 『황무지』의 구도와 메시지에 관해서는 더 이상 충고를 하지 않았다. 두 사람은 마치 어린 자식이 마음속에 있는 생각을 제대로 표현하도록 도와주는 부모처럼, 더 많은 독자들이 그의 지배적인 어조와 정서를 이해할 수 있도록 지나치게 장황한 부분을 가지런하게 가다듬는 산파 역할을 했을 뿐이었다. 앞에서 이미 아인슈타인과 프로이트, 피카소 그리고 스트라빈스키의 경우에서 보았듯이, 이번에도 역시 창조적인 인물이 자신의 가장 극적인 업적을 성취하는 과정에서 부모 자식 간이나 동기 간에 버금갈 만큼 매우 친밀한 사이에 있는 사람의 도움을 받았음을 확인할 수 있다.

작품의 의의

문학 분야에서 혁명적인 성과를 이룬 작품이자 한 세대의 정신을 집약적으로 상징하는 작품으로서, 그토록 빠른 시일 내에 중요한 작품으로 인정받은 시는 역사상 거의 없었다. 비록 종교적인 신념을 공공연히 밝힌 만년의 엘리엇은 "삶에 대한 개인적이고 거의 무의미한 불평에 불과한……. 리드미컬한 볼멘소리"라고 칭하면서 『황무지』의 가치를 깎아내렸지만, 유럽과 미국의 어느 세대에 있어서는 매우 중대한 의미를 지닌 작품이었다.

엘리엇은 한때는 통합된 전체를 이루었지만 이제는 점차 조각나고 해체되어 무력화된 유럽 문명의 묵시록적 종말, 유럽 문명에 만연되어 있는 병적인 불안감을 시라는 언어 예술에 담아냈다. 그는 몇 년 전에 오스발트 슈펭글러(Oswald Spengler, 1880~1936)의 『서구의 몰락』에서 직설적으로 표명된 메시지를 간접적이고 암시적인 방법으로 표현했다. 『황무지』의 어느 대목에서도 서양 문명이나 인간의 분열 혹은 가치의 몰락이나 부재를 명백하게 언급하는 구절은 없다. (파운드는 엘리엇을 설득해서 주인공이 절망적인 심정을 토로하는, 조셉 콘래드의 작품에서 따온 제사를 생략하게 만들었다.) 이러한 감수성은 생생한 이미지를 통해 표현되었다. 가령, 타이피스트와 가옥 중개소 점원의 애정 없는 정사(情事), 한때는 키가 크고 미남이었다는 플레바스나 모든 것을 경험한 (남녀 한몸인) 티레시아스처럼 고전 문학에서 차용한 이미지, 그리고 우파니샤드에서 빌어 온 '샨티(Shantihs)'라는 신비적인 결어(結語)의 삼창(三唱)에서 보듯 타락하고 메마른 서양과 지혜롭고 평화로운 동양의 암묵적인 대조가 그런 예이다.

엘리엇의 업적은 다른 측면에서도 인상적이다. 『황무지』는 난해하기 이를 데 없어서, 소수의 교양 있는 독자나 이해할 수 있는 시행과 아무리 장황한 주석을 달아도 완전한 해독이 불가능한 암시로 가득한 작품이다. 하지만 『황무지』의 난해성과 심오함은 독자(특히 젊은 독자들)를 속이거나 정떨어지게 하는 대신, 시의 효과를 높이고 독자가 겉으로만 심오한 작품을 읽는 데서 오는 속물적인 만족감을 뛰어넘도록 유도한다. 엘리엇은 개별 시행의 의미가 애매하고 상호 연결이 어색한 5부로 시를 나누어 구성했음에도 시의 메시지를 훌륭하게 전달할 수 있었다. 이 작품을 읽고 또 읽으면(다른 현대의 문학작품처럼 재독, 삼독이 필요하고 그에 대한 보상을 해주는 작품이다), 하나하나의 부분을 명료하게 이해하기는 힘들어도 엘리엇의 비감한 정서를 더욱 뚜렷하고 힘차게 느낄 수 있다. 이런 점에서도 「아비뇽의 처녀들」과 「게르니카」 혹은 「봄의 제전」과 「결혼」에 유사한 점을 금방 알 수 있을 것이다.

『황무지』에 대한 반응

『황무지』에 대한 초기의 서평은 스트라빈스키의 「봄의 제전」이나 피카소의 「아비뇽의 처녀들」과 같은 다른 획기적인 작품에 비하면, 상당히 우호적인 편이었다. 물론 부정적인 반응도 나왔다. 시인 앤디 로웰(Andy Lowel)은 '시시한 작품'이라고 말했고, 역시 시인인 윌리엄 칼로스 윌리엄스(William Carlos Williams)는 "즉시 20년 전으로 되돌아간 느낌을 받았다"고 불평했으며, 「맨체스터 가디언(Manchester Guardian)」은 "잡설(雜說)이 너무 많다"고 운운했다. 하지만 서평자 대부분은 전면적으로든 신중하게든 긍정적인 반응을 보였다. 콘래드 에이킨은 "연관성이 없거나 희미하게만 있는 장면들, 그 눈부시고 간결한 장면들이 이어지면서 독자들은 자기 의식의 개별적인 고유성이 비워진다는 느낌을 받는다"고 썼으며, 에드먼드 윌슨(Edmund Wilson)은 "모든 세대를 고양시키는 동시에 유린한" 작품이라고 주장했고, 칼 샤피로(Karl Schaprio)는 "20세기의 가장 중요한 시"라고 말했다. 그리고 1922년 10월 26일 「타임스 문예 부록」에는 다음과 같은 논평이 실렸다. "폭과 깊이와 아름다운 표현을 갖춘 작품이다. 위대한 시로 평가받기에 모자람이 없다."

『황무지』는 출간 당시부터 20세기의 다른 어느 문학작품 못지않게 철저한 연구 대상이 되었다. 작품에 담긴 다양한 목소리는 다양한 독법과 논쟁을 낳았다. 장(場) 내부의 논란은 몇 가지 요점에 집중되었다. 어떤 사람들은 이 작품이 절망감을 주로 개인적인 방식으로 표현했다고 본 반면에, 다른 이들은 보편적인 표현 방법을 추구했다는 느낌을 받았다. 매우 실험적이고 전위적인 작품이라는 점은 대부분 동의했지만, 작자의 의도와는 상관 없이 너무 퇴영적인 작품이라고 느끼는 사람도 있었다. 계속 반복된 논점은 아리스토텔레스가 말하는 문학적 덕목, 즉 시의 통일성 문제와 관계가 있었다. 좀더 비판적인 입장에서는 연속성도 방향성도 없는데다 산만하고 자의적인(무의미한) 편린을 짜깁기한 잡동사니에 불과하다는 불평을 토해냈다. 이 작품을 옹호하는 측에서는 이런 비판에 대해 통일성이 없다는 점이야말로 바로 『황무지』의 요체라고 주장했다. 현대인의 삶과 감수성은 혼란스럽기 때문에, 이러한 분위기를 충실하게 반영하는 시라면 당연히 무질서한 모습을 보여야 한다는 뜻이었다. 그럼에도 옹호자 중에서도 이 작품에서 질서를 찾아낸 비평가가 있었다. 초기 독자로서 매우 신중하게 『황무지』를 분석한 비평가 리처즈(I. A. Richards)는 "논리적인 통일성이 아니라 정서적인 통일성이 있으며 '관념의 음악'에 의해 탁월한 효과를 발휘한 작품"이라고 평가했다. 그는 정서적인 효과의 대조와 상호 작용이 작품의 통일성을 이루는 끈이라고 보았다. 클리언스 브룩스(Cleanth Brooks)는 작품에 골고루 배어 있는 아이러닉한 태도가 다양한 경험과 장면을 다루고 있는 이 작품에 단일성을 부여한다고 생각했다. 시적 화자의 목소리에 관해서도 열띤 논쟁이 벌어졌다. 즉, 목소리가 여러 개인가, 아니면 하나인가? 만약 후자라면, 그 목소리의 주인은 엘리엇인가, 엘리엇의 대리인가, 아니면 예언자 티레시아스인가, 현대 유럽의 정신인가? 시간이 지나고 연구가 진척되면서, 많은 저자들이 우울하고 성교 불능인, 경계인 엘리엇을 반영한 자전적인 요소에 관심을 기울였다.

반응이야 어떻든 엘리엇은 중요한 시인이 되었고, 『황무지』는 위대한 작품을 쓰겠다는 저자의 야심대로 대단한 걸작이 되었다. 숫기 없는 엘리엇조차도 "좋은 작품이다", "내가 쓴 것 중에 제일 낫다"는 말을 했을 정도이다. 「봄의 제전」의 경우에서 보듯, 이 젊은 예술가는 『황무지』가 본인과 동시대 시인들의 성장 과정에 있어서나 시 장르의 전개 과정에 있어서나 하나의 정점, 결정적인 도약의 순간을 상징한다는 사실을 평가의 장(場)에 확신시키기 위해 애써야 했다. 『황무지』가 엘리엇의 마음에 중요한 작품으로 자리잡았고, 그 자신도 훌륭한 작품이라고 생각했다는 것이 전부가 아니다. 그는 특별한 작품이라는 느낌을 다른 사람들에게 전달할 수 있었다. 작품이 지니고 있는 본래의 미덕 가운데서도 길이와 구조 그리고 과장되고 비장한 표현 방법까지도 모두 저자와 독자의 눈에 이 작품이 굉장한 걸작으로 보이게 만든 특질이었다.

엘리엇의 특별한 업적

『황무지』는 당대의 다른 어느 시작품보다 동시대 교양층의 의식을 지배하고 있던 기분과 주제를 풍부하게 담아냈다. 500행에서 다소 모자라는 시행에서 엘리엇은 놀라운 세상을 보여주었다. 시행 하나하나 연(聯) 하나하나가 의미로 가득했고, 개별적인 주제를 다룬 독립적인 시가 될 수 있었다. 이런 굉장한 특성으로 인해, 독자는 하나의 거대한 시세계(사실은 여러 세상)를 음미할 수 있었을 뿐 아니라 그 세계로 들어가는 여러 개의 관문을 찾아낼 수 있었다. 부분마다 장면마다 구어체 언어와 생생한 희화(戲畵), 한결같은 자연 묘사, 신화적인 이미지, 재기 넘치는 대화, 애상적인 도시 장면, 이야기체의 소품(小品), 음가(音價)를 이용한 언어 유희, 붉은 빛이 강렬한 스냅사진과 같은 이미지 등 수많은 특징이 두드러졌다. 현대의 또 다른 걸작, 가령 『율리시즈』나 『잃어버린 시간을 찾아서』에서처럼, 처음에는 한 쪽 방향으로 전개되다가 나중에는 다른 방법으로 변주된 다양한 주제들 역시 작품의 효과를 높이는 데 강력한 힘을 발휘했다. 『황무지』에 담긴 주제로는 풍요로운 다산성(多産性)과 초목 제의, 어부왕 전설, 타로 카드, 성배 이야기, 고대의 다리와 교회가 있는 런던의 더러운 풍광, 주점의 농지거리, 상류 사회의 대화, 사랑 없는 정사, 구원의 가능성 그리고 동양의 사상과 종교의 매혹적인 반향 등이 있다. 이러한 중요한 모티프들이 주로 고전적인 오보격(pentameter) 시형식에 담겨서 강렬한 시행과 꾸밈 없는 진술로 표현되었다. 『황무지』는 극심한 불안감에 사로잡힌 정신, 즉 현대인의 정신을 사로잡고 있는 온갖 생각을 농밀하고 강렬하게 묘사한 작품이었다. 비록 정연한 서사와는 거리가 멀지만, 독자는 마치 고대의 모험담을 읽을 때처럼 하나의 완결된 체험을 한다는 느낌을 받게 된다.

마지막으로, 이 작품의 정조는 무모하고 헛된 전쟁(엘리엇이 십여 년 전에 보스턴 거리에서 예기했던 환상)에 오랫동안 시달렸던 유럽인의 정서에 정확히 들어맞았다. 젊은이와 지식인들(이 작품을 판단하는 장) 사이에는 전쟁은 아무 성과도 내지 못했고, 문명의 힘찬 진보란 아무 가망 없는 가냘픈 꿈에 불과하다는 생각이 만연해 있었다. 종교는 힘을 잃었고, 부도덕한 방종과 타락이 넘쳐 났으며, 한때 활력에 넘쳤던 도시들이 이제는 노쇠하고 붕괴했다. 많은 사람들이 이 황폐하고 절망적인 분위기를 표현한 예술작품을 대망하고 있었다. 『황무지』가 이런 기대에 가장 훌륭하게 부응했고, 그리하여 거트루드 스타인의 '잃어버린 세대', 상실감에 사로잡힌 모든 세대의 상징과도 같은 작품이 되었다. 시인 데이 루이스(C. Day Lewis)는 이렇게 말했다. "『황무지』는 전쟁 직후에 심리적 무력감에 빠진 지식인들의 정신을 진실되게 포착한 작품이다." 문학 비평가들이 무엇이라고 말하든, 평범한 독자들도 『황무지』의 명성을 높이는 데 일조했다.

창조력의 쇠퇴

엘리엇은 20대 초반에 「프루프록」을 썼고, 30대 초반에 『황무지』를 썼다. 이번에도 앞서 말한 10년 규칙이 적용됨을 볼 수 있다. 대략 10년을 사이에 두고 엘리엇의 기념비적인 작품이 탄생한 것이다. 엘리엇은 『황무지』 이후에도 수십 년을 더 살면서 괜찮은 시 여러 편과 걸작 시 한 편을 남겼으며, 다른 장르에서도 많은 글을 쏟아냈다. 하지만 이미 엘리엇은 『황무지』가 출간됨으로써 자신이 좋아하는 장르에서 이룰 수 있었던 최대한의 성과를 낸 상황이었다. 이는 엘리엇과 동렬에 오른 다른 예술가들과는 다른 점이다. 엘리엇의 시에서 더 이상 의미 있는 혁신은 나오지 않았다. 설령 1923년 이후로 시쓰기를 그만두었을지라도 시사에서(문학사까지는 아니라도) 차지하는 엘리엇의 위상에는 변함이 없었을 것이다. 젊은 나이에 시인으로 성공하고 창조력이 쇠퇴한 데에는 개인적인 연유도 있고 시 장르와 연관되는 원인도 있다. 개인적인 측면에서 보면, 엘리엇이 1920년대 초반 이후부터 점차 보수적인 방향으로 입장을 바꿨다는 점이다. 이러한 보수성으로 인해 작품의 제작 편수나 현대시 독자에 대한 관심이 줄었던 것이다. 앞에서 말했다시피 대체로 시란, 특히 서정시란 젊은 시절에 문제작을 내는 경우가 많은 장르이다. 최근 수세기 동안 위대한 시인들 대부분은 20대나 30대에 대표작을 완성했으며, 이후에는 사망했거나 아예 시쓰기를 그만두었다. 시를 포기하지 않은 사람도 주목할 만한 발전이나 변화 없이 비슷한 작품을 내놓았을 뿐이다. 윌리엄 버틀러 예이츠나 로버트 펜 워렌(Robert Penn Warren, 1905~1989)처럼 중년 이후에 대단한 작품을 쓴 시인들도 있긴 하지만, 이들 역시 중년 이후에 정점에 오른 소설가나 작곡가, 화가에 비하면 상당히 예외적인 경우이다. 소설가 마샤 데이븐포트(Marcia Davenport)는 이렇게 말했다. "위대한 시인은 모두 요절했다. 소설은 중년의 예술이고, 에세이는 노년의 예술이다."

공인으로서의 엘리엇

『황무지』가 출간되었고 엘리엇도 자기 세대의 대변자로 인정받았지만, 그의 가정 생활은 매우 불행했다. 비비언의 병과 발작 증세는 그치지 않았고, 엘리엇은 건강에 많이 신경을 썼지만 심리적으로 많이 약해진 상태였다. 『황무지』를 탈고한 즉시 엘리엇은 이렇게 말했다. "이제 문학을 그만두고 은퇴할 작정이다. 내가 왜 시간과 피로와 병을 상대로 계속 싸워야 하는지, 이 세 가지 사실을 알면서도 끝까지 모른 척해야 하는지 모르겠다."

집안 분위기는 나아질 기미가 보이지 않았다. 마침내 1933년 미국 여행길에 오른 엘리엇은 더 이상 고통만을 주고 시간이 갈수록 나빠지기만 하는 관계를 유지할 수 없다는 결론을 내렸다. 그는 비비안과의 이혼 문제를 변호사에게 일임했고, 영국에 돌아온 뒤에는 서먹해진 아내를 다시는 만나지 않았다. 비비언은 이 잔인하고 비겁한 이별 선언에서 받은 충격에서 끝내 회복하지 못했다. 결국 정신 요양원에 들어가게 되었고, 그곳에서 1948년 생을 마감했다.

엘리엇은 개인적인 불행을 끊임없이 일에 몰두하는 방법으로 극복했다. 대서양 양안에서 소위 동인지를 간행하는 일에 적극적으로 매달렸다. 하루에 열두 시간에서 열다섯 시간을 일했다. 아침 일찍 일어나서 사무실에서 하루를 보내며 밤 늦게까지 편지를 쓰고 책을 검토하고 글을 썼다. 수백 편이 넘는 글 중에는 익명으로 발표한 것도 있는데, 여전히 많은 글이 모아지지 않은 채 여기저기 흩어져 있다. 일에 대한 이러한 열정은 야심과 욕망에서 나온 면도 있었지만, 손에 덜컥 쥐어지는 자유 시간에 대한 두려움과 더 이상 시를 쓰지 못한다는 공포에서 나온 면도 있었다.

특히 『황무지』 발표와 동시에 엘리엇이 창간한 「크라이테리언(Criterion)」(이 잡지의 첫 호에 게재되었다)에서 그는 매우 중요한 역할을 했고, 1930년대 후반까지 이 잡지를 주재했다. 잡지에 소개된 바로는 엘리엇의 목표는 "새로운 사고와 새로운 글 중에서 최고를 한 자리에 모으는 것"이었다. 엘리엇은 부단한 노력을 기울이고 문학계와 사교계에서 점차 영향력이 커진 덕분에, 상당한 성공을 거두었다. 물론 (동인지로서는 어쩔 수 없이) 경제적인 성공이 아니라 존경과 갈채를 받는 명예상의 성공이었다.

「크라이테리언」의 편집자로서, 그리고 출판과 관련해서 엘리엇이 다양한 사람들과 교환한 서신을 읽으면, 스트라빈스키의 음악계에서 볼 수 있었던 특징인 음모와 다툼이 이 분야에서도 만만찮게 벌어졌음을 알게 된다. 엘리엇은 하나의 단어나 구두점 문제만 갖고도 크게 흥분해서 언쟁을 벌였다. 꾸물거리는 작가들에겐 반은 꾀고 반은 협박해서 원고를 빼앗아오다시피 했고, 재정 문제나 비평 권력이 관련된 골치아픈 일에도 휘말렸다. 실상, 재원이 충분치 않은 사람이 예술과 사상의 세계에서 중심 인물로 부상하기 위해서는 이런 식의 복잡한 갈등에 빠질 수밖에 없다. 그러나 엘리엇은 스트라빈스키나 피카소와 달리 자기 위치와 관련된 사건에서 별다른(혹은 무의식적인) 즐거움을 느끼지 않았던 것 같다. 그는 이런 것을 문학계의 필요악으로 여겼을 뿐이고, 사소한 다툼을 후배들에게 맡겨두고 문학계의 원로 자리로 조용히 물러설 수 있었을 때 오히려 안도감과 해방감을 느꼈던 듯하다.

엘리엇은 얼마 동안 은행 일을 계속하는 가운데, 1925년 제프리 파버(Geoffrey Faber)가 운영하는 출판사에 참여하라는 권유를 받았다. 이후 남은 생애 동안 그는 파버 앤 파버(Faber and Faber) 출판사의 중요한 인물로 활동하면서 유망한 젊은 시인들을 키워냈다. 오든(W. H. Auden), 테드 휴즈(Ted Hughes), 루이스 맥니스(Louis MaNiece), 스티븐 스펜더(Stephen Spender)가 그들이다. 엘리엇은 1급의 편집자이자 뛰어난 회사 임원이었다. 몸소 가르치기를 좋아한 편은 아니었지만, 마치 파운드에게 진 빚을 갚듯이 글을 통해서 유망한 작가들에게 아주 유용하고 정확한 조언을 해주었다. 놀랍게도 엘리엇의 사상에는 점점 더 보수적인 색채가 짙어갔지만, 그 자신은 (스트라빈스키와 마찬가지로) 폭넓은 문학관을 견지했고 다양한 성향과 스타일의 작가들에게 기회를 주었다. 그리고 자원은 부족하고 포부만 컸던 동인지를 편집했던 시절과는 달리, 이제는 평자와 후원자의 역할을 겸할 수 있었는데, 시간이 지날수록 그와 잘 어울리는 자리였다.

종교 개종의 반향

엘리엇은 오래 전부터 대부분의 개신교 미국 분파에 대해서 비판적이었다. 사상과 행동에 대한 잣대가 충분히 엄격하지 않다고 생각했다. 그는 이미 학부 시절의 스승인 어빙 배빗과 프랑스 지식인 샤를 모라스가 명료하게 주장한 보수적인 정치 사상에 호감을 갖고 있었다. 게다가 17세기의 형이상학파 시인들과 극작가의 작품을 충실히 읽고 옹호했다.

그럼에도 종교 개종에 이어서 자신이 "문학에 있어서는 고전주의자, 종교에 있어서는 영국 국교도, 정치에 있어서는 왕당파"라고 선언했을 때는 많은 문학계 인사들이 충격을 받았다. 이후로 엘리엇은 문학과 정치 및 사회에 관해 매우 독특한 보수적 사상을 발전시켰다. 어쩌면 엘리엇은 자신의 깨지기 쉬운 영혼을 보호하기 위해 이런 엄격한 신앙을 가질 필요가 있었는지도 모른다. 하지만 점차 관조적인 태도가 깊어지면서, 엘리엇과 더불어 성장했던 사람들은 그에 대한 호감을 잃어갔다.

앞 장에서 나는 창조적인 인물들이 자신의 창조력을 잃지 않는 수단으로서 (신이나 자기 자신과) 모종의 파우스트적 계약을 맺는 성향에 대해 논의했다. 엘리엇은 스트라빈스키처럼 동료들과의 불편한 관계로 고통을 받았고, 영국 성공회의 충실한 신자가 됨으로써 자신이 숭배하는 신과는 화해롭게 지냈다. 엘리엇은 또한 프로이트처럼 금욕적인 생활을 했다. 60대를 넘어서 담배를 끊을 때까지 사탕 한 알도 먹지 않았고, 아내 면전에서 면도도 하지 않았다. 오랫동안 불행한 결혼 생활을 하게 된 것은 이러한 자학적인 성향을 반영한 것이라는 주장도 할 법하다.

중년의 문학인

엘리엇이 자기 세대를 대표하는 시인으로 성장한 것만큼이나 자기 시대의 영국 문학을 논하는 주요 논평가로 급속히 자리매김된 것도 참으로 눈부신 일이었다. 엘리엇은 당대의 영국 문학에 대해서 많은 글을 썼고, 자신이 잘 알고 있던 이웃 유럽 문학에 대해서도 자기 나름의 식견을 갖고 있었다. 그는 글을 많이 썼을 뿐 아니라 아주 잘 썼다. 하지만 이번에도 역시 엘리엇의 설득력은 글의 내용보다는 글을 쓰는 방식에서 연유한 바가 크다.

무엇보다 그는 영국 문학계에서 가장 존경받는 시인이라는 입장에서 말할 수 있었다. 시인이야말로 시를 논하는 데 가장 유능한 사람이라고 생각해서 시인이 아니면서 시를 평가하는 사람의 견해를 신뢰하지 않았다. 그는 작품이나 작가의 수준을 판단하고 자신만만한 경구식 표현으로 결론을 내리는 데 특장이 있었는데, 이런 글을 보면 마치 그의 시에서 정교하게 다듬은 시행을 뽑아 놓은 것 같다는 느낌이 들 정도이다. 대화나 편지 혹은 발표 글을 통해 그는 아주 재빠르고 대담한 평가를 내리곤 했는데, 이런 능력은 문학 저널리즘에 관여한 사람에게는 꼭 필요한 자질이라 할 수 있다. 자신의 판단을 언제나 논리적이고 체계적인 논의로 뒷받침한 것은 아니지만, 설득력이 충분히 발휘될 수 있도록 수사적인 표현을 신중하게 구사했다. 무엇보다도 자신의 견해를 편견에 치우지지 않고 신중하게 제시할 줄 알았다. 권위있는 판관(判官) 역할을 하면서, 그 때까지 무시되고 과소 평가된 인물이나 작품을 고평(高評)하고 기존의 선호도를 의문시했다. 개인적인 취향이나 작가들의 명성에 휘둘리지 않고, 오직 문학의 보호가 임무인 사심 없는 관찰자의 자세를 견지했다.

　기존 문학 지형을 판갈이한 엘리엇의 시도는 대단히 성공했다. 많은 사람들이 그의 시를 읽었을 때만큼 문학과 문화에 대한 그의 색다른 평가를 읽고 인식의 충격을 받았다. 단테가 셰익스피어 못지 않게 탁월한 인물인데다 셰익스피어에 비해 오히려 더 통합적인 감수성을 지녔다는 평가가 진지하게 받아들여졌다. 밀턴은 지나치게 지적이라는 평가 역시 주목을 받았고, 도시 지식인과 여성, 자유주의자, 유대인, '유색(impure) 인종'에게 불편한 심기를 감추지 않는 태도는 그에게 공감하는 사람들에게도 충격이었다. 형이상학파 시인과 프랑스 상징주의, 랜슬럿 앤드루스(Lancelot Andrews)의 설교에 대한 그의 관심은 문학도들의 독서 습관과 감수성에 적어도 한 세대 이상은 영향을 미쳤다. 엘리엇이 보수적인 정치관을 표방했다고 해서 그에 대한 충성심을 버린 문학도는 얼마 없었을 테지만, 엘리엇의 견해가 아니었으면 그저 혐오감만 부추겨졌을 거라는 견해에 무게감이 실린 것도 사실이다.

　물론 스스로 경계인이라 느끼는 사람이 영국인의 주류, 심지어는 유럽인의 주류를 대변하겠다고 나선 모습은 묘한 아이러니다. 엘리엇은 미국 중서부에서 자란 뉴잉글랜드 사람, 진보적인 하버드 대학교에 다닌 보수주의자, 영국에 사는 미국인, 여성과 지식인에 대한 부정적인 편견이 심한 나약한(사내답지 못한) 지식인이었다. 이런 엘리엇이 자기보다 주류인 사람들에게 바람직한 태도가 무엇인지 가르쳐주겠다고 나선 꼴이었다. 이런 희한한 입장을 엘리엇이 몰랐던 것은 아니다. 그는 평생 동안 자신을 아웃사이더로 생각한 사람이었다. 하지만 엘리엇은 자신이 그런 역할을 맡아야 할 분명한 근거를 내세웠다. 오직 국외자만이 총괄적인 평가를 내리는 위치에 설 수 있다고 주장했다. 영국인들이 편견 없는 맑은 눈으로 사태를 판단하기는 어렵다는 것이다. 그리고 헨리 제임스의 견해에 공감을 표시하면서, 미국인은 영국인과 다른 방식으로 유럽인이 될 수 있다고 주장했다.

여러 분야에 대한 엘리엇의 견해는 오늘날에는 그저 호기심의 대상으로만 취급되는 편이지만, 그가 아직 젊었을 때 표명한 시에 관한 견해는 여전히 주목할 가치가 있다. 엘리엇은 시를 정서나 개성의 표출이 아니라, 오히려 정서와 개성으로부터의 도피로 여겼다. 그는 개성과 정서를 소유한 사람만이 거기서 도피한다는 것이 무엇을 뜻하는지 알 수 있다고 날카롭게 지적했다. "완벽한 예술가일수록, 번민하는 자아와 창조하는 자아가 완전히 분리되어 있다." 동시대 모더니스트인 피카소와 스트라빈스키, 그레이엄의 견해에 공명하면서, 그는 미숙한 시인은 선배의 작품을 그저 모방만 할 뿐이지만 성숙한 시인은 그 핵심을 훔쳐내서 더욱 개성적이고 훌륭한 작품으로 빚어낸다고 지적했다.

엘리엇은 시작(詩作) 과정에 대한 성찰도 아끼지 않았다. 그의 생각대로 시인은 어떤 종류의 경험도 소화할 수 있는 감수성을 지닌 존재이다. 시인의 마음은 무수한 감정과 말씨와 이미지 등을 붙잡아 저장해둘 수 있는 용기(容器)와 같다. 이러한 요소들이 무의식적이고 정리되지 않는 산만한 형태로 남아 있다가, 서로 융합하여 새로운 화합물로 표현된다는 것이다. 그는 개념이나 관념의 논리에 못지 않게 그 나름의 독특한 위력을 지닌 '상상력의 논리'에 관해서도 서술한다. 나아가 시를 읽는 것은 음악을 듣는 것과 마찬가지로, 논리가 개입하면 방해가 될 수 있는 정서적인 체험이라고 주장했다. 그는 무의식적으로 기억할 수 있는 시를 가장 좋은 시라고 생각했다. 즉, 무의식의 리듬에 기반해서 창조되고, 그 리듬에 부합하는 시를 가장 좋은 시라고 생각한 것이다.

엘리엇이 문학 이론에 기여한 내용 중 가장 유명한 것은 객관적 상관물이라는 개념일 터이다. 시인은 정서를 직접 전달하지 않는다고 그는 말했다. 시인은 해당 정서를 훌륭하고 효과적으로 전달할 수 있는 상황이나 이미지를 창조한다는 것이다. 그는 이렇게 말했다. "시인에게 필요한 것은 특정한 정서를 명확히 표현하는 일련의 객관 대상이나 상황, 사건인데, 해당 정서를 환기하려면 감각적으로 체험할 수 있는 방식으로 외부적인 상(像)을 제시해야 한다." 이러한 객관적 상관물을 창조할 수 있는 시인이 가장 훌륭한 시인이라는 것이다. 그는 결론적으로 "비상한 감수성과 뛰어난 언어 구사력을 결합시킬 줄 아는 시인이 없다면, 우리가 날것 그대로의 감정을 표현하는 능력뿐 아니라 그것을 느끼는 능력까지도 퇴화할 것이다"라고 지적했다.

객관적 상관물에 관해 글을 쓰면서 엘리엇은 자신의 경험을 염두에 두었을지 모른다. 어린 시절 넋을 잃고 빠져들었던 감각적인 장면이나 보스턴 거리에서 겪은 신비한 체험을 시로 표현하고자 노력했던 경험을 마음속에 담아두고 있었을 것이다. 하지만 엘리엇의 문학에 대한 견해, 특히 시에 대한 견해는 당연히 개인적인 체험과 선입견을 뛰어넘는 수준이다. 그는 시작 과정, 특히 자신의 경우를 비롯한 당대의 시작 과정을 깊이 있게 통찰했다. 엘리엇은 철학을 공부하고 비평을 썼던 경험을 십분 살려서 당대의 예술을 조망하면서, 보통은 교육 배경이 서로 다르고 감수성은 반대되기까지 하는 여러 사람들이 담당하는 역할을 동시에 맡을 수 있었다. 그는 시인으로서 그리고 비평가로서 성공하고 갈채를 받았는데, 당대의 다른 누구 못지않게 이러한 다양한 역할을 동시에 수행할 수 있었다는 사실이 이런 성공과 갈채를 한층 배가시킨 면이 있었다.

시에 대한 엘리엇의 성찰은 그 자신의 지적 능력을 살펴보는 데도 도움이 된다. 물론 시인으로서 그는 주로 언어 상징—여러 언어의 의미와 뉘앙스, 단어의 조합—을 다루었다. 하지만 시를 쓸 때 그는 다양한 분야의 자원, 즉 논리적이고 철학적인 요소와 다양한 문화권에서 차용한 역사와 문학 자료, 다른 사람들의 세계 이해, 그리고 무엇보다 그 자신의 감정에 대한 감수성에 두루 의존했다. 문학과 철학을 논하는 글을 쓸 때가 아니면 이런 요소를 직접 다루지 않았고, 시에 합당한 문학적 이미지와 표현을 통해 다루었을 뿐이다. 수없이 자신의 초고를 수정하는 것이나 다른 시인들에게 뛰어난 조언을 해주는 것이나 모두 시적 언어를 매개로 이런 요소를 정확하게 표현하려는 그의 노력을 나타낸다.

엘리엇은 꾸준히 문학을 논의하면서도 문학과 관련 없는 주제로서 세속적인 문제에서 아주 기이한 문제에 이르기까지 다양한 주제에 관해 자신의 견해를 밝혔다. 그는 초기 기독교도의 심성을 체득하기 위해 노력하면서도 문명의 파괴에만 편벽된 관심을 기울였고, 진보적인 생각은 그 종류를 불문하고 불신했으며, 현대성의 기미가 조금이라도 섞인 것은 무엇이든 거부하면서 전통적인 인물과 형식을 찬미했다. 노골적으로 파시즘이나 전체주의를 지지하지는 않았지만, 동일한 전통에 속하는 사람들이 맺는 '혈연적 관계'를 신비화했으며, 유대인 대학살(홀로코스트)을 비난할 기회는 스스로 사절했다. 요컨대, 유럽중심주의와 반(反)계몽주의라는 수렁에 빠져서 또 다른 천년왕국을 기대하고 있었는지도 모른다. 누군가 그에게 현대인은 고대인보다 아는 게 많지 않냐고 물었을 때 엘리엇은 수긍하면서도 퉁명스럽게 한 마디를 덧붙였다. "우리가 아는 것을 그들은 체현한다(They are what we know)."

모든 증거로 볼 때 엘리엇은 속내를 알기가 어려운 사람이었고, 그에게 친밀감을 느낀 사람도 거의 없었다. 특히 만년의 엘리엇은 다른 사람들과 거리감을 두어야만 편안함을 느꼈던 것 같다. 그리고 앞에서 다룬 창조자들과 마찬가지로 아주 가깝게 지낸 사람과 갑작스레 관계를 단절해서 충격과 상처를 준 일이 여러 번 있었다. 그렇다면 정치적인 도움과 사적인 우정이 필요했던 젊은 시절에는 다른 사람들과 어떻게 지냈는지 묻지 않을 수 없다.

이 연구를 수행하면서 내가 계속 놀란 점이 있다. 재능 있는 젊은이들은 마치 희귀종 생물처럼 자신들과 잘 어울릴 수 있는 동료들을 금방 찾아낸다는 점이었다. 젊은 피카소는 프랑스어를 거의 하지도 못하는 처지에서 일찍부터 막스 자코브와 거트루드 스타인, 기욤 아폴리네르, 앙리 마티스, 조르주 브라크와 만나 어울렸다. 스트라빈스키는 작곡에 전념한 지 한두 해 만에 세르게이 디아길레프와 바슬라프 니진스키와는 늦은 저녁을 함께 먹고, 클로드 드뷔시와 모리스 라벨과는 작곡 기법을 서로 얘기하면서 칭찬을 주고받는 사이가 되었다. 엘리엇은 비록 만년에는 조금 쌀쌀맞은 사람이 됐지만, 젊은 시절에는 이들 조숙한 천재들과 비슷한 패턴을 보였다. 일찍이 미국인인 콘래드 에이킨과 에즈라 파운드와 우정을 나누었고, 나중에는 윈덤 루이스, 리처드 올딩턴, 올더스 헉슬리, 줄리안 헉슬리(Julian Huxley) 등 1급의 젊은 영국인 예술가들과 교제했다.

냉소적인 사람이라면, 자신의 경력을 높이기 위해 서로를 이용하고 서로의 경력에 관심을 내비친 예술가는 다른 '미래의 거장들'을 찾아나선 '미래의 거장들'이 아니라 성공 지상주의자라고 말할지도 모른다. 물을 것도 없이 이러한 교제 활동을 하지 못하거나 할 생각이 없는 사람들은 불이익을 감수해야 한다. 물론 자기 선전에 능숙하거나 재능 있는 동료를 찾아내는 일을 잘하는 자들도 겨우 잠깐 동안이나 유리한 위치에 설 뿐이기는 하지만 말이다.

하지만 내가 보기에는 또 다른 현상도 무시할 수 없다. 재능이 뛰어난 젊은이들은 한 분야에서, 드물게는 여러 분야에게 기존의 업적을 완전히 배워 익힌다. 이미 당대의 첨단에 이른 자들은 한층 더 나아가기를 열망한다. 이들은 발달 과정의 중요한 시점에서 금방 동료를 알아본다. 물론 이 동료들이 경쟁자이기도 하다는 점을 알고 있으며, 일부는 이런 식의 편협한 관점을 뛰어넘지 못한다. 하지만 포부가 큰 혁신가라면, 1914년 「돌풍」이라는 자칭 아방가르드 잡지를 중심으로 모여 있던 파운드와 엘리엇, 윈덤 루이스 동인(同人)과 같은 소규모 그룹의 대의에 유리한 것은 자신에게도 유리하다는 점을 금방 깨닫는다. 이런 식으로 더 큰 대의에 함께 참여함으로써 경쟁 관계에서 오는 날카로운 면이 어느 정도는 부드럽게 완화되는 것이다.

엘리엇의 수수께끼 같은 인간 관계를 조각그림 맞추듯 그려보면 다음과 같은 설명이 가능하다. 성격상 엘리엇은 마음이 불안정하고 내향적인 사람이었으며 다소 위험스럽게도 다른 사람들과 되도록 어울리지 않고 고립된 삶을 살았다. 물론 매력적인 측면이 꽤 있었고, 주변 사람들도 엘리엇을 만나고 도와주는 것을 기쁘게 생각했다. 이러한 교제가 그의 경력에 보탬이 된 것은 사실이지만, 그저 매력적인 젊은 아가씨와 살고 싶은 마음에서 비비언과 결혼한 것이 아니듯 파운드나 에이킨과도 순전히 그런 냉소적인 관계로 머물렀던 것은 아니다. 하지만 점차 나이가 들고 다른 사람의 정치적인 지원이 필요 없게 되면서, 사람들로부터 고립되고 그들과 거리감을 유지하려는 천성이 다시 강하게 나타났다. 오래 사귄 친구나 호감가는 젊은이들에게만 편안하게 속내를 드러낼 수 있었다.

엘리엇은 언제나 최고 수준의 예술가를 존경했다. 당대의 걸출한 대가로 인정한 제임스 조이스에게는 경외감마저 느꼈다. 그는 『황무지』와 거의 동시에 출간된 『율리시스』를 한 세대를 대표하는 중요한 작품이라 여겼는데, 조이스는 이 책에서 엘리엇이 겨우 433행의 시로 나타내고자 했던 현재와 과거의 초상을 25만 단어로 (어조만은 좀더 의기양양하게) 묘사했다. 엘리엇은 『피네건의 경야』 출간을 독려하기도 했다. 그는 조이스에 대해 이렇게 말했는데, 어쩌면 그 자신의 속내를 드러낸 말일 수도 있다. "내가 존경하는 조이스는 외부의 자극에 초연하고 죽을 때까지 1급의 작품을 창조할 사람이다."

그가 동료로 인정한 또 한 사람은 버지니아 울프였다. 엘리엇은 그녀의 문학적 혁신에 감탄했고 오랫동안 친밀하게 지냈다. 언젠가 그는 울프가 긍정적으로 평가하는 문학인을 자신도 존중한다는 견해를 내비친 적이 있다. 그리고 『황무지』의 저자로서 스트라빈스키가 「봄의 제전」에서 성취하고자 했던 것에 강한 공감을 표시했다.

스트라빈스키의 음악이 오랫동안 살아남을지 아니면 금방 잊혀질지 나는 모른다. 다만 내가 느끼기엔 스텝 지방의 리듬이 자동차 경적과 기계 소음, 기어가 맞물리고 금속과 강철이 부딪치는 소리, 지하철의 굉음 등 현대 생활에 미만한 거친 소리로 변형되고, 다시 이 절망적인 소음이 음악으로 변환된 것 같다.

만년의 엘리엇

조숙한 아이들은 어떤 면에서는 노인과 아주 닮았다는 애기들을 한다. 그런 조숙한 아이들 중에서도 엘리엇은 제 나이보다 어른스럽기가 단연 돋보이는 아이였다. 언뜻 장남이라고 생각하기 쉬울 만큼(실은 6형제의 막내로 태어났다), 그는 어린 시절부터 부모와 조상 그리고 여타의 전통 대변자들의 견해에 공감했다. 엘리엇 가문에서는 자신의 독특한 성격과 어울리는 선례를 찾을 수 없었던 그는 배빗이나 모라스, 파운드와 같은 다른 아버지 상을 찾았고, 결국 매우 보수적인 정치적·종교적 신조를 받아들였다.

엘리엇은 이런 행태의 보상 심리에서 평생 동안 아이다운 성격을 잃지 않았다. 공식적인 글에 비해 동료들에게 보낸 활기찬 편지나 친구들의 아이들에게 보낸 쾌활한 편지들에는 그의 유머 감각과 꾸미지 않는 모습이 잘 드러나 있다. 하지만 다시 광시(狂詩)로 눈을 돌려서 쓴 유명한 우화 시집『노련한 고양이에 관한 늙은 주머니쥐의 책(Old Possum's Book of Practical Cats)』이나 반복되는 자기 풍자를 보면, 가장 정신이 냉정하고 침착했을 때조차도 인생과 자기 자신의 내부에 있는 모순점을 인식했음을 알 수 있다. 만년에 그는 그라우초 막스(Groucho Marx)와 친하게 지냈는데, 두 사람은 고양이와 시가, 농담, 뮤직홀의 재담, 음탕한 노래 등을 함께 좋아했다. 물론 엘리엇은 고집스럽고 강박적이며 무언가에 다소 사로잡혀 있는 점에서는 어린 아이의 별로 안 좋은 면도 가지고 있었다.

누구나 잃어버린 유년을 그리워할 테지만, 서정시인만큼 유년에 대한 그리움이 깊은 사람은 없을 것이다. 하지만 엘리엇은 모든 증거를 통해 볼 때 성숙한 어른이 마땅히 해야 할 일을 슬겼던 것 같다. 그는 은행 직원, 사업가 및 파버 앤 파버 출판사의 저명한 편집자 역할에 불편함을 느끼지 않았다. 신앙심이 깊은 신자로서 거의 매일 미사에 참석했다. 제2차 세계대전 기간에는 공습 감시원 역할을 했는데, 이런 일을 꽤 자랑스럽게 생각했다. 상을 받기 위해 여러 곳을 여행했고, 원로 문학인에게 주어지는 자리에 기꺼이 앉았다. 그는 전후에 11년 간 존 헤이워드(John Hayward)라는 병자를 돌봐주면서 함께 살았는데, 갑작스레 헤이워드와 헤어지고는 헌신적인 비서였던 발레리 플레처(Valerie Fletcher)와 결혼했다. 엘리엇은 이것이 자기 인생 최고의 선택이었고, 만년에 얻은 행복이 이 두 번째 부인 덕분이라는 점을 모두에게 분명히 밝혔다.

1925년과 1940년 사이에 엘리엇은 꾸준히 시를 썼다. 1925년에「텅 빈 사람들(The Hollow men)」, 1930년에「성회 수요일(Ash

Wednesday)」을 출간했고, 1942년에는 그의 작품 중 가장 긴 시인 「4개의 사중주(The Four Quarters)」를 발간했다. 이들 작품은 호의적인 평가를 받았고 엘리엇의 명성을 더욱 높였지만, 의미 있는 진전을 이룬 작품이라고 생각하는 사람은 별로 없었다. 오히려 일부 사람들은 예배와 속죄 그리고 구원의 내용을 노골적으로 다룬 작품이라고 해서 불편하게 느꼈거나 적어도 별 감흥을 받지 못했다.

내가 보기에 「4개의 사중주」는 창조성의 10년 혹은 20년 규칙에 부합하는 주요한 작품이다. 「결혼」이나 「게르니카」와 같은 다른 예술가들의 포괄적인 후기 작품과 마찬가지로 「4개의 사중주」 역시 현대풍의 언어와 감수성을 내함하고 있지만, 예술 전통과 오랫동안 간직해온 자신의 개인적인 사상에 깊이 뿌리박고 있다. 엘리엇은 자신의 개인사적 배경과, 시간과 장소, 기억, 정신적·철학적인 관심을 좀더 직설적인 어조와 아이러닉한 태도를 다소 누그러뜨린 방식으로 다루고 있다. 하지만 「4개의 사중주」는 다른 거장들의 후기 작품과 달리 어떤 돌파를 보여준 작품은 아니다. 이는 작곡가 리하르트 슈트라우스의 「네 곡의 마지막 노래(Four Last Songs)」를 연상시키는 최종작 같은 느낌이 강하다. 언제나 과거에 큰 영향을 받았던 엘리엇이 이제는 아예 과거에서 살아가는 듯했다. 아마도 라포르그 같은 강력한 자극을 주는 시인이나 파운드 같은 날카로운 비평가가 없었던 탓으로 엘리엇이 퇴영적인 시를 쓸 수밖에 없었던 것 같다.

엘리엇은 언제나 드라마, 특히 시극(詩劇)에 관심이 많았다. 극에서 "우리는 등장 인물들이 자신을 신중하게 밀어넣는 성격적 패턴 이면의 패턴을 감지할 수 있다. 이는 우리의 삶에서 환한 햇빛(기쁨)에 흠뻑 젖는 아주 드문 순간에만 감지할 수 있는 패턴이다"고 그는 말한

적이 있다. 1930년대에 시를 별로 쓰지 못한 점을 보상이라도 하듯, 이후 20년 간 여러 편의 극을 썼다. 「대성당의 살인(Muder in the Cathedral)」(1935), 「가족의 재회(The Family Reunion)」(1939), 「칵테일 파티(The Cocktail Party)」(1950), 「비서(The Confidential Clerk)」(1954), 「원로 정치가(The Elder Statesman)」(1958) 등이 그것이다. 이들 후기 작품은 종교와 영혼의 문제를 다루며, 수학적인 구성과 구도, 희극과 비극의 혼합, 아이러닉한 태도 등을 특징으로 한다.

엘리엇의 시가 생생한 인격화와 화자의 목소리가 특징인 극적인 면을 갖고 있다는 점은 오래 전부터 주목받았는데, 이제는 이런 면과 상보적인 관계를 이루는 방식으로 엘리엇의 극은 탁월한 시적 특질이 돋보이는 작품이면서 무대에 올려 공연해도 좋고 그냥 읽기에도 훌륭한 작품이라는 점이 주목받았다. 이들 작품 하나하나가 모두 훌륭하지만, 「칵테일 파티」와 「대성당의 살인」은 특히 자주 상연되었다. 주로 엘리엇이 저자라는 이유가 컸을 터인데, 일부 작품은 실상 엘리엇이라는 1급의 문학가가 쓴 것이 아니었다면 런던이나 뉴욕의 무대에서 공연될 일이 없었을 것이다.

무대에 올릴 작품을 쓰면서 엘리엇은 우리가 거인 예술가에게 요구하는 그런 용기를 몸소 보여준 셈이었다. 런던이나 뉴욕의 무대에서 그토록 대중적이고 위험성이 많은 예술 매체에 도전함으로써 자신의 명성을 위험에 내맡긴 것은, 이미 시인과 비평가로 존경받고 있었고 수줍음이 많았던 엘리엇한테는 쉬운 일이 아니었을 것이다. 하지만 엘리엇의 중년 작품은 피카소와 스트라빈스키, 그레이엄의 후기 작품이 지닌 힘을 갖지 못했고, 오히려 아인슈타인이 만년에 시도한 노력이 별다른 성과를 얻지 못한 경우와 비슷하게 그저 관심의 이동만을 나타냈을 뿐이다.

엘리엇 탄생 101주년에 해당하는 해에 미국의 소설가이자 비평가인 신시아 오직(Cynthia Ozick)은 「뉴요커」의 지면과는 어울리지 않을 정도로 엘리엇을 가혹하게 비판했다. 오직은 우선 엘리엇의 영향력이 최고조에 이르렀던 시기, 대략 1930년대에서 1960년에 걸쳐 그가 동료들과 젊은 독서 대중에게 독보적인 영향력을 행사했다는 점을 지적한다. 이어 그녀는 거의 모든 차원에 걸쳐 엘리엇의 권위에 의문을 제기한다. 즉, 시의 질적인 면(43편의 시 가운데 「프루프록」만이 자주 명시선에 포함된다는 것), 희곡 작품의 진부함(어느 시대에만 어울리는 작품이란 것), 과거의 고전에 대해 부당한 반역죄를 저지른 비평, 정전(正典)―정전을 규정하는 것이 자신의 고유한 책임이라고 생각했다―의 가치에 대한 시대착오적인 믿음, 그가 격이 떨어지는 사람들로 보았던 여성과 유대인, 자유주의자 등에 대한 야비한 견해―영국의 문학, 사회, 정치 분야에서 기성 체제의 일류 일원으로서 거만한 태도를 지녔던 모습에서 잘 드러나듯이―등을 거론한다.

오직은 엘리엇이 심지어는 그 자신이 생각하는 인물도 아니었다고 비난한다. 그는 스스로를 고전주의자로 생각했지만, 실제로는 주관적이고 신비적인 인물이었을 뿐이고, 던(John Donne, 1572~1631)과 단테에 공감을 표했지만 오히려 테니슨(Alfred Tennyson, 1809~1892)과 휘트먼(Walt Whitman, 1819~1892)과 더 닮은 사람이었다는 것이다. 또한 최초의 모더니스트이기는커녕, 최후의 낭만주의자에 가까웠다고 한다. 오직은 이렇게 결론내린다. "존슨 박사(Samuel Johnson, 1709~1784) 이래로, 영어로 글을 쓰는 문인 중에 그렇게나 많은 찬사를 받고 그처럼 탁월한 인물로 인정된 사람은 없었다. …… 이제와 돌이켜보면, 그처럼 귀족적이고 감정 표현이 억압돼 있고 우울하고 편협한데다 고집불통인 가짜 영국인한테 거의 모든 사람이 존경과 경의를 표했다는 사실은 참으로 낭패스러운 일이다."

물론 내가 오직의 견해에 실질적으로 동의했다면, 이 연구에 엘리엇을 포함하지 않았을 것이다. 엘리엇이 오늘날 여러 사람들에게 공격받고 있는 유일한 거장인 것도 아니고, 실상 스트라빈스키와 피카소, 그레이엄도 사적인 행동거지나 업적 면에서 여러모로 비판받을 여지가 있는 것이다. 확실히 엘리엇의 태도에는 안타까운 면이 있지만, 그렇다고 해서 그의 시가 무의미해지는 것은 아니다. 예이츠가 파시즘에, 피카소가 공산주의에 그리고 아인슈타인이 평화주의에 공감을 표시했다고 해서 그들의 업적이 손상받는 것이 아닌 것처럼 말이다. 게다가 그는 글에서는 비록 신랄한 발언을 일삼았다 해도, 사적으로는 심지어 경멸해야 마땅한 사람들한테도 매우 친밀한 태도를 보였다는 점을 감안해야 한다. 오늘날 우리는 엘리엇의 개인적인 고통이 『황무지』에 담겨 있다는 점을 잘 알고 있으므로 이 작품을 굳이 비난할 필요는 없을 것이다. 그리고 엘리엇의 삶에 대한 새로운 앎은 이 작품을 더욱 깊이 있게 이해하고 음미할 수 있는 동기가 될 것이다.

엘리엇의 시와 희곡, 문학 비평은 20세기 초반에서 70년대에 이르는 현대 문학계에서 중요한 업적으로 평가받는다. 「프루프록」, 『황무지』, 「4개의 사중주」, 「대성당의 살인」, 강연집 「시의 효용과 비평의 효용(The Use of Poetry and the Use of Criticism)」 등 엘리엇 최고의 걸작들은 우리 시대를 증언하는 결정판으로 남을 가능성이 크며, 특히 『황무지』는 이 시대의 인장(印章)과 같은 작품이라 할 수 있다. 엘리엇이 태어나지 않았다면 20세기의 시사(詩史)는 달라졌을 것이다.

조이스와 울프가 소설에 공헌한 바와 리처즈가 문학 이론에 공헌한 바를 엘리엇은 시와 문학 비평에 기여한 것이다.

우리가 다루는 현대의 거장들은 모두 여러모로 경계인으로 볼 수 있다. 마사 그레이엄은 남성 위주의 무용계에서 혁신적인 안무가와 무용단장으로 활약한 여성이었고, 마하트마 간디는 영국인과 남아프리카인에게 저항한 인도인이었으며, 스트라빈스키는 프랑스와 미국에서 활동한 러시아인이었고, 프로이트와 아인슈타인은 반유대주의 기운이 점차 고조되는 유럽에 살았던 유대인이었다. 하지만 어느 누구도 엘리엇처럼 단호하게 경계인으로만 살지는 않았다.

경계인으로 살았던 엘리엇의 생애는 역설적이다. 그는 유서 깊은 가문에서 태어나서 세계 최대의 강국에서 살았기 때문에, 엘리엇 가문의 다른 남자들처럼 주류의 일원으로 살아갈 수 있었다. 그는 어쩔 수 없이 경계인으로 살았던 것이 아니라 스스로 그런 길을 선택했다. 주류에 속하지 않는다고 느끼면서 일부러 경계인의 삶을 선택한 것이다. 중서부 출신으로 동부 지역의 하버드 대학에 진학했고, 자유주의적인 학생들 사이에서 보수주의를 견지했으며, 미국인으로서 영구적으로 해외에 정착해 살았다. 은행에서 근무하는 지식인, 반동적인 사상을 지닌 예술가, 방탕가들 사이에 끼어 있는 금욕주의자, 무신론자 가운데 있는 신자, 철학자 집단의 시인이자 시인 그룹의 철학자, 극적 시인이면서 시적인 운문을 쓴 극작가였다. 분명히 엘리엇은 경계인이 되고자 하는 충동을 강하게 느꼈고, 이것이 자연스럽게 이루어지지 않자 스스로 경계인의 위치로 나아간 것이었다.

하지만 경계인이라는 느낌은 공동체에 대한 욕구를 함의한다. (공동체에 편안히 자리잡았다고 느끼는 사람은 경계인이라고 느끼지 않는다.)

엘리엇 역시 어떤 공동체에 속하고 싶은 마음이 있었음을 알려주는 분명한 증거가 있다. 결국 이런 이유로 그는 영국 국교회의 신자가 되었고 특정한 정치적 신념을 신봉했으며, 훌륭하고 '완전한(compleat)' 영국인이 되기 위해 노력했다. 하지만 비평가 도널드 데이비(Donald Davie)는 엘리엇이 영국에서도 세상에 거의 알려지지 않은 런던의 소수 지인들과만 교제하면서 아웃사이더로 살았다고 주장한다. 분명히 엘리엇은 자신이 어떤 공동체의 아웃사이더, 타고난 이방인이라고 생각하고 싶어 해서 스스로를 일컬어 '이방인'이라고 자주 불렀다. 그는 일종의 파우스트적인 계약을 맺었던 것이다. "예술은 인간이 가진 것을 모두 포기하기를 요구한다. 가족도 버리고 오직 예술만을 좇아야 한다고 요구한다. 예술은 인간이 어느 가족이나 계급, 당 혹은 동인의 일원이 아니라 그저 그 자신일 뿐이기를 요구하기 때문이다." 이런 말은 그다지 놀랍지 않을 것이다. 실상 그의 획기적인 업적은 그가 경계인임을 통렬하게 자각할 때 나왔다. 「프루프록」과 「여인의 초상」에서 보스턴 거리를 관찰하는 젊은 예술가, 『황무지』와 「텅 빈 사람들」에 잘 드러난 대로 서구 문명의 몰락에 번민하는 중년 초입에 들어선 남자, 그 때까지 무시되어 온 작품을 복권하고 신성시되는 기존의 걸작을 비판하면서 전복적인 위치를 차지한 데서 끼쁨을 느낀, 만년의 사심 없는 문학 비평가가 그의 이력이다. 문학가 엘리엇의 목소리, 혹은 그의 말대로 그의 다양한 목소리들은 경계성을 집약적으로 나타내며, 이것을 추구하기 위해 그는 많은 것을 희생해야 했다. 이 책에서 다루는 다른 어떤 거장도 기쁜 순간은 거의 없고 잦은 병치레와 상처로 얼룩진 삶을 살았던 엘리엇만큼 고통스러운 삶을 살지는 않았을 것이다. 너무나 가혹한 삶을 살았기에, 비록 희생자라는 느낌을 시적으로 조롱

할 권리가 스스로에게 있다고 느끼기도 했지만, 그는 자신이 무언가에 구속받고 있다는 느낌을 자주 토로했다.

이렇듯 엘리엇은 앞에서 다룬 현대의 거장들 모두에게 내재한 성향을 집약하고 있다. 경계인이라는 느낌과 인생 전부를 걸고 경계성을 탐구하는 능력이 그에겐 있었다. 게다가 엘리엇은 저절로 경계인이 될 수 없는 처지였기에, 생산적인 비동시성의 수준에 이르기 위해 스스로 경계인이 되기로 선택한 인물이었다. 경계인이란 오직 공동체를 전제하고서야 성립할 수 있는 존재이므로 창조적인 인물의 생애에서는 경계인이라는 느낌을 갖는 순간과 공동체에 속한다는 느낌을 갖는 순간이 시계추처럼 왕복하는 궤적을 엿볼 수 있다. 이를 달리 말하면, 창조성이 매우 뛰어난 인물들은 어느 정도는 세계 전체에 속하면서 동시에 자기 자신으로만 홀로 남겨져 있다고 할 수 있다. 그리고 이렇게 양극을 오가는 모습이야말로 창조자의 생애에 긍정적인 비동시성과 부정적인 비동시성을 동시에 가능케 한 요인일 것이다.

마침내 비비언과 헤어지고 시인으로 세계적인 명성을 얻고 발레리와 결혼했을 때 엘리엇은 마음의 평화와 만족감을 얻었다. 이와 동시에 문학적 생산 능력은 현저하게 퇴조했는데, 그레이엄과 예이츠, 피카소, 스트라빈스키 등은 절정에 이르렀을 때 이미 창조력의 쇠퇴를 겪었다. 엘리엇의 뛰어난 작품은 경계성이 최고조에 이르렀을 때 출현했거니와, 그런 빛나는 업적을 계속 쌓기 위해서는 그가 원하지도 않았고 감당할 수도 없었더라도 경계인의 자리를 줄곧 지켰어야 했을지 모를 일이다.

간주곡 2

 5장과 6장, 7장에서 살펴본 세 명의 예술가는 통상 20세기 예술사에서 함께 묶여서 설명되곤 한다. 모두 1880년대에 태어나서 1900년대 초반에 각기 선택한 분야에서 정상의 위치에 올랐다. 이후 반세기 가까이 해당 분야에서 영향력 있는 예술가로 군림했고, 혁신적인 작품을 생산했는가 하면 동시에 전통에도 밀착해 있어 신고전주의자라는 호칭을 얻었다. 피카소와 스트라빈스키 그리고 엘리엇은 각기 자신의 분야에서 현대의 예술 거장이라 불리기에 부족함이 없다.
 널리 인정되는 이같은 유사점 외에 이 책의 연구 관점에서도 몇 가지 연속성을 지적할 수 있다. 첫째, 이들은 모두 부르주아 집안에서 태어나서 가족이 높이 평가한 예술 장르에서 활약했다. 이런 점은 가족이 존중할 수는 있었으나 이해할 수는 없었던 일을 했던 아인슈타인과 프로이트의 경우와는 구별된다. 세 예술가는 젊은 나이에 예술 중심지로 이주했다. 피카소와 스트라빈스키는 파리로, 엘리엇은 런던으로 갔는데, 곧 가장 혁신적인 예술가와 지식인 그룹의 중심 인물로 부상했다. 이들의 가장 근본적인 예술적 업적은 사적으로나 예술적으로나 그들과 가까운 동료들의 도움을 받아 이루어졌다. 피카소에겐 조르쥬 브라크가 있었고, 스트라빈스키에겐 디에길레프 발레단이, 그리고 엘리엇에겐 에즈라 파운드와 비비언 엘리엇이 있었다. 이들이 중년에 들어 부르주아적 삶에 굴복했다는 사실이나 자클린 피카소와 로버트 크래프트, 발레리 엘리엇

등 젊은 사람들이 그들 인생의 측근에서 활기를 되찾아주는 역할을 한 점을 무시해서는 안 된다. 마지막으로, 그들은 창조력의 원천을 잃지 않고 새로운 작품을 계속 추구하기 위해 일종의 협약, 아주 인상적인 계약을 맺었다는 점이다. 피카소는 젊음을 유지하고 자기를 보존하기 위해 주변 사람들을 가학적으로 대했고, 스트라빈스키는 친분 관계를 희생해서라도 법정 싸움의 불씨를 지피는 데 주저치 않았으며, 엘리엇은 프로이트처럼 금욕적인 삶을 선택하고 동시에 가학적이라 할만큼 다른 사람들의 감정을 무시했다.

우리의 예술가들은 다른 중요한 면에서도 순서대로 정렬할 수 있다. 이들은 우선 지적 능력에 있어서 폭넓은 편차를 보인다. 엘리엇은 교수가 될 만한 능력이 있었고, 스트라빈스키는 미학과 철학상의 특정 주제에 관심이 많았다. 학문적 관심이 가장 미약했던 피카소는 당대의 이론가와 지식인들에게 마치 고양이에게 쫓기는 쥐처럼 휘둘린 감이 있었다. 종교 문제에 관련해서도 주목할 만한 차이점이 보인다. 스트라빈스키와 엘리엇은 거의 비슷한 시기에 가톨릭교를 받아들일 필요가 있다고 생각했지만, 피카소는 기성 종교보다는 미신에 의존하는 성향이 짙었다. 정치적인 영역에 관해서도 상당한 차이점이 있어서, 엘리엇이 생래적인 보수주의자라 할 수 있다면 피카소는 반사적으로 무정부주의자가 된 경우라 할 수 있다.

여기서 예술적 창조와 과학이나 수학 분야의 창조 사이에 개재하는 결정적인 차이점을 지적하는 것이 중요하다. 과학이나 수학 분야에서는 보통 젊은 나이부터 역량을 발휘하기 시작해서 초기에 혁신적인 업적을 이루는 경우가 많다. 하지만 이들 분야는 예술과 달리 발전하는 속도와 성과물이 축적되는 속도가 굉장히 빠르다. 창조성이 우수한 인재들이 새로운 이론을 발견함으로써 발전이 이루어지는 이 분야에서는 젊은 시절에 내놓은 이론적 도구가 오래지 않아 적절성과 본래의 기능을 상실하는 경우가 많다. 창조자들은 지속적으로 전진하거나 아니면 아인슈타인처럼 동료들에게 뒤처져 점차 장의 관심을 잃게 된다. 과학자와 수학자는 예술가와 달리 해당 분야의 과거를 연구하고 앞 세대의 거장들과 대화를 나누는 경우가 드물다. 이런 일을 하고자 한다면, 역사가나 철학자, 시인 혹은 아인슈타인처럼 현명한 노인이 될 뿐이어서 동시대의 과학 및 수학 분야에 핵심적인 공헌을 하기는 어렵다.

예술가들은 건강이 허락하는 한 새로운 작품을 창조하는 길을 계속 걸어갈 수 있다. 피카소와 스트라빈스키는 마샤 그레이엄과 마찬가지로 이런 길을 선택했고 노년에 이르기까지 창조 활동을 멈추지 않았다. 그리고 10년을 주기로 작품 세계를 쇄신하는 놀라운 창조력을 보여주었다. 이런 면에서 엘리엇은 다소 예외적인 사례이다. 스트라빈스키나 피카소처럼 변화하는 모습을 보여주는 대신 40대에 들어서면서 사실상 시쓰기

를 그만둔 것이다. 물론 엘리엇은 계속 글을 썼고, 극작가라는 다소 위험한 길에 들어섰으며, 문학의 여러 분야에 실질적인 문지기 역할을 했다. 시쓰기를 포기한 이유가 흔히 젊은이의 장르라고 하는 시의 특성 때문인지, 아니면 사생활에 얽힌 여러 이유 때문인지는 분명히 말하기 힘들다.

그렇다면 이 세 인물의 창조 활동의 본질은 무엇인가? 프로이트나 아인슈타인의 경우와 달리, 피카소와 스트라빈스키, 엘리엇이 어떤 난해한 문제를 풀거나 새로운 이론 체계를 구상했다고 말하기는 곤란하다. 이들의 업적은 교과서에 그대로 옮길 수도 없고 명제적인 토론의 대상이 될 수도 없으며, 해당 분야의 다른 업적에 의해 형성되거나 폐기처분될 수가 없다. 특정 장르에서 새로운 예술 작품을 창조하고, 자신들의 변화하는 예술적 비전을 반영하는 창조물을 축적하는 것이 그들의 임무인 것이다.

만약 이들이 다른 시대에 살았다면, 혹은 전혀 다른 성격을 타고 났다면, 유서 깊은 전통에 안주하는 평범한 장인으로 살았을지 모른다. 하지만 이들은 전통적인 예술 형식이 소진되고 전위적인 작품이 중요시되는 시대에 살고 있었다. 젊은 나이에 해당 분야의 상징체계를 습득하고, 이전에는 전혀 시도된 바 없지만 일단 탐험이 시작되자 그들 자신뿐만 아니라 궁극적으로 동시대인들에게도 의미 있는 일로 받아들여지는 방식으로 그 상징체계를 새로운 방향으로 확장했다.

피카소는 브라크와 함께 앞선 시대의 서양 예술에 우세했던 형상을 조각내고, 이전에는 재현 위주로 형상화되었던 사물의 형태와 모양을 새롭게 그려냈다. 「아비뇽의 처녀들」과 「게르니카」에서는 이런 새로운 회화 언어를 호소력 짙은 인간적 주제와 결합시켰다. 스트라빈스키는 리듬과 불협화음을 전혀 새로운 방식으로 실험하여 「봄의 제전」과 「결혼」을 작곡했는데, 이들 작품은 그 자체로 하나의 양식이 되었다. 엘리엇은 『황무지』에 소외된 세대의 감정을 담은 목소리를 표현함으로써 영국인의 귀에는 다소 이상하게 들리는 시의 주제와 양식을 도입했다. 다음 장에서 보겠지만, 마사 그레이엄도 새로운 몸짓 언어와 주제를 탐구하여 전통적인 무용 형식에서 벗어났다.

좀더 거리를 두고 살펴보면, 앞선 시대 작품들과의 연속성도 감지할 수 있다. 피카소와 세잔, 스트라빈스키와 드뷔시, 엘리엇과 라포르그 사이에는 연속성이 개재한다. 이들 혁신가들 사이에는 인상적인 유사점이 있다. 파편적인 요소와 형태 자체에 대한 관심, 일상의 세속적인 삶에서 겪는 긴장, 원시에의 동경, 과거의 무거운 주제, 세속의 사소한 일들과 고상한 전체 주제 사이를 왕복한다는 점이 그것이다.

그러나 이러한 역사적 설명만으로는 이들 작품의 분명한 성격을 제대로 알기 어렵다. 우선 이들은 장인 정신이 투철한 예술가였다. 매일같이 작업실에 들어가 거의 홀로, 완성까지 몇 달 혹은 몇 년씩이나 걸리는 작

품 제작에 몰두했다. 이러한 작품은 예술 수단과 장르의 실험을 통해 창조된 것이다. 이러한 예술 수단과 예술 장르는 어떤 의미에서는 수세기 동안 전혀 변함이 없었지만, 이들 혁신적인 예술가가 새롭고 낯선, 어쩌면 관객들에게 충격을 미칠 수도 있는 방향으로 이끌고 있었던 것이다. 이러한 작품들은 그들이 그것을 세상에 내보내기 전까지는 그들의 소유로만 남아 있을 뿐이고, 작품을 창조한 상징체계(회화, 음악, 언어)에는 이들 예술가의 면모가 표현되어 있다.

하지만 이러한 예술 작품들은 더 넓은 세상에 선을 보이게 되었다. 회화는 전시되었고, 음악 작품은 공연되었으며, 시는 출판되었다. 이러한 활동에 의해 예술가들은 직접적으로 다른 사람들의 세계에 들어가는 셈인데, 이 세계에는 유력한 예술 중개인도 포함되어 있다. 어느 정도로 이러한 접촉을 해야 하는가 하는 문제는 개인과 분야와 장에 따라 다를 수밖에 없는데, 스트라빈스키의 대규모 작품의 경우에서 아마도 그런 요구가 가장 클 것이다. 하지만 어느 경우든 다른 사람들과의 교제는 창조자의 삶에 본질적인 부분을 이루었다.

물론 이들은, 특히 만년에는 주변의 지인들에게 협상 역할을 맡겨두고 자신은 조용히 은거하는 방법을 택할 수 있었다. 그들이 직접 자질구레한 일에 나설 필요는 없었다. 분명히 캔버스에 그림을 그리는 피카소의 회화 작업이 엘리엇이나 스트라빈스키의 창조 활동보다 미학적인 의의

가 크다고 할 수 있다. 실상 엘리엇이나 스트라빈스키는 좀 뒤늦게 태어났다면 컴퓨터 단말기를 통해 그들의 모든 작품을 창조할 수 있었을 것이다. 하지만 피카소 역시 그런 것에 익숙하다면, 아예 작품을 포기하거나 아니면 컴퓨터를 이용해서 그림을 그렸을 것이다. 이런 점에서 이 세 명의 예술가들은 앞 장에서 다루었던 과학자들과 마찬가지로 연구실 혹은 작업실의 창조자라고 할 수 있다. 여기서 우리는 이 책에서 마지막으로 다루는 창조자들, 즉 마사 그레이엄이나 마하트마 간디와 구별되는 가장 근본적인 차이점을 보게 된다. 이 두 사람의 창조적인 활동은 각기 다른 분야에서 이루어진 것이긴 하지만, 특정 시기에 그들의 공개적인 행동(performance)이 얼마나 많은 사람들에게 감동을 주고 영향을 미쳤는가 하는 점에 따라 평가받았다는 점에서 공통점이 있는 것이다.

마사 그레이엄
무용계에 혁명을 몰고 온 여자

Martha Graham, 1935

아마도 무용은 원초적인 예술 형식, 최초의 인류가 행했던 예술 형식일 것이다. 서양에서는 가장 최근에 근본적인 변화를 맞은 예술이 또한 무용이었다. 회화와 음악, 문학은 무용가들이 1920년대와 1930년대에 결정적인 일보를 내딛을 무렵에 이미 현대화의 세례를 받은 장르였다. 여러 예술 형식 가운데 오직 무용만이 주로 미국에서 선구적으로 현대화된 장르라 할 수 있는데, 이는 유럽과 아시아, 아프리카의 신체 표현 양식에 대한 일종의 반작용이었다. 많은 무용가들이 이런 역사적인 창조에 기여했지만, 가장 중요한 인물은 마사 그레이엄이다. 그녀는 이 책에서 논의하는 창조자들 가운데 유일하게 여성이며 미국에서 삶을 영위한 인물이다.

세기 전환기의 무용 분야

마사 그레이엄의 혁신은 무용의 두 가지 흐름에 대한 반작용이었다. 우선 고전 발레는 수백 년의 역사를 지닌 예술 형식이다. 다섯 가지 기본 발 자세와 몸의 자세, 무용수들 간의 기하학적 관계에 대한 정확하고 엄밀하고 규정이 있는 발레는 예술 가운데 가장 정교한 예술 형식으로 정평이 나 있다. 20세기 초반 디아길레프의 발레뤼스 무용단의 혁신적인 안무, 특히 미하일 포킨의 안무 덕분에 발레는 새로운 활력을 얻을 수 있었다. 발레뤼스는 무용의 형식을 새롭게 탐구하면서 고전 발레의 플롯 중심에서 벗어나기 시작했다. 그러나 참을성이 없고 모험심이 강하며 불손하기까지 한 미국인들이 보기에 발레는 여전히 유럽의 폐쇄적인 무용 형식이었다.

또 하나의 주요한 무용 흐름은 비유럽인, 특히 아시아와 아프리카,

아메리카 원주민의 민속 무용이다. 대개 의식(ritual)에 기반한 이러한 무용은 수백 년 동안 그 지역에서 살아온 사람들의 관습과 가치관과 감정을 반영한다. 미국과 유럽의 관객은 이러한 이국적인 무용 공연에 호기심을 느끼지만, 대개는 고급 예술이 아니라 민중 예술이나 기예 정도로 여길 뿐이다.

무용 혁신가의 등장

세기 전환기의 예술 애호가들은 발레와 이국적인 민속 무용, 그리고 광대극(burlesque)이나 사교춤, 곡예와 같은 대중적인 신체 여흥 문화 등에 대한 불쾌감을 분명하게 드러냈다. 무용이라는 것은 인간의 진정한 감정이 스며 있지 않고 현대 생활과도 동떨어진 채, 그저 식물과 동물의 모습을 흉내내는 데 급급한 예술 장르로 여겨졌다. 이런 처지에서 몇몇 걸출한 미국 여성들이 참다운 무용 형식을 실험적으로 고안하기 시작했다.

일반적으로 무용을 현대에 진입시킨 최초의 인물은 이사도라 던컨으로 알려져 있다. 그녀는 캘리포니아에서 태어났지만, 성년이 된 이후에는 유럽에서 살았다. 흔히 이사도라는 신체를 무엇보다 감정을 표현하는 매개로 여겼다고 한다. 그녀는 무용을 위대한 음악 작품의 반주에 맞춰 공연하는 진지한 예술 형식으로 취급해야 한다고 생각했다. 그리스의 신화와 예술 그리고 산드로 보티첼리(Sandro Botticelli, 1445~1510)의 「프리마베라」에서 영감의 원천을 발견한 이사도라는 자유로운 영혼이 되어 춤을 추었다. 그녀는 자연과 사랑과 아름다움을 몸을 통해 관객에게 전달했다. 스카프를 두르고 맨발로 춤을 추었던 그녀의 무용은 특히 러시아에서(혁명 이전과 이후를 불문하고) 열렬하게 받아들여졌다.

용기 있는 성격에다 미학적인 모험을 추구하였던 이사도라는 당연하게도 무용에 막대한 영향을 미쳤다. 하지만 그녀의 기술적인 혁신은 많은 사람의 추종을 불러올 만큼 숙련성이나 일관성을 갖고 있지 못했다. 이사도라의 성공 요인은 제자나 '양녀' 들에게 전수해 줄 수 있는 기술이 아니라, 주로 그녀의 카리스마 넘치는 태도와 '몸의 본능적인 움직임'에 있었다. 이런 이유로 이사도라는 통상적으로 새로운 무용 전통의 창시자라기보다는 고독한 선구자로 여겨진다. 날카로운 식견을 지닌 무용 비평가 애그니스 드 밀(Agnes de Mille)은 이렇게 말한다. "이사도라는 무대에 널린 쓰레기를 모두 청소했다. 그녀는 거대한 빗자루였다. 그녀로 인해 비로소 무대가 깨끗하게 청소된 것이었다."

이사도라가 대서양과 에게해 방면을 바라보고 있었다면, 또 다른 무용계의 선구자 루스 세인트 데니스는 주로 동양에 시선을 고정하고 있었다. 이사도라와 거의 동년배인 세인트 데니스는 이집트와 중국, 일본, 자바, 태국, 인도의 무용에서 영감을 얻었다. 그녀 역시 이사도라와 마찬가지로 무용이 진지한 예술로 인정받기를 바라고 있었고, 미국인들이 몸의 아름다움과 기능에 대한 청교도적인 혐오감을 버리기를 희망하고 있었다. 그녀는 음악의 특정 세부에 주목하면서 무용 동작을 통해 악기 소리와 리듬감을 표현하려고 노력했다. 신비주의 성향에 물들어 있던 세인트 데니스는 이사도라처럼 인간의 격정과 생명력을 몸으로 나타낸 것이 아니라 순수 영혼의 세계를 표현하려고 했다.

세인트 데니스는 미국 무용계에 큰 자취를 남겼다. 오랜 생애 내내 미국에서 살았던 그녀는 영감이 풍부한 스승으로서 무용가 테드 숀과 함께 일하며 큰 영향을 미쳤다. 실제로 1세대 현대 무용가들 대부분은 세인트 데니스와 숀이 세운 전설적인 무용학교 데니숀에서 훈련받았다. 그러나 세인트 데니스가 현대 무용에 남긴 유산은 이사도라의 경우와 마찬가지로 상징적인 면이나 실질적인 면에서 그다지 큰 편이 아니었다.

세기 전환기, 마사 그레이엄의 미국

1894년에 태어난 마사 그레이엄은 열네 살이 되던 해까지 펜실베이니아 주의 앨러게이니라는 마을에서 살았다. 앨러게이니는 피츠버그 인근에 위치한 전형적인 미국 소도시였다. 그녀는 화목하고 안락한 가정에서 자라났다. 그레이엄의 아버지 조지(George)는 아일랜드 이주민의 후손으로서 억세고 거친 성격을 지녔으며, 마사와 그녀의 두 자매를 위해 음악을 연주하고 노래를 불러주기를 좋아했다. 의사였던 그는 특히 마음의 문제에 관심이 많았는데, 아마도 오늘날에는 이런 '정신병 의사(alienist)'를 정신과 의사라고 부를 것이다. 그레이엄 박사는 무척 바쁜 나날을 보냈고 몇 년 동안은 직업상의 이유로 가족과 떨어져 지냈어야 했지만, 자애로운 아버지로서 맏딸 마사에게 큰 영향을 미친 것은 틀림 없다.

마사의 외가는 유서 깊은 미국인이었다. 어머니 제인 비어즈(Jane Beers)는 헨리 워즈워스 롱펠로의 시 「마일즈 스탠디시의 구혼(The Courtship of Miles Standish)」에서 불멸의 존재가 된 마일즈 스탠디시의 10대 후손이었다. 마사 그레이엄에게 외가쪽 친척들, 특히 무섭고

엄한 외할머니는 청교도 전통을 대변하는 인물이었다. 마사는 매우 엄격한 가르침을 받으며 자랐다. 매일 기도하고 의무적으로 교회에 출석하고 주일 학교에 나가야 했다. 몇몇 다른 창조자들과 마찬가지로 어린 시절의 마사는 보모에게서 무조건적인 사랑을 받았다. 보모 '리지 아줌마'는 그레이엄 가족의 아이들이 속마음을 터놓고 지내는 친구와 다름 없었다. 비평가 월터 테리(Walter Terry)는 그레이엄 가족의 배경을 이렇게 요약했다. "마사는 부모의 성향을 고르게 물려받았다. 엄격하고 꿋꿋한, 신앙심 깊은 청교도 개척자의 후손이면서, 격렬하고 거친 성격에다 다소 침울하고 몽상적이며 불같은 성미를 가졌던 블랙 아이리쉬 교파의 후손이었다."

뛰어난 업적을 남긴 인물, 특히 미디어의 홍수 속에 살아야 했던 20세기의 인물답게, 그레이엄은 어린 시절부터 여러 가지 일화를 남긴 것으로 유명하다. 겨우 아장아장 걸어다닐 무렵에 벌써 교회 좌석의 통로에서 춤을 추었다고 하며, 갑자기 기차가 움직이는 바람에 안에 갇혔을 때 또렷한 음성으로 이렇게 말했다고 한다. "아저씨, 전 그레이엄 박사의 딸인데요, 여기서 내리고 싶어요." 어린 그레이엄은 거짓말하는 버릇이 있어서 자주 문제를 일으켰다. 어머니는 할 수 없이 집에 작은 무대를 마련해놓고 그레이엄에게 흉내내기 놀이를 시켰다. 가장 인상적이면서 그만큼 자주 언급되는 일화로서, 그레이엄의 아버지는 딸이 사실대로 말하지 않는 것을 보고 이렇게 말했다고 한다. "네가 거짓말을 하면 내가 모를 줄 아니? 네가 나를 속인다는 걸 항상 네 몸짓이 말해 준단다. 네가 말하는 내용과는 상관 없이 네 모습에 다 써 있어. 주먹을 쥐면 내가 모를 거라고 생각하겠지? 하지만 등이 뻣뻣해지고 발을 끌거나 눈을 내리깔고 있잖니. 몸짓은 거짓말을 못하는 법이란다." 딸의 잘못에 대한 이런 통찰력 있는 부모의 대응은 나중에까지 커다란 의미로 남았다.

어린 그레이엄이 천식 기미를 보이자 가족은 1908년 마사의 나이 열네 살 때 캘리포니아 주의 산타 바바라로 이사하기로 결정했다. 마사의 가족은 산타 바바라의 기후와 분위기를 마음에 들어했다. 엄격한 장로파의 가르침이 지배하는 동부의 소도시에서 살다가 격식에 얽매이지 않고 열대의 정취가 있는 남부 캘리포니아로 이주한 것은 여러모로 마사 가족의 심신을 편안하게 했다. 그레이엄은 학교 생활에도 잘 적응했다. 배움이 빠르고 독서를 많이 했던 그녀는 「올리브와 금(Olive and Gold)」이라는 문예지의 유능한 편집자로 활동했다. 학생들이 제작한 「아이네아스」에서 여왕 디도의 역할을 맡았고, 농구를 즐겼으며, 단편 소설과 2막짜리 연극을 썼고, 재봉에도 빼어난 솜씨를 자랑했다. 앞에 나서는 걸 싫어하는 성격이었음에도 동급생들은 그녀를 좋아했다.

그레이엄은 1911년 4월 로스앤젤레스 오페라 하우스에서 이국적인 춤을 추는 로스 세인트 데니스라는 무용가의 공연을 알리는 포스터를 보았다. 힌두교의 주신 크리슈나의 연인 라다로 분한 세인트 데니스의 유명한 모습이 포스터를 장식하고 있었다. 그레이엄은 금빛으로 반짝이는 팔찌를 끼고 옥좌 모양의 단상에 책상다리로 앉아 있는 화려한 옷차림의 세인트 데니스를 보았다. 그녀는 아버지에게 공연에 데려가 달라고 간청했고, 아버지는 그레이엄이 놀랐을 정도로 쾌히 승낙했다. 아버지는 딸에게 바이올렛 코르사주를 선물하기까지 했는데, 마사는 이것을 오랫동안 소중하게 간직했다. 그레이엄은 다양한 여신의 모습으로 나타나 홀로 춤추며 무대를 휘어잡는 매혹적인 여인의 모습에 넋이 나갔다. 장엄하고 화려한 옷차림과 표정이 풍부한 눈, 인상적인 모습에 혼을 빼앗길 정도였다. "그 순간 내 운명은 결정되었다. 나는 여신처럼 춤추는 법을 배우는 것을 더 이상 기다릴 수가 없었다"고 훗날 그녀는 회상했다.

무용 공연에 감동하는 것과 무용가가 되기로 결정하는 것은 전혀 다른 문제이다. 그레이엄의 부모는 맏딸이 무용가가 되는 것을 탐탁지 않게 생각했다. 결국 부모와 딸은 마사가 교양 교육을 받으면서 동시에 예술적 관심을 추구할 수 있는 컴노크(Cumnock) 학교에 진학하는 것으로 합의를 보았다. 그레이엄은 마치 알베르트 아인슈타인이 학생들을 억누르지 않았던 아라우 주립 학교를 좋아했던 것처럼(4장 참조), 이 학교의 자유로운 분위기에 만족했다. 1914년 그레이엄이 스무 살이 되었을 때, 아버지가 심장 마비로 사망했다. 그레이엄은 이제 자신의 미래를 스스로 개척할 수 있다는 자유를 느꼈다.

새로운 경력

1916년 스물두 살이 된 마사 그레이엄은 무용가 루스 세인트 데니스와 무용가이자 사업가인 테드 숀이 몇 해 전에 설립한 로스앤젤레스 유일의 무용학교인 데니숀에 입학했다. 입학할 때의 여건은 별로 좋지 않았다. 스무 살은 무용가가 되기에 너무 늦은 나이다. 대부분의 무용가 지망생은 열 살이 되기 전에 엄격한 훈련을 받기 시작한다. 그레이엄은 몸이 아주 작은 편이었고, 일반적인 의미에서도 딱히 매력적이랄 수 없는 용모에 유연성도 별로 뛰어나 보이지 않았다. 가망이 없어 보였는지 세인트 데니스는 별로 인상적이지 못한 이 학생을 제자로 받고 싶어 하지 않았다. 그녀는 신입생을 숀에게 맡겼다.

그레이엄은 처음엔 별로 전망이 없어보였지만 무용단에서 점차 빛을 발하기 시작했다. 수업중에는 조용하고 수줍음이 많았지만, 아주 어려운 자세와 기술을 놀라울 정도로 빠르게 익혔다. 신체-운동 영역의 신동이라 할 만했다. 그레이엄은 연습 시간을 알차고 재미있게 보냈으며, 점차 강하고 유연해지는 자신의 모습을 보고 기쁨을 느꼈다. 그녀는 믿을 수 없을 정도로 열심히 연습했다. 밤 늦게까지 연습하기 일쑤였고, 자신을 가혹하게 채찍질했을 뿐 아니라 다른 학생들에게도 지속적인 정진을 요구했다. 이 무렵에 생긴 꽤 인상적인 일화가 한 토막 있다. 숀은 그레이엄이 어떤 무용을 잘 배우지 못한다고 다소 언짢은 말을 했다. "저 애는 무용을 보고만 있어"라고 그가 말했다. 그러자 그레이엄은 "할 줄 알아요"라고 항의하고는 다른 사람들이 무용하는 모습만 보고도 그 무용을 완전히 터득했음을 입증했다. 신속하게 자기 분야를 마스터하는 것은 거장들의 일반적인 특징인데, 그레이엄 역시 곧 주연 무용수가 되었고, 강사가 되었으며, 관능적인 무어인의 집시 풍 무용인「세레나타 모리스카(Serenata Morisca)」의 주인공 역할을 맡았다. 숀의 가르침을 모두 배운 그레이엄은 이후 평생 동안 세인트 데니스의 인간상과 인격 그리고 무용에서 지속적으로 영감을 받았다.

그레이엄이 각광을 받게 된 첫 작품은「소치틀(Xochitl)」이라는 아즈텍 무용이었다. 당시의 전형적인 멜로드라마를 닮았던 이 작품에서 그레이엄은 황제의 강압적인 요구에 거역하고 정조를 지키기 위해 격정적으로 춤을 추는 처녀의 역할을 맡았다. 그레이엄은 격렬하게 저항하는 처녀의 역할을 기가 막히게 소화했다. 로버트 고엄(Robert

Gorham)과 찰스 와이드먼(Charles Weidman)과 테드 숀이 번갈아 가며 상대 역을 맡았다. 그녀는 이 역할을 완벽하게 소화했고, 덕분에 미국 전역에서 그리고 영국 런던에서도 공연을 하게 되었다. 무용단을 이끄는 방법에 대해서도 상당한 노하우를 쌓았다. 초기에 나온 비평은 상당히 고무적인 내용이었는데, 가령 「타코마 뉴 트리뷴(Tacoma New Tribune)」에서는 그녀를 '눈부신 젊은 무용가'로 소개했다.

그레이엄은 가르치고 배우고 여행할 기회가 많았던 활동적인 무용단 생활을 만족스러워했지만, 곧 데니숀 '패밀리'에 퍼져 있던 음모나 간계 따위에 넌더리가 났다. 이미 결혼한 어느 데니숀 단원과 낭만적으로 얽힌 것도 이런 긴장된 상황을 악화시켰음에 틀림 없다. 1923년 그녀는 캘리포니아에 기반을 두고 있던 데니숀 무용단에서 나와 그리니치 빌리지, 곧 예술가들이 모여들던 뉴욕의 '레프트 뱅크'로 이사했다.

생계를 위해 존 머리 앤더슨(John Marray Anderson)의 '그리니치 빌리지 풍자극단'에 들어간 그녀는 브로드웨이의 관객 앞에서 데니숀 스타일의 이국적인 동양 무용을 선보였다. 그녀는 순식간에 브로드웨이의 스타가 되었다. 일주일에 350달러를 벌었는데, 당시로서는 꽤 큰 금액이었다. 그리고 당시의 유명한 예술가들의 공연, 이를테면 엘레오노라 두세(Eleonora Duse)의 공연을 볼 수 있었다. 그레이엄은 대중적인 취향의 공연을 추구하는 예술가들의 삶을 접해보고는 이 길이 자신에게는 맞지 않는다는 생각을 굳혔다. 거의 서른 살이 된 이 시점에서 그녀는 마음속에 번지는 모든 의심을 접어두고 프로이트나 피카소에 비견할 만한 태도로 마음을 가다듬었다. "나는 정상에 오를 것이다. 누구도 아무것도 나를 막지 못한다. 그리고 나 홀로 그 길을 갈 것이다."

그레이엄은 로체스터 대학교의 이스트먼 음대의 초청을 받아 뉴욕의 로체스터로 이주했다. 이곳에서 그녀는 에스터 구스타프슨(Esther Gustafson)과 함께 새로 설립된 무용과를 이끌었다. 손수 제자를 키운다는 사실과 학생들을 가르치는 자리에 그녀는 만족했다. 하지만 로체스터 지역은 예술 중심지에서 좀 떨어진 곳에 있었고, 이스트먼의 공연장은 그 나름의 쓸모가 있어서 그레이엄이 자신의 예술적 이상을 펼치기에는 다소 부족한 면이 있었다. 그레이엄은 자기만의 욕망과 가치를 나타내는 무용을 시도하고자 노력했으며, 오랫동안 마음에 담아둔 목표를 실현하는 데 방해가 되는 것은 무엇이든 잘 참아내지 못했다. 그렇다면 그녀는 이 목표를 어떻게 구상했던 것일까? 그레이엄은 푸른 색의 바탕에 붉은 물감을 튀기듯 칠한 러시아 화가 바실리 칸딘스키(Vasily Kandinsky, 1866~1944)의 작품에서 하나의 해답을 얻었다. "나는 이 그림처럼 춤을 추겠다."

1926년 4월 18일 뉴욕의 48번가 극장에서 기념비적인 공연이 열렸다. 그레이엄은 자신이 이끄는 소규모 무용단과 함께 첫 공연을 한 것이다. 이 공연을 위해서 많은 노력이 필요했다. 그레이엄은 1년 동안 필요한 돈을 모아야 했고, 돈을 모은 후에도 고섬(Gortham) 서점의 프랜시스 스텔로프(Frances Steloff)로부터 천 달러의 기부금을 받아야 했다. 그레이엄은 에블린 사빈(Evelyn Sabin), 베티 맥도널드(Betty McDonald), 셀마 비라크리(Thelma Biracree) 등 자신이 가르치는 학생들과 공연을 무사히 마쳤다. 「세 처녀들(Three Gopi Maidens)」과 「금발 머리 처녀(Maid with the Flaxen Hair)」, 「달빛(Clair de lune)」

이라는 제목이 붙은 무용 자체는 데니숀의 무용과 비슷했고, 깊이가 있기보다는 장식적인 성격이 강했다. 마사는 "하얀 드레스를 입고 금발 가발을 썼으며, 새침한 표정"이었고, "장식적이면서 예쁘고 편안하게" 보였다고 한다. 어느 비평가는 "그녀의 모습은 로제티(Christina Rossetti)와 비슷했다. 가냘프고 이국적인 아름다움을 지닌 그녀는 마치 천상에서 내려온 듯했다"고 말했다. 훗날 그레이엄 자신은 '유치하고 끔찍한 무용'이었다고 회고했으며, 어느 우호적인 비평가는 "표현 방식은 당시 유행하던 대로 낭만적이고 절충적이었지만, 그 정신은 새롭고 소금기 어린 바닷바람처럼 신선했다"고 회상했다. 이 공연은 스트라빈스키의 「봄의 제전」보다는 1907년과 1908년의 첫 공연과 비슷했다. 하지만 얼마 안 있어 마사 그레이엄의 무용은 20세기의 어느 예술 작품 못지않은 혁신성을 보여주게 되었다.

새로운 무용

1926년에서 1935년까지의 시기는 미국과 서양의 무용이 역사상 전대미문의 성장을 이룬 시기였다. 1920년대 중반의 무용은 주로 스펙터클한 무대를 연출하는 식이었고, 무용가들의 평판도 대개는 육체적인 아름다움과 기술적인 솜씨, 그리고 공연 작품의 이국성과 감상성에 결부되었다. 1926년에 무대에 올린 마사의 첫 공연 역시 이러한 특징을 지녔지만, 이후 몇 년 동안 그녀가 공연한 작품에서는 점차 이런 모습이 희미해졌다. 매번의 공연은 모두 새로운 무용을 선보인 공연이었으며, 각기 앞 작품보다 더욱 과감한 특색을 드러냈다. 데니숀 무용의 낭만적이고 향수적인 색채가 조금씩 사라져갔다.

그레이엄의 초기 무용의 독특한 특징

1927년 그레이엄의 「반역(Revolt)」은 인간의 불의를 직접적으로 묘사해서 관객에게 충격을 가했다. 1928년에 그레이엄의 가까운 동료 루이스 호스트(Louis Horst)는 그레이엄이 이전에 창조했던 무용 「프래그먼트(Fragment)」를 위해 곡을 썼다. (이것은 이미 작곡된 음악에 맞춰 무용을 구상하는 일반적인 관행이 거꾸로 된 것이다.) 1926년에 선보인 「무용(Dance)」은 품이 좁은 옷을 입고 독무를 위해 마련된 조그만 2단 무대의 위층에 서 있는 그레이엄의 모습이 특징적이다. 넓은 무대에서 발의 움직임에 집중하는 대신, 상체의 움직임에 몰입하면서 일련의 타격하는 몸짓을 통해 몸의 에너지를 분출했다. 같은 해에 공연한 「이단자(Heretic)」에서 그레이엄은 하얀 옷을 입고 머리카락을 치렁치렁 늘어뜨린 모습으로, 한 명의 고독한 반항자를 억압하는 검은 색 튜브 드레스 차림의 여인 열 한 명에게 맞서는 춤 연기를 펼쳤다. 반복적인 브르타뉴 풍의 선율이 배음으로 깔린 무대에서 이단자는 여러 차례 여인들의 장벽을 뚫고자 시도하지만 결국 실패하고 만다. 그녀는 바닥에 쓰러지고 압제자들에게 패배한다. 그레이엄의 무용수들은 성적 매력을 강조하지 않아서 화장도 안 했는데, 얼굴은 가면 같았고 입은 칸딘스키의 그림에나 나올법한 붉은 색 상처처럼 보였다. 머리카락 역시 뒤로 가지런히 넘겨서 끈으로 단단히 묶었다.

조각, 특히 에른스트 발라흐(Ernst Barlach, 1872~1938)의 작품에서 영감을 받아 구상한 「비탄(Lamentation)」은 그레이엄의 초기 무용에서 가장 잊을 수 없는 작품이다(그림 8.1 참조). 비탄에 잠긴 한 여인이 손과 발과 얼굴만 보이는 스트레치 저지를 입고 등장했다. 미라를 닮은 이 여인은 줄곧 낮은 무대에 머물면서 손을 어두운 옷감 깊숙이 찌

그림 8.1 「비탄」에서 번민으로 괴로워하는 미라 같은 모습을 보이는 그레이엄

르고 몸을 좌우로 흔들면서 고통을 토해냈다. 감지하기는 쉽지 않지만, 마치 육체가 본래의 습관을 깨고 빠져나오기 위해 몸부림치는 듯했다. 몸이 움직일 때마다 튜브 드레스는 몸의 중심을 가로질러 사선 무늬를 만들어냈다. 옷 모양의 변화로 드러나는 이런 움직임은 몸으로 슬픔을 재연한 형상이라기보다 애절한 기도와 탄원 자체였다.

그레이엄의 무용을 묘사하는 것은 쉽지 않다. 우선 그녀의 바람대로 영상으로 담아낸 초기 무용이 별로 없고, 공개적으로 상연할 만한 작품은 더욱 없다. (이런 생각을 실행한 사람은 그레이엄만이 아니다. 다른 많은 뛰어난 무용가들도 반복해서 감상할 수 있는 영상 화면을 경멸했다. 그들은 단 한 번의 공연이 주는 인상으로 기억되고 싶어했다.) 예술 장르 가운데 무용은 특히 언어로 표현하기가 힘들다. 실제로 중요한 무용가와 무용을 만족스럽게 묘사한 경우는 드물다. 게다가 나는 나이가 너무 어렸기 때문에 한창 때(1950년 이전)의 마사 그레이엄을 볼 수 없었다. 물론 후기의 무용을 담은 영상 자료는 보았지만(대개는 보고 또 보았지만), 무용에는 전문적인 식견도 부족하고 내가 본 그레이엄은 1920년대에서 1940년대까지 위대한 무용가로 활약했던 그레이엄의 희미한 잔영 같은 것이어서 내 서술에는 한계가 있을 수밖에 없다. 그녀의 작품을 생생하게 전달하기 위해서 나는 주로 비평가와 무용 전문가들, 마사 그레이엄 그리고 마사의 주변 동료들의 설명에 의존했다. 또한 초기의 모습을 찍은 사진, 특히 1930년대 바바라 모건(Barbara Morgan)의 뛰어난 무용 사진을 참조했으며, 이 책에도 모건의 사진을 몇 편 실었다.

1920년대 후반에서 1930년대 초반까지 미국, 특히 뉴욕의 무용계는 이렇다 할 주도적인 성향이 보이지 않는 다소 절충적인 분위기가 우세했다. 재능 있는 젊은 무용가들(그레이엄과 마찬가지로 데니숀 출신이 많다)이 새로운 경지를 개척하고 있었는데, 당시 가장 뛰어난 재능을 보인 안무가 도리스 험프리(Doris Humphrey)와 도리스의 오랜 파트너인 찰스 와이드먼, 섹시한 재즈와 영가(靈歌) 무용수인 헬렌 타미리스(Helen Tamiris), 그리고 유명한 예술가 집안 출신으로서 무용가이자 안무가인 애그니스 드 밀이 그들이다. 드 밀은 당시의 무용계를 생생하게 묘사한 바 있다.

이 때는 미국의 무용 역사에서 활기가 넘치는 시대, 혁명과 모험의 시대였다. 적어도 열 명의 독무 무용가들이 뉴욕에서 활동하면서 실험적인 작품을 구상하고 있었다. 우리의 무용을 모방하고 확장시키고 발전시키는 무용가들도 20명이 넘었다. …… 어떤 행사가 있으면 모두가 그곳에 모여 마치 정치 회합에 모인 사람들처럼 서로의 주장을 내세우며 언쟁을 일삼았다. …… 모든 것을 잃을 걸 각오하면서 새로운 것을 시도했고, 각자가 우리의 모든 전통을 바다에 내던진 지 오래였다.

…… 이런 창조의 순간에 내가 참여했다는 사실이 기쁘다. 사본이 따로 없는 유일무이한 작품을 처음 보는 것은 감동적이고 경이로운 일이었다. 더 위대한 무용가, 더 섬세한 안무가도 나올 테지만, 그 때 우리는 기존의 양식이나 선례가 전혀 없는 상황에서 작품 활동을 했다. …… 거대한 재즈 즉흥 연주회나 다름없던 그 시절은 9년 동안 지속되었다.

현대 무용의 애매성

마사 그레이엄과 그녀의 동료들은 현대 무용을 새롭게 형성하고 있었다. 그들은 미국적이면서 현대적인 성격을 가진 무용, 에너지와 역동성 그리고 조국, 특히 도시의 사회적 정신을 담아내는 무용을 염두에 두고 있었다. 그레이엄은 이렇게 말한다. "오늘날의 삶은 신경을 자극하고 날카롭게 후비는, 뒤죽박죽 엉켜 있는 삶이다. 마치 공중에 붕 떠 있는 듯하다. …… 내 무용에 표현하려는 것이 바로 이런 삶이다." 현대 무용은 환상적인 의상과 무대 배경, 전통적인 이야기, 웅장한 합창이나 관현악 반주 대신 현대 생활과 사회적 불의 그리고 남녀 관계를 표현했으며, 서사적인 요소는 완전히 없애버렸다.

새로운 방식에 따르면 무용은 이런 심각한 주제를 반영해야 했다. 무용은 장식적인 요소를 없애고 간소한 형태가 되어야 했으며, 무용수들은 정서와 감정의 정수(精髓)만을 추출하여 표현하기 위해 노력했다. 현대 무용은 호화로운 발레와는 대조적으로 세속에 뿌리 박고 장식적인 요소를 떨궈내고 보통 사람들의 삶을 다루었다. 또한 데니숀 무용단의 낭만적인 장식도 배제하고 투박한 몸짓과 산문적인 표현을 담아냈다.

신들을 모방하고자 했을 때 우리는 신들의 춤을 추었다. 그런 후에 우리는 바람과 꽃과 나무 등 자연의 힘을 재현함으로써 자연의 일부가 되고자 했다. 춤은 더 이상 의사소통의 기능을 수행하지 않았다. …… 현대 무용은 고집스럽게 추함만을 극화하는 것도 아니고 신성한 전통에 타격을 가하려는 것도 아니다. …… 표현주의적인 무용의 장식적인 형식에 대한 반역이 일어난 것이다. 대단히 엄격한 간소함의 시대가 온 것이다.

혁신과 함께 불확실성이 왔다. 한 시즌 내내 혹은 연속해서 몇 편을 공연하는 것은 언감생심이고, 한 차례의 공연 기금을 마련하기에 충분한 재원을 조달하는 무용가도 거의 없었다. 따라서 1930년에 주도적인 무용가들이 함께 모여 무용 레퍼토리 극단을 결성했다. 일주일을 단위로 매일 밤 다른 무용가들이 공연하는 방식은 새로운 작품을 선보이는 효율적이고 경제적인 방법이었다. 하지만 무용가들이 공동 작업을 하거나 재원과 광고를 공유하는 것은 쉬운 일이 아니었기 때문에, 이 '고상한 실험'은 겨우 두 시즌밖에 지속되지 못했다.

그레이엄은 현대 무용가 그룹의 리더로 널리 인정받고 있었고, 이런 특별한 지위를 상징하기라도 하듯 하룻밤의 공연을 온전히 보장받았다. 그레이엄은 어떤 춤을 어떻게 출지에 관해서 미리 정하는 법이 없었다. 무대 배경이나 의상을 언제까지 준비 완료해야 하는지도 생각하지 않았다. 그래서 공연 당일까지 프로그램이 계속 바뀌었다. 완벽주의와 혼란이 나란히 존재했다. 물론 공연 자체는 대개 강한 인상을 주었지만, 덕분에 막이 오르고 내리는 그 순간까지 전체 단원이 엄청난 긴장을 견뎌내야 했다.

현대 무용을 장려한 장(場)

그레이엄과 그녀의 동료들이 무용 분야를 새롭게 다지고 있을 무렵, 일군의 영향력 있는 비평가들이 새로운 무용 형식을 판단하는 장(場)을 스스로 형성했다. 소수의 비평가 그룹이 어느 특정 예술 형식의 발달 과정에 결정적인 영향을 미친 경우는 상당히 드물다. (비슷한 경우는 5장에서 설명한 대로 20년 전에 입체주의 양식을 널리 알린 비평가 그룹에서 찾을 수 있다.) 1920년대 내내 뉴욕의 주요 신문에는 무용 소식을 전하는 고정난이 마련돼 있지 않았다. 유럽의 유명 발레단 혹은 스타 발레리나인 안나 파블로바(Anna Pavlova)나 스페인의 무용가 라 아르헨티나와 같은 이들이 공연을 하게 될 때나 정규적인 음악 비평가들이 그 행사를 다루었을 뿐이다. 하지만 1927년 몇 주간을 사이에 두고 존 마틴(John Martin)이 「뉴욕 타임스」에 정기적으로 무용에 관한 글을 쓰기 시작했고, 메리 윗킨스(Mary Watkins)가 「뉴욕 헤럴드 트리뷴」에 비슷한 역할을 맡았다. 이들 진취적인 언론인들은 미국 무용계에 기념비적인 혁신이 진행되고 있음을 간파했고, 데니숀 무용단을 다소 희생하더라도 이 새로운 운동을 가능한 모든 방법을 동원해서 도와주기로 작정했던 것이다.

마틴은 무용을 자신의 신조로 삼았고, 그레이엄을 그 신조를 드러내는 매개자로 선택했다. 똑똑하고 지적이며 정력적이었던 마틴은 자신의 생각을 무용을 다루는 고정난에 유창한 글로 써내려갔다. 몇 가지 대표적인 예문을 인용해 보겠다.

좀 인상적인 예를 들자면, 한 시즌에 마사 그레이엄 같은 무용가가 창조하는 새로운 작품의 수는 옆에서 지켜보는 구경꾼이 보기에 아연실색할 정도이다. 이 풍부한 내용을 한 번 보고 소화하기는 힘들다. 그리고 이런 계획에 놀라는 구경꾼이라면, 그걸 창조하고 연출한 사람에 대해서는 뭐라고 느낄까.

무용 레퍼토리 극단의 장점에 관해 결국 어떤 평가를 내리든, 막스 엘리엇 극장에서 첫 시즌이 개막되는 오늘 밤은 미국 무용 역사에서 참으로 중요한 날이다. 1급의 무용가들이 공통의 대의, 그러니까 미국 무용의 통합을 위해 독립성을 포기할 필요가 있다고 깨달은 적은 예전엔 없었다.

[마사 그레이엄에 대해]: 훌륭한 미국 관객은 조국의 예술가에게 각별한 존경의 뜻을 표했다.

가벼운 즐거움과 여흥을 기대하는 사람들은 실망해서 돌아갈 것이다. 미스 그레이엄의 무용 프로그램에는 열정과 항의가 생생하게 담겨 있기 때문이다. …… 그녀는 무용가로는 용서받지 못할 일을 하는 셈이다. …… 관객이 생각하도록 만드는 것이다.

무용의 최종적인 역사를 쓴다면, 다른 어떤 무용가도 그레이엄이 동작의 범위를 확장시킨 경계까지는 이르지 못했다고 써야 할 게 분명하다. 기술적인 의미에서만 그런 게 아니다. 물론 그녀는 이런 면에서도 대단한 능력을 입증했지만, 창조적인 동작을 표현한 면에서 그녀는 아무도 따를 수 없는 공헌을 했던 것이다.

열광적인 반응을 보인 것은 마틴만이 아니었다. 윗킨스는 "무용은 더 이상 예술의 의붓자식이 아니다"라고 말하면서 마틴과 마찬가지로 그레이엄을 각별히 칭찬했다. 다른 비평가들도 대체로 우호적인 평가를 내렸다. 하지만 가끔은 우려의 목소리도 다른 무용 비평가들에게서 나왔다. 테리는 이렇게 말했다. "순진한 사람들은 가혹하고 웃음기 없이 뼈만 앙상한 시기의 마사의 현대 무용을 관람하고는 이런 게 현대 무용이라면 더 이상은 보고 싶지 않아, 라고 중얼거리곤 했다." 윗킨스도 '마사 그레이엄의 지적이고 전문적인 실험실용 탐구'라는 언급을 한 바 있다. 좀더 신랄한 지적도 나왔는데, 스타크 영(Stark Young)은 이런 말을 남겼다. "마사 그레이엄이 무언가를 낳는다면, 아마 그것은 입방체(cube)일 것이다." 에드윈 덴비(Edwin Denby)는 그녀를 '폭력적이고 성격이 비뚤어진, 압제적이고 칙칙한' 사람이라고 불렀다. 저명한 무용 평론가 링컨 커스틴(Lincoln Kirstein)은 그레이엄에 대한 자신의 태도 변화를 이렇게 반추한다.

처음 그레이엄을 보았을 때는 그녀의 태도를 오해하고 그녀의 방식을 혼동해서 모두가 낡고 촌스럽고 요령부득인데다 별로 흥미도 없는 무용이라고 생각했다. …… 이 고독한 무용가, 여자답지도 않던 그녀는 세련되지 않고 거만해 보였으며 스파르타의 여인 같은 무용수 단원을 이끌고 있었는데, 이들도 내게는 그레이엄의 분신, 즉 철의 여인들로 보였다. …… 5, 6년 전의 그레이엄 작품에는 어설픈 반역적 요소, 작품에 녹아들지 못한 거친 요소들이 있다고 생각하는데, 이는 불안하고 미숙한 슈펭글러 식의 몰락의 철학이나 유럽인의 속물취와 일치하는 특성이었다. 그리고 나 역시 당시에는 이런 사고방식을 갖고 그녀의 예술을 판단했던 것이다.

유럽의 논평자들은 좀더 가혹했다. 이를테면 앙드레 레빈슨(André Levinson)은 미국의 공연 무용가들이 아마추어적이고 절충적이며 지나치게 동양적 이국취미에 현혹돼 있다고 평가했다. 러시아의 안무가 포킨은 그레이엄과 인상적인 대화를 나눈 바 있다. 이 자리에서 그는 그녀가 고전 무용 형식에 무지하고 몸을 '추한 형식과 증오에 찬 정신으로' 사용한다고 비판했다. 그레이엄은 아주 간단하게 대답했다. "우리는 결코 서로를 이해하지 못하겠군요."

지금까지 내가 서술한 부분을 보면, 마사 그레이엄이 거의 홀로 현대 무용을 창시했고 마틴의 주도로 탄생한 장(場)은 오직 그녀만을 주목했다는 인상을 줄지 모른다. 좀더 거리를 두고 바라보면 이 분야에 정통한 사람들은 이런 식의 요약이 피상적으로만 그럴 듯하다고 생각할 것이다. 하지만 내가 한 사람만을 집중적으로 살피는 것은 논의의 편의를 위해서일 뿐이다. 이 점은 이 책에서 다루는 다른 창조자의 경우도 마찬가지다. 현대 무용의 발달사를 주요 인물 중심으로 서술할 경우에 무리 없이 택할 수 있는 인물로는 그레이엄의 여러 선배들이 있고 동년배로도 독일의 마리 비그만(Mary Wigman)과 미국의 도리스 험프리 등이 있다. 이들 모두가 그레이엄의 지지자이면서 또한 추종자였는데, 그레이엄에게 추종자가 생긴 것은 아마도 그녀 스스로 끊임 없이 자기를 계발하고 알리는 노력을 했기 때문일 것이다. 게다가 그레이엄의 호소력은 개인적인 성품에 기반한 측면이 컸기 때문에, 살아있을 때의 모습이 아무래도 좀더 커보이는 경향이 있을 것이다. 다른 무용가들은 좀더 안무가로서의 역할에 충실했다. 다만 전성기의 그레이엄이 어떤 모습이었는지는 사진 자료를 통해 겨우 알 수 있다.

공동작업 시도

현대 무용을 예술 장르에 정식으로 등재시키기 위해서 선구자들은 힘을 합쳐야 했다. 그들은 많이 노력했으나 성과는 신통치 않았다. 이런 어려움이 단지 창조적인 예술가들 사이에 일반적으로 생기게 마련인 긴장(6장에서 살펴본 스트라빈스키와 동료들의 공동작업이나 5장에서 다룬 피카소와 브라크 관계에서 볼 수 있는 바처럼) 때문인지 아니면 지나치게 심술궂은 성격 탓인지는 알 수 없다. 어느 경우든 초기의 현대 무용가들 사이에는 뚜렷한 긴장 관계가 조성돼 있었다. 루스 세인트 데니스는 마사 그레이엄의 작품을 일컬어 '가랑이를 벌린 음악 유파'라고 불렀으며, 도리스 험프리는 집에 보낸 편지에 "마사 그레이엄을 믿지 않아요. 음흉한 뱀 같은 여자입니다"라고 썼다. 이들 가운데 어느 한 무용가 휘하에서 활동하는 무용생들은 다른 무용가의 수업에 참가하는 것이 금지되어 있었다. 따라서 경제적인 이득이 적지 않았지만, 무용 레퍼토리 극단의 공동 공연은 오래 지속되지 못했다.

중요한 관계

마사 그레이엄은 1급의 무용 라이벌들과 정도의 차이는 있어도 대개는 소원하게 지냈지만, 그녀의 삶에서 누구와도 비견할 수 없을만큼 중요한 역할을 한 사람이 있었다. 독일계 미국인으로서 오랫동안 데니숀 무용단의 반주자이자 작곡가 및 비공식적인 스승이었던 루이스 호스트가 바로 그 사람이다. 그레이엄과 호스트는 데니숀 시절에 사랑에 빠졌다. 호스트는 무용가 베티 호스트와 부부 사이를 계속 유지했지만, 호스트와 그레이엄은 20년 동안이나 지속될 연인 관계를 맺었던 것이고, 직업상의 관계는 그 이상 지속되었다.

호스트는 당시의 다른 작곡가와 달리 무용을 위한 곡을 쓰는 것을 자신의 사명으로 여겼다. 실제로 그는 당시의 탁월한 무용가들 대부분을 위해 곡을 썼다. 무엇보다 그는 그레이엄을 위한 곡을 쓰고 싶어 했고, 작곡가로서의 자기 정체성을 기꺼이 누그러뜨렸다. 호스트는 그레이엄에게 모든 방면에서 조언을 아끼지 않았다. 유럽 음악, 그리고 독일인 루돌프 반 라반(Rudolph van Laban)과 마리 비그만의 선구적인 무용을 소개해 주었다. 니체의 철학에 접하게 해주었으며, 야구장과 권투장에도 데려갔다. 좀더 일반적으로 말해서 그는 그레이엄의 후원자이자 공명판 역할을 했던 것인데, 그녀는 이런 호스트에게 자신의 꿈과 의혹을 숨김 없이 털어놓을 수 있었고 긴장되는 창조의 순간에 곁에 있는 그로부터 힘을 얻을 수 있었다.

호스트는 그레이엄의 분신이었다. 그녀는 그에게 정서적인 도움을 받았고 동료로서 매우 급진적이지만 아직 여물지 못한 아이디어를 실현하는 데 조언을 얻었다. 호스트는 그레이엄의 연인이자 조언자로서 그녀가 자신의 생각을 실현하도록 도와주는 역할에 걸맞는 이상적인 존재였다. 그레이엄은 새로운 표현 언어를 창조하는 중이었다. 이 언어는 몸 동작뿐만 아니라 음악에 대한 이해와 당대의 사건에 대한 예민한 인식, 그리고 미국과 유럽의 고전적인 저작에 대한 폭넓은 식견에 뿌리를 둔 언어였다. 호스트는 새로운 언어를 구성하는 이 다양한 요소들을 염두에 두고 이런 요소가 관객에게 잘 전달될 수 있도록 도움을 아끼지 않았다.

그레이엄과 호스트의 관계는 불안정했다. 그레이엄은 쉽게 흥분하는 성격이었고, 호스트 역시 이런 감정적인 폭발을 너그럽게 받아주기만 하지 않았다. 두 사람은 자주 격렬한 싸움을 벌이곤 했다. 그레이엄이 "당신은 나를 망치고 있어요. 나를 엉망징창으로 만든단 말예요"라고 소리치면, 호스트는 조용히 대꾸했다. "젊은 예술가한테는 담쟁이처럼 타고 넘어갈 벽이 필요한 법이오. 나를 그 벽으로 생각하시오." 가끔은 상대방을 때리기도 하였다. 애그니스 드 밀은 마사 그레이엄이 매우 우울해하던 1930년대 초반의 어느 날을 기억한다. 그레이엄은 이렇게 말했다고 한다. "이건 형편없는 작품이야. 내가 다 망쳐버렸어. 한 해를 몽땅 허송했어. 구겐하임 기금을 날려버린 거야." 호스트는 그레이엄을 위로하려고 했지만 소용이 없었고, 결국 진저리를 치며 밖으로 나갔다. 하지만 나중에 드 밀과 얘기하면서 마음을 누그러뜨리고 이렇게 말했다고 한다. "일을 좀 제대로 하려고 하면, 다른 무용가는 생각할 수가 없어요."

1930년대 초반의 마사 그레이엄의 무용

1930년 경 다른 젊은 미국 무용가들과 협력도 하고 경쟁도 하면서 그레이엄은 현대 무용의 적통(嫡統)을 확립했다. 동작에서 일체의 장식적인 요소를 배제하고 감정 표현의 정수만을 표현하는 무용, 동시대의 주요 사안과 대화하는 무용이 그것이다. 초기작인 「이단자」와 「비탄」에는 그레이엄의 독특한 흔적이 각인돼 있다. 물론 그레이엄과 함께 작업하거나 그녀의 공연을 지켜본 많은 무용가들이 그녀의 작품을 모방했다.

남서부 지방의 체류와 그 영향

하지만 그레이엄은 창조력이 풍부한 여느 예술가와 마찬가지로 자신을 반복하는 데 만족하지 않았다. 어떤 종류든 자기 모방에 대해서는 두려움을 느꼈던 것이다. 그녀는 1930년에 뉴멕시코 주에 위치한 미국 원주민 지역을 방문했다. 피카소가 여름이면 고솔이나 오르타 데 산후안과 같은 지역을 방문해서 새로운 기운을 얻었듯이(5장 참조), 그레이엄은 이 지역에서 깊은 감화를 받았다. 그녀는 인디언의 대지에 밀착한 삶과 영적인 삶을 중요시하는 성향, 그리고 전통적인 인디언의 세계관이 스페인과 기독교 문화와 혼합된 양상에 강렬한 인상을 받았다. 감각적인 수준에서 말하면 그녀는 세이지브러쉬(sagebrush)가 자라는 사막과 광대한 공간, 탁트인 시야 그리고 사람들의 검은 피부에 매혹되었다. 아마도 이곳의 경험은 뉴욕의 번잡한 도시 생활에 억눌려 있던 캘리포니아에서의 사춘기 시절을 연상시켰을 것이다.

남서부 지방에 머물렀던 경험은 1930년대 초반의 작품, 특히 「원시 제의(Primitive Mysteries)」(1931)와 「바쿠스의 사도(Bacchanale)」(1931), 「원시 송가(Primitive Canticles)」(1931) 등에 영향을 미쳤다. 「원시 제의」는 성모 마리아를 찬미하는 인디언과 스페인 문화가 혼합된 기념 의식을 재현한 것이다(그림 8.2 참조). 무용 동작은 힘차고 간결하고 집중적이었고, 장식적 요소는 일절 배제되었다. 그레이엄은 의식을 직접적으로 재현하려고 하는 대신, 원시적인 삶의 힘과 에너지를 포착하여 그 정수를 표현하려고 했다. 그녀는 감정을 생생하게 전달하기 위해 거친 텍스처와 단속적인 리듬을 활용했는데, 미국 원주민들이 무의식적으로 나타낸 반복적인 특징이 현대 무용가의 의식적인 노력가 된 셈이었다.

형식이 간결한 「원시 제의」는 세 부분으로 이루어졌다. 1부는 예수를 낳을 여인으로 운명지워지는 내용을 담은 '성모 마리아에 바치는 송가', 2부는 예수의 죽음으로 인한 신앙 공동체의 위기를 묘사하는 '십자가에 못 박힘', 3부는 그리스도의 부활에 따른 위기 극복을 다루는 '호산나'였다. 풍성하게 흘러내리는 흰색 드레스 차림의 그레이엄은 아도비 벽돌로 지은 남부 지역 교회의 성모상을 닮았고, 타이트한 짙은 청색 드레스를 입고 보통은 네 명씩 무리진 열두 명의 무용수들이 배경을 이루었다. 이들은 독무자를 에워싼 합창단 역할을 하면서, 서두부에선 기쁨과 영광을, 중간부에선 공포와 슬픔을, 그리고 마지막 부분에서는 자제된 환희의 감정을 표현했다. 각 부의 정신은 무용수들이 다르게 무리를 형성하거나 상이한 동작을 선보이는 방식으로 표현되었다. 첫 부분은 느리면서 단호한 스텝, 중간 부분은 슬픔으로 가득한 긴장된 몸짓과 아치 형의 공중 도약, 그리고 마지막 부분은 환

그림 8.2 「원시 제의」에서 원시적 삶의 힘을 재현하는 그레이엄과 무용수들

희에 넘쳐 몸을 뒤로 젖히는 모습이 특징이었다. 몸 동작은 고립적으로 이루어지는 경우가 많았다. 팔을 높이 들어올리거나 발목을 구부리거나 양손을 깍지 낀 자세는 몸의 다른 부분과 전혀 조화를 이루지 못했다. 하지만 몸 동작은 일종의 은유였다. 성모 마리아의 균형잡힌 동작은 그녀가 제의의 중심에 있음을 나타냈다.

이 작품에는 관객의 마음을 뒤흔드는 순간이 많이 나온다. 가령, 십자가에 못 박히는 예수에 대한 슬픔과 고통을 표현하기 위해 그레이엄은 잠시 동안 무대 중앙에 얼어붙듯이 선 채로 양손을 두 뺨에 세게 눌렀다. 동시에 합창단 역할을 하는 무용수들은 손바닥을 이마에 댄 채 손가락을 가시처럼 펼쳐서 마치 가시 면류관을 쓴 모습을 연출했다. 무용의 마지막 부분에서 모든 무용수들은 잠시 침묵 속에 서 있다가 강렬한 비트에 맞춰 서서히 무대에서 퇴장했다. 바바라 모건은 이렇게 썼다. "무용수들은 비트 때문에 걷는 것처럼 보였지만, 그레이엄은 비트에 떠밀려서 억지로 발걸음을 옮기는 것 같았다."

「원시 제의」는 매우 감동적인 작품이다. 호스트의 뛰어난 관현악곡은 피아노 연주에 불협화음 요소가 포함돼 있고, 플루트와 오보에는 고음의 선율을 유지한다. 기도조의 화음으로 이뤄진 악절에서 씩씩한 스타카토 에피소드에 이르기까지 다양한 표현 방식을 활용한 호스트의 관현악곡은 오랜 휴지기를 중간 중간에 삽입하여 강조 효과를 발휘한다. 이 작품의 무용은 팽팽한 균형을 이룬 삼부의 구성 방식이나 점차 강렬해지는 주제 전개 방식, 순수한 원시 제의와 기독교의 중심 교의를 효과적으로 병치한 점, 인간과 신의 역할뿐 아니라 남자와 여자, 아이 등 인간의 서로 다른 역할을 섬세하게 짜넣은 점, 그리고 고요함과 침묵과 형식적 의례를 중요시한 점으로 유명하다. 비평가들은 이 작품이 그레이엄 본인에게나 당시의 무용계에서 새로운 경지에 오른 작품이라고 평가했다. 윗킨스는 「헤럴드 트리뷴」에서 이렇게 적었다. "미국에서 나온 작품 가운데 가장 의미 있는 안무다. …… 구성이 탁월한 걸작일 뿐 아니라 관객과 무용수들을 정신의 지극한 황홀경으로 고양시키는 분위기를 연출한 작품이다." 마틴 역시 "아마도 가장 훌륭한 작품일 것"이라고 말했다.

그레이엄의 다재다능함

마사 그레이엄은 다재다능한 솜씨를 발휘했다. 그녀는 비극뿐만 아니라 패러디와 희극에서도 상당한 재능을 과시했다. 1929년작 「네 가지 부덕(Four Insincerities)」(작곡가 세르게이 프로코피예프Sergei Prokofiev)과 「모멘트 루스티카(Moment Rustica)」(작곡가 프란시스 풀랑Francis Poulenc)가 그 예이다. 「황홀경(Ekstasis)」(1933)은 몸의 움직임을 정교하게 이해한 작품이었다. 그레이엄은 조지 앤타일(George Antheil), 헨리 카웰(Henry Cowell), 데이비드 다이아몬드(David Diamond), 헌터 존슨(Hunter Johnson), 월링포드 리거(Wallingford Rieger)와 같은 훌륭한 작곡가들의 새로운 음악에 맞춰 춤을 추었다. 그녀는 또한 여러 방면에서 다재다능한 솜씨를 발휘했다. 1930년 4월 뉴욕과 필라델피아에서 레오폴드 스토코프스키(Leopold Stokowski)가 지휘한 스트라빈스키의 「봄의 제전」 공연에 참여한 것도 그런 활동에 속한다. 주인공 처녀의 역할을 맡은 그레이엄은 저명한 안무가 레오니드 마신(Léonide Massine)의 지도로 프리마 발레리나처럼 높이 도약할 수 있었고, 자신의 이상과는 다소 어긋나는 음악과 무용에 대한 공연단의 이상을 멋지게 구현할 수 있었다.

그녀는 1931년 앤아버 시에서 공연한 소포클레스의 「엘렉트라」에서 춤을 추었다. 유명한 공연 흥행주 록시(사무엘 로서펠Samuel Rothefel)는 1932년과 1933년의 겨울 시즌에 뉴욕의 라디오 시티 뮤직홀에 이례적으로 그레이엄의 공연을 주선했다. 그레이엄은 이 예외적인 공연을 멋지게 해냈다. 마틴은 기사에 이렇게 적었다. "그녀는 격렬하게 뛰고 도약했다. 마치 그 규모만큼이나 훌륭한 이 작품을 장악한 것처럼 자신의 몸을 확장하여 무대를 가득 채운 것처럼 보였다." 하지만 그레이엄의 화려한 공연도 뮤직홀에 온 '대중'의 열렬한 호응을 받는 데는 실패했다. 그녀는 곧 공연 프로그램에서 제외되었다.

이 무렵 마사 그레이엄의 무용은 화려한 장관을 연출했다. 그레이엄 무용단의 일원이자 나중에 그레이엄의 전기를 쓴 에르네스틴 스토델(Ernestine Stodelle)은 이렇게 쓴다.

독무가 마사 그레이엄을 기억하면, 거역할 수 없고 신비로운 감동의 영상이 되살아난다. 깊이 움츠렸다가 갑작스레 숨을 토해내는 듯한 간결하고 힘찬 몸짓, 팔다리의 가볍고도 신속한 놀림, 좌우로 급히 움직이는 동작, 발끝을 치켜 든 자세에서의 도약, 허공을 가르는 발차기 동작, 군더더기 없는 착지와 빠른 자세 회복 등 신비스러울 만큼 매혹적인 동작은 우리의 신경계를 직접 자극한다.

마틴은 "그녀의 경련하듯 어깨와 상체를 움츠렸다가 몸을 쫙 펼쳐 다리를 돌리는 자세, 몸을 빙그르 돌리는 동작, 발을 공중에 뻗고 발끝을 위로 치켜 든 자세에서의 도약, 반쯤 웅크린 자세, 보폭이 좁고 빠른 스텝, 손 흔들기, 옆으로 재주넘기 등"을 회고했다. 극적인 상상력과 창조성이 돋보이는 신체 동작, 인상적인 용모, 뛰어난 무용 솜씨를 하나로 결합했던 그레이엄은 벌써 동시대 현대 무용가들 사이에서 두드러진 존재로 주목받고 있었다.

미국적 무용을 창조한 시기

마사 그레이엄은 순수한 미국인이었다. 그녀의 가계는 메이플라워호까지 거슬러 올라간다. 그녀는 미국의 동부와 서부에서 모두 살았고, 미국의 학교에 다녔다. 데니숀 시절에는 미국 곳곳을 여행하고 영국을 방문했었다. 영국에서는 좋은 인상을 받긴 했으나 그다지 행복하진 못했다. 미국에 돌아온 후에 그녀는 데니숀 시절에 묻은 절충적인 스타일의 흔적을 조금씩 벗겨내고 무용계의 대담한 선구자들과 더불어 자기만의 독특한 스타일을 찾으려고 노력했다. 주로 호스트의 소개로 알게 된 유럽 음악가들의 작품에 맞춰 춤을 추면서 점차 유럽 전통에서 멀어졌다. 발레뤼스의 안무가였던 포킨과 마신을 만난 후로는 독립적인 작품을 하겠다는 마음을 굳혔고, 남서부 지역에서 체류한 후로는 조국의 특정 지역과 그곳의 원주민에 대한 애정이 확고해졌다.

혁신적인 작품 「프론티어」

미국 문화에 깊이 빠져든 그레이엄은 미국 문화를 새롭게 인식하고 찬미하고 풍요롭게 했다. 미국적 주제를 본격적으로 다루기 전에 이미 10년 동안 무용 무대에 올랐던 그녀였다. 이 전통에서 창조한 초기 작품으로는 「시적인 행위(Act of Poetry)」와 「판단 행위(Act of

Judgment)」가 있는데, 둘 다 「미국의 지방(American Provincials)」 (1934)으로 불린다. 이 작품에는 청교도 전통의 부정적인 면이 드러나 있다. 독선적이고 냉혹한 행동을 하는 군중들이 묘사돼 있는데, 성(性)과 오만과 인간의 악마성을 섞어놓은 주제는 나다니엘 호손(Nathaniel Howthorne, 1804~1864)의 『주홍글씨(The Scarlet Letter)』를 연상케 했다.

그레이엄의 명성을 널리 알리게 되는 「프론티어(Frontier)」는 미국 문화를 아낌없이 수용한 작품이었다(그림 8.3 참조). 노구치 이사무(野口 勇)가 간소하면서도 인상적인 무대 배경을 설치하고 호스트의 느슨한 론도 형식의 음악이 깔린 이 작품은 관객의 흥미를 잡아끄는 면이 있었다. 검은 장막 이외에는 아무런 배경이 없는 무대는 미국 서부의 드넓은 평원을 환기하는 광활한 전망을 제공했다. 무대 중앙에는 가로가 세로보다 약간 긴 나무 울타리가 있었다. 이 울타리는 미지의 위험에 대한 미약한(limited) 방어 능력을 뜻했다. 무대 위에는 바닥에 고정된 한 쌍의 밧줄이 대각선을 이루며 반대 방향으로 뻗어올라갔는데, 울타리 뒤에서 나와서 미지의 공간으로 사라져갔다. 밧줄은 울타리를 고정시키는 효과도 있었지만, 동시에 그 울타리가 무한을 향해 움직일 수 있음을 암시하는 면도 있었다.

독무자로 나선 그레이엄은 머리띠를 두르고 발끝까지 내려오는 검은 색 점퍼와 소매가 긴 블라우스를 입은 차림으로 나왔다. 그녀는 한 발을 바닥에 굳건하게 붙이고 다른 발을 울타리 위로 들어올린 자세로 춤을 추기 시작했다. 몸을 회전시키면서, 고개를 돌려 지평선을 바라보는데, 갑자기 미소를 띠었다. 변경 지역에 사는 개척자의 세계는 위험하지만 기쁨을 느낄 수 있는 세계임을 암시하는 듯했다. 섬뜩함

그림 8.3 획기적인 걸작 「프론티어」에서 '순수한 미국'을 표현하는 마사 그레이엄

으로 유명한 무용가가 이런 표정을 지었다는 것은 삶의 가능성을 받아들였음을 의미했다. 그레이엄의 팔과 다리와 몸은 원환적인 움직임을 그리면서 무한한 공간으로 확장되는 듯하다가 어느 시점에서 조그만 폭발을 일으켰다. 마치 안락한 자궁 속으로 퇴행하고 싶은 통한의 몸짓 같았다. 중앙 공간에 안전하게 자리잡은 상태에서 전후좌우를 널리 살펴보다가 세 차례 울타리를 넘어 나아갔다. 그녀는 대담하고 외향적인 몸짓으로 관객을 향해 성큼 다가갔다. 처음에는 서서히 움직이다가 어느 순간 힘차게 걸음을 내딛었다. 마치 보폭을 잰 것처럼 간결한 발걸음으로 움직였다. 그녀는 머리를 높이 쳐들고 기쁨에 넘쳐 뛰기 시작했다. 좌우로 발을 차올리며 마치 아무런 움직임 없이도 무대를 가로질러 신속하게 움직이는 것처럼 보이게 했다. 어느 순간 갑자기 멈추더니 마지막 승리의 몸짓으로 울타리로 되돌아가서 만족스럽게 기대섰다. 이 작품은 현대의 작품에 걸맞게 단편적인 구성으

로 이루어졌지만 한마디로 요약할 수 있다. 바로 미국 개척자들의 경험을 몸으로 표현한 작품이었던 것이다.

「프론티어」는 6분 30초 분량의 작품으로서, 무용이 무엇이며 무용가가 할 수 있는 일이 무엇인지를 보여준 걸작이었다. 그레이엄은 미국인이란 누구이며 미국이란 세계는 어떤 곳인지를 박진감 넘치는 표현으로 관객에게 전달했다. 그것은 "순수한 미국, 솔직하고 자유로운 미국, 불굴의 의지로 서쪽을 향해 나아가는 미국인의 정신"이었다. 그녀는 이 작품에서 초기 작품에 비해 엄숙함은 덜하지만 훨씬 간결하고 집중된 어조와 표현으로 미국 개척자 여성의 경험을 규정하는 고독감과 소원함, 그리고 드문 기쁨의 순간을 전달한 것이다.

이 무렵 그레이엄은 미국인의 정체성에 대한 관심을 명시적으로 드러냈다. 1930년에 벌써 그녀는 이렇게 말했다. "미국 무용의 문제에 대해 길을 찾아야 할 사람들 입장에서 내놓을 해답이란 이 땅을 알아야 한다는 것이다. 황량함과 비옥함이 참으로 흥미로울 정도로 대조를 이룬 이 땅을 알아야 한다는 것이다." 몇 년 후에는 다음과 같이 말했다.

미국의 무용가는 미국인 관객에게 빚을 지고 있다. 미국이란 나라 자체에 걸맞는 힘을 가진 예술을 낳기 위해서 우리는 미국으로 눈을 돌려야 한다. 던컨이나 데니스에게는 팔을 들어올리는 것은 곡물을 재배하는 것을 뜻하고 손을 흔드는 것은 비가 내리는 것을 암시했다. 팔은 반드시 곡물이 되어야 하는가? 손은 반드시 비가 되어야 하는가? 손이 얼마나 멋진 것인지, 손이 다른 어떤 것의 빈약한 모방에 불과한 게 아니라 손 동작 자체만으로 얼마나 광대한 특성을 의미할 수 있는지 생각해 보라. …… 우리의 극적인 힘은 에너지와 활력에서 나온다.

링컨 커스틴은 이렇게 설명한다. "마사 그레이엄은 특히 미국적인 특성을 지닌 무용가다. 이는 결코 무시할 수 없는 사실이다. …… 그녀는 「프론티어」에서……. 셰이커 가구나 홈스펀 의복처럼 아름다움과 실용성을 동시에 지닌 자기만의 표현을 통해 솔직하고 모든 것을 일소하는 자유, 맞바람을 뚫고 나아가는 자유의 정신을 창조했다."

인상적인 작품을 연이어 창조하다

1935년에서 1945년까지 마사 그레이엄이 이룬 발전은 그녀가 무용단을 결성한 이후 처음 10년 동안 이룬 발전 못지않게 눈부신 것이었다. 그녀가 공연 목록을 확대하고 끊임없이 감정 표현의 범위를 넓히면서 마침내 자신의 본령을 발휘하기 시작했다고 말해도 무방하리라. 초기작의 심각함과 황량함을 유머와 풍자, 그리고 밝은 특성이 보완했다. 그레이엄 자신도 이러한 변화를 의식하고 있었다. 초창기 시절을 회고하면서 그녀는 이렇게 말했다. "좀 유감스런 일이지만, 내가 하려는 일을 관객이 똑바로 보고 느끼게 하겠다는 생각이 너무 강했던 나머지 관객의 머리를 해머로 내려치는 데만 익숙하지 않았나 싶다." 그리고 이런 말까지 남겼다. "이제 우리 현대인은 따뜻한 털옷을 입었던 시대를 이미 지나 왔으므로, 우리의 무대 공연에도 색깔과 따뜻함과 오락성이 있다는 점을 관객에게 보여줘야 한다. …… 관객에게 우리가 미국의 공연 전통에 속한다는 사실을 확신시켜야 한다."

마사 그레이엄만큼 풍부한 작품 생산성을 보여준 20세기의 예술가는 드물다. 1926년과 1930년 사이에만 무려 60편이나 되는 작품이 쏟아져 나왔다. 많은 작품이 주제와 기법 면에서 독특한 진보를 이룬 작품이었다. 「거리의 발걸음(Steps in the Street)」(1936)과 「연대기(Chronicle)」(1936), 「깊은 노래(Deep Song)」(1937)는 스페인 내전의 잔혹성에 대한 고뇌를 담은 작품이었다. 「미국의 기록(American Document)」(1938)은 민스트럴* 풍의 무용으로서 미국의 중요한 문서들을 적절히 차용하여 의상과 음악, 그리고 극적인 무용 동작을 연출한 작품이었다. 「모든 영혼은 서커스이다(Every Soul Is a Circus)」(1939)는 희극적 상황을 묘사한 작품인데, 이 작품에서 그레이엄은 엄격하고 융통성이 없는 링마스터(ringmaster)에게 '길들여진' 허영심 많은 배우의 역할을 맡았다(그림 8.4 참조). 「참회자(El Penitente)」는 유혹과 죄, 징벌과 회개를 다룬 순회 공연 형식의 인디언-기독교 무용이다(그림 8.5 참조). 「세계에 보내는 편지(Letter to the World)」(1940)는 에밀리 디킨슨의 인생과 세계를 세 개의 에피소드로 묘사한 작품인데, 디킨슨의 서로 다른 인격을 세 명의 무용가가 나누어 맡았다(그림 8.6 참조). 「죽음과 입구(Deaths and Entrances)」(1943)는 브론테(Bronte) 자매(샬롯, 에밀리, 앤)의 유별난 생애를 묘사한 작품이다. 다양한 의미가 내장된 물건들, 즉 술잔과 체스말, 고둥 껍데기, 스카프, 부채, 꽃병 등이 브론테 일가의 일생에서 정서적 긴장이 고조됐던 장면을 환기하는 역할을 했다. 마지막 장면에서 그녀는 애매한 승리

---

* 민스트럴 쇼(Minstrel Show)는 1820년대에 성립하여 19세기 중엽에서 1910년대까지 미국에서 활발하게 상연된 독특한 뮤지컬 쇼 형식을 가리킨다. 흑인가수나 백인가수가 얼굴을 검게 칠하고 흑인풍의 노래와 춤을 공연해서 인기를 끌었다.

그림 8.4 「모든 영혼은 서커스이다」에서 서커스 무대의 여주인공을 맡은 그레이엄

그림 8.5 기독교와 미국 원주민 문화의 영향을 혼합한 「참회자」에서 춤을 추는 그레이엄

그림 8.6 「세계에 보내는 편지」에서 에밀리 디킨슨을 연기하는 그레이엄

의 몸짓으로 한 시간 가까이 손에 들고 있던 신비한 유리잔을 체스판에 올려놓았다.

이들 작품에서, 그리고 이 시기의 다른 작품에서 그레이엄은 자기만의 형식을 마스터한 절정의 기량을 보였다. 그녀는 무용의 표현 방법을 자유자재로 활용할 수 있게 되면서 새로운 방향으로 표현 영역을 넓혀갈 수 있었다. 희극과 비극, 동시대와 고전, 허구와 역사, 노골적인 관능성과 성적인 억압을 두루 표현하면서 인상적인 작품을 연이어 내놓았다. 자기를 복제하고 반복하는 진부한 틀에 얽매이지 않고, 계속해서 관객을 놀라게 하면서 참신한 새 작품을 선보였다. 그녀는 언제나 위험을 감수할 태세가 되어 있었고, 가끔은 신랄한 비판에 의욕이 꺾이기는 했어도 다시 도전할 용기를 잃은 적이 없었다.

새로운 공동작업에의 모험

이 무렵 그레이엄 주변에는 재능이 탁월한 동료들이 모여 있었다. 이제 그녀는 오랫동안 함께 일했던 작곡가 겸 반주자이자 연인인 호스트를 비롯해서 미국의 뛰어난 작곡가들과 더불어 작품을 창조하고 있었다. 노구치와 아치 라우터러(Arch Lauterer)와 같은 재능 있는 무대 디자이너가 그레이엄 곁에서 함께 작업하고 있었다. 장 에드만(Jean Erdman), 소피 매슬로(Sophie Maslow), 메이 오도넬(May O'Donnell), 안나 소콜로프(Anna Sokolow), 에텔 윈터(Ethel Winter) 등으로 이루어진 그녀의 여성 무용단은 아마도 가장 탁월한 현대 무용단이었을 것이다. 그레이엄은 이제 머스 커닝엄(Merce Cunningham)과 에릭 호킨스(Erick Hawkins)와 같은 최고의 남성 예술가들도 곁에 둘 수가 있었다. 호킨스는 발란쉰의 무용 전통에서 훈련받은 뛰어난 젊은 무용수로서 그레이엄의 연인이 되었고, 짧은 기간 그녀의 유일한 남편이 되었다. 재능이 더 많았던 무용가이자 안무가 커닝엄은 그레이엄과 호킨스 관계에 제3인의 인물로 끼어들어 삼각 관계를 형성했다.

30년대 초 뉴욕에서 시도했던 공동작업은 별 성과를 얻지 못했지만, 이제 버몬트 주의 베닝턴(Bennington) 대학에 미국 현대 무용가들의 모임 장소가 마련되었다. 1935년부터 매년 여름이면 마사 그레이엄과 도리스 험프리, 찰스 와이드먼, 하냐 홀름(Hanya Holm)을 비롯한 미국의 1급 무용가들이 베닝턴 대학을 찾아왔다. 그들은 세계 전역에서 온 무용가들(학생 중에는 호세 리몬José Limón과 안나 소콜로프도 있었다)에게 강의도 하고, 새로운 작품을 만들어 뉴잉글랜드 분위기가 나는 무대에서 연습도 하고 공연도 했다. 마사 힐(Martha

Hill)이 바로 무용 학교를 만든 장본인이었는데, 그녀는 작곡가 오토 루에닝(Otto Luening)과 헌터 존슨, 시인 벤 벨리트(Ben Belitt), 사진작가 바바라 모건을 비롯한 다른 예술가들도 초대했다. 현대 무용은 베닝턴 대학에 마련된 이런 기회를 활용해 기민하게 전진할 수 있었다. 뿐만 아니라 현대 무용과 인문대학(liberal arts college)의 상호 협력은 서로에게 새로운 활력을 불어넣었다.

그레이엄의 세계는 다른 쪽으로도 확대되고 있었다. 그녀는 배우 캐서린 코넬(Catherine Cornell), 시인이자 극작가 아치볼드 맥리쉬(Archibald MacLeish)와 함께 공동으로 극적인 작품을 창조했다. 1937년에는 엘리너 루스벨트(Eleanor Roosevelt)의 초대를 받아 백악관에서 공연을 했다. 같은 해에 메를 아미타쥐(Merle Armitage)가 그레이엄에 대한 비평서를 출간해서 널리 영향을 미쳤고, 1940년에는 그레이엄의 주요 공연을 사진에 담은 바바라 모건의 기막힌 사진집이 세상에 나왔다. 남자 무용가들, 특히 그레이엄의 연인 호스트가 무용단에 합류한 것은 공연 가능한 작품의 폭을 확대했을 뿐 아니라, 그레이엄에게 성적 열정의 세계를 탐구할 기회를 제공했다. 남자들의 합류는 그에 걸맞는 희생을 치러야 했다. 네 명의 여자 무용수들이 얼마 후에 무용단을 떠났던 것이다. 그레이엄과 관계를 끊는 일은 쉽지 않았다. 그레이엄은 지나치게 엄격한 태도를 지녔지만, 무용단원들에게 헌신적인 편이었고 그녀를 떠날 생각을 하면 어쩐지 그녀를 버린다는 느낌을 갖게 하는 일면이 있었다. 전기작가 도널드 맥도너프(Donald McDonough)는 이렇게 말한다. "그레이엄이 창작의 방향을 새롭게 취할 때면 언제나 이런 새로운 변화를 받아들이지 못하는 단원이 꼭 생겨났다."

절정의 작품 : 「애팔래치아의 봄」

「프론티어」가 그레이엄의 명성을 확고하게 해준 작품이라면, 「애팔래치아의 봄(Appalachian Spring)」은 아마도 가장 의미폭이 넓은 작품일 것이며 불후의 명성을 지속적으로 이어갈 수 있는 작품일 것이다. 「프론티어」가 그레이엄이 미국적 주제에 주목한 창조력이 왕성한 시기의 시작을 알린 작품이라면, 「애팔래치아의 봄」은 그 마지막을 장식한 작품이다. 두 작품은 내가 지금까지 설명한 거의 모든 창조자들의 일반적인 성향을 예시하고 있다. 처음 10년은 해당 분야의 기예를 익히는 기간이고(그레이엄의 경우는 1916년부터 1925년까지), 두 번째 10년은 가장 인상적이고 혁신적인 작품을 창조하는 기간이며(1926년에서 1935년까지), 세 번째 10년은 또 다른 절정의 작품, 그러니까 앞선 시기의 혁신에 기반을 둔 작품이자 그런 혁신을 좀더 명확하고 포괄적으로 해당 분야 전체에 연결시킨 작품을 창조하는 기간이다.

「애팔래치아의 봄」은 「프론티어」를 좀더 길들인(domesticate) 작품이라고 할 수도 있을 것이다. 시대적 배경은 미국의 초창기이며, 공간적 배경은 그레이엄이 유년기를 보낸 곳이다. 노구치의 인상적인 무대 장치와 아론 코플란드(Aaron Copland)의 탁월한 음악이 함께 한, 공연 시간이 30분 남짓한 이 작품에서 옛 미국의 삶이 생생하게 묘사되었다.

그레이엄의 다른 작품과 마찬가지로 여러 사건을 느슨하게 중첩시킨 구성 방식으로 미국 변경 지역의 결혼 생활을 소재로 다루었다. 물론 전체적으로는 통일된 효과를 발휘했다. 첫 부분에서 주요 등장 인물은 서로에 대한 감정과 미래의 삶에 대한 희망을 드러낸다. 그들은 홀로 그리고 함께 세계를 탐험하며, 그 과정에서 강인한 자기 절제를 보여준다. 그들은 자랑스럽게 새로 지은 집에 들어간다. 이 때 권위적인 부흥 전도사가 무대에 등장하고 순종적인 처녀들이 그를 따른다. 그는 신심 깊은 여자들에게는 축복과 희망을 약속하지만, 죄지은 자에게는 신의 저주를 경고한다.

분위기와 무대 구성의 스펙트럼이 폭넓은 이 작품에는 독무와 군무(群舞)가 골고루 나오는데, 각 인물의 특징과 감정을 서로 다른 무용이 표현했다. 인물들은 유쾌한 상태에서 심각한 상태로 변했으며 또 그 반대로도 변했다. 그레이엄은 아내와 어머니, 소녀, 경배자, 이웃사람 등을 시사하는 다양한 차림새로 등장했다. 남편과 부흥 전도사는 이전 작품의 남자 역할보다 훨씬 발전된 모습을 보여주었다. 아이를 가질 희망에 부푼 부부의 가정적인 삶은 변방의 삶에 미만한 고독과 개인주의를 보완하고 있다. 미지의 영역을 응시하는 '농부남편(husbandman)'은 집에 들어올 때도 만족스럽다. 전반적인 분위기는 신비롭고 차분하며 신선하다. 그리고 「프론티어」의 정신을 되살려서 광대한 공간감과 틀지워진 한계를 암시하는 방식으로 무대를 꾸몄다. 무대에는 단순한 시골 집의 단면이 보였다. 하얀 색의 조그만 찬장 벽이 세워져 있고 흔들의자가 현관에 놓여 있다. 그리고 비스듬하게 잘린 나무 밑둥이 연단처럼 놓여 있어서 그 위에서 전도사가 신자들에게 설교할 수 있게 돼 있었다. 마사 그레이엄은 이렇게 말했다. "이런 구조의 이면에는 이 집을 지은 정서가 깔려 있다. 바로 사랑이라는 감정이다."

「애팔래치아의 봄」은 마사 그레이엄의 작품에서 미국이 얼마나 중요하고 긍정적인 역할을 했는지를 확연히 보여준다. 이 무용극의 장소와 시간 및 배경이 모두 그녀의 삶과 연관돼 있었다. 그녀의 개척자 가계, 부흥 전도사의 청교도적 신앙, 점차 깊어가는 에릭 호킨스에 대한 사랑, 그리고 봄이라는 계절도 모두 거친 뉴잉글랜드의 겨울이 끝나가고 있다는 생각을 그녀에게 연상케 했으며, 또한 두 살 어린 남동생이 1906년 겨울에 죽었을 때 느낀 감정을 상기시켰다. 그러나 보편적인 측면 역시 작품의 호소력을 고양시켰다. 종교적인 삶과 세속적인 삶, 자작 농장과 개방된 공간, 고립과 친밀한 교제를 둘러싼 복합적인 감정, 결혼과 탄생 및 죽음이라는 인생의 이정표, 그리고 영생(永生)의 가능성이 다루어지고 있는 것이다. 전후기의 작품을 통틀어 그레이엄의 무용 대부분이 중심 인물의 감정과 관념을 표현하는 데 집중돼 있는 반면, 「애팔래치아의 봄」은 인생의 파노라마를 펼쳐 보여준다.

인생의 굴곡과 부침

마사 그레이엄은 만약 그녀가 1944년 이후로는 춤을 추지도 않고 안무를 맡지도 않았다고 해도 여전히 현대 무용에서 매우 중요한 인물로 여겨질 것이다. 그녀는 유럽의 고전적 전통에 대항했을 뿐 아니라 던컨과 데니숀 무용단의 미국 고유의 특색을 지녔으면서도 낭만적인 색조가 짙은 스타일에도 반대했다. 무용에서 장식적인 요소를 배제하고 그 신체적·감정적 정수만을 취한 그녀는 미국 무용의 잠재력을 효과적으로 발휘할 수 있었다. 뛰어난 무용가들을 모아 무용단을 결성했고, 놀랄 만큼 폭넓은 표현 능력을 자랑했을 뿐 아니라 꾸준한 노력으로 일취월장하는 모습을 보여주었다.

어떤 분야에서든 미국에서 여성이 주도적인 역할을 했다는 것은 20세기 초반이라는 시대적 배경을 염두에 두면 매우 주목할 만한 일이라고 할 수 있다. 미국 여성들의 권리가 얼마나 미약했는지를 알기 위해서는 그레이엄이 스물여섯 살 때인 1920년에 비로소 여성들에게도 참정권이 주어졌다는 사실을 떠올리기만 하면 된다. 물론 무용은 여성의 분야로 간주되었고, 무용계 인사들도 예술가라기보다는 '단순한' 연예 종사자로 여겨졌을 뿐이다. 그러한 사회적 여건 속에서 그레이엄은 현대 무용의 지도자로 널리 인정받고 있었기 때문에, 풍자와 조롱의 주된 과녁이 되었다.

그레이엄은 여성 혹은 미국인으로서의 자신을 옹호하느라 시간을 낭비하지 않았다. 그녀는 겉으로 비치는 자기 모습에는 그다지 신경을 쓰지 않았고, 비판을 견뎌내고 위험을 감수하면서 창조 활동에 전념했다. 무용단의 매력적인 지도자였던 그녀는 자기 주변 사람들이나 멀리서 알게 된 사람들 모두에게 영감을 주었다. 사업 분야에는 별다른 재주가 없었기에 회계 장부를 기록하는 일이나 무용단의 재정을 관리하는 일은 기꺼이 관리인에게 맡겼다. 이 일은 처음엔 호스트가 맡았고 호킨스가 이어받았으며, 마지막으로 이 역할을 맡은 사진작가 출신의 론 프로타스(Ron Protas)는 그녀가 사망한 후에도 유산을 관리했다.

정서 불안

예술가들은 줄타기 곡예를 하듯 살아가는 경우가 많은데, 마사 그레이엄도 이 점에선 예외가 아니었다. 그녀는 '공연' 예술가였다. 공연할 때 무대에 올라야 했을 뿐 아니라, 여러 가지 신경을 써야 할 일이 많았다. 무용단을 이끌면서 사전 연습을 충분히 마쳐야 했고, 음악가들이 제 할 일을 하고 보수를 받았는지, 의상 준비가 완료되었는지, 무대 배경의 설치가 모두 끝났는지, 이밖에도 수많은 자질구레한 일들이 제대로 실행되었는지 여부를 확인해야 했다. 아인슈타인은 혼자서 연구에 몰두할 수 있었고, 스트라빈스키조차 연주회가 열리는 순간에 꼭 자리에 있을 필요가 없었지만, 그레이엄은 쉴 새 없이 모든 일에 관여해야 했다. 이런 점에서 그녀의 활동 분야는 간디의 활동 분야와 가장 닮았다고 할 수 있다. 간디 역시 어떤 의미에서는 '공연'을 했어야 했거니와, 게다가 후속적으로 생기는 일에 관해서는 그레이엄보다 통제력을 더 가질 수 없는 처지였다(9장 참조). 분명히 그레이엄은 모든 현장에 참여하고자 했다. 그녀에게 있어 공연이란 삶 자체였고, 자신의 페르소나를 완전히 실현하는 일이었다. 하지만 이런 형식의 삶이 요구하는 긴장은 그 대가를 치러야 했다.

무용가로 나선 초기에 겪었던 우울증이 1940년대 후반에 재발했다. 이 시기는 그레이엄이 전례 없을 정도로 인생의 부침을 겪은 시기였다. 거의 30년 동안이나 가까운 사이로 일했던 호스트와 그레이엄이 급작스럽게 헤어지는 일이 발생했다. 리허설 과정에서 벌어진 사소한 다툼이 헤어짐을 재촉한 셈이었지만, 그레이엄이 호킨스와 깊은 사이가 되었던 것이 이미 두 사람의 관계에 긴장을 점차 고조시키고 있던 상황이었다. 호스트와 헤어진 후 채 한 달도 못 돼서 그레이엄은 호킨스와 결혼했다. 그레이엄 생애에서 단 한 번뿐이었던 이 결혼은 어떤 사람들에겐 세인트 데니스와 숀 관계의 재연으로 보였지만 오래 지속될 운명이 아니었다. 그레이엄은 주변 상황을 자신이 직접 통제할 생각을 굽히지 않았고, 이런 고집에 호킨스는 소외감을 느꼈다.

1950년 그레이엄 무용단은 첫 해외 공연 여행으로 유럽을 방문했다. 첫 공연지였던 파리에서 그레이엄이 몸을 다쳤음에도 호킨스가 공연을 계속해야 한다고 주장했을 때, 둘의 결혼 생활은 사실상 끝이 난 셈이었다. 그녀의 주도권에 도전하는 행위는 있을 수 없는 일이었다. 훗날 호킨스는 이렇게 회고한다. "나는 그녀의 대등한 동료였다. 이것 때문에 둘 사이에 긴장이 형성되었고, 내가 결국 떠난 이유도 바로 이것이다." 그레이엄은 2년 동안 무대에 오르지 않았고, 한 동안 무용단을 해산했으며, 오랫동안 무거운 의기소침 상태로 지냈다. 1958년에 어머니가 사망하고 호스트와 호킨스가 실질적으로 떠난 마당이었기에, 그레이엄은 세상 천지에 완전히 혼자 남은 것처럼 보였다. 이 때 이후로 그녀 곁에 모인 사람들은 그녀(아니면 그녀의 명성)가 필요했던 사람들이었고, 그레이엄은 이들에게 의존할 수도 없었고 이들을 터놓고 신뢰할 수도 없었다.

그리스 문화에 영향 받은 시기

엘리엇이나 피카소와 같은 다른 혁신적인 예술가들과 마찬가지로 위기 체험은 그레이엄 예술을 손상시키기는커녕 새로운 기운을 불어넣었다. 그레이엄은 미국적 주제나 작품의 밝은 면을 완전히 버리지는 않았으나, 1940년대 후반부터 고전 전통, 특히 고대 그리스의 신화에 큰 영향을 받은 작품을 창조하기 시작했다.

어린 시절부터 신화를 좋아했던 그레이엄은 글이나 희곡에서 신화를 다룬 적이 많았다. 무용가 생활을 하는 동안 그녀는 항상 「이단자」와 「비판」, 「황홀경」의 무명의 주인공에서 에밀리 디킨슨과 에밀리 브론테와 같은 역사적인 실존 인물에 이르기까지 강렬한 인상의 여인상을 창조했다. 이제 그녀는 이러한 측면을 종합해서 인상적인 인물들을 창조했던 것인데, 그리스 비극에 나오는 무자비한 여주인공들의 혼란스런 감정 및 정신 상태와 갈등을 무대 위에 펼쳐냈다.

「애팔래치아의 봄」을 선보이고 얼마 후에 창조한 「헤로디아(Herodias)」(1944)는 이 계열의 첫 작품이라 할 수 있다. 살로메를 닮은 한 여인이 하녀를 곁에 두고 내실에 앉아서 중년의 문제를 한탄하는 내용이다. 「검은 초원(Dark Meadow)」(1946)은 신고전주의적인 (neoarchaic) 작품인데, 이름 없는 여주인공이 방황하면서 자신의 길을 찾아가며 성(性)과 인생의 신비, 다산성과 갱생의 신비를 탐구한다. 「마음의 동굴(Cave of the Heart)」(1946)은 질투심에 눈이 멀어 잔혹한 복수를 일삼는 증오의 화신 메디아의 이야기와 관련돼 있다. 방사상으로 길게 뻗어가는 구리선 구조물 안에 엎드린 메디아는 연인 이아손이 크레온의 딸을 아내로 삼으려고 하자 분노하여 복수의 계획을 짠다. 그레이엄은 무릎을 꿇은 자세나 웅크린 자세에서 냉담한 독무를 추면서 분노와 질투와 좌절감을 표현한다. 이 병적인 작품에 등장하는 모든 인물은 파멸하게 되어 있다. 메디아의 손에 죽은 껍질이 붉은 뱀은 인간 조건의 비극적인 한계를 극화하고 있는데, 이 비극성은 비개인적인 전지적 시점을 체현한 군무로 더욱 고조된다.

이와 동일한 특징을 갖고 있는 「미궁 안에서의 임무(Errand into the Maze)」(1947)은 테세우스의 미궁 이야기를 다소 느슨하게 변형한 것이다. 연인 테세우스를 돕고자 하는 아리아드네는 미노타우로스에게 위협받는데, 피카소가 즐겨 그린 이 괴물은 황소의 두상을 머리에 쓰고 몸에 멍에를 두른 젊은 남자가 배역을 맡았다. 이처럼 극단적이고 기괴한 이미지를 무대에 연출한 「임무」는 인간 경험의 감정적인 미궁과 공포라는 괴물을 탐구하고 있다.

마지막으로 소포클레스의 「오이디푸스 왕」에 기반한 「밤의 여행(Night Journey)」은 오이디푸스와 요카스타의 비극을 묘사하고 있다. 노구치가 꾸민 무대 장치는 강렬한 환기력을 자아낸다. 특히 비틀리고 울퉁불퉁하고 경사진 황금 침대가 눈에 띄었는데, 이것은 왕실 침대와 고문대, 화형대 등을 한꺼번에 의미하는 듯했다. 밧줄은 오이디푸스와 요카스타의 결혼을 상징하기도 했고 둘 사이에 연결된 탯줄을 의미하기도 했다. 젊은 오이디푸스(베르트람 로스Bertram Ross)가 신나게 뛰어다니고 요카스타가 그를 포옹하려고 할 때, 눈 먼 예언자 티레시아스(폴 테일러Paul Taylor)는 길다란 지팡이를 짚으며 주위를 어슬렁거린다.

급박한 기세로 사건이 폭로되고 요카스타는 자신이 극악한 죄를 저질렀음을 깨닫는다. 공연 안내문에 적혀 있는 대로 요카스타는 "흐릿한 의식 속에서 의기양양한 오이디푸스의 출현과 둘의 만남, 구애와 결혼 그리고 친밀했던 나날들을 회고한다. 눈 먼 예언자 티레시아스의 모습이 희미하게 겹쳐진다." 그레이엄은 무용 동작의 성적인 함의를 이렇게 설명했다. "요카스타가 자기가 저지른 죄의 극악함을 깨달을 때 입에서 나오는 울음으로는 충분치 않다는 느낌이 들었다. 음부, 죄를 저지른 음부 자체에서 울음이 나와야 한다고 생각했다." 사건은 냉혹하게 전개되어 오이디푸스가 스스로 자기 눈을 찌르고 요카스타가 목을 매어 자살하면서 절정에 이른다.

많은 관객들이 그리스의 전설에 기반한 이들 작품을 마사 그레이엄의 가장 기념비적인 작품으로 여긴다. 사실 그레이엄의 초기 작품을 관람한 사람은 매우 드물다. 미국적 무용을 창조한 시기의 작품은 시간이 지남에 따라 관객에게 아주 진부해진 정도는 아니라도 상당히 익숙해진 편이다. 하지만 그리스 문화에 영향 받은 시기의 작품은 여전히 강렬한 인상과 극심한 고통을 전달한다. 이 시기의 작품들은 특히 디오니소스 기질을 가진 사람들과 인생의 어둡고 비극적인 양상 및 늙은 여주인공의 생애에 관심이 많은 사람들에게 호소력이 있었다. 이들에게는 미국적 특색이 뚜렷한 작품은 아폴로적이고 낙관적인 작품으로 느껴졌다.

그레이엄은 70대에 이르기까지 계속해서 이 시기의 작품을 공연하는 무대에 올랐는데, 덕분에 많은 사람들이 현장에서 직접 관람하거나 영화를 통해 볼 수 있었다. 사실 1970년대와 1980년대의 젊은 무용가들은 그리스 문화에 침윤된 시기의 작품을 그레이엄의 전체 작품과 동일시했다. 그들은 플롯을 중시하고 감정을 시각적으로 묘사한 (형식적으로 전달하기보다) 이 시기의 작품이 비교적 플롯이 약하고 보다 추상적인 특성을 지녔던 1930년대 초반의 작품에서 상당한 변화를 겪은 결과라는 점을 제대로 이해하지 못했다.

그레이엄은 신화적인 주제를 무용에 도입하면서 소위 신고전주의적인 국면에 이르렀다고 할 수 있는데, 이는 피카소와 스트라빈스키가 20년 전에 이미 통과한 단계였다. 사실 1910년 경에 결정적인 혁신이 이루어진 음악과 회화 분야와 1930년 경에 혁신이 이루어진 무용 분야 사이의 이런 시간 지체 현상은 이치에 맞다. 그리고 20년 동안이나 의도적으로 과거에 도전한 예술가라면 다시 고전적인 주제와 전통적인 형식으로 회귀하는 것이 자연스럽다. 아니 적어도 그렇게 회귀하고 싶은 유혹을 느낄 것이다. 그러나 차이점도 존재한다. 피카소와 스트라빈스키에게 신고전주의 시기란 일종의 휴지기이다. 그들은 이 기간 동안 좀더 가벼운 주제를 다루거나 신중한 태도로 관습적인 주제를 다루었다. 반면 그레이엄의 고전주의 시기는 오히려 다른 어떤 시기보다 모든 것을 통괄하고 자기의 진면목을 발견해가면서 정교하게 작품 활동을 한 상당히 오래 지속된 시기였다.

이 시기는 또한 그레이엄이 저작물에 관심을 많이 쏟은 시기였다. 그녀는 그리스 고전 및 고대를 다룬 많은 저작을 풍부하게 읽었을 뿐 아니라, 신화와 제의, 무의식을 다룬 저서, 특히 프로이트와 융 및 이들 학파의 저서를 탐독했다. 그레이엄의 독서와 사유에 대한 많은 증거는 이 당시에 기록한 노트에서 찾아볼 수 있는데, 이 노트는 낸시 윌슨 로스(Nancy Wilson Ross)의 편집을 거쳐 1973년에 책으로 출간되었다.

수수께끼 같은 노트

그레이엄의 노트를 활용하는 법을 알기는 쉽지 않다. 박식한 그레이엄의 정신 세계를 알려주는 특별한 정보의 보고로 여기는 사람도 있지만, 그레이엄의 천재성을 드러내기보다는 오히려 그에 대한 독자의 오해를 유도할 만한, 장황하고 지루하기만 한 자료로 간주하는 사람도 있다. 『마사 그레이엄의 노트』는 캐스팅 과정, 무용 스텝 설명, 약간의 무용 도식이나 스케치 등을 그러모은 책에 불과하다. 잡다한 문학과 철학 저서에서 인용한 단편적인 구절들은 그저 장식적인 요소일 뿐이다. 이 책은 그레이엄의 평소 말투를 어느 정도 그대로 담고 있다. 드 밀은 그녀의 말투가 "생략된 부분이 많아 알아듣기 어렵고, 전혀 논리적이거나 체계적이지 않다"고 말한 바 있다. 예를 들어 「밤의 여행」에 대한 메모를 보면, 서두 부분의 동작을 언어로 묘사하고 스텝을 설명하는 것으로 시작한다. 설명은 매우 축어적이다. "팁 3X

1-r-1로 뛴다. 두 번 돌진, 그리고 오른쪽 무대로 돌아온다 …… 부레(bourree) 회전으로 오른쪽 무대로 향한다. 왼손으로 오른쪽 팔꿈치를 잡는다." 「마음의 동굴」에 대한 기록은 '발리(Bali) 턴으로 도약'하는 '뱀의 독무'를 묘사하고 있다. 「번민의 눈(The Eye of Anguish)」에 대한 메모에는 『청교도 과두정(Puritan Oligarchy)』과 플라톤의 『국가』 10권, 영국의 시인이자 소설가인 월터 드 라 메어(Walter de la Mare), 영국의 에세이스트이자 비평가 토머스 드 퀸시(Thomas De Quincey), T. S. 엘리엇(「번트 노턴Burnt Norton」), 미국 시인 하트 크레인(Hart Crane)의 글, 그리고 「모나리자(Mona Lisa)」에 대한 문헌 자료에서 인용한 구절이 섞여 있다.

그레이엄은 초기에 기록한 노트는 거의 대부분 없애버렸지만, 후기 작품과 관련된 노트는 출판에도 동의했다. 그 이유는 추측할 수밖에 없다. (그레이엄은 무용 장면의 촬영에 관해서도 똑같은 입장의 변화를 보였다.) 초기에는 부끄럽게 느꼈던 일을 후기에는 오히려 자랑스러운 일로 생각하게 된 것이었다. 나는 그레이엄의 노트가 시각적 신체 표현으로서 그녀의 무용이 발전해 온 과정에 대해 별달리 새로운 통찰을 제공한다고 생각하지 않는다. 호킨스는 이렇게 지적한다. "마사에게 가장 중요한 것은 그녀 자신의 감정이었다. 그녀는 춤을 추면서 자신의 감정을 조금씩 발산시킬 수 있었다. 하지만 이 감정을 다른 무용가에게 전달하는 일은 그녀에게 어려운 일이었다." 그레이엄의 노트는 무용 입문서로는 여러모로 부족한 점이 많지만, 그럼에도 그녀의 마음속에 자리했던 생각을 알아보는 데는 상당히 유용하다.

노트는 그레이엄이 자기 작품의 어떤 '공간'을 전개시킨 장소이다. 이 공간은 각 무용가의 동작에 대한 축어적이고 단계적인 설명(개인적이거나 관습적인 무용 표기법이 아니라 간결한 영어로 쓰였다)과 그녀가 작품에 구현하고자 했던 생각과 감정을 환기하는 문헌 자료의 인용 구절 사이에 존재하는 공간이다. 인용 구절이나 기계적인 설명 자체가 특별히 깊은 뜻을 담고 있는 것은 아니다. 하지만 이 두 가지를 종합적으로 살펴보면, 그레이엄이 이 두 개의 '극점' 사이에 창조하고자 했던 작품의 종류를 감지할 수 있다. 그것은 신체 동작과 얼굴 표정, 무대 배경, 소품, 음악 반주로써 문헌에 구현된 아이디어를 포착한 작품인 것이다.

어쩌면 그레이엄 자신은 이런 두 종류의 단서가 영상 자료만큼이나 독자에게 자신의 무용에 대해 알려주리라고 생각했을지 모른다. 특히 스틸 사진을 참고하면, 독자들은 마음속에 역동적인 무용 동작을 상상하고 무용이 어떤 예술인지 다소나마 알 수 있으리라고 생각했을 것이다. 그리고 노트를 기록하고 출판한 때는 이미 나이가 꽤 들었을 무렵(무용가로는 노년이라고 할 만한)이었기 때문에, 자신이 실제로 보이는 모습보다는 자신이 보이고 싶은 모습을 사람들에게 알리는 데 도움이 되었을 것이다.

하지만 노트에는 빠진 부분이 있다. 그녀가 감행했던 창조적인 혁신의 중요한 부분이 누락돼 있는 것이다. 오만함이나 질투, 공포와 같은 강렬한 감정, 에밀리 브론테와 메디아와 같은 강한 성격, 미국 남부의 평원 지대나 뉴잉글랜드의 구릉 지대와 같은 인상적인 물리적 배경, 그리고 무엇보다도 역동적인 신체 동작 등을 무용에서 표현하는 방법에 대한 구상이 발전해 온 과정이 빠져 있는 것이다. 아마도 그레이엄은 이 모든 것을 자신과 무용단원의 몸을 통해 실험함으로써 구상했던 듯하다. 혼자서 거울을 보며, 아니면 호스트나 호킨스와 같은 몇몇 신임하는 사람들 앞에서 실험했을 것이고, 마지막으로 다양한 부류의 관객 앞에서 이 모든 것을 선보였을 것이다.

신체-운동 지능은 자립적인 상징체계를 통한(혹은 자립적인 상징체계로 표기되는) 사유 과정에서 드러나는 것이 아니라, 직접 몸을 움직여 실험하고 여러 차례 변형하는 과정에서 그 진가가 드러난다. 무용 역사가 린 개러폴라(Lynn Garafola)는 이렇게 말한다. "그레이엄은 그녀의 몸이었다. 그것(몸) 때문에, 그리고 그것을 강하고 우아하고 아름답게 단련시킨 덕분에 그녀는 그녀 자신이 된 것이다. 몸의 가능성과 불가능성에 따라 그녀가 고안할 수 있는 무용의 한계가 규정되며, 몸의 가능성과 불가능성이 있기에 그녀는 연습을 통해 더욱 더 무용 테크닉의 기초를 닦은 것이다." 애석하게도 그레이엄의 무용 동작 실험에 대한 문헌 기록은 존재하지 않는다. 마사 그레이엄과 함께 무용을 했던 사람들의 기억이나 그레이엄 무용단이 20세기 중반에 창조한 작품에 대한 묘사에 의존할 수밖에 없다. 그다지 성공하지 못한 작품들은 후기의 보다 포괄적이고 효과적인 작품의 초기 버전으로 생각해도 무방할 것이다.

그리스적 작품을 만들던 시기에 마사 그레이엄은 이미 무용계의 지도자 위치를 벗어나 전설이 되었다. 그녀는 자신의 이런 역할을 매우 흐뭇해했다. 하지만 여기엔 기이한 점이 있었다. 엘리엇이나 스트라빈스키, 조이스, 피카소, 쇤베르크 등 다른 현대의 거장들의 경우보다도 훨씬 더 많은 사람들이 그레이엄의 작품을 전혀 이해하지 못했으며 그녀가 시도하는 일을 비난했던 것이다. 어떤 이들은 모진 말도 서슴지 않았다. 어느 「네이션」 기고자는 「죽음과 입구」에 대해 다음과 같이 말했다.

[이 작품은] '사회적 의미'를 강조한 초기의 유행 풍조와 마찬가지로 많은 무용 신참자들을 유혹하는 막다른 길이다. 마사 그레이엄의 최근작을 보면, 무용 분야가 파국적인 상황에 직면했음을 절감할 수 있다. …… 그레이엄은 신경증적 갈등만을 표현하는 데 몰두하고 있는데, 이것은 누군가와 소통하길 원하지 않고 그저 자신을 전시하고픈 욕구에서 나오는 것으로, 그녀가 근본적으로 예술가로서 실패했음을 말해준다.

같은 작품에 대해 「PM」의 헨리 사이먼(Henry Simon)은 "「죽음과 입구」는 소음과 분노로 가득찬……. 지루한 작품이다. 무슨 의미가 있기는 하겠지만, 나는 그게 뭔지 잘 모르겠다"고 말했으며, "칙칙한 롱 스커트를 입은 여자들이 무미건조한 무대에서 역시 하품만 나오는 음악에 맞춰 걸어다니고 뜀뛰기한다"고 경멸조로 말했다. 「디트로이트 뉴스」의 한 기자는 실망감을 숨기지 않았다.

미스 그레이엄은 미국 무용가 가운데 가장 당혹스러운 인물이다. 그녀의 무용은 자주 물의를 일으킨다. 미스 그레이엄에 관해서 당혹감을 표현한 기자는 자기를 러시아 황제인 폭군 이반에 비교하는 편지들을 받게 된다. 미스 그레이엄에 관한 기사를 쓰는 것은 위험한 일이다. 그녀에 관한 일이라면 아무도 냉정을 유지하지 못하기 때문이다. …… 그녀는 월요일 저녁처럼 종잡을 수 없는 사람이었다. …… 아주 추한 인물이었는데 어느 순간 차갑도록 아름다운 사람이 되어 있었다.

무용가의 삶

마사 그레이엄은 종종 논란의 대상이 되었음에도 불구하고(혹은 논란의 대상이 되었기 때문에), 70년 동안 큰 변화 없이 자신의 일을 계속했다. 무용단을 이끌고 매년 예정된 공연을 소화하면서, 춤을 추고 안무를 맡았으며, 무용 테크닉과 작업 스타일, 무용 이론과 철학을 발전시켰다. 오늘날 이와 비슷한 일을 실행하는 많은 사람들은 이런 것이 한 사람의 걸출한 인물이 창안해낸 것이 아니라 현대 무용의 본래적인 일이라고 생각한다.

테크닉과 작업 습관

그레이엄은 안무가 마리 비그만을 비롯한 몇몇 인물들에게 영감을 받아 자기만의 독창적인 무용 테크닉을 발전시켰다. 그녀는 안무 경험을 통해 전통적인 발레에 대비되는 무용 테크닉을 고안했다. 발레는 매우 선형적인 구도를 가지는 데 비해, 그레이엄의 무용은 역동적이고 불규칙한 형식을 강조한다. 발레는 팔과 다리를 별개의 기관으로 활용하고, 몇 가지 고정된 자세를 통해 전수된다. 반면 그레이엄 무용의 특징은 골반에서 머리로 흐르는 동작을 강조하면서 몸을 끊임없는 흐름 속에 놓아두려는 데 있다. 발레의 아라베스크나 앙트르샤 자세처럼 전혀 힘들이지 않는 것처럼 보이는 동작을 하는 대신, 관객에게 신체적 긴장을 분명하게 드러냄으로써 무용수가 매우 열의가 있고 철저하게 훈련을 받았으며 뭔가를 애써 추구한다는 인상을 심어주었다. 이와 같은 여러 차이점에도 불구하고 그레이엄은 다음과 같이 말했다. "300년 동안 발전된 발레를 전혀 활용하지 않는 것은 어리석은 시간 낭비다. 나는 발레 자체와 싸운 적이 없다. 다만 고전 발레의 경우는 뭔가 충분히 말하지 않는다는 것, 특히 강렬한 극적 상황이나 열정의 문제에 관해서는 이런 점이 두드러진다는 것이고, 이런 부족함 때문에 내가 하는 종류의 작업이 필요했던 것이다."

그레이엄의 무용 테크닉은 대조에 기반을 둔다. 몸을 이완시킬 때는 숨을 들이쉬고 긴장시킬 때는 숨을 내쉰다. 긴장은 골반 부근에서 생기는데, 그 부위로부터 관능적인 긴장 상태뿐 아니라 온 몸을 타고 흐르는 경련하는 듯한 동작이 나온다. 긴장과 이완 동작은 모두 갑작스런 충동에 따라 취해진다. 몸은 갑자기 바닥에 쓰러지고 회전하며 공중으로 도약한다. 등과 허리, 머리와 가슴 혹은 어깨와 몸체 사이에 긴장이 서려 있다.

그레이엄은 이런 자신의 원칙을 전달하는 데 필요한 연습 방법을 고안했다. 그녀는 무용수가 아무런 제어 도구 없이 뒤로 무너지듯 바닥에 쓰러지는 방법을 생각해냈다. 학생들은 등의 힘과 골반의 동작 개시 역할, 그리고 바닥의 압력을 모두 의식해야 했고, 감정은 손이나 팔의 제스처가 아니라 근육의 수축과 이완, 긴장, 경련 등을 통해 표현해야 했다. 훈련의 중요한 부분은 뱀처럼 똬리를 트는 동작이었는데, 몸을 감았다 풀었다 하면서 신체의 유연성과 힘을 기르게 했다. 그레이엄은 바람직한 움직임을 제대로 전달하기 위해 생생한 이미지를 활용했는데, 근육의 긴장은 낭떠러지에 서서 하늘을 보는 것과 같고 이완은 땅을 보는 것과 같다고 말했다.

그레이엄 무용단의 일원이 되는 것은 힘든 일이었다. 그레이엄은 훌륭한 무용수가 되기 위해서는 10년이 걸린다고 생각했다. (이는 내가 지금까지 설명한 창조적 도약에 관한 10년 규칙에 적합하다.) "엄정하고 힘든 테크닉, 그러니까 무용 동작의 과학에 따라 신체를 단련해야 하고, 다양한 경험으로 정신을 풍요롭게 해야 한다." 학생들은 매일같이 '고문' 과도 같은 훈련을 받았으며, 점차 근육질의 강건한 몸을 가지게 되었다. 10년 동안 훈련을 받은 후에 비로소 군무단(群舞團)을 벗어나 4인 그룹에 들어갈 수가 있었다. 그레이엄은 이렇게 말하곤 했다. "자연스러움과 간결함을 갖추기 위해선 오랜 시간이 필요하다. 니진스키는 단 한 번의 탁월한 도약을 위해 수천 번이나 도약 연습을 했다." 그녀는 이런 말도 했다. "예술가와 비예술가의 차이점은 감정을 느끼는 능력에 있지 않다. 비밀은 우리 모두가 느끼는 감정을 객관화하고 명백하게 드러낼 수 있는 능력에 있다." (W. H. 오든 역시 야심만만한 젊은 시인에게 비슷한 충고를 한 바 있다. "시는 강렬한 감정이 아니라 언어로 만드는 것이다.")

현대 무용단은 그 지도자의 확장된 모습이기가 쉬우며, 그레이엄 역시 그녀가 이끈 무용단에 매우 긴 그림자를 드리웠다. 그녀는 필요에 따라 모욕도 가하고 얼르기도 하면서 학생들에게 굉장히 많은 것을 요구했다. 많은 학생들이 그녀를 두려워했고 일부는 그녀를 경원했다. 하지만 그레이엄은 학생들과 끈끈한 유대감을 가지고 있었다. 무용가 엘리자 몬테(Elisa Monte)는 이렇게 말한다. "'딱 좋아' 란 말을 하는 법이 없었어요. 언제나 힘겨운 승리만이 있었죠. 아마 거기서 버텨낸 사람이면 어디가서도 성공할 겁니다. 저는 마사가 아주 많은 사람들을 쫓아내는 걸 보았지요." 많은 여학생들이 그레이엄과 자신을 동일시해서 원시 가면 같은 얼굴, 홀쭉한 뺨, 뒤로 넘긴 머리, 신비할 정도로 차가운 표정 등이 그레이엄과 닮아 보일 정도였다. 금욕적인 삶은 필수 덕목이나 마찬가지였다. 무용은 아무 것도 보상하지 않앉고, 공연 시즌은 기껏해야 일주일 정도에 불과했으며, 그레이엄 자신이 절약과 희생의 삶을 믿고 그것을 그대로 실천하는 모범적인 모습을 보였기 때문이다. 언제나 완벽주의자였던 그녀는 주요 역할과 동작과 의상을 마지막 순간에 바꾸기 일쑤였다. 단원들이 이런 중대한 변화를 수월하게 받아들이길 기대한 것이었지만, 덕분에 그녀 주변엔 언제나 위기감이 감돌고 있었다. 아마도 그녀는 이런 피카소 같은 분위기를 적어도 무의식적으로는 높이 평가했을 것이다.

그레이엄의 무용 연습과 테크닉은 기술적인 것과는 거리가 한참 멀었다. 그레이엄이 창조해서 단원들에게 전수한 것은 춤을 추는 방법이었다. 그녀는 자기 세대의 누구보다 춤을 잘 추었으며, 그녀가 남긴 유산 대부분은 수백 번의 공연으로 전해진 것이다. 그러나 지금은 그녀의 무용을 직접 관람하면서 탐구할 수가 없는 상황이므로 그녀의 유산은 주로 그녀가 후학들에게 전수한 무용 테크닉으로 남아있는 것이다.

아이디어와 철학

그레이엄은 무용 동작의 표현 능력을 굳게 믿고 있었고, 동작을 위한 동작은 결코 인정하지 않았다. 그녀는 언제나 동작을 우리가 느끼는 감정, 그녀가 표현하고 싶은 감정과 연관지었다. "아무리 추상적인 작업을 할 때라도 거기에는 극적인 라인(dramatic line)을 넣어야 한다. 그것은 한 사람의 경험에서 우러나오는 것이다. 나는 무용을 삶에서 분리시킨 적이 없다." 이런 의미에서 그레이엄은 다른 현대의 거장들과 마찬가지로 순수 추상의 세계에 매혹되지 않았다. "나는 이해받기를 원하지 않는다. 사람들이 나를 느끼기를 원한다."

그레이엄은 늦은 밤까지 자신의 무용을 생각하고 구상을 가다듬으면서 집중적으로 일을 했다. "침대에 올려놓은 작은 탁자에 타자기를 놓고, 베개로 등을 받치고 밤새워 글을 쓰곤 했다." 그녀의 영웅이던 세인트 데니스는 항상 글을 끄적거리며 시를 쓰곤 했고 여기서 데니스의 무용이 출현한 바 있는데, 그레이엄도 작품 활동을 하면서 이와 비슷한 일을 했던 것이다. 모든 것이 그녀의 시적·신체적 상상력이라는 제분소에서 빻아지는 낟알이 되었다.

아이디어가 떠오르면 종이에 적는다. 어떤 책에서든 인상적인 구절이다 싶으면 바로 옮겨 적는다. 그리고 출처를 적어둔다. 이렇게 하면 실제 작업을 할 때 모든 과정에 대한 기록을 간직하고 있을 수 있다. 내 무용에 대한 메모는 모두 갖고 있다. 특별한 기호는 쓰지 않는다. 내 생각을 그냥 적어둘 뿐이고, 나는 내가 쓴 글과 동작의 의미가 무엇인지 잘 알고 있다. 어디로 가고 무엇을 해야 하는지 잘 알고 있다. 여기 저기에 설명이 있다.

이 책에서 다루는 다른 현대의 거장들과 마찬가지로 그레이엄도 다른 사람들의 구상과 이미지를 원용한다는 사실을 공개적으로 말했다. "나는 도둑이다. 하지만 부끄럽지는 않다. 플라톤, 피카소, 베르트람 로스 등 누구라도 최고의 인물들에게서 생각을 훔친다. 나는 도둑이고 이를 자랑스럽게 여긴다. …… 나는 내가 훔친 것의 진가를 잘 알고 있고, 늘 소중하게 간직한다. 물론 나만의 재산이 아니라 내가 물려받고 물려줘야 할 유산으로 여긴다."

그레이엄은 작업 과정에서 초자연적인 기적을 바라지 않았다. 그녀는 안무 작업에 대해 이렇게 말했다. "기억에 의존합니다. 내가 인생을 이해한 방식과 다른 사람들이 이해한 방식에서 많은 걸 얻지요. 우리가 읽고 마음 깊이 흡수한 것이 보석처럼 우리의 존재를 이루는 겁니다." 무용을 시작하는 것은 다양한 느낌으로 왔다. 그레이엄은 그것을 끔찍하다고, '거대한 고통'이라고 생각하기도 했다. 그녀는 작곡가 에드가 바레즈(Edgar Varése)가 그녀 면전에서 했던 말을 반복해서 말하길 좋아했다. "모든 사람이 재능을 타고 나지만, 대부분은 겨우 몇 분 동안만 그 재능을 간직한다."

그레이엄은 거의 평생에 걸쳐 자신을 무용가이자 배우로 생각했다. 그녀는 자신이 무용가로 태어났다고 느꼈다. "나는 무용가가 되기로 선택한 것이 아니다. 나는 무용가로 선택된 것이다." 그녀는 젊은 사람들에게 무용가가 되는 일에 관해 은근히 겁을 주는 말을 하기도 했다. "여러분을 위해서나 다른 사람을 위해서 활기찬 인생을 사는 길이 하나뿐이라면, 그 길을 택할 수밖에 없습니다. …… 나의 삶, 그리고 작품 활동은 필연입니다. …… 마치 동물처럼 다른 생각 하나 없이 오직 이 길을 걸어갈 뿐입니다. 선택은 없습니다. 동물이 일체의 속임수나 야망 없이 먹고 마시고 새끼를 치는 것처럼 말이죠."

그레이엄의 무용 대부분은 영웅적인 인물을 중심으로 만들어졌다. 힘과 열정을 겸비한 저명한 여성, 한 공동체의 운명을 좌우하는 여성이 주인공인 경우가 많았다. 배우로서 그레이엄은 자신이 맡은 인물의 모든 장점과 단점을 구현하기 위해, 실제로 그 인물이 되기 위해 노력했다. 「밤의 여행」의 요카스타에 대해 그녀는 이렇게 말했다. "나는 이 여자가 아침으로 무엇을 먹는지도 알고 싶다." 다재다능한 배우가 그렇듯이, 그레이엄도 「모든 영혼은 서커스이다」의 우스꽝스럽고 산만한 여성에서 「마음의 동굴」의 사악하고 악독한 메디아에 이르기까지 자기 내부에서 다양한 성격적 특질을 발견할 수 있었다. 요카스타와 클리템네스트라는 고통스럽게 자기를 이해하려고 노력한 덕분에 비극적인 상황에서 승리자가 될 수 있었던 고대의 여왕이었다. 이러한 인물들을 창조하면서 그레이엄은 인간의 의지력에 관해서는 니체와 쇼펜하우어의 저작을 참고했고 무의식에 관해서는 프로이트와 융의 저작을 읽었다. 그러나 그레이엄이 이들의 책에 끌린 것은 이미 이들의 사상이 그레이엄의 격렬한 성격과 그녀가 창조하고 재연하려고 하는 역할을 구현하고 있었기 때문일 것이다.

그레이엄은 인생을 모두 작품 활동에 바쳤다. 그녀의 친구 애그니스 드 밀은 그녀를 다음과 같이 기억했다. "마사는 자신의 삶에서 모든 감정적 애착, 모든 집착, 모든 위안 그리고 여가 시간까지 배제시키려고 했다. 여기엔 가족과 아이에 대한 사랑도 포함된다. 그녀는 일에 자신의 전부를 아낌 없이 바쳤다. 일에 완전히 사로잡혀 있었다." 작품의 성공에 도움이 된다면 아마도 피카소처럼 잔인하고 사악하며 악의적인 일도 서슴지 않았을 것이다. 그녀는 "내가 오만하고 허영심이 많으며 반드시 숭배받아야 하는 사람임을 잘 알고 있다"고 토로한 적이 있다. 그녀의 제자 펄 랭(Pearl Lang)은 "마사에게는 잔인하고 파괴적인 요소가 매우 농후하다"라고 말한다. 무용가 로버트 코언(Robert Cohan)은 이렇게 말한다. "그레이엄은 자신이 만든 드라마에서 살아야 했다. 그 드라마의 일부분으로 자신들을 제공한 사람들과 함께 말이다." 자기 중심적이고 이기적인 그레이엄 역시 내가 다른 창조자들에 관해 설명한 것과 같은 종류의 파우스트적인 계약을 맺었던 것 같다. 만약 그녀가 작품 활동을 계속하는 특권을 누려야 했다면,

세속적인 즐거움과 친밀한 인간관계에 대한 희망을 모두 무용의 제단에 바쳐야 했다.

그레이엄 무용단에 관여하는 것은 직업을 갖는 것이 아니라 성전(聖戰)에 참여하는 것과 같았다. 그레이엄은 헌신과 대담함이 부족한 사람들을 조금도 이해하지 않았다. "누구나 실패할 권리는 있다. 실패했더라도 더 높이 올라가고자 하는 용기만 있다면 실패를 발판으로 새로운 단계로 오를 수 있다. …… 한 가지 대죄(大罪)가 있다면 그건 범용(mediocrity)이다. 이게 내 믿음이다." 그녀는 주로(어쩌면 오로지) 자기의 이상을 실현하는 데 도움이 되는지 여부를 기준으로 삼아 다른 사람들과 교제했다. 코언은 이렇게 말했다. "당신이 무용단에 소속해 있으면, 마사는 당신을 위해 죽는 시늉까지 할 것이다. 하지만 무용단을 떠나는 순간 당신은 전혀 상관 없는 사람이 된다." 드 밀은 더욱 잔인하게 말한다. "그레이엄은 어떤 아이디어나 사람과 끝장이 났다고 생각하면 그것(그 사람)에 대한 생각을 완전히 제거한다." 그리고 그레이엄은 논란의 대상이 되는 것에 전혀 개의치 않았다. "사람들이 생각하게 하고 싶다. 내 일에 대한 논쟁은 언제든 환영이다. 아무도 나의 무용 작품을 논하지 않으면, 도대체 내가 했던 일에 실패할 리도 없을 테니까 말이다."

소요학파와 같은 삶

마사 그레이엄은 자기만의 무용 테크닉과 철학을 정립하면서 학생들을 가르치는 삶을 살았다. 가끔은 뉴욕 네이버후드 극장에서, 그리고 종국적으로는 맨해튼 동부의 63번가에 구입한 건물에 위치한 그녀의 무용 스튜디오에서 정규적으로 가르치는 일을 했다. 그레이엄은 다른 사람의 도움 없이, 그리고 휴가나 휴일도 없이 무용단을 이끌었다. 매년 뉴욕에서 두 번에 걸친 짧은 시즌(일주일에 여덟 차례 공연)을 개막했으며, 미국이나 해외로 공연 여행을 떠났고, 미국 각지의 무용학교에서 여름 강좌를 개설했다. 그레이엄은 1950년대부터 정기적으로 해외 순회 공연에 나섰다. 덕분에 그녀는 무용가와 안무가로서 뿐 아니라, 친선 대사로도 엄청난 찬사를 받았다. 사실 그녀의 생을 앗아간 마지막 병환은 1990년 가을 55일 동안의 극동 순회 공연에서 돌아온 후에 증세가 나타나기 시작한 것이다.

그레이엄은 주로 학생들과 동료들과 함께 일상적인 활동을 하는 와중에서 새로운 무용을 발전시켰다. 원래는 완전히 자기 위주로 무용과 안무를 고안했지만, 1940년부터는 다른 사람에게도 중요한 역할을 주었고 안무 역시 상당 부분을 재능이 우수한 학생들에게 맡겼다. 물론 아무 조건 없이 거저 배려해준 것은 아니었다. 무용이 자기 마음에 들지 않으면 그레이엄은 몹시 화를 냈다.

그레이엄은 놀랄 만큼 오랜 기간을 무용가로서 살았다. 1958년 그녀가 64살이었을 때 또 하나의 빛나는 작품이 탄생했다. 3년 정도 비교적 제작이 뜸한 시기를 거친 후에 「클리템네스트라(Clytemnestra)」라는 무용극을 만들었는데, 내용을 축약하지 않은 이 작품은 저녁 공연 시간을 모두 소요했다. 파멸의 운명으로 치닫는 아트레우스 가문을 묘사한 이 무용극에서 그레이엄은 늙은 왕비, 남자의 마음과 여자의 간교함을 지닌 '분노하는 거칠고 사악한 여성'을 특색 있게 연기했다. 지하 세계로 들어가는 찰나에 왕비는 자신이 저지른 극악무도한 범죄 행위를 논리적인 순서 없이 의식에 떠오르는 자유 연상에 따라 회고한다. 자신이 어떻게 부정한 왕비에서 음모를 꾸미고 살인을 저지르는 나쁜 여인이 되었는지를 회고한 연후에, 그녀는 자신이 왜 지옥의 형벌을 받게 되었는지 알게 된다. 결국 그녀는 이 복수의 사슬을 끊는 방법은 오직 이 모든 사건들의 연쇄에서 자신이 중핵적인 범죄를 저질렀음을 인정하는 것에 있음을 깨닫는다.

「클리템네스트라」는 안무를 매우 세심하게 구성한 작품이어서 출연자들은 무용가뿐만 아니라 배우 역할도 해야 했고, 그만큼 뛰어난 예술적 업적으로 인정받았다. 그레이엄은 이 작품에서 뛰어난 연기 능력과 여전히 소름이 끼칠 만큼 훌륭한 안무 능력을 결합하여 거장다운 솜씨를 발휘했다. 이와 동시에 무용가로서는 언제까지든 계속 무대에 설 수 없다는 점이 모두에게, 특히 마사 그레이엄 자신에게는 분명하게 느껴진 작품이었다.

더 이상 춤을 출 수 없다는 고통스러운 생각에 심적으로 큰 충격을 받은 그레이엄은 가능한 오랫동안 무용 분야에서 활동할 방도를 찾았다. 집중적으로 그리스적 작품을 내놓을 무렵에도 그녀는 계속해서 안무를 맡았는데, 실제로 1947년부터 1969년까지 자신을 위해 열 세 개의 역할을 새로 창조했다. 그레이엄의 후기 작품은 대체로 두 범주로 나뉜다. 하나는 영혼이 포박당한 영웅적인 인물을 진중하게 다룬 연극적인 작품이고, 다른 하나는 그레이엄 자신의 초기 작품을 희화하는 작품까지 포함하는 다소 가벼운 시적이고 공상적인 작품이었다. 후기 작품의 전반적인 기조는 신고전주의적인 향취를 지녔다. 비록 절망과 붕괴를 암시하는 부분도 얼마간 섞여 있었지만, 형식적인 문제에 새삼 관심을 돌리고 균형감과 거리감을 더 짙게 배어들게 하고 이국취향과 피와 폭력의 요소를 예전보다 덜 가미한 작품들이었다. 은퇴 직전에 창조한 작품들은 그레이엄의 잃어버린 힘에 대한 일종의 향수도 드러냈다. 그레이엄은 언제나 그랬듯이 무대의 중심에 서고자 했지만 움직일 여력이 없었다. 만년의 피카소가 회화 분야의 전위에서 물러나 구경꾼 역할에 만족했듯이, 그리고 엘리엇이나 아인슈타인 등의 나이 든 창조자들이 주로 주석가의 입장을 견지했던 것과 마찬가지였다.

쇠퇴와 갱생

1960년대에 이르러 마사 그레이엄은 사적으로나 직업적으로 위기에 봉착했다. 최고의 무용수들과 동료들이 그레이엄이 자신들을 이용하기만 했고 충분히 신뢰하지 못했다고 비난하면서 그녀 곁을 떠났다. 그녀는 가까웠던 사람들을 잃게 되자 세상에 완전히 홀로 남겨졌다는 기분이 들었다. 무용단은 계속해서 공연 일정을 소화했지만, 비평가와 관객들은 그레이엄이 더 이상 춤을 추지 못한다고 수군대기 시작했다. 물론 그녀는 여전히 영감 넘치는 안무가였고, 탁월하고 뛰어난 배우, 어쩌면 캐서린 코넬이 말한 것처럼 미국에서 가장 위대한 배우였을 것이다. 매사에 빈틈이 없던 그레이엄은 춤을 추느라 몸을 무리하게 움직일 필요가 없고 여전히 자신의 연기 솜씨와 카리스마 넘치는 성격을 집중적으로 드러낼 수 있는 역할을 만들어냈다. 늙은 것처럼 몸을 사리는 것과 실제로 늙었기 때문에 몸을 사리는 것은 전혀 다르다. 마사 그레이엄은 여러 차례, 그러니까 예순이 되었을 때와 예순 다섯이 되었을 때, 심지어는 일흔이 되었을 때도 이제는 무대에서 춤을 추기에는 너무 늙었다고 믿었다.

그레이엄에게 이런 깨달음은 몹시 가혹한 것이었다. 그녀는 자주

술을 마셨다. 가끔은 상당히 취할 정도로 마셨고, 그래서 무대에 오르지 못한 경우도 있었다. 이런 식의 파괴적인 행동은 다른 모습으로도 나타났다. 그레이엄은 젊은 시절의 기록과 편지와 메모를 내버렸다. 많은 인터뷰를 허락했지만, 자신이 옆에 있지 않은 상태에서는 자신에 관한 글을 적지 못하게 했다. 20년 동안이나 그레이엄에 관한 자전적인 정보는 오직 안젤리카 깁스(Angelica Gibbs)가 「뉴요커」에 기고한 글에서만 찾을 수 있었다. 그레이엄은 자신의 무용 장면을 촬영하지 못하게 했으며, 어느 누구도 자신의 예전 역할을 맡지 않기를 바랐다. 그녀의 설명에 따르면, 카메라는 오직 수동적으로만 무용가를 좇기 때문에 카메라를 거부했다고 한다. 반대로 실황 공연에서는 "우리가 누레예프(Rudolf Nureyev)의 분위기를 느낄 때 그는 거기에 있다. 공중을 날아다니는 곤충(insect)처럼 그곳에 있다"는 것이다.

이사도라 던컨과 마찬가지로 마사 그레이엄은 화면상의 아이콘보다는 전설로 기억되기를 원했다. 늙은 무용가로 기억되는 것은 더욱 더 바라지 않았다. 그녀는 이렇게 말한다. "무용가의 도구는 탄생과 죽음의 운명에 매여 있는 그의 육체이다. 그가 사멸하면 그의 예술도 사멸한다."

그레이엄의 마음속에 살아있던 모델은 여든 살이 될 때까지 무대에 올라 훌륭한 무용을 선보였던 세인트 데니스였다. 물론 56세에 무용을 그만둔 비그만과 병으로 인해 이보다 일찍 무용을 그만둬야 했던 험프리의 사례는 자기 편한 대로 무시했다. 하지만 결국 문제는 심각해졌다. 자신이 수족처럼 부리던 무용단의 몇몇 사람들이 그녀 없이 공연할 수 있도록 허락해 달라는 요구를 했던 것이다. 분노와 상심을 머금은 채 그레이엄은 이 기막힌 심정을 반전시킬 만한 일을 모조리했지만 소용이 없었다. 그리고 1970년의 어느 날 「버크셔 이글(Berkshire Eagle)」과 「뉴욕 타임스」에 그녀의 허락 없이 마사 그레이엄이 은퇴를 선언했다는 기사가 실렸다.

그레이엄은 이 기사에 격분했다. 바로 다음 날 그녀는 기사를 정면으로 부인했고, 팬들의 갈채를 받으며 무용을 계속하겠다고 발표했다. 하지만 그것은 은퇴라는 기정사실을 다시 확언한 것에 불과했다. 결국 그레이엄은 이 고통스러운 사건의 반전에 대해 냉정하게 숙고할 수 있었다.

그 결정은 내 몸을 아프게 했다. …… 심신이 안정될 때까지 시골에 은거해야 했다. 누군가는 내게 이런 말을 했다. "마사, 당신은 신이 아니에요. 언젠가는 죽어야 하는 인간임을 인정해야 해요." 자신이 신이라고 생각해서 그렇게 살고 있던 사람한테는 받아들이기 어려운 말이었다. …… 결국 나는 사람들이 나한테 미안한 마음을 갖기를 원하지 않았다. 더 이상 춤을 출 수 없다면 춤추기를 바라지 않겠다. 적어도 춤을 추는 일은 없을 것이다.

노년의 새로운 인생

그레이엄은 은퇴 후에 무용계에서 계속 활동하리라는 아무런 암시도 내비치지 않았다. 실제로 이후 2년 동안은 몸이 꽤 아파서 공적인 행사에 모습을 드러내지 않았다. 하지만 1973년 그녀는 무용단의 감독으로 재기하겠다고 선언했다. 이제 마사 그레이엄 무용단은 메트로폴리탄 오페라단을 제외하면 미국에서 활동하는 가장 오래된 극단이 되었다. 많은 사람들에게 놀라움을 주면서 그녀는 무용단을 관장하기 시작했고, 전에 있었던 많은 스탭을 나가게 하고 무용단에서 그들의 흔적을 지웠다. 그녀는 생애 처음으로 자신을 안무의 중심 인물이자 존재의 이유로 여기지 않는 안무를 시도하기 시작했다. 그레이엄의 고전을 패러디한 「올빼미와 고양이(The Owl and the Pussycat)」를 비롯한 후기 작품은 판에 박힌 그레이엄의 다양한 캐릭터를 동물로 묘사했다. 마지막 작품인 「단풍잎(Maple Leap Rag)」(1990) 역시 스캇 조플린(Scott Joplin)의 음악을 반주로 해서 인간의 결점을 희화한 작품이다. 겉으로는 그다지 복잡해 보이지 않았던 시기에 호스트와 함께 보냈던 따뜻한 시절을 회상하는 작품이다. 어쩌면 당연한 일이겠지만, 공식적인 은퇴 이후의 새로운 무용은 특정한 주인공을 중심으로 만들지 않았다. 그레이엄은 예전에는 자신을 위해 만들었던 동작과 역할을 다른 사람의 몸을 빌어 표현하기가 쉽지 않았을 것이다. "나는 무척 춤을 추고 싶다. 언제나 무용을 그리워할 것이다"라고 그녀는 말했다.

    그레이엄은 다른 사람이 공연할 무용을 구상하는 것 외에 다른 일에도 활발하게 활동했다. 연극적인 꾸밈은 실물 강연(lecture-demonstration)을 완벽히 활용하는 데서 가장 두드러졌다. 여전히 놀랄 만큼 인상적인 모습이었던 그녀는 대중을 상대로 예술 일반에 대해 설명하고 자신의 경험과 업적을 회고했다. 이 매혹적인 공연은 정교하게 준비한 쇼와 다름 없었고, 그레이엄은 이 공연을 철저하게 활용했다. 농담을 던지고 기억을 더듬어 인상적인 구절을 길게 인용했으며, 원고 없이 자신의 생애를 이야기했다. 이제 그녀는 많은 인터뷰를 가졌으며, 이따금 기사를 썼고, 심지어는 무용단의 촬영을 허용하기도 했다.

더 중요한 것은 그레이엄이 마침내 그녀의 뛰어난 작품 일부의 재연을 허용했다는 점이다. 예전에는 관객이나 무용수로 현장 공연에 참석할 만큼 운이 좋았던 사람들에게나 작품 관람을 허용한 셈이었지만, 이제는 새로운 대중 앞에 그녀의 무용수들을 앞세우고 열정적으로 나선 것이었다. 대중과 비평가들은 대개 이들을 환영해 주었다. 그들은 영상에 담지 않았다면 인간의 의식에서 아주 사라져버렸을 그런 창조물에 비록 영구적이라고 할 수는 없지만 어찌 됐든 제2의 생명을 부여했던 것이다. 마침내 가장 오래된 예술 장르가 영상이라는 새로운 작품 보존 기법에 봉헌된 시대에 그 비밀을 드러낸 셈이었다.

재원 조달은 언제나 쉽지 않았다. 강연과 리사이틀, 실물 강연은 매진되는 때가 많았지만, 이런 경우에도 상당한 적자를 감수해야 했다. 흥행주 솔 휴로크(Sol Hurok)는 그레이엄의 순회 공연을 기획하는 일을 매우 자랑스럽게 생각했지만, 계속해서 수익을 못 내자 이 일에서 손을 뗐다. 무용 인생을 살아가는 내내 그레이엄은 자선가의 도움에 의존해야 했다. 첫 공연에서 프랜시스 스텔롭의 도움을 받은 것부터 시작해서 마사 힐이 여름 무용 강습회를 주관한 일, 베스사비 드 로스차일드(Bethsabee de Rothschild)와 릴라 애치슨 월러스(Lila Acheson Wallace)와 같은 후원자들의 통 큰 후의를 입은 일에 이르기까지 여러 사람의 도움을 받았다. 만년에는 그레이엄의 인상적인 의상 스타일을 디자인해 준 핼스턴(Halston)이 특히 큰 도움을 주었다. 하지만 수백 달러, 수천 달러에서 시작한 적자는 어느 새 수백만 달러에 이르렀고, 많은 이들이 마사 그레이엄 무용단의 불안한 재정 상태를 염려했다.

자신이나 무용단을 위한 돈에 관해서는 관심이 없음을 자인한 그레이엄이었지만, 재원을 끌어들이는 자석과 같은 일면도 그녀에겐 있었다. 과거의 많은 위대한 예술가들처럼, 그레이엄 역시 가끔은 대가를 치러야 했어도 자신의 예술적 영감을 추구하는 데 도움을 주는 후원자들과 교섭하기 위해 애써야 했다. 제2차 대전이 끝난 후에 정부가 예술을 지원하기 시작했을 때, 그레이엄은 최대 수익자 중의 한 사람이었다. 하지만 1983년 마사 그레이엄 무용단은 국립 예술 기금 (National Endowment for Art. NEA)으로부터 재정 지원을 거부당했고, 이 일은 언론에 크게 보도되었다. 이런 거부가 얼마나 합당했는지는 말하기 힘들다. 심사원들 중에는 그녀의 지원 신청에 호의적일 것이라 예상되는 인물도 꽤 있었다. 물론 아무런 이유 없이 거부하지는 않았을 것이다. (당시 언론에는 허약한 재정 기반과 무용단의 불확실한 미래가 거부 이유였다고 보도되었다.) 하지만 그레이엄은 공연인답게 공개적으로 항의했다. 심사원의 '나이차별'을 비난하면서 이 사안을 '대중 속으로' 끌어내렸다. NEA로서는 미국 단체에 대한 지원을 거부하는 부담을 견디기 어려웠고, 결국 이듬해부터 마사 그레이엄 무용단은 이 중요한 정부 기관으로부터 얼마간의 자금을 지원받게 되었다. 그러나 1991년 그레이엄이 사망할 당시에도 재정 적자는 상당히 심각했고, 그레이엄 무용단의 운명은 어느 때와 마찬가지로 불확실한 채로 남게 되었다.

그레이엄의 업적

마사 그레이엄의 오랜 생애는 20세기 전체와 거의 겹친다. 20세기는 미국이 농업 위주의 나라에서 가장 선진적인 공업국으로 발전하고 세계 정치에 엄청난 영향력을 행사하게 된 시기이다. 예술 분야에서도 그에 못지않은 변화가 있었다. 미국은 전통적인 예술(회화와 오케스트라 공연)에서 현대 예술(영화와 방송 매체)에 이르기까지 다양한 예술 장르에서 점차 영향력이 커졌다.

무용보다 더 극적으로 추세가 변한 분야는 없었다. 19세기에도 무용은 예술 형식으로 인정받았지만, 이것은 점차 낡은 형식이 되어가던 장중한 발레에만 해당되는 얘기였다. 발레는 디아길레프 발레단의 노력과 더 최근에는 뉴욕 발레단의 발란쉰의 업적에 힘입어 브로드웨이 무대에까지 영향력을 확대하면서 새로운 활력을 얻었다. 물론 20세기 중반에 나온 영화도 다양한 무용을 특징적으로 담고 있었다.

하지만 20세기의 무용 관련 이야기라면 단연 현대 무용의 발전을 꼽아야 한다. 20세기 초반에 선을 보인 던컨의 영감 넘치는 공연과 데니숀의 스펙터클한 무대로부터 출발한 현대 무용은 1920년대 후반 뉴욕에서 개화하기 시작했다. 10년도 채 안 돼서 데니숀 무용단은 전통 발레만큼이나 낡은 예술로 퇴조한 듯 보였고, 관객들은 진지한 젊은 무용가-안무가들이 창조한 현대 무용으로 몰려갔다. 20세기 중반을 거치면서 많은 무용단이 생겨났다. 무용은 이제 여자 대학뿐 아니라 많은 주요 대학교에서 정규 학과로 설치되었고, 거의 모든 도시 지역과 일부 시골 구석에도 공연 단체가 설립되었다.

이 커다란 움직임이 한 사람의 힘으로 이루어졌다고 말할 수는 없다. 하지만 험프리나 홀름 혹은 비그만을 제외하고도 현대 무용이 오늘날의 규모로 성행하고 있다는 사실을 상상할 수는 있어도 그레이엄을 빼놓고는 생각할 수 없다. 반세기를 넘는 기간 동안 그녀는 무용의 지도자이자 영감이었으며 양심이었다. 대략 200편에 이르는 그녀의 무용 작품은 '전설'이라 불러도 하등 손색이 없다. 전기작가 스토델은 말한다. "엄청난 작품 목록이다. 한 명의 안무가가 창조한 작품으로는 그 규모가 최대이고 그 독창성이나 다양성이 우리의 외경심을 불러 일으킨다는 점에서 오직 희곡의 셰익스피어와 회화의 피카소만이 이와 견줄 만한 업적이다." 무용 비평가 클리브 반즈(Clive Barnes)는 이렇게 말했다. "살아있는 동안 전설이 되고 미국 무용계의 최대 거목이 된 것은 미스 그레이엄의 행운이다." 작곡가 버질 톰슨(Virgil Thomson)은 그녀를 한 시대를 풍미한 명배우라고 불렀다. 무용가이자 안무가인 동료 애그니스 드 밀은 아마도 그레이엄의 업적을 가장 웅변적으로 말한 동시대 논평가라 할 수 있을 것이다.

20세기의 100년 동안 현대 예술을 형성한 다섯 예술가를 고르다면, 이고르 스트라빈스키와 벨라 버르토크, 프랭크 로이드 라이트(Frank Lloyd Wright), 파블로 피카소 그리고 마사 그레이엄이라고 생각한다. 무용과 무대 공연에 관해서라면 20세기는 그녀의 시대였다. 그리고 다섯 명의 거목 중에서 그레이엄이 해당 예술 분야에 가장 커다란 변화를 가져왔다. 표현 형식이나 기법, 내용, 시점 면에서 다른 어떤 예술가보다 커다란 변화를 일으켰다.

회화의 원근법이나 건반악기 연주에서의 새로운 운지법(雲脂法)에 필적할 만한 그런 대단한 업적을 20세기 무용계에 제공한 것이다. …… 마사는 최고의 예술가다. 그녀의 무용에는 대가다운 솜씨가 녹아 있다. 마사가 바로 그 장본인이다.

그레이엄의 업적은 어떤 분야에서 정상에 올라 그 분야를 자신의 구상에 따라 쇄신한 사람에게 일반적으로 예상되는 그런 장점을 마사가 결여했다는 점을 감안하면 더욱 주목에 값한다. 그레이엄은 유년기를 비교적 안온하게 보냈고 집안 형편도 넉넉한 편이었지만, 예술 활동에 필요한 재원은 그다지 충분하지 않았다. 설상가상으로 그녀가 속한 사회 계층은 무용을 무시하는 경향이 있었다. 게다가 키가 작고 용모 역시 그다지 아름답지 않은 편이었기 때문에, 세인트 데니스는 그레이엄을 새로운 학생으로 진지하게 인정하지도 않았다. 아방가르드 예술은 유럽적인 현상으로 여겨졌을 뿐이어서, 여기에 참여하길 원한 미국인들은 대부분 유럽으로 건너갔으며, 그 중 일부는 아예 그곳에 정착했다. 마지막으로 무용 자체는 여자에게 어울리는 장르로 간주되긴 했으나, 창조적인 분야는 대체로 남자들이 압도적으로 지배하고 있어서 '셰익스피어의 여동생'■이 참여할 여지는 거의 없었다는 점이다.

마사 그레이엄은 이런 단점들(내 용어로 말하면 비동시성)을 장점으로 바꿀 수 있었다. 이국적인 용모를 오히려 매력의 중심으로 삼아 사람들의 시선을 모았다. 그리고 엄격한 청교도 유산을 때로는 모방하고 때로는 그 토대를 무너뜨리면서 무용의 민감한 주제로 활용했다. 과거의 고전 무용과 유럽의 최근 경향을 충분히 의식한 상태에서 미국적 풍광과 민주주의 이념, 현대적 생활 리듬이 자아나는 특별한 정취에 주목했다. 강인하고 재능이 뛰어난 여자들을 중심으로 무용단을 결성했고, 그 후엔 비교적 이른 시기에 남자들에게도 문호를 개방했

■ 버지니아 울프가 『자기만의 방(A Room of one's own)』에서 가정한 인물. 울프는 이 여동생이 셰익스피어 못지 않은 재능을 타고 났어도 남성 우월적인 주변 상황의 벽에 부딪쳐 재능을 꽃피울 수 없었을 것이라고 말한다.

다. 특별히 정치에 대해 관심을 쏟지는 않았으나, 기회 균등을 보장하는 차원에서 무용단의 인종이나 민족적 다양성을 용인했고, 규범적으로 정해져 있는 역할과는 상관 없이 단원들 각자에게 가장 알맞은 역할을 맡겼다. 무엇보다도 그녀는 모험을 꺼리지 않았다. 현재의 영예에 안주하지 않고 언제나 위험을 감수할 태세가 되어 있었으며, 실패를 두려워하지 않았다. 실패하면 새로운 열정과 헌신적인 노력으로 다시 도전할 자세가 되어 있었다. 이 책에서 다루는 다른 창조자들과 마찬가지로 자신의 한계를 최대한 활용할 수 있었고, 사람들이 자신을 있는 그대로 받아들이는 듯하면 자신의 예술적 이상을 더욱 과감하게 밀고 나갈 줄 알았다.

　몸도 젊었고 마음은 더욱 젊었던 그레이엄은 피카소만큼이나 오랫동안 창조 활동을 계속할 수 있었다. 이 책에서 다루는 다른 어떤 거장들보다 오랫동안 작품 활동을 했던 것이다. 그레이엄은 실질적으로 새로운 분야를 창조한 셈이나 마찬가지였고 게다가 비평적 장(場)의 발전을 자극한 측면이 있었기 때문에, 아무래도 자신을 표현할 여지가 그만큼 풍부했고 그런 여지를 최대한 활용했다. 수십 년 동안 그녀의 독창성은 조금도 퇴색하지 않았다. 어떤 점에서는 피카소보다 더 어려운 일을 했다고도 할 수 있는데, 이유인즉 공연자로서 그리고 후기에는 무용단의 지도자로서 특정한 역사적 시기에 자신과 무용단의 역량을 신속하게 최대한 발휘시킬 수 있어야 했는데, 이런 능력은 다른 분야의 창조자들한테는 그다지 필요한 자질이 아니었기 때문이다. 그녀의 창조적인 본질은 필요한 순간에 현장에 있어야 한다는 점과 분리될 수 없다. 앞에서도 언급했듯이 이런 점에서 그레이엄과 같은 공연 예술가들은 피카소나 스트라빈스키, 엘리엇과 같은

'사람들과 거리를 둔' 예술가나 아인슈타인이나 프로이트와 같은 고립된 과학자보다 오히려 간디와 같은 정치적인 인물과 더 가깝다고 할 수 있다.

그레이엄은 이렇게 몸이 중요한 분야에서 활동한다는 사실을 기쁘게 생각했고, 그래서 되도록 오랫동안 무용 현장을 떠나지 않으려 했다. 하지만 모든 증거를 통해 볼 때 감정과 사생활 면에서 가혹한 대가를 치러야 했다. 이런 가혹한 희생은 특히 선구적인 여성들에게 더욱 심하게 요구되었다. 그레이엄은 중요한 시기에 호스트의 도움을 받기도 했지만, 결국 그녀가 맺었던 파우스트적 계약은 개인적인 행복감이나 친밀한 인간관계의 희생을 수반할 수밖에 없는 것이었다. 비평가 조셉 캠벨이 자아의 전부를 인생에 바치는 것에 대해 말했을 때, 그레이엄은 이렇게 반박했다. "내가 만약 그런 길을 택했다면 나는 예술을 잃고 말았을 것이다." 하지만 그녀와 비슷한 배경을 안고 태어난 수많은 선구적인 여성들이 그러했듯이, 마사 그레이엄 역시 가족과 나라의 전통을 이어가는 역할을 하고 있었다. 삶의 마지막 순간까지 열정적으로 새로운 영역을 개척할 수 있는 용기가 생긴 것은 아마도 그녀가 이처럼 전통에 깊이 뿌리박고 있었기 때문일 것이다.

9
마하트마 간디
신념을 실천한 정치 지도자

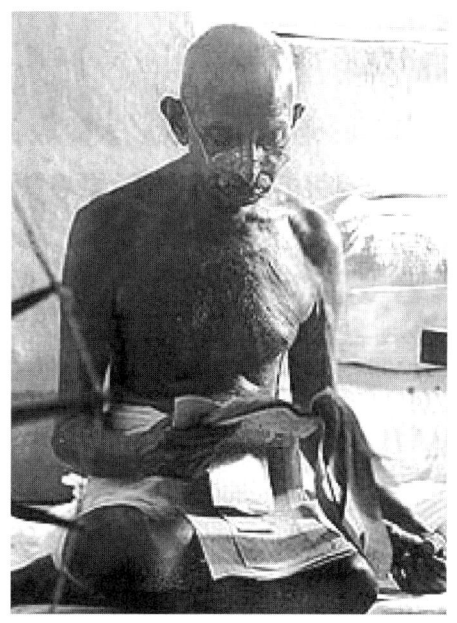

Mahatma Gandhi, 1939

1600년에 영국의 동인도 무역 회사가 설립되었고, 10년 후에 영국의 왕은 아시아 전역에서 무역할 수 있는 무제한의 권리를 이 회사에 부여했다. 이후 2세기에 걸쳐 동인도 회사의 위세와 영향력은 꾸준히 증대했다. 인도산 농산품과 옷감이 수출되었고 영국산 공업 제품이 관세 없이 인도로 수입되었다. 무굴 제국이 쇠퇴하기 시작하면서 동인도 회사는 안정화 수단의 일환으로 견고한 지배력을 확보했고 어느 정도는 인도에 산업화의 혜택도 가져왔다. 물론 이것은 외국인 소유자들에게 막대한 수익을 안겨주었다.

영국 통치하의 인도

영국 무역 회사는 지루한 정치적·종교적 내분을 겪고 있던 인도아(亞) 대륙의 실정을 철저하게 활용한 덕분에 성공할 수 있었다. 지역별로 사분오열된 인도아 대륙의 2억 5천만 인구가 몇 천 명에 불과한 영국의 상인들과 공무원, 군인들에게 지배당하고 있었다. 역사가 윌리엄 쉬러(William Shirer)의 말을 빌면, "이는 역사상 개인 소유의 무역 회사가 인구가 밀집한 광대한 아대륙을 철권으로 통치하고 사익을 위해 착취한 유일한 사례였다."

영국 동인도 회사가 계속해서 무역 업무를 관장하는 한편, 18세기 후반에 들자 영국 정부는 주요한 행정권을 확보하기 시작했다. 지배하는 영국인('라지raj')과 인도 민중 사이의 긴장은 1857년에 폭발했다. 영국 동인도 회사의 벵갈군에 속한 인도인 용병이 유혈 항쟁을 일으켰다. 인도의 여러 지역으로 확산되었던 이 항쟁은 델리를 수복하고 일시적으로는 무굴 황제가 복고하는 데까지 이어졌다. 하지만 영국은 엄청난 경제적 손실과 인명 손실을 자아내며 결국 이른바 세포이(Sepoy)의 항쟁을 진압했다. 그 이후로 영국 동인도 회사의 지배는 영국 여왕(빅토리아 여왕), 즉 인도 여제(女帝)의 지배로 대체되었고, 영국 여왕의 이름으로 총독이 인도를 다스리게 되었다. 이런 고통스런 항쟁의 뒤를 이어 인도 민족주의가 끓어오르고 인도 독립에 관한 논의가 확산되고 자치를 향한 움직임이 생기기 시작했다. 하지만 19세기 내내, 그리고 20세기에 들어와서도 영국이 영원히 인도를 지배할 것이라는 예상이 우세했다. 신념이 굳건한 한 명의 인도인이 동료 시민들을 인도 독립의 길로 인도하리라는 것은 전혀 생각할 수 없는 일이었다.

도덕적인 소년 간디

영국이 인도를 통치하기 시작한 지 250년 후, 그리고 세포이의 항쟁이 일어난 지 겨우 10년 후인 1869년에 아라비아 해에 면한 포르반다르 지방에서 모한다스 K. 간디(Mohandas K. Gandhi)가 태어났다. 그의 가족은 상업과 농업에 종사하는 인도 사회의 중간 계층인 바이샤 계급에 속해 있었다. 간디의 가문은 특별히 교양이 풍부하거나 부유하지는 않았지만 지방에서 유지 역할을 할 정도는 되었다. 선조 여섯 세대가 카티아와르 반도 토후 정부의 장관이나 총리를 지냈고, 일부는 높은 도덕성으로 명망이 드높았다. 간디가 성장한 사회는 종교와 정치 문제에 있어 보수적인 색채가 농후했다. 간디는 자기가 작은 지역 출신인데다 가용할 물질적·사회적 자원이 빈약한 처지이므로 자신이 민족의 지도자가 될 것이라고는 전혀 생각하지 못했다. (이 책에서 다루는 다른 창조자들 역시 비슷한 관점에서 자신의 성장 배경을 서술했을 것이다.) 하지만 간디의 부모는 다양한 종교적 관행과 믿음에 마음을 열어두고 있던 예외적인 힌두 교도였다.

간디 가문의 어른들은 도덕적 기준이 높았다. 모한다스의 어머니는 본분에 충실하고 신앙심이 높았다. 이타적인 마음에서 자주 금식을 실천하는 용기 있는 사람이었다. "두세 끼를 계속 금식하는 것은 어머니에게 아무것도 아니었다." 모한다스의 아버지는 엄격하고 성깔이 보통이 아니었지만, 법률적인 문제를 훌륭하게 처리하고 문중의 일을 자진해서 도와주는 사람이었다. 10대의 어느 날 모한다스가 형의 부적에서 금붙이를 훔쳐낸 일을 아버지께 고백한 적이 있었다. 아버지는 빗나간 아들을 혼내는 대신 죄값을 자신이 치러야 한다고 생각하고 눈물을 흘렸다. 아들을 가혹하게 혼내는 대신 스스로 상처를 짊어지는 이런 모습은 어린 간디에게 깊은 인상을 심어주었다.

소년 간디는 몸집이 왜소하고 혼자 있기를 좋아하고 체육을 싫어했다. 특별히 훌륭한 학생도 아니어서 학교에 별다른 흥미를 느끼지 않았다. 그는 자신을 이렇게 설명했다. "나는 보통 이하의 능력밖에 갖지 못한 평범한 사람이다. 날카로운 지성을 지닌 것도 아니다. 하지만 난 괘념치 않는다. 지성의 발달에는 한계가 있지만 마음의 성장에는 그런 한계가 없다." 모한다스는 어린 시절부터 옳고 그름의 문제에 큰 관심을 보였다. 아이들과 놀이를 할 때도 그는 자연스럽게 중재자 역할에 끌리는 경향이 있었다. 학교에서 선생님을 공개적인 망신으로부터 보호하기 위해 답을 꾸며대라는 요구를 받은 적이 있었는데 어린 소년은 여기에 가담하지 않았다. 그는 부모와 다른 가문 어른들 앞에서도 도덕적인 진심을 포기하지 않으려 했다. 아마도 이런 방면에서 재능이 남다른 아들에게 강한 인상을 받았는지 부모는 어른들의 권위가 강한 분야에서도 아들이 도덕적 중재자 역할을 맡는 것을 기꺼이 허용했다.

어떤 분야에서는 조숙함과 신동의 자질이 금방 눈에 띈다. 사회에 적당한 여건만 마련돼 있다면, 다섯 살이나 열 살 먹은 아이들이 수학이나 악기 연주, 체스에 남다른 재능을 보이거나 기계를 만지고 공간을 지각하는 데 특별한 소질을 보이는 것은 그다지 놀랄 일이 아닐 것이다. 하지만 다른 사람들을 이해하고 사람들 간의 문제를 효과적으로 해결하는 능력은 눈에 잘 띄지 않는다. 어린 시절에는 여러모로 역량이나 능력이 부족하고 감정적인 여유도 없고 또 미묘한 감정을 이해하는 능력이나 세상 경험, 동기 부여에 대한 지식에도 한계가 있으므로 사회와 정치, 종교, 윤리 분야에서 조숙한 모습을 보이기가 쉽지 않다.

말하자면 어떤 아이들은 도덕적인 문제나 다른 사람들의 관계에 관련된 사안에 특히 끌리는 경향이 있다. 하지만 서양의 세속적인 관점에서 보면, 여덟 살이나 열두 살 먹은 어린애가 어른들의 싸움에 끼어들어 조언하고 중재하는 역할을 하는 것은 다소 우습다는 느낌이 들 것이다. 윤회 사상을 믿어서인지 아니면 다른 어떤 이유에서인지 간디는 바로 그런 소년으로 여겨졌던 것 같다. 다행스럽게도 간디의 가족은 그에게 가족 간의 문제를 살펴보고 거의 매일 일어나던 사회적·윤리적 문제에 대해 자기 나름의 대답을 마련할 수 있는 재량권을 주었다. 그래서 간디는 도덕적 중재인로서의 자기 능력을 반복해서 시험할 기회를 가질 수 있었다.

종교와 사회 및 정치 지도자가 되는 사람들은 대개 자기 검열이 무척 심한 편이다. 프로이트식으로 말하면, 초자아가 강한 것이다. 다른 사람들은 잊어버리거나 사소하게 여기는 문제가 이들에겐 매우 중요한 문제로 여겨진다. 성 아우구스티누스, 마틴 루터 킹, 장 자크 루소, 에이브러엄 링컨 같은 이런 별종의 인간들은 어린 시절에 저지른 사소한 잘못까지도 오랫동안 마음속에 담아두고 반추했으며, 심지어 수십 년이 지난 후에도 그 잘못을 보상하려고 했다. 간디는 소년 시절에 쉐이크 메타브(Sheikh Mehtab)라는 회교도 소년과 친하게 지내면서 영향을 많이 받았는데, 이 친구의 설득에 넘어가 힌두교 율법을 깨고 육식을 하기도 했다. 두 소년은 담배를 사려고 돈을 훔치고는 죄책감을 느끼고 자살을 생각하기도 했다. 간디는 매춘굴에 다녀온 일에도 심한 모멸감을 느꼈다. 그는 여자 앞에서 몸이 굳어서 아무말도 못하고 아무짓도 하지 않고 돌아왔다. 영국 작가 조지 오웰(George Orwell)은 좀더 세속적인 입장에서 젊은 시절의 이런 잘못을 이해하려는 글을 쓴 바 있다. "담배 몇 가치, 고기 몇 점, 도둑질한 돈 몇 푼, 두어 차례 매춘굴 방문(두번 모두 '아무짓도 못하고' 나왔다), 플리머스 항에서 어느 숙소 여주인과 벌일 뻔한 불륜 한 토막, 한 차례의 격한 감정의 폭발, 이것이 전부다."

어른의 책무

어린 나이에 결혼을 시키는 풍습이 만연한 사회에서 자란 간디는 카스투르바이(Kasturbai)와 두 사람의 나이가 13살일 때 결혼했다. 결혼 자체는 무리가 없었다. 간디의 아내는 남편만큼이나 억세고 엄격한 인물이었고, 결혼 생활은 반세기 이상 이어졌다. 하지만 아직 미성숙한 간디는 이 강요된 결합을 훗날 '조혼의 잔인한 풍습'이라고 부르며 많은 점에 대해 분개했다. 간디는 어린 아내의 몸을 열렬하게 탐했고, 자신의 음탕한 생각과 행위에 죄책감을 느꼈다. 특히 임종 직전의 아버지 곁을 떠나 임신중이던 아내와 성관계를 맺으려 했던 데서 갖게 된 도덕적 자책감은 아버지의 사망 소식을 듣고 더욱 커졌다. 간디는 부모를 제대로 모시지 못한 이런 자신의 행동을 절대로 용서하지 않았고, 얼마 후에 태어난 첫 아이의 죽음을 자기가 저지른 죄에 대한 합당한 처벌이라고 생각했다.

이미 결혼한 몸에 점점 가족에 대한 책임이 커져가던 평범한 학생이었던 간디는 아무도 주목하지 않는 인생을 살았을 가능성이 컸다. 대학입학 자격시험에 간신히 합격한 간디는 1888년 바우나가르에 소재한 규모가 적고 학비가 싼 대학에 진학했다. 가족의 오랜 친구이던 마브지 다베는 영국에 건너가 법률을 공부하는 게 더 낫지 않겠냐는 조언을 했다. 다브지의 충고를 받아들인 그는 아내와 생존한 첫 사내아이 하리랄(Harilal)을 떠나 그의 인생을 완전히 뒤바꾸게 될 여행길에 나섰다.

선택의 연속

간디가 영국에서 공부하기로 한 것은 금기시된 길을 가겠다는 선택을 한 것이나 마찬가지였다. 간디가 속한 종단의 우두머리는 간디를 이렇게 타일렀다. "우리 종단의 의견으로는 네가 영국에 가는 것이 합당치 못하다는 것이다. 우리 종교는 해외 여행을 금지하고 있다. 또 우리는 거기서는 우리 종교를 어기지 않고는 살 수 없다고 들었다. 서양 사람들과 함께 먹고 마시지 않을 수 없단 말이다." 간디가 힌두교의 관례를 지키겠다고 맹세하면서 자신의 생각을 변호하려고 하자 종단의 수장은 단호하게 대답했다. "오늘부터 이 아이는 파문이다. 누구든 이 아이를 돕거나 부두로 전송을 나가는 사람은 1루피 4안나(약 50센트)의 벌금에 처한다."

영국행을 결정한 것, 그러니까 남들이 가지 않는 길을 신중하게 선택한 것은 여러모로 심리적인 대가를 치르게 했지만, 이 경험은 인도의 한 지방에 머물러 있을 때에 비해 훨씬 다양한 선택권을 간디에게 열어주었다. 유럽에 정착한 엘리엇이나 파리로 간 피카소처럼 간디 역시 먼 타향에서 고국을 바라보는 안목을 얻었다. 처음에 그는 새로운 세상의 피상적인 측면에 매혹당했다. 당시의 유행에 따라 멋쟁이처럼 차려 입고, 매일 큰 거울 앞에서 몇 분씩이나 넥타이를 매만지며 머리를 제대로 가르며 모양을 보았다. 멋진 사교 클럽에 들어갈 생각으로 프랑어를 비롯한 여러 나라의 언어를 배우고, 댄스와 웅변술 그리고 바이올린 교습을 받았다.

멋쟁이의 삶에 매혹된 시기는 비교적 짧게 끝났지만, 온갖 부류의 사상에 대한 관심은 좀더 오래 지녔다. 간디는 힌두교 경전뿐만 아니라 기독교 관련 서적도 풍부하게 읽었다. 그는 신지학(神智學)이나 평화주의와 같은 새로운 이념 운동에 대한 지식도 쌓았다. 작가 베드 메타(Ved Mehta)는 간디가 일찍부터 모든 종류의 기벽을 조금씩 경험한 것 같다고 썼다. 그는 식사나 식이요법, 운동 등 여러 방법으로 건강을 유지하는 시도를 했다. 주의 깊게 자신이 한 일과 쓴 돈을 모두 기록했고, 이 과정에서 조직을 키우는 재능을 얻을 수 있었다. 경제적인 이유로 어쩔 수 없이 검소한 생활이 몸에 밴 간디였지만, 1889년에는 만국 박람회를 관람하기 위해 파리를 방문했다.

역설적이게도 유럽에서 3년을 지낸 경험은 자신의 종교에 대한 신념과 인도인이라는 정체성을 더욱 확고하게 했다. 그는 유럽의 풍습과 관행, 법률 체계를 배웠지만, 처음 생각했던 것처럼 영국인으로 '행세' 하기 위해서가 아니라 세계 전역에서 온 사람들과 동등한 입장에 서기 위해서였다. 이런 점에서 그는 마사 그레이엄과 비슷하다. 그레이엄 역시 젊은 시절에 유럽을 여행하면서 만났던 탁월한 외국의 모범을 따르지 않고 자신만의 작품 세계를 창조했던 것이다.

전기작가 루이스 피셔(Louis Fischer)는 "별다른 특징이 없이 평범하고 결점도 많고 허둥대는 변호사로 1891년에 런던을 떠났던 간디와, 수백만의 위대한(마하트마) 지도자" 사이에는 거의 닮은 점이 없다고 말한다. 사실 청교도 교리에 위배되는 피임법을 옹호했다는 이유로 협회에서 추방시키려고 했던 채식주의자 협회의 앨린슨 박사를 위해 변호해 준 일을 제외하고는 그에게 정치적인 용기나 지도력이 있음을 시사하는 면은 거의 없었다.

하지만 이런 생각은 간디의 영국 체험에 담긴 중요한 측면을 간과하고 있다. 해외에 거주하는 동안 간디는 엄청난 독서와 풍부한 산 체험을 자기 것으로 소화했다. 영국에 도착했을 때만 해도 그는 인도라는 나라의 작은 지역과 세상의 수많은 종교 가운데 일부 종교에만 익숙해 있던 처지였다. 하지만 영국을 떠날 때 그는 폭넓은 독서 체험을 하고, 아주 다양한 견해에 접하고, 세계 각지에서 온 온갖 부류의 사람들과 대화를 나눈 사람이 되어 있었다. 이런 경험을 통해 간디는 앞으로 그가 만나게 될 온갖 군상의 사람들을 대하는 방법을 배웠고, 앞으로 그가 협상하게 될 영국 및 영국에서 교육받은 지도자들을 직관적으로 이해할 수 있게 되었다. 이러한 세계주의적인 성향에서 그는 서유럽에서 살았던 적이 있는 중국의 지도자 저우언라이(周恩來)와 덩샤오핑, 소련의 지도자 레닌과 닮은 면이 있는 반면, 조국을 떠난 적이 한 번도 없었고 다른 사회에 대한 직접 경험이 부족했던 마오쩌둥이나 스탈린과는 중요한 부분에서 서로 달랐다.

1891년 간디는 조국 인도로 돌아왔다. 그는 아들이 변호사 시험에 합격했다는 소식을 들은 직후에 어머니가 사망했다는 얘기를 들었다. 얼마 후에 그는 레이찬드바이(훗날 간디는 라지찬드라라고 불렀다)라는 젊은 인도인을 만났다. 간디는 레이찬드바이의 세속적인 성공과 결점 없는 성품, 종교 지식, 철학적 갈망, 자기 성찰 능력에 깊은 인상을 받았다. 나중에 간디는 "라지찬드라만큼 내게 깊은 인상을 심어준 사람은 없다"고 술회했다. 라지찬드라라는 정신적 스승과 같은 인물과 함께 시간을 보낸 덕분에 간디는 인생의 힘든 시기에 계속 힌두교도로 남고 변호사로서 좋은 일을 하겠다는 다짐을 할 수 있었다.

하지만 법정에서 그다지 성과를 얻지 못하고 가족의 일원이 관련된 사소한 분쟁에 개입한 일에도 별 소득을 얻지 못한 상태에서 어느 영국 관리의 조언을 들은 모한다스는 인도에서는 더 이상 미래가 없고 대영제국에 속한 다른 지역, 특히 남아프리카에서 행운을 얻을 수 있으리라는 확신이 생겼다. 마침내 남아프리카의 더반으로 떠날 기회가 생겼다. 어느 회사가 더반에서 법률 조문 역할을 맡아달라고 부탁했던 것인데, 그는 주저하는 기색 없이 이 제안을 받아들였다. 다시 한 번 가족을 버린 것이다. 여기서 우리는 간디 성격의 중요한 일면을 볼 수 있는데, 그것은 기회가 문을 두드리면 아무리 먼 곳으로 떠나야 하고 또 자신과 가족에 어떤 대가를 치르게 해도 그 기회를 붙잡는다는 점이다.

남아프리카에서의 성숙

남아프리카에 도착했을 때, 젊고 미숙한 변호사에 불과했던 그의 바람은 그저 유능함을 인정받아 어느 정도 세속적인 성공을 이루고 고향으로 돌아가는 것이었다. 실제로 그는 처음 맡은 소송건을 훌륭하게 처리했다. 이 경험을 통해 타협과 중재가 상대의 약점을 끝까지 파고드는 것보다 훨씬 효과적이라는 생각이 더욱 확고해졌다. 그러나 예기치 못한 사건이 연이어 발생했고, 간디는 고향에서 멀리 떨어진 곳에서 20년 동안이나 정치적 투쟁에 휘말리게 되었다.

나탈에서의 기차 사건

나탈 주(州)의 더반에 도착한 지 일주일 후에 간디는 트란스발 주의 프리토리아 행 기차를 탔는데, 여기서 결정적인 사건이 벌어졌다. 기차가 나탈 주의 마리츠버그에 정차했을 때, 간디가 앉아 있던 객실에 들어온 어느 백인 남자가 유색인과 같은 공간에 있기를 거부하는 의사를 표했다. 승무원은 간디에게 3등칸으로 가라고 지시했다. 하지만 간디는 이에 응하지 않았다. 간디는 기차밖으로 쫓겨났고, 추운 대합실에서 밤새 몸을 떨어야 했다. 트란스발까지 가는 남은 여정 동안 간디는 1등칸 객실에서 여행하고 1급 여관에서 숙박하겠다고 계속 요구했지만, 그의 항의는 받아들여지지 않았다. 그는 부당한 대우에 점점 더 화가 났다. 간디는 남아프리카에서 인도인이 2등 시민으로 대접받는 것을 용인할 수 없다고 결심했다. 프리토리아에 도착한 지 얼마 후에 그는 인도인의 부당한 처지에 대해 논의하기 위해 거기에 사는 모든 인도인들을 모이게 했다.

만년에 간디는 자신이 남은 인생 동안 매진하게 된 정치 운동이라는 사명의 기원이 마리츠버그의 기차역에서 오들오들 떨면서 지새운 그날 밤에 있다고 회고했다. "나는 인도인 정착자들의 힘든 상황을 글로 읽고 귀로 들어서 뿐만 아니라 내 몸으로 직접 체험해서 자세하게 알 수 있었다. 남아프리카는 자존심 있는 인도인이 살 곳이 못 된다는 것을 알았고, 어떻게 이런 상태를 개선시킬 것인가 하는 문제에 내 마음은 점점 더 사로잡혔다."

남아프리카의 인도인을 위한 활동

당시 남아프리카에 거주하는 인도인의 지위는 불투명했다. 대영제국의 노예제도는 1833년에 모두 폐지되었다. 그래서 남아프리카에서는 값싼 노동력을 구할 수 없게 되었다. 원래는 이런 노동력의 빈 자리를 메우기 위해 데려 온 인도인들은 그들에게 맡겨진 과업 이상의 능력을 발휘했다. 인도인들은 종종 유럽의 사업가들과 훌륭하게 경쟁했고, 이런 모습에서 영국과 네덜란드의 유력한 중개상들은 '자신들의' 나라에서 소수자로 전락할지 모른다는 위기 의식을 갖게 되었다. 인도인 거주민들은 주로 돈을 벌어서 가족을 부양하고 궁극적으로는 고향에 되돌아갈 생각만 하고 있었기에 정치적 권리를 획득하는 일에 대해서는 무심한 편이었다. 법리상으로는 인도인은 유럽계 주민과 동등한 시민으로 여겨졌지만, 실질적으로는 경멸과 착취의 대상인 '쿨리(coolie)'로 취급받았다. 법령서에 '아시아계 반(反)야만인'으로 규정된 인도인은 허가 없이는 보도(步道)를 걷거나 밤에 바깥을 돌아다닐 수 없었다.

남아프리카에 살고 있던 인도인은 인도아 대륙의 다양한 정치적,

종교적, 사회적 집단의 축소판이었다. 인도인 대부분은 간디가 나탈에서 트란스발로 향하는 기차간에서 겪은 것과 비슷한 종류의 부당한 대우를 무시하거나 잊어버리는 경향이 있었다. 간디는 그럴 수 없었다. 그는 모욕감을 깊이 느꼈다. 어릴 때부터 도덕심이 강한 소년이었던 그는 영국 생활을 통해 인권과 '교양(civilities)'이 몸에 익었고 법률가 자격까지 갖추었던 터라 이에 용기를 얻어 몸소 행동에 나섰다. 그는 자신이 결성한 모임에서 프리토리아의 인도인들에게 그들이 학대받는 소수자 취급을 받는다는 사실을 호소력 있게 전달했다. 프리토리아 거주 인도인의 첫 모임이 성사된 이후에 많은 사람들이 활동에 나섰고, 이들은 약간의 성공을 거두었다. 인도인은 이제 '옷차림이 적절하면' 1등칸이나 2등칸에서 여행할 수 있는 권리를 얻었다.

간디는 원래 1년 만에 인도로 돌아갈 것이라고 생각했지만, 얼마 후에 이 새로운 거주지에 머물고 가족을 남아프리카로 데려오기로 생각을 바꾸었다. 이런 심경의 변화는 남아프리카 정부가 인도인의 공민권을 모두 박탈할 계획을 세우고 있다는 사실을 안 데서 기인했다. 이후 20년 동안 간디는 활발한 정치 활동에 끊임없이 참여하게 되는데, 모든 활동은 남아프리카 거주 인도인의 처지를 향상시키기 위한 것이었다. 간디와 인도인의 투쟁심을 자극한 사안에는 남아프리카 정부가 인도인의 투표권을 박탈하고 이민 제한과 지문 날인, 그리고 계약 노동자에 대한 세금 부과를 실시하려는 시도 등이 포함돼 있었다. 남아프리카에서 권력의 계통(line)은 정연하지 않았다. 사정이 이러했다는 것은 간디가 여러 방법으로 문제 해결의 절차를 밟을 수 있었음을 뜻했지만, 동시에 어느 단계에서는 승리한 사안이 다른 단계에 가서는 결정이 번복되어 승리가 무산되는 경우가 많았음을 의미했다.

이를테면, 간디는 영국의 식민지 장관 엘진(Elgin) 경에게서 약간의 양보를 얻어냈지만, 정부의 내각이 개편되면서 트란스발 주에게 소송 절차 제정에 관한 재량권이 부여되었고 이 와중에서 모든 것이 무효화된 사례가 그랬다.

간디는 가능하면 평화적이고 법률적인 수단을 통해 일을 처리하려고 했다. 탄원서를 쓰고 모임을 개최하고 조직을 결성하고 법정에서 변호하는 등 법률적인 출구와 수단을 찾으려고 노력했다. 그는 지지를 얻기 위해 영국과 인도를 자주 왕래했다. 처음에는 모든 일이 서툴렀다. 배워야 할 모델이 없었기 때문에 스스로 공부하고 발견해 가면서 능력을 향상시켰다. 이 과정에서 간디는 필요할 때 자기 자신에게 의지하는 훌륭한 능력을 찾아냈다. 간디는 언제나 사랑받기만 한 것은 아니었지만, 목표를 추구하는 끈질기고도 침착한 태도는 널리 존경받았다.

간디는 종종 위험에 처했다. 1897년에는 거의 의식불명 상태에 이를 때까지 두들겨 맞았고 더반 거리에서 백인 폭도들에게 린치를 당했다. 그는 자신을 때린 무지한 사람들을 가엾게 생각하고 책임을 묻지 않았다. 1908년에는 처음으로 감옥에 갇혔다. 감옥의 형편은 매우 열악했고, 간디는 비참한 심정이 되었다. 자신이 의지했던 모든 지원 수단이 끊긴 상황에서, 모임에 참석하지도 못하고 지지자들과 의논하거나 미래의 투쟁을 계획하는 일도 할 수 없었기 때문이다.

간디는 이처럼 가혹하고 단단한 현실에 부딪치고도 두려움을 느끼기는커녕, 오히려 변호사로서 더욱 원숙해지고 투쟁 결의를 더욱 굳건하게 다졌다. 유혹도 받았지만 그는 자신의 원칙을 포기하지 않았다. 한때는 무척이나 수줍음이 많았던 그가 이제 능숙한 대중 연설가가 되었다. 그는 많은 조직을 결성하고 이를 이끄는 과정에서 지도력을 갈고 닦았다. 그는 설득력 있는 글을 써서 남아프리카와 해외의 여러 잡지에 기고했다. 특히 영어와 구자라티어로 출판된 주간지 「인디언 오피니언(Indian Opinion)」에 많은 글을 썼다. 그는 정치적 투쟁의 재원을 마련하는 방법에 대해서도 노하우를 익혔다. 점점 커져가는 운동 그룹 내에서 그는 신의가 있고 악의 없이 문제를 처리할 수 있는 사람으로 존경받았다.

중년의 새로운 인생 행로

힌두교의 가르침에 따르면, 어른이 된 시기는 인간이 활동의 중심에 서는 시기이다. 이런 의미에서 간디는 인도의 전형적인 가장(家長. householder)이었다. 성공한 변호사로서 그는 윤택하게 살면서 안락한 환경에서 아이를 키우고 유능한 직원도 많이 둘 수 있었다. (그는 공적 사안에 대해서는 수임료를 받지 않았다.) 그는 매우 규칙적인 생활을 했다. 시간을 분 단위로 지켰고 자신이 관장하는 활동에 대해서는 모든 것을 신중하게 기록했다. 그는 나탈 인도 국민회의와 인도 교육 협회에서 에소테릭 크리스천 유니온과 런던 채식주의자 협회에 이르기까지 다양한 단체에 속해 있었다.

한때는 전망이 불투명한 젊은 변호사에 불과했던 간디였지만, 1905년 혹은 1906년이 되자 모든 일이 간디에게 우호적으로 풀렸다. 아직 젊은 나이였지만 충분히 성공한 그였기에 남아프리카에서 자신이 얻은 영예에 안주하거나 고향 인도로 금의환향할 수 있었다. 고향에 돌아가면 변호사 일을 계속하거나, 아니면 조상의 선례를 좇아 정치에서 후원자 역할을 할 수가 있었다.

그러나 간디는 전혀 성취감을 느끼지 못했다. 오히려 그는 좌절감을 느꼈고 무언가를 이루지 못했다는 낭패감을 느꼈다. 그는 다른 사람들이 자신이 몸소 실천한 선례를 따라하지 않는다는 사실을 한탄했고, 이것은 자신이 견지하는 삶의 원칙을 모범적으로 보여주지 못했기 때문이라고 스스로를 책망했다. 힌두교 교리에서는 가장이 어느 시점이 되면 사회 활동에 적극적으로 참여하는 대신 종교적 고행자로서 은둔하는 것을 중요하게 여겼다. 소위 바나프라스타*가 그것이다. 간디는 자기의 인격에서 바로 이러한 측면을 제대로 계발하지 못했다고 결론내렸다. 1905년 경에 그는 약간 다른 성향의 저작을 읽기 시작했는데, 특히 인간의 정신과 영혼을 중요시하는 경향이 있는 영국의 사회 이론가 존 러스킨(John Ruskin)과 러시아의 소설가 레오 톨스토이의 저서와 미국의 사회 사상가 헨리 데이비드 소로(Henry David Thoreau)의 시민 불복종에 관한 글을 읽어나갔다. 곧이어 간디는 적극적 실천가답게 자신의 사상과 종교를 직접적으로 실행할 길을 찾아 나섰다.

간디는 요하네스버그의 분주한 가정 생활과 변호사 생활을 버리고 더반 교외의 피닉스 농장으로 아내와 네 아들을 데리고 이주했다. 간디는 의식적으로 단순한 삶을 살려고 노력했다. 그는 매일 수행을 하며 음식을 스스로 준비하기 시작했다. 건강과 의학 치료에 관심이 많

■ 바나프라스타(Vanaprastha) : 힌두교에서 바람직한 삶의 원형으로 간주하는 인생의 네 단계 중 3기에 해당한다. 1기는 독신학습기(brahmacharya)로서 결혼하기 전까지 경전을 공부하는 기간이고, 2기는 결혼가정기(grihastha)로서 경전 공부가 끝난 후에 결혼해서 직업과 가정적 의무에 충실하는 기간이다. 3기가 바로 산림은둔기(vanaprastha)로서 이 때는 가정적 의무를 모두 완수한 후에 홀로 수행할 수 있는 곳으로 은거하여 종일 명상에 전념한다. 4기에는 유랑승려기(sannyasa)로서 모든 업의 끈을 끊어버리고 유랑하는 탁발승이 되어 해탈을 찾아 나선다.

아져서 막내 아이 출산 때에는 자신이 직접 받기까지 했다. 그리고 1910년에 그는 요하네스버그에서 20마일 정도 떨어진 개간지에 1,100에이커의 톨스토이 농장을 세웠다.

톨스토이 농장에는 70여 명의 거주자가 살았는데, 이들은 인도 전역에서 온 사람들로서 종교적 성향이 다양했고 한 가족처럼 협동하고 절제하면서 도덕적 삶의 모범을 보여주리라 기대되었다. 젊은이의 영적·지성적 교육을 담당한 간디는 유럽이 아니라 구자라티 지방의 교육 방침을 모델로 삼았다. 두 소년이 남색에 빠져든 것을 알자 간디는 자신이 옳다고 느낀 해결책을 찾았다. 그는 스스로 금식을 결행했다. 어린 소년과 소녀가 잠을 잤을 때는 소녀의 머리를 자르고 다시 금식을 실행했다. 그리고 간디의 이상을 실현하는 데 도움을 주기 위해 독립적인 생활을 포기한 두 명의 이상주의자 소냐 슐레슬린(Sonya Schleslin)과 헨리 폴락(Henry L. S. Polak)이 힘을 보태주었다. 그는 자기 절제, 즉 브라마차리아 서약을 했다. 이에 따르면, 모든 소유물을 없애고 가난하게 살면서 성욕을 절제해야 했다. "아이를 낳고 돌보는 것은 공적으로 봉사하는 삶과 어울리지 않는다는 것이 나의 신념이 되었다"고 훗날 그는 회고했다.

이처럼 영적인 지도자가 되기 위해 인생 행로를 바꾸는 것은 서양인들에겐 이상하게 보일지 몰라도 인도인들에겐 그렇지 않다. 힌두 문화에는 외부 세상으로부터 물러나 은둔하는 구도자의 사례가 적지 않기 때문이다. 하지만 약간의 설명이 필요하다. 아마도 간디는 스스로 도덕적인 삶을 모범적으로 실천해서 도덕적 권위를 얻지 않으면, 자신이 인도인들의 처지를 개선하기 위해 윤리적인 실천가로 활동할 만한 자격이 없다고 느꼈을 것이다. 스스로 모범을 보이고 주변 사람들을 감화시키지 않고는 영혼의 순수성을 얻을 수 없다고 느꼈을 것이다. 그러한 영혼의 순수성을 확보한 후에나 공공의 광장에서 다른 사람들에게 무엇인가를 요구할 수 있는 도덕적 권위를 확보할 수 있다고 믿었던 것이다.

인생 행로에 관한 이와 같은 중대한 결정을 내리면서 간디는 인도 민중과 신 그리고 자기 자신과 일종의 계약을 맺었던 것이다. 실제로 다른 사람들에게 드높은 행위 규범의 모범이 되기 위해 공개적으로 삶의 쾌락을 포기하고 금욕적인 삶을 살았다. 고립된 작업을 하는 창조자들 역시 사적으로 이러한 맹세를 할 수 있지만, 대중의 행동에 직접 영향을 미치는 활동을 하는 사람들은 자신들이 가르치는 내용을 직접 실행하면서 아주 공개적인 방식으로 파우스트적 계약을 실천할 수밖에 없을 것이다.

간디 성격의 일면이 그를 권력 중심지에서 떠난 금욕적인 삶으로 인도했지만, 그는 여전히 정치적 활동과 투쟁에 미련을 버리지 못했다. 1909년에 그는 『힌두 스와라지(Hindu Swaraj)』, 즉 '인도의 자치'라는 정치 팸플릿을 썼다. 이 책에서 그는 비폭력 저항의 정당성을 적극적으로 주장했으며, 기계 중심의 문명을 반대하고 영국이든 인도든 유럽의 세속적 문명이 도래하는 현상을 비판했다. 그리고 그는 오직 작은 공동체에서만 실행이 가능한 단순한 삶, 전통적인 가치를 존중하는 금욕적인 삶을 요청했다. "진정한 치유는 영국이 이기심과 물질주의가 지배하는 현대 문명을 버리는 것, 아무런 목적도 없고 헛되기만 할 뿐인, 그리고……. 기독교의 정신을 부정하는 그런 현대 문명을 버리는 것에 있다는 것이 나의 소견이다."

비폭력 저항

　남아프리카에 머물던 마지막 시기에 그는 한층 더 대결적인 자세를 취했다. 그는 공개적으로 자신의 인도인 증명서를 불에 태웠다. 이는 앞으로 그가 여러 차례 취하게 되는 효과적인 상징적 행위의 첫 단추를 채운 일이었다. 그는 항의 행렬을 이끌었다. 오천 명의 항의 행렬은 마치 평화의 군대 같았다. 간디는 부당한 법, 특히 인도인의 힌두식 결혼을 무효로 정한 법령이 반(反)인도인의 성격을 가지고 있음을 폭로하기 위해 동지들이 차라리 감옥을 가득 메우기를 바랐다. 처음으로 여자들이 이 투쟁에 동참했다. 간디는 몇 차례 체포되어 투옥되었다. 많은 인도인들이 그들 공동체의 지도자가 이런 모욕적인 처사를 당했다는 소식을 듣자 파업에 돌입했다.

　하지만 가장 중요한 것은 간디가 '사티아그라하', 즉 얼마 후에 인도로 돌아가서 완성하게 될 진정 새로운 저항 방법을 실천한 일이었다. 1906년에 벌써 간디는 동지들에게 법령에 항의하고 불복종할 뿐 아니라 폭력을 자제하고 체포에 순응하는 방법으로 부당한 법에 저항할 것을 요구했다. 추종자들은 생명의 위협까지 감수하면서 이 방법을 끝까지 고수했다. 간디는 사티아그라하가 단지 수동적인 저항에 그쳐서는 안 되고, 능동적이고 적극적인 생명의 힘이 되어야 한다고 깨닫기 시작했다.

　간디의 남아프리카 활동은 영국과 인도에서 신문의 헤드라인을 장식하곤 했다. 잦은 언론 기고(성명)와 시의적절한 전보를 통해 간디는 알아야 할 사람은 누구나 남아프리카에서 인도인들이 받는 부당한 처우와 그들의 평화적인 저항에 대해 알 수 있게 하였다. 많은 이들이 부당하다고 생각하고 거의 모든 이들이 정부가 매우 곤혹스러운 처지에 빠졌다고 느끼는 상황에 대한 약간의 해결책이 여론의 압력에 의해 강구되기도 했다.

간디는 아무런 공식적인 직함도 없었지만 당시 남아프리카 정부의 장관이었던 얀 크리스티안 스무츠(Jan Christian Smuts) 장군과 타협책을 찾아냈다. 모든 인도인의 결혼은 합법성을 인정받았고 갖가지 세금과 모욕적인 대우가 무효화되었다. 겉으로는 스무츠와 간디의 관계가 우호적인 것처럼 보였고, 실상 스무츠는 여러 차례 인도의 정치 지도자 간디에 대한 존경심을 표명했다. 하지만 1914년에 간디가 마지막으로 고향 인도로 돌아간 후에 스무츠는 이렇게 말했다. "드디어 그 성자가 우리 땅을 떠났다. 영원히 돌아오지 않았으면 좋겠다."

간디가 남아프리카 거주 인도인의 처우 개선에 상당한 성공을 거둔 것은 사실이지만, 그가 이룬 가장 커다란 성취는 아무래도 개인적인 차원에 있었다. 20년 동안 고향에서 먼 땅에서 지내면서 그는 부끄럽고 무능한 변호사에서 무시 못할 정치적 세력이 되어 있었다. 공적인 투쟁의 장과 개인적인 영적 성장에 번갈아 관심을 집중했지만, 어느 경우든 그는 열과 성을 다했다. 그는 사상적인 입장을 정립하고 그것을 삶에서 그대로 실천했다. 그의 실험은 일부는 그의 머릿속에서 이루어졌지만, 일부는 그가 과업을 맡기려고 했던 다른 사람들과의 협력 과정에서 이루어졌다. 간디는 이런 조직적인 활동을 통해 많은 것을 스스로 공부하고 배웠으며, 여기서 얻은 교훈을 이후의 활동 과정에 적절히 활용했다. 아인슈타인과 같은 과학적 창조자들은 주로 개념을 체계화하는 작업을 하고, 스트라빈스키나 피카소와 같은 예술가들은 기존의 상징체계로 작품을 구상하고 제작하고 수정하는 작업을 한다. 반면 간디와 같은 정치적 창조자들에게 있어 창조적인 작업의 핵심은 다른 사람들로 하여금 개인적인 희생을 감수하고라도 보다 넓은 목적을 위해 움직이도록 추동하는 능력에 있다. 이들의 개인적인 행위는 그들의 사명을 실현하는 데 중심적인 역할을 하는 표현의 매개이다.

인도의 현지 사정을 알아가기

간디는 유년기를 인도에서 보냈고 자주 고국을 찾았지만, 1914년 제1차 세계대전이 벌어지기 직전에 돌아온 그는 이방인이나 다름 없었다. 이제 마흔다섯 살이 된 그는 지난 26년의 세월을 대부분 해외에서 지냈다. 남아프리카에서 전개한 저항 운동이 널리 알려진 덕분에 정계에서는 벌써 유명 인사가 되어 있었고, 실제로 인도의 유력한 정파인 국민회의는 그가 돌아오는 즉시 지도부로 영입하겠다는 제안을 했었다. 그가 가는 곳이면 어디든 사람들이 구름처럼 몰려왔고 그의 축복을 받으려 했다.

당시 간디와 가장 가까운 정치적 동지이자 인도 문제에 관한 조언자는 고팔 크리슈나 고칼레(Gopal Krishna Gokhale)라는 국민회의당의 한 지도자였다. 간디는 1896년부터 고칼레를 알고 지냈다. 두 사람은 친밀하게 연락을 주고받았고, 간디가 남아프리카에 체류하는 동안 고칼레는 종종 인도에서 간디의 의견을 대변했다. 고칼레는 취지는 좋지만 다소 애매한 몸짓으로 방금 돌아온 간디에게서 일년 동안 정치적 발언을 하지 않겠다는 약속을 받아냈다. 이러한 정치적 유예 기간은 간디에게 인도 전역을 여행할 기회를 제공했다. 그는 일부러 3등간 열차를 타고 여행하면서 조국의 상황을 눈으로 직접 확인했고, 우연히 접하게 된 모든 상황을 마음에 새겨두면서 앞으로 취해야 할 행동 방침을 가늠했다. 불행하게도 고칼레는 1년이 지나기 전에 사망했다. 간디는 아직 검증이 필요한 자신의 생각을 상의할 수 있는 믿을 만한 사람을 잃은 셈이었다.

간디가 인도로 돌아 온 첫 해에 우연치고는 아주 묘한 일이 생겨서 간디의 처지를 더 복잡하게 만들었다. 한편으로 그는 인도의 상황을 개선하기 위해 자신이 남아프리카에서 전개한 저항 방법을 활용할 생각이었다. 간디는 이렇게 말한다. "나는 남아프리카에서 시도했던 방법을 인도에 알리고 싶었고, 어느 정도로 그 방법의 적용이 가능한지 확인하고 싶다. 그래서 동지들과 나는 우리의 봉사 목적과 실천 방법을 모두 전달할 수 있는 '사티아그라하 아쉬람(공동체)'이라는 이름을 택했다." 하지만 당시 영국은 추축국과 전쟁을 치르고 있었다. 간디는 원칙적으로 인도인이 기록상의 정부에 충성해야 한다고 느꼈다. 그는 제1차 세계대전 기간 중에는 영국에 대한 모든 불복종 운동에 참가하지 않았다. 저항을 중단하는 이런 결정에 대해 일부는 인도 상류사회의 유약함을 나타내는 표지로 간주했다. 래밍턴(Lamington) 경은 이렇게 말했다. "우리가 인도에 계속 머무는 것을 보증하는 담보물은 카스트 제도만큼이나 튼튼한 것이다. 온갖 부족과 종파, 원주민 간의 믿음과 신뢰의 부족이 바로 그것이다." 하지만 전쟁으로 인해 영국은 인도에 정치적 양보를 하고 약간의 권력을 이양할 수밖에 없었다. 백만 명 이상의 인도인이 영국 깃발 아래에서 전쟁을 치르고 있었고 수만 명이 생명을 잃어야 했던 당시 상황에서는 반드시 필요하고 적절한 방침이었다.

간디와 같은 정치와 사상의 혁신자들, 특히 자신이 몸소 모범을 보이는 혁신자들의 경우는, 각자의 신조가 명확히 드러나고 그 원칙적인 실행 방침이 결정(結晶)화되는 지점을 많이 지적할 수 있다. 우리는 이미 이러한 결정적인 순간을 살펴보았다. 간디가 유년기에 도덕적인 감화를 받은 사건, 채식주의자 협회에서 불운한 앨린슨 박사를 변호한 일, 마리츠버그의 기차역에서 지새운 밤, 더반에서의 첫 번째 항의 집회, 사티아그라하 사상의 정수, 톨스토이 농장에서의 첫 번째 단식, 남아프리카 체류의 마지막 시기에 교도소에 수감되고 대중 행렬을 이끈 일 등이 그것이다. 우리는 또한 간디가 인도에 돌아온 초기에 히말라야 산맥 기슭에 있는 참파란에서 농부들과 함께 시민 불복종 운동을 펼친 일도 지적할 수 있다. 이 운동에서 간디는 농부들이 산출량의 15퍼센트를 지주에게 봉납해야 하는 불공정한 관행에 여론의 이목을 집중시켰다. 이 일을 하는 과정에서 간디는 한 가지 깨달음을 얻었다. "나는 영국 법을 어겨야 했다. 내가 복종하는 것은 그보다 더 높은 법, 내 양심의 목소리였기 때문이다. 이것이 나의 영국에 대한 첫 번째 시민 불복종 운동이었다."

간디 자신도 오래 지속된 이러한 '진리 실험(experiments with truth)'이 효과를 거두는 데 기여했음은 물론이다. 각각의 진리 실험은 벽돌이 되어 조금씩 틀이 잡혀가는 사티아그라하라는 건축물에 쌓여갔다. 사실 많은 시간이 소요되고 일의 진행 과정이 불확실한 경로를 따를 여지가 다분한 공공의 광장에서 실험적인 작업을 수행하는 경우에는, 궁극적인 실천 모델이 오직 수많은 시행착오와 연습 과정을 통해 서서히 확립되는 법이다. 이런 의미에서 그들은, 개념 세계만을 집중적으로 파고드는 창조자들이나 별개의 예술 작품을 지속적으로 제작하고 그런 작품 가운데 하나가 극히 중요한 작품으로 취급되는 예술가들에 비해 창조력은 획기적으로 도약하는 대신 기간을 두고 서서히 성장한다.

결정적인 사건

요컨대 나는 인도 중서부 지역의 아메다바드에서 1918년에 있었던 사건이 마하트마('위대한 영혼')의 탄생에 결정적인 사건이었다는 에릭 에릭슨의 지적에 동의한다. 간디는 이 사건을 전후로 해서 위대한 시인 라빈드라나트 타고르(Rabindranath Tagore, 1861~1941)를 비롯해서 그를 존경하는 조국의 민중들로부터 점차 '마하트마'라 불리게 되었다. 에릭슨이 '중대 사건(The Event)'이라고 부른 것을 좀더 상세하게 살펴볼 필요가 있다. 그런 후에 우리는 간디의 탁월한 업적과 깊은 통찰력의 본성을 좀더 넓은 맥락에서 이해할 수 있을 것이다.

표면적으로 보면, 간디의 중대 사건은 흔히 '인도의 맨체스터'라 불린 지역에서 벌어진 노동 쟁의였다고 할 수 있다. 인플레이션이 만연하는 시기 공장은 높은 수익을 올리는 반면, 고율의 세금을 내야 했던 사라바이 가족의 공장과 근처의 다른 공장에서 일하던 직공들은 품삯이 너무 낮다는 불만을 품고 있었다. 직공들 사이에 분노와 동요가 일었고, 이런 불공정한 관행을 개선하고 싶다는 맹렬한 욕구가 생겨났다. 지방 관청의 요청에 간디는 이 사건에 개입하기로 했다. (물론 자신이 사태를 해결할 수 있으리라는 느낌도 들었을 것이다.) 간디는 노동자와 공장주가 모두 만족할 만한 협정안을 마련했다.

이 사건은 여러 가지 면에서 주목할 가치가 있다. 우선은 공장주의 정체가 묘하다는 점이었다. 사라바이 가족은 인도에서 유명했다. 좋은 일도 많이 했고, 특히 간디가 이 지역의 아쉬람, 즉 일종의 새로 탄생한 피닉스 농장에 머물 때 그를 초대한 적도 있었다. 지주인 암발랄 사라바이(Ambalal Sarabhai)가 공장주들을 이끌었고, 그의 여동생 아나수야(Anasuya)는 파업에 공감을 표시했고 간디와 간디의 방법을 열렬하게 지지했다. 전기작가 로버트 페인(Robert Payne)은 이 대결을 다음과 같이 묘사한다. "이 사건은 아나수야 사라바이에게는 정의의 문제였고, 공장주에게는 수익의 문제였다. 간디에게는 사티아그라하 방법을 시험하는 문제였다."

두 번째로 두드러지는 특징은 초기의 조정 시도가 모두 실패한 후에 마지막 수단으로 취해진 파업의 성격이었다. 간디는 노동자들에게 폭력에 호소하지 않고 비파업자를 괴롭히지 않을 것이며 후원을 구걸하지 않겠다고 서약하라고 요청했다. 노동자들은 흔들리지 않고 파업 기간에는 다른 일을 해서 스스로 빵 문제를 해결하겠다는 다짐을 했다. 2주일간 이어진 파업은 용기와 절제의 모범을 보여주었다. 노동자들은 매일 간디가 앉아 있는 반얀 나무 아래에 모여 맹세를 지키라는 간디의 이야기를 들었다. 하지만 곧 노동자들의 의지가 약해지는 신호가 보였고, 간디는 그들의 결심이 흔들릴까 걱정하기 시작했다.

세 번째로 예기치 못한 특징은 저항 방법의 변화이다. 계속 파업을 이어가면서 요구 조건이나 용납할 수 없는 폭력의 급속한 증가를 감수하느니 차라리 간디는 단식을 결행했다. 상황을 신중하게 살펴본 후에 그는 양측에 모두 공정한 해결책에 도달했다고 생각했다. 또한 적대적인 양측이 모두 따라야 하는 행동 방식을 찾아냈다고 생각했다. 그는 신념의 세기(strength)를 강조하기 위해 자기의 존재, 자기의 생명을 걸었던 것이다.

다른 식으로 행동했다면 내가 신봉하는 하느님과 대의에 충실하지 못할 것이라는 생각이 들었다. …… 나에게는 신성한 순간이었다. 나의 믿음이 시험에 든 것이었다. 나는 주저 없이 불쑥 일어나 그들에게 선언했다. 그처럼 엄숙하게 맹세한 약속을 그들이 조금이라도 어기는 기색이 있는 것은 나로서는 참을 수 없는 일이며, 35퍼센트의 임금 인상이 이루어지거나 아니면 그들 모두가 나가떨어질 때까지 어떤 음식도 손대지 않겠노라고. 거의 반응이 없었던 지난 집회와는 달리 이번엔 마치 마술에 걸린 것처럼 모두가 깨어났다.

단식 결심은 아무런 예고 없이 이루어진 것이었다. 간디는 "말이 입으로 왔다"고 말했다. 파업 노동자들도 단식에 동참하겠다는 뜻을 밝혔지만 간디는 이를 거부하고 그들이 이미 맹세한 약속이라도 철저히 지키기를 바란다고 말했다. 이것은 사적인 목적이 아니라 공적인 대의를 위한 간디의 첫 번째 단식이었다. 간디는 이 새로운 무기의 극적인 성격과 잠재력 그리고 그 단순함을 새삼 깨달았다.

마지막으로 주목할 특징은 그 결과였다. 처음에 공장주들은 파업 소식에 크게 분노했다. "그들은 내 말을 차갑게 들었다. 심지어는 아주 신랄하고 미묘한 빈정거림도 서슴지 않았다. 사실 그들에겐 충분히 그럴 권리가 있었다." 사흘 동안의 단식 후에 공장주들은 해결책을 위한 방법을 모색하기 시작했다. 그들은 하루 노임을 20퍼센트 이상 인상할 수 없다고 주장했고, 직공들은 35퍼센트 인상을 고집하고 있었다. 간디는 양측이 모두 도의상으로 합당하다고 생각할 만한 해결책을 찾았다. 그 결과 하루는 35퍼센트 인상된 노임을 받고(직공들의 상황 판단에 부응하는 안) 다음 날은 20퍼센트 인상된 노임을 받고(공공주들의 판단에 부응하는 안) 그 다음부터는 지속적으로 27.5퍼센트 인상된 노임(산술적 타협)을 받는 식으로 중재안을 마련했다. 타협이 이루어지자 직공들은 일터로 돌아갔다. 그리고 더욱 만족스러운 일은 곧바로 이후 수십 년 동안 효력을 발휘한 중재 방법이 마련되었다는 점이다.

얼핏 보면 우연한 사건의 연속이지만, 간디와 인도는 많은 것을 얻을 수 있었다. 전기작가 주디스 브라운(Judith Brown)은 이렇게 쓰고 있다.

> 간디의 아메다바드 운동은 미래의 투쟁 방법인 사티아그라하의 생존 능력을 확인했을 뿐 아니라, 그가 어느 정도 통제력을 발휘하는 운동에서는 늘 볼 수 있었던 많은 특징을 분명하게 드러냈다. 처음부터 평화적인 해결책을 찾는다는 것, 투쟁의 중심부에는 신성한 맹세가 있다는 것, 참여자들은 엄격한 규율을 지키고 자기수양을 게을리하지 말아야 한다는 것, 운동의 대의를 대중에게 효과적으로 알린다는 것, 도덕적인 권위를 확보하고 이를 통해 관련자의 사고를 자연스럽게 압박한다는 것, 그리고 관련자들 모두의 체면을 깎지 않는 선에서 타협안을 마련한다는 것 등이다.

아메다바드 사건의 의의

우리가 아메다바드 사건을 마하트마의 성장 과정에 있어서 결정적인 사건으로 인정할 경우, 간디가 이를 성공적으로 수행하기 위해서는 어떤 지원이 필요했는가에 관한 질문이 생긴다. 이미 앞 장에서 설명한 대로, 우리는 창조적인 도약에는 언제나 한 사람(조르쥬 브라크)

이나 작은 집단(아인슈타인의 올림피아 아카데미나 스트라빈스키의 디아길레프 발레단)이 인지적인 도움뿐만 아니라 정서적인 도움이 있었다는 사실을 알았다. 창조자는 새로운 언어로 작업하는 만큼, 이를 이해하고 창조자가 표현하려는 내용이 그 자신뿐만 아니라 다른 사람들에게도 의미가 있음을 알아주는 지지자가 꼭 필요한 법이다.

어떤 점에서 간디의 아메다바드 체험은 엘리엇이 『황무지』를 쓸 때나 프로이트가 「프로젝트」나 『꿈의 해석』을 쓸 때의 경험과는 상당히 동떨어진 것처럼 보일지 모른다. 나 역시 이런 차이점을 축소하고 싶은 마음은 없다. 프로이트나 엘리엇이 비교적 짧은 기간에 완료할 수 있는 개인적인 작업을 주로 했다면, 간디는 초기와 후기의 활동이 긴밀하게 연결되는 공적인 활동을 했던 것이다.

하지만 보다 깊은 차원에서 보면, 두 종류의 경험 사이에 뚜렷한 유사성이 있음을 감지할 수 있다. 간디는 사티아그라하 사상을 형성하는 시기에 새로운 언어, 말하자면 새로운 공리체계로 이루어진 원칙을 창출하고 있었다. 오랫동안 숙고하고 고심한 기간이 있었기에, 마치 스트라빈스키의 준비된 귀에 「봄의 제전」의 화음'이 들려왔듯이 그에게 불쑥 단식을 결정하겠다는 마음이 찾아온 것이었다. 이러한 긴장된 상황에서는 아무래도 그가 새로운 일을 해나가는 데 힘이 돼주는 가족과 같은 환경이 필요했을 것이다. 이 때 사라바이 가족이 결정적인 도움을 주었다. 간디는 멀리 떨어져 있거나 누군지 알 수 없는 (impersonal) 전사(戰士)를 상대하고 있었던 것이 아니었다. 그는 자신이 매우 깊은 동지애를 느끼는 어떤 사람의 가족을 매일 만난 셈이었다. 일시적으로 이 가족의 한 사람(암발랄)과는 다툼을 벌이고 있었지만, 가족의 다른 일원(아나수야)은 존경하고 있었던 것이다. 이들은 마치 어머니와 자식이 서로의 음성과 몸짓을 즉시 알아내듯이 서로의 뜻을 금방 읽을 수 있었다. 간디는 그의 '언어'를 친구와 적이 모두 이해한다고 확신했다. 하나의 관점에서 간디는 자기 자신을 스스로 창조한 사람이라고 볼 수 있다. 하지만 다른 관점에서는 가장 대담하고 결정적인 도약을 이루는 시기에 가족과 같은 지원자들의 도움을 받았다고 말할 수 있다.

아메다바드의 상황은 무척 성공적이었다. 비록 간디는 상황 자체가 상당히 독특했고(지도급 인사와 개인적으로 알고지내는 사이였고), 친구들의 주목을 끌고 양심을 환기할 목적으로 단행한 단식에는 다소 강압적인 특성이 있었음을 인정했지만 말이다. 아메다바드의 파업과 단식 이후로 간디는 자신의 힘을 남김 없이 써야 하는 상황과 수차례 마주했다. 아마도 간디 자신이 그런 극적인 상황을 부추긴 면도 있었을 것이다.

일시적인 유예

이 시기의 기록은 혼란스럽다. 간디는 인도인의 정치 생활을 전쟁기의 수준으로 제한하는 악의적인 내용을 담고 있던 로우래트 법안에 대한 저항에 부분적으로만 성공했을 뿐이다. '내 생애의 가장 커다란 싸움'이라고 불렀던 이 투쟁에서 인도의 지도적인 저항 인사로 새로 떠오른 간디는 하르탈(hartal), 즉 전국적인 파업을 이끌었다. 영국 정부에 직접 대항하여 일어난 최초의 민족적인 운동이었던 로우래트 법안에 대한 저항은 결국 폭력으로 막을 내렸다. 인도인이 서로를 죽이고 인도인이 영국인을 죽였으며, 저 악명 높은 암릿사르에서의 학살이 벌어졌다. 에드워드 해리 다이어(R. E. H. Dyer) 준장이 지휘하는 영국 군대가 집회 군중을 향해 사격을 가했다. 사망자와 부상자 수가 거의 1,600명에 이르렀다.

아메다바드 사건이 있은 후 3년 내내 간디는 인도인를 위해 인도인를 통합하고 영국의 지배권에 대항하기 위해 여러 가지 노력을 기울였다. 그는 1919년과 1920년의 킬라파트(Khilafat) 운동에서 무슬림과 힌두 세력의 통합을 역설했으며, 전쟁 기간에 억류된 바 있던 두 명의 무슬림 언론인들을 옹호했다. 하지만 뿌리 깊은 이 두 종파의 반목을 화해시키는 데는 결코 성공하지 않았다. 특히 그는 1922년 초 바르돌리에서 인도인 폭도가 저지른 살인에 깊이 상심했다. 간디는 조직 활동 과정에서 '히말라야 산맥과 같은 큰 실수'를 저질렀다고 고백했다. 인도인은 비폭력 저항의 능력이 있다고 생각했으나, 많은 인도인이 자제력을 발휘하지 못했다. 자기절제는 그들에게 너무 힘든 요구였다.

1922년 3월 간디는 그가 이끌었던 저항 운동이 점차 호전적인 양상을 띠게 된 것에 대해 큰 대가를 치렀다. 그는 반란을 선동한 혐의로 재판에 회부되었다. 글을 통해서 인도인에게 폭동과 살인 행위를 선동하면서 영국에 정면으로 대항하는 대표적인 인물이라는 죄목이었는데, 암묵적으로는 그가 국민회의 당에서 점차 영향력이 커지고 있는 점도 구속 사유가 되었을 것이다. 로버트 브룸필드(Robert Broomfield) 판사는 간디를 잘 알았고 좋아했으며, '높은 이상을 품고 고결하고 성자다운 삶을 사는' 그에게 경의를 표했다. 하지만 자신의 개인적인 감정이 재판과 판결에 영향을 미치게 할 수는 없다는 점을 암시했다. 자신이 억지로 하고 있는 일의 최종 결과가 어떻게 나올지 처음부터 알고 있었다. 간디는 순순히 유죄를 시인했고 변호사 선임권을 포기했다.

 그가 요구한 것은 하나였다. 스스로 재판정에서 발언할 기회를 달라는 것이었다. 그의 희망은 받아들여졌다. 간디는 전례 없이 웅변적인 어조로 자신의 입장을 설명했다. 비폭력이 자신의 신조임은 분명하지만, 결국 일어나고야 만 폭력적인 범죄에 대해서 스스로 책임을 지겠다는 뜻을 밝혔다. 그는 기꺼이 가혹한 형량을 감수하겠다고 말했다. "판사님, 귀하에게 가능한 선택은, 이제 제가 말씀드리는 대로 단 두 가지밖에 없을 겁니다. 판사 자리에서 물러나거나 아니면 가장 무거운 형량을 선고하는 겁니다." 그는 남아프리카와 인도에서 겪은 자신의 이력을 하나도 빠짐 없이 차근차근 이야기했다. 언제나 영국에 충성했으며, 로우래트 법안, 즉 '인도 민중에게서 실제적인 자유를 완전히 빼앗아가는 법안'에 깊은 충격을 받았다는 설명이었다. 그는 인도에서 벌어진 학살의 기록을 열거하면서, 영국인이 인도에 들어온 이래 인도는 남의 도움 없이는 한 발자국도 움직이지 못하는 무력하고 가망없는 상태에 빠졌다는 결론에 이르렀다고 말했다. 영국이 인도 민중을 착취했다는 증거를 대면서 그는 이렇게 말을 맺었다. "하늘에 신이 계시다면, 이런 반인륜적인 범죄에 대해 영국과 인도의 양국민이 어떤 대답을 내릴지 조금도 의심하지 않습니다." 그는 어떤 특정한 관리나 영국의 왕에 대한 개인적인 적개심은 전혀 없다고 밝히면서 다음과 같이 말했다. "전체적으로 과거의 어떤 정부보다 인도에 더 큰 해악을 끼친 정부에 대해 반감을 품는 것은 미덕이라고 생각합니다."

 판사와 피고 사이에 오간 외교적이면서도 깊은 교감이 어렸던 대화는 미리 정해진 운명에 따라 막을 내렸다. 브룸필드 판사는 간디가 유죄를 시인함으로써 자신의 부담을 덜어주었다는 점을 지적하면서 다음과 같이 말했다. "귀하는 제가 재판을 해봤거나 앞으로 재판을 하게 될 그 어떤 사람들과도 전혀 다른 분입니다. 귀하의 수백만 동포들의 눈에는 귀하가 위대한 애국자요 지도자로 비친다는 사실을 저는 결코 무시할 수 없습니다." 브룸필드는 자신이 허용가능하다고 생각한 한도 내에서 가장 가벼운 형량을 선고했다. 6년형이었다. 간디의 대답은 이러했다. "형량에 관해서 말씀드리면, 아마도 다른 어떤 판사도 이보다 더 가벼운 판결을 내리지는 못할 것입니다. 그리고 재판 과정에 대해서도 이보다 더 정중한 재판은 기대하지 못했다는 점을 말씀드립니다."

간디의 추종자들은 그를 충심으로 포옹했고 한층 더 존경 어린 시선으로 우러러 보았다. 하지만 그는 이제 무서운 형벌을 받아야 하는 처지였다. 그의 지도력이 한창 필요할 때에 정치 운동의 현장을 떠나야 하는 형벌이었다. 인도 저항 운동에서 간디를 분리하는 것이야말로 사실은 재판 과정 전체의 목표였다. 그러나 어떤 시련도 기회로 삼을 줄 알았던 간디는 구속 수감을 일시적인 유예로 여겼다. 그는 과거의 행적을 반추하면서 폭넓은 독서와 사색에 전념할 수 있었고, 인도가 영국으로부터 완전히 분리되기 전에는 결코 멈출 수 없는 저항 운동의 다음 단계를 준비할 수 있었다. 전쟁이 끝난 후에 간디는 완전한 독립에 미달되는 목표는 충분치 않다는 결론, 받아들이기는 쉽지 않았지만 확고한 신념이 된 결론에 도달했기 때문이다.

사티아그라하의 원칙

간디는 행동이 바로 자신의 분야임을 증명한 셈이었고, 이 과정에서 자기 존재의 의미가 무엇인지 확실하게 드러낼 수 있었다. 그가 후세에 남긴 불후의 유산은 영국의 압제에서 인도를 해방시키는 데 도움이 되었던 특수한 업적이며, 동시에 비폭력 저항을 통해 아주 곤란한 문제를 어느 정도 해결하고 완화시킬 수 있다는 보편적으로 적용 가능한 주장이었다. 물론 간디의 분야는 성찰과 저작을 포함하는 범위까지 확장될 수 있었다. 인간의 본성에 대한 그의 심오한 사색 역시 비폭력 저항 방법 못지않게 중요한 영역이었다. 간디의 전기작가 브라운은 이렇게 말한다. "위대한 공상가라면 누구나 그렇듯이 간디 역시 명상적인 천품(天品)과, 활동성 그러니까 열정적으로 활동적인 일에 참여하고자 하는 욕구와 능력을 결합했다." 간디를 이해하기 위해서는 한편에 독서와 저작과 성찰이 있고 다른 한편에 몸소 용기 있는 모범을 보이는 지도력이 있는 두 가지 활동의 항구적이고도 생산적인 변증법적 관계를 충분히 감안해야 한다.

사상의 기초

간디는 체계적이고 철저한 학자는 아니었지만 폭넓은 독서를 했다. 특히 감옥에 갇히거나 자발적으로 활동적인 삶에서 물러나 은거할 때 많은 책을 읽었다. 젊은 시절부터 그는 토마스 칼라일(Thomas Carlyle), 랄프 왈도 에머슨(Ralph Waldo Emerson), 토마스 헉슬리의 저작 같은 동시대의 세속적인 저서뿐 아니라 성경이나 코란, 신지학(Thosophy), 특히 바가바드 기타와 같은 종교 서적을 많이 읽었다. 그 자신의 증언에 의하면, 앞서 이미 지적했듯이 남아프리카 체류 기간에 알게 된 세 명의 저자들에게 큰 감화를 받았다. 소로에게서는 시민 불복종 사상과 개인이 국가의 압력에 저항하는 방법을 배웠고, 간디가 영국에서 공부할 무렵에도 생존하고 있던 러스킨에게서는 인간 행위의 사회적 차원을 이해하는 통찰을 얻었다. 특히 그는 러스킨을 통해 노동(고상한 노동에서 미천한 노동에 이르기까지)의 중요성, 특권층과 빈자들의 관계, 경제적 요인과 인간적 요인의 갈등에 대해 면밀하게 관심을 기울일 수 있었다.

그러나 무엇보다 깊은 영향을 받은 것은 톨스토이의 저작이었다. 톨스토이를 읽은 경험으로 말미암아 그는 영원히 목적 달성의 수단으로서 폭력에 호소하는 것으로부터 벗어났을 뿐 아니라, 인간의 권리보다는 의무, 그리고 모든 인간 문제에서는 사랑이 중요하다는 사실에 주목하게 되었다. 간디는 톨스토이가 사망하기 직전에 이 위대한 러시아의 사상가와 서신 교환을 하게 되었다는 점에 자부심을 느꼈다. 톨스토이 역시 간디에게서 깊은 인상을 받았다. 그는 몸소 다른 사람들에게 간디를 칭찬하면서 간디의 비폭력 저항은 "인도뿐 아니라 인류 전체에게 가장 중요한 질문을 던지는 셈"이라고 말했다.

간디가 그의 원칙과 주요한 활동 방침을 얻기까지 이들 저작을 한 권이라도(전부는 말할 것도 없고) 읽을 필요가 있었다고 생각하지는 않는다. 이런 사상은 수십 년 동안 그의 삶에서 자연스럽게 우러나온 것이었다. 물론 이들 저작은 간디에게 영감을 주었고 자신이 세계의 다른 지역에서 간디가 사로잡혀 있던 문제와 똑같은 문제와 씨름하고 있던 동시대의 여러 인물들과 같은 선상에서 고민하고 있음을 간디에게 일깨워주었다. 간디는 또한 비록 자기 내부에 어떤 신과 같은 특징이 있음을 신중하게 부인하긴 했어도, 인류사의 가장 위대한 종교 및 영적 지도자와 자신을 동일시했다. 역설적이지만 비교적 은둔적인 예술 혁명가들은 주변의 동시대인들과 적극적으로 교류한 반면, 다른 사람들과 밀접히 연관된 사안에 크게 공헌한 간디는 한 번도 만난 적이 없는 사람들로부터 가장 큰 영감을 받았던 것이다.

여러 차례 신조가 무엇이냐는 질문을 받았을 때 간디는 몇 가지 기본적인 생각을 밝힌 바 있다. 바가바드 기타에서 강조되는 진리와 도덕성, 그리고 영적인 갱생에 대한 추구가 자기 존재의 근본이라는 것이었다. 간디는 개인적으로 훌륭한 삶을 추구하는 것과 공동체에 봉사하면서 모범적인 삶을 추구하는 것을 별개로 취급할 수 없었다. 개인적인 자유는 사회에 봉사하는 자유가 되어야 했고, 개인적인 비폭력은 보다 넓은 갈등의 무대에서도 실현되는 비폭력이 되어야 했다. 마찬가지로 진리와 지식과 지혜는 공동체 안에서 추구하는 것이 마땅했다.

에릭슨이 그의 간디 연구에서 강조한 것처럼, 종교적인 혁신가란 자신의 개인적인 난국을 해결하기 위해 제시한 해답이 궁극적으로는 보다 넓은 공동체의 난국을 해결하는 데도 효과가 있는 그런 사람을 말한다. 간디 내부의 갈등은 인도에 미만한 갈등, 더 나아가 많은 개발도상국에 잠재한 갈등에 반향하게 될 것이었다. 그가 몸소 짊어진 짐은 다른 사람들도 짊어질 수 있는 그런 종류였다. 에릭슨은 이 점을 좀더 웅변적으로 표현했다. "어떤 천재들은 도대체 왜 모든 사람이 공유하는 진화론적이고 실존적인 저주를 스스로 짊어질 수가 있는 것이고……. 다른 사람들은 왜 그저 다른 모든 사람들을 능가하는 신적 위대성을 그런 사람에게 기꺼이 부여하려고 하는 것일까?"

사람들 대부분은 간디를 주로 종교적인 인물로 생각하지만, 간디의 종교관은 오늘날 문제가 되는 일이 적지 않은 종파적인 편협함과는 거리가 멀었다. 그는 종교적 비전을 갖는다는 것을 인간됨의 표지로 여겼다. 따로 마음속에 심어둔 신학적인 믿음은 전혀 없었고, 주요 종교를 연구해서 각 종교의 장점과 한계를 식별할 것을 권장했으며, 만물에 신성(神性)이 내재한다는 포괄적인 믿음을 가지고 있었다. 그는 인도의 상층 카스트 출신답게 특권층이 불행한 자들을 도와주어야 한다는 점을 강조했고, 소위 불가촉(不可觸) 천민이 인간적 위엄을 되찾는 일에 많은 힘을 기울였다. "불가촉 천민의 상태는 힌두교의 가장 큰 오점이라고 생각한다."

아마도 간디의 가장 도전적인 사상은 종교와 정치의 관계에 관련이 있을 것이다. 우리 서양인은 적어도 이론상으로는 교회와 국가의 오랜 분리를 영예롭게 생각한다. 간디는 그렇지 않았다. 그는 많은 글을 통해서 이 두 영역, 서양인의 기준으로는 전혀 어울릴성 싶지 않은 종교와 정치의 분리불가능성을 역설했다. 한편으로 그는 이렇게 말했다. "나에게 있어 종교가 없는 정치란 우리가 피해야 하는 완전한 쓰레기나 다름없다." 하지만 그는 실제적인 문제를 도외시하고 그에 대한 해결책에는 별 관심이 없는 종교에 대해서도 그에 못지않은 거부감을 표명했다. "인생의 어느 부분도 종교와 떨어질 수 없으며 정치는 거의 모든 점에서 인도의 생명 있는 존재에 영향을 미치는 것이라고 생각하기에, 나는 정치에 참여한다." 그는 이 점을 좀더 신랄하게 말하기도 했다. "종교는 정치와 아무런 관계가 없다고 말하는 사람은 종교에 대해서 아무것도 모르는 사람이라고 나는 겸손한 마음으로 그러나 아무런 주저 없이 말할 수 있다."

간디처럼 복잡하고 섬세한 인물은 단일한 철학적 교훈이나 하나의 정치 및 종교적 실천으로 축소해서 이해할 수 없다. 그 자신의 설명도 부족한 면이 있을 것이다. "내가 이루고 싶은 것, 지난 30년 동안이나 내가 애타게 갈망했던 것은 자기 실현, 신과 대면하는 것, 다시 말해 모크샤(Moksha)(대체로 '신과의 하나됨'을 뜻함)를 이루는 것이었다." (이러한 표현은 놀랍게도 신의 생각을 알고자 했던 아인슈타인의 교만한 욕구와 일맥상통한다.) 그러나 간디라는 존재의 중심에 있는 것은 사티아그라하, 그가 수십 년 동안 갈고 닦아왔던 사티아그라하 실천이었다. 아인슈타인을 상대성 이론과 떼어놓고 생각할 수 없는 것처럼, 프로이트를 무의식과, 혹은 피카소를 입체주의와 분리해서 생각할 수 없는 것처럼, 간디 역시 사티아그라하의 거장이었다.

사티아그라하의 본질과 실천

간디가 처음으로 사티아그라하에 대해 공개적으로 말한 곳은 남아프리카였다. 그는 참과 사랑에서 태어난 힘이라는 뜻을 강조하기 위해 이 용어를 사용했는데, 그것은 오랜 세월 인도인들이 자기에게 가해진 불의에 사람들의 이목을 집중시키고 같은 지역내에 존재하는 사람들 간의 보다 인간적이고 동등한 관계를 확보하기 위해 실천했던 방법이었다. 사티아그라하는 두 세력이 그 내부에서 불화와 반목 상태에 놓여 있는 공동체의 존재를 전제한다. 사티아그라하의 신봉자는 폭력과 고통 혹은 위협을 통해 서로 대결하는 대신, 몸소 고통을 짊어짐으로써 상대방의 양식과 양심을 일깨운다. 이를 통해 진리파지자(satyagrahis)는 상대방을 개심시키고 그들이 자진해서 동반자가 되기를 바라는 것이다.

간디가 바로 보았듯이, 사티아그라하는 정화의 형식이자 영혼의 일깨움이다. 고통을 자초하는 것은 진리파지자의 진심과 곤경을 극적으로 드러내며, 상대방에게 진리파지자의 정당성을 설득하는 역할을 한다. "아무리 심한 고통을 당할지라도 진리파지자는 결코 물리적 힘을 쓰지 않았다." 간디는 전통적인 대결 방식과 사티아그라하 방식의 차이점을 간결하게 설명한다. "폭력을 사용해서 정부가 법안을 폐기하도록 강제한다면, 나는 몸의 힘을 사용하는 셈이다. 법에 복종하지 않고 그 대가로 주어지는 처벌을 달게 받는다면, 나는 영혼의 힘을 사용하는 것이다. 여기엔 자아의 희생이 수반된다."

대체로 사티아그라하의 실천자는 특정한 목적을 갖고 있다. 근본적인 원칙만 훼손하지 않으면 그 목적을 이루기 위해 어느 정도의 타협도 감수할 수 있다. 하지만 사티아그라하 저항에는 폭넓은 정치적 함의가 있다. 그것은 공동체의 모든 성원을 교육하고 의사 결정자와 정부로 하여금 여론의 총의에 따르도록 고무하는 효과가 있다. 이상적으로 말하면 사티아그라하의 실천자는 반대파를 압박하는 대신 자기 자신에 대한 믿음을 표현하는 것이지만, 간디는 비폭력 저항에도 강제적인 요소가 있음을 인정했다.

사티아그라하의 근본은 간디의 독창적인 사상이 아니다. 간디의 스승인 톨스토이와 소로뿐만 아니라 예수와 같은 종교 지도자나 소크라테스와 같은 철학자에게서도 그 흔적을 찾을 수 있다. 간디가 공헌한 부분은 사티아그라하가 효과를 발휘하도록 하는 상세한 실천 지침인데, 이는 적어도 영국에 지배되는 인도라는 구체적인 역사적 맥락에서는 그 효과가 입증되었다. 실제로 그는 추종자들이 반드시 지켜야 하는 세부 규범을 마련했다. 예를 들면 다음과 같다.

- 마음속에 분노를 품지 말고 상대의 분노를 그대로 감내할 것. 상대의 공격을 앙갚음하지 말 것.

- 체포에 저항하지 말고, 타인의 재산을 보관하는 경우가 아니라면 재산의 압류에도 저항하지 말 것.
- 사티아그라하의 신봉자로서 사티아그라하 지도자의 명령에 복종하고, 심각한 의견 불일치 사안이 생기면 사티아그라하 운동 집단에서 물러날 것.

간디는 사티아그라하의 효과가 발휘될 수 있는 여건을 다음과 같이 규정했다. (1) 사태가 복잡하게 얽혀 있어서 기본적인 '제1의 원칙'으로 되돌아가면 모든 게 명백해지고 문제 해결에 도움이 될 수 있는 상황과, (2) 반대파의 약점이 뚜렷하고 무엇인가 잘못된 점이 있다는 도덕적 공감대가 널리 퍼져 있는 사안. 그는 지도자에 대한 충성과 복종 이외에도 자기 규율과 자기 절제, 자기 정화의 핵심적인 요건을 분명하게 제시했다. 각 개인은 사티아그라하에 참여하는 자신의 동기와 운동 과정에서 만나게 되는 다른 사람들에 대한 도덕적인 의무를 명확하게 이해해야 했다. 간디는 이렇게 설명했다. "사티아그라하의 실천자는 보통 사람들과 다르다. 그가 어떤 제약 조건에 복종한다면 그것은 자발적인 복종이다. 처벌이 두렵기 때문이 아니라 그러한 복종이 공공의 행복에 본질적인 요소임을 알기 때문에 그는 복종하는 것이다." 간디는 반대파의 요구 사안에 섬세하게 귀를 기울일 줄 알아야 하며, 상대방이 자율권과 자유를 잃게 되는 상황에는 그들을 도와줄 필요도 있다는 점을 강조했다. 무엇보다도 객관적인 악은 결코 그 무례한 짓을 범한 집단 내의 어떤 개인과 동일시될 수 없다고 말했다.

사티아그라하는 우선 이성적인 토론을 통한 설득 노력으로부터 시작한다. 초기 단계는 화해와 타협을 허용해야 한다. 아메다바드에서처럼 이같은 중재 노력이 실패로 돌아가면, 단식을 결행하는 식으로 스스로 고통을 떠안음으로써 설득 과정에 돌입한다. 이 시점에서 사티아그라하의 실천자는 해당 사안을 더욱 극적으로 부각시키고 공동체의 더 많은 사람들의 관심을 얻기 위해 노력한다. 만약 양식에 호소하거나 몸소 고통을 겪어서 시도한 설득 노력이 실패한다 해도, 사티아그라하의 신봉자는 비협력이나 시민 불복종 같은 비폭력적인 강제 수단에 의지할 수 있다. 물론 비폭력 저항이 폭력으로 비화될 수도 있고, 대립하는 두 세력이 점차 사이가 벌어져서 합의 사항이 깨지는 상황이 발생할 수도 있다. 간디는 이 과정의 미묘한 특성을 멋진 비유를 통해 설명한 바 있다. "6미터 높이의 밧줄 위해서 몸의 중심을 잡아야 하는 줄타기 곡예사는 밧줄에 정신을 집중해야 한다. 아주 작은 실수가……. 그에겐 죽음을 의미한다. …… 사티아그라하의 실천자는 이보다 더 정신을 집중해야 한다."

간디는 사티아그라하의 한계도 지적했다. 어떤 상황에서도 사티아그라하를 채택할 수는 없는 일이다. 도덕적 명확성이 결여된 상황, 규율 바른 실천자나 추종자가 없는 상황, 반대파에게 공정성에 대한 분별이 없는 상황은 사티아그라하가 제대로 효력을 발휘하기 어려운 상황이다. 그리고 간디는 안타까운 듯이 폭군에게는 사티아그라하가 효력을 발휘할 수 없다는 사실도 지적했다. 사티아그라하에 잠재된 강제적인 요소는 아주 조심스럽게 활용해야지, 그렇지 않으면 반대자를 파괴하거나 후속 사건을 통제불능 상태로 몰아가는 위험에 빠질 수 있다는 것이었다.

이러한 한계에도 불구하고 간디는 대단히 정밀하고 효과적인 저항 방법을 완성했던 셈이며, 이는 20세기 전반기에 인도에 막대한 영향을 미쳤거니와, 이 방법을 받아들일 수 있고 확신을 갖고 실행할 수 있는 사람들만 있다면 세계 공동체에는 그보다 더 큰 영향력을 미칠 것이다. 간디는 이렇게 말했다. "나에게는 확고한 믿음이 있다. 세계의 모든 나라 가운데 인도는 비폭력 저항 방법을 배울 수 있는 한 나라이며……. 만약 이 실험이 지금 성공한다면, 압제자들에 대한 아무런 적대감도 없이 자진해서 죽음을 맞이하려는 수천명의 남녀가 생길 것이라는 믿음이다."

예측 불가능한 인간의 드라마

인간의 창조성 연구에서 우리는 사티아그라아를 어떻게 생각해야 마땅한가? 사티아그라하를 단지 서로 맞물리는 개념들의 집합으로 간주하거나 공연의 대가(master performer)가 조연의 도움을 받아 연출한(확립한) 실천적 지침으로만 생각하는 것은 오해를 살 뿐이다. 사티아그라하의 유별난 점, 그리고 사티아그라하를 인간의 위대한 성취로 만든 요소는 그것이 실천적인 철학을 대표한다는 점에 있다. 간디는 수십 년 동안 인간의 관심사를 분석하고 인간의 상호작용의 방식을 실험한 결과 안무되고 공연되는 발레나 정식화되고 증명되는 수식만큼이나 엄밀한 하나의 과정에 도달했다. 각각의 역사적 순간마다 고유한 특징, 그리고 상호 영향을 주고받는 과정에 따라 고유하게 드러나는 특징은 신중하게 처리되어야 하고 주의 깊게 관찰되어야 한다. 하지만 양식화된 발레나 확립된 방정식과는 달리 성공적인 결과를 낳는 일정한 규칙은 존재하지 않는다. 기저에 존재하는 원칙과 참여자들의 자연발생적인 행동과 대응에 따라 다음 단계를 계획하고 실행해야 한다. 따라서 사티아그라하를 실행하는 일은 고난도의 기술이 필요하다.

 그렇다면 우리는 사티아그라하에는 의례적인 면도 있고 임시변통적인 면도 있다고 생각할 수 있다. 아마도 인간의 드라마라고 하는 것이 가장 합당한 규정일지 모른다. 사티아그라하의 실천자들은 언제나 사건의 예측 불가능성을 염두에 두고 자신 있게 서로를 신뢰할 수 있으며, 이러한 점에서 엄격한 행위 원칙에 입각한 새로운 형식의 의식(ritualization)이라고 할 수 있는 것이다. 선택 사항에 대해 논리적인 추론 능력과 사상을 말로 옮기는 능력, 그리고 어떤 조짐이 보일 때 운동 과정을 바꾸는 능력만큼이나 인성 영역에 대한 간디의 이해(자기와 다른 사람들의 자아를 이해하는 것) 역시 사티아그라하에는 핵심적인 요소였다. 그가 사티아그라하의 역동적인 원리를 마련하는 도구였던 상징체계는 인간의 이러한 지적 능력을 반드시 필요로 했다.

간디의 개인적인 측면

 시대를 막론하고 간디보다 더욱 솔직하게 자신의 내밀한 생각을 밝힌 지도자는 거의 없다. 간디는 자신의 모든 글, 특히 자전적인 내용을 담은 『진리 실험(Experiments with Truth)』에서 정확하고 거짓 없이 자신의 행동과 생각과 동기를 성찰했다. 이러한 고백적 글쓰기는 두 가지 효과를 자아냈다. 첫째, 이를 통해 간디는 자신의 역사와 현재 처해 있는 상황, 자기 및 인도 민중 그리고 인류 전체에 대한 자신의 포부를 온전히 자기 내부에 받아들일 수 있었다. 게다가 이러한 글들은 자신의 삶을 주변의 가까운 동료들뿐 아니라 그의 실천 방법에 관심이 있던 수많은 사람들과 공유할 수 있게 만들었다.

프로이트와의 비교도 생각해 볼 만하다. 두 인물 모두 오랜 시간을 바쳐 자신의 인생사를 분석하고 그 결론을 글로 남겼다. 그들은 모욕과 불안, 꿈과 같은 어찌 보면 상당히 작은 문제를 붙잡고 그것을 이해하기 위해 씨름했다. 그리고 직관적인 심리학자로서 그들은 인간의 행동을 자극하는 메커니즘에 관심을 기울였다. 간디의 전기작가 발람 난다(Bal Ram Nanda)는 간디의 성찰 방법을 다음과 같이 설명했다. "모든 사안에 대해 그는 도덕 대수학(moral algebra)의 정리(定理)를 만들어서 해답을 찾으려 했다. 일탈 행위를 할 때마다 '다시는 이런 짓을 하지 않겠다'고 자기 자신에게 약속했다. 그리고 그는 그 약속을 지켰다." 간디 자신은 이렇게 말했다. "그러한 실험은 내 삶의 필수불가결한 부분이다. 나의 정신적 평화와 자기 실현에 없어서는 안될 핵심 부분이다."

프로이트는 몇 가지 예외적인 측면을 제외하고는 자신을 다른 사람의 모델로 여기지 않았다. 간디는 자신을 드높이겠다는 생각과는 상관 없이 스스로를 하나의 모델로 생각했다. 그는 다른 사람들이 올바르게 행동하고 의심과 파괴적인 행동을 버리도록 고무하는 매개자가 되기 위해 끊임없이 실험적인 행동을 하고 글을 썼다. 3등칸 기차 여행, 실 잣기, 지역 방언으로 말하고 글쓰기, 식이요법 감독 등 모든 일에서 그는 그것을 성찰하고 새로운 생활 방식을 시도하면서 자신의 한계를 시험했고 이를 통해 인간의 새로운 가능성을 탐구했다.

검소함과 극기

간디의 실험에는 성자와 같은 검소한 삶을 추구하는 것도 포함되어 있었다. 그는 세속적인 소유를 물리치고 검소한 식사를 했으며 알몸이나 다름 없을 정도만의 옷을 걸쳐 입으며 되도록 안락한 삶을 멀리했다. 금욕과 극기에 관한 인도의 신화에 합치되는 성관계 중단 결정은 대부분의 국외자들에게는 거의 공감을 얻지 못한 편이었다. (3장에서 언급했듯이 프로이트 역시 성관계를 중단하기로 결심했었다.) 극기를 통해 삶의 자양분을 얻은 그는 이렇게 말했다. "나는 아무런 재산도 없지만 세상에서 제일 부자라는 생각이 든다. 내가 살고 있는 삶은 참으로 여유 있고 편안한 삶이다. …… 나는 가난한 탁발 수도승이다. …… 기도가 내 삶을 구원했다." 이러한 생활 방식을 좀더 세속적인 관점에서 평가한 사람들도 없지 않았다. 누군가는 이런 말을 남겼다. "간디가 가난하게 사는 데는 아주 많은 돈이 필요했다."

간디는 사람이 자신의 삶을 스스로 관리할 줄 알아야 한다고 생각했다. 실 잣기에 전념한 것—나중에는 거의 강박적으로 매달렸다—은 단지 매일매일의 자기 단련의 형식에 불과한 것이 아니라, 그러한 기술을 습득하면 모든 인도인이 자신을 스스로 부양할 수 있다는 사실을 몸소 보여준 것이었다. 의학이나 건강, 음식, 식이요법에 꾸준히 관심을 기울인 것도 어떻게 이 세상에서 살아갈 수 있는지, 특히 물질적 자원이 빈약한 처지에서 어떻게 생존할 수 있는지를 보여주려는 노력이었다. 간디는 자신의 몸을 스스로 치료했을 뿐 아니라 자기가 책임감을 느끼는 다른 사람들의 치료도 관장하기를 고집했다. 그리고 어린 아들을 장티푸스에서 낫게 하면서부터는 자신의 방식에 확신을 갖게 되었다. 하지만 의학 치료에 대한 이런 완고함이 필요한 의학 치료를 그가 못받게 했던 다른 가족에게는 불필요한 고통을 자아냈다.

가장 극단적인 극기 형식은 단식이었다. 먹는 것을 절제하는 것은 오랜 전통을 지닌 인도의 자기 정화의 수행법이었으며, 그의 어머니가 무수하게 실행했던 방법이었다. 간디는 오랫동안 단식을 주로 자신이나 가까운 주변 사람들을 시험하는 수단으로 활용했다. 하지만 인도의 독립을 촉구하는 운동 과정에서 간디는 단식을 정치적 설득의 강력한 무기로 활용하기에 이르렀다. "단식은 적에 대항하는 수단이 될 수 없다. …… 단식은 오직 우리의 가장 가까운 사람, 우리가 가장 사랑하는 사람에게만 호소할 수 있는 방법이고, 오직 우리 자신의 복리에 도움이 되는 일이다. …… 단식에는 그 나름의 체계적인 수련법이 있다. 내가 아는 한 그것을 완벽하게 이해한 사람은 아무도 없다." 원숙한 경지에 오른 간디는 인도인 전체를 그의 가족으로 생각했다. 그는 이러한 정신적 도약을 기꺼이 감행했다.

대부분의 사람들은 그가 조직한 그룹과 용의주도하게 기획한 운동에 참여하면서 간디를 알게 되었다. 저항 과정에서 그를 만난 사람들은 모든 단계를 세심하게 신경 쓰는 간디의 모습에 깊은 인상을 받았다. 간디는 집회를 조직하고, 공통의 저항 근거를 찾고, 적절한 증거를 신중하게 정리하고, 믿을 수 있는 동료들과 함께 일하면서 언론의 힘을 적정하게 이용할 줄 알았다. 상황을 반추하는 동안에는 언제 어디서 발생할지 모르는 불상사를 예견하고 그것의 해결 방법을 생각해 두었다. 체포될 날이 가까워 오면 그가 감옥에 있는 동안 어떤 일을 해야할지 미리 계획했다. 그는 자신의 생각을 친구와 적 모두에게 알렸다. 혼란스런 상황이 닥치는 와중에도 그는 매일 해야 할 일, 편지와 기사를 쓰고 모임에 참석하고 일지를 기록하면서 소위 '전장(戰場)'의 비서와 부관과 계속 접촉하는 일을 게을리 하지 않았다. 간단히 말해서 그는 자기 마음속에 있는 사람들과 사건들에 관한 모든 일을 세세하게 챙겼다. 더욱 더 인상적인 것은 이런 지엽적인 문제에 신경을 쓰면서도 전세계 사람들을 언제나 잊지 않았다는 점인데, 세계 도처에서 찾아온 언론인들이 필요한 정보를 계속해서 얻을 수 있도록 세심한 배려를 아끼지 않았다. 무엇보다 놀라운 것은 하루에 서너 시간밖에 안 자는 날이 며칠씩 이어지는 때가 있었다는 점이다.

간디의 사람들

간디의 측근이 된 사람들에게 간디는 위압적이고 강한 인물이었다. 용모가 딱히 매력적이라 할 수는 없었지만 체격이 괜찮은 편이었고 반짝반짝 빛나는 눈은 사람들을 흡인했다. 까다로우면서도 부드러운 몸가짐은 사람들이 그를 따르게 했다. 주변 사람들에게 엄청나게 높은 기대를 품고 있었고 그들의 성숙에 상당한 기여를 하고 그들의 처지가 좋아지기를 마음 깊이 바라고 있었다는 점에서, 그는 자신의 부모를 연상시켰다. 언제나 스스럼 없는 태도로 한 사람 한 사람에게 직접 진심을 담아 이야기했으며, 많은 군중 앞에서도 이런 방식을 버리지 않았다. 영리하게도 모든 저항 지역마다 지방 유지들과 협력 관계를 맺음으로써 이너 서클(측근 인사)의 범위를 계속 넓혀갔다. 간디는 저항 방법과 명성을 통해 사람들에게 카리스마적인 영향력을 행사했다. 추종자들은 한결같이 이렇게 말했다. "그의 면전에서는 아무도 거짓말을 할 수 없었습니다." 간디의 정치적 피보호자였던 네루(Jawaharlal Nehru)는 다음과 같이 회고했다.

간디의 묘한 인품과 묘한 사상을 알게 된 지 이제 35년이 되어 간다. 그를 만난 일은 마치 전기 충격을 받은 것처럼 즉각적인 효과가 있었다. 그 충격은 우리를 위로하고 우리에게 활기를 불어넣었다.

우리의 마음은 별다른 방법이나 논리 없이 만들어진 이 새로운 사상을 소화하기 위해 씨름해야 했지만 조직 전체는 그의 사상에 반응했고 그것의 영향 아래에서 성장했다.

간디의 측근이 되는 것은 그 나름의 대가를 요구했다. 실제로 간디는 모든 주요 결정을 직접 내렸고, 필자가 판단할 수 있는 한 다른 경쟁적인 관점이 자신의 생각이나 행동을 바꾸는 것을 허락치 않았다. 마치 다른 사람들에게 고민하고 사색하는 부담을 모두 자신의 두뇌에 맡겨두기를 바라는 것 같았다. 그는 이런 독재적인 거만함에 완전히 빠지지는 않았다. 완고한 구석이 없었던 것은 아니지만 적어도 다른 사람의 말을 들어주고 각자에게 맞는 일을 적당히 찾아주고 유머 감각을 발휘했으며, 실수를 인정하고 마음을 바꿀 줄은 알았기 때문이다. 그는 자신에게 어떤 특별한 능력이나 신적인 권위가 있음을 부인했지만, 실제로는 자기의 판단을 굉장히 높이 평가해서 그것이 흔들리는 상황을 내켜하지 않았다. 젊은이로서 남아프리카에 체류할 때나 사티아그라하 사상을 처음 형성할 무렵만 해도 다른 사람들의 생각에 좀더 열려 있는 편이었지만, 마하트마가 되면서부터는 확신과 단호함을 갖고 행동했다. 사티아그라하를 흉내내려는 사람들에게 이렇게 말한 적도 있었다. "그 사람들은 그것을 오직 내게 맡겨야 한다."

각자 자신의 생각을 숨기고 반발하지 말아야 한다는 암묵적인 요구는 세상 모든 사람에게 강요된 사항은 아니었다. 간디 곁에 머물렀던 사람들은 카리스마 있는 사람의 지도를 강하게 필요로 했던 부류였다. 어느 추종자는 다음과 같이 말했다. "바푸(Bapu. 간디를 친근하게 부르는 이름)와 함께 있을 때 우리는 무엇이든 할 수 있다고 느꼈어요.

그러면서도 그가 우리의 문제를 모두 해결해 주기를 바라고 있었지요. 간디에게 너무 의존하다 보니까 그와 상의하지 않고는 아무런 결정도 못 내릴 정도였습니다." 그 나름의 지지층이 있는 외부의 정치 지도자를 대할 때만 간디는 양보와 타협의 압박감을 느꼈고, 그 밖의 많은 경우에서는 별로 융통성을 보이지 않으려 했다.

인도의 대중들을 장악한 것은 간디만의 특장이었다. 간디의 행동거지나 생활방식은 그의 민중들에게 공명을 일으켰다. 검소한 옷차림과 실 잣기, 염소 젓 마시기, 채식주의, 금욕주의는 가난한 사람들에게 절대적인 신임을 얻었다. 그들은 다른 누구도 아니고 오직 간디만이 자신들을 이해한다고 느꼈다. 그들은 간디의 축복을 열렬히 바랐다. 저널리스트 윌리엄 쉬러는 이렇게 말했다. "그들은 위대한 인물이 앞에 서면 어떤 엄청난 일이 갑자기 그들의 칙칙한 삶에 벌어지고 있다고 느꼈으며, 천으로 허리만 두른 이 성자와 같은 인물이 자신들을 보살피고 자신들의 비참한 삶을 이해하고 델리나 지방 주도(主都)의 힘센 백인 신사들 앞에서도 굴하지 않고 자신들을 도와줄 힘을 가지고 있다고 믿었다." 간디의 천재성은 영적인 인물이 사람들을 이끄는 전통적인 호소력과 사람들로 하여금 민족의 이상을 위해 복수심이나 이기심과는 상관 없이 스스로 삶을 희생하게끔 인도하는 전혀 새로운 행동 방식을 결합한 데 있다.

간디의 성격에서 가장 문제가 많은 측면은 정치 투쟁을 함께 하는 측근들과의 관계와 가족과의 관계가 날카롭게 대조된다는 점이다. 그는 가까운 측근들에게는 모든 것을 주고자하는 부모처럼 그들의 모든 요구에 신경을 쓰고 언제나 그들의 안녕을 염려했다. 이들에 대한 간디의 영향력이 너무 컸기 때문에, 이들은 그들 전부의 공통 이상을 실현하기 위해 모든 것을 희생할 정도로 자신들과 간디의 정체성을 동화시켰다. 간디와 그의 친밀한 비서 마하데브 데사이(Mahadev Desai), 그리고 냉정하고 유능한 조직책 발라브바이 파텔(Vallabhbai Patel)은 엄청난 시너지 효과를 발휘하는 한 팀이 될 수 있었다. 열성적인 간디의 존재가 이들의 관계를 공고하게 만들었음은 물론이다. 아나수야 사라바이는 이렇게 말했다. "바푸지(Bapuji. ji는 힌두어로 존경과 친밀함을 뜻함—옮긴이)에게는 거역할 수 없는 무엇인가가 있었다. …… 우리 대부분은 생각과 말과 행동이 다 다르다. 바푸지는 그렇지 않았다. …… 그는 자신이 믿는 것을 말했고 말한 것을 실천에 옮겼다. 그의 정신과 영혼과 몸은 일치했다."

불편한 가족 관계

간디와 가족들의 관계, 특히 자식들과의 관계는 성격이 전혀 달랐다. 간디는 오랫동안 아내와 갈등을 빚었다. 아내에게 글을 배우라는 요구(보복심리 탓인지 간디의 아내는 끝까지 문맹으로 남았다)와 자신의 말(침실 변기를 청소하고 불가촉 천민을 공동체에 받아들이라는 말)을 듣게끔 하는 문제도 그런 갈등 요인이었다. 그녀가 병이 났을 때 간디는 냉혹하다 싶을 정도로 상식이나 의료법보다 자신의 치료법을 앞세웠다. 그는 아내 카스투르바이를 마지못해 존중했으며 자기 나름으로는 그녀를 사랑했다고도 할 수 있지만, 간디와 함께 한 그녀의 삶은 인고의 세월이었다.

간디는 아이들, 특히 맏아들 하리랄과는 매우 불편한 사이였다. 아이들에 대한 기대가 매우 컸기에 그런 기대감을 충족시키지 못할 때면 적어도 무의식상에서는 자식들에게 등을 돌렸다. 때로는 노골적으로 불만을 드러냈다. 하리랄은 방탕한 생활을 했으며, 생각할 수 있는 모든 방법으로 아버지의 믿음과 실천에 반항했다. 이는 에릭슨이 가족의 기대치에 관련해서 '부정적 정체성(negative identity)'이라고 부른 것의 실례이다. 카스투르바이는 하리랄을 옹호했지만 간디는 그럴 수도 없었고 그럴 마음도 없었다. 사실 그는 모든 경우에 대해 하리랄의 상속권을 박탈했고, 아들이 아니라고 비난하기까지 했으며, 데사이(Desai)를 비롯한 다른 사람들을 자식으로 생각한다는 신랄한 말을 하기도 했다.

인간의 문제를 다루는 데 특장이 있는 사람이 이처럼 인간 관계가 불안한 모습을 어떻게 이해해야 하는 것일까? 어린 시절 부모와의 관계부터 시작해서 간디는 가장 가까워야 할 사람들과 오랫동안 친밀한 관계를 유지하는 것을 이상할 정도로 어려워했다. 그는 부모를 존경했지만, 죄책감 말고는 부모나 다른 직계 가족에 대해 별다른 애착이 없었다. 비록 시인이자 철학자인 라지찬드라(앞서 말했듯이 두 사람이 모두 젊었을 때 사망했다)와 정치가 고칼레(간디에게 인도 정계 입문을 인도한 사람으로서 간디가 인도에 돌아온 직후에 사망했다)에게는 친밀함을 느끼기는 했지만, 스승이라고 할 만한 사람을 만나지는 못했다. 그리고 소로와 톨스토이, 러스킨을 개인적으로 만난 일도 없었다.

친밀한 관계에 어려움을 겪는 간디의 결함은 결국 가족 문제로 불거져 나왔다. 처음부터 간디는 무조건 가족을 사랑하거나 연민하는 대신 공적인 목표와 사상적인 원칙에 입각해서 가족을 대했다. 천재는 가족을 통해 유산을 남기지 않느냐는 질문을 받았을 때 간디는 부지불식간에 자신의 솔직한 심정을 드러냈다. "절대 그렇지 않습니다. 자식보다 더 많은 제자를 얻을 수 있을 테니까요." 간디는 함께 일하는 동료들을 훨씬 가깝게 느꼈고, 이들과의 관계는 때로 수십 년 동안 지속되었으며 간디가 이들에게 느끼는 사적인 애정도 각별했다. 하지만 간디에게는 한 번도 만난 적이 없는 사람들과의 인연이 가장 중요했다. 여느 시대의 위대한 정치 지도자와 마찬가지로 그는 인도의 대중들, 간디와 상호작용하는 대신 간디가 수행하는 임무의 일부분 역할을 했던 모든 사람들과 신비로운 관계를 지속적으로 유지했다.

간디의 대인관계 스타일은 매우 독특해서 창조성의 초기 원칙과는 다소 부합하지 않는다. 간디와 사라바이 가족이나 다른 아쉬람 성원들과의 관계는 아마도 이 책에서 다루는 다른 창조자들이 받았던 인지적·정서적 지원 방식에 대한 적절한 보충물이라고 볼 수도 있을 것이다. 실상 서양인이 아닌 인도인한테는 다른 거장들에게는 충분히 효과가 있었던 방식이 그다지 적절하지 않다는 점도 충분히 있을 법한 일이다. 하지만 가장 친밀한 인간 관계에 어려움을 겪는다는 점은 어쩌면 대중을 상대하는 일에 위대한 재능을 가진 자의 어쩔 수 없는 부수물이 아닐까 하는 게 내 생각이다. 게다가 간디에게 영향을 미친 스승이 존재했다고 해도 그들은 톨스토이처럼 멀리 떨어져 있는 인물이며 예수나 부처, 마호메트와 같은 보편 종교의 창시자들이었다. 간디가 나누었던 가장 중요한 대화는 자신의 마음속에 있는 신과의 대화였다.

비판과 결점

사상이나 성품이 그처럼 복잡한 인물이라면 당연히 비판을 받게 마련이다. 영국의 정치가들은 멋대로 상황을 예측하며 간디를 비난했다. 어원(Irwin) 경은 간디가 "실제 상황과는 동떨어진 고담준론의 세계에서 움직인다"고 말했으며, 프레데릭 버큰헤드(Frederck Birkenhead) 경은 "불쌍한 간디는 이제 망했다! 물레를 집어든 그의 모습은 마지막 하프 연주자처럼 측은하기 그지 없으며 관객의 호응을 받지 못할 것이다"고 말했다. 고전학자 길버트 머레이(Gilbert Murray)는 간디에 대해 "언제라도 쉽게 굴복시킬 수 있는 육체를 가졌지만 그것으로 그의 영혼을 얻을 수는 없기 때문에 참으로 위험하고 불편한 적"이라고 언급했다. 그리고 간디를 폄하한 발언으로 가장 유명한(악명 높은) 것은 아마도 윈스턴 처칠의 "반쯤 벌거벗은 몸으로 영국 왕이자 인도 황제의 대리자들과 협상하기 위해 총독 관저의 계단을 올라가는 선동적인 탁발승"이라는 경멸조의 발언일 것이다. 1930년대 초반에 네루는 다음과 같이 말했다. "정서적으로는 강한 유대감을 느끼고 있지만 정신적으로 점점 더 그에게서 멀어지고 있어서 다소 유감이다. 그가 끊임없이 신을 말하는 것은 나를 무척 화나게 한다. 그의 정치적 행위는 한치의 오차도 없는 본능에 인도되고 있지만, 그는 다른 사람들로 하여금 생각하게 하지 않는다." 간디를 존경하거나 두려워하는 문제와는 별도로 이러한 의혹의 눈빛과 그를 이해할 수 없다는 분위기가 언제나 간디 주변을 에워싸고 있었다.

  아무리 선견지명이 있는 간디였지만 정치적 판단을 잘못 내린 적이 없었던 것은 전혀 아니다. 간디의 가장 악명 높은 맹점은 그가 독재자를 대하는 방식에 있었다. 사티아그라하는 전체주의 지배자한테는 해당 사항이 없음을 인정했으면서도, 그는 그런 적대적인 환경에서도 자신의 방법을 적용할 수 있다는 희망을 버리지 않았다. "내가 독재자의 칼 끝을 무디게 하는 방식은, 더 예리한 무기로 대적하는 게 아니라 내가 물리적으로 저항하리라는 예상을 뒤엎는 것이다. …… 내가 제시하는 영혼의 저항을 그는 이해하지 못할 것이다. 처음엔 당황하겠지만 결국에는 상황을 이해할 터인데……. 이것은 그에게 모욕적인 일이 아니라 오히려 그의 정신을 고양하는 일이다." 다른 곳에서는 이런 말도 했다. "히틀러 … 무솔리니 … 스탈린은 폭력의 즉각적인 효용성을 보여줄 수 있었다. …… 하지만 부처의 비폭력 행위의 효과는 오랫동안 유지되며 세월이 흐름에 따라 그 영향력이 커진다."

간디는 완전히 부도덕하거나 아예 도덕관념이 없는 사람들이 존재한다는 사실을 이해할 수 없었던 것 같다. 그는 유럽의 유대인들에게 학살의 현장으로 조용히 걸어가라고 독려했을 정도였다. 이런 행동이 학살자의 공감을 일으킬 것이라고 믿었던 것이다. 심지어 '나의 친애하는 친구에게'라는 인사말을 적은 편지를 직접 히틀러에게 보내서 그의 전술을 바꾸고 유대인을 용서하라고 요청하기까지 했다. 히틀러가 어떻게 대응했는지에 대한 기록은 어디에도 없다.

민족과 세계의 지도자

소금 행진

아메다바드 사건이 사티아그라하의 여러 요소를 간디가 처음으로 융합한 도가니와 같았다면, 1930년의 이른바 소금 행진은 인도 독립 운동의 절정이었다고 할 수 있다. 그의 삶을 재현한 「간디」라는 영화 덕분에 60년 전의 당시에도 세계적인 뉴스거리였던 소금 행진이 오늘날 다시 한 번 유명해졌다.

소금이 글자 그대로 삶과 죽음의 문제였던 인도에서 모든 소금에 부과된 세금 때문에 벌어진 이 행진은 보스턴 차 사건을 연상시킨다.

정부는 소금 생산의 독점권을 쥐고 있었고, 인도인은 소금 만드는 일이 금지되어 있었다. 누구든 쉽게 소금을 만들어서 비용 없이 생활 필수품을 확보할 수 있는 상황이었지만 정부가 이를 허용하지 않았던 것이다.

간디는 영국의 인도 지배를 단번에 끝낼 극적인 저항 방법을 찾고 있었다. 1930년 3월 12일 간디와 그를 따르는 적은 무리가 아메다바드를 출발해서 잘라푸르 근처의 해안 지방인 단디를 향했다. 참가자 중 가장 나이가 많았던 예순한 살의 간디가 행진을 이끌었다. 중도에 잠시 멈출 때마다 군중 수가 계속 불어나서 행진 길이가 2마일 가까이 늘어났다. 간디는 하루에 10마일에서 15마일씩을 끝까지 걸어서 갔다. 자주 휴식을 취하긴 했어도 언제나 행렬 뒤에 따라 오던 짐마차에 앉아서 가고 싶은 유혹에 결코 굴복하지 않았다. 행진을 멈출 때마다 그는 군중들에게 행진의 당위성을 끈기 있게 설명하고 지방 지도자들이 정부에 대한 충성을 버릴 것을 요구했으며, 나이와 출신 배경 그리고 신앙이 서로 다른 사람들이 행진 인파에 합류하거나 축복을 보내는 모습을 지켜보았다.

어떤 관점에서 보면 소금 행진은 전혀 이치에 맞지 않았다. 단지 소금 한 줌을 집어 들기 위해서 그토록 많은 인도인을 행진으로 이끌 이유가 있는 것인가? 영국의 지도자들은 소금 행진에 어리둥절한 반응을 보였고, 간디의 요점을 증명하기라도 하듯 이 항의 행진의 힘을 전혀 이해하지 못했다. (일부 인도 지도자들 역시 납득하지 못했다.) 행진이 제풀에 지쳐 시들 것이라고 확신한 나머지 정부는 전술적인 실수를 범했다. 정부는 간디와 그의 세력에 어떤 식으로든 개입하지 않기로 결정한 것이다.

하지만 간디와 그의 추종자들의 관점에서 보면, 소금 행진은 이치에 맞을 뿐더러 강렬한 효과를 발휘할 수 있는 저항 수단이었다. 소금 행진에 담긴 상징성은 인도인과 전세계에 퍼져 있는 동조자들에게 엄청난 영향을 미치게 돼 있었다. 간디는 총독에게 편지를 보내 자신의 의도를 알렸다. "나를 투옥함으로써 내 계획을 좌절시킬 수 있는 길이 귀하에게 열려 있다는 사실을 나는 압니다. 훈련된 방법으로 내 뒤를 따라서 그 일을 해나갈 준비가 되어 있는 사람들, 소금법을 어기고 그래서 법의 처벌을 달게 받고자 하는 사람들이 수만 명이 되리라고 나는 생각합니다." 간디는 추종자들에게 굳은 의지를 보였다. "내가 혼자가 되든 수천 명이 나를 따르든 나는 되돌아가지 않습니다. 차라리 비참하게 죽어서 개들이 내 뼈를 핥게 할지언정 어깨를 늘어뜨린 채 아쉬람으로 돌아가지는 않습니다." 피셔는 "힘센 정부에 맞서 소금 한 줌을 집어들고 범죄자가 되는 것은……. 위대한 예술가의 상상력과 위엄 그리고 약간의 쇼맨쉽을 필요로 했다. 그것은 무식한 농부와 지식인 모두에게 호소력을 가졌다"고 논평했다.

24일에 걸쳐 241마일을 걸었던 간디의 행렬은 드디어 단디에 도착했다. 그날 밤에 간디는 추종자들과 함께 기도를 드렸다. 4월 6일 아침 간디는 바다로 걸어가서 허리를 굽히고 자연산 소금을 약간 집어올렸다. 이 행동으로 그는 원칙상 범죄자가 된 셈이었다. 정부를 위해 소금을 만든 것이 아니었기 때문이다. 처음에는 아무 일도 생기지 않았고 행렬에 참가한 사람들 사이에는 갑자기 맥이 풀리는 분위기가 맴돌았다. 그러나 다음 날부터 이러한 저항 행위가 인도 전역을 뒤덮기 시작했다. 훗날 네루는 다음과 같이 회고했다.

마치 용수철이 갑자기 튕겨 오르는 것 같았다. …… 민중들의 열광과 소금 만들기는 들불처럼 인도 전역에 퍼져나갔다. 간디가 처음 이 방법을 제안했을 때 그 효과에 의문을 제기했던 일이 부끄럽고 송구스러웠다. 그리고 우리는 대중들을 감화시켜서 조직된 방식으로 행동에 임하게 만드는 간디는 놀라운 능력에 감탄했다.

많은 사람들이 냄비에 소금물을 담고 물을 증발시킨 후에 그 귀중한 조미료를 얻었다. 이 운동에 공감한 사람들은 외국산 옷감을 불에 태우고 양조장 앞에서 피켓 시위를 하는 등 여러 방식으로 시민 불복종 운동을 펼쳤다. 간디는 스스로 공표한 목적을 달성했다. 이번 일을 수행하다가 죽게 되리라고 믿고 있었던 1930년 4월 5일에 그는 이렇게 썼다. "정의로써 힘에 대항하는 이번 싸움에서 나는 세상의 공감을 얻고 싶다."

하지만 어느 순간 사건은 통제 영역을 벗어나기 시작했다. 힌두스타니어(語) 지역의 테러리스트들이 여섯 명을 살해하는 일이 벌어졌다. 분노한 시위 군중을 진압하기 위해 군대가 동원되었지만, 군인들이 대열을 깨고 군중에 대한 발포 명령을 거부했다. 영국과 인도의 군인들이 충돌했고 군법 회의가 열려 항명자들에게 무거운 형량이 선고되었다. 총독은 시민 불복종 운동을 보도하는 행위를 중죄로 만들면서 언론을 탄압했다. 간디는 소리 높여 항의했지만 결과적으로는 정부가 더 폭력적인 수단을 쓰도록 자극한 셈이 되고 말았다. 그는 정부 소유의 소금 공장을 '급습' 하겠다는 의도를 밝혔다. 간디는 곧 체포되었고, 정부는 운동에 가담한 다른 사람들도 잡아넣기 시작했다. 죄목은 '행정 기관을 완전히 마비시키려는 행위' 였다.

곧이어 소금 행진이 최고조에 이른 사건이 벌어졌다. 운동을 이끌게 된 사람은 사로지니 나이두(Sarojini Naidu)라는 시인이었다. 그녀가 2,500명 가량의 국민회의 당원들의 선두에 섰다. 1930년 5월 5일 예견된 충돌이 벌어졌다. 20세기 언론사상 가장 유명한 통신문이 이때 쓰여졌다. 미국 UP 통신사의 기자 웹 밀러(Webb Miller)는 경찰이 훈련된 사티아그라하 실천자들의 대열을 무너뜨리는 상황을 다음과 같이 묘사했다.

갑작스런 명령 한 마디와 함께 20여 명의 인도인 경찰관들이 행군자들에게 달려들어 쇠를 입힌 곤봉으로 머리를 내리쳤다. 어떤 행군자도 팔을 들어 곤봉을 막으려들지 않았다. 그들은 볼링 핀처럼 쓰러졌다. 곤봉으로 무방비 상태의 머리를 내리치는 역겨운 소리가 내가 서 있던 곳에서도 잘 들렸다. 뒷 대열에서 기다리던 군중은 경찰들이 곤봉을 내리칠 때마다 마음으로 느껴지는 고통에 신음 소리를 내며 숨을 몰아쉬었다. …… 그들은 머리를 높이 들고 천천히 걸어나갔다. 기운을 북돋는 음악이나 구호도 없었고, 중상이나 사망을 회피할 어떤 수단도 없었다. 경찰은 군중의 대열에 달려들어 조직적이고 기계적으로 두 번째 대열을 무너뜨렸다. 싸움도 없었고 저항도 없었다. 행군자들은 그저 맞아 쓰러질 때까지 앞으로 걸어나갔다. 경찰은 앉아 있는 사람들의 복부와 고환을 차는 야만을 저지르기 시작했다. 그들의 팔과 다리를 붙잡아 대열에서 끌고 나가서는 도랑에 던져버렸다. …… 매시간 온몸이 피범벅이 된 채 아무런 저항도 하지 않는 사람들이 들것에 실려 옮겨졌다. …… 오전 11시 온도는 섭씨 47도에 닿았고 경찰의 공격도 잦아들었다.

몇 달이 지나지 않아서 대부분의 정치 지도자들과 수만에 이르는 지지자들이 인도의 감옥에 수감되었다. 영국은 반란을 진압했지만, 그 대가도 엄청났다. 인도에 대한 영국의 도덕적 장악력이 산산이 부서졌다. 간디는 예전에 식민지(미국)와 제국(영국) 간에 벌어진 대결과 이번 사태의 유사성을 부각시키는 기회를 놓치지 않았다. 총독 관저의 다과회에 초청된 간디는 "유명한 보스턴 차 사건을 상기시키기 위해" 몸에 지니고 간 불법 소금을 차에 집어 넣었다.

소금 행진은 여러 의미에서 효과적인 사티아그라하의 모델을 상징한다. 우선, 간단하고 즉각적으로 이해되는 대의에 따라 조직한 운동이었고, 부당한 세금에 대항한 저항이었다는 점이다. 운동의 모든 단계가 신중하게 계획되었고 적당한 인도의 지역 및 전국 지도자들과 연대하여 진행되었으며 인도 대중들에게 널리 알려졌다. 매순간 영국은 전술과 입장을 바꿀 기회가 있었지만 이를 무산시켰기 때문에 저항의 규모와 중요성이 점차 커졌다. 사티아그라하의 실천자들은 감탄스러울 정도로 비폭력적인 자세를 견지했다. 단디 해안에서 소금을 체질하는 극적 절정의 사건이 있은 후에 저항은 더욱 강렬해졌고, 결국 경찰이 아무런 무기도 없이 비폭력적으로 저항하는 군중을 잔혹하게 진압하는 피투성이 사건으로 대단원의 막이 내려졌다. 소금세는 철회되지 않았지만, 이후 몇 달 동안 총독은 소금세에 대한 불평을 여러 차례 밝혔다.

런던 회의

간디가 지난 수십 년 동안 고안해 놓은 도덕 대수학은 매우 신중하게 적용되었다. 소금 행진에 뒤이은 롤러코스터 같은 사건들에 대한 대응으로 총독 어윈 경은 인도의 법 개정안을 놓고 런던에서 회담이 열리게 될 것이라고 발표했다. 실제로 일련의 회담이 열리게 되었다. 첫 회담은 간디와 국민회의 지도자 대부분이 수감 중인 상태에서 열렸는데, 새로운 법안을 위한 몇 단계 조치가 취해졌다. 두 번째 회담에 대한 기대가 한껏 높아졌다. 인도인들은 이를 독립으로 가는 결정적인 일보를 내딛을 수 있는 기회로 여겼다.

영국에 도착하자 간디는 대단한 영웅으로 대접받았다. 그는 다른 유명 인사들을 만났고 랭커셔의 직물 공장을 방문했으며 조지 5세 왕과 메리 여왕과 함께 차를 마셨다. 간디에 대한 반응은 전혀 예기치 못한 것이었다. "마하트마 간디가 가는 곳마다 수천 명의 환영 인파가 나타났고 한 무리의 사진기자와 기자들이 그의 발꿈치만 쫓아다녔으며, 그의 동정은 신문의 헤드라인을 장식했다." 간디는 매우 무리한 일정을 소화했다. 하루에 열 번 이상 모임에 참석하면서도 실을 잣고 글을 읽고 쓰고 기도하고 동지들과 회합하는 일도 빠뜨리지 않았다.

기자들에게 간디는 힘차고 단호한 어조로 말했다. "내가 이곳에 온 것은 자유를 얻기 위해서입니다. …… 나는 인도 국민을 대변하고자 합니다. 말도 못하고 헐벗고 굶주리는 인도인들을 대변하고자 합니다. 나는 협상하기 위해 런던에 온 것이 아닙니다." 그는 캐나다나 남아프리카와 같은 영연방 자치령 지위는 선택 사항으로 받아들이기를 거부했고 인도의 완전한 독립을 주장했다. 이러한 전술은 제국의 가장 중요한 재산, 제국의 보물을 풀어줄 의도가 거의 없었던 영국인들의 적대감을 샀다.

간디는 회담의 난맥상을 돌파하기 위해 연설을 했다. 아마도 그의 생애에서 가장 훌륭한 정치 연설이었을 것이다. 그는 인도와 영국 관계의 역사를 개략적으로 설명하고 인도의 완전한 독립이 아니면 어떤 해결책도 소용이 없는 이유를 말했다.

인도는 칼로 지배받고 있습니다. 나는 한 순간도 칼의 힘으로 인도를 지배할 수 있는 대영제국의 능력을 과소평가한 적이 없습니다. 하지만 과연 어느 쪽이 더 바람직한 것일까요? 노예 상태이지만 반역적인 인도와 존경받는 대영제국의 동반자인 인도 중에 영국의 슬픔을 공감하고 불행에 빠진 영국을 도와줄 인도는 어느 쪽이겠습니까? 자유 의지가 있는 인도인은 필요하다면 영국과 함께 힘을 합쳐 싸울 수 있습니다. 어떤 한 인종이나 한 사람을 착취하기 위해서가 아니라, 전 세계의 공동선을 위해 싸울 수 있을 것입니다.

간디는 비폭력을 신봉했지만, 점차 인내심이 한계에 이르고 있음을 암시했다. "자유는 여러분의 생득권(生得權)이듯 우리의 생득권입니다. 그렇습니다, 자유를 얻기 위해 피를 흘리는 것을 우리는 바라지 않습니다. 하지만 나는 여러분께 솔직하게 말씀드립니다. 자유를 얻는 데 희생이 필요하다면 우리는 갠지즈 강을 피로 물들인다 해도 주저하지 않을 것이라고 말입니다."

그러나 소위 런던의 원탁회의는 인도의 관점에서는 실패, 완전한 실패로 끝날 거라는 것이 대체적인 관측이었다. 간디는 회담의 중심 인물이었음에도 영국인과 인도의 대표단 다수에게 국외자로 취급받았고, 논의는 결론을 맺지 못하고 공전을 거듭했을 뿐이었다. 간디의 메시지는 탁월한 웅변 솜씨에도 불구하고 마치 소귀에 경읽기 식으로 메아리 없는 외침으로 맴돌았고, 그를 초청한 영국측 인사들은 영국의 인도 지배권을 이 희한한 영적인 인물과 같은 부류에게 내놓을 생각이 없었다. 실패의 조짐이 보이자 인도 대표단은 분열을 거듭하며 서로 다투었다. 수그러들지 않은 파벌주의, 특히 힌두교 세력과 이슬람교 세력의 내홍(內訌)은 영국이 인도를 지배해야 한다는 완벽한 구실을 영국인에게 제공했다. 간디는 슬픔을 토로했다. "우리가 내분에 휩싸이는 바람에 영국인들에게만 좋은 일을 해준 셈이다. 이것은 우리 인도인 모두의 수치이다." 처음에는 간디의 평판을 드높인 영국 언론이 이제 간디에게 등을 돌려 회담 실패의 원흉으로 그를 비난했다. 간디도 스스로를 책망했다. "이것은 내 생애에서 가장 치욕스러운 일이었다." 그는 인도와 영국의 견해 차이를 언젠가는 조정할 수 있으리라는 희망을 표명하면서도, 이번 기회가 실패로 끝난 데 대해 깊이 상심했다.

  인도로 돌아가는 와중에 간디는 두 가지 사실을 새삼 깨달았다. 하나는 영국이 도덕성이나 자비심으로 자발적으로 인도를 포기할 일은 결코 없고, 오직 인도가 스스로 독립을 쟁취해야 한다는 점이었다. 다른 하나는 여러 파벌들, 특히 이슬람교 세력과 힌두교 세력이 쉽사리 서로의 차이점을 묻어버릴 거라고 기대할 수 없으리라는 점이었다. 윌리엄 쉬러는 이렇게 말한다.

> 영국에서 벌어진 어떤 일보다 그를 아프게 하고 낙담케 한 것은 그의 고국 동지들이 그를 믿지 못한다는 사실, 특히 이슬람교도와 불가촉 천민 측에서 고국에서보다 런던에서 훨씬 더 공개적으로 발언한 바 있는 그에 대한 불신이었다고 생각한다. 그는 자신의 적인 영국인의 비웃음에는 익숙해 있었다. 하지만 자신과는 여러 차이점이 있어도 그가 형제로 생각했던 사람들의 비웃음에는 그렇지 못했

던 것이다.

촌락 생활로의 귀환

넓은 의미에서 보면 간디의 계획과 임무 그리고 생활 리듬은 변함이 없었다. 그는 계속해서 저항 운동을 이끌었고 단식을 수행했으며 여러 차례 죽음의 고비를 넘겼다. 그리고 인도와 해외에서 일어나는 사건들에 보조를 맞추면서 그들에게 자신이 할 수 있는 만큼 영향을 미치려고 노력했다.

하지만 20년 동안 인도 정치계의 중심에서 활동한 후 이제 60대 중반에 접어든 간디는 주목하는 관심사가 다소 달라졌다. 그는 합법적인 정치 운동이 얻을 수 있는 성과에 대한 환상을 버렸고, 인도 국민회의 당이 인도인 90퍼센트가 살고 있는 농촌 지역과는 아무런 접촉이 없다고 느꼈다. 건강 역시 많이 약해지고 런던 회담의 실패로 인해 기운이 많이 빠진 상태였다. 간디는 자유로운 방식으로 자신의 이상을 추구하기 위해 국민회의 당의 일과성 활동에서 물러나기로 마음먹었다. 그는 특히 불가촉 천민을 위해 각별한 노력을 기울였다. 그는 서양 세계에서 점차 멀어지고 긴장이 고조되는 유럽의 상황에도 다소 초연한 느낌이라는 심사를 밝혔다. 그리고 새로운 인도에 대한 계획, 그가 '영적인 사회주의(spiritual socialism)' 혹은 '건설적인 프로그램'이라고 부른 계획을 상세하게 마련했다.

간디는 자신이 물질주의와 폭력성과 같은 것으로 본 산업주의와 서구 사회를 거부하고, 인도의 70만 촌락에 새로운 활력을 불어넣어 미래의 인도를 만드는 길을 찾아냈다. 1936년에 어느 촌락에 정착한 그는 경작 기계와 토양, 소치기와 동물, 장인(匠人)과 수공예 간의 조화를 이루는 방법을 찾고자 노력했다. 간디의 새로운 이상은 공동체의 통합, 불가촉 천민 제도의 제거, 충분한 카디(khadi. 손으로 짠 직물) 생산, 기본적인 아동 교육 시설, 성인 교육 활성화 등으로 특징된다. 전기 작가 난다는 "집 짓기, 위생 설비, 의료 도움, 비료, 가축 돌보기나 판매 등 간디는 촌락 생활의 모든 구석에 대해 관심을 기울였다"고 쓰고 있다. 이번에도 역시 간디는 그 자신의 가족은 소원하게 대하면서 촌락민 전체를 돌보는 책임을 떠맡았다.

간디가 촌락 생활로 돌아간 무렵에 세계의 다른 지역에서는 중대한 사건들이 연이어 벌어졌다. 러시아에서는 조셉 스탈린이 무자비한 독재자가 되어 반대파를 일소했고, 중국에서는 국민당과 공산당 사이에 내전이 벌어졌다. 서유럽에서는 독일과 이탈리아 그리고 스페인의 파시즘 세력이 노골적인 정복욕을 서서히 드러내기 시작했고, 여러 민주 국가에서는 각국의 경제적·사회적 문제에 결박된 나머지 전체주의 국가의 야심에 별다른 대응을 하지 못하고 있었다. 이러한 대조적인 모습은 영국의 네빌 체임벌린 수상이 즉각적인 전쟁 가능성을 억제하기 위해 히틀러의 영토 욕심을 가라앉히려고 했던 뮌헨 회담에서 상징적으로 드러났다. 간디는 이러한 사건들을 잘 알고 있었지만, 이번에는 그의 관심이 조국의 해방이나 전 세계의 개혁만큼이나 한 마을의 정화와 이상화에 쏠려 있었다.

만년의 간디 : 인간과 전설

간디와 그의 추종자들이 인도 독립의 발판을 마련한 것은 분명하지만, 독립에의 추동력과 장애물 모두 전혀 예기치 못한 곳에서 나왔다.

제2차 세계대전이 발발하고 영국 물자가 바닥이 나자 영국 내부에는 더 이상 인도의 독립 의지를 꺾을 만한 의지와 힘이 남아 있지 않게 되었다. 마치 나폴레옹 전쟁을 치르면서 동시에 식민지 미국의 반항을 진압해야 했던 상황과 같았다. 1945년에 제2차 세계대전이 끝났을 때 문제는 인도가 독립을 얻을지의 여부가 아니라 언제 독립할 것인가였다. 루이스 마운트바텐(Louis Mountbatten) 경이 마지막 총독으로 선임되면서 예정된 시간표는 더욱 빨라졌고 비교적 무리 없이 변화가 이루어지고 있었다. 이 시점에 이르자 인도와 영국은 거의 같은 목표를 향하게 되었다.

독립을 얻는 과정에서 주된 장애물은 놀랍게도 영국이 아니라 인도 내부에서 생겨났다. 힌두교 세력과 이슬람교 세력 간의 오랜 갈등이 독립 투쟁의 마지막 시기에 정점에 이르렀다. 불세출의 이슬람 지도자 모하메드 알리 진나(Mohammed Ali Jinnah)는 힌두교 일파가 지배하는 하나의 인도에서 자신과 이슬람 민중들은 살지 않겠다는 의사를 뚜렷이 밝혔다. 탁월한 전술을 구사하고 자신의 입장을 단호하게 지킨 진나는 결국 인도를 두 나라로 가르는 데 성공했다. 그리하여 인도 이슬람교도의 다수파는 파키스탄을 고국으로 갖게 되었다.

간디는 축하할 이유를 거의 알지 못했다. 그는 "조문을 해야 마땅한 일이 아닌가?"라고 말했다. 간디는 그의 이상 아래에 똘똘 뭉친 하나의 인도에 의기양양하게 지도권을 이양하는 대신 동포들이 서로 간에 쓰라린 싸움을 하는 비통한 장면을 목도해야 했다. 그의 마지막 단식은 대영제국이 아니라 그 자신의 동포, 자신의 조국에서 비폭력적인 방법을 견지하지 못하고 서로를 죽고 죽이는 힌두교 세력과 이슬람교 세력을 겨냥한 것이었다. 독립 바로 후에 간디는 옛날의 선지자처럼 이 지방 저 지방을 편력하면서 설교와 호소를 통해 폭력의 물결을 막기 위해 노력했다. 브라운은 이렇게 쓰고 있다. "그는 태풍의 눈 속으로 들어갔다. 가장 잔혹한 폭력이 저질러지는 장소로 들어갔다. 그는 사티아그라하의 유일한 실천자가 되었고, 몸소 시위를 하고 설교를 하고 단식을 거행함으로써 폭력에 대한 싸움에 온몸을 던졌다."

때로 간디는 놀라울 정도로 성공을 거두었다. 그의 도덕적 권위는 여전히 막강했고, 그의 적들조차 자신들의 빗나간 외고집이 간디가 단식으로 인해 죽게 되는 직접적인 원인이 되는 것은 바라지 않았다. 「타임스」의 한 통신원의 말에 의하면, 간디는 몇 사단의 군대도 이루지 못한 일을 해냈다. 하지만 간디는 끝내 폭력을 멈출 수 없었다. 그와 같은 종교를 믿는 사람, 광신적인 힌두교 신자인 나투람 비나약 고드세(Naturam Vinayak Godse)가 일흔아홉 살의 위대한 지도자에게 권총을 쏘았다. 간디는 군중이 모여 있던 기도 장소로 나가던 중에 고드세의 총을 맞고 사망했다.

간디는 막대한 유산을 남겼다. 간디의 유지(遺志)는 사람들을 감화시켰다. 글을 쓰고 몸소 모범을 보임으로써 그는 수천 명의 사람들에게 친히 영향을 미쳤을 뿐 아니라 인도와 세계 곳곳의 수백만 명의 사람들에게도 감화를 주었다. 위대한 영적 지도자가 사망한 후에는 언제나 그렇듯이, 많은 이들이 간디에 관해 글을 쓰고 그의 기념물을 만들고 그에 관한 기억과 그의 정화 사업을 보존하는 기구를 만들어서 간디의 영향을 널리 퍼뜨리기 위해 노력했다. 1971년 인도계 미국 작가인 베드 메타는 간디의 유지를 보존하려는 이러한 노력을 검토하면서 다음과 같이 쓰고 있다. "간디는 예수였고, 이제 그들은 간디의 사도로서 무심한 세상에 복음을 전파하려고 노력한다." 메타는 간디 자신의 글은 이미 90권 분량에 이르렀고, 한 해에만 400권 이상의 전기물이 출판된 적도 있으며, 간디의 말과 행동은 거의 모든 것이 기록되고 보존되었기에 우리는 아무런 제한 없이 그를 회고하고 기리는 글을 쓸 수 있다고 지적했다.

물론 간디와 같은 훌륭한 인물도 비난을 비껴갈 수는 없는 일이며, 그래서도 안 될 것이다. 자신의 추종자들을 고압적으로 대한 일이나 가족을 이상할 정도로 몰인정하게 대한 일, 그리고 일부 정치적 견해의 소박함 등에 덧붙여 새로운 비난이 가해졌다. 만년의 간디가 나체의 젊은 여자를 곁에 두고 잠을 자겠다고 고집을 피웠다는 비난이 그 것이다. 간디는 이러한 사실 자체를 부인한 적은 없었다. 다만 그가 젊은 여자들을 성적으로 욕보였다거나 여자들이 억지로 늙은이 옆에서 잠을 자야 했다는 추측에 대해서는 격렬하게 부인했다. 하지만 많은 사람들에게 이러한 행태는 간디의 괴팍함을 확고하게 드러낼 뿐 아니라, 간디가 종종 다른 사람들을 희생하면서까지 자신의 개인적인 괴벽과 취향을 만족시켰다는 사실을 두드러지게 보여주는 것으로 여겨졌다.

창조의 거장을 다루는 내 관점에서 보아도 수백만 명의 다른 사람들에게 탁월한 호소력을 발휘했던 사람이 자기와 가까운 사람들과는 그처럼 어렵게 지냈고, 이 마지막 사례에서 보듯 자신의 강압적인 행태와 이기적인 동기에 그처럼 둔감했다는 사실은 매우 이채롭다. 이러한 밤의 행태가 노인의 회춘 방법이거나 아니면 자기 자신을 시험하는 수단이었다고 해도, 간디가 매우 보기 흉한 일을 했음에는 틀림이 없다. 적어도 이런 문제에서는 프로이트가 간디보다 훨씬 자신에게 엄격했던 것 같다. 앞서 말했다시피 대인관계 지능은 비교적 동떨어진 여러 요소로 이루어져 있거니와, 대중에게 다가서는 능력이 가까운 사람들과 교제하거나 다른 사람들의 마음을 이해하는 능력과 분리될 수도 있다. 대인관계 지능 요소들의 이러한 분리는 전혀 다른 분야에서 활동했던 알베르트 아인슈타인에게서도 찾아볼 수 있다.

간디의 사티아그라하가 인도에 오랫동안 영향을 미쳤다고 말하면 흡족할 것이다. 하지만 인도는 그저 그런 민주주의 국가로 남았고, 간디의 측근 인사였던 네루의 후손들이 정치적으로는 간디와 관련이 있는 왕조를 얼마간 유지할 수 있었다. 하지만 사티아그라하의 유산은 오늘날의 인도에 거의 남아 있지 않다. 인도는 호전적인 점에서는 파키스탄이나 다른 이웃 나라들과 별다른 차이점이 없었고, 다양한 인종 및 종교 세력 간의 알력은 20세기 초반이나 다름없이 그치질 않고 폭력적인 양상을 띠었다. 네루-간디 가문의 두 사람이 암살되었으며, 인도의 촌락 생활이나 난삽한 도시화 어느 것도 다른 개발도상국의 모델이 될 수 없었다. 많은 인도인들은 한결같이 간디를 존경했지만, 그의 원칙은 오히려 미국의 시민 불복종 운동이나 영국의 그린햄 공조 행동(Greenham Common Action) 그리고 중국의 학생 저항 운동에 더욱 잘 적용되었다.

그럼에도 간디는 그의 시대와 상황에서 최선의 업적을 이루었다는 견해가 널리 인정된다. 간디는 인도 사상뿐 아니라 서양의 사상도 받아들여서 그 자체로 효과적인 행동 프로그램이기도 한 독창적인 철학을 창조했다. 네루는 간디가 "마치 정신분석학의 전문가가 환자의 과거를 깊이 조사해서 그의 콤플렉스의 원인을 밝혀내고 이를 환자에게 알려주어서 병증을 제거한 것처럼 사람들의 심리적인 변화를 이루어냈다"고 말했다. 아마도 간디의 유지를 가장 직접적으로 계승한 인물일 터인 마틴 루터 킹 목사는 간디가 "억압 받는 사람들이 자유를 얻기 위한 투쟁에서 활용할 수 있는 도덕적으로 그리고 실천적으로 건전한 유일한 방법"을 제시했다고 말했다.

어떤 점에서 간디는 위대한 창조자들과는 다소 어울리지 않는 이질적인 인물로 보일지 모른다. 일부 창조성 연구자들은 정치적 혁신을 과학 이론이나 음악 작품의 창조와 똑같은 견지에서 평가할 수 있는지에 대해 의문을 제기한다. 간디를 조건부로 수용하는 사람들이라면 당연히 새로운 물리학이나 새로운 시를 창조하는 데 관련되는 상징 활용과 간디의 핵심 공헌인 다른 사람들과의 관계 정립 사이에는 많은 차이점이 있다고 지적할 것이다. 나 자신의 연구 관점에서 보아도 간디는 이 책에서 탐구한 과학자나 예술가들과도 전혀 다른 모습을 보인다. 이를테면 그의 인생에서 핵심적인 창조의 순간을 정확히 집어내기는 어렵고, 분야와 장을 구별하는 것도 별 도움이 되지 않으며, 스승과 지지자들 역시 한결같이 간디와는 멀리 떨어져 있던 인물들이었다. 간디가 서양에서 자라지 않은 유일한 창조자라는 점도 나의 분석과 비교 연구를 복잡하게 만든 요소였다.

하지만 간디를 사례에 포함시킴으로써 이 연구는 뜻이 바래졌다기보다는 오히려 풍부해졌다. 결론 장에서 검토하는 여러 차원에서 보더라도 간디는 창조의 거장이라 말해도 손색이 없다. 그는 여느 창조자와 마찬가지로 그가 선택한 분야(도덕 분야)에서 조숙함을 보였고 그 분야의 거장이 되기 위해 철저하게 노력할 줄 알았다. 신중하게 경계인의 위치를 견지한다거나 많은 사람들과 함께 하면서도 자기만의 시간을 갖는 데도 소홀함이 없었다는 점, 근본적으로 자기본위의 사고방식을 지녔다는 점, 정치적 효과를 위해 사적인 친밀성을 희생했다는 점, 사상이나 인품에 아이같은 요소가 남아 있다는 점도 모두 창조의 거장다운 표지였다. 여러모로 아이다운 천진성을 지닌 그는 단순하면서도 혁명적인 사상을 지녔다. 어떤 인종이나 민족도 다른 인종이나 민족에 비해 우월하지 못하며, 갈등을 폭력으로 해결해서는 안 되고, 타협은 두 정파를 모두 강화한다는 근본적인 통찰이 그것이다. 아메다바드에서의 파업과 단식 과정에서 겪은 여러 경험들이 창조적인 도약의 핵심에 있다고 말할 수 있을 터인데, 아마도 이것이 가장 의미심장한 부분이 아닌가 싶다. 이 무렵 그는 사라바이 가족의 인지적·정서적 도움을 받으면서 새로운 언어를 시험적으로 시도했고, 파우스트적 계약을 맺었던 것이다.

간디가 암살된 이듬해인 1949년 인도의 수상 네루는 프린스턴 고등학술 연구소의 아인슈타인을 방문했다. 아인슈타인은 필기첩에서 종이 한 장을 찢어내서 한 쪽에는 날짜를 적고 다른 쪽에는 사건을 적었다. 그는 원자 폭탄의 개발 과정과 간디의 사티아그라하 방법의 전개 과정 및 업적을 나란히 배열했다. 이 놀라운 대비는 마치 핵무기 시대에 인간이 선택할 수 있는 두 가지 행동의 목록을 보여주는 듯했다. 아인슈타인이 추상적인 사고 실험을 통해 자연 질서를 통찰했다면, 간디는 적절한 변수를 통해 인간을 통찰했다고 말할 수도 있을 것이다. 아인슈타인 자신도 이러한 유사점에 깊은 인상을 받았다. "간디는 일반적인 권모술수가 아니라 도덕적으로 우월한 삶을 몸소 실천함으로써 정치 영역에서 더 높은 수준의 인간관계를 실현하기 위해 싸운 유일하게 참다운 정치가였다." 아인슈타인은 좀더 시적인 말로 이런 생각을 표현하기도 했다. "아마도 후세대인들은 이런 인물이 피와 살로 이루어진 사람으로서 이 지구상에 걸어다녔다는 사실조차 믿으려 들지 않을 것이다."

간주곡 3

"나의 전문 분야는 행동이다."
— 마하트마 간디

　그레이엄은 많은 점에서 이 책에서 논의한 다른 예술가들과 같은 부류에 속한다. 피카소와 스트라빈스키, 엘리엇과 마찬가지로 그녀는 20세기 내내 해당 분야에 막대한 영향을 미친 새로운 예술 언어를 창조했다. 그녀는 또한 재능 있는 동료들과 함께 현대 무용을 주재한 작가와 비평가 그룹, 그러니까 새로운 장(場)의 형성을 자극했다. 1930년대와 40년대에 걸쳐 획기적인 작품을 창조한 그레이엄은 예술가로서 지속적으로 성장했으며 중년 이후에는 신고전주의적인 색채가 짙은 탁월한 작품을 만들었다. 무대에서 춤을 추는 것은 일흔 살에 포기해야 했지만 거의 눈을 감을 때까지 안무와 공연을 스스로 맡아 했다. 이런 의미에서 그레이엄은 간주곡 2에서 다루어도 마땅한 인물이다.
　하지만 한 가지 중요한 측면에서 그레이엄의 창조 활동은 간디의 창조 활동과 연관해서 살펴보는 것이 낫다. 다른 예술가들은 자신들의 작품에 거리를 둘 수 있었지만, 그레이엄은 기본적으로 공연가(performer)였다. 그녀의 예술적 공헌은 특정한 역사적 순간, 그리고 관객의 즉각적인 반응과 긴밀하게 연관될 수밖에 없다. 바로 이런 중요한 점에서 그녀는 간디와 유사한 창조자라 할 수 있다. 인도의 지도자 간디 역시 특정한 역사

적 순간에 펼친 활동(performance)과 이 활동 내용에 대한 사람들(그를 접한 사람들과 그의 행적을 멀리서 알게 된 사람들)의 반응에 따라 성공과 실패가 갈린 창조자였다.

그렇다면 간디와 그레이엄은 아주 구체적인 의미에서 그들의 육체로서 창조 활동을 한 사람들이라고 할 수 있다. 신체적인 외양, 그리고 자신들의 몸을 이용해서 사람들의 마음을 움직이는 것이 그들의 창조 활동의 핵심이다. 그레이엄과 간디는 비록 일반적인 의미에서는 딱히 매력적인 용모라 할 수는 없었지만, 중요한 것은 그들이 사람들의 눈길을 끄는 풍모를 지녔고 다른 사람들도 그들의 공연(연설)에 매료되어 강한 영향을 받았다는 점이다.

몸을 위주로 한 삶은 작업실이나 실험실에 기반한 다른 창조자들의 삶과는 전혀 종류가 다르다. 건강을 챙겨야 하고 어느 정도는 자기 현시를 즐길 줄도 알아야 한다. 관객과 동료들의 반응을 살펴보고 거기에 즉각적으로 대응할 수 있어야 한다. 게다가 이들은 끊임없이 몸의 이상을 걱정하며 살아간다. 단식으로 인해 죽을지도 모른다는 두려움, 스텝을 잘못 밟아 작품을 그르칠 수 있다는 두려움, 혹은 그럴싸하게 보이지 못하고 우스꽝스럽게 보일지 모른다는 두려움을 안고 살아간다. 실존의 순간마다 그들은 엄청난 부담을 안고 살아가는 것이다.

물론 두 사람이 직면하는 문제에는 커다란 차이가 있다. 비록 그레이엄은 마지막 순간에 공연 내용을 바꾸곤 했지만, 무용에는 기본적으로 의례적인 면이 있다. 같은 작품을 여러 차례 공연하는 경우엔 그 차이가 그다지 큰 편이 아니며, 다른 무용가들도 그녀의 작품을 어느 정도 따라 할 수 있다. 반면 간디의 경우는 간디 자신의 삶은 물론이고 그가 사랑하는 많은 사람들의 삶을 좌지우지할 수 있는 매우 중대한 문제를 처리해야 한다. 그레이엄은 실수를 만회할 수 있지만, 간디의 실수는 훨씬 더 큰 대가를 요구한다. 그렇다고 해서 간디의 비폭력 저항이 의례적인 면을 지니지 않는다거나 그레이엄 무용단에 즉흥적인 측면이 없다는 뜻은 아니다. 다만 활동 분야의 종류에 따른 정도의 차이를 혼동하지 말아야 한다는 얘기다.

현대 무용과 현대 정치라는 전혀 성격이 다른 분야를 연결하기 위해 나는 주로 신체와 실존의 순간(existential moment)을 강조했다. 그러나 간디와 그레이엄의 혁신적인 업적은 분명히 신체의 움직임에 국한되지 않는다. 그들은 그저 운동 선수에 불과한 인물이 아니었다. 그레이엄은 예술가였다. 그녀의 많은 작품은 무용 형식의 여러 상징체계, 이를테면 언어와 음악, 구상, 무대장치, 그리고 그레이엄 자신의 몸을 이용해서 이러한 요소를 전달하는 방식 등을 통해 표현되었다. 그녀는 작품을 구상하면서 이러한 상징체계를 하나씩 혹은 서로 결합해서 탐구했고, 자신의 생각을 호스트와 무용단과 함께 시험했다. 간디는 일급의 사상가였다.

사티아그라하는 매 단계와 그것의 가능한 결과를 신중하게 고려하면서 철학 이론만큼이나 세심하게 구상한 것이다.

그레이엄과 간디는 둘 다 그들의 사상과 신체로 형성된 공간에서 활동했다. 그런데 이 공간은 그들의 사상(관념)과 이 관념을 특정한 역사적 순간에 신체적으로 실현하는 방법 간의 변증법적 공간이라고 할 만하다. 두 사람 모두 진을 빼는 일을 하다보니까 주기적으로 투쟁과 공연 무대에서 물러나 자신의 행적을 성찰하는 재충전의 시간이 필요하다는 점을 잘 알고 있었다. 물론 그들의 '작품'은 어느 정도 독립적인 성격을 갖는다고 할 수 있다. 다른 무용가들이 마사 그레이엄의 무용을 무대에서 선보일 수 있는 것처럼, 다른 사람들이 사티아그라하 운동에 참여하거나 이 운동을 이끌 수 있는 것이다.

하지만 간디와 그레이엄이라는 인물 자체와 그들의 특정한 공연(행적)의 중요성을 과소평가하는 것은 현명치 못하다. 그레이엄은 공연을 위해 살았던 것이라 해도 과언이 아닐 뿐더러, 그녀의 공연을 지켜본 특전을 누린 사람들은 누구도 그레이엄의 무용 연기를 흉내낼 수 없다고 믿었다. 이와 마찬가지로 간디의 저항과 파업과 단식에는 그의 인품과 개인사가 고스란히 서려 있다. 실제로 간디가 사망하자 그가 평생을 바쳐 헌신한 운동이 순식간에 시들어버렸다. 어느 제자가 단순히 그것을 모방하는 대신, 마틴 루터 킹 목사만큼이나 훌륭한 인물이 그것을 재창조할 필요가 있는 것이다.

　물론 이 두 인물 사이의 다른 유사점과 차이점도 무시할 수 없으며, 그 중 다음과 같은 점은 공연가(실행자, performance)의 삶에 매우 중요한 요소였을 것이다. 그레이엄에게 공연은 그 자체로 목적이 있었던 반면, 간디에게 실행이란 정치와 사회 및 종교의 변화를 이끌어내기 위한 수단이었다. 그리고 두 사람 모두 엄격하고 도덕적인 기풍이 강한 집안에서 자랐으며, 일찍이 아버지가 사망한 일이 그들에게 영향을 미쳤다는 사실에 대해서도 생각해 볼 수 있을 것이다.

　그러나 결론적으로 말해 둘 점은 다음과 같다. 간디를 제외한 여섯 명의 창조자들은 문화 분야의 정상에 올라 그 분야를 쇄신한 인물로 생각할 수 있다. 다소 억지를 부린다면 간디에게도 한 분야를 지정해줄 수 있다. 종교 리더십이나 정치 혁명 혹은 철학 저술과 같은 분야 말이다. 하지만 이것은 간디와 다른 인물 간의 중요한 차이점을 왜곡시킬 우려가 있다. 이들 창조자 가운데 오직 간디만이 어떤 집단이나 분야에 속한 성원으로서가 아니라 인간성의 힘으로 다른 사람들에게 직접 말을 걸려고 했던 인물이었다. 그는 사람들의 이력과 재능과 관계 없이 모든 사람들에게 뜻이 통하는 그런 이야기와 사상과 존재 방식을 창조하고자 했던 인물이었다. 한 분야를 쇄신하는 것도 어려운 일이지만, 새로운 인간의 이야기를 창조하고 그것을 설득력 있게 다른 사람들에게 전하는 일은 더욱

더 어려운 일이다. 이런 이유로 간디의 업적은 특히 주목할 만하다. 비록 예수와 부처의 가르침이 그러했듯이, 그의 종교적·정치적 혁신이 그의 선행자들이 살았던 시대와는 참으로 다른 세상에 뿌리를 내리기까지는 수세기가 걸릴지도 모르지만 말이다.

Creating Minds

제 3 부
창조성의 조건

10
다양한 분야의 창조성

앞 장에서 나는 현대를 형성하는 데 독특한 기여를 하면서 동시에 하나 이상의 분야에서 지울 수 없는 흔적을 남긴 일곱 명의 뛰어난 인물들의 이야기를 서술했다. 이들의 이야기는 그 자체로도 흥미가 있다고 믿는다. 하지만 창조성의 개념화에 초점을 맞춘 나로서는 잠시 거리를 두고 창조성 연구 일반에 적용할 수 있는 교훈을 논의해 볼 필요가 있을 성싶다.

구성적 틀―재론

2장에서 창조성이라는 복잡한 주제를 다루는 분석틀을 소개한 바 있다. 개인의 발달에 초점을 맞춘 분석틀은 다음과 같은 특징이 있다. 우선 그들이 성인이 된 이후에 발휘한 창조성과 연관하여 각 인물의 유년기를 검토한다는 점, 생애 전반에 걸쳐 창조적인 능력이 발달하는 국면에 관심을 기울인다는 점, 그리고 자신의 재능을 갈고 닦아 획기적인 업적을 내는 순간에 초점을 맞춘다는 점이다. 나는 모든 창조적인 활동에는 역동적인 면이 있다고 가정했다. 재능 있는 개인과 전문 분야, 그리고 창조물의 질을 판단하는 장(場) 사이에 이루어지는 변증법적 관계가 그것이다. 이러한 역동성은 보통 다양한 종류의 긴장과 비동시성으로 특징지워진다는 것이 나의 공식이다. 비동시성이 이러한 역동성을 질식시키는 수준에만 이르지 않는다면, 그것은 창조적인 인물을 키우고 창조 과정을 촉진하고 창조물의 생산을 고무하는 역할을 할 수 있다. 마지막으로 나는 이 연구의 길잡이 역할을 한 몇 가지 주제를 제시했는데, 그 중에 두 가지는 이 연구를 수행하는 과정에서 새로 발견한 것이다.

이러한 분석틀을 개별 사례 연구에서는 암시적으로, 그리고 세 개의 간주곡에서는 명시적으로 적용했다. 이 결론 장에서는 지금까지 제기된 문제를 전부는 아니라도 얼마간 살펴볼 생각이다. 우선 이 연구를 자극한 주요 질문을 검토하면서, 가능하면 해당 사안에 관련된 '자료'를 대략적으로 제시하겠다.

　서장에서 나는 창조성에 대한 본 연구가 두 가지 입장에 의해 틀지워졌음을 암시했다. 하나는 하워드 그루버와 그의 동료들이 수행한 연구로서 창조적인 인물 개인을 상세하게 조망하는 입장이고, 다른 하나는 딘 키스 사이먼튼이 수행한 방대한 규모의 정량적인 연구가 취한 입장이다. 본 연구에서는 전통적으로 특이성 중심적(idiographic) 방법과 공통성 중심적(nomothetic) 방법으로 불리는 이러한 두 입장을 종합하고자 했다. 이를 위해서 나는 다양한 분야에서 선택한 일곱 명의 인물을 자세하게 검토하는 동시에 이들 전부 혹은 적어도 대다수에게 해당되는 일반적인 사항을 발견하려고 노력했다.

　한 입장에서는 일반적인 규칙이 다른 입장에서는 예외적인 사례가 된다. 용어를 정의하고 범주를 구분하는 방식에 따라 인물들을 함께 묶을 수도 있고 분리할 수도 있다. 이제 나는 확실한 일반화가 가능한 결론이 무엇인지 제시하고, 어떤 것이 해당 분야에 고유한 특징이고 어떤 것이 개별 인물의 고유한 특징인지에 대해 설명할 생각이다. 특정 인물에 대해 상세한 지식을 갖고 있는 사람들, 방대한 자료와 설득력 있는 통계 기법을 활용할 수 있는 사람들, 혹은 다른 개념적 분석틀에 익숙한 사람들은 다소 다른 유형을 만들어낼 것이다. 나로서는 적어도 논쟁을 이끌어낼 수 있을 만한 논의 구조를 세우는 정도를 바랄 뿐이다.

전형적인 창조자의 초상

여기서 일곱 명의 인물이 얼마나 서로 다른가 하는 점에 대해 길게 서술할 필요는 없을 것이다. 사실 간디와 스트라빈스키 혹은 그레이엄과 아인슈타인을 비교 연구하는 것조차 이미 관습적인 구도를 깨뜨린 것이다. 게다가 나의 이론적인 성향은 각 분야의 차이점을 주목하는 데 있다. 그리고 나는 본 연구에는 각각의 인물이 펼친 활동의 독특한 특징을 확언하는 면이 있다고 생각한다.

하지만 나는 이들 창조자의 생애를 검토하면서 공통의 주제를 발견했으며, 이 사실에 깊은 인상을 받았다. 물론 모든 인물에게 똑같이 중요한 주제는 아무것도 없었고 일반적인 내용에도 분명 예외가 있었지만, E.C.라는 약칭으로 부르게 될 전형적인 창조자(Exemplary Creator)의 초상을 묘사하는 데 그다지 불편한 느낌은 없다.

E.C.는 자신이 출생한 사회의 중심 지역, 권력과 영향력이 가장 많은 지역에서 다소 떨어진 지방에서 나고 자라지만, 가족이 다른 지역에서 벌어지는 일을 아예 모를 정도는 아니다. 가족은 부유하지도 않지만 그렇다고 비참한 궁핍 생활을 하는 편도 아니어서 어린 시절에는 꽤 유복한 환경에서 자란다. 집안 분위기는 따뜻하기보다는 반듯한 편이고, E.C.는 자신의 생물학적인 가족에는 다소 소원함을 느낀다. 비록 부모와 친밀한 사이일 수는 있어도 감정에는 애증이 섞여 있다. 오히려 유모나 보모 혹은 다소 먼 친척과 더 가깝게 지내는 경향이 있다.

E.C.의 가족은 교육 수준이 높지는 않아도 배움과 성취를 높이 평가해서 이런 방면에 대해 자식들에게 거는 기대가 큰 편이다. 한마디

로 말해서 포부와 사회적 위신을 소중히 여기고 고된 일을 높이 평가하는 전형적인 부르주아 집안이라고 할 수 있다. 이런 면은 특히 19세기에 부르주아 집안의 특색이 되었다. E.C.는 비교적 어린 나이부터 재능을 보이고 가족은 안정된 직업인이 될 수 없다는 우려를 하면서도 이런 관심을 고무한다. 집안에는 종교적인 분위기까지는 아니라도 도덕적인 분위기가 배어 있어서 E.C.는 엄격한 양심의 소유자로 자라나는데, 덕분에 스스로 가책을 받는 일이 많을 뿐 아니라 자신이 기대하는 만큼 행실이 바르지 못한 다른 사람들에게도 입바른 소리를 한다. 그리고 한 때는 종교를 거부했다가도 훗날 다시 종교에 귀의하는 경우가 많다.

이제 아이가 자라서 청년기에 이르면 집안에서 벗어나야 한다. E.C.는 이미 10년 이상 어느 분야를 완전히 통달하기 위해 노력한 상태이고 그 분야에서 거의 최전선에 와 있다. 가족이나 지방의 전문가에게는 더 이상 배울 것이 없기 때문에 다른 뛰어난 젊은이들과 겨루고 싶은 시급한 충동을 느끼게 된다. 청년이 된 E.C.는 자신이 선택한 분야의 활동이 활발한 중심 도시로 과감하게 이주한다. 그는 대도시에서 자신과 관심사가 비슷한 젊은 동료들을 놀라울 정도로 빨리 만나게 된다. 그들은 함께 해당 분야의 이곳저곳을 탐사하고, 모임을 결성하고, 선언문을 발표하고, 서로 간에 자극을 주면서 새로운 경지에 오르고자 노력한다. E.C.는 직접 자신이 선택한 분야로 직행하기도 하고 결정화 경험을 하기 전까지는 이런저런 경력을 다양하게 쌓기도 한다.

자기 분야에 들어가서 얻는 경험은 개인에 따라 다른데, 여기서 이 점을 상세히 논할 필요는 없을 것이다. E.C.는 다소간의 속도 차이는 있지만 관심이 가는 문제 영역을 발견하게 된다. 이것은 해당 분야를 전인미답의 경지로 추동하는 계기가 된다. 이 순간이 바로 가장 긴장된 순간이다. E.C.는 이제 동료들과 고립되어 홀로 자신만의 작업에 몰두해야 한다. 자신이 도약의 문턱에 왔음을 감지하지만, 그것이 무엇인지는 자기 자신도 정확히 이해하지는 못한다. 놀랍게도 이 중대한 순간에 E.C.는 인지적·정서적인 도움을 받아서 자신이 가야 할 방향을 놓치지 않는다. 그런 도움이 없다면 좌절하기 십상일 것이다.

물론 운이 좋으면 중대한 혁신에 적어도 한 차례 이상은 성공하게 된다. 그리고 장은 이 혁신의 힘을 신속하게 인정한다. E.C.는 혁신적인 작품을 완성하는 과정에서 나오는 흐름(몰입의 경험)을 계속 유지하기 위해 기꺼이 특별한 계약, 즉 파우스트적 계약을 맺으려 한다. E.C.의 이런 계약에는 메저키즘 및 다른 사람들을 부당하게 대하는 행동거지와 관련이 있으며, 때로는 신과 직접 계약을 맺었다는 느낌을 수반한다. E.C.는 자신과 주변 사람들을 끊임없이 채찍질하면서 언제나 작업에 몰두하는 편이다. 윌리엄 버틀러 예이츠의 말을 빌면, 그는 인생의 완성보다 작품의 완성을 앞세운다. 그는 자신만만하고 잘못된 출발을 시정할 능력이 있으며 자부심과 엄격한 태도를 지니고 있으면서도 자신의 실수를 잘 인정하지 않으려 한다.

엄청난 에너지와 헌신적인 노력이 있다면, 그는 첫 번째 혁신을 이룬 지 10년쯤 후에 두 번째 혁신을 이룰 기회를 맞게 된다. 후속의 혁신적인 작품은 이전보다 근본적이지는 않지만 훨씬 포괄적이고 E.C.의 이전 작품을 긴밀하게 통합한 작품이기가 쉽다. E.C.가 활동하는 분야의 성격에 따라 계속적인 혁신이 가능한지 여부가 결정된다. (과학보다는 예술 분야에서 창조성을 지속적으로 발휘하기가 쉽다.) E.C.는 자신의 창조성을 유지하려고 노력한다. 신선한 자극을 받고 위대한 도전과 자극적인 발견에 수반되는 몰입 체험을 계속 유지하기 위해 경계인의 위치를 찾거나 비동시성의 긴장도를 높이는 방안을 찾는다. E.C.가 내놓은 여러 작품 중에서 몇몇 작품은 E.C. 자신과 장(場)의 성원들에게 있어 특징적인(defining) 작품으로 눈에 띄게 된다.

나이가 들면 어쩔 수 없이 E.C.의 창조력도 한계에 부딪친다. 이런 경우에는 젊은 동료를 통해 새로 젊음을 되찾기도 한다. 독창적인 작품을 새로 만든다는 것이 점점 더 어렵다는 사실을 알게 되면서 E.C.는 존경받는 비평가나 주석자가 된다. 물론 젊어서 사망하는 창조자도 있지만, 우리가 살펴본 E.C.의 경우는 오랫동안 살면서 많은 추종자를 얻게 되고 죽기 직전까지 커다란 공헌을 한다.

나는 이러한 가설적인 초상의 한계에 대해서도 잘 알고 있다. 하나하나의 문장마다 본 연구에서 다룬 일곱 명의 인물들뿐 아니라 다른 인물들의 생애도 담아내려고 했는데, 물론 이런 묘사에 어울리지 않는 사람도 있을 것이다. 대부분은 꽤 유복하고 건전한 가정에서 자랐지만 브론테 자매는 분명히 그렇지 않았다. 많은 이들이 장수를 누렸지만 키츠와 모차르트는 그렇지 않았다. 대다수는 다소 주변적인 집안 출신이었지만, 블룸즈버리 그룹의 성원 대부분은 분명 그렇지 않았다. 이렇듯 창조성에 관한 일반적인 결론을 제시할 때는 각각의 일반화가 얼마나 창조성에 본질적인 요소인지 평가할 필요가 있다. 지금까지 강조한 요소 중에 어떤 것도 창조적인 삶에 핵심적인 요소라고 단정짓기는 어렵다. 하지만 창조적인 혁신을 이룰 가능성을 강조하려면, 이들 요소가 어느 정도 필요하다. 다른 요인의 중요성을 평가하기 위해서 이제 내 연구의 길잡이가 된 중심 주제를 좀더 명시적으로 살펴보도록 하겠다. 여기서 제시된 유형은 결정판은 아니고 다만 내 이론을 설명하는 실례이다. 각각의 유형의 타당성을 확립하려면 더 많은 실례와 더 정확한 방법이 필요하다.

주요 쟁점 – 재론

개인적 층위

인지적 관점. 이 연구에서 나는 분명 인지적 관점에 기울어져 있었다. 주된 가정은 창조적인 인물들의 지능이 서로 다르다는 것이다 실제로 각각의 인물들은 내가 『마음의 틀』에서 상세하게 검토한 일곱 개의 지능 가운데 한 가지를 전형적으로 구현하고 있다고 생각했기에 선택한 것이다.

실은 이들 간에는 지배적인 지능만 다른 게 아니라 지능들의 폭과 결합 양상도 서로 다르다는 결론이다. 프로이트와 엘리엇은 학문적 재능(언어와 논리 지능을 반영한다)이 우수했다. 아마도 많은 학문 영역에서 커다란 공헌을 할 수 있었을 것이다. 반면 피카소는 학문에 약점이 있는 대신 공간, 신체, 인성 영역에서 재능이 뛰어났다. 스트라빈스키와 간디는 평범한 학생이었지만, 이는 학교 공부에 별 취미가 없었기 때문이지 지적인 능력에 근본적으로 결함이 있었기 때문은 아니다. 그레이엄은 폭넓은 지적 능력을 가졌지만 무용 세계를 발견하기 전까지는 어느 것에도 심취하지 않았다. 이들의 지적인 프로필을 대략적으로 요약하면 다음과 같다.

	강 점	약 점
프로이트	언어, 인성	공간, 음악
아인슈타인	논리-공간	인성
피카소	공간, 인성, 신체	학문
스트라빈스키	음악, 기타 예술	
엘리엇	언어, 학문	음악, 신체
그레이엄	신체, 언어	논리-수학
간디	인성, 언어	예술

이들이 보여준 지적인 강점이 서로 다른 것처럼, 자신의 재능을 발견하는 시기와 양상 역시 상당히 달랐다. 프로이트는 어릴 때부터 학문적인 문제에 남다른 재능을 보였지만, 30대 후반이 되어서야 비로소 자신의 참다운 소명을 발견했다. 그레이엄은 스무 살이 넘을 때까지 무용을 하지 않았고, 간디는 정치적·종교적 소명을 발견하기까지 이런저런 일에 종사했다. 스트라빈스키는 20대에 접어들고서야 진지하게 작곡에 임했다. 아인슈타인과 엘리엇은 어릴 때부터 중요한 작업을 한 것처럼 보이지만, 둘 다 해당 분야에서 신동으로 여겨지지는 않았다. 사실 이들 일곱 명 중에 오직 피카소만이 전통적인 의미에서의 신동, 즉 어린 시절부터 거장 수준의 솜씨를 발휘하는 인물을 뜻하는 신동에 가깝다. 다른 창조자들은 일단 어느 분야에 전념한 후로 무척 빠른 속도로 성장했다는 점에서 유별난 인물들이었다.

성격과 동기부여. 이 연구에서 묘사된 창조적인 인물의 모습은 많은 측면에서 버클리 성격 연구소를 비롯한 여러 연구소에서 수행된 고전적인 경험적 연구에서 보고된 바와 매우 유사하다. E.C. 유형의 인물들은 실제로 자신감과 기민함, 관습에 얽매이지 않는 태도, 근면함, 일에 대한 집중력 등을 지니고 있다. 이들에게 사교 생활이나 취미는 별로 중요하지 않다. 기껏해야 일에 몰두하다가 한숨 돌리는 정도의 주변적인 의미밖에 없다.

별로 내키지는 않았지만 나는 이러한 성격적 특색이 전통적으로 너무 긍정적으로만 이해되었다는 결론을 내렸다. 즉, 자신감은 이기주의와 자기중심주의, 나르시즘과 합쳐질 수 있으며, 모두가 자기도취라 할 만큼 지나치게 자기 일에만 몰두하는 편이어서 남을 희생하고라도 자신의 목적을 완수하는 성향이 있다는 점이다. 영국의 심리학자 한스 아이젱크(Hans Eysenck)는 이러한 창조성과 빈틈없는 실질주의의 혼합에는 유전적 기초가 있을지 모른다는 견해를 밝힌 바 있다.

물론 미묘한 차이도 존재한다. 다른 창조자들과 마찬가지로 자기 일에 몰두하는 성향이 강했던 아인슈타인은 노골적으로 다른 사람들을 홀대하는 경우가 드물었고, 그저 홀로 있기를 원했을 뿐이다. 피카소는 반대편 극단에 위치한다. 그는 다른 사람들을 괴롭히는 데서 예술적 영감까지는 아니라도 가학적인 쾌감을 얻었던 것 같다. 나머지 다섯 명의 인물들은 이 두 극단 사이 어디쯤인가 위치할 수 있을 터이다.

타인 무시	대인 관계의 어려움	노골적인 가학
아인슈타인	간디	피카소
엘리엇	스트라빈스키	
	그레이엄	
	프로이트	

이와 관련된 차원이 자기 주창(self-promotion)을 위한 노력의 정도이다. 다른 사람들에게 전혀 무관심하거나 아예 가학적인 태도를 보이면서도 동시에 자기 주창에 많은 정력을 쏟기도 한다. 일곱 명의 인물 모두 자신의 작품에 다른 사람들의 주의를 끄는 일의 중요성을 알고 있었고, 부모나 배우자 등 이런 일을 도와주는 이가 없었다면 스스로 알아서 했을 것이다. 자기 주창은 대개 작업(작품)을 부각시키는 방식으로 나타났다. 내가 판단하는 한 간디는 자신의 인품보다는 자신이 기획하는 행동 계획에 사람들의 주의를 끄는 데 훨씬 더 관심이 많았지만, 자기 주창을 위한 노력도 게을리하지 않았다. 이 점에 관해서 우리의 창조적인 인물들을 대략적으로 배열하면 다음과 같다.

보통 수준의 자기 주창	예외적인 수준의 자기 주창
아인슈타인 피카소 엘리엇 그레이엄	스트라빈스키 간디 프로이트

창조성의 현저한 특징은 아이다운 천진성과 어른의 원숙함의 결합에 있다. 이런 결합은 성격만이 아니라 사고방식(관념)에서도 나타난다. 아이다운 특성이 순진함과 참신함으로 나타나면 긍정적인 색채를 띠게 되지만, 반대로 이기심과 보복심리로 나타나면 부정적인 색채를 띠게 된다. 일곱 명의 인물이 지닌 아이의 '얼굴'과 어른의 '얼굴' 사이의 관계에 대해 간략하게 정리하면 다음과 같다.

● 성인 프로이트는 아이다운 성격을 거의 보이지 않았다. 그는 자신을 성숙하고 신중한 인물로 보이려고 애썼다. 하지만 무의식과 의

식의 흐름, 유년기의 소원과 환상, 꿈, 성적인 강박에 관심을 갖고 있었다는 점에서 그의 사유에는 아이의 의식이 중요한 요소로 남았다는 점을 알 수 있다.

● 아인슈타인은 호기심과 관습에 대한 반항 등 아이다운 면을 가지고 있다는 점에 자부심이 있었다. 다른 창조자들과 마찬가지로 그는 어린 아이의 마음과 영혼을 매우 높이 평가했다. 그의 이론적 사색은 물리학이라는 전문적인 영역에 기여하는 것이었지만, 그러나 그것이 대답하고자 한 물음은 어린 아이들의 마음을 사로잡는 그런 종류의 물음이었다. 즉, 우주와 경험의 근본 특성은 무엇인가라는 피아제 풍의 질문이다.

● 아인슈타인처럼 피카소에게도 아이같은 성격이 있었다. 대중 매체의 어릿광대 역을 자임한 것 외에도 (사람과 물질에 대한) 엄청난 소유욕, 자신과 다른 사람들의 삶을 완전히 통제하려는 욕구 등은 유아적인 특성으로 간주할 수 있다. 그는 형태를 조각내고 가장 단순한 형상으로 이뤄진 작품을 그렸으며, 자신이 받은 시각적인 경험을 모두 종이에 담아내려고 노력했다. 이런 것은 모두 아동 그림의 특징이다.

● 스트라빈스키 역시 아이들의 세계에 관심이 많았지만, 자신의 유년기에 대한 애착은 별로 없었고 아이처럼 행동하는 것에도 별다른 즐거움을 느끼지 않았다. 아마도 그의 어린애같은 모습은 툭하면 소송을 일삼는 성향에서 찾을 수 있을 것이다. 법정 싸움을 걸고 싸움을 걸 때마다 이겨야 한다는 욕심, 그리고 가능하면 소송 중에 '적'을 모

욕하고 싶은 마음이 그렇다. 다른 현대 예술가들처럼 그 역시 가장 단순한 요소, 즉 어린 시절에 강한 인상을 받았던 원시적인 리듬과 화성으로 곡을 쓰려고 했다.

● 프로이트 이론의 견지에서 보았을 때, 엘리엇은 일곱 명의 인물 가운데 가장 엄격하고 억압된 성격을 가졌다. 작품에서는 아니라고 해도 적어도 그의 삶에는 이런 면이 두드러졌다. 하지만 그에게도 아이같은 성격은 남아 있었다. 아동을 위한 운문을 쓰는 것 외에도 퍼즐 풀기를 좋아하고 음탕한 광시(狂詩)를 쓰는 것이 그런 예이다. 그리고 보수적인 정치적 견해를 가지고 있었지만, 새롭고도 색다른 시도의 진가를 인정할 줄도 알았다. 무의식과 상징적 주제에 관심을 둔 파편적인 시를 썼던 그는 예술가인 스트라빈스키와 과학자인 프로이트의 세계와 같은 아이같은 세계에 거주했다.

● 마사 그레이엄은 실생활이나 작품 상에서 영원히 젊음을 유지하려고 노력했다. 그녀는 늙는 것을 두려워했다. 그레이엄의 자기 중심성, 불같은 성미, 외곬수의 열정은 모두 그녀가 젊은이의 행동 유형을 버리지 못했음을 입증한다. 그녀가 선택한 예술 형식(몸을 이용해서 표현하는 것)과 그녀가 선호한 기본적인 표현 방식은 아이의 상상력에 의존한 것이다.

● 우리는 간디를 나이가 지긋한 현자로 생각하지만, 그는 여러 면에서 어린애같은 구석이 있었고 아이같은 모습을 보이려고도 했다. 꾸밈 없는 태도로 세상에 나와 자신의 반쯤 벌거벗은 몸을 자랑스레

드러내보였고, 몸의 역할에 대단한 관심을 가지고 있었다. 게다가 그의 혁신적인 사상, 즉 사티아그라하는 아이다운 천진성이 담고 있는 의미와 가장 잘 들어맞는 사상이다. 동등한 위치에서 상대를 대하고 서로 만족할 수 있는 타협을 통해 더불어 갱생을 도모할 수 있다는 사상이 바로 사티아그라하이다. 물론 이러한 이상을 결실로 맺기 위해서는 원숙한 인물이 필요한 법이다.

지금까지 각 인물의 아이다운 성격을 살펴보았다. 이제 두 가지 남은 요소를 고려함으로써 성격에 관한 이 논의를 맺어야겠다. 각각의 인물이 감정을 얼마나 공공연하게 드러내는가 하는 문제, 특히 열정과 분노라는 격렬한 감정을 드러내는가 하는 문제 역시 복잡하다. 이들이 살아가면서 격한 감정을 느끼는 일이 있다는 것은 당연한데, 그것을 직접 표현하는 사람도 있고 작품을 통해 간접적으로 드러내는 사람도 있다. 한 동안 『황무지』보다 강렬한 작품은 나오지 않을 정도였지만, 정작 그것을 쓴 당사자인 엘리엇은 아무런 활기도 없고 별 인상도 주지 못하는, 수줍고 쌀쌀맞은 인물이었다. 반면 피카소와 그레이엄은 표현성이 풍부한 작품을 만들었던 만큼, 침실이나 작업실에서도 생동감이 넘쳤다. 좀더 학문적인 인물들 사이에도 비슷한 대조가 엿보인다. 아인슈타인은 평소에는 감정을 잘 드러내지 않는 편이었지만 과학 연구의 미학적인 요소를 인상적으로 표현할 줄 알았다. 프로이트는 저서에서는 감정을 임상적으로 다루었지만, 용기 있게 자기 감정을 대면하고 직설적으로 표현했으며 지적 혁명을 기획하고 선도했다.

이들은 특히 창조의 긴장이 높은 시기에는 만만찮은 괴로움을 겪었다. 내가 아는 한, 이들 모두는 일이 잘 풀리지 않을 때는 낙담하고 의기소침했으며 거의 모두가 일종의 신경쇠약에 걸린 적이 있다. 간디만이 유일한 예외라고도 할 수 있지만, 그도 두 번 정도는 심각한 우울증에 빠진 시기를 보냈다. 9장에서 살펴본 대로 이런 시기가 오면 그는 훨씬 단순한 삶을 살기로 결정했다. 1906년에서 1910년까지 남아프리카에서 그러했고, 1930년대 실패한 런던 회담을 마치고 인도로 돌아온 후에도 그러했다.

사회-심리적 측면. 각각의 인물들은 상당히 유복한 집안에서 자랐음에도, 유모의 보살핌 말고는 조건 없이 따뜻하고 친밀한 애정을 충분히 받지는 못했다. 어머니와 가까운 사이(프로이트, 아인슈타인, 엘리엇)였든 아버지와 가까운 사이(간디, 그레이엄, 피카소)였든, 모두가 업적과 성취에 기반한 조건 있는 사랑을 받았을 뿐이다. 아마도 어릴 때부터 이런 환경에서 자랐기 때문에 일이야말로 자신의 전부라고 느끼는 성향이 짙어졌을 것이다. 프랑스의 소설가 구스타브 플로베르(Gustave Flaubert)는 이렇게 말한 적이 있다. "남들은 도착이라 할지 모르나 나는 내 작품을 미친 듯이 사랑한다. 마치 고행자가 배를 할퀴는 마모직 셔츠(hairshirts)를 사랑하듯이 말이다."

가정의 분위기는 대개 엄격했다. 규율이 엄한 '프로테스탄티즘 윤리'의 가풍에서 자랐기에 어릴 때부터 해야 할 일을 반드시 지켰고, 학과 공부나 전문 지식을 빨리 습득했다. 이들은 모두 억압적인 통제에 반발했다. 프로이트는 빈 사회에서 감추어진 무의식적 동기의 힘을 대명천지에 공개했고, 아인슈타인은 아라우 주립 학교의 개방적인 분위기를 좋아했으며 권위적인 교사에게는 당돌하게 굴었다. 피카소는 가족, 특히 아버지의 뜻을 거역했고, 스트라빈스키는 법률가의 길을 포기하고 새로운 아버지 상(림스키 코르사코프)을 만났다. 엘리엇 역시 학자의 길을 포기하고 조국을 떠나 자신의 길을 찾았다. 간디는 힌두교 전통을 거부하고 20년 이상을 고향을 떠나 있었다. 그레이엄은 무용가가 되어 자기 나름의 독특한 인생을 살았고 매우 관능적인 작품을 선보였다.

나는 두 가지 요인이 없었다면 이러한 반항적인 태도가 가능하지 않았을 것이라고 생각한다. 하나는 조상과는 다른 삶을 선택할 수 있을 만큼 재능과 솜씨가 뛰어났다는 점이고, 다른 하나는 유년기에 창조적인 삶을 살아가는 데 도움이 되는 바람직한 모델을 만났다는 점이다. 이들 일곱 명의 가정은 엄격하고 보수적인 편이었지만, 집안이나 가족 주변에서 최선을 다하면 자신의 길을 개척할 수 있다는 암시를 받을 수는 있었다. 프로이트의 부모는 자식이 원하는 길을 가도록 허락했고, 아인슈타인의 삼촌 야콥과 나이든 친구 막스 탈마이는 호기심과 학문적 흥미를 자극했다. 스트라빈스키의 집은 당대의 예술가들이 모여드는 집합소였고, 엘리엇의 어머니는 그 자신이 시인이었다. 그레이엄의 아버지는 어린 마사를 기쁜 마음으로 루스 세인트 데니스의 공연에 데리고 갈 정도로 예술에 우호적이었다. 간디의 가족은 사적인 문제에서 신중했고 종교적인 문제에서는 관대했다.

젊은 시절에는 이처럼 가족의 도움을 받았지만, 여러 면에서 경계인적인 삶이 그들 앞에는 기다렸다. 일부 창조자들은 탄생의 조건에 의해 경계인이 되었다. 아인슈타인과 프로이트는 독일어권 지역의 유대인이었고, 그레이엄은 남성 위주의 세계에서 활약한 여성이었다. 다른 인물들은 본인의 선택이나 어떤 필연에 의해 경계인의 삶을 살게 되었다. 인도인 간디는 대영제국에서, 러시아인 스트라빈스키는 서유럽과 미국에서, 미국인 엘리엇은 런던에서, 그리고 스페인인 피카소는 파리에서 (얼마간) 살았다.

우리의 창조적인 인물들은 모두 인구통계상 경계인이었음은 물론 이려니와 그러한 경계인이라는 위치를 창조 활동의 지렛대로 삼았다. 그들은 자신의 그런 경계인이라는 위치를 활용하여 작품 활동의 내용이나 방식을 결정했고, '기성 체제'에 편입될 위험이 있을 경우에는 언제든 진로를 바꿔서 최소한의 지적인 주변성(경계성)을 유지하려고 했다. 프로이트는 자신의 저작이 너무 쉽게 받아들여질 때면 미심쩍어 했고, 아인슈타인은 30년 동안 양자역학의 인기 없는 주제를 탐구했다. 피카소와 스트라빈스키는 처음에는 예술적 유산의 주류를 거부했고 몇 십 년 후에는 자기 자신들의 그런 가혹한 전통 결별을 다시 한 번 거부했다. 엘리엇은 평판이 안 좋은 정치적 견해와 사회적 사상을 수용했으며 중년에는 극작가가 되기 위해 노력했다. 그레이엄은 평생 동안 새롭고 도전적인 작품을 시도했고 80대에 이르러서 (썩 내키지는 않았어도) 안무가로 성공적으로 변신했다. 간디는 별로 인기가 없는 대의를 받아들이고 논란을 빚을 수 있는 집단(불가촉 천민)을 수용했다.

이들 모두가 단호하게 경계인의 위치에 있었고 이런 위치를 견지하기 위해 많은 것을 기꺼이 포기할 태세가 되어 있었지만, 이들이 단지 다른 사람들의 세계와는 담을 쌓고 지냈다고 말하는 것은 너무 단순한 얘기다. 적어도 두 가지 패턴이 더 있다. 첫째, 많은 사람들과 편안하게 지내던 시기에서 극도의 고립 속에서 중대한 발견을 이루는 시기를 거쳐 결국 나이가 들면 다시 더 크고 더 포용적인 세계로 회귀했다. 둘째, 극도의 고립을 겪는 시기에 한 명 혹은 그 이상의 사람과 각별한 관계를 맺고 그에게서 필요한 도움과 격려를 얻었다는 점이다.

이 장의 결론 부분에서 이 각별한 관계를 다시 다룰 것인데, 여기서는 대인 관계의 일반적인 변화에 대해 간단하게 언급하겠다. 아마도 프로이트가 가장 전형적인 인물일 것이다. 젊은 시절에는 인기도 많고 늘 바쁘게 지낸 프로이트였는데, 자신의 분야를 발견하면서 점차 홀로 고립되고, 인생의 만년에는 정신분석학 운동의 굳건한 지도자가 되었다. 아인슈타인의 삶도 다소 비슷하지만, 그의 경우에는 전쟁이나 평화, 철학, 종교와 같은 무거운 주제에 관심이 쏠려 있어서 아무래도 넓은 세상과는 다소 거리를 둔 방식으로 관련을 맺었다. 간디의 인생 궤적은 이런 두 가지 모델을 모두 반영한다. 프로이트의 정신분석학 단체처럼 적은 규모의 충성스런 추종자 집단을 조직했으면서, 동시에 저술과 대중매체 그리고 개인적인 실천을 통해 좀더 거리를 둔 방식으로도 대다수의 인류와 소통할 줄 알았다.

네 명의 예술가들에 대해 말하자면 다소 상이한 패턴이 있음을 알 수 있다. 이들의 유년기 교제가 어떠했던 간에 각자는 모두 선구적인 작품을 시도할 무렵에는 고립의 시기를 겪었다. 일단 그들의 작품이 세상에 받아들여지면, 6장에서 논의한 바와 비슷한 종류의 정치적 그물망에 걸려들게 마련이었다. 스트라빈스키가 이런 정치적인 세계에서 가장 활발한 모습을 보였던 것 같다. 엘리엇도 정치를 예술의 한 부분으로 받아들였는데, 놀랍게도 교섭 능력이 훌륭했다. 피카소와 그레이엄은 조금 다른 방식이긴 해도 이런 일들을 가능한 한 남들에게 맡기려 했지만, 자신들이 있어야 할 상황에선 적절하게 수완을 발휘할 줄도 알았다.

다소 위험을 무릅쓰고 또 하나의 일반화를 한다면, 이들 중에는 누구도 동료로 인정할 만한 친구를 필요로 하지 않았다는 점이다. 그들은 남들을 그저 자신의 일을 하는 데 이용했을 뿐이고 이렇게 하기 위해 유쾌한 모습을 보이고 마음을 잡아 끌고 적어도 겉으로는 의리 있느 모습을 보였지만, 소용이 다했다고 생각되면 조용히 혹은 극적인 방법으로 동료들과 관계를 끊었다. 위대한 창조자 주변에서 벌어지는 이런 불행한 모습은 결코 아름다운 광경은 아니지만, 그가 고독한 작업에 몰두하고 있건 인류 전체의 복지를 위해 노력하고 있건 이런 파괴적인 일은 언제나 벌어졌다.

인생 패턴: 창조성의 10년 규칙. 정당한 근거 없이 숫자의 마술을 부릴 생각이 없었음에도 본 연구를 수행하는 과정에서 나는 창조성의 10년 규칙을 발견했다. 일곱 명의 창조적인 인물들은 물론 분야마다 약간씩 기간은 달라도 대략 10년을 사이에 두고 창조적인 도약을 이루었다. 인지 심리학 계통의 연구를 통해 알려진 바와 같이 한 사람이 어느 분야를 기본적으로 통달하는 데 필요한 기간은 대략 10년 정도이다. 피카소처럼 네 살에 시작하면 10대에 거장이 될 수 있고, 10대 후반에 창조의 노력을 시작한 스트라빈스키와 같은 작곡가와 그레이엄과 같은 무용가는 20대 후반이 되어서야 비로소 창조성의 본 궤도에 올라선다.

10년간의 견습 기간을 거쳐야 중대한 혁신을 이룰 수 있는 것이다. 이러한 도약은 대개 일련의 시험적인 단계를 거쳐 이루어지는 편이지만, 일단 도약을 하게 되면 과거로부터 결정적인 단절을 이룬다. 이런 맥락에서 나는 프로이트의 「프로젝트」와 아인슈타인의 특수 상대성 이론, 피카소의 「아비뇽의 처녀들」, 스트라빈스키의 「봄의 제전」, 엘리엇의 『황무지』, 그레이엄의 「프론티어」, 간디의 아메다바드 파업을 결정적인 도약으로 간주한다.

이어서 창조자는 자신의 혁신적인 도약과 타협을 한다. 혁신에의 열정은 결코 사그라들지 않지만, 일반적으로 말해서 후속적인 혁신은 보다 폭이 넓고 종합적인 성격을 갖게 마련이다. 좀더 미묘한 방식으로, 그러니까 해당 분야의 과거에서 이루어진 성과 및 다른 사람들이 수행한 업적과 좀더 직접적으로 관련을 맺는 식으로 혁신을 감행하는 것이다. 프로이트의 『꿈의 해석』(혹은 『토템과 터부』), 아인슈타인의 일반 상대성 이론, 피카소의 「게르니카」, 스트라빈스키의 「결혼」, 엘리엇의 「4개의 사중주」, 그레이엄의 「애팔래치아의 봄」, 간디의 소금 행진 등이 두 번째로 정점에 오른 도약이라 할 수 있다.

두 번째 도약 이후에 벌어지는 일은 창조자 개인의 재능과 포부보다는 해당 분야의 성격에 따라 좌우된다. 최근에 생긴 개방적이고 경쟁자가 비교적 적은 분야라면, 활동 여력이 남아 있는 동안 계속해서 혁신적인 업적을 낼 수가 있다. 그레이엄과 프로이트, 스트라빈스키, 간디, 피카소 등이 바로 이런 분야에서 활동했다. (사실 프로이트는 자신이 7년마다 새로운 경지를 개척한다고 생각했다.) 하지만 이미 경계가 분명하고 많은 젊은이들이 활동하고 있는 분야라면, 혹은 창조자 자신의 에너지가 고갈된 상황이라면, 지속적인 혁신의 가능성이 줄어든다. 엘리엇도 아인슈타인도 두 번째 도약을 이룬 후로는 계속해서 혁신적인 작업을 하지 못했다. 물론 엘리엇은 희곡을 썼고 아인슈타인은 죽을 때까지 물리학 이론과 철학 문제에 관해 사색을 했지만 말이다. 분야들의 다양한 삼투성(permeability)은 예술과 과학의 구분을 무색케 한다. 결국 서정시가 회화보다는 오히려 물리학에 가까운 면을 보였던 것이다.

두 번째 10년이 지난 후에는 다른 종류의 기회가 생긴다. 관련 분야를 역사적으로 혹은 반성적으로 되돌아보기 시작할 수도 있다. 피카소와 스트라빈스키, 그레이엄은 모두 신고전주의 스타일을 표나게 추구했다. 엘리엇도 마찬가지였지만 그다지 뚜렷한 성공은 거두지 못했다. 또한 아인슈타인이나 엘리엇과 같이 장(場)의 메타 논평자(metacommentator)로 활약할 수도 있다. 문학 비평처럼 해당 분야에서 존중받는 주석가 역할이 존재하는 경우엔 이런 성찰적인 작업을 계속 수행할 수가 있는 것이다. 하지만 과학 분야에서 과학의 철학자란 과학을 떠난 사람으로 간주된다. 이런 이유로 만년의 아인슈타인은 가장 혁신적인 과학자들에겐 중요한 논의의 대상이 되지 못했다.

표 10.1은 10년을 주기로 창조성의 궤적을 요약한 것이다. 근본적인 도약은 하나의 별표로 표시했고, 다소 포괄적인 창조물은 두 개의 별표로 표시했다. 동일한 궤적을 보인 인물은 아무도 없지만, '10년 규칙'은 시사하는 바가 많다. 생산성 문제는 꽤 난처한 문제 같다. 어떤 분야에서는 엄청난 속도로 작품을 생산할 수 있다. 피카소는 성년이 된 이후로는 하루에 평균 한 작품을 그렸고, 프로이트는 수십 권의 저서와 수백 편의 논문을 썼다. 반면 엘리엇은 단시를 포함해서 겨우 50편 남짓의 시를 썼을 뿐이고, 아인슈타인의 출판된 과학 저서는 프로이트의 저서에 비해 훨씬 적다. 하지만 일급의 시인(W. H. 오든)과 과학자들(생물학자 칼 쥬라시Carl Djerassi)도 문학과 과학에서 다작(多作)이 가능함을 입증한 인물들이다.

〈표 10.1 창조성의 10년 규칙〉

	기원	10년	20년	30년 이후
프로이트	샤르코	「프로젝트」* 「꿈의 해석」**	「성욕에 관한 세 편의 에세이」	사회학적 저술
아인슈타인	광선 사고 실험	특수 상대성 이론*	일반 상대성 이론**	철학적 저술
피카소	바르셀로나 모임	「아비뇽의 처녀들」* 입체주의	신고전주의 양식	「게르니카」**
스트라빈스키	림스키 코르사코프의 영향을 받은 작품	「봄의 제전」*	「결혼」**	후기 양식
엘리엇	「프루프록」 초기 습작품	「황무지」*	「4개의 사중주」**	극작가/비평가
그레이엄	세인트 데니스 무용단	첫 번째 독무회	「프론티어」*	「애팔래치아의 봄」** 신고전주의 양식
간디	나탈	남아프리카 체류 사티아그라하 구상	아메다바드*	소금 행진

* 근본적인 도약
** 포괄적인 창조물

이처럼 창조적인 인물은 정력 면에서도 큰 차이가 있지만, 백과사전에 등재된 생산물의 숫자가 그다지 중요한 것은 아니라고 생각한다. 우리의 주제와 관련해서 내 눈길을 끈 것은 그들이 매일 창조력을 발휘했다는 점이다. 엘리엇은 시를 쓰지는 않았지만 수백 편의 서평을 썼고 주요 잡지를 편집했으며 폭넓은 주제에 관한 책을 출간했다.

간디의 출판된 저서 역시 아흔 권에 육박한다. 아인슈타인은 비록 출판된 저서는 얼마 안 되지만 만년에 이르기까지 물리학의 문제를 숙고했다. 화가나 시인 혹은 물리학자의 '최종 생산물'의 숫자를 헤아리는 것보다 새로운 아이디어나 독립적인 기획의 숫자를 관찰하는 것이 훨씬 적절한 일이다. 피카소는 5년마다 천 점의 그림을 그렸지만, 그 중 한두 작품만이 중요한 작품(내 용어로는 '특징작')이라고 생각했다. 프로이트 역시 매년 10여 편의 논문을 써냈지만 같은 말을 되풀이하는 경우가 드물지 않았고, 그 자신은 언제나 새로운 생각을 찾아야 한다는 사실을 강조했다. 10년이란 기간은 이런 점에서 매우 시사적이다. 독립적인 작품의 숫자가 얼마가 되든, 한정된 기간 안에 한 사람이 내놓을 수 있는 진정으로 혁신적인 작품이나 사상에는 한계가 있을 수밖에 없기 때문이다.

분야의 층위

개인적 층위에서도 많은 유사점과 차이점이 드러났지만, 분야의 층위에서도 창조자들 간의 차이점은 매우 뚜렷하게 드러낸다. 세상의 어떤 측면에 관심이 있는 젊은이는 해당 문화권에 존재하는 기성의 잘 알려진 분야나 학문에 종사하기로 선택하게(혹은 선택당하게) 된다. 각자는 오랫동안 그 분야에서 일을 하게 되기 때문에 그 분야의 특성이 매우 중요하다.

처음 이 연구에 착수했을 때 나는 비교적 포괄적인 방식으로 다양한 분야의 창조성의 단계를 묘사할 수 있으리라 생각했다. 2장에서 나는 그레이엄 월러스(Graham Wallas)의 유명한 4단계 모형(준비단계preparation, 부화단계incubation, 조명단계illumination, 개정단계

revision)에 따라 국부적인 문제점의 성격, 그것을 해결하려는 초기의 시도, 이런 임기응변 식의 방법의 실패, 그리고 당면 문제의 해결에 적합한 새로운 언어나 상징체계를 창조하려는 욕구의 점진적인 출현에 대해 설명했다. 그리고 나는 이 새로운 체계의 '여생', 즉 해당 분야의 정통한 권위자들이 이 새로운 상징체계를 이해하고 보급하는 과정, 그리고 다른 사람들이 이해함에 따라 새로운 고안물이 점차로 장(場)에 의해 받아들여지고 심지어는 그 분야의 일대 쇄신을 일으키는 과정을 상정했다.

대체로 나는 지금도 여전히 이런 모형을 견지하고 있지만, 이와 관련해서 두 가지 중요한 차원이 누락되어 있다고 느낀다. 첫째, 개인들이 상이한 분야에서 작업하는 수단인 상징체계는 현저하게 다르다는 점이다. 이런 다양한 상징체계를 하나로 뭉뚱그려서는 안 된다. 프로이트는 인간의 꿈과 행동에 대한 과학적 개념을 언어로 표현했으며 간단한 도식으로 나타냈다. 아인슈타인은 복잡한 공간적 비유와 신체 이미지, 그리고 수학 방정식을 통해 사유했으며, 사유가 끝난 후에 이를 언어로 나타냈다. 피카소는 세상 사물의 색채와 질감, 선과 형태를 다루었는데, 점차 이런 것을 그 자체의 내재적인 특질에 따라 화폭에 담아냈다. 스트라빈스키 역시 음색과 리듬, 가락, 음질 등 소리의 세계에서 이와 유비되는 요소를 다루었는데, 이들 요소는 물론 경험 세계와도 어느 정도 관련은 있지만 주로 음악 내적인 연상에 의해 의미를 가질 뿐이다. 엘리엇이 활용한 언어적 요소와 인유, 음성은 프로이트나 아인슈타인이 사용한 언어와 전혀 다른 방향성을 갖는다. 그레이엄은 주로 인간의 몸을 매개로 삼아 작업했는데, 인간의 이야기와 감정과 관습적인 관계를 솔직한 몸짓으로 표현하고자 했으며, 이를 음악과 무대장치의 효과와 결합시켰다. 마지막으로, 간디의 저작과 담화는 자신의 집단 체험을 다른 사람들에게 설득력 있게 전달하는 노력을 나타낸다. 그는 의례적인 실천에서 고도의 정치적 행위에 이르기까지 중요한 행동을 몸소 실천함으로써 집단 내의 믿음과 행동을 바꾸는 모범뿐만 아니라 그 믿음과 행동의 모범을 마련했다.

이러한 상징 및 상징체계는 서로 간에 극적으로 다른 면이 있을 뿐더러, 그것들을 다루는 데 필요한 정신적인 능력, 그리고 자신의 발견 사항을 남들에게 전달하는 데 필요한 정신적 능력 역시 매우 다르다. 그러므로 이런 것들을 모두 상징체계라는 두루뭉실한 명칭으로 묶어버리는 것은 사태를 명확하게 하는 만큼 애매하게 만드는 구석도 있다. 사실, 간주곡에서 설명했듯이 이들 창조적인 인물들은 적어도 다섯 가지의 서로 구분되는 활동 방식에 관련되어 있다.

1. **특정한 문제 풀이(주로 과학 문제 풀이)**. 예를 들어 브라운 운동을 다룬 아인슈타인의 초기 논문이 바로 이러한 활동에 속한다. 스트라빈스키가 고전 음악을 편곡하는 것처럼 예술 훈련 과정에서 부과되는 과제 수행도 같은 사례이다.

2. **일반적인 이론 체계 수립**. 본래의 과제가 무엇이었든 간에, 아인슈타인과 피카소는 상대성 이론과 무의식 과정의 정신분석학 이론으로 가장 잘 알려져 있다.

3. **작품 창조**. 예술가들은 기초 데생이나 단시(短詩) 등 소규모의 작품과 벽화나 오페라, 장편소설과 같은 대규모의 작품을 창조한다. 이

들 작품은 창조자의 사상과 정서, 관념 등을 표현한 것이지만, 전반적으로 어떤 문제를 풀거나 혹은 하나의 이론 체계를 고안하는 시도로 간주되지는 않는다. 특정 장르에서 매우 독창적인 작품으로 평가받거나 아니면 새로운 장르를 만들려는 시도로 이해된다. 피카소와 스트라빈스키, 엘리엇이 바로 이 범주에 들어간다. 그레이엄 역시 안무가로서 여기에 속한다.

4. 양식화된 공연. 무용이나 연극과 같은 장르에서는 개인 창조자가 예술 형식을 구현하는 존재이다. 이 경우 '자기 색깔이 분명한' 작품은 특정한 역사적 순간의 공연과 동떨어져 존재할 수 없다. 다양한 방식으로 이런 양식화된 공연을 규정할 수 있지만, 혁신과 즉흥 공연 및 해석의 기회는 언제나 존재한다. 몸의 상태와 역사적 순간의 긴박성에 따라 공연의 성공 여부가 가려진다.

5. 대의를 위한 실천(실행). 정치나 종교 분야에서는 한 개인의 공적인 발언과 행동 역시 창조성을 발휘하는 영역이 된다. 간디가 품었던 사상은 탁월한 것일 수도 있고 제대로 정리가 안 된 산만한 것일 수도 있다. 하지만 그는 특정한 역사적 순간에 몸소 실천을 통해 자신의 사상을 추종자와 전 세상에 설득력 있게 전달할 수 있었거니와 바로 여기에 그의 창조성의 중심 요소가 있다. 양식화된 무용가나 극예술가와 달리 대의를 위한 실천가는 자신의 사명을 완수하기 위해 일신의 안위와, 건강 그리고 생명까지 거는 모험을 한다. 클리포드 기어츠(Clifford Geertz)의 유명한 말을 빌면, 이것은 매우 '심오한 연극(deep play)' 형식이라고 할 만하다.

방금 소개한 특정 상징체계의 성격과 창조적인 다섯 가지의 활동 방식을 염두에 두고, 다음 세 개의 요소를 수반하는 좀더 복합적인 도식을 상정할 필요가 있다.

1. 활용되는 특정한 상징체계
2. 창조 활동의 성격
3. 창조적인 도약 과정의 특정 계기들

부화단계(incubation)에 관해서는 일반적으로 두루뭉술하게 말하는 대신, 다루는 대상이 (1) 언어인가, 몸짓인가 아니면 수학 개념인가에 따라, (2) 문제 풀이인가, 작품 창조인가 아니면 공동체의 행동 방식에 대한 영향력 행사인가에 따라, 그리고 (3) 개념화를 하는 시기인가, 작품 제작인가, 아니면 어떤 공연을 펼치는 실제 시간인가에 따라 그러한 차원을 고찰할 필요가 있다.

지금까지 나는 각 영역의 특징이 되는 상징체계와 활동 방식에 대해 살펴보았다. 하지만 주어진 역사적 순간에서 각 분야가 어떤 구조(structure)를 갖고 있는가도 서로 다른 점이다. 한 가지 중요한 구조적 측면은 바로 각 분야가 얼마나 패러다임적 구조를 갖고 있는가의 정도이다. 보통 이 단어를 사용하는 방식에 따르면, 오직 물리학만이 과학적 패러다임의 지위를 얻을 수 있다. 즉, 기존의 관행과 규범이 모든 성원에게 받아들여지는 그런 영역인 것이다. 프로이트 당대의 심리학, 아니 오늘날의 심리학도 전–패러다임(preparadigmatic) 영역에 속한다. 즉, 심리학에서는 주요 문제에 대한 입장이 경쟁 학파들 간에 서로 다르다. 단지 심리적 현상과 이론적 결과를 상호 동의한 상태에서 그 해석만을 달리하는 정도가 아니다. 하지만 뉴턴과 결부된 물리학 패러다임, 혹은 맥스웰과 패러데이와 결부된 물리학 패러다임, 마흐와 헬름홀츠와 결부된 물리학 패러다임은 어느 것도 적절하지 못한 것으로 여겨졌다. 1910년 경에 로렌츠와 푸앵카레는 당시 통용되는 물리학 개념의 불안정성을 표명했는데, 이는 새로운 패러다임의 필요성을 암시했다.

패러다임이라는 용어는 과학 이외의 분야에도 확장해서 비유적으로 사용할 수 있다. 이 경우 다른 분야에도 지배적인 패러다임이 존재하는 시기가 있음을 분명히 나타낼 수 있다. 18세기 후반 서양 고전 음악은 하나의 작곡 패러다임을 수용했으며, 오늘날의 영국 법정도 분쟁을 다루는 몇 가지 패러다임을 받아들였다고 말할 수 있다.

20세기 초 주요 예술 장르에는 확고한 패러다임이 존재하지 않았다. 음악과 문학의 낭만적 사조, 그리고 미술의 관전(官展)파 및 인상주의 운동은 쇠퇴 국면에 있었고, 무용은 진지한 예술 장르로 인정받지 못했다. 이들 분야는 '패러다임이 없는' 상태였고, 따라서 새롭고 유능한 패러다임이 등장할 여지가 많았다. 대영제국의 지리적 실체 간의 관계에 패러다임이란 용어를 적용할 수 있다면, 영국인들은 자신들이 식민지와 식민지 주민들에게 최선이 무엇인지 안다고 믿을 테지만 원주민들은 오히려 점점 더 반항적인 집단이 되어 갔다고 말할 수 있을 것이다.

어쩌면 하나의 패러다임이 헤게모니를 장악했다는 것은 새로운 접근 방법이 매우 빠른 속도로 폭넓게 수용될 수 있음을 예고하는 최적의 표지라고 해도 좋을 것이다. 아인슈타인의 혁신적인 이론은 처음에는 의혹을 받았지만 물리학 공동체에서 신속하게 수용될 수 있었다. 반면 하나의 패러다임이 지배하는 분야의 구심적인(centripetal) 특성은 젊은 세대가 곧바로 새로운 패러다임에 기반하여 자신들의 업적을 낼 수 있고 새로운 패러다임의 창시자와 경쟁하는 수준에 이를 수 있음을 뜻한다. 아인슈타인이 겪었던 일은 기존의 확립된 분야에서 다른 패러다임 창시자가 겪었던 일과 같다. 그는 곧 자신의 이론을 쉽사리 터득하고 여기에 기반해 새로운 이론을 세웠던 젊은 과학자들에게 추월당했던 것이다.

다른 여섯 명의 인물들은 이러한 상황에 직면하지 않아도 되었다. 어떤 의미에서 이들 모두는 평생 동안 영향력을 유지할 만큼 충분한 업적을 쌓았다. 실제로 그들은 오랜 여생 동안 지속적으로 혁신적인 작업을 했다. 중요한 예외가 바로 엘리엇이다. 다양한 설명이 가능하지만 내가 여기서 말하고 싶은 것은 앞서 잠시 언급했듯이 서정시라는 분야의 특성과 관련이 있다. 다른 장르의 문학은 비교적 나이들어가는 과정에 저항하는 면이 있지만, 서정시는 재능이 일찍 발견되고 불꽃처럼 타올랐다가 젊은 나이에 시들어버리는 그런 장르이다. 밤하늘의 별똥별처럼 순식간에 사위어가는 이런 유형에 예외는 거의 없다. 엘리엇은 극작가와 비평가로 활약하면서 계속 창조적인 삶을 살고자 했다. 특히 비평 분야에서는 탁월한 업적을 남기기도 했지만, 이는 다른 창조자들이 추구했던 것과는 다른 생명선(lifeline)을 의미한다. 이 점에서 엘리엇과 가장 닮은 인물은 무용을 그만두어야 했던 이후의 그레이엄일 것이다.

장(場)의 층위

일단 선택한 분야에서 지속적으로 정진을 하다 보면, 서로 영향을 주고받아야 하는 다른 인물들을 만날 수밖에 없다. 각각의 창조자들은 대체로 한 명 이상의 조언자를 만나게 된다. 일이 수월하게 풀리는 경우라면, 동료도 많아질 테고 경쟁자나 추종자도 생길 것이며 어느 정도는 정치적 분쟁에도 휘말릴 것이다. 과연 각각의 창조자들은 이러한 장(場)에서 어떻게 처신할 것인가?

원숙한 전문가에게는 유능한 조언자(mentor)가 없다고는 전혀 생각하기 어렵다. 사실 우리의 창조자들은 조언을 받는 종류나 정도에서는 큰 차이가 있기는 하다. 아마도 프로이트가 조언자와 관련해서 가장 전통적인 모습을 보여준 게 아닌가 싶다. 그에게는 브뤼케, 샤르코, 브로이어 등 여러 명의 강한 아버지 상이 존재했는데, 이들은 그에게 중요한 임상 훈련과 문제 및 방법을 전수했다. 아인슈타인은 비교적 조언자가 없었다는 점에서 과학자로는 다소 예외적인 인물이었다. 그는 대중적인 과학서, 그리고 마흐와 푸앵카레, 맥스웰 등 전문적인 과학서의 독서를 통해 비교적 간접적인 방법으로 조언을 얻었다. 이런 점에서 그는 셰익스피어나 베토벤처럼 주변에 스승 역할을 담당한 사람이 없었던 과거 예술의 거장들을 연상시킨다.

네 명의 예술가들은 모두 조언자의 도움을 받았다. 스트라빈스키가 가장 전통적인 경험을 했는데, 림스키 코르사코프는 음악 방면에서, 그리고 디아길레프는 공연 문제와 관련해서 그에게 여러 도움을 주었다. 엘리엇은 하버드의 여러 교수들, 다소 나이가 많고 훨씬 용기가 있었던 파안두, 그리고 라포르그와 시몬스의 저서에 영향을 받았다. 피카소는 아버지로부터 가장 직접적인 도움을 받았는데, 그 이후에는 현재나 과거의 다양한 인물들에게 영향을 받았다. 하지만 아무도 그의 예술 세계를 지배하지는 못했다. 그레이엄은 데니숀 무용단의 영향을 비교적 차단한 경우에 속하는데, 앞서 살펴보았듯이 그녀의 무용단 탈퇴 후에는 루이스 호스트가 허물 없는 친구이자 최고의 선생 역할을 했다.

간디는 이 점에서도 이례적인 인물이다. 물론 고칼레나 라지찬드라처럼 간디가 잘 알고 지냈던 사람도 있었고, 톨스토이와 러스킨처럼 그가 존경했던 작가들도 있었다. 폴락이나 슐레슬린처럼 믿을 만한 친구들도 있었다. 하지만 다른 창조적인 인물과는 달리 간디는 스스로 자기 자신을 창조한 것처럼 보인다. 간디가 자신의 실험적인 방법에 관한 글을 많이 썼던 이유, 그리고 과거의 종교 지도자나 그 자신의 신과 동등한 처지라고 느낀 이유가 아마 여기에 있을 것이다.

앞서 이미 창조자와 다른 사람들 간의 음울한 관계에 대해 언급한 바 있다. 이 문제와 관련해서 더 이상 무슨 특별한 말을 할 수 있을까? 여기서 기록을 추적하는 것은 다소 혼란을 야기할 수 있다. 프로이트나 스트라빈스키, 엘리엇처럼 글쓰기를 좋아하는 사람들은 서신이나 일기를 별로 쓰지 않은 사람들에 비해 장(場) 내의 다른 사람들과의 관계에 대해 더 많은 증거들을 남겨놓았기 때문이다.

일곱 명의 인물들 가운데 프로이트와 스트라빈스키가 다른 많은 동업자들과 가장 심하게 부딪쳤던 한 쪽 극단에 위치한다면, 아인슈타인은 그 반대편 극단에 위치한다. 프로이트와 스트라빈스키는 다른 많은 사람들을 경쟁자로 간주한 경쟁심이 남다른 인물이었다. 그들은 자신의 영역을 고집스럽게 보호했고, 세상을 지지자와 적으로 양분했으며, 충성에는 신속한 보상으로 답했고 불충과 배신에는 재빠른 응징을 가했다. 그들에게 사회정치적 현상은 제로섬 게임이었다. 동지가 아니면 누구든 적이었다. 두 사람 모두 자신의 말을 곧이

곧대로 따르는 추종자들을 거느렸지만, 가까운 동료로서 환영하지는 않았다. 아마도 자기 분야에서는 아무도 자신과 동등한 동료가 될 수 없다고 느꼈기 때문일 것이다. 그들의 가장 가깝고 허물없는 친구들이 모두 해당 분야에 속하지 않는 사람들이었던 것도 전혀 우연이 아닐 것이다.

피카소 역시 적어도 프로이트와 스트라빈스키만큼 경쟁심이 강한 사람이었다. 어쩌면 다른 누구보다도 남들을 가혹하게 대한 인물이었을 것이다. 하지만 꽤 어린 나이부터 남들이 자신을 위해 나서도록 하는 수완을 발휘했고 글쓰는 것을 그다지 좋아하지 않았던 탓에, 프로이트나 스트라빈스키처럼 정치적인 분규에 휘말리지 않았던 것으로 보일 뿐이다. 엘리엇은 두 사람 못지않게 문학계의 정치적인 분쟁에 관여했고 이런 문제를 요령 있게 다룰 줄 알았다. 하지만 인생의 이런 부문에 관해서 나로서는 그다지 엘리엇을 평가하고 싶지 않은 심정이거니와, 실제로 그는 노년에 원로 정치가의 역할을 맡는 것을 기껍게 생각했던 것 같다. 다른 인물들과 비교해 봐도 엘리엇은 적을 찾아내서 적이라는 딱지를 붙이고 그들을 제압하려는 노력을 별로 기울이지 않았던 듯싶다. 그레이엄은 동료들과 긴장된 사이였지만, 적어도 그녀는 자신이 받은 만큼 되돌려주었다. 물론 그레이엄은 자신의 작품과 공연에 일차적인 관심을 기울였고, 재원 문제는 다른 사람에게 맡기는 것을 더 좋아했다.

간디와 아인슈타인은 이 문제에서 예외적인 인물들이다. 아인슈타인은 과학 이외의 사안에 관련해서 논란이 불거진 경우가 아니면, 자신의 이론을 둘러싼 사적이고 정치적인 문제에 별로 관심이 없었고 자기 입장을 변호하거나 남을 공격하는 일에 무심했다. 간디는 자신이 하고 있는 일, 자신이 끊임없이 기획하는 사업의 정치적인 본질을 누차 공언했다. 하지만 그가 내세우는 교의의 중심 부분이 적과 평화롭게 공존하는 것과 관련돼 있었기 때문에, 노골적으로 적을 질타하거나 비판하기는 힘들었을 것이다. 물론 가족들과는 다소 불편한 사이였는데, 이는 간디가 대인관계에 서툴렀음을 반증한다. 특히 자신과 가장 가까운 사람들을 뜻대로 움직이지 못할 때 이런 면이 두드러졌다. 커다란 정치 세계의 거장이 사적인 대인관계에서는 구제 불능의 미숙아였던 것이다.

장(場)의 마지막 차원은 분야와 상보적인(complementary) 하나의 개념과 관련된다. 여기서 나는 하나의 장이 어느 만큼이나 위계적으로 조직화되어 있으며, 이 위계적인 질서에서 한 사람이 다른 사람의 행동에 어느 정도로 영향을 미치는가에 대해 말하겠다. 이 문제에서 장들 간의 차이는 매우 뚜렷하다. 일찍이 아인슈타인은 물리학 분야의 위계에서 정상에 올랐던 인물이며, 그가 죽은 뒤에도 그의 위치는 확고했다. 하지만 아인슈타인 자신은 이런 위치 덕분에 과학 연구에 매진하고 동시에 비과학적인 사안에 관심을 기울일 수 있는 여유를 얻을 수 있는 것 외에는 이런 위치에 별반 관심이 없었다. 프로이트는 국제적으로 공인된 어떤 장에서도 높이 평가된 적이 없었고, 그래서 그는 스스로 자신의 장을 창조했다. 이후로 정신분석학의 위계적인 질서를 지배하는 것이 그의 주요한 관심사가 되었다.

피카소 역시 20세기의 빛나는 화가라는 위상을 중년 초입부터 널리 인정받았다. 그는 다른 화가의 작풍에 영향을 미치는 것보다 자신의 작품과 성공에 훨씬 더 관심이 많았다. 일부 화가들과 교류는 했지만, 오직 마티스만이 그의 의식에서 중요한 자리를 차지했던 것 같다.

스트라빈스키에게는 위계 질서가 훨씬 복잡했는데, 경쟁 악파(樂派)들이 그의 평생 동안 지속적으로 활동을 했던 까닭이다. 오랫동안 그는 자신이 경쟁 악파의 좌장격인 쇤베르크와의 경쟁 관계에서 구속감을 느꼈다. 스트라빈스키는 오직 쇤베르크 사후에야 12음 음악과 대결하는 데 자유를 느꼈다. 그레이엄 역시 다른 현대 무용의 대가들과 경쟁한다는 느낌을 가지고 있었다. 그레이엄은 다음 세대의 최고 무용가들 대부분을 훈련시킨 장본인이었는데도, 오래 지체됐던 은퇴 후에도 자신이 무용계의 상징적인 인물로 남기를 열렬하게 바랐다.

편집자와 비평가로서 엘리엇의 역할은 소설과 시를 비롯한 문학 장르를 장려하고 활성화하는 데 있었다. 그처럼 존경받는 참여자가 중요한 평자(評者)로서도 활동한 예는 별로 없다. (프로이트가 정신분석학에서 이런 두 가지 역할을 했던 것이 또 다른 실례가 될 수 있다.) 엘리엇은 예상보다는 훨씬 관대한 마음으로 이런 역할을 수행했다. 그는 정치적·사회적 입장과 관계 없이 문학적 우수성의 등급을 판단할 수 있다고 믿었다. 이와 동시에 그는 과거의 선배 문학인들에 대해서는 우상파괴적인 작업을 즐겁게 수행했다. 의식을 했건 안했건 그는 문학사를 다시 쓰는 과정에서 자신의 가치를 더욱 높일 수 있었다.

일군의 평자들이 합의를 이루어간다는 장(場)의 기본 모형은 간디에게는 전혀 어울리지 않는다. 한편으로 그의 분야인 정치는 가장 오래되고 광범위한 영역이다. 하지만 다른 면에서 보면 사티아그라하는 정신분석학과 마찬가지로 간디 자신이 창시한 분야이고, 그는 창시자로서 사티아그라하의 실천가와 실행에 대해 판단할 수 있는 최선의 인물이다. 하지만 간디는 평가하는 일에 별로 관여하지 않았고, 세상을 바꾸는 일에 전념했다. 그는 대의를 위해 싸웠던 것이다. 그의 경쟁자는 동시대의 주요 정치가인 레닌과 처칠 등이며, 또한 다른 시대의 탁월한 종교 지도자인 예수와 부처였다. 간디는 분명 이런 오만한 비교에 스스로 몸을 낮추긴 했을 테지만 분명 이런 식의 생각을 했을 것이다. 결국 간디의 창조성은 그의 쇄신 노력의 성공과 밀접히 연관되어 있다. 중년 무렵에 그는 놀라운 성공을 거두었지만 그 이후로는 그다지 성과를 내지 못했다.

지금까지 개인과 분야, 장에 대해 논의한 결과를 안고 이제 이 연구의 길잡이였던 이론적·경험적 문제와 관련된 '자료'를 검토하면서 결론을 내릴 생각이다. 이런 문제에 대해 아직 결정적인 대답을 할 처지는 못 된다. 하지만 몇몇 사안에 대해서는 강한 경향성을 언급할 수는 있다. 이를테면, 창조적인 인물들은 주로 경계인의 삶을 살았다는 점, 일찍이 신동의 재능을 드러내는 것은 그다지 중요하지 않다는 점 등이 그런 예이다. 그리고 평생 동안 창조성을 발휘할 가능성이나 정치적 분규의 불가피성 같은 문제는 분야마다 뚜렷한 차이점을 보인다는 사실도 말해 봄직하다. 다른 학자들이 이런 저런 분야에서 나온 여러 자료를 추가한다면, 우리는 특이성 중심적 연구에서 그루버 등이 시도하는 사이먼튼 계통의 공통성 중심적 연구로 나아갈 수 있을 것이다.

비동시성 평가

이 책의 제1부에서 나는 "창조성은 어디에 있는가?"라는 질문에 대한 대답으로 마련된 구성적 틀을 소개한 바 있다. '창조성의 삼각형'을 도입한 기본 목적은 재능 있는 개인과 그 개인이 활동하는 분야, 그리고 권위자로 이루어진 장(場)의 변증법적 상호관계를 탐구하는

데 있었다. 어떤 개인이 다소 추상적인 의미에서 아무리 뛰어난 재능을 타고 났더라도 어떤 분야에 참여해서 해당 장(場)에 의해 평가받는 성과물을 내놓지 않으면 그 사람이 실제로 '창조적'이라는 평가에 합당한지 여부를 결정하기는 불가능하다. 물론 처음부터 삼각형의 세 결절점이 조화를 이루는 것은 아니다. 하지만 개인과 분야, 그리고 장 사이에 일종의 화해가 이루어지지 않으면, 한 개인의 창조성에 대한 궁극적인 결론은 내릴 수 없다.

때로는 개인과 분야, 장 사이에 완벽한 조화가 이루어지는 경우가 있다. 이는 신동의 교과서적인 사례라고 할 수 있다. 사실상 어떤 사회에서는 이런 조화로운 정렬만을 바람직하게 생각한다. 그러나 우리 현대 사회는 신동이 자동적으로 창조적인 성인이 되지 못하는 세상이다. 우리가 성인 창조자들에게서 가장 재능 있는 아동들조차 감히 상상도 못할 일종의 혁신, 규범으로부터의 탈피를 찾는 이유가 여기에 있다. 어른 신동으로서 가장 알맞은 인물은 아마도 모차르트나 피카소일 것이다. 기막힌 재능을 타고나서 결국 누구나가 인정하는 거장이 되었던 인물들이다. 하지만 두루 알다시피 두 사람 모두 어린 신동에서 어른 대가로 매끄럽게 변했던 사람은 결코 아니다. 앞서 이미 살펴보았듯이 대체로 가장 탁월한 혁신을 이루었던 인물들은 어떤 의미에서도 신동이 아니었다.

창조적인 인물의 특징적인 모습은 창조성의 삼각형에서 어떤 부조화, 혹은 부드러운 연결의 결여를 장점으로 활용할 줄 안다는 점이다. 분석적으로 보면, 여섯 가지의 비동시성 영역이 존재한다. 개인 내부, 분야 내부, 장 내부, 그리고 개인과 분야 사이, 개인과 장 사이, 분야와 장 사이에 비동시성 영역이 존재한다. 모든 종류의 비동시성에서

면제된 사람들은 신동이나 전문가가 될 수는 있을지언정, 창조적인 사람이 될 수는 없다. 반면, 모든 지점에서 비동시성을 경험하는 사람 역시 여기에 압도당할 가능성이 크다. 나는 몇몇 지점에서 비동시성을 겪으면서도 동시에 거기에 따르는 중압감을 견뎌낼 수 있는 사람만이 창조적인 인물이라는 평가를 받을 수 있다고 가정했다.

본론 장에서 나는 이들 각 종류의 비동시성의 증거를 제시했다. 각 사례 연구마다 모든 종류의 비동시성을 찾아내는 것도 가능하지만, 이는 42가지 이상의 비동시성을 발견하라는 요구와 같고 그렇게 한다고 해도 그다지 대단한 결론이 나오지는 않을 것이다. 차라리 나는 좀 더 몇몇 비동시성을 상기하겠다.

개인 층위에서는 탁월한 공간 및 신체 지능과 빈약한 학문적인 능력 사이에 비동시성을 보인 피카소를 주목한다. 아인슈타인이 고르디아스의 매듭을 끊기 이전의 물리학 분야에는 한동안 긴장된 부조화가 존재했다. 임상적 정신의학의 장(場) 내부에는 프로이트의 이론을 높이 평가하는 부류와 전혀 터무니없다고 여기는 부류 사이에 깊은 불화가 존재했다. 그리고 여러 예술 장르에는 대중의 장과 엘리트의 장 사이에 긴장이 스며 있다.

꼭지점 사이에 존재하는 비동시성의 사례도 쉽게 들 수 있다. 프로이트는 자연과학자에게는 예외적인 지능을 가지고 있었지만, 이는 정신분석학이라는 새로 형성된 분야와는 잘 어울렸다. 그레이엄의 초기 무용은 평범한 관객의 취향에는 맞지 않았지만, 결국 신문 비평자의 마음을 사로잡아 이들로 하여금 현대 무용의 장을 새롭게 형성하게 하는 자극을 주었다. 마지막으로 간디의 경우를 살펴보자면, 영국적 환경에서는 갈등에 대한 법률적 해결이나 군사적 해결이 적절했는지 몰라도 이는 당시 독립국을 염원하던 인도인 대다수에게는 전혀 의미가 없었다.

생산적인 비동시성을 가정하는 경우에 문제의 소지가 될 수 있는 것은 너무 쉽게 이런 비동시성의 사례를 찾아낼 수 있다는 점이다. 창조적인 인물은 다른 사람에 비해 비동시성을 더욱 많이 경험하거나 드러내는 것일까? 아니면 단지 비동시성을 장점으로 활용하는 데 더 뛰어났던 것뿐일까? 여기서 경계성의 사례를 드는 것이 유용하다. 정의상 사람들 대부분은 그들의 공동체 내부에서 경계인의 위치에 있지 않다. 따라서 창조적인 인물 가운데 경계인의 비율이 많다면, 이는 비동시성이 창조적인 업적과 관련이 있다는 통계적인 증거가 될 수 있다. 하지만 비동시성의 즐거움과 고통을 느낀 자는 다른 많은 이들이 '자유로부터 도피'하고 주류라는 안락한 지위를 찾아 돌진하는 가운데서도 대개는 계속해서 비동시성을 추구한다는 사실도 그에 못지 않은 진실이다.

이 책에서 다룬 인물들은 모두 '경계(edge)'에 존재하는 전율 혹은 몰입 체험을 하기 위해 비동시성의 조건을 의도적으로 추구했으며, 심지어는 다른 사람들은 왜 이런 비동시성의 과실을 경험하고 싶어하지 않는지 이해하지 못했다. 각각의 인물에게 처음 주어졌던 비동시성 혹은 경계성의 조건이 어느 정도인가와는 상관 없이 이들 모두의 삶에는 이러한 특색이 두드러졌다. 프로이트는 많은 영역에서 뛰어난 재능을 보였지만, 자기 자신 내부에서, 다른 사람들과의 관계에서, 그리고 그가 일했던 몇몇 분야에서 비동시성을 겪어야 했다. 그리고 자신이 기성 체제에 편입되어간다고 느낄 때마다 창조적인 인물이면 누구나 그렇듯이 더욱 복잡한 문제와 씨름하고 주변 사람들에게 한층 강한 요구를 하면서 경계를 향해 이동했다.

프로이트에 못지 않게 창조적이고 성공적이었던 아인슈타인은 삶에서나 이론적 사색에서나 비동시성을 경험하려는 욕구가 별로 없었다. 그는 어릴 때 사색하고 싶은 주제를 정했고, 그의 비서가 말한 대로 뚝심 있는 곰처럼 다음 천 년 동안이라도 자신이 연구하고 싶은 주제를 계속 연구했을 것이다. 아인슈타인의 성품과 재능은 1905년과 1920년 사이에 그가 발견한 혁명적인 이론과 잘 맞았다. 이런 의미에서 물리학 분야는 아인슈타인의 고유한 장점 및 스타일과 완벽하게 상호작용했다고 볼 수 있다. 그 때 이후로 그와 물리학의 비동시성은 너무 커졌다. 그는 세계 현실과 과학 문제를 논평하는 위치로 물러났던 것이다.

네 명의 예술가들 역시 상당 수준의 비동시성을 경험했다. 하지만 이런 부조화는 각기 다른 모습으로 나타났다. 주류 계층의 집안에서 태어났고 학자와 교수의 길이 보장된 것이나 다름 없던 엘리엇이 비동시성을 야기하기 위해 가장 큰 무리수를 두어야 했다. 다소 이상한 성품에다 힘든 결혼 생활, 그리고 자신의 수입만으로 해외 생활을 계속해야 하는 처지 등이 복합적으로 작용해서 제1차 세계대전이 끝날 무렵에는 절망적일 정도로 '비동시적인' 상황에 직면했다. 이후로 이런 비동시성은 다소 약화되었는데 아마도 이는 그의 창조력의 쇠퇴를 반영한 것일 터이다. 그레이엄은 엘리엇과 반대 사례로 보인다. 그녀는 가족의 지원도 기대할 수 없고 여성으로 태어난 탓에 사회적 불이익을 감수해야 했기 때문이다. 힘든 상황에서 도전을 거듭하며 성격은 더욱 강해졌고(엘리엇은 이렇지 못했다), 덕분에 자신이 스스로 만들어낸 것이든 원래 처한 상황 때문에 생긴 것이든 여러 비동시성의 조건에서도 무용가로 대성할 수 있었다.

스트라빈스키와 피카소는 닮은 점도 있고 상반된 점도 있다. 스트라빈스키도 음악가 집안에서 태어났고 피카소도 아버지가 화가였지만, 피카소의 아버지는 화가로서 평범한 재능을 지녔을 뿐이다. 스트라빈스키는 안온한 부르주아의 삶에서 도망가고 싶어한 반면, 피카소는 좁은 시골 구석에서 떠나고 싶어했다. 두 사람 모두 일찍 성공을 거두었지만(「불새」와 「페트루슈카」, 그리고 청색 시대의 작품들), 여기에 만족하지 않고 훨씬 더 근본적인 혁신을 향해 나아갔다. 이런 노골적인 인습파괴적인 작품도 성공하기에 이르렀지만, 그들은 이후로도 비동시성의 조건을 계속 추구했다. 이런 모습은 다른 사람들을 대할 때나 작품을 창조할 때나 한결같았다.

간디는 이번에도 역시 복잡한 모습을 보인다. 인구통계상으로 보면 인도나 세계 시민으로서나 간디는 주위 환경과 어긋나는 인물이었다. 즉 비동시적인 상황에 처해 있었다. 게다가 매우 독특한 성품과 사상을 지녔기에 그는 언제나 주변 사람들 사이에서 이채를 띠었다. 하지만 동시에 그의 업적은 사회 성원들과 깊은 유대를 맺는 능력이 그에게 있음을 보여주었다. 그는 인도인 대다수를 대변할 수 있었던 것이다. 이렇듯 그는 인도 사회 및 인류 전체와 동렬에 서면서도 뚜렷한 경계인의 위치, 즉 근본적인 사회 변화를 일으키는 위치에 설 수 있었다. 어쩌면 이런 이원적인 역할이 비동시성의 형태로 비칠 수도 있다. 즉, 한 발을 평범한 사람들의 세상에 걸치고 있다는 점이 소속 사회에서 완전히 절연된 것보다 훨씬 변칙적인 모습으로 여겨질 수 있다는 얘기다.

비동시성 연구자들은 태생적으로 주어진 비동시성의 조건뿐 아니라 그런 조건을 일부러 만들었던 여러 증거 자료를 제공한 이 사례 연구에서 무언가를 얻었다는 느낌을 받을 수 있을 것이다. 이런 면에서 창조적인 인물들은 어떤 식으로든 남들에 비해 튀어 보일 생각이 없는 보통 사람들과 무척 다르다. 하지만 이들은 관련 분야에서 이들 못지않게 야심은 컸지만 그만큼 성공을 거두지 못한 사람들, 이를테면 의학의 빌헬름 플리스나 정신의학의 피에르 자네(3장 참조)와 같은 대조 표준 그룹(control group)과도 다르다고 할 수 있는가? 우리가 다룬 일곱 명의 인물들은 분명 다른 점이 있으며, 이들이 대변하는 비동시성의 정도나 유형이 다소나마 더욱 생산적이었다는 게 나의 직감이다. 이를테면 프로이트의 사유는 너무 괴상한 면이 있었던 빌헬름 플리스의 이론이나 날카로운 면이 부족한데다 별로 알려지지 않은 피에르 자네의 이론보다 더욱 생산적이었다. 그러나 현재로서는 비동시성과 생산성을 평가하는 설득력 있는 방법이 없기 때문에 이것은 좀더 심사숙고해야 할 문제로 남는다.

새로 발견한 주제

대규모 연구에 착수하는 학자들은 일정한 가정에 입각해서 연구를 수행해야 한다. 이런 길잡이가 없으면 연구를 수행하는 것조차 거의 불가능하다. 하지만 대부분의 연구자들은 새로운 결론을 발견할 가능성도 열어 둔다. 결국 처음부터 예상했던 결론만을 얻는 연구라면 아예 수행할 가치가 없는 것이다. 여기서도 역시 적정 수준의 비동시성이 바람직하다.

사례 연구를 진행하는 과정에서 내가 예상하지 못했던 두 가지 주제가 드러났다. 하나는 창조적인 인물이 혁신적인 성과를 이뤄내는 비교적 짧은 시기에 관련되고, 다른 하나는 성년기의 생애를 상당 기간 포괄하는데, 이는 발달심리학의 관점과 일치한다.

도약의 시기에 얻는 인지적·정서적인 도움

프로이트의 생애에 익숙한 덕분에 나는 그가 가장 고립된 시기에도 플리스와 교제하면서 격려와 힘을 얻었다는 점을 알고 있었다. 프로이트가 플리스에게서 굉장히 중요한 아이디어를 얻었다고 생각하는 학자는 거의 없지만, 분명 프로이트는 플리스의 도움과 경청을 필요로 했다. 프로이트가 플리스의 편지를 모두 없앴기 때문에 우리는 어느 정도나 그가 프로이트에게 귀중한 생각 혹은 날카로운 비판을 전해주었는지 알 도리가 없을 따름이다.

다른 인물에 관한 연구를 시작하면서 나는 점차 프로이트와 플리스의 절친한 관계가 예외적인 사례이기는커녕 일종의 규칙임을 깨달았다. 앞 장에서 살펴보았듯이 브라크와 피카소, 호스트와 그레이엄, 파운드(및 비비언 엘리엇)와 엘리엇, 디아길레프 발레단(및 로에리히와 라뮈즈)과 스트라빈스키의 관계 역시 비슷했던 것이다.

남은 두 인물에게도 이런 점을 확대 적용할 수 있다. 아인슈타인은 상대성 이론을 발견하기 전에 친하게 어울렸던 올림피아 아카데미의 친구들에게서 큰 도움을 받았다. 상대성 이론을 구상하는 데는 친한 친구 베소와 아내 밀레바의 조언이 컸다.

간디의 절친한 친구로는 누구를 들어야 할지 확신이 서지 않는다. 하지만 9장에서 언급했듯이, 유대가 돈독했던 사라바이 가족과 양가적인 관계를 맺지 않았다면, 즉 아나수야와는 힘을 합치고 암발랄과는 적대하는 그런 경험이 없었다면, 아메다바드의 결정적인 순간은 불가능했을지도 모른다. 아마도 이런 점에서 간디 역시 친밀한 친구의 도움을 받은 경우에 속한다고 할 수 있을 것이다.

이런 친밀한 관계에 대해 좀더 말해 둘 내용이 있다. 첫째, 이상적인 상황에서는 두 가지 차원이 있어야 한다는 점이다. 즉, 무조건적인 지지로 격려하는 정서적인 차원이 있어야 하고, 혁신적인 도약의 성격을 이해하고 그 본질에 관해 유용한 조언을 해주는 인지적인 차원이 있어야 한다. 플리스와 호스트, 브라크와 같은 전형적인 지지자들은 두 가지 역할을 모두 수행했다. 파운드와 비비언 엘리엇 역시 두 역할을 모두 했다고 할 수 있다. 아인슈타인의 경우는 정서적인 도움은 별로 필요하지 않았던 것 같다. 스트라빈스키는 포킨과 니진스키, 베누아, 몽퇴, 로에리히, 디아길레프 등 여러 인물들에게서 골고루 도움을 받았다. 역시 간디에 대해서는 별로 할 말이 없다. 비록 파업 참가자, 노동자, 종교인 그리고 간디를 따르던 충성스런 추종자들이 그에게 큰 힘이 되었다는 지적은 할 수 있지만 말이다.

내가 이해한 바처럼 이러한 관계는 유년기의 유대 관계와 관련이 깊다. 한 가지 모델은 어머니가 아이에게 언어와 소속 문화의 규칙을 가르쳐주면서 나누는 대화이다. 어머니의 끊임없는 설명을 통해 유아는 무지의 상태에서 지(知)의 상태로 이동한다. 또 다른 모델은 친한 친구들, 혹은 형제들이 함께 낯선 세상을 탐험하고 자신들이 발견한 내용을 서로 이야기하는 대화이다.

바로 이런 과정이 혁신적인 도약의 시기에 재연되어야 한다. 다만 이번에 형성되는 언어는 한 아이뿐만 아니라 인류 전체에게도 전혀 새로운 것이라는 점이 다르다. 창조자는 특정 문제를 해결하고 다른 문제의 해결에도 도움을 줄 수 있는 새로운 언어를 창조하기 위해 필사적으로 노력한다. 그는 이 언어를 고안하고 능숙하게 사용할 줄 알아야 하며, 나아가 다른 사람들에게 전달해 줄 수 있을 정도로 완벽하게 터득해야 한다. 이 과정에서 그는 새 언어를 배우고자 하는 무지한 학생에게 그것을 가르치는 선행 모델에 의존한다.

이런 식의 소통이 엄마와 유아의 대화나 유소년기 친한 친구들 간의 대화를 의식적으로 재연한 것이라고 말할 필요는 없으며, 또 그렇게 말하는 것은 지나치게 앞서가는 주장이다. 하지만 이런 대화의 특성을 보여주기 위해서는 아무래도 그런 식의 비유가 도움이 된다는 생각이다. 게다가 엄마와 아이 혹은 보모와 유아 간의 대화, 혹은 친한 친구들 간의 대화와 같은 어린 시절의 효과적인 소통을 경험하지 못한 창조자는 어른이 되어서도 근본적인 소통을 하는 데는 어려움을 겪을 수밖에 없을 것이다. 성년기에 있어서 이런 종류의 지지와 격려는 새로운 업적을 창조한 일과 관련이 있으며, 어린 시절 무엇인가 성취한 일에 보상을 받던 상황이 재연된 것이라는 점을 주목해야 한다.

그렇다면 창조적인 도약의 시기는 정서적으로나 인지적으로 매우 긴장이 높은 시기일 수밖에 없다. 이 때는 유아기 이래 다른 어떤 시기보다도 지지와 격려가 필요하다. 이 때 벌어지는 의사소통의 종류는 이미 동일한 언어를 공유하는 사람들끼리의 평범한 대화보다는 어릴 때 새로운 언어를 배우고 가르치는 상황과 더 닮았으며, 그만큼 매우 중요한 의미를 갖고 있다. 또한 창조적인 인물들이 분명치 못하고 어눌하게 말하는 것은 자신의 두뇌가 정상이며 마음 맞는 이들은 충분히 자기 말을 이해할 수 있으리라는 것을 시험하려는 방식이라고 할 수 있다.

파우스트적 거래와 창조적인 삶

앞 장들에서 각각의 인물들이 파우스트적 계약을 맺었다는 점을 언급했다. 파우스트 전설이란 창조적인 인물은 뛰어난 재능을 타고난 점에서 특별나지만 그런 재능을 잃지 않기 위해서는 어떤 대가를 치르거나 모종의 계약을 맺어야 한다는 통념의 가장 유명한 판본일 뿐이다. 물론 이런 통념은 사소한 의미에서 사실이다. 전문 작가나 공연가로 계속 활동하려면 자신의 재능을 지속적으로 갈고 닦아야 한다. 하지만 좀더 극적인 의미에서는 동화같은 분위기도 뉘앙스도 풍긴다. 어쨌든 결국 우리는 창조적인 인물은 개인적인 신이나 정령과 결탁해야 한다고 생각해야 하는 것일까?

나는 창조적인 인물들이 자신의 재능을 잃지 않기 위해서 미신을 믿거나 비합리적이고 강박적인 행동을 하는 모습에 상당히 놀랐다. 보통 그들은 창조 활동을 지속하기 위한 일환으로서 정상적인 인간관계를 희생했다. 계약의 종류는 다양할지 몰라도 그것을 고집스럽게 지키는 모습에는 일관성이 있었다. 이러한 거래는 다른 사람이 아닌 자기 자신과의 계약인 경우가 대부분이며, 파우스트 박사와 메피스토펠레스를 연상시키는 그런 반쯤은 마술적이고 신비적인 계약이라고 할 만하다. 그만큼 종교적인 특색도 포함하고 있는데, 이를테면 각각의 인물은 자신의 개인적인 신과 계약을 맺은 것처럼 보였다.

이런 의도적인 계약은 오직 피카소의 전기에서만 찾을 수 있었다. 그는 일곱 명의 인물 가운데 가장 노골적으로 미신을 믿었던 사람으로서 누이 동생이 치명적인 질병에서 회복된다면 그림그리기를 그만둘 것이라고 맹세(사실 유일한 계약이었다)했다. 5장에서 지적한 대로 피카소는 누이가 사망하자 인생을 그림에 바치기로 결정했는데, 그림을 위해서라면 자기 자신뿐 아니라 다른 사람들도 희생시킬 수 있는 자격증을 얻은 것으로 생각했다. 자신이 제의했던 계약이 지켜지지 않자 그렇게 많은 다른 사람들을 평생동안 난폭하게 대하는 것을 허용하는 '반대 계약'을 맺은 셈이었다.

프로이트와 간디, 엘리엇의 극단적으로 금욕적인 삶 역시 파우스트적 계약의 다른 모습이다. 프로이트와 간디는 비교적 젊은 나이에 성관계를 단념했고, 굳이 그럴 필요도 없어 보이고 다소 미련해 보일 정도로까지 많은 것을 희생했다. 엘리엇은 오랫동안 거의 독신 생활이나 다름 없는 불행한 결혼 생활을 견뎌냈다. 마치 시인의 삶을 계속 살아가기 위해 지불해야 할 대가인 것처럼 여긴 듯했다. 의미심장하게도 그는 이혼한 후에, 특히 재혼한 후에 훨씬 행복해졌지만 그만큼 작품 발표는 줄어들었다.

다른 인물은 어떠할까? 그레이엄은 육체의 쾌락을 포기하지 않았으나 친밀한 애정 관계를 오랫동안 두려워해서 남편과 아이를 원하지 않았다. 결혼 생활이 깨진 후로는 독신 생활을 유지했던 것으로 보인다. 스트라빈스키는 특별히 금욕적이고 절제된 삶을 살지는 않았지만, 피카소와 마찬가지로 다른 사람들을 매우 냉혹하게 대했다. 이런 것이 내심으로 자신의 창조적인 성격에 필요한 부분이라 생각했던 것 같다. 「봄의 제전」을 완성한 바로 그 날 법률 문서를 작성했다는 사실은 그가 열성적인 혁신자이면서 동시에 법률 소송을 일삼는 사람임을 확실히 드러내는 증거로 보였다. (피카소 역시 강간과 작품 창조를 동일시한 면이 있다.) 이들 가운에 아인슈타인만이 자신의 창조성과 관련하여 의식적 혹은 무의식적인 계약을 맺지 않았던 것으로 보인다. 하지만 아인슈타인은 다른 사람들에게서 거리감을 느끼고 남들과 가까이 지내기 힘들다는 말을 자주 했는데, 이런 점으로 미루어 보면 그 역시 인간적인 영역에서 동떨어진 것을 물리학에 관한 독창적인 사고를 하기 위한 대가로 여겼다는 생각이 든다.

지금까지 논의한 경험적 탐구 사안과 관련해서 말한다면, 새로 발견한 두 가지 사항이 창조적인 도약의 필수 전제조건이라고 주장하는 것은 과장이다. 나는 각각의 창조적인 인물을 검토하면서 미묘한 차이를 신중하게 고려하고자 했다. 하지만 새로 발견한 두 가지 주제는 분명 창조력이 뛰어난 사람을 들여다보는 독자적인 창이라고 생각한다. 자신이 대단한 재능을 지니고 있다고 느끼는 사람은 무엇인가 대가를 치러야 한다는 강박감을 가질 수 있다. 그리고 이런 거래를 되도록 분명하게 확정하는 방법을 찾을 것이다. 이와 마찬가지로 전인미답의 경지를 개척하면서 창조력을 최대한 발휘할 때는 다른 사람들의 지지와 격려가 큰 도움이 된다. 여기에 가장 어울리는 모델은 어머니가 갓 태어난 아기에게 처음 세상을 느끼도록 도와주는 상황일 것이다.

남은 문제들

이 연구는 기본 방향에서는 매우 설득력 있는 주장을 하고 있지만, 몇 가지 문제도 아울러 제기한다. 내 관점을 잘 알고 있는 사람들이 자주 제기했던 다섯 가지 문제를 검토해 보겠다.

● **합당한 인물을 선택했는가?** 원래 의도는 일곱 가지 지능을 각기 대표하는 인물을 선택하는 것이었다. 그리고 20세기에 살았던 인물을 골라야 한다는 조건을 추가했다. 동시대를 호흡하며 똑같은 국제

적인 조류에 노출되어 있었던 인물들을 다룸으로써 나는 적어도 한 가지 변수는 제어할 수 있었다. 동시에 나는 창조성의 발현상을 특정한 역사적 시대로 국한시켰다.

물론 다양한 분야에서 많은 인물을 고를 수 있었다. 얼마나 중요한 인물인가도 고려했지만, 나의 주된 기준은 그 인물에 관한 기록이 풍부하게 남아 있는가, 그리고 내가 개인적으로 매력을 느끼는 인물인가였다. 백인 남성을 줄이는 대신 비유럽인을 늘려야 한다고 생각하는 사람들에게도 공감하는 바 있지만, 일단 이 연구는 다른 모집단을 대표하는 주제(인물)를 포함하지 않았다는 한계보다는 일곱 명의 업적을 얼마나 설득력 있게 설명했는가에 따라 평가해 주었으면 좋겠다.

● **적절한 분야를 선택했는가?** 역시 내가 감당할 수 있는 분야를 다루기로 결정했다는 것은 그만큼 다른 많은 영역이 선택에서 제외되었음을 의미한다. 시인을 다루기로 한 것은 소설가를 제외했다는 뜻이며, 물리학자를 선택한 것은 생물학자나 수학자, 화학자, 천문학자 등을 배제했음을 의미한다. 고급 예술에 주목한 것은 대중 예술을 도외시한 것이며, 발명가나 사업가 혹은 운동 선수 역시 사례에 포함하지 않았다. 독자들이 이 책의 분석에서 나온 결론에 주목해 주고, 이 연구에 자극되는 바가 있다면 다른 인물, 다른 분야, 다른 모집단에 관해서 이 연구를 좀더 확대 적용하기를 바라는 마음이다. 후속 연구를 통해서만 이 장에서 제시하는 일반적인 결론이 내가 사례로 포함하지 못한 다른 분야나 시대, 인물들에 관해서도 적용될 수 있는지 여부를 결정할 수 있을 것이다.

- **지나치게 인지적인 측면에 주목했는가?** 당연히 이 책 못지 않게 방대한 연구를 전혀 다른 측면(성격, 의식적 혹은 무의식적 동기, 사회적 지원)에 주목해서 수행할 수도 있다. 마찬가지로 개인에 초점을 맞추는 대신 사회학자들처럼 장(場)에 주목할 수도 있고, 역사가나 과학철학자 및 예술철학자들처럼 분야에 주목할 수도 있다. 나는 내가 가장 잘 알고 있고 현재로서는 가장 통찰력 있는 설명이 가능하다고 생각했기에 인지적인 측면에 주목했다. 물론 인지적인 측면이 이야기의 전부가 아님은 잘 알고 있다. 나는 인지적인 영역을 비교적 폭넓게 해석해서 정서나 종교, 영혼의 문제까지 다루려고 했다. 이 경우에도 확고한 인지과학자들은 내가 창조적인 인물들의 고유한 정신 과정을 깊이 있게 분석하지도 않았고 창조적인 인물들이 정보를 처리하는 기본 모형을 제시하지도 않았다는 점을 알아챌 것이다.

- **정말로 창조성에 주목했는가?** 내가 선택한 인물들이 창조적이라는 사실에 동의하는 독자가 대부분일 테지만, 분명 내 기준을 미덥지 못하게 여기는 독자들도 있을 것이다. 예컨대 장(場)에 의한 수용이라는 발상은 내가 순수한 창조성보다는 대중적 평판이나 세속적 성공을 우선시했다는 느낌을 줄 수 있다. 그리고 많은 사람들이 내가 선택한 인물 못지않게 창조적인 인물들을 열거할 수 있을 것이다.

내가 장의 수용이라는 개념을 받아들인 것은 창조성을 대중적 평판을 얻는 경쟁이라고 믿었기 때문이 아니라 결국에는 믿을 만한 기준이 달리 없었기 때문이다. '결국에는' 이란 단어가 중요하다. 20세기 전반의 어느 시기에서도 이 책에서 거론한 인물들은 해당 장(場)에서 최고로 인정받지 못했다. 프로이트나 그레이엄 혹은 스트라빈스키의 업적에 대해 쏟아진 부정적인 평가나 심지어 난폭한 비평의 숫자를 보면 잠시 멈칫거릴 정도이다. 하지만 걸출한 인물은 시간이 지나면서 점차 부각되게 마련이라고 나는 믿고 있다. 분명 어떤 분야에서고 진가를 알아보는 사람들이 있다고 믿고 있다. 물론 장에 의해 인정받지 못한 뛰어난 인물들도 많이 있을 수 있다는 사실을 전혀 부인하지는 않는다. 다만 우리는 이러한 사람들에 대해 들어본 적이 없고, 설령 들어봤더라도 (적어도 아직까지는) 그들을 어떻게 판단해야 할지 모를 뿐이다.

● **이 연구의 결론은 현대에 한정된 결론인가?** 이 책에서는 대체로 동시대에 살았던 인물들을 선택해서 검토했으므로 나는 창조성에 대한 나의 결론이 다른 시대에도 적용될 수 있는지 여부는 말할 입장이 못 된다. 시대에 결박된 결론이 있는가 하면, 고대 아테네나 르네상스 이탈리아, 계몽주의 시대의 유럽, 중국 당나라에서도 발견할 수 있는 결론도 있다. 그러나 해당 분야와 세계 전역에서 벌어지는 사건에 관한 정보를 즉시 활용할 수 있다는 점 등 다른 요인도 이 연구의 특색을 결정지었다. 게다가 나는 내가 이 책에서 주목한, 근본적이고 혁명적인 도약의 성격을 갖는 다양한 창조성은 모든 사회의 모든 창조성 일반의 특성이 아니라 우리 시대 서양의 특징이라고 생각한다. 내가 이 책에서 묘사한 창조성에 대한 그림이 우리가 살고 있는 이 시대와 문화의 특성을 이해하는 데 도움이 되는지 여부는 에필로그에서 다뤄 볼 생각이다.

에필로그

현대와 현대 이후

한 시대에 특정한 이름표를 붙이는 것, 한 시대를 일률적으로 정의하는 것은 위험하다. 입증할 수 없는 주장을 하는 것이기 때문이다. 아마도 시대를 숫자로 나누어 가령 17세기와 18세기를 비교한다거나, 혹은 시사 주간지 「타임(Time)」방식으로 10년 단위로 나누어 역사를 고찰하는 것이 다들 수긍하기 쉬운 방식일지도 모른다. 그러나 순전히 연도로만 시대를 나누는 것은 그만한 대가를 치러야 한다. 가령 자의적으로 1800년에 선을 그으면, 역사의 추세를 이해하는 데 매우 중요한 연도, 이를테면 1776년(미국 독립)이나 1789년(프랑스 대혁명) 혹은 1815년(프랑스의 왕정복고)과 같은 정치적 분기점을 무시하게 된다. 그리고 어떤 시대, 가령 1815년에서 1914년(유럽 대륙이 비교적 평화롭던 시기) 혹은 1914년에서 1989년(양차 세계대전과 냉전)의 시기를 의미 있는 용어로 정의할 수 없게 된다.

문제

현대에 관한 책을 쓰면서 나는 분명히 연대기적 서술의 장점을 뛰어 넘었고 정치적인 시대 구분을 포기했다. 현대(The modern era)라는 용어는 르네상스나 종교개혁, 계몽주의 혹은 낭만주의 시대를 말하는 것과 동일한 정신에서 나온 용어이다. 이들 용어가 대략 1500년 이후의 여러 세기를 가리키는 것처럼, 현대라는 용어는 서양의 20세기를 지배했던 인물과 사건들, 그리고 무엇보다도 사상들을 지칭한다. 동시에 나는 1900년부터 2000년에 이르는 시기에 얽매이지 않았다. 일곱 명의 인물 가운데 적어도 두 명, 즉 프로이트와 간디는 1900년 이전에 이미 상당한 업적을 남긴 바 있으며, 가장 늦게까지 생존했던 그레이엄은 1991년에 사망했다.

내가 이 책에서 주목한 것은 20세기 초엽에 나온 혁신적인 업적들이다. 대체로『꿈의 해석』이 출간된 1900년에서 프로이트가 사망한 1939년 사이에 나온 업적들이다. 설령 피카소와 스트라빈스키, 엘리엇, 아인슈타인, 그레이엄, 간디가 제2차 세계대전이 터질 무렵에 활동을 그만두었다고 해도, 그들이 남긴 업적은 여전히 획기적인 위업으로 평가받을 것이다. 그리고 대부분의 권위 있는 연구자들은 현대의 결정적인 국면이 20세기 중반에 절정에 오른 이후로 서서히 퇴조하기에 이르렀다는 점에 동의할 것이다. 현재 우리는 이미 포스트모던 시대, 혹은 아직 뭐라고 이름붙이기 어려운 인류사의 새로운 시대로 진입한 상태이다.

제1부에서 설명한 대로 나는 어떤 의미에서도 역사의 흐름을 인도하는 모종의 보이지 않는 손이 존재한다고 생각하지 않는다. 하지만

나는 이 책에서 다룬 인물들의 업적에는 공통의 주제가 있으며, 그것은 한 시대의 정신을 공유하고 있다고 믿고 있다. 이러한 공통점을 설명하는 데 신비한 용어가 필요한 것은 결코 아니다. 대중매체에의 전면적인 노출을 비롯한 특정한 경험 양식이 서양 세계 전역에 걸쳐 널리 펴져 있는 시대에 산다는 것, 그리고 제1차 세계대전과 같은 인류사의 대격변을 경험한다는 것은 특정한 사상과 실천이 생겨나고 널리 유포되도록 자극하는 면이 있다. 생산적인 경쟁이라는 의미도 있을 것이다. 소설가 노먼 메일러(Norman Mailer)는 말한다. "피카소의 동시대인이 누구인지 보라. 프로이트와 아인슈타인이다. 피카소는 살아있는 위대한 인물들과 경쟁하고 싶어했고, 실제로 그런 경쟁자가 존재했다."

용어에 관련해서 한 가지 지적할 문제가 있다. 내가 '현대(modern era)'라는 용어를 쓴 것은 일곱 명의 업적을 모두 포괄하기 위해서였다. '모더니즘(modernism)'이란 용어는 주로 피카소와 스트라빈스키, 그레이엄, 엘리엇으로 대변되는 당시의 예술 운동을 지칭하기 때문에 내포 의미가 다르다. 이 예술가들이 다른 현대의 거장들과 공유하는 것보다 서로 간에 공유하는 부분이 많다는 것은 의문의 여지가 없다. 앞으로도 나는 '현대'를 모든 분야에 해당되는 포괄적인 용어로 사용할 것이고, '모더니즘'은 예술 운동에만 적용할 것이다. 흔히 모더니즘을 계승한 문화·예술 운동을 가리키는 '포스트모더니즘'은 모더니즘과 대비되는 용어이다.

배경

여러 사상사가들에 따르면 현대는 1500년 경에 시작했다. 이 무렵

서양에서는 종교 사회와 세속 사회 사이에 균열이 생겨나기 시작했고 다양한 저항 운동이 일어났으며 과학적 탐구와 철학적 비판의 정신, 그리고 좀더 개방적이고 다원적이며 관용적인 풍조가 움터났다. 이런 설명, 즉 20세기의 싹이 이미 수세기 전에 심어졌다는 주장을 그 자체로 반박할 생각은 없다. 하지만 1600년 경 혹은 1800년 경의 사회는 20세기 초의 사회와 전혀 다르며, 19세기 후반에 널리 퍼진 과학적 방법은 전성기 르네상스 시대에서도 상상하기 어려운 것이었다.

어떤 관점에서 보면 19세기는 유례 없이 평온하고 번영을 구가한 시대였다. 나폴레옹 시대나 세계대전 당시의 유럽에 비해, 19세기 유럽은 평화로운 시기였다. 자신감에 넘치고 강대한 중산 계급이 사회와 문화의 다양한 영역에서 기운찬 활동을 하게 되면서 마치 진보가 시대의 명령인 것처럼 보인 시대였다. 남북전쟁의 격변을 겪은 미국도 영토와 야망, 그리고 국력이 놀라울 정도로 신장되었다. 유럽과 미국 이외 지역은 좀더 불안한 형편이었지만, 독립과 민주주의, 도시화와 공업화라는 시대의 조류는 라틴 아메리카와 아프리카, 아시아 지역에서 충분히 감지할 수 있었다.

이런 진보적인 견해 혹은 낙천적인 견해를 의문시하기 위해 수정주의 역사가가 될 필요는 없다. 도시화와 공업화는 많은 지역에서 비참한 대가를 치렀다. 식민 개척은 개척자들에게도 커다란 대가를 요구했지만, 외부 세력에 의해 땅을 빼앗기고 문화가 파괴된 원주민의 삶도 황폐화했다. 노예제와 농노제가 법적 사안으로는 이미 종막을 고했을지 몰라도 그것의 결과는 쉽게 사라지지 않았다. '적자생존'에 성공한 땅과 사람들 역시 삶의 목적과 방향과 질에 의문을 품고 있었다.

일곱 명의 현대의 거장들이 19세기 후반에 태어난 세상은 점점 더 불확실성과 불안에 사로잡히게 된 세상이었다. 흥미로운 점은 대부분이 대도시 외곽의 작은 마을에서 태어나 산업 혁명의 비참한 모습을 비껴간 지역에서 유년기를 보냈다는 점이다. 어쩌면 이는 상당히 의미심장하다. 집안은 다들 유복한 편이었고, 가족 가운데는 독실한 신자도 한두 명 있었지만 대개는 '자유 사상'에 관용을 베풀 줄 알았다. 그들은 근면과 드높은 성취라는 부르주아적 가치를 체현했을 뿐더러 이것을 자식들에게 전수했다. 많은 어린이가 착취당하는 시대에 이들 현대의 거장들은 자랄 무렵 행복하기만 했던 것은 아니지만 가장 끔찍한 상처는 받지 않았던 것이다.

우리의 현대 거장들은 마치 강력한 자석의 힘에 이끌리듯 젊은 시절에 모두 유럽과 북미의 주요 도시로 이주했다. 그들은 이 책의 맨앞에 인용한 미워시의 시에 나오는 '젊은이들'이었다. 이런 도시들에서 미래의 거장들은 취향이 비슷한 젊은이들을 만나고 공부 모임이나 예술 혹은 과학 회합을 결성하고 인습파괴적인 잡지를 발간하거나 공연을 기획하면서, 훗날의 창조적인 도약을 낳게 되는 지적 잉태 기간을 보냈다.

최근에 1900년 경의 유럽 주요 도시를 다룬 책과 전시회와 연구가 많이 나왔다. 회고적인 후광 효과를 감안하더라도 런던과 파리, 베를린, 취리히, 부다페스트 등 세기말의 유럽 대도시에는 마술적인 분위기가 서려 있었다는 느낌을 준다. 과거의 성취에 대한 자부심과 미래의 가능성에 대한 전망 이면에 불안과 불길한 전조가 희미하게 어른거렸다. 하지만 프로이트는 빈의 여러 측면을 혐오했고 피카소는 파리에서 소외감을 느꼈지만, 그렇다고 해서 그들이 쉽사리 이런 활동의 중심지를 떠나 다른 곳으로 이주할 생각은 하지 못했을 것이다.

각 도시에는 나름의 독특한 특징이 있었다. 스트라빈스키가 살았던 상트 페테르스부르크는 반동적 체제에 살던 자유사상을 신봉하는 비범한 인텔리겐차들을 숨겨주는 은신처와 같았다. 과거의 영광이 사위어가는 합스부르크 제국의 도시 빈은 역사적으로는 퇴행적이고 예술적으로는 진취적인 그런 도시였다. 재기 넘치는 칼 크라우스는 이를 두고 '세계 종말의 실험실'이라고 불렀다. 부다페스트는 훌륭한 엘리트 교육 체제를 갖춘 도시였다. 오스트리아-헝가리 제국의 다소 구석진 이 도시에서 교양이 풍부한 지식 엘리트들이 많이 배출되었다. 런던은 빅토리아 시대의 영향으로 여전히 거들먹거리는 분위기가 우세했지만, 오랜 지배 세력이었던 자유주의적인 중산 계급은 이미 몰락하기 시작된 상황이었다.

파리와 베를린을 대조하는 것이 아마도 가장 흥미를 자아낼 것이다. 파리는 옛 것과 새 것, 자국과 타국의 문화가 절묘하게 균형을 이룬 도시였다. 세계 전역에서 온 사람들이 영향력 있는 아방가르드 예술가들이 모여 있는 프랑스의 아름다운 수도에 매혹되었다면, 파리인들은 이탈리아와 러시아, 독일, 극동 지역의 외국 문화에 매료되었다. 베를린은 유럽 도시 가운데 가장 현대적인 도시, 활기차고 역동적인 도시이자 급조된 도시였다. 최근에 형성된 독일 국가가 나라의 중심을 확정하고 그 중심 지역의 역할을 규정하려는 상황에서 베를린의 인구는 급작스럽게 늘어났고 군사력이 팽창했다. 프랑스의 자국 우월주의와 영미권의 물질주의에 반해 새로운 사상에 개방적이었던 베를린은 새로운 정신적 실존을 알리는 역할을 했다. 그러나 칸트의 윤리적 균형 감각이나 바그너의 신비주의, 니체의 초인 혹은 프러시아 제국의 군사 및 공업의 대국화가 그 방향이 될지는 아직 미지수였다.

이러한 도시들에 이끌린 재능 있는 젊은이들도 이러한 여러 가능성의 인력을 의식하고 있었다. 새로운 세기의 시작이란, 기회의 시간이자 과거의 짐을 거부하고 자신들의 뜻에 따라 미래를 설계할 수 있는 시간이며 표면 아래에 꿈틀거리고 있는 긴장과 불확실성을 표현해야 하는 시간이었다. 이러한 감수성은 예술에서 뚜렷이 표현되었다. 디아길레프의 발레뤼스는 예술을 해방과 갱생의 유일한 형식으로 보았다. 당시 영국 문학을 3류로 치부했던 엘리엇은 시가 현대의 리듬과 풍조를 담아내야 한다고 생각했다. 피카소와 브라크, 마티스는 관학파와 인상주의를 모두 거부하고, 부르주아 사회의 겉멋과 지식인의 사이비 과학주의에 물들지 않은 원시 사회의 신선한 미술을 동경했다. 아인슈타인은 전통적인 물리학을 구제하려는 모든 시도에는 한계가 있다고 생각했다. 오스트리아 소설가 로베르트 무질은 『특성 없는 남자』에서 당대의 분위기를 다음과 같이 묘사하고 있다.

19세기말의 지난 20년 동안 기름처럼 매끄럽던 정신을 박차고 나온 뜨거운 신열이 갑자기 유럽 전역에 퍼지기 시작했다. 무슨 일이 일어나는지 정확히 아는 사람은 아무도 없었다. 그것이 새로운 예술인지 새로운 인간인지 새로운 도덕인지 아니면 사회의 전면 쇄신인지 누구도 말할 입장이 못 되었다. 그래서 모두는 각자 자신이 좋아하는 것만을 취했을 뿐이다. 하지만 사람들은 모든 측면에서 옛 생활 방식에 투쟁하기 위해 일어서고 있었다. …… 예전에는 억압되었거나 공공 영역에 등장할 기회가 없었던 재능 있는 자들이 여기저기서 나타났다.

역사가들은 종종 당시에 극적인 변화 혹은 묵시록적 종말의 분위기가 팽배했다고 말한다. 제1차 세계대전은 1914년 8월에 발발했지만, 이미 그 전에 전쟁의 조짐이 나타났다. 버지니아 울프는 "1910년 12월 무렵 인간의 본성이 변했다"고 썼으며, 프랑스 작가 샤를 페기(Charles Peguy, 1873~1914)는 1913년에 "세상은 지난 30년 동안, 예수 탄생 이후보다 더 많이 변했다"고 말했다. 「아비뇽의 처녀들」의 형식은 사회 구조의 해체를 묘사했다. 아마도 가장 상징적인 것은 「봄의 제전」 초연시에 공연장에서 소동이 벌어졌다는 사실일 것이다. 기존의 음악에 익숙한 관객은 이해도 안 되고 자신들이 지니고 있는 정신의 기둥을 위협하는 것처럼 느껴진 「봄의 제전」의 표현 형식에 환멸을 토해냈다. 이 급진적인 작품은 마치 인생의 의미란 오직 죽음에서만 찾을 수 있고 죽음은 황홀경과 다를 바 없으며 창조는 파괴를 통해서 이루어진다고 주장하는 것 같았다.

일단 제1차 세계대전이 터지자 모든 암시적인 사태란 실제로 벌어지고 있던 일의 희미한 전조였음이 드러났다. 세계에서 가장 선진적인 지역이 파괴되면서 19세기에 살아 남았던 모든 낙관적인 전망이 산산이 무너졌다. 영국의 사회 비평가 레너드 호브하우스(Leonard Hobhouse)는 이렇게 말했다. "우리가 알고 있던 세상과는 다른 세상, 우리가 허용했던 것보다 힘이 더 큰 역할을 하는 세상, 기본적인 안정성이 사라진 세상, 문명의 두터운 껍질을 뚫고 갑자기 권력에 대한 야만적인 욕망과 삶에 대한 냉담이라는 배후의 힘이 드러난 세상이 되었다." 역사가 윌리엄 파프(William Pfaff)의 말은 더욱 단호하다. "제1차 세계대전은 현대 서양사에서 가장 중요한 사건임이 분명해졌다. 그 효과는 아직도 소진되지 않았다."

전쟁 당시 학생이었던 그레이엄을 제외하고 다른 거장들은 모두 극심한 충격을 받았다. 그들 자신의 삶이 파괴된 것은 아니지만, 그들 주변 사람들의 삶은 그러했다. 대부분이 가족이나 친한 친구들을 잃었다. 더 중요한 사실은 그들의 작업이 기반하고 있는 기본 가정을 다시 엄밀하게 검토해야 했다는 점이다. 제1차 세계대전과 그 여파를 염두에 두지 않고 엘리엇의 『황무지』나 피카소의 「게르니카」, 스트라빈스키의 「병사 이야기」, 아인슈타인의 핵이론 응용, 영국에 대한 간디의 태도 변화 혹은 프로이트의 고통스런 성찰인 『문명 속의 불만』을 생각하는 것은 불가능하다.

이제 우리는 여러 인물들이 동일한 환경에 반응하게 된 중심 이유가 무엇인지 말할 수 있다. 인류 역사상 처음으로 인도와 미국, 스페인과 러시아와 같은 다양한 문화권에서 온 인물들이 하나의 세계 공동체에 속하게 되었던 것이다. 산업화와 도시화, 세계 도처에서 벌어지는 사건들에 대한 정보 전달 능력의 지속적인 발전, 전쟁 직전의 점증하는 불안감 등 많은 요인이 현대 거장들의 의식에 영향을 미쳤던 것이다.

다양한 분야의 현대성

1840년대 이미 프랑스의 시인 보들레르는 예술의 현대적인 특질을 정의했다. 화가 콩스탕탱 기에 관한 글에서 그는 이렇게 썼다. "현대성이란 파편화된 삶이며 시간의 급속한 변화이고 조각난 경험이다." "현대성이란 덧없고 우연한 것이다. 이게 예술의 반이라면 나머지 반은 영원하고 변하지 않는 것이다." 보들레르가 파리에 살았던 것은 단순한 우연이 아니다. 비평가 발터 벤야민(Walter Benjamin)이 100년 후에 지적하듯이, 현대의 독특한 리듬과 특질 및 시공간이 출현한 곳은 파리의 도시 생활에서였기 때문이다.

피카소와 스트라빈스키, 엘리엇, 그레이엄 등의 작품에서 볼 수 있듯이 예술의 현대적인 요소에는 고유한 특징이 있다. 우선 과거 예술에 비해 플롯과 멜로디, 선조성(linearity), 기교, 규범적 형태, 분명한 도덕적 태도, 충실한 인물과 장면 묘사 등 전통적인 아카데미 예술가들의 작품에서 기대할 만한 특징을 경원한다는 점이다. 대신 순간적인 인상과 파편화, 강렬한 리듬, 날카로운 어조 등을 통해 일상적 경험의 느낌을 포착하고자 한다. 이러한 예술작품은 평범한 경험에 뿌리를 두고 있을지 모르지만, 추상화 경향과 경험의 일반적인 특징을 나타내는 형태적 요소에 집중하려는 경향이 있다. 하지만 20세기 중반의 추상 표현주의나 음렬주의와 같은 좀더 후대의 예술과는 달리, 비구상의 공허함에서 뒷걸음치고 완전한 자의성을 거부하면서 순수 추상의 세계를 회피한다.

현대 예술은 끊임없는 변화라는 맥락에서 탄생한다. 그것은 전통을 송두리째 거부하고 비평가 해럴드 로젠버그(Harold Rosenberg)의 말대로 '새로움의 전통'을 창조하려는 단호한 노력이다. 그리고 피카소의 회화와 스트라빈스키의 음악, 그레이엄의 무용, 엘리엇의 시에는 각기 고유한 시선으로 포착한 현대적인 요소와 누구나 금방 알아볼 수 있는 전통적 요소가 병치되어 있다. 이처럼 현대 예술은 한때는 굳건하게 그어져 있던 고급 예술과 저급 예술의 경계를 허문다. 현대 예술은 또한 대중과 관료제, 익명성과 공허함이라는 특정한 인간 조건을 문제시한다. 그리고 이런 예술은 전통과의 관련 속에서만 의미를 가지며, 그러한 혼합 역시 오직 엘리트 예술의 입장에서만 달성된다. 이런 의미에서 포스트모더니즘 예술의 자칭 니힐리즘과 '몽매주의(ignorabimus)'와는 날카롭게 대조된다.

모더니즘 예술에서 공통적인 요소를 찾는 것은 비교적 수월하다. 하지만 예술 이외의 분야에서 그런 요소를 찾는 것은 좀더 어렵다. 정치 분야의 현대적인 특징은 베르톨트 브레히트의 말을 빌자면 소위 '정치의 극장'에서 아주 뚜렷하게 드러난다. 전체주의 사회(약간의 비전체주의 사회 포함)의 선전 집회와 선전 영화에는 현대적인 표현 방법이 확실하게 나타난다. 히틀러나 스탈린 혹은 마오쩌둥의 전체주의적 프로그램에는 혁신적인 면모가 거의 없다. 규모는 달라도 오랜 폭군들의 전사(前史)에서 모델을 참조할 수 있기 때문이다. 하지만 그들의 선전 기법과 시위 연출, 선동 방법은 이 책에서 다룬 현대의 거장들이 지니고 있던 감수성을 반영한다. 히틀러의 건축가 알베르트 스페어(Albert Speer)가 마리 비그만의 무용에 관심을 가졌고 스탈린이 영화감독 세르게이 에이젠슈타인(Sergei Eisenstein)에게 애증을 느꼈으며 프랑코가 자신을 적대시한 파블로 피카소의 작품을 갈망한 것은 전혀 우연이 아닌 것이다. 어제의 이단이 오늘의 정치가에게 튼튼한 도구가 된 셈이었다.

마하트마 간디의 종교적·정치적 혁신은 니체와 바그너, 스트라빈스키의 영향이 스며 있는 나치의 '살인의 미학'과는 전혀 관계가 없다. 간디가 인도 출신이기 때문이 아니라, 그의 방법이 여러 면에서 훨씬 과거의 좀더 친밀하고 덜 복잡한 시대에 가능했던 인간관계를 되살리는 것이었기 때문이다. 분명히 간디는 가장 진보된 소통 방식을 활용했다. 게다가 전보나 인쇄 등 그가 공공연히 비난했던 현대의 발명품이 없었다면 그의 노력은 성공하지 못했을 것이다.

간디는 적어도 하나의 의미에서는 현대적인 인물로 간주할 수 있다. 그는 전통적인 힘의 정치를 거부하고 정치적 대결을 그것의 가장 기본적인 요소, 즉 벌거벗은 채로 서로를 마주대하는 인간들의 모습으로 환원했다. 하나의 분야를 그것의 본질적인 구성 요소로 환원하려는 이러한 노력이 현대적인 기풍의 뚜렷한 징후이다. 그리고 나는 간디가 오랫동안 자신의 조국과는 전혀 다른 대영제국의 여러 지역에 살면서 소로와 러스킨, 톨스토이 등의 탁월한 저서를 흡수하지 못했다면 사티아그라하를 발견하지 못했을 것이라고 생각한다.

현대 세계의 일부인 예술과 정치는 세속적인 사건을 반영하게 마련이다. 시인이나 정치가가 기근이나 불경기 혹은 세계전쟁과 같은 극적인 사건에 반응하는 것은 전혀 놀라운 일이 아니다. 과학과 수학은 전혀 다른 분야이다. 이런 분야에서 활동하는 인물들은 세계의 다른 지역이나 공동체에서 무슨 일이 벌어지는가와 상관 없이 보편적으로 작용하는 어떤 원리와 규칙 및 유형을 찾고자 한다.

이런 의미에서 다윈의 진화론이나 아인슈타인의 상대성 이론은 어떤 역사적 순간에서도 나올 수 있다. 마찬가지로 고대 그리스의 철학자이자 수학자인 피타고라스나 19세기 독일의 수학자이자 천문학자인 카를 가우스(Carl Gauss) 혹은 20세기의 오스트리아계 미국인 수학자인 쿠르트 괴델(Kurt Gödel)의 업적이 가능하기 위해서 어떤 특정한 시대를 기다려야 할 필요는 없다. 물론 이런 주장은 전혀 이치에 맞지 않는다. 모든 학자들은 선배들의 업적을 발판으로 삼는다. 뉴턴이나 맥스웰, 로렌츠 등이 없었다면 아인슈타인은 등장하지 못했을 것이다. 또한 새로운 발견에는 흔히 기술 진보와 수학 이론, 실험 결과가 뒷받침되어 있음을 알 수 있다. 게다가 양자 역학에서 묘사되는 세상이 현대 예술가들이 포착한 세상과 닮았다는 지적은 단순한 비유가 아니다. 물론 나는 과학과 수학의 진보가 일상 세계의 영향에서 좀 더 동떨어져 있는 편이고, 프로이트의 이론과 같은 사회과학이나 행동과학은 물리학자의 순수한 원리와 시인의 실제적인 직관 사이 어디쯤인가에 존재한다고 생각한다.

그러나 프로이트와 아인슈타인의 경우라 할지라도 현대 세계의 영향을 아예 무시할 수는 없다. 아인슈타인의 호기심을 자극한 것은 원자라는 미시 세계와 시공간이라는 거시 세계에 대한 새로운 지식이었다. 프로이트의 주목을 끈 것은 도시적인 색채가 짙은 빈 사회에서 등장한 신경증 환자였다. 두 사람 모두 뉴턴 이후의 시대, 그러나 여전히 헬름홀츠의 과학관이 지배하는 시대에서 사색하면서 자신들이 관심을 두고 있던 세계, 즉 물리 분야와 심리-논리 분야에 새로운 빛을 던질 수 있는 기본 원리를 찾고자 했다. 그리고 해당 분야의 엄청난 자료를 체계화할 수 있는 기본적인 원리를 밝혀냈다. 물론 이 과정에서 그들은 단지 어떤 과학자라도 할 수 있는 일을 했을 뿐이고, 지난 17세기 이후에 많은 사람들이 열정적으로 물었던 질문을 다시금 성찰했을 뿐이다. 하지만 내가 간디에 관해 이미 말한 것처럼 기본적인 형식과 구조에 대한 관심은 현대의 뚜렷한 특징이라 할 수 있는 것이다.

시대가 그들의 과학적 이론에 어떤 영향을 미쳤건, 프로이트와 아인슈타인이 그들의 정치적·사회적 시대에 속해 있다고 느낀 것은 분명하다. 젊었을 때 그들은 과거의 종교적·과학적·정치적 진리를 체계적으로 의심하는 청년 문화를 받아들였고, 이미 실패한 사상(이론)을 대체할 만한 새로운 사상을 찾는 자유사상가들이었다. 그리고 점차 나이가 들면서 전쟁과 평화, 공동체, 종교와 철학 문제 등을 사색하는 시간이 늘어났다. 앞서 지적했듯이 그들이 서로 알게 된 것도 이러한 영역에 대한 공통의 관심을 주고받으면서였다. 그리고 나는 그들이 관심을 기울이게 된 과학과 철학 문제 역시 그들의 시대를 반영한다고 생각한다. 프로이트의 관심이 점차 파괴 본능으로 기울어진 점과 아인슈타인이 원자 폭탄을 만드는 데 기여한 후에 더 이상은 자신의 이론이 파괴 목적을 위해 사용되지 못하도록 노력했다는 점이 그런 예이다. 그렇다면 일상 생활과 좀더 동떨어진 분야에서 활동하는 인물들 역시 그들이 살아가는 세상의 사건들과 '사상가들'에게 영향을 받을 것이다. 뛰어난 혁신가들이 '동일한' 세상에 살고 있다면 당연히 비슷한 특징을 보이게 될 테니 말이다. 하지만 이런 모호한 일반화를 뛰어넘어 더 포괄적인 결론을 말할 수는 없는 것일까?

내 생각에 모든 창조적인 도약에는 겉보기엔 전혀 이질적인 두 영역의 결합이 있다. 하나는 관련 분야에 대한 철저하고 조숙한 통달이고, 다른 하나는 유년기의 의식과 관련된 이해 방식과 직관이다. 창조적인 도약은 이런 두 영역의 성공적인 결합에 있으며, 이런 결합으로 인해 다른 사람들도 그 도약을 이해할 수 있는 것이다.

이것은 분명 매우 사변적인 관점이다. 르네상스 시대(대략 1400년에서 1600년 사이)의 전문 지식 획득은 주로 가설적·연역적 사고 능력과 '이치상 가능한 세계'에 대한 관심에 관련돼 있었다. 이를 통해 과학적 방법은 점점 더 확고해졌고, 회화의 선원근법과 같은 좀더 정밀한 기법과 방법이 고안되었다. 청년 정신에 고착된 계몽주의 시대(1700년에서 1800년 사이)는 궁극적인 합리성에 이르고자 했다. 낭만주의 시대의 예술에는 소년의 감수성과 유년기의 언어 이전의 원초적인 정서가 담겨 있었다. 과학은 미래에 대한 확고한 믿음으로 지속적으로 진보했지만, 정치는 18세기 말의 프랑스 혁명에 크게 흔들린 이후로는 비교적 안정돼 있었다.

이런 다소 사변적인 생각에 피상적이나마 그럴듯한 이유를 설명하려면 현대의 특징이 무엇인지 물어봐야 한다. 제2부의 사례 연구에서 설명했듯이 현대의 거장들은 각기 독특한 방식으로 아이다운 천진성과 자기 분야의 가장 선진적인 사고방식을 결합할 수 있었다. 현대적인 사고방식을 정의하는 특징(defining characteristic)은 정규 교육의 문턱에 들어설 나이, 즉 4살에서 7살 사이의 아이의 마음을 되살리는 데 있다. 이 무렵 아이들은 인간의 다양한 상징체계를 응용할 수 있게 된다. 이미 물리적 세계와 심리적 세계에 대한 제 나름의 견해가 굳어진 아이들은 어떤 생각이 올바른지 검증하고 싶어한다. 그리고 아주 기본적인 경험 형식으로 자기를 표현할 줄 알게 된다. 충분히 관습을 의식하기는 하지만, 아직은 규칙이나 규범 및 주위의 기대치에 부당하게 억눌리지는 않을 때이다. 그런데 이런 놀라운 능력은 안타깝게도 금방 사라지는 편이다.

19세기를 새롭게 통찰하면서, 유년기에 대한 관심이 정당성을 획득하게 되었다. 이런 정당화를 등에 업고 현대의 거장들은 유년기에 매료되었고 자신의 작품을 위한 촉매로서 아이들(그리고 자기 자신의 유년기)을 눈여겨 보았다. 우리는 이미 이런 성향이 거장들 각자에게 내재해 있음을 살펴보았다. 프로이트는 어린 아이의 꿈과 연상을 연구하고, 오이디푸스 콤플렉스와 유아의 경쟁심에 어른 성격의 기초가 있음을 밝혀냈다. 그를 매혹시킨 자유 연상은 자기가 속한 문화권의 상징체계를 습득해가는 아동의 자유 연상과 가장 많이 닮은 것이다.

또 다른 과학자인 아인슈타인은 어린 시절에 품었던 과학적 호기심을 탐구했고 주로 어린 아이의 마음을 사로잡는 사고 실험을 즐겼다.

예술 영역은 유년기와 관련된 부분이 많다. 현대의 예술 거장들은 모두 어린 나이에 이미 해당 예술 장르에 매료되었다. 어른이 되어서도 계속 아동의 작품과 원시 부족의 천진한 작품을 탐구하고 자신의 작품에 그러한 측면을 담아내려고 노력했다. 아마도 가장 근본적인 면은 현대의 거장들이 아동에게 특징적인 요소를 중심으로 작품 활동을 했다는 점일 것이다. 피카소는 유아들의 거친 낙서나 콜라주에 주목했고, 스트라빈스키는 육아실에서 부르는 노래를 연상케 하는 시원(始原)적인 리듬과 반복적인 음정을 위주로 한 작품을 창조했다. 엘리엇은 유아 시절의 인상과 정서, 자극적인 구절, 유년기의 경험에 기댄 작품을 썼고, 그레이엄은 어린 시절의 몸 동작에 스며 있는 축약과 이완이라는 이원적인 몸짓을 되살려 그런 동작을 적나라하게 표현했다. 어느 경우든 이런 유년기의 단편적인 특징이 담긴 작품은 관객(독자)으로 하여금 일종의 종합적인 상상력, 아이들처럼 대상 전체를 종합적으로 느끼는 상상력을 요구했다.

간디의 정치적 혁신에도 아이다운 특성이 존재한다. 복잡한 수사나 고등 무기 따위는 제쳐 두고, 어떤 사안을 그 사안의 해결에 관심을 두고 있는 모든 사람이 명백하게 알 수 있도록 해당 상황을 꾸밈없이 보여주려고 했다. 정직하고 솔직한 태도로 적과 정면으로 맞서고 자신이 믿는 것을 위해 기꺼이 희생하겠다는 자세는, 아이라도 충분히 이해할 수 있고 지지할 수 있는 태도일 터다. 간디의 몸가짐과 외모에도 아이다운 천진성이 있었다. 종교적 사상은 어릴 때 몸에 익는 법인데, 사티아그라하를 제대로 실행하려면 어릴 때부터 그런 가르침을 받아야 한다. 하지만 이런 사고방식이 몸에 배이기 전에 아동의 잘못된 습관이 이런 과정을 망치는 경우도 종종 있다.

아동의 세계와 거장의 세계에는 의미 있는 연관성이 있다는 점을 주장함으로써 나는 현대의 업적에 독특한 점이 무엇인지 포착하려고 했다. 게다가 나는 인류사의 다른 시대에도 어른 거장의 세계와 어린 시절의 의식 사이에 비슷한 연관성이 있지 않을까 생각한다. 물론 이런 연관성을 너무 강조할 생각은 없다. 하지만 분명 현대의 거장들은 그들의 유년기와 어떤 식으로든 연계되어 있고, 다른 시대의 거장들 역시 그들의 유년기와 각별한 친화성을 가지고 있다. 조금 달리 말하면 다른 많은 시대에도 '현대적인' 인물이 존재했던 것이다. 그럼에도 현대가 다른 시대와 다른 점이 있다면, 현대에는 유년 시절의 풍요로운 순간과 매우 특별한 연관성이 있다는 점이다.

복잡한 성격을 갖는 창조적인 업적과 아동의 마음 사이에 이러한 유사성을 이끌어낸다고 해서 내가 그런 업적의 질을 손상시키려는 의도가 있다고 생각해서는 안 된다. 창조자가 젊은 시절에 해당 분야를 거의 터득하고 그 정점에 오르지 못하면 창조적인 업적을 이루기는 불가능하다. 그들의 창조적인 도약은 원숙한 인물의 원숙한 작업의 결과이다. 그러나 아주 어린 시절, 거의 유아기의 감각과 시점을 보유할 수 있는 자만이 창조적인 인물이 될 수 있을 것이다. 보들레르가 말한 대로 천재란 유년기를 다시 찾을 수 있는 능력일 것이다. 나는 창조적인 거장을 폄하하려는 게 아니다. 내 요점은 유년기의 놀라운 힘을 찬양하는 것이고, 어떤 인물들은 그런 능력을 오랫동안 보유한다는 점을 높이 평가하는 것이다.

현대 이후

나의 의도는 1900년 경에 이루어진 혁신적인 업적을 설명하는 것이었다. 그렇다면 나의 논의가 다른 모든 시대에도 똑같이 적용될 수는 없을 것이다. 이런 이유로 나는 현대 이후, 흔히 '포스트모더니즘'이나 '현대를 넘어서'라고 불리는 주제를 검토하고 내가 이 책에서 다룬 한정된 시기와의 차이점이 무엇인지를 살펴보면서 결론을 맺도록 하겠다. 이 논의는 특히 예술과 관련된다. 1950년대 이후의 과학이나 정치에 관해서는 아직 숙고할 준비가 되지 못했다.

우리가 포스트모더니즘 시대에 가깝게 다가설수록, 그것을 간결하고 자신 있게 서술하기는 더 어려워졌다. 우선 포스트모더니즘을 모더니즘의 고양으로 보는 관점이 있다. 모더니즘이 아이러니라면 포스트모더니즘은 아이러니 이상이라는 것이다. 두 번째 관점은 포스트모더니즘을 모더니즘에 대한 반작용으로 보는 것이다. 모더니즘이 전통을 거부한다면 포스트모더니즘은 전통에 탐닉한다는 것이다. 포스트모더니즘을 적극적으로 정의하는 경우도 있다. 가령, 개인적이고 문화적이며 역사적이고 주관적인, 그리고 정치적인 측면을 창조물에 재도입하려는 시도라는 것이다. 물론 분야에 따라 이야기는 달라진다. 작곡가 존 케이지(John Cage)는 작곡가 존 애덤스(John Adams)와 다르며, 이탈로 칼비노(Italo Calvino)는 조셉 브로드스키(Josheph Brodsky)와 다르다. 그리고 앤디 워홀(Andy Wahol)과 로버트 라우션버그(Robert Rauchenberg), 프랭크 스텔라(Frank Stella), 안젤름 키퍼(Anselm Kiefer), 줄리앙 슈나벨(Julian Schnabel)의 시각 예술의 세계 역시 서로 다르다.

하지만 내가 보기에 소위 포스트모던한 시대의 결정적인 특징은 의도적인 장르 혼용이다. 역사적 선례와 관습에 대한 과감한 무시이며, 모든 진지함에 대한 도전이고, 스타일과 외양 및 정체성의 변화무쌍이며, 혼돈스러운 표면 이면에서 어떤 의미나 구조를 찾는 노력의 포기이고, 창조와 해석의 무한한 자유이다. 그리고 도덕적 준거의 사라짐인데, 『황무지』에는 이런 결론에 대한 안타까움이 담겨 있지만, 포스트모더니즘 예술은 그것을 미덕은 아닐지라도 어쩔 수 없는 조건으로 수용한다. 이러한 특징은 어떤 점에서 보면 모더니즘의 연속으로 볼 수도 있다. 모더니즘은 분명 기성의 많은 형식과 관습에 도전했기 때문이다. 하지만 모더니즘의 도전은 이러한 형식과 관습과 가치를 매우 진지하게 받아들이는 공동체 내부에서 나온 것이다. 따라서 모더니즘의 대항은 대개 전대의 관습과의 본격적인 대화를 의미한다고 보아야 한다.

그러나 모더니즘이 승리했다는 관점에서 보면, 전대의 기억은 희미해진다. 이제 역사와 전통, 기존의 규범적 형식에 대한 도전은 더욱 자유롭게 되었다. 하나의 진리가 다른 진리에 도전하는 대신, 진리라는 개념 자체가 폐기된다. 현대가 전통에 도전하는 대신, 역사라는 의미가 무시된다. 고급 예술과 저급 예술이 도발적으로 혼용되는 대신, 별개의 예술이나 문화, 전통이라는 개념 자체가 존재하지 않는다. 사람들은 변화나 전위(아방가르드)에 대한 생각을 견디지 못한다. 모든 것이 이미 시도되었고, 모든 사람이 충격적인 예술에 싫증이 난 상태이다. 오늘날의 새로움은 내일의 상품 더미에 불과하다. 모든 권위는 의심의 대상이 되었고 믿을 만한 준거는 어디에도 존재하지 않는다. 사실 '해체주의' 비평가의 입장에 의하면, 모든 대상이나 텍스트는 자기 자신을 파괴하는 잠재력을 내장하고 있다고 한다.

아마도 나의 감성은 포스트모던 시대보다 현대에 더 가까울 것이다. 비록 포스트모던 시대에 살고는 있지만, 나의 감수성은 모더니즘 정전에 의해 형성되었다. 내가 포스트모던 시대의 모티프와 정신을 완전히 받아들일 수는 없을 것 같다. 포스트모던한 정신이 긍정적인 방식으로 존재할 수 있는지 여부에 대해 내가 다소 의문을 품고 있기 때문일 수도 있다. 전통에 대한 반역은 전통이 지배하는 세상에서나 의미가 있다. 표준적인 해석 방식에 대한 문제 제기는 전통적인 해석 방식이 아직 심층적으로 분석되거나 비판되지 않았을 때나 이치에 맞는다. 하지만 일단 이런 낡은 형식에 대한 기억이 약해지면, 그에 대한 저항도 희미해진다. 모든 것이 매너리즘과 스펙터클, 순간적인 인상에 불과하게 된다.

물론 이런 비판을 규범적인 모더니즘의 시대가 지난 뒤에 등장한 모든 형식에 똑같이 들이밀 수는 없다. 가령, 신앙의 시대에 귀를 기울인 작품이나 단순한 형식의 반복에서 미덕을 발견한 작품, 정치적 주제를 다룬 작품, 지적인 관객(독자)까지도 의도적으로 괴롭히는 작품까지 몰아서 이런 식으로 비판할 수는 없는 일이다. 이러한 '판본'들은 모더니즘 시대를 포함한 보다 전대의 관습과 기준에 걸맞기 때문이다.

포스트모더니즘을 좀더 긍정적인 관점에서 평가할 수도 있을 것이다. 이를테면 모더니스트들은 여전히 전통의 굴레에 묶여 있었다고 보는 관점이 있다. 모더니스트들은 비록 진보주의나 유물론, 합리주의 혹은 결정론을 비판했지만, 이밖에 다른 담론을 알지 못했기에 자신들의 판단에는 어긋날지라도 이런 담론을 고수했다고 볼 수가 있는 것이다. 오직 포스트모더니즘의 정신만이 이러한 지적 껍질을 벗어던지고 편견 없는 시선으로 인간의 경험을 숙고할 수 있는지도 모른다. 그리고 포스트모더니즘을 해방적인 사조로 이해하는 관점도 있다. 인류 역사에서 처음으로 인간의 의식을 지배한 편견과 선입견을 그 자체로 파악할 수 있게 되었는지 모른다. 이런 맥락에서 어떤 특권적인 인물이나 작품을 인정하지 않는 감수성이 만연하게 되었다. 그리고 모든 관점에는 그 나름의 장단점이 있다는 견해가 풍미하게 되었다. 철학자 스티븐 툴민(Stephen Toulmin)의 견해에 따르면, 포스트모던한 감수성은 초기 르네상스 시대의 인간적이고 관용적인 특징을 가진다고 한다. 이런 관점에서 보면, 현대는 위계적·엘리트적·권위적이며, 이성과 감정 혹은 인간과 자연이라는 근거 없는 이분법을 받아들인 시대였다. 그런데 포스트모더니즘의 정치적인 입장에 대해서는 누구나 자기 식대로 해석하는 것 같다. 포스트모더니즘이란 훨씬 자유롭고 민주적이며 다문화적이라고 생각하는 이들도 있고, 모든 관념과 작품에는 정치성이 내재한다는 것을 인정하는 입장에 불과하다고 생각하는 이들도 있다. 하지만 포스트모더니즘이 오히려 더 신앙적이고 권위적이라고 생각하는 사람들도 있다.

    그렇다면 포스트모더니즘은 인간의 유년기에 대해 어떻게 생각하는 것일까? 본격적인 포스트모더니즘은 유년기를 별개의 독립적인 발달 단계로 상정하는 것에 반대한다. 오히려 사람들은 마치 시대와 문화를 자유롭게 넘나들 수 있는 것처럼, 연령대와 유년기의 여러 단계를 무심하게 넘나들 수 있다는 것이다. 유아 단계로 퇴행하기도 하고, 유년기에 고착되기도 하며, 그리고 어떤 경우에는 중년에 들어서 아동기의 완고함이나 청년기의 신중하게 열린 마음을 받아들이기도 한다는 것이다. 포스트모더니즘을 전파하는 온갖 매체들—MTV, '디자인이 멋진' 쇼핑몰, 테마 파크, 컴퓨터 문화—은 온갖 집단과 세대에 영향을 미치고 있다. 모든 문화가 서로 접촉하고 있으며 아이들이 일찍부터 세상의 신비와 경이와 공포에 접하게 되는 시대에는 어쩌면 아이다운 천진성은 영원히 사라질 수밖에 없는지도 모른다. 많은 식자(識者)들이 '유년기의 사라짐'을 향수어린 마음으로 혹은 불안한 듯이 말하는 것도 전혀 놀랄 일은 아닌 것이다.

바로 이런 점에서 현대는 현대의 사도들이 생각했던 만큼 현대적이지 않았을지도 모른다. 현대의 거장들은 과거의 짐에서 필사적으로 벗어나려고 했지만, 실제로는 과거에 깊이 젖어 있었다. 그 과거가 종교든 역사든 전통이든 학문이든 혹은 이런 것들의 혼합이든 그들은 과거를 완전히 벗어버리지 못했다. 그들은 심연 가까이 접근했지만 다시 뒷걸음질쳤다. 점차 나이가 들었기 때문일 수도 있고, 전통의 존재 이유를 다시 발견했기 때문일 수도 있다. 엘리엇이나 스트라빈스키의 경우는 이런 과정이 선명한 편이었고, 프로이트나 피카소, 그레이엄, 간디의 경우는 좀더 애매한 편이었다. 그들은 그들 자신의 유년기, 그리고 모든 사람들의 유년기를 존중했다. 즉 그들은 과거에 경의를 표했다. 어떤 의미에서 그들은 두 가지 지점에 준거를 두고 있었다고 할 수 있다. 하나는 자신들의 유년기이고 다른 하나는 자신들이 정통한 분야이다. 모더니즘은 자유이다. 하지만 이 자유는 오직 역사와 선대(先代)의 속박을 인정한 상태에서 추구해야 한다. 포스트모더니즘은 과거와 유년기를 부인하고 모든 형태의 속박을 인정하지 않으며 과거의 뿌리를 모두 근절하려고 한다.

유년기를 부인하거나 과거를 폐기하는 것이 전혀 불가능하지는 않을 것이다. 하지만 예술 분야, 그리고 다른 분야에서도 이런 경향에 대한 신랄한 반작용이 일어났다는 징조가 눈에 보이고 있다. 인간이란 어쩌면 개방적이고 관용적인 방향, 장르 혼융의 방향으로 무한정 나아가는 것이 아니라, 혁신과 전통, 모더니즘과 역사주의, 창조적인 도약의 시기와 인간의 파괴로 이어질 수 있는 정체 혹은 퇴행적인 시기를 시계추처럼 왕복하는 운명일지도 모른다. 1900년 경의 현대적 정신이란 아마도 인간의 모험적 능력을 보여주는 실례일 것이며, 그들이 그처럼 활기찬 정신을 발휘할 수 있었던 것도 어쩌면 역사의 그처럼 짧은 기간에만 가능한 일이었는지도 모른다.

■ 옮긴이의 글

저자 하워드 가드너는 다중지능 이론으로 유명한 교육학자다. 우리는 흔히 공부를 잘하는 아이를 보고 "똑똑하다"거나 "지능이 우수하다"고 말하곤 하지만, 가드너는 이런 발상이 틀렸다고 주장한 사람이다. 지능에는 여러 종류가 있어서 "어떤 한 사람이 무조건 지능이 우수하다거나 열등하다고 단정짓는 생각은 이치에 맞지 않는다"는 것이다. 프로이트처럼 언어 지능과 논리 지능이 우수한 사람이 있는가 하면, 피카소처럼 공간 지능과 신체 지능이 우수한 사람이 있다는 것이다.

이렇게 지능이 다원적이라면 창조성(혹은 창의성creativity) 역시 다원적이라는 게 저자의 생각이다. 이 책은 이런 기본 전제를 바탕에 깔고서 20세기 초반에 활동했던 일곱 명의 거장들을 일관된 관점으로 조명하고 있다. 저자 가드너는 창조성에 대한 기존의 논의를 새롭게 가다듬은 (교육학적으로도) 흥미로운 견해를 제시하고 있지만, 이 책은 교육학 전공자가 아닌 일반 독자가 읽어야 더 좋을 책이다.

바쁜 일상과 홍수처럼 밀려드는 정보 속에 자칫 삶을 적극적으로 살지 못하고 여기저기서 치이기만 한다고 생각하는 사람들, 어릴 때 품었던 꿈을 이제는 기억조차 못할 정도로 아스라이 잊어버린 사람들에게 가드너는 창조성이란 바로 "아이처럼 세상을 바라보는 힘"에서 나온다는 메시지를 전해주기 때문이다. 아이처럼 세상을 바라보는 힘을 평생 동안 지닐 수 있었기에 이 책에서 다루는 거장들은 그토록 열정적으로 자신의 분야를 개척할 수 있었다는 게 저자가 전하는 가장 중요한 메시지인 것 같다.

게다가 저자는 권위 있는 교육학자답게 일반적인 자기계발서가 빠지기 쉬운 함정, 즉 시대 상황이나 문화적 조건을 고려하지 않고 거장들의 삶을 일방적으로 예찬하거나 창조성을 공허하게 외치는 말놀음에 빠지지 않는다.

실상 프로이트, 아인슈타인, 피카소, 스트라빈스키, 엘리엇, 그레이엄, 간디는 누구나 인정하는 20세기의 거장들이다. 오늘날 우리는 이들의 업적에 기반해서 살아간다고 해도 과언이 아닐 정도다. 그런데 이 거장들이 활동했던 20세기 초는 유럽 역사가 전대미문의 격동기에 접어들었던 시기다. 전통과 관습은 무너지고 있었지만, 아직 이를 대체할 만한 새로운 규범은 나오지 않았던 그런 시기, 새로운 과학적 발견이 속속 등장하면서 기존의 모랄을 무너뜨리는 시기였다.

어쩌면 모험 정신에 충만한 그러한 거장들의 출현은 바로 이런 역동적인 시대 상황이었기에 가능한 일이었는지도 모른다. 이런 의미에서 저자가 현대(modern age) 혹은 현대성(modernity)이라고 부르는 것은 단지 어떤 특정한 시기를 말한다기보다는 '새로운 정신의 태동'

을 의미하는 것이라 해도 크게 어긋나지는 않을 터다. 철학을 비롯한 여러 인문학 분야에서는 이에 관련된 연구가 엄청나게 축적돼 있고, 국내에서도 많은 논의가 있어 왔지만, 대중 교양서에서는 그다지 설명되지 않았다는 게 그동안 역자가 품은 생각이었다. 독자들은 서장과 결론 부분에서 저자가 개략적으로 제시하는 내용을 간단하게만 숙지해도, 20세기 초의 역동적인 시대 상황을 흐릿한 배경으로 염두에 두면서 평생 동안 창조적인 실험 정신으로 자신의 분야를 개척해 간 거장들의 열정을 느낄 수 있을 것이다. 이런 점에서 이 책은 인문 교양서로도 손색이 없다.

 창조성은 단순한 재기(才氣)나 문제풀이 능력이 아니다. 우리나라에서는 과도한 입시교육이나 취업경쟁이라는 상황 탓인지 창조성을 그런 재주 정도로 오해하는 경향이 없지는 않은 것 같다. 이 책에서 역자가 가장 공감한 대목 가운데 하나는 창조성은 단지 한 개인의 탁월한 재능만으로 실현되거나 발휘될 수는 없고, "오직 재능이 갖춰진 아이와 그 분야에 우호적인 문화, 그리고 풍부한 사회적 지원"이 있어야 한다는 지적이었다.

 실제로 대학에서 교양 강의를 하다보면, 언제나 공부를 잘한 우등생이었으니까 문화나 예술을 이해하는 데도 최고일 거라고 생각하는 학생들을 만나게 된다. 대개는 그런 학생들이 다양한 분야에서 우수한 능력을 보여주긴 하지만, 때로는 이상한 고집만 남은 학생도 보게 된다. 한 사람이 다양한 분야를 모두 잘한다면 금상첨화겠지만, 그런 경우는 아주 드물다. 각자가 자신이 가진 재능을 최대한 발휘할 수 있는 문화적 환경이 우리에게 절실하다는 생각이 든다. 이를 위해서는 개인의 자유롭고 창조적인 상상력이 중요시되는 방침이 교육계나 일반 사회에 뿌리내려야 한다는 생각이다.

흔히들 21세기는 지식기반 사회라고 말한다. 지식이란 결국 콘텐츠다. 최근 동남아와 일본을 강타한 한류 열풍은 우리 문화의 창조적 역량을 입증한 쾌거라 할 수 있는데, 이를 지속하기 위해서도 창조적인 상상력은 더 없이 중요하다. 천재나 거장은 갑자기 하늘에서 뚝 떨어지는 것이 아니다. 한 사회의 총체적인 문화 역량이 축적되어 있을 때나 뛰어난 개인이 출현할 수 있는 것이다. 창조의 거장이 탄생하려면 "그 분야에 우호적인 문화와 풍부한 사회적 지원"이 있어야 한다는 저자의 지적은 바로 이런 의미일 것이다.

모쪼록 많은 독자들이 이 책을 읽고 바쁜 생활 속에 잊기 쉬운 자신의 잠재력과 창조적인 열정을 깨우치는 데 도움이 되었으면 한다. 프루스트는 꿈을 잃어버린 사람은 "소처럼 그때그때의 먹을 풀을 위하여 살아간다"고 말했다. 모두가 거장이 될 수야 없겠지만, 그렇다고 어린 시절의 꿈을 잃어서야 되겠는가?

모든 번역자가 꿈꾸듯 오역 없이 깔끔한 한국어로 옮기고자 많이 노력했으나 여러모로 부족한 부분이 있으리라 생각한다. 눈밝은 독자들의 질정을 바란다.

# Creating Minds

부 록
참고 문헌 · 인명 찾아보기 · 주제 찾아보기

참고 문헌

Ackroyd, P. *T. S. Eliot.* New York: Simon and Schuster, 1984.

Amabile, T. M. *The Social Psychology of Creativity.* New York: Springer-Verlag, 1983.

Apel, W., ed. *Harvard Dictionary of Music.* Cambridge, Mass.: Harvard University Press, 1972.

Apollinaire, G. *The Cubist Painters: Aesthetic Meditations.* Wienborn: Schultz, 1949; originally published in 1913.

Armitage, M. *Martha Graham: The Early Years.* New York: Da Capo Press, 1978.

Arnheim, R. *Picasso's Guernica: The Genesis of a Painting.* Berkeley: University of California Press, 1962.

Auerbach, E. *Mimesis.* New York: Doubleday/Anchor, 1953.

Baer, N. v.N. *The Art of Enchantment: Diaghilev's Ballets Russes, 1909-1929.* San Francisco: The Fine Arts Museums, 1988.

Bamberger, J. "Growing Up Prodigies: The Midlife Crisis." In D. H. Feldman, ed., *Developmental Approaches to Giftedness.* San Francisco: Jossey-Bass, 1952, pp.61-78.

Barnes, C. Review of Martha Graham. *New York Times*, October 31, 1965.

Barnett, L. *The Universe and Dr. Einstein*. New York: Mentor, 1948.

Barr, A. H. *Picasso: Fifty Years of His Art*. New York: Museum of Modern Art, 1974; originally published in 1946.

———. *Cubism and Abstract Art*. Cambridge, Mass.: Harvard University Press, 1986.

Barron, F. *Creative Person and Creative Process*. New York: Holt, Rinehart, and Winston, 1969.

Bate, W. J. *John Keats*. Cambridge, Mass.: Harvard University Press, 1963.

Bedient, C. *He Do the Police in Different Voices*: The Wasteland *and Its Protagonist*. Chicago: University of Chicago Press, 1986.

Berger, J. *The Success and Failure of Picasso*. New York: Pantheon Books, 1965.

Berman, M. *All That Is Solid Melts into Air: The Experience of Modernity*. New York: Penguin, 1988.

Bernstein, J. "Profile of I. I. Rabi." In J. Bernstein, *Experiencing Science*. New York: Dutton, 1980.

———. "A Critic at Large: Besso." *New Yorker*, February 27, 1989, pp. 86-87.

Block, N., and G. Dworkin, eds. *The IQ Controversy*. New York: Pantheon, 1976.

Bloom, B., with L. Sosniak. *Developing Talent in Young Children*. New York: Ballantine Books, 1985.

Bloom, H., ed. *T. S. Eliot's* The Waste Land. New York: Chelsea House, 1986.

Blunt, A. *Picasso's* Guernica. London: Oxford University Press, 1969.

Boden, M. *The Creative Mind*. New York: Basic Books, 1990.

Boelich, W., ed. *The Letters of Sigmund Freud to Edward Silberstein*. Cambridge, Mass.: Harvard University Press, 1990.

Bondurant, J. *Conquest of Violence: The Gandhian Philosophy of Conflict*. Berkeley: University of California Press, 1958.

Boring, E. G. *A History of Experimental Psychology*. New York: Appleton-Century-Crofts, 1950.

Boucourechliev, A. *Stravinsky*. New York: Holmes and Meier, 1987.

Bresson, M. "Appraising African Art through Western Eyes." *New York Times*, October 7, 1990. sec. 2, 37.

Breuer, J., and S. Freud. *Studies in Hysteria*. In J. Strachey, ed. *The Standard Edition of the Complete Psychological Works of Sigmund Freud*, vol. 2. London: Hogarth Press, 1966.

Brill, A. A., ed. *The Basic Writings of Sigmund Freud*. New York: Modern Library, 1938.

Brooker, J. S., and J. Bentley. *Reading* The Waste Land. Amherst: University of Massachusetts Press, 1990.

Brown, J. M. *Gandhi: Prisoner of Hope*. New Haven, Conn.: Yale University Press, 1989.

Burns, E., ed. *Gertrude Stein on Picasso*. New York: Liveright, 1980.

Cabanne, P. *Pablo Picasso: His Life and Times*. New York: Morrow, 1977.

Campbell, L. "Blind Variation and Selective Retention in Creative Thought as in Other Knowledge Processes." *Psychological Review* 67 (1960):380-400.

Clampitt, Amy. "Remarks." Address to the Eliot Centennial, Harvard University, Cambridge, Mass., December 5, 1988.

Clark, R. W. *Einstein: The Life and Times*. New York: World, 1971.

———. *Freud: The Man and the Cause*. New York: Random House, 1980.

Clouzot, H. G. *Le mystère Picasso*. France: 1955. Film.

Cohen, S. J. *The Achievement of Martha Graham*. Chrysalis, n.d.

Cole, S. "Age and Scientific Performance." *American Journal of Sociology* 84 (1979):859-977.

Conrad, B. "A Home for Picasso." *Horizon*, June 1986, pp. 11-16.

Conrad, P. "Review of Hugh Kenner, *A Sinking Island*." *Times Literary Supplement*, September 9, 1988, p. 981.

Coughlan, E. "Russian Folk-Wedding Music Said to Influence Stravinsky Ballet."

Chronicle of Higher Education, June 13, 1990, p. A7.

Cox, C. B., and A. B. Hinchliffe. *T. S. Eliot: The Waste Land: A Casebook*. London: Macmillan, 1968.

Craft, R. *Stravinsky: Chronicle of a Friendship (1948-1971)*. New York: Knopf, 1972.

———. *Stravinsky: Selected Correspondence*, vol. 1. New York: Knopf, 1982.

———. *Stravinsky: Selected Correspondence*, vol. 2. New York: Knopf, 1984.

———. *Stravinsky: Selected Correspondence*, vol. 3. New York: Knopf, 1985.

———. *Stravinsky: Glimpses of a Life*. New York: St. Martin's Press, 1992.

Croce, A. "Angel." *New Yorker*, October 15, 1990, pp. 124-33.

Csikszentmihalyi, M. "Motivation and Creativity: Towards a Synthesis of Structural and Energistic Approaches." *New Ideas in Psychology* 6 (1988a): 159-76.

———. "Society, Culture, and Person: A Systems View of Creativity." In R. J. Sternberg, ed., *The Nature of Creativity*. New York: Cambridge University Press, 1988, pp. 325-39.

———. *Flow: The Psychology of Optimal Experience*. New York: Harper and Row, 1990.

Csikszentmihalyi, M., and I. Csikszentmihalyi, eds. *Optimal Experience*. New York: Cambridge University Press, 1988.

Csikszentmihalyi, M., and R. E. Robinson. "Culture, Time, and the Development of Talent." In R. Sternberg and J. E. Davidson, eds., *Conceptions of Giftedness*. New York: Cambridge University Press, 1986, pp. 263-84.

Dangerfield, G. *The Strange Death of Liberal England*. Reprint. New York: Capricorn Books, 1961.

Davie, D. "Anglican Eliot." In A. W. Litz, ed., *Eliot in His Time: Essays on the Occasion of the Fiftieth Anniversary of* The Waste Land. Princeton, N.J.: Princeton University Press, 1973.

De Mille, A. "Martha Graham." *Atlantic Monthly*, November 1950, pp. 25-31.

———. *Dance to the Piper*. Boston: Little, Brown/Atlantic Monthly Press, 1951.

———. "Measuring the Steps of a Giant." *New York Times*, April 7, 1991a, pp. 1, 22.

———. *Martha: The Life and Work of Martha Graham*. New York: Random House, 1991b.

Denby, E. *Looking at the Dance*. New York: Pelligrini and Cudahy, 1949.

Donahue, D. "The Poet of Modern Life [Baudelaire]." *New York Review of Books*, February 14, 1991, pp. 22-24.

Druskin, M. *Igor Stravinsky: His Life, Works, and Views*. New York: Cambridge University Press, 1983.

Dukas, H., and B. Hoffmann. *Albert Einstein: The Human Side*. Princeton, N.J.: Princeton University Press, 1979.

Duncker, K. "On Problem-solving." *Psychological Monographs* 58 (1945): whole.

Dunning, J. "Martha Graham at 95 Does Something Different." *New York Times*, October 1, 1990, pp. C19-20.

———. J. "Troupe Contemplates Life without Graham." *New York Times*, April 3, 1991, sec. C, p. 11.

Einstein, A. *Relativity: The Special and General Theory*. New York: Holt, 1921.

Eksteins, M. *Rites of Spring: The Great War and the Birth of the Modern Age*. New York: Houghton Mifflin, 1989.

Eliot, T. S. *Selected Poems*. New York: Harcourt, Brace, and World, 1936.

———. *The Complete Poems and Plays*. New York: Harcourt Brace and World, 1952.

Eliot, V., ed. *T. S. Eliot: The Waste Land: A Facsimile and Transcript of the Original Drafts, including the Annotations of Ezra Pound*. New York: Harcourt Brace Jovanovich, 1971.

———. *The Letters of T. S. Eliot, Vol. 1, 1898-1922*. New York: Harcourt Brace

Jovanovich, 1988.

Ellenberger, H. F. *The Discovery of the Unconscious.* New York: Basic Books, 1970.

Ellmann, R. "The First *Waste Land.*" In A. W. Litz, ed., *Eliot in His Time: Essays on the Occasion of the Fiftieth Anniversary of* The Waste Land. Princeton, N.J.: Princeton University Press, 1973.

Erikson, E. H. *Identity and the Life Cycle.* New York: International Universities Press, 1959.

———. *Gandhi's* Truth. New York: Norton, 1969.

Eysenck, H. J. "Measuring Individual Creativity." Paper presented to the Workshop on Creativity, the Achievement Project, Kent, England, December 13-15, 1991.

Feldman, D. H. *Beyond Universals in Cognitive Development.* Norwood, N.J.: Ablex, 1980.

———. *Nature's Gambit.* New York: Basic Books, 1986.

———. "Creativity: Dreams, Insights, and Transformations." In R. Sternberg, ed., *The Nature of Creativity.* New York: Cambridge University Press, 1988, pp. 271-97.

Findlay, S., and C. Lumsden. "The Creative Mind: Towards an Evolutionary Theory of Discovery and Innovation." *Journal of Social and Biological Structures* 11 (1988): 3-55.

Fischer, L. *The Life of Mahatma Gandhi.* New York: Harper and Brothers, 1950.

———, ed. *The Essential Gandhi.* New York: Vintage Books, 1983.

Flam, J. "Monet's Way." *New York Review of Books,* May 17, 1990. pp. 9-13.

Flavell, J. *The Developmental Psychology of Jean Piaget.* New York: Van Nostrand, 1963.

Foucault, M. *The Order of Things.* New York: Pantheon, 1970.

Frank, P. "Einstein's Philosophy of Science." *Review of Modern Physics,* July 1949, p. 21.

———. *Einstein: His Life and Times.* New York: Knopf, 1953.
Frankel, C. *The Case for Modern Man.* New York: Harper and Brothers, 1956.
Freud, E. L. ed. *Letters of Sigmund Freud.* New York: Basic Books, 1960.
Freud, S. *An Autobiographical Study.* New York: Norton, 1935.
———. *The Interpretation of Dreams.* In A. A. Brill, ed., *The Basic Writings of Sigmund Freud.* New York: Modern Library, 1938a, originally published 1900.
———. *Three Contributions to the Theory of Sex.* In A. A. Brill, ed., *The Basic Writings of Sigmund Freud.* New York: Modern Library, 1938b, originally published 1900.
———. *Collected Papers*, vol. 1, translated by Joan Riviere. London: Hogarth Press, 1949.
———. *The Origins of Psychoanalysis: Letters to Wilhelm Fliess, Drafts, and Notes 1887-1902.* New York: Basic Books, 1954.
———. *Totem and Taboo.* In J. Strachey, ed., *The Standard Edition of the Complete Psychological Works of Sigmund Freud*, vol. 13. London: Hogarth Press, 1955, pp. 1-161.
———. *Creativity and the Unconscious*, edited by B. Nelson. New York: Harper and Row, 1958.
———. "Creative Writers and Daydreaming." In J. Strachey, ed., *The Standard Edition of the Complete Psychological Works of Sigmund Freud*, vol. 9. London: Hogarth Press, 1959, pp. 143-44.
———. *Jokers and their Relation to the Unconscious.* In J. Strachey, ed., *The Standard Edition of the Complete Psychological Works of Sigmund Freud*, vol. 8. London: Hogarth Press, 1960a.
———. *The Psychopathology of Every Day Life.* In J. Strachey, ed., *The Standard Edition of the Complete Psychological Works of Sigmund Freud*, vol. 6. London: Hogarth Press, 1960b.

―――. *Civilization and Its Discontents*. In J. Strachey, ed., *The Standard Edition of the Complete Psychological Works of Sigmund Freud*, vol. 21. London: Hogarth Press, 1961a, pp. 59-145.

―――. *Dostoevsky and Parricide*. In J. Strachey, ed., *The Standard Edition of the Complete Psychological Works of Sigmund Freud*, vol. 21. London: Hogarth Press, 1961b.

―――. *Early Psychoanalytic Publications*. In J. Strachey, ed., *The Standard Edition of the Complete Psychological Works of Sigmund Freud*, vol. 3. London: Hogarth Press, 1962.

―――. *A. History of the Psychoanalytic Movement*. New York: Collier Books, 1963.

―――. *Moses and Monotheism*. In J. Strachey, ed., *The Standard Edition of The Complete Psychological Works of Sigmund Freud*, vol. 23. London: Hogarth Press, 1964, pp. 3-137.

―――. *Pre-Psychoanalytic Publications and Unpublished Drafts*. In J. Strachey, ed., *The Standard Edition of the Complete Psychological Works of Sigmund Freud*, vol. 1. London: Hogarth Press, 1966.

―――. *Leonardo: A Study in Psychosexuality*. New York: Vintage, 1967.

Fromm, E. *Escape from Freedom*. New York: Rinehart, 1941.

Frye, N. *T. S. Eliot: An Introduction*. Chicago: University of Chicago Press, 1963.

Furbank, P. N. "Review of N. Braybrooke (Ed.), *Seeds in the Wind: Juvenilia from W. B. Yeats to Ted Hughes*." *Times Literary Supplement*, November 17, 1989, p. 1261.

Gablik, S. *Has Modernism Failed?* New York: Thames and Hudson, 1984.

Gandhi, M. *Non-violent Resistance: Satyagraha*. New York: Schocken Books, 1951.

―――. *Autobiography: The Story of My Experiments with Truth*. New York: Dover, 1963.

Garafola, L. *Diaghilev's Ballet Russes*. New York: Oxford University Press, 1989.

———. "A Lady and Her Legends." *Times Literary Supplement*, May 1, 1992, p. 16.

Gardner, Helen. "*The Waste Land*: Paris 1922." In A. W. Litz, ed., *Essays on the Occasion of the Fiftieth Anniversary of* The Waste Land. Princeton, N.J.: Princeton University Press, 1973.

Gardner, Howard. *Artful Scribbles*. New York: Basic Books, 1980.

———. *Frames of Mind: The Theory of Multiple Intelligences*. New York: Basic Books, 1983.

———. "Creative Lives an Creative Works: A Synthetic Scientific Approach." In R. Sternberg, ed., *The Nature of Creativity*. New York: Cambridge University Press, 1988a.

———. "Creativity: An Interdisciplinary Perspective." *Creativity Research Journal*, 1988b, 8-26.

———. "Freud in Three Frames." *Daedalus* (Summer 1986): 105-34.

———. *To Open Minds: Chinese Clues to the Dilemma of Contemporary Education*. New York: Basic Books, 1989.

Gardner, Howard, and Y. Dudai. "Biology and Giftedness." *Items* (Social Science Research Council), 35 (1985):1-6.

Gardner, Howard, and R. Nemirovsky. "From Private Intuitions to Public Symbol Systems: An Examination of Creative Process in Georg Cantor and Sigmund Freud. *Creativity Research Journal* 4 (1991):1-21.

Gardner, Howard, and C. Wolf. "The Fruits of Asynchrony: Creativity from a Psychological Point of View." *Adolescent Psychiatry* 15 (1988):106-23.

Gay, P. *The Bourgeois Experience: Victoria to Freud*. New York: Oxford University Press, 1984.

———. *A. Godless Jew: Freud, Atheism, and the Making of Psychoanalysis*. New Haven, Conn.: Yale University Press, 1987.

―――. *Freud: A Life for Our Time.* New York: Doubleday/Anchor, 1988.

―――. *Reading Freud: Explorations and Entertainments.* New Haven, Conn.: Yale University Press, 1990.

Gedo, J. *Portraits of the Artist.* New York: Guilford, 1983.

Gedo, M. "Art as Autobiography: Picasso's *Guernica.*" *Art Quarterly* (September 1979):191-210.

―――. *Art as Autobiography.* Chicago: University of Chicago Press, 1980.

―――. "The Archaeology of a Painting: A Visit to the City of the Dead beneath Picasso's *La vie.*" *Psychoanalytic Inquiry* 3 (1983):371-430.

Geertz, C. *The Interpretation of Cultures.* New York: Basic Books, 1973.

Gergen, K. *The Saturated Self: Dilemmas of Identity in Contemporary Life.* New York: Basic Books, 1991.

Getzels, J., and P. Jackson. *Creativity and Intelligence.* New York: Wiley, 1962.

Ghiselin, B. *The Creative Process.* New York: Mentor, 1952.

Gilot, F. *Matisse and Picasso: A Friendship in Art.* New York: Doubleday, 1990.

Gilot, F., and C. Lake. *Life with Picasso.* New York: Avon Books, 1981.

Gish, N. The Wasteland: *A Poem of Memory and Desire.* Boston: Wayne, 1988.

Glaesemer, J., *Der junge Picasso. Frühwerk und blaue Period.* Bern: Kunstmuseum, 1984.

Glimcher, A., and M. Glimcher. *Je suis le cahier: The Sketchbooks of Picasso.* Boston: Atlantic Monthly Press, 1986.

Goldberg, S. "The Early Response to Einstein's Special Theory of Relativity 1905-1911: A Case Study in National Differences." Ph. D. diss., Harvard University, 1968.

Golding, J. "Two Who Made a Revolution." *New York Review of Books*, May 31, 1990, pp. 8-11.

Goleman, D. "As a Therapist Freud Fell Short, Scholars Find." *New York Times*, March 6, 1990, pp. C1, C12.

Gombrich, E. H. "In Search of Cultural History." In E. H. Gombrich, *Ideals and Idols*. London: Oxford University Press, 1979.

———. "Styles of Art and Styles of Life." *The Reynolds Lecture*. London: Royal Academy of Arts, 1991.

Goodman, N. *Languages of Art*. Indianapolis: Hacket, 1976.

Gopnik, A. "High and Low: Caricature, Primitivism, and the Cubist Portrait." *Art Journal* (Winter 1983):371-76.

Gordon, L. *Eliot's Early Years*. New York: Oxford University Press, 1977.

Graham, M. "How I Became a Dancer." *Saturday Review*, September 28, 1965, p. 54.

———. *The Notebooks of Martha Graham*. Edited by N. Wilson Ross. New York: Harcourt Brace, 1973.

———. "Martha Graham Reflects on Dance." *New York Times*, March 31, 1985, sec. 2, pp. 1, 8.

———. *Blood Memory: An Autobiography*. New York: Doubleday, 1991.

Gregory, F. "The Mysteries and Wonders of Natural Science: Bernstein's *Naturwissenschaftliche Volksbucher* and the Adolescent Einstein." Paper presented at the Workshop on Einstein's Early Life, Andover, Mass., October 6, 1990.

Groddeck, G. *The Book of the It*. New York: Vintage, 1961; originally published in 1923.

Gruber, H. E. *Darwin on Man*. 2d ed. Chicago: University of Chicago Press, 1982.

Gruber, H. E., and S. N. Davis. "Inching Our Way up Mount Olympus: The Evolving Systems Approach to Creative Thinking." In R. J. Sternberg, ed., *The Nature of Creativity*. New York: Cambridge University Press, 1988, pp. 243-70.

Gruenbaum, A. *Foundations of Psychoanalysis: A Philosophical Critique*. Berkeley: University of California Press, 1984.

Guilford, J.P. "Creativity." *American Psychologist* 5 (1950):444-54.

Gyongyi, E. and Jobbagyi, Z. *A Golden Age: Art and Society in Hungary, 1896-1914*, translated by Z. Beres and P. Doherty. Miami: Center for the Arts, 1989.

Hall, C., and G. Lindzey. *Theories of Personality*. New York: Wiley, 1957.

Hall, D. "Interview with Ezra Pound." *Writers at Work: The Paris Review Interviews*, vol. 2. Harmondsworth, England: Penguin, 1963a.

———. "Interview with T. S. Eliot." *Writers at Work: The Paris Review Interviews*, vol. 2. Harmondsworth, England: Penguin, 1963b.

Harding, D. W. "What the Thunder Said." In A. D. Moody, ed., The Waste Land *in Different Voices*. London: Arnold, 1974.

Harris, W. H., and J. S. Levy, eds. *The New Columbia Encyclopedia*. New York: Columbia University Press, 1975.

Hayes, J. R. *The Complete Problem Solver*. Philadelphia: Franklin Institute Press, 1981.

Henahan, D. "Creator vs. Creator: Who Wins?" *New York Times*, August 4, 1980, sec. 1, p. 23.

Hestenes, D. "Secrets of Genius: Review of A. Miller, *Imagery in Scientific Thought*." *New Directions in Psychology* 8 (1990): 231-46.

Hilton, T. *Picasso*. London: Thames and Hudson, 1975.

———. "The Genesis of Painting." *Times Literary Supplement*, September 19, 1986, p. 1034.

Ho, W-C. *Yani: The Brush of Innocence*. New York: Hudson Hills Press, 1989.

Hoffmann, B. *Einstein*. St. Albans, England: Paladin, 1975.

Hoffman, B., and H. Dukas. *Albert Einstein: The Human Side*. Princeton, N.J.: Princeton University Press, 1979.

Holmes, F. L. *Lavoisier and the Chemistry of Life*. Madison: University of Wisconsin Press, 1985.

Holton, G. *Thematic Origins of Scientific Thought.* 2d ed. Cambridge, Mass.: Harvard University Press, 1988.

Holton, G., and Y. Elkana, eds. *Albert Einstein: Historical and Cultural Perspectives.* Princeton, N.J.: Princeton University Press, 1982.

Horan, R. "The Recent Theater of Martha Graham." *Dance Index.*

Horgan, P. *Encounters with Stravinsky.* Middletown, Conn.: Wesleyan University Press, 1989.

Hudson, L., and B. Jacot. *The Way Men Think.* New Haven, Conn.: Yale University Press, 1991.

Huffington, A. S. *Picasso: Creator and Destroyer.* New York: Simon and Schuster, 1988.

Hughes, H. S. *Consciousness and Society.* New York: Knopf, 1958.

Infeld, L. *Albert Einstein: His Work and Its Influence on Our World.* New York: Scribner's, 1950.

Inkeles, A. *Exploring Individual Modernity.* New York: Columbia University Press, 1983.

Jack, H. A. *The Gandhi Reader.* Bloomington: Indiana University Press, 1956.

Jameson, F. *Postmodernism, or the Cultural Logic of Late Capitalism.* Durham, N.C.: Duke University Press, 1991.

Janik, A., and S. Toulmin. *Wittgenstein's Vienna.* New York: Touchstone Press, 1973.

Johnson, P. *The Birth of the Modern.* New York: HarperCollins, 1991.

Johnson-Laird, P. N. "Freedom and Constraints in Creativity." In R. J. Sternberg, ed., *The Nature of Creativity.* New York: Cambridge University Press, 1988, pp. 202-19.

John-Steiner, V. *Notebooks of the Mind.* Albuquerque: University of New Mexico Press, 1985.

Jones, E. *The Life and Work of Sigmund Freud.* Edited and abridged by Lionel

Trilling and Steven Marcus. New York: Basic Books, 1961.

Jowitt, D. *Time and the Dancing Image.* New York: Morrow, 1988.

Kakutani, M. "Review of A. N. Wilson, *Eminent Victorians*," *New York Times.*

Kakutani, M. "Henri Troyat and His Life of Flaubert." *New York Times*, December 8, 1992, p. C19.

Kaye, E. "I See You as a Goddess." *Mirabella*, July 1991, pp. 42-46.

Kenner, H., ed. *T. S. Eliot: A Collection of Critical Essays.* Englewood-Cliffs, N.J.: Prentice-Hall, 1972.

———. "The Urban Apocalypse." In A. W. Litz, ed., *Eliot in His Time: Essays on the Occasion of the Fiftieth Anniversary of* The Waste Land. Princeton, N.J.: Princeton University Press, 1973.

Kernan, A. "Radical Literal Criticism May Represent the Last Phases of an Older Order Collapsing." *Chronicle of Higher Education*, September 19, 1990, pp. B1-3.

Kimmelman, M. "Modern to Show New Picasso Tomorrow." *New York Times*, February 10, 1992, p. C13.

Kisselgoff, A. "A Graham Family Reunion." *New York Times*, June 10, 1977.

———. "Martha Graham." *New York Times Magazine*, February 19, 1984, pp. 44-55.

———. "artha Graham Dies at 96:A Revolutionary in Dance." *New York Times*, April 2, 1991, pp. A1, B7.

Koehler, W. *The Task of Gestalt Psychology.* Princeton, N.J.: Princeton University Press, 1969.

Kozinn, A. "Raising Questions in 9 All-Stravinsky Concerts." *New York Times*, July 6, 1990, p. C5.

Kramer, H. "Yet Another Surprise from Picasso." *Insight*, December 22, 1986, pp. 69-70.

———. "The Man Who Held the Cubists Together: Review of P. Assouline, *An*

Artful Life: A Biography of D. H. Kahnweiler." *New York Times Book Review*, September 2, 1990, pp. 8-9.

Kroeber, A. *Configurations of Cultural Growth*. Berkeley: University of California Press, 1944.

Kuhn, T. *The Structure of Scientific Revolutions*. 2d ed. Chicago: University of Chicago Press, 1970.

Langbaum, R., "Modes of Characterization in *The Waste Land*." In A. W. Litz, ed., *Eliot in His Time: Essays on the Occasion of the Fiftieth Anniversary of* The Waste Land. Princeton, N.J.: Princeton University Press, 1973.

Langley, P., H. Simon, G. L. Bradshaw, and J. M. Zytkow. *Scientific Discovery*. Cambridge, Mass: MIT Press, 1987.

Laporte, P. M. "Cubism and relativity with a letter of Albert Einstein." *Leonardo* 21 (1988): 313-15.

Lasch, C. *The True and Only Heaven*. New York: Norton, 1991.

Leavis, F. R. "*The Waste Land*." In H. Kenner, ed., *T. S. Eliot: A Collection of Critical Essays*. Englewood Cliffs, N.J.: Prentice-Hall, 1972.

Lehman, H. C. *Age and Achievement*. Princeton, N.J.: Princeton University Press, 1953.

Leighten, P. *Re-ordering the Universe: Picasso and Anarchism*, 1897-1914. Princeton, N.J.: Princeton University Press, 1989.

Lenin, V. I. *Essential Works of Lenin*. New York: Dover, 1916.

Le Rider, J. *Modernité viennoise et crises de l'identité*. Paris: Presses Universitaires de France, 1990.

Lesure, F. *Igor Stravinsky: Le sacre du printemps. Dossier de Press*. Geneva: Minkoff, 1980.

Lewis, W. "Early London Environment." In H. Kenner, ed., *T. S. Eliot: A Collection of Critical Essays*. Englewood Cliffs, N.J.: Prentice-Hall, 1972.

Libman, L. *And Music at the Close*. New York: Norton, 1972.

Litz, A. W. "*The Waste Land* Fifty Years After." In A. W. Litz, ed., *Eliot in His Time: Essays on the Occasion of the Fiftieth Anniversary of* The Waste Land. Princeton, N.J.: Princeton University Press, 1973.

Lukacs, J. *Budapest 1900: A Historical Portrait of a City and Its Culture.* London: Weidenfeld and Nicholson, 1989.

———. "The Short Century. It's Over." *New York Times*, February 17, 1991, sec. 4, p. 13.

Lutz, T. *American Nervousness*, 1903. Ithaca, N.Y.: Cornell University Press, 1991.

MacKinnon, D. W. "Personality Correlates of Creativity: A Study of American Architects." In G. S. Neilsen, ed., *Proceedings of the Fourteenth International Congress of Applied Psychology*, vol. 2. Copenhagen: Munksgaard, 1962, pp. 11-39.

Malraux, A. *The Voices of Silence.* Garden City, N.Y.: Doubleday, 1963.

Martin, J. Dance reviews. *New York Times*, October 22, 1929; January 5, 1930; and February 8, 1931.

———. *America Dancing.* New York: Dodge Publ., 1936.

Martin, M. *A Half Century of Eliot Criticism: An Annotated Bibliography of Books and Articles in English, 1916-1965.* Lewisburg, Pa.: Bucknell University Press, 1975.

Martindale, C. *The Clockwork Muse.* New York: Basic Books, 1990.

Masson, J. M. *The Complete Letters of Sigmund Freud to Wilhelm Fliess, 1887-1904.* Cambridge, Mass: Harvard University Press, 1985.

Matthews, G. *Philosophy and the Young Child.* Cambridge, Mass.: Harvard University Press, 1980.

Mazo, J. H. *Prime Movers: The Makers of Modern Dance in America.* New York: Morrow, 1977.

McCosh, C. *Martha Graham: An American Original*, Film, n.d.

McDonough, D. *Martha Graham: A Biography.* New York: Praeger, 1973.

McLuhan, M. *Understanding Media: The Extensions of Man.* New York: McGraw-Hill, 1964.

Medawar, P. *Induction and Intuition. Philadelphia:* American Philosophical Society, 1969.

Medcalf, S. "The Shaman's Secret Heart: T. S. Eliot as Visionary, Critic, and Humorist," *Times Literary Supplement,* October 2, 1992, pp. 10-12.

Mehta, V. *Mahatma Gandhi and His Apostles.* New York: Viking Press, 1976.

Merton, R. K. "Singletons and Multiples in Scientific Discovery. A Chapter in the Sociology of Science." *Proceedings of the American Philosophical Society* 105 (1961): 470-86.

———. "The Matthew Effect in Science." *Science* 159 (1968): 56-63.

Miller, A. I. *Frontiers of Physics: 1900-1911: Selected Essays.* Boston: Birkhauser, 1986a.

———. *Imagery in Scientific Thought.* Cambridge, Mass.: MIT Press, 1986b.

———. "Scientific Creativity: A Comparative Study of Henri Poincaré and Albert Einstein." *Creative Research Journal,* in press.

Miller, J. E. *T. S. Eliot's Personal Waste Land: Exorcism of the Demons.* University Park: Pennsylvania State University Press, 1977.

Morgan, B. *Martha Graham: Sixteen Dances in Photographs.* Dobbs Ferry, N.Y.: Morgan Press, 1941.

Morris, G. L. K. "Marie, Marie, Hold On Tight." In H. Kenner, ed., *T. S. Eliot: A Collection of Critical Essays.* Englewood Cliffs, N.J.: Prentice-Hall, 1972.

Moss, H. "Masterpieces: A Review of Rainer Maria Rilke's *Letters on Cézanne.*" *New Yorker,* July 7, 1986, pp. 80-82.

Murray, H. A. *Endeavors in Personality.* New York: Harper and Row, 1981.

Museum of Modern Art. *Picasso and Braque: Pioneering Cubism.* New York: Museum of Modern Art, 1989.

Musil, R. *Man without Qualities.* New York: Perigree, 1980.

Nambodiripod, E. M. S. *The Mahatma and the Isms*. Calcutta: National Book Agency, 1981.

Nanda, B. R. *Gandhi and His Critics*. Delhi: Oxford University Press, 1985.

Nayar, R. "Crises of Nation and Creed." *Times Literary Supplement*, June 8-14, 1990, p. 603.

Nelson, B., ed. *Freud on Creativity and the Unconscious*. New York: Harper and Row, 1958.

Newell, A., and H. Simon. *Human Problem Solving*. Englewood Cliffs, N.J.: Prentice-Hall, 1972.

Nordmann, C. *Einstein and the Universe: A Popular Exposition of the Famous Theory*. London: Unwin, 1922.

Norman, C. *Ezra Pound*, rev. ed. London: Minerva Press, 1969.

Norris, C. *What's Wrong with Post Modernism*. Hemel Hempstead, England: Harvester Wheatsheaf, 1991.

Nunberg, H., ed. *Minutes of the Vienna Psychoanalytic Society*, vol. 1. New York: International Universities Press, 1962.

Ozick, C. "T. S. Eliot at 101." *New Yorker*, November 20, 1989, pp. 119-54.

Pais, A. *Subtle Is the Lord. The Science and the Life of Albert Einstein*. New York: Oxford University Press, 1982.

Payne R. *The Life and Death of Mahatma Gandhi*. New York: Dutton 1990.

Penrose, R. *Picasso: His Life and Works*, 3d ed. Berkeley: University of California Press, 1981.

Perkins, D. N. *The Mind's Best Work*. Cambridge, Mass.: Harvard University Press, 1981.

———. "Creativity: Beyond the Darwinian Paradigm." Paper prepared for the Achievement Project Symposium, Kent, England, December 13-15, 1991.

Perloff, M. *Post-modern Genres*. Norman: University of Oklahoma Press, 1989.

Pfaff, W. "Fallen Hero. Review of T. E. Lawrence," *New Yorker*, May 8, 1989, pp. 105-15.

Piaget, J. *The Child's Conception of the World*. Totowa, N.J.: Littlefield, Adams, 1965.

———. *The Child's Conception of Movement and Speed*. London: Routledge and Kegan Paul, 1970.

Pierpont, C. R. "Maenads" *New Yorker*, August 20, 1990, pp. 82-91.

Polak, H. S., H. N. Brailsford, and L. Pethick-Lawrence. *Mahatma Gandhi*. London: Odheims Press, 1949.

Polanyi, M. *Personal Knowledge*. Chicago: University of Chicago Press, 1958.

Popper, K. *The Poverty of Historicism*. New York: Harper and Row, 1964.

———. *Unended Quest*. London: Fontana/Collins, 1976.

Postman, N. *The Disappearance of Childhood*. New York: Delacorte Press, 1982.

Pound, E. "Mr. Eliot's Solid Merit." In H. Kenner, ed., *T. S. Eliot: A Collection of Critical Essays*. Englewood Cliffs, N.J.: Prentice-Hall, 1972.

Pribram, K., and M. M. Gill. *Freud's Project Reassessed*. New York: Basic Books, 1976.

Pyenson, L. *The Young Einstein*. Bristol, England: Hilger, 1985.

Raymond, C. "Study of Patient Histories Suggests Freud Expressed or Distorted Facts that Contradicted His Theories." *Chronicle of Higher Education*, May 19, 1991, pp. A4-6.

Rhodes, R. *The Making of the Atomic Bomb*. New York: Simon and Schuster, 1986.

Richardson, J. A. *Life of Picasso: Volume 1, 1881-1906*. New York: Random House, 1991.

Riding, A. "Contrite Paris Hails Nijinsky's 'Sacre.'" *New York Times*, September 29, 1990, p. 17.

Rieff, P. *Freud: The Mind of the Moralist*. New York: Viking Press, 1959.

Rogosin, E. *The Dance Makers*. New York: Walker, 1980.

Rolland, R. *Mahatma Gandhi*. New York: Century, 1924.

Rosenberg, H. *The Tradition of the New.* New York: Horizon, 1959.

Rotenstreich, N. "Relativity and Relativism." In G Holton and Y. Elkana, eds., *Albert Einstein: Historical and Cultural Perspectives.* Princeton, N.J.: Princeton University Press, 1982, pp. 175-204.

Russell, F. D. *Picasso's Guernica.* London: Thames and Hudson, 1980.

Russell, J. "Picasso's Sketchbooks Show the Prolific Talent of a Genius." *New York Times,* April 27, 1986, pp. 1,39.

Saal, H. "Goddess in the Wings." *Newsweek,* May 14, 1973, p. 87.

Schank, R. C. "Creativity as a Mechanical Process." In R. J. Sternberg, ed., *The Nature of Creativity.* New York: Cambridge University Press, 1988, pp. 220-42.

Schiff, G. *Picasso in Perspective.* New York: Prentice Hall, 1976.

Schilpp, P. A. *Albert Einstein: Philosopher-Scientist.* Evanston, I1.: Library of Living Philosophers, 1949.

Schonberg, H. "It All Came Too Easily for Camille Saint-Saëns." *New York Times,* January 12, 1969, sec. 2, p. 17.

Schorske, C. *Fin-de-siècle Vienna: Politics and Culture.* New York: Knopf, 1979.

Scott, Spencer. "Being Different." *New York Times Magazine,* September 22, 1991, p. 47.

Sencourt, R. *T. S. Eliot: A Memoir.* New York: Dodd Mead, 1979.

Sennett, R. "Fragments against the Ruin: A Review of A. Giddens, *The Consequences of Modernity.*" *Times Literary Supplement,* February 8, 1991, p. 6.

Shattuck, R. *The Banquet Years.* London: Cope, 1969.

Sheean, V. *Kindly Light.* New York: Random House, 1949.

Shelton, S. *Divine Dancer: A Biography of Ruth St. Denis.* New York: Doubleday, 1981.

Shirer, W. L. *Gandhi: A Memoir.* New York: Simon and Schuster, 1979.

Showalter, E. *Sexual Anarchy: Gender and Culture at the Fin-de-siècle*. New York: Viking, 1990.

Siegel, M. B. "A Visit to the Lighthouse That Is Martha Graham," *Boston Globe*, April 29, 1973, sec. B, p. 21.

―――. *The Stages of Design: Images of American Dance*. Boston: Houghton Mifflin, 1979.

Simonton, D. K. *Genius, Creativity, and Leadership*. Cambridge, Mass.: Harvard University Press, 1984.

―――. "Creativity, Leadership, and Chance." In R. J. Sternberg, ed., *The Nature of Creativity*. New York: Cambridge University Press, 1988, pp. 386-436.

―――. *Scientific Genius*. New York: Cambridge University Press, 1989.

―――. *Psychology, Science, and History*. New Haven, Conn.: Yale University Press, 1990.

Skinner, B. F. *The Science of Behavior*. New York: Macmillan, 1953.

Snell, R. "A Dialogue with Tradition: Review of *On Classic Ground: Picasso, Leger, de Chirico and the New Classicism.*" *Times Literary Supplement*, June 22-28, 1990, p. 669.

Snow, C. P. *The Two Cultures and the Scientific Revolution*. New York: Cambridge University Press, 1959.

Spencer, S. "Being Different." *New York Times Magazine*, September 22, 1991.

Spender, S. *T. S. Eliot*. New York: Viking Press, 1975.

Spurr, D. "The Inner Xanadu of *The Waste Land*." In D. Spurr, ed., *Conflicts in Consciousness: T. S. Eliot's Poetry and Criticism*. Urbana: University of Illinois Press, 1984.

Stachel, J., ed. *The Collected Papers of Albert Einstein, Volume 1: The Early Years, 1879-1902*. Princeton, N.J.: Princeton University Press, 1987.

―――. *The Collected Papers of Albert Einstein, Volume 2: The Swiss Years: Writings 1900-1909*. Princeton, N.J.: Princeton University Press, 1989.

———. Presentation on Einstein and Judaism at Workshop on the Young Einstein, N. Andover, Mass., October 1990.

Staller, N. "Early Picasso and the Origins of Cubism." *Arts Magazine* 61 (1986): 80-90.

Steegmüller, F. *Your Isadora.* New York: Random House, 1974.

Stein, G. *Gertrude Stein on Picasso.* Edited by E. Burns. New York: Liveright, 1970.

Steinberg, M. "Graham: Sometimes Maddening but Exciting." *Boston Globe*, November 19, 1973.

Sternberg, R. J. *Beyond IQ.* New York: Cambridge University Press, 1985.

———. ed. *The Nature of Creativity.* New York: Cambridge University Press, 1988.

Stevens, M. "Low and Behold." *New Republic*, December 24, 1990, pp. 27-33.

Stodelle, E. *Deep Song: The Dance Story of Martha Graham.* New York: Schimer, 1984.

Stoppard, T. *Travesties.* New York: Grove, 1975.

Strachey, L. *Eminent Victorians.* London: Bloomsbury, 1988; originally published, 1918.

Stravinsky, I. *An Autobiography.* New York: Simon and Schuster, 1936.

———. *An Autobiography.* New York: Norton, 1962.

———. *The Rite of Spring, Sketches, 1911-1913.* London: Boosey and Hawkes, 1969.

———. *The Poetics of Music*: Cambridge, Mass.: Harvard University Press, 1970.

———. *The Rite of Spring in Full Score.* New York: Dover, 1989.

Stravinsky, I., and R. Craft. *Expositions and Developments.* London: Faber and Faber, 1962.

Sulloway, F. J. *Freud: Biologist of the Mind.* New York: Basic Books, 1983.

Svarny, E. *"The men of 1914": T. S. Eliot and Early Modernism.* Philadelphia: Open University Press, 1988.

Swenson, L. S. *Genesis of Relativity: Einstein in Context.* New York: Burt and

Franklin, 1979.

Tansman, I. *Igor Stravinsky: The Man and His Music.* New York: Putnam's, 1949.

Taylor, C. *Sources of the Self: The Making of the Modern Identity.* Cambridge, Mass.: Harvard University Press, 1989.

Taylor, R. "Picasso: Sketchbooks a Dazzling Revelation of Artist's Imagination." *Boston Globe*, July 13, 1986, pp. A1, 13.

———. "Picasso: Fragments of Genius." *Boston Sunday Globe*, October 19, 1986, pp. 105-6.

Terry, W. The Legacy of Isadora Duncan and Ruth St. Denis. *Brooklyn* 1960, number 5.

———. *Frontiers of Dance: The Life of Martha Graham.* New York: Crowell, 1975.

———. *Ted Shawn: Father of American Dance.* New York: Dial, 1976.

———. *I Was There: Selected Dance Reviews and Articles 1936-1976.* Dekker: Audience Arts, 1978.

Teuber, M. *Kubismus: Kuenstler, Themes, Werke, 1907-1920.* Cologne: Josef-Haubrich-Kunsthalle, 1982.

Tobias, T. "A Conversation with Martha Graham." *Dance Magazine*, March 1984, p. 64.

Torrance, E. P. *Guiding Creative Talent.* Englewood Cliffs, N.J.: Prentice Hall, 1962.

———. "The Nature of Creativity as Manifest in Its Testing." In R. J. Sternberg, ed., *The Nature of Creativity.* New York: Cambridge University Press, 1988, pp. 43-75.

Toulmin, S. *Cosmopolis: The Hidden Agenda of Modernity.* New York: Free Press, 1990.

Tuchman, B. *The Proud Tower.* New York: Bantam Books, 1967.

Van den Toorn, P. C. *The Music of Igor Stravinsky.* New Haven, Conn.: Yale

University Press, 1983.

──. *Stravinsky and* The Rite of Spring: *The Beginnings of a Musical Language*. Berkeley: University of California Press, 1987.

Varnedoe, K. *Vienna 1900: Art, Architecture, and Design*. Boston: Little, Brown, 1986.

Vasari, G. *Lives of the Artists*. New York: Penguin, 1987.

Vernon, P. ed. *Creativity*. London: Penguin, 1970.

Vlad, R. *Stravinsky*. 2d ed. London: Oxford University Press, 1967.

Waldholz, M. "Doubted and Resisted, Freud's Daring Map of the Mind Endures." *Wall Street Journal*, December 2, 1991, sec. A, pp. 1, 8.

Wallace, D., and H. E. Gruber, eds. *Creative People at Work*. New York: Oxford University Press, 1990.

Wallach, M. *The Intelligence-Creativity Distinction*. Morristown, N.J.: General Learning Corporation, 1971.

Wallas, G. *The Art of Though*. New York: Harcourt Brace and World, 1926.

Walters, J., and H. Gardner. "The Crystallizing Experience." In R. J. Sternberg and J. Davidson, eds., *Conceptions of Giftedness*. New York: Cambridge University Press, 1986, pp. 306-31.

Ward, N. "Fourmillante Cité: Baudelaire and *The Waste Lond*." In A. D. Moody, ed., The Waste Land *in Different Voices*. London: Arnold, 1974.

Watkins, M. Dance reviews. *New York Herald Tribune*, January 25, 1931, and February 22, 1931.

Weisberg, R. *Creativity, Genius, and Other Myths*. New York: Freeman, 1986.

Wertheimer, M. *Productive Thinking*. New York: Harper and Row, 1959.

White, E. W. *Stravinsky: A Critical Survey*. London: Lehmann, 1947.

White, E. W., and J. Noble. "Igor Stravinsky." In *The New Grove Dictionary of Music*. London: Macmillan, 1980, pp. 240-65.

Whitehead, A. N. *The Aims of Education and Other Essays*. New York: Macmillan,

1926.

Whitney, C. "Two More T. S. Eliot Poems Found." *New York Times*, November 2, 1991, p. 13.

Whyte, L. L. *The Unconscious before Freud*. New York: St. Martin's Press, 1978.

Williamson, G. *A Reader's Guide to T. S. Eliot: A Poem by Poem Analysis*. New York: Farrar Straus and Cudahy, 1953.

Wilford, J. N. "Letter to Supporter Records Einstein's Search for Proof." *New York Times*, March 24, 1992, p. C1.

Wilson, A. N. *Eminent Victorians*. New York: Norton, 1990.

Wilson, E. *Axel's Castle*. New York: Fontana, 1959.

———. *To the Finland Station*. London: Fontana, 1962.

———. *The Twenties*. Edited by Leon Edel. New York: Farrar Straus and Giroux, 1975.

Winn, M. *Children without Childhood*. New York: Pantheon Books, 1983.

Wittels, F. *Sigmund Freud: His Personality, His Teaching and His School*. London: George Allen and Unwin, 1924.

Wohl, R. *The Generation of 1914*. Cambridge, Mass.: Harvard University Press, 1979.

Wolpert, S. *Tilak and Gokhale: Revolution and Reform in the Marking of Modern India*. Berkeley: University of California Press, 1962.

Zuckerman, H., and R. K. Merton. "Age, Aging, and Age Structure in Science." In M. W. Riley, ed., *Aging and Society*. New York: Russell Sage Foundation, 1972, pp. 292-356.

인명 찾아보기

[ㄱ]

가브리엘 살로먼(Gavriel Salomon) 17
거트루드 스타인(Gertrude Stein) 254, 279, 286, 332, 436, 446
고갱(Paul Gauguin) 267, 280
고팔 크리슈나 고칼레(Gopal Krishna Gokhale) 561
구스타브 쿠르베(Gustave Courbet) 324
구스타브 플로베르(Gustave Flaubert) 633
구스타프 말러(Gustav Mahler) 35, 149
구스타프 키르히호프(Gustav Kirchhoff) 177
그라우초 막스(Groucho Marx) 450
그레고르 멘델(Gregor Mendel) 91
그레이엄 월러스(Graham Wallas) 641
기욤 아폴리네르(Guillaume Apollinaire) 269, 446
기울라 할라스(Gyula Halasz), 브라사이 (Brassai) 262, 282
길버트 머레이(Gilbert Murray) 592

[ㄴ]

나다니엘 호손(Nathaniel Hawthorne) 496
나디아 블랑제(Nadia Boulanger) 346
나투람 비나약 고드세(Naturam Vinayak Godse) 605
네루(Jawaharlal Nehru) 586, 592, 595, 607, 609
노구치 이사무(野口 勇) 496, 503, 505, 512
노먼 메일러(Norman Mailer) 671
노스 화이트헤드(Alfred North Whitehead)

79, 221
니콜라스 로에리히(Nicholas Roerich)　356
니콜라스 푸생(Nicolas Poussin)　317
니콜라이 림스키 코르사코프(Nikolay Rimsky-Korsakov)　341
닐스 보어(Neils Bohr)　229

[ㄷ]

다니엘 헨리 칸바일러(Daniel-Henry Kahnweiler)　286
다비드 바흐(David Bach)　104
데이 루이스(C. Day Lewis)　436
데이비드(David Hume)
데이비드 다이아몬드(David Diamond)　493
데이비드 더글러스 덩컨(David Douglas Duncan)　327
데이비드 벤 구리온(David Ben-Gurion)　224
데이비드 올슨(David Olson)　17
데이비드 웩슬러(David Wechsler)　58
데이비드 퍼킨스(David Perkins)　11, 17, 63
데이비드 펠드먼(David Feldman)　17, 79, 83, 251
도널드 데이비(Donald Davie)　456
도널드 맥도너프(Donald McDonough)　504
도라 마르(Dora Maar)　307, 316, 328
도리스 험프리(Doris Humphrey)　479, 486, 503
디에고 벨라스케스(diego Velázquez)　265
디킨스(Charles Dickens)　304
딘 키스 사이먼튼(Dean Keith Simonton)　11, 70, 355, 621

[ㄹ]

라뮈즈(C. F. Ramuz)　372, 375, 383, 660
라바이(I. I. Rabi)　171
라빈드라나트 타고르(Rabindranath Tagore)　564
랄프 왈도 에머슨(Ralph Waldo Emerson)　573
랜슬럿 앤드루스(Lancelot Andrewes)　442
레너드 호브하우스(Leonard Hobhouse)　676
레싱(Gotthold Lessing)　108
레오 질라드(Leo Szilard)　224
레오니드 마신(Léonide Massine)　368, 493
레오폴드 스토코프스키(Leopold Stokowski)　493
레오폴드 인펠드(Leopold Infeld)　226
레온 박스트(Leon Bakst)　347
로렌 소스니악(Lauren Sosniak)　79

로만 카세스(Roman Cases) (라몬 카사스(Ramon Casas)) 264
로맹 롤랑(Romain Rolland) 158
로버트 고엄(Robert Gorham) 473
로버트 라우션버그(Robert Rauschenberg) 686
로버트 밀리칸(Robert Millikan) 198
로버트 보일(Robert Boyle) 62
로버트 브룸필드(Robert Broomfield) 570
로버트 스턴버그(Robert Sternberg) 63
로버트 코언(Robert Cohan) 525
로버트 크래프트(Robert Craft) 335, 386, 393, 458
로버트 페인(Robert Payne) 565
로버트 펜 워렌(Robert Penn Warren) 437
로베르트 무질(Robert Musil) 149, 675
론 프로타스(Ron Protas) 508
롤랜드 펜로즈(Roland Penrose) 286, 327
루 안드레아스 살로메(Lou Andreas-Salomé) 158
루돌프 반 라반(Rudolph van Laban) 487
루돌프 아른하임(Rudolf Arnheim) 63, 316
루돌프 크로바크(Rudolf Chrobak) 140
루드비히 볼츠만(Ludwig Boltzmann) 149, 177
루드비히 비트겐슈타인(Ludwig Wittgenstein) 149
루디야드 키플링(Rudyard Kipling) 416

루스 세인트 데니스(Ruth St. Denis) 34, 468, 472, 486, 634
루이 드 브로이(Louis de Broglie) 229
루이 랄로이(Louis Laloy) 361
루이스 마운트바텐(Louis Mountbatten) 604
루이스 맥니스(Louis MaNiece) 439
루이스 터먼(Lewis Terman) 58
루이스 피셔(Louis Fischer) 549
루이스 호스트(Louis Horst) 477, 487, 649
리처드 올딩턴(Richard Aldington) 423, 447
리처즈(I. A. Richards) 433, 455
리턴 스트레이치(Lytton Strachey) 423
리하르트 슈트라우스(Richard Strauss) 343, 363, 451
리하르트 폰 크라프트 에빙(Richard von Krafft-Ebing) 118, 162
린 개러폴라(Lynn Garafola) 517
릴라 애치슨 월러스(Lila Acheson Wallace) 533
링컨 바넷(Lincoln Barnett) 227
링컨 커스틴(Lincoln Kirstein) 484, 499
링컨(Abraham Lincoln) 236, 546

[ㅁ]

마거릿 미드(Margaret Mead) 44

마거릿 보든(Margaret Boden) 63
마누엘 파야레스(Manuel Pallarés) 300
마르셀 그로스만(Marcel Grossmann) 177,
 191
마르셀 프루스트(Marcel Proust) 34
마르셀 훔베르트(Marcelle Humbert) 에바
 (Eva) 33, 305, 331
마르타 베르나이스(Martha Bernays) 109,
 123
마리 비그만(Mary Wigman) 486, 487,
 519, 679
마리 퀴리(Marie Cuire) 218
마리 테레즈 발터(Marie Therese Walter)
 307, 327, 328
마사 그레이엄(Martha Graham) 11, 34,
 35, 37, 44, 368, 455, 460, 462, 464,
 465~539, 549, 613, 631
마사 힐(Martha Hill) 503, 533
마샤 데이븐포트(Marcia Davenport) 437
마샬 맥루한(Marshal McLuhan) 32
마이클 콜(Michael Cole) 17
마이클 패러데이(Michael Faraday) 184
마틴 루터 킹(Martin Luther King Jr.) 34,
 546, 607, 613
마틴 루터(Martin Luther)
마하데브 데사이(Mahadev Desai) 589
마하일 글링카(Mikhail Glinka) 343
마하트마 간디(Mahatma Gandhi) 34, 35,

37, 45, 46, 48, 54, 55, 76, 81, 86, 98,
153, 158, 236, 239, 240, 245, 247, 266,
455, 464, 509, 539, 541~615, 622, 626,
627, 629, 631, 633~636, 638, 641, 643,
644, 649~653, 655, 658, 661, 664, 670,
677, 679, 680, 681, 684, 690
막스 그라프(Max Graf) 104
막스 라인하르트(Max Reinhardt) 346
막스 보른(Max Born) 230
막스 자코브(Max Jacob) 269, 291, 328,
 446
막스 탈마이(Max Talmey) 174, 634
막스 플랑크(Max Planck) 198, 212, 229
맥스웰 퍼킨스(Maxwell Perkins) 346
머스 커닝엄(Merce Cunningham) 503
메를 아미타지(Merle Armitage) 504
메리 게도(Mary Gedo) 256, 275, 291,
 328
메리 윗킨스(Mary Watkins) 482
메이 오도넬(May O'Donnell) 503
멜라니 클라인(Melanie Klein) 163
멩켄(H. L. Mencken) 414
모데스트 무소르그스키(Modest
 Mussorgsky) 342
모드리스 엑스타인(Modris Eksteins) 53
모리스 라벨(Maurice Ravel) 343, 357, 447
모리스 라파엘 코헨(Morris Raphael Cohen)
 180

모리스 솔로빈(Maurice Solovine) 192
모하메드 알리 진나(Mohammed Ali Jinnah) 604
모하메드(Mohammed)
미셸 푸코(Michel Foucault) 49
미켈란젤로 베소(Michele (Michelangelo) Besso) 92, 191
미하이 칙센트미하이(Mihaly Csikszentmihayli) 11, 17, 62, 69, 83
미하일 드루스킨(Mikhail Druskin) 387
미하일 포킨(Mikhail Fokine) (Michel) 347, 466
밀레바 마릭(Mileva Maric) 191
밀리 발라키레프(Mili Balakirev) 342

[ㅂ]

바그너(Richard Wagner) 149, 304, 334, 343, 389, 674, 679
바네쉬 호프만(Banesh Hoffmann) 222
바바라 맥클린토크(Barbara McClintock) 44
바바라 모건(Barbara Morgan) 479, 492, 504
바비 피셔(Bobby Fischer) 251
바슬라프 니진스키(Vaslav Nijinsky) 347, 447
바실리 칸딘스키(Vasily Kandinsky) 475

바흐(J. S. Bach) 47, 91, 387
반 위크 브룩스(Van Wyck Brooks) 406
발 람 난다(Bal Ram Nanda) 583
발라브바이 파텔(Vallabhbai Patel) 589
발랑탱 그로스 위고(Valentine Gross Hugo) 362
발레리 플레처(Valerie Fletcher) (wife of T. S. Eliot) 450, 457, 458
발터 벤야민(Walter Benjamin) 678
발터 카우프만(Walter Kaufmann) 216
버지니아 울프(Virginia Woolf) 34, 44, 416, 423, 448, 676
버질 톰슨(Virgil Thomson) 536
버트런드 러셀(Bertrand Russell) 162, 224, 412, 421
베니토 무솔리니(Benito Mussolini) 54
베드 메타(Ved Mehta) 548, 605
베라 드 바세트(Vera de Basset) 386, 399
베라 존 스타이너(Vera John-Steiner) 17
베르너 라인하르트(Werner Reinhart) 373
베르너 하이젠베르크(Werner Heisenberg) 229
베르타 파펜하임(Bertha Pappenheim) 안나 O.(Anna O.) 117, 118, 120
베르트람 로스(Bertram Ross) 512, 523
베스사비 드 로스차일드(Bethsabee de Rothschild) 533
베티 맥도널드(Betty McDonald) 475

베티 호스트(Betty Horst) 487

벤 벨리트(Ben Belitt) 504

벤 존슨(Ben Johnson) 405

벤자민 블룸(Benjamin Bloom) 79

벨라 버르토크(Béla Bártok) 43, 380, 536

보리스 파스테르나크(Boris Pasternak) 337

볼프강 파울리(Wolfgang Pauli) 194

브라사이(Brassai) (기울라 할라스Gyula Halasz) 262, 282

브람스(Johannes Brahms) 304

브래들리(F. H. Bradley) 412, 413

브루스 리치먼드(Bruce Richmond) 423

블라디미르 나보코프(Vladimir Nabokov) 337

블라디미르 레닌(V. I. Lenin) 30, 31, 54, 550, 653

비비언 엘리엇(Vivien Eliot) (Vivienne) Haigh-Wood 420, 428, 458, 660, 661

빅토르 타우스크(Victor Tausk) 159

빈센트 반 고흐(Vincent Van Gogh) 91, 267

빌리 로즈(Billy Rose) 391

빌헬름 슈테켈(Wilhelm Stekel) 104

빌헬름 우데(Wilhelm Uhde) 286

빌헬름 폰 발다이어(Wilhelm von Waldeyer) 113

빌헬름 플리스(Wilhelm Fliess) 41, 92, 123, 659

[ㅅ]

사로지니 나이두(Sarojini Naidu) 597

사무엘 두쉬킨(Samuel Dushkin) 385

사무엘 로서펠(Samuel Rothafel) 494

산도르 페렌치(Sandor Ferenczi) 104

산드로 보티첼리(Sandro Botticelli) 467

샤를 드 골(Charles de Gaulle) 54

샤를 모라스(Charles Maurras) 411, 440

샤를 페기(Charles Peguy) 676

샤를 피에르 보들레르(Charles-Pierre Baudelaire) 170

샬롯 브론테(Charlotte Brontë) 500

세르게이 고로데츠키(Sergei Gorodetsky) 356

세르게이 디아길레프(Serge Diaghilev) 306, 344, 447

세르게이 에이젠슈타인(Sergei Eisenstein) 679

세르게이 쿠세비츠키(Serge Koussevitzky) 372

세르게이 프로코피예프(Sergei Prokofiev) 493

셀마 비라크리(Thelma Biracree) 475

소냐 슐레슬린(Sonya Schleslin) 557

소피 매슬로(Sophie Maslow) 503
솔 휴로크(Sol Hurok) 533
쉐이크 메타브(Sheikh Mehtab) 546
슈테판 츠바이크(Stefan Zweig) 158
스노우(C. P. Snow) 406
스캇 조플린(Scott Joplin) 532
스코필드 세이어(Schofield Thayer) 423
스키너(B. F. Skinner) 68
스타크 영(Stark Young) 484
스탠리 골드버그(Stanley Goldberg) 217
스테판 말라르메(Stéphane Mallarmé) 35
스튜어트 가드너(Isabella Stewart Gardner) 423
스티븐 스펜더(Stephen Spender) 439
스티븐 툴민(Stephen Toulmin) 689
시어도어 드라이저(Theodore Dreiser) 415
신시아 오직(Cynthia Ozick) 453

[ㅇ]

아나수야 사라바이(Anasuya Sarabhai) 565, 589
아놀드 쇤베르크(Arnold Schöenberg) 43, 393
아돌프 루스(Adolf Loos) 149
아돌프 히틀러(Adolf Hitler) 54
아론 베른슈타인(Aaron Bernstein) 174

아론 코플란드(Aaron Copland) 505
아르놀트 츠바이크(Arnold Zweig) 158
아르투어 슈니츨러(Arthur Schnitzler) 149
아서 밀러(Arthur Miller) 11, 197, 211
아서 시몬스(Arthur Symons) 407
아서 에딩턴(Arthur Eddington) 219
아우구스트 푀플(August Föppl) 178
아치 라우터러(Arch Lauterer) 503
아치볼드 맥리쉬(Archibald MacLeish) 504
안나 소콜로프(Anna Sokolow) 503
안나 파블로바(Anna Pavlova) 482
안젤름 키퍼(Anselm Kiefer) 686
안젤리카 깁스(Angelica Gibbs) 530
안톤 베베른(Anton Webern) 394
알랭 푸르니에(Alain-Fournier) (Henri-Alban Fournier) 411
알렉산더 보로딘(Alexander Borodin) 342
알렉산드르 글라주노프(Alexandr Glazunov) 343
알렉산드르 이엘라치치(Alexandre Ielachich) 340
알렉산드르 탄스만(Alexandre Tansman) 367
알렉시스 마뉘엘(Alexis Mauel Lévy), 롤랑 마뉘엘(Claude Roland-Manuel) 389
알버트 마이컬슨(Albert Michelson) 187
알베르토 자코메티(Alberto Giacometti) 327

알베르트 스페어(Albert Speer) 679
알베르트 아인슈타인(Albert Einstein) 32, 167~241, 472, 607
알프레드 노프(Alfred Knopf) 423
알프레드 바(Alfred Barr) 292, 299
알프레드 비네(Alfred Binet) 58
알프레드 스티글리츠(Alfred Steiglitz) 346
알프레드 아들러(Alfred Adler) 104
암발랄 사라바이(Ambalal Sarabhai) 565
앙드레 레빈슨(Andre Levinson) 485
앙드레 말로(André Malraux) 32
앙드레 부쿠레슐리프(André Boucourechliev) 354
앙드레 살몽(André Salmon) 269
앙드레 지드(André Gide) 383
앙리 마티스(Henri Matisse) 278, 446
앙리 베르그송(Henri Bergson) 162, 411
앙톤 라브와지에(Antoine Lavoisier) 63
애그니스 드 밀(Agnes de Mille) 468, 479, 488, 525, 536
앤 브론테(Anne Bronte) 500
앤디 워홀(Andy Warhol) 686
앤소니 블런트(Anthony Blunt) 316
앵그르(Jean Auguste Ingres) 280, 305, 317, 325
얀 크리스티안 스무츠(Jan Christian Smuts) 560
어니스트 뉴먼(Ernest Newman) 363

어니스트 러더포드(Ernest Rutherford) 218
어니스트 존스(Earnest Jones) 104~105
어빙 배빗(Irving Babbitt) 407, 411, 440
에두아르트 질버슈타인(Eduard Silberstein) 109, 123
에드가 바레즈(Edgar Varèse) 524
에드문드 윌슨(Edmund Wilson) 432
에드빈 홀러링(Edwin Hollering) 104
에드워드 몰리(Edward Morley) 187
에드워드 엘가(Edward Elgar) 416
에드워드 해리 다이어(R. E. H. Dyer) 569
에드윈 덴비(Edwin Denby) 484
에르네스트 앙세르메(Ernest Ansermet) 371
에르네스틴 스토델(Ernestine Stodelle) 494
에르빈 슈뢰딩거(Erwin Schrödinger) 229
에른스트 마흐(Ernst Mach) 186, 192
에른스트 발라흐(Ernst Barlach) 477
에른스트 카시러(Ernst Cassirer) 211
에릭 사티(Erik Satie) 306
에릭 에릭슨(Eric Erikson) 13, 117, 412, 564
에릭 호킨스(Erick Hawkins) 503, 507
에밀 뒤르켐(Émile Durkheim) 411
에밀 졸라(Émile Zola) 415
에밀 플루스(Emil Fluss) 109
에밀리 디킨슨(Emily Dickinson) 91, 500, 510

에밀리 브론테(Emily Brontë) 510, 516
에블린 사빈(Evelyn Sabin) 475
에스터 구스타프슨(Esther Gustafson) 475
에즈라 파운드(Ezra Pound) 344, 402, 414, 420, 447, 458
에텔 윈터(Ethel Winter) 503
엘 그레코(El Greco) 275, 280, 324
엘 그레코에서 마네(Edouard Manet) 280
엘레오노라 두세(Eleanora Duse) 474
엘리너 루스벨트(Eleanor Roosevelt) 504
엘리엇(T. S. Eliot) 14, 33~35, 37, 43~46, 50, 52, 76, 98, 266, 277, 304, 316, 339, 344, 353, 367, 384~385, 390~391, 394, 401~464, 510, 515, 517, 529, 538, 548, 568, 610, 626, 627, 631~636, 638~640, 642, 644, 647~650, 652, 657, 660~661, 664, 670~671, 675, 677~678, 684, 690
엘리자 몬테(Elisa Monte) 521
엘진(Lord Elgin) 554
오귀스트 로댕(Auguste Rodin) 267
오든(W. H. Auden) 392, 393, 398, 439, 521, 639
오스발트 슈펭글러(Oswald Spengler) 431
오스카 와일드(Oscar Wilde) 30, 51
오토 랑크(Otto Rank) 104
오토 루에닝(Otto Luening) 504
오토 바그너(Otto Wagner) 149
올가 코클로바(Olga Koklova) 33

올더스 헉슬리(Aldous Huxley) 392, 447
요한 페스탈로치(Johan Pestalozzi) 175
우디 앨런(Woody Allen) 164
우즈(J. H. Woods) 424
월링포드 리거(Wallingford Rieger) 493
월터 드 라 메어(Walter de la Mare) 515
월터 리프먼(Walter Lippman) 162, 406
월터 시커트(Walter Sickert) 416
월터 테리(Walter Terry) 470
웹 밀러(Webb Miller) 597
윈덤 루이스(Wyndham Lewis) 344, 426, 447
윈스턴 처칠(Winston churchill) 54, 592
윌리엄 데이먼(William Damon) 11, 17
윌리엄 버틀러 예이츠(William Burtler Yeats) 416, 437, 624
윌리엄 쉬러(William Shirer) 542, 588, 601
윌리엄 제임스(William James) 293
윌리엄 칼로스 윌리엄스(William Carlos Williams) 432
윌리엄 파프(William Pfaff) 676
윌리엄 호가트(William Hogarth) 392
유진 카리에르(Eugène Carriere) 267
이고르 스트라빈스키(Igor Stravinsky) 14, 33, 333~399, 536
이반 포크로브스키(Ivan Pokrovsky) 340
이사도라 던컨(Isadora Duncan) 34, 52, 467, 530

이사야 벌린(Isaiah Berlin) 239
이지드레 노넬(Isidre Nonell) 264
이지드로(Isidro)
이탈로 칼비노(Italo Calvino) 686

[ㅈ]

자네트 말콤(Janet Malcolm) 164
자이메 사바르테스(Jaime Sabartés) 264
자크 라캉(Jacque Lacan) 163
자클린 피카소(Jacqueline Picasso) 458
잔느 밤베르거(Jeanne Bamberger) 253
장 마르탱 샤르코(Jean-Martin Charcot) 113, 115
장 모네(Jean Monet) 54
장 베르데날(Jean Verdenal) 411
장 에드만(Jean Erdman) 503
장 자크 루소(Jean-Jacque Rousseau) 162, 546
장 콕토(Jean Cocteau) 291, 383
장 피아제(Jean Piaget) 14, 64, 169
제럴드 홀턴(Gerald Holton) 11, 129, 202, 215
제레미 노블(Jeremy Noble) 343
제시 L. 웨스턴(Jessie L. Weston) 426
제임스 왓슨(James Watson) 80
제임스 조이스(James Joyce) 30, 416, 448
제임스 클락 맥스웰(James Clark Maxwell) 177, 184
제프리 매슨(Jeffrey Masson) 141
제프리 파버(Geoffrey Faber) 439
조르쥬 브라크(Georges Braque) 33, 258, 288, 446, 458, 567
조르쥬 쇠라(Georges Seurat) 267
조반니 페르골레시(Giovanni Pergolesi) 381
조셉 브로드스키(Joseph Brodsky) 686
조셉 브로이어(Josef Breuer) 113, 261
조셉 콘래드(Joseph Conrad) 416, 431
조이 P. 길포드(Joy P. Guilford) 58, 59
조지 발란쉰(George Balanchine) 34, 384
조지 버나드 쇼(George Bernard Shaw) 416
조지 앤타일(George Antheil) 493
조지 엘리엇(George Eliot) 304, 416
조지 오웰(George Orwell) 546
조지아 오키프(Georgia O'Keeffe) 44
존(John Milton)
존 듀이(John Dewey) 152
존 러스킨(John Ruskin) 556
존 리드(John Reed) 406
존 리처드슨(John Richardson) 262, 270, 271, 277
존 마틴(John Martin) 482
존 머리 앤더슨(John Murray Anderson) 474

존 미들턴 머리(John Middleton Murry) 303
존 버거(John Berger) 325
존 스튜어트 밀(John Stuart Mill) 109, 162
존 애덤스(John Adams) 686
존 에버렛 밀레이(John Everett Millais) 250
존 케이지(John Cage) 686
존 퀸(John Quinn) 403
존 키츠(John Keats) 419
존 헤이워드(John Hayward) 450
주디스 브라운(Judith Brown) 567
줄리안 헉슬리(Julian Huxley) 447
줄리앙 슈나벨(Julian Schnabel) 686
쥘 라포르그(Jules Laforgue) 408, 409
쥘 앙리 푸앵카레(Jules-Henri Poincaré) 177
지그문트 프로이트(Sigmund Freud) 17, 32, 104, 103~165, 190, 224

[ㅊ]

차이코프스키(Pyotr Il'ich chaikovskii) 338, 342, 343, 364
찰스 다윈(Charles Darwin) 63, 64
찰스 와이드먼(Charles Weidman) 474, 479, 503
체스와프 미워시(Czeslaw Milosz) 21

[ㅋ]

카를 가우스(Carl Gauss) 680
카를 젤리히(Carl Seelig) 203
카를로스 카사헤마스(Carlos Casagemas) 264, 270
카미유 생상스(Camille Saint-Saëns) 254
카미유 피사로(Camille Pissarro) 267
카임 바이츠만(Chaim Weizmann) 224
칼 마르크스(Karl Marx) 152
칼 반 베히텐(Carl van Vechten) 362
칼 샤피로(Karl Schapiro) 432
칼 융(Carl Jung) 32, 104, 155
칼 쥬라시(Carl Djerassi) 639
칼 콜러(Carl Koller) 114
칼 크라우스(Karl Krauss) 105, 149, 674
칼 피어슨(Karl Pearson) 192
콘라드 하비히트(Conrad Habicht) 192
콘래드 에이킨(Conrad Aiken) 406, 420, 432, 447
콘스탄틴 발몬트(Konstantin Balmont) 354
콩스탕탱 기(Constantin Guy) 677
쿠르트 괴델(Kurt Gödel) 680
클로드 드뷔시(Claude Debussy) 343, 447
클로드 롤랑 마뉘엘(Claude Roland-Manuel) 알렉시스 마뉘엘(Alexis Mauel Levy) 389, 396
클로드 모네(Claude Monet) 266, 304

클리브 반즈(Clive Barnes) 536
클리언스 브룩스(Cleanth Brooks) 433
클리포드 기어츠(Clifford Geertz) 644

[ㅌ]

테니슨 경(Alfred, Lord Tennyson) 416
테드 숀(Ted Shawn) 34, 469, 472, 474
테드 휴즈(Ted Hughes) 439
테레사 아마빌라(Teresa Amabile) 68
테오도르 루스벨트(Theodore Roosevelt) 406
토마스 만(Thomas Mann) 158
토마스 칼라일(Thomas Carlyle) 573
토마스 쿤(Thomas Kuhn) 180, 216
토머스 드 퀸시(Thomas De Quincey) 515
토머스 하디(Thomas Hardy) 416
토머스 헉슬리(Thomas Huxley) 160
톰 스토파드(Tom Stoppard) 30, 36, 105, 164
툴루즈 로트레크(Henri de Toulouse-Loutrec) 265
티모시 힐턴(Timothy Hilton) 286, 308

[ㅍ]

파블로 피카소(Pablo Picasso) 17, 33, 63, 249~332, 536, 679
파울 디락(Paul Dirac) 229
파울 페더른(Paul Federn) 104
페르낭드 올리비에(Fernand Olivier) 300
펠리시엥 파구스(Felicièn Fagus) 268
펠릭스 멘델스존(Felix Mendelssohn) 250
포스터(E. M. Forster) 423
폴 랑게방(Paul Langevin) 199
폴 세잔(Paul Cézanne) 35, 278
폴 시냐크(Paul Signac) 267
폴 테일러(Paul Taylor) 512
표도르 도스토예프스키(Fyodor Dostoyevsky) 128, 338
프란시스 풀랑(Francis Poulenc) 493
프란시스코(Francisco Franco) 265
프란시스코 데 주르바란(Francisco de Zurbarán) 265
프란시스코 호세 데 고야(Francisco José de Goya) 265
프란츠 브렌타노(Franz Brentano) 109, 128, 149
프랑수아즈 질로(Françoise Gilot) 324, 327, 396
프랜시스 스텔로프(Frances Steloff) 475
프랜시스 크릭(Francis Crick) 80
프랭크 다이슨(Frank Dyson) 221
프랭크 로이드 라이트(Frank Lloyd Wright) 536
프랭크 스텔라(Frank Stella) 686

프랭클린 루스벨트(Franklin Roosevelt) 224
피에르 몽퇴(Pierre Monteux) 354
피에르 반 덴 투른(Pierre van den Toorn) 360
피에르 수브친스키(Pierre Suvchinsky) 389
피에르 오귀스트 르느와르(Pierr-Auguste Renoir) 266
피에르 자네(Pierre Janet) 120, 659
피터 미더워(Peter Medawar) 85
필립 프랭크(Philipp Frank) 183, 197

[ㅎ]

하냐 홀름(Hanya Holm) 503
하벨로크 엘리제스(Havelock Ellises) 63, 64, 161, 621
하워드 그루버(Howhard Gruber) 177
하인리히 베버(Heinrich Weber) 177
하인리히 헤르츠(Heinrich Hertz) 177, 185
하트 크레인(Hart Crane) 515
한스 아이젱크(Hans Eysenck) 628
해럴드 로젠버그(Harold Rosenberg) 678
해리엇 먼로(Harriet Monroe) 414
해밀턴 피쉬(Hamilton Fish) 406
헬스턴(Halston) 533

헌터 존슨(Hunter Johnson) 493, 504
헤르만 민코프스키(Hermann Minkowski) 213
헤르만 본디(Hermann Bondi) 204
헤르만 폰 헬름홀츠(Herman von Helmholtz) 109, 177
헥토르 베를리오즈(Hector Berlioz) 253
헨드리크 A. 로렌츠(Hendrik A. Lorentz) 177, 188
헨리 L. S. 폴락(Henry L. S. Polak) 557
헨리 데이비드 소로(Henry David Thoreau) 556
헨리 사이먼(Henry Simon) 518
헨리 워즈워스 롱펠로(Henry Wadsworth Longfellow) 407, 469
헨리 제임스(Henry James) 413, 443
헨리 카웰(Henry Cowell) 493
헬렌 가드너(Helen Gardner) 402
헬렌 뒤카스(Helen Dukas) 237
헬렌 타미리스(Helen Tamiris) 479
호세 리몬(José Limón) 503
후고 폰 호프만슈탈(Hugo von Hofmannsthal) 149
후고 헬러(Hugo Heller) 104
후안 그리스(Juan Gris), 호세 곤잘레스(José V. González) 298, 329
훌리오 곤잘레스(Julio Gonzalez (Gonzales)) 291

주제 찾아보기

개인 16, 39, 54, 64, 74, 83, 88, 92, 98, 152
개인성(The Personal) 85, 86, 87
검열 기제(censoring mechanism) 129, 133, 137
게르니카 275, 284, 309, 311, 314, 316~323, 358, 379, 430, 451
결혼(Les noces) 33, 376~380, 397, 430, 432, 451, 462, 638
경계성(marginality) 43, 76, 95, 456, 635, 656
공간계(region of space) 184
공동작업 43, 73, 76, 288, 297, 300, 306, 332, 348, 356, 373, 381, 392, 398, 481, 486, 503
공통성 중심적(nomothetic) 방법 621
과학과 가설(La Science et l'hypothse) 192

구성적 주제(Organizing Themes) 38, 73, 75~78, 83, 92, 94, 99
구성적 틀(Organizing Framework) 73, 77, 99, 620, 653
국제 정신분석학 협회(IPA. International Psychoanalytic Association) 105, 155
꿈 40, 104, 126~130, 134, 136~148, 153, 165
내재적 동기(intrinsic motivation) 68
논리·수학 지능 45
다(多)개인성(The Multipersonal) 87
대가 39~41, 46
대인관계(interpersonal) 45
데니숀(Denishawn) 무용단 34, 469, 472, 474, 479, 481, 483, 487, 495, 507, 535, 648
동기화된 경험(intrinsically motivating

experience) 69
마이컬슨-몰리 실험(Michelson-Morley experiment) 187, 189, 207
몰입 경험(flow experience) 69
발산적 사고(divergent thinking) 59~60
방어 기제(defense mechanism) 129, 131, 138~140
버클리 성격 연구소(Berkeley Institute of Personality Assessment) 65, 627
변형력(deforming forces) 176
병사 이야기(Histoire du soldat) 33, 375, 677
봄의 제전(Le sacre du printemps) 33, 287, 316, 334, 336, 354, 356, 362~370, 377~380, 397, 430, 432, 434, 449, 462, 476, 493, 568, 638, 664, 676
브나이 브리스(B'nai Brith) 151, 160
비(非)개인성(The Impersonal) 86
비동시성(asynchrony) 92~94, 98, 256, 457, 537, 620, 625, 653~660
비탄(Lamentation) 477, 478, 489
4개의 사중주(The Four Quarters) 451, 454, 638
사고 실험 42, 81, 179, 195, 197, 204, 205, 215, 227, 244, 609, 638
사티아그라하(satyagraha) 46, 559, 562~568, 572, 577~582, 587, 592, 597, 605, 607, 609, 613, 632, 652, 680

생산적인 비동시성(fruitful asynchrony) 92, 94, 99, 457, 656
소금 행진 593
수요 심리학회(Wednesday Psychological Society) 105, 152, 154, 157, 163
스탠포드-비네식 지능 검사법 58
시각·공간 지능 45
시대정신(Zeitgeist) 48~49, 353
신체·운동 지능 45
10년 규칙(10년의 수련기) 95, 161, 379, 436, 520, 637, 639
아(亞)개인성(The Subpersonal) 85
아동 39, 41, 46, 75, 77, 116, 141, 246~247
아메다바드 사건 567, 570, 593
아모리 쇼(Armory Show) 55, 303
아비뇽의 처녀들 275, 278, 280~288, 303, 313, 322, 329, 332, 355, 367, 379, 432, 462, 638, 676
애팔래치아의 봄(Appalachian Spring) 505~507, 511, 638
억압(repression) 129~131, 135, 137, 142, 144
언어 지능 45, 111, 244
에테르 175, 179, 183~189, 207, 216
엘렉트라 콤플렉스 140, 146
오이디푸스 콤플렉스 140, 146, 157, 683
외현적 내용(manifest content) 138

원시 제의(Primitive Mysteries) 376, 490, 492
유아 성욕(infantile sexuality) 142, 154
음악 지능 45
익살(Travesties) 30~32, 36, 105
인생(La vie) 271~273, 275, 277, 284, 313, 322
인성 지능 45, 93, 244
인지적 · 정서적 도움 609
일반 상대성 이론 221, 225
입체주의 33, 50, 55, 223, 258, 280, 288~306, 322, 332, 367, 482, 577
입체화법(trompe l'oeil) 258
자기장 내의 에테르 연구에 대하여 175
작업(일) 38
잠재적 내용(latent content) 138
장(場) 77, 83, 88, 96, 127, 152, 184, 200, 214, 216, 337, 366, 424, 433, 482, 485, 538, 610, 620, 625, 639, 642, 647~655, 667
재정식화(reformulation) 38, 83, 177
전형적인 창조자(E.C. Exemplary Creator) 622
정신분석학 32, 40, 66, 68, 76, 104, 129, 134, 141, 146, 150, 152~164, 292, 412, 607, 636, 643, 651, 655
정신의학 및 신경학회(Verein f r Psychiatrie und Neurologie) 121

정지계(rest frame) 185
지능 지수(IQ. Intelligence Quotient) 58
클리템네스트라(Clytemnestra) 525, 527. 528
탄성 변형(elastic deformation) 174
특수 상대성 이론 176, 193, 199~200, 203~206, 212, 225, 227, 229, 638
특이성 중심적(idiographic) 방법 621
파우스트적 거래 98, 663
페트루슈카(Petrushka) 334, 348, 351~354, 356~357, 365, 375, 380, 388, 658
포스트모더니즘 671, 679, 686, 687, 688, 689, 690
프로젝트(프로이트 논문) 132~136, 141, 143, 146, 277, 355, 568, 638
프론티어(Frontier) 495~499, 505~506, 638
프루프록의 연가(The Love Song of J. Alfred Prufrock) 33, 411, 416
피카도르 257
현대(modern age) 31
황무지(The Waste Land) 34, 50, 277, 316, 355, 358, 367, 378, 384, 402, 410, 421, 425~427, 429, 430~438, 448, 454, 456, 462, 568, 632, 638, 677~687
히스테리 병인론(Zur tiologie der Hysterie) 121
히스테리 연구 120